教育部高教司组编　全日制高校重点教材

普通高等教育"十二五"国家级规划教材

大学语文

（第九版）

DAXUE YUWEN

华 东 师 范 大 学 出 版 社

主编　徐中玉　齐森华

编委会成员（以姓氏笔画为序）

丁　帆（南京大学）

王中忱（清华大学）

方智范（华东师范大学）

齐森华（华东师范大学）

吴承学（中山大学）

张耀辉（上海交通大学）

陈　洪（南开大学）

周圣伟（华东师范大学）

徐中玉（华东师范大学）

陶型传（华东师范大学）

蒋　凡（复旦大学）

图书在版编目（CIP）数据

大学语文/徐中玉,齐森华主编. —9 版. —上海:华东
师范大学出版社,2007.6
ISBN 978 - 7 - 5617 - 5434 - 4

Ⅰ.大…　Ⅱ.①徐…②齐…　Ⅲ.汉语−高等学校−
教材　Ⅳ.H1

中国版本图书馆 CIP 数据核字(2007)第 094595 号

大学语文（第九版）

主　　编　徐中玉　齐森华
责任编辑　庞　坚
责任校对　王丽平　邱红穗
封面设计　张国梁
版式设计　蒋　克

出版发行　华东师范大学出版社
社　　址　上海市中山北路 3663 号　邮编 200062
网　　址　www.ecnupress.com.cn
电　　话　021 - 60821666　行政传真 021 - 62572105
客服电话　021 - 62865537　门市(邮购)电话 021 - 62869887
地　　址　上海市中山北路 3663 号华东师范大学校内先锋路口
网　　店　http://ecnup.taobao.com/

印 刷 者　浙江临安曙光印务有限公司
开　　本　787 毫米×1092 毫米　1/16
印　　张　29.5
字　　数　692 千字
版　　次　2007 年 7 月第一版
印　　次　2025 年 8 月第五十九次
印　　数　570401−575500
书　　号　ISBN 978 −7 − 5617 − 5434 −4/G · 3188
定　　价　45.00 元

出 版 人　王　焰

(如发现本版图书有印订质量问题,请寄回本社客服中心调换或电话 021 - 62865537 联系)

目录

第十二单元 诗意人生

附 录

出版前言

　　新编大学语文教材,经过编写组全体教师的共同努力,终于正式出版了。

　　大学语文课,是普通高校中面向文(汉语言文学专业除外)、理、工、农、医、财经、政法、外语、艺术、教育等各类专业学生开设的一门文化素质教育课程。课程设置的目的是培养学生汉语语言文学方面的阅读、欣赏、理解和表达能力。这是大学生文化素质中的一个重要方面。

　　对普通高校的大学生,在入学之后进行大学语文水平测试,在毕业时进行大学语文合格测试,是对大学生进行文化素质教育的一个较好的方法。一些重点理工科大学已在这方面开展试点工作,取得了较好的效果。

　　希望有条件的学校,要为大学生开设大学语文课程,并把这门课程的建设作为对大学生进行文化素质教育的一个重要手段。

　　在大学语文课程建设方面,国家教委高教司目前正在着手进行两方面的工作,一个是大学语文考试计算机试题库的研制;一个是大学语文师资的培训。

　　各有关高校,要认真重视大学语文课程的建设工作,更深入地开展大学生文化素质教育工作。

国家教委高教司

1996 年 4 月 30 日

修订前言

一

　　《大学语文》教材第八版自 2005 年 6 月出版以来,至今已逾二年。承各地高校老师、同学们广泛采用,给予我们很大的鼓励。尤其值得感谢的是,我们还直接、间接地收到、听到不少建议与指教,使我们对如何再作修订有了明确的方向。不断提高教材的质量,是我们应有的责任。

　　2006 年 11 月,全国高等学校大学语文教学改革研讨会在湖南召开,会议达成"在高等教育的课程体系中,大学语文应当成为普通高等院校面向全体学生开设的公共必修课"这样一个共识,对大学语文的课程性质、功能和目标也有了更加明确、更加全面的认识。2007年 3 月,教育部高教司下发了转发这次会议纪要的通知,要求有关部门、单位"结合本地区、学校实际,认真做好大学语文教学改革工作"。

　　在这样的形势下,经过认真研究与讨论,我们决定推出第九版《大学语文》。现将修订的基本情况汇报如下:

　　1. 更换了大多数原版所选的与现行中学语文主要教材课文重复的作品,改选这些名家的其他佳作,或另选其他名家名作。我们坚持严选本国优秀文化传统中的名家名作精品与现当代有代表性的名家名作,兼收影响较大的外国名家名作,力求内容丰富,风格多样。新选入的一些中国现当代与外国名家名作,有的是文学作品,有的是具有文学魅力的其他人文内容的佳作,在选目的视野上较原版有所拓宽。

2. 保留篇目的作者介绍、注释与提示大多有所润色,精益求精,不断完善。新增篇目的作者介绍、注释、提示和思考与练习,也都按照新一版的更高要求撰写、拟定,并增辑有关评论资料。期望在培养学生人文精神、艺术修养与阅读习惯、写作能力等方面,都能起到良好作用。我们的课文提示不求面面俱到,而以把握要点,有助于启发学生思考为目的;学生尽可各抒己见,对课文加以讨论。所出思考与练习题力求从实际出发,期望学生在阅读与写作中养成勤于思考的习惯;不要求学生意见一致,以便在讨论中交流提高。

3. 在加强教材人文性的同时,不忘对于教材工具性的重视,增设了"学文例话"一栏,分《记叙文的阅读与写作》、《议论文的阅读与写作》、《诗歌的阅读与欣赏》、《小说的阅读与欣赏》四项,希望对学生的阅读欣赏与写作能力的提高有所帮助。此外,附录的内容也有所调整,增加了《常用文言虚词例释》、《文言特殊句法述略》、《常用修辞格举隅》等内容,而按文学史年代、国别排序的课文篇目索引也为习惯于按传统的课文排序方式上课的老师提供了方便。

4. 全书大多数的课文配有中国古典版画、水墨画,外国油画、木刻,以及一些人物照片,以求图文并茂,增强阅读效果。

总之,第九版《大学语文》修订及新增的内容非常丰富,是对第八版的一次新的提升。

大学生人文精神与品德素养的培养,可以贯穿于他们的学习过程中、日常生活言行中、阅读优秀作品内容的感受中,以及对各种社会关系的处理中;贵在自觉得到启发,并在自然流露中显示出来。热爱祖国、为社会服务、为人民大众服务,求真务实、忠诚认真、有团队精神,负责任、有使命感、积极进取、乐于助人、勤奋刻苦等等,这些人文精神与高尚品德,可以在优秀作品中充分体悟,《论语》中孔子那极为概括的"仁者爱人"一语,千百年来就不知影响了多少仁人志士。以人为本,勤奋学习,努力工作,精进不懈,这是我们每一个人都应追求的正道。名家名作中蕴涵着不同内容、不同表达方式的人文精神与高尚品德,感悟得来,累积起来,对我们都是极好的营养。名家名作各有优点,值得我们学习、体味;但未必没有局限,并不需要全都照搬他们的想法和做法。独立思考,择善而从,应当成为我们的座右铭。

二

现在的"大学语文"课程,必须重视人文教育和人文精神的培养。"大学语文"的工具性当然仍要注意,但不断渐进,进一步还得讲究兼顾文学性、艺术性、审美性、创新性乃至深刻的人生哲理性。总目标乃在提高大学生的品格素质与人文精神。教师要善于启发、点拨学生,通过对名家名作的具体分析,让学生有感悟,受熏陶。这决不是简单观念的生硬灌输所能实现的。在教学过程中,师生应通过对文本反复的互动研讨,由表及里,逐渐提升到在精神、灵魂、生命境界有所感发。要从作品本身魅力出发,发挥其潜在的熏陶、润泽作用,使学生在兴趣与愉悦中,最终得到感染,受到熏陶,让真、善、美成为学生自觉的向往与追求。学生在细读名家名作后,得到启发或警示,积累得多了,就能自然地、不断地丰富和提高自己。再加上他们在实际生活中的体验,两相比较、补充,就会更牢固、更扎实。这样会比从简单观念出发,重复许多枯燥又未必真实的教条,耳提面命式的强制灌输办法,正当、有益得多。

　　"大学语文"课程在大学阶段应是重要的"通识"性课程,贵在以学生的需要为中心,力求引导学生,使他们确立自觉、积极学习的态度。教师同样要认真负责,善于引导,加强与学生的互动,课内与课外,指授与讨论,思考与写作,都要与学生一起设计,有个计划。有准备,有计划,师生共同商量,各自发挥应有的作用,教学效果就有保证。提高学生的母语表达能力,提高学生的人文素质与道德情操,都要有个循序渐进的过程,不可急功近利,但求速成。相信努力做去,认真做好,一定会有成效,获得成功。

　　《大学语文》教材选取的篇目多一些,编写的内容丰富一些,除课堂学习外,亦可供同学们课外自学,这比有些学生特爱读时尚类的、消费性的杂书,方便、有用得多。光靠每学期或每学年教几十篇文章,学生即使有收益,仍是远远不够的。大学生多读好书,多练习写作,多独立思考,能质疑,会提出问题,这是最基本的功力。舍此不学,自欺欺人,可能一事无成。

　　现在大学扩招,学生很多。已有一些大学试行对入学新生进行语文考试,如学生基础已较好,经过测试属实,不妨同意他们不必再修"大学语文"课,便于他们选修其他人文性课程。"大学语文"宜于小班教学,否则教师难于做到关心每一个同学,也不利于学生进行讨论。较小班级的教学效果,会比百人以上的大班灌输好得多。"大学语文"课如何考试,可据各自情况,未必需要统一。据我所知,国外大学常由教师指定学生阅读某些经典性著作,要求他们写交阅读报告,按时交出若干篇幅的习作或笔记,连同学生平时课堂讨论中的表现,由教师综合评出等第,作为学生的学习成绩。这样的考核方式,我以为值得借鉴。

　　诸如此类的问题——包括如何交流不同的教法与经验、如何评定学生的学习成绩等,都需要我们不断探讨与总结,在广泛的实践过程中,一定能发现切实有效的好方法。

三

　　"大学语文"决不是一个可有可无,像某些人所说的中学语文的"补课"课程。学生自小学至中学,各阶段都应有本国语文教育课,专科、大学、研究生等阶段以至再后的长期工作阶段,无疑都应不断学习下去;学习得好,就能将工作做得更好。各阶段的学生本身情况与客观需要不同,各有其不同的有一定差别的学法、教法。说是"补充"并非不可以,说是不断发展、提高和创新更恰切。凡属中国人民,哪能认为学过一阵母语之后,就已足够需要,不必再学习了呢?一个阶段中学习上存在的欠缺,以后可以弥补,甚至超越。高中阶段的语文课,其定位若是以工具性、知识性为重,那么,专科及大学阶段即当进而在不废工具性、知识性的同时,着重体现人文性、审美性,兼具研究性、创新性乃至深刻的哲理性。从低到高,从浅到深,大致有差别,有目标,循序渐进才易进步。最浅层次的工具性与最高层次的深刻的哲理性,虽程度不同,但可以并存,都要灵活掌握,不必井水不犯河水,人为设置屏障。各个阶段都如此,不是一"性"过了就停住,再重另一"性"。实际上,无论就不同的个人,还是就整个学习过程来说,某一"性"的作用都是可以不断深化的。例如工具性,似最单纯、简易,但在具体课文中,一字、一词、一句、一节等,往往即可有不同的视角、不同的理解、不同的感悟,经常需要反复推敲、仔细判别才能真有收获;而若言之有据,不同的观点也可以并存。这样才能达到整体学习效果更好的境界,真正提高素质、增强能力。人文科学与自然科学的学习有其差异,有其不全相同的学科规律。

　　我们这样的初步设想是否有点道理,还有待进一步实践,有待于大家共同研讨。如能进一步明白其中有同有异的规律,必有助于我们今后教材编写工作与教法改进工作。这里提出浅见,期望引起大家共同研讨,因为我们工作中确实还存在尚未解决的问题,效果也有不理想之处。

坦率地说,这种情况和过去很长一段时间里,文化环境封闭、自由讨论太少有关。狭隘的政治标准第一,甚至变成"以阶级斗争为纲"为唯一标准,培养不必有自己思想的人,许多语文课就变成了政治课。不讲艺术标准与学科特点,优秀的文化传统也几乎全被抹杀、批倒了。那时重视艺术标准、学科特点,每被指为不是政治挂帅,思想上有问题,人们无可奈何,也就只能守着内容僵化的教材求安全了。经过拨乱反正,我们现在要求建设和谐社会,以人为本,重视"和而不同",鼓励独立思考,创新思维,较过去确已有显著的改变。重大发展的环境无疑已为包括语文教学改革在内,提供了无比广阔的视野和更好的条件。现代化教学手段、技术条件有日新月异的发展,人文科学在各综合大学都有很多相关课程,如诗词、小说、散文、戏曲,甚至音乐、书法、绘画等,可供理、工、农、医等各科学生来选修。需要我们来进行研讨、改进的东西多得很,我们的工作前景真是无限广阔,我们的努力也是无有尽期。

四

刚巧前几天读到温家宝总理在上海同济大学所作的对今后大学教育有极大期望的精彩讲话,发现其中许多意见与"大学语文"教学有密切联系,对我们极有启发。其中所讲,如大学应该培养也能够培养出许多有"智慧和心灵"的优秀人才,为国家建设和广大人民服务。大学教育要办得各有特色,不是千人一面的样子,要开放办学。人文科学和自然科学教育,要既有专长,又能兼容,互相补充,形成整体综合的实力。大学出来的人,知识要广博,但必须能独立思考,有创新思维,善于发现问题,追求真理与真知,真正能关心国家命运,不自私自利。理工等科的学生,要学些文学和艺术,学人文科学的,也要学些自然科学,扩大视野,大学者都是这样取得成功的。要全面发展,具有尽可能完备的综合素质。温家宝总理引用一位教育界前辈的话说:"没有一流的文科,就没有一流的理科;没有一流的理科,就没有一流的工科。"他指出,爱因斯坦也认为,大学出来的人,应该是全面发展的人。他强调大学里的师生,都要重视独立思考,有自己的头脑与智慧,自己的创造能力,这才会有与众不同的见解,才可能产生真知灼见。我们一方面要继承本国优秀的文化传统,学习前人,另一方面也要吸收外国先进的技术、知识与文化,海纳百川。大学教育还要通过讨论与交流,师生共进,教学相长,形成一种独具的学术氛围。这样努力做去,具有"智慧和心灵"的杰出人才就会大批出现,整个国家就有了更大的希望。

温家宝总理讲话中的精辟见解,使我感到这与我们"大学语文"教学中存在的问题很可以联系起来研讨,从中寻找到解决问题的方法和今后的努力方向。他的讲话对我们很有启发,具体地说,无论在教材的编选,还是教学方法的改革、教学效果的评估等各方面,都能起指导作用。(温家宝总理的讲话精神,据2007年6月14日《文汇报》所载概括)

我们深愿在今后的工作实践中,将"大学语文"这个"系统工程"不断推向完善。

徐中玉

2007年6月15日

第一单元

仁者爱人

　　孔子倡导"仁"，张扬仁者"爱人"，把个人道德修养的意义提升到仁爱天下的高度；墨子提倡"兼爱"，主张"爱人若爱其身"，把为天下兴利除害当作"仁人"为人处世的当然准则；孟子进而倡导"仁政"，强调"保民而王"，把执政治国的道理建筑在民为邦本的基础之上。这些，都是中国传统人文精神中光彩熠熠的思想资源。

　　党的二十大报告指出，要"坚守中华文化立场，提炼展示中华文明的精神标识和文化精髓"。孔子的"仁"、墨子的"兼爱"、孟子的"仁政"，精神实质都在爱人。由爱自身、爱自己的亲人，扩展到兼爱他人、泛爱众人。"老吾老，以及人之老；幼吾幼，以及人之幼"，"己欲立而立人，己欲达而达人"，"推己及人，善莫大焉"。推己及人不仅是情感的延伸扩展，更是道德的升华飞跃。由"亲亲"到"爱人"，到"仁政"，到"仁民"，到"仁天下"、"仁万物"，如此无限延展，体现出了先秦圣贤悲天悯人的仁者之心。

　　明末清初，黄宗羲等人喊出了"盖天下之治乱，不在一姓之兴亡，而在万民之忧乐"的响亮口号，振聋发聩，把先秦以来以民为本的观念引向了近代民主意识。这是历史性的进步，具有划时代的意义。

　　应予指出的是，传统的以民为本思想带有稳固统治的意图，它与现代文明以人为本的理念有着明显的差异。我们现今倡导以人为本，实质上是强调一切上层建筑存在的理由和一切国家权力行使的目的，都是为了保证每个公民能够更好地生存和发展，保证每个公民能够享受更多的自由和幸福。这是现代文明政治的当然职责，也是人类社会发展的终极目标。

　　《老子》有云："上善若水。"如果我们每个人都能自觉地、本然地去关爱他人，关爱民众，乃至于关爱一切生灵，那么，我们的心灵将会荡漾着爱的温暖，我们的社会将一派祥和，我们的生活会充满阳光。

樊迟、仲弓问仁①

《论语》

　　孔子(前551—前479),名丘,字仲尼,鲁国陬邑(今山东曲阜东南)人。春秋末期著名思想家、教育家,儒家学派的创始人。祖上是宋国贵族。早年贫而贱,做过委吏和乘田等小吏。后收徒讲学,参与政治活动。五十岁时任鲁国的司寇。又周游宋、卫、陈、蔡、齐、楚诸国,宣传其学说,终不为世用。晚年返回鲁国,倾力于教育事业与典籍整理。孔子思想的核心是"仁",认为"仁"就是"爱人",而"仁"的施行应以"礼"为规范,宣称"克己复礼为仁"。其学说自汉代以来成为中国传统思想的主导,影响极为广泛深远。

　　《论语》是记录孔子言行的一部儒家经典,由孔子的弟子及再传弟子汇集而成。今本《论语》由东汉郑玄厘定,共二十篇。内容有孔子的谈话、与弟子的问答以及弟子间关于孔子思想的谈论,是研究孔子思想的重要文献。《论语》语句简洁,文辞闲雅,意蕴丰厚,也是一部优秀的语录体散文集。

明·圣迹图

　　仲弓问仁②。子曰:"出门如见大宾③,使民如承大祭④。己所不欲,勿施于人。在邦无怨,在家无怨⑤。"仲弓曰:"雍虽不敏⑥,请事斯语矣⑦!"

　　樊迟问仁⑧。子曰:"爱人。"问知。子曰:"知人⑨。"樊迟未达⑩。子曰:"举直错诸枉⑪,能使枉者直。"樊迟退,见子夏⑫,曰:"乡也吾见于夫子而问知⑬,子曰:'举直错诸枉,能使枉者直。'何谓也?"子夏曰:"富哉言乎! 舜有天下⑭,选于众,举皋陶⑮,不仁者远矣⑯。汤有天下⑰,选于众,举伊尹⑱,不仁者远矣。"

樊迟问仁。子曰："居处恭⑲，执事敬⑳，与人忠。虽之夷狄㉑，不可弃也。"

（《论语集释》，程树德集释，北京：中华书局，1990）

【注释】

① 本篇前两段选自《论语·颜渊》，后一段选自《论语·子路》。
② 仲弓：孔子的学生，冉氏，名雍，鲁国人。
③ 如见大宾：好像去接待贵宾。与下文"如承大祭"皆意在表示严肃认真、小心谨慎。
④ 使民：役使百姓。承大祭：承当重大的祭祀典礼。古以天地之祭、褅祫之祭等为大祭。
⑤ "在邦"二句：清刘宝楠《论语正义》："在邦谓仕于诸侯之邦，在家谓仕于卿大夫之家也。"无怨，没有怨恨。《礼记·中庸》："正己而不求于人，则无怨。"
⑥ 不敏：不聪慧，迟钝。
⑦ 请：敬辞，表示愿做某事而请求允许。事斯语：实践这话。
⑧ 樊迟：孔子的弟子，名须，字子迟。
⑨ 知人：善于鉴别人。知，认识，辨别。

⑩ 达：明白。
⑪ 举直：起用正直的人。错诸枉：摈斥一干邪曲的人。错，通"措"，弃置不用。诸，众，各个。枉，邪曲，不正直。
⑫ 子夏：孔子的弟子，姓卜，名商，字子夏。
⑬ 乡：通"向"，先前。
⑭ 舜：上古的一位君主，五帝之一，姚姓，有虞氏，名重华，也称虞舜。
⑮ 皋陶（gāo yáo）：舜的臣子。
⑯ 远：旧读 yuàn，离开，避开。
⑰ 汤：商朝的开国君主，又称成汤、武汤等。
⑱ 伊尹：汤的辅相。
⑲ 居处恭：平日的言行举止端正庄严。
⑳ 执事敬：从事工作严肃认真。
㉑ 之：动词，到。夷狄：古称东方部族为夷，北方部族为狄，夷狄常用以泛称除华夏族以外的各族。

【提示】

　　《论语》作为儒家经典，所蕴含的思想内容十分丰富，其中，"仁"的思想被许多学者认为是孔子思想的核心。在《论语》中，"仁"字一共出现 109 次，其含义宽泛而且多变。从本文所辑录的内容来看，"仁"体现了人与人之间彼此相爱的伦理关系——"爱人"。孔子将"仁"确定为最基本的社会关系准则，并围绕"爱人"的内涵，构造了仁学的思想体系，这一思想后来成为整个儒家文化的中心范畴。

　　"仁"也是儒家所提倡的一切美德的集中表现，比如："恭"、"敬"、"忠"。这种"仁"应该体现在人类的所有社会活动之中，无论何时何地，都不可放弃："在邦无怨，在家无怨。""虽之夷狄，不可弃也。"孔子的"仁"还包括"己所不欲，勿施于人"的忠恕之道。他的学生子贡曾问："有一言而可以终身行之者乎？"孔子回答说："其恕乎！己所不欲，勿施于人。"（《论语·卫灵公》）这就是推己及人：别人与自己一样是人，因而应当像尊重自己一样地尊重别人。所以"恕"其实也就是"爱人"之仁。

　　孔子的仁学思想具有很强的实践性。他从未给"仁"一个固定不变的定义，而是在不同场合，针对不同对象，结合具体事例谈论"仁"的具体表现形式，以实际生活中具体、平实、可行的一些道德操守、行为方式、自我约束等实践性方式来代替抽象的、形而上的论述。比如："出门如见大宾，使民如承大祭。己所不欲，勿施于人。在邦无怨，在家无怨。""居处恭，执事敬，与人忠。"这些行为本身并不就等于"仁"，但却是实践"仁"的具体表现。所以，只有对相关内容进行综合理解，才能全面了解与把握

"仁"所具有的本质特性。

【思考与练习】

一、简述孔子仁学思想的主要内涵。

二、从本文节选的内容,可以看出《论语》的语言具有哪些特色?

三、《论语》对今天的我们,是否还有学习、择取的价值?

兼爱（上）①

《墨子》

墨子（约前468—前376），名翟，鲁国人，一说宋国人，春秋战国之际著名思想家，墨家学派的创始人。曾任宋国大夫。初学儒，后自成学派，广收门徒，游说诸侯，使墨学成为当时的显学。其学说以"兼爱"、"非攻"、"尚贤"、"尚同"为核心，对逻辑学、认识论也有探究。

《墨子》一书是墨子及其后学著述的结集，据《汉书·艺文志》所载，原有七十一篇，今存五十三篇。一般认为其中《兼爱》、《非攻》、《尚贤》、《尚同》等篇体现了墨子本人的主要思想。

圣人以治天下为事者也，必知乱之所自起，焉能治之②；不知乱之所自起，则不能治。譬之如医之攻人之疾者然③。必知疾之所自起，焉能攻之；不知疾之所自起，则弗能攻。治乱者何独不然④？必知乱之所自起，焉能治之；不知乱之所自起，则弗能治。

圣人以治天下为事者也，不可不察乱之所自起。当察乱何自起⑤？起不相爱。臣子之不孝君父，所谓乱也。子自爱，不爱父，故亏父而自利⑥；弟自爱，不爱兄，故亏兄而自利；臣自爱，不爱君，故亏君而自利，此所谓乱也。虽父之不慈子⑦，兄之不慈弟，君之不慈臣，此亦天下之所谓乱也。父自爱也，不爱子，故亏子而自利；兄自爱也，不爱弟，故亏弟而自利；君自爱也，不爱臣，故亏臣而自利。是何也？皆起不相爱。

虽至天下之为盗贼者亦然。盗爱其室⑧，不爱其异室⑨，故窃异室以利其室；贼爱其身，不爱人⑩，故贼人以利其身⑪。此何也？皆起不相爱。

虽至大夫之相乱家⑫，诸侯之相攻国者亦然。大夫各爱其家，不爱异家，故乱异家以利其家；诸侯各爱其国，不爱异国，故攻异国以利其国。天下之乱物，具此而已矣⑬。察此何自起？皆起不相爱。

若使天下兼相爱⑭，爱人若爱其身，犹有不孝者乎？视父兄与君若其身，恶施不孝⑮？犹有不慈者乎？视弟子与臣若其身，恶施不慈？故不孝不慈亡有⑯，犹有盗贼乎？故视人之室若其室⑰，谁窃？视人身若其身，谁贼？故盗贼亡有。犹有大夫之相乱家，诸侯之相攻国者乎？视人家若其家，谁乱？视人国若其国，谁攻？故大夫之相乱家，诸侯之相攻国者亡有。若使天下兼相爱，国与国不相攻，家与家不相乱，盗贼无有，君臣父子皆能孝慈，若此，则天下治。

故圣人以治天下为事者，恶得不禁恶而劝爱⑱？故天下兼相爱则治，交相恶则乱。故子墨子曰⑲："不可以不劝爱人者，此也。"

（《墨子间诂》，清孙诒让间诂，北京：中华书局，1986）

【注释】

① 本文选自《墨子·兼爱上》。

② 焉:乃,才。

③ 攻:治。

④ 何独不然:何尝不是这样。

⑤ 当:读为"尝",同声假借字,试的意思。

⑥ 亏:损害。

⑦ 虽:即使。慈:爱。

⑧ 室:家。

⑨ 其:据清王念孙说,此字疑为衍文。异室:别家。

⑩ 人:他人。据清俞樾说,"人"后疑当补"身"字。

⑪ 贼:伤害。

⑫ 大夫:古代职官名,亦为爵位名。家:封邑。相乱家,互相侵夺封邑。

⑬ 乱物:乱事。具:通"俱"。

⑭ 兼相爱:全都相亲相爱。

⑮ "恶施"句:怎么会作出不孝的事呢?恶(wū):同"乌",疑问词,何。施:行。

⑯ 亡有:没有。亡:通"无"。

⑰ 故:据清孙诒让说,此字疑为衍文。

⑱ 恶(wū)得:怎么能。禁恶(wù):禁止憎恨。劝爱:鼓励爱别人。劝,勉励,鼓励。

⑲ 子墨子:弟子、门生对老师墨子的尊称。

【提示】

"兼爱"是墨子的重要主张。所谓"兼爱",就是要人们都互相善待、爱人如己。墨子认为,"兼相爱",可以达到"交相利"的积极效果。墨子把社会的混乱,归咎于人们的"不相爱",希望以倡导"兼相爱、交相利"的办法来纠正人们相恶相害的恶习,并且认为这是"圣王之法,天下之治道也"。

先秦诸子中,儒家讲"仁爱",墨家讲"兼爱",成为古代人道主义思想的两种主要形态。儒家仁爱建立在"亲亲"的血缘关系的基础上,认为只有在爱有差等的前提下,才谈得上"老吾老以及人之老,幼吾幼以及人之幼"。墨家思想很大程度上是对儒家学说的回应,它代表的是"农与工肆之人"的利益,反对儒家仁爱理论中的那种分亲疏、分等差、分厚薄、由近及远的仁爱思想。墨家认为,这种有差别的爱,正是造成天下之人不相爱的根本原因所在。

墨家思想崇尚质实,富于现实性、针对性与功利性。与之相联系,《墨子》文章亦质朴充实,不重文采。在本篇中,文辞不加修饰,所举例证,亦能就近取譬,至为浅近,重在以理服人,极好地体现了《墨子》文章"意质而语显"的独特风格。

文章的另一特色是逻辑严密,明辨是非。本文先指出议论的焦点:"圣人以治天下为事者也,不可不察乱之所自起";然后从三个方面分别论述乱"皆起不相爱";再通过对比指出,如果"天下兼相爱","则天下治";最后顺理成章得出结论:"天下兼相爱则治,交相恶则乱。"论辩一气呵成,富于说服力与逻辑力量。

【思考与练习】

一、比较儒家"仁爱"与墨家"兼爱"思想的异同。

二、本文在语言与说理方面有何特色?

三、今天应如何看待墨子的兼爱思想?

【辑评】

杨朱、墨翟之言盈天下,天下之言不归杨,则归墨。(《孟子·滕文公下》)

齐桓晋文之事①

《孟子》

孟子(约前372—约前289),名轲,字子舆,邹(今山东邹城南)人,战国时期著名思想家,儒家学派的主要代表。他是孔子之孙子思的再传弟子,行齐、宋、滕、魏等国,以其主张游说诸侯。曾任齐宣王客卿。孟子继承孔子的学说,把孔子"仁"的理念发展为"仁政"思想,提倡"王道",主张"性善论",对后世有深远的影响。

《孟子》一书是儒家的经典,一般认为是孟子及其弟子万章等撰。《汉书·艺文志》著录十一篇,今传本七篇。宋代,《孟子》与《论语》及《礼记》的《大学》、《中庸》篇合为《四书》。

齐宣王问曰②:"齐桓、晋文之事可得闻乎③?"孟子对曰:"仲尼之徒无道桓、文之事者④,是以后世无传焉,臣未之闻也。无以⑤,则王乎⑥?"

曰:"德何如则可以王矣?"曰:"保民而王⑦,莫之能御也⑧。"曰:"若寡人者,可以保民乎哉?"曰:"可。"曰:"何由知吾可也?"曰:"臣闻之胡龁曰⑨:王坐于堂上,有牵牛而过堂下者,王见之,曰:'牛何之⑩?'对曰:'将以衅钟⑪。'王曰:'舍之!吾不忍其觳觫⑫,若无罪而就死地。'对曰:'然则废衅钟与?'曰:'何可废也?以羊易之。'——不识有诸⑬?"曰:"有之。"曰:"是心足以王矣⑭。百姓皆以王为爱也⑮,臣固知王之不忍也。"

王曰:"然。诚有百姓者⑯。齐国虽褊小⑰,吾何爱一牛?即不忍其觳觫,若无罪而就死地,故以羊易之也。"曰:"王无异于百姓之以王为爱也⑱。以小易大,彼恶知之⑲?王若隐其无罪而就死地⑳,则牛羊何择焉?"

王笑曰:"是诚何心哉?我非爱其财而易之以羊也。宜乎百姓之谓我爱也㉑。"曰:"无伤也㉒,是乃仁术也㉓,见牛未见羊也。君子之于禽兽也,见其生不忍见其死,闻其声不忍食其肉。是以君子远庖厨也㉔。"

王说㉕,曰:"《诗》云:'他人有心,予忖度之㉖。'夫子之谓也㉗。夫我乃行之,反而求之,不得吾心。夫子言之,于我心有戚戚焉㉘。此心之所以合于王者,何也?"曰:"有复于王者曰㉙:'吾力足以举百钧㉚,而不足以举一羽;明足以察秋毫之末㉛,而不见舆薪。'则王许之乎㉜?"曰:"否。""今恩足以及禽兽,而功不至于百姓者,独何与㉝?然则一羽之不举,为不用力焉;舆薪之不见,为不用明焉;百姓之不见保㉞,为不用恩焉。故王之不王,不为也,非不能也。"

曰:"不为者与不能者之形㉟,何以异?"

曰:"挟太山以超北海㊱,语人曰'我不能',是诚不能也;为长者折枝㊲,语人曰'我不能㊳',是不为也,非不能也。故王之不王,非挟太山以超北海之类也;王之不王,是折枝之类也。老吾老,以及人之老⁴⁰;幼吾幼,以及人之幼⁴¹,天下可运于掌。《诗》云:'刑于寡妻,至于兄弟,以御于家邦⁴²。'言举斯心加诸彼而已。故推恩足以保四海⁴³,不推恩无以保妻子⁴⁴。古之人所以大过人者,无他焉,善推其所为而已矣。今恩足以及禽兽,而功不至于百姓者,独何与?权⁴⁵,然后知轻重;度⁴⁶,然后知长短。物皆然,心为甚。王请度之!抑王兴甲兵⁴⁷,危士臣,构怨于诸侯,然后快于心与?"

王曰:"否。吾何快于是?将以求吾所大欲也⁴⁸。"曰:"王之所大欲,可得闻与?"王笑而不言。曰:"为肥甘不足于口与⁴⁹?轻煖不足于体与⁵⁰?抑为采色不足视于目与?声音不足听于耳与?便嬖不足使令于前与⁵¹?王之诸臣皆足以供之,而王岂为是哉?"曰:"否。吾不为是也。"曰:"然则王之所大欲可知已:欲辟土地⁵²,朝秦、楚⁵³,莅中国而抚四夷也⁵⁴。以若所为⁵⁵,求若所欲,犹缘木而求鱼也。"

王曰:"若是其甚与⁵⁶?"曰:"殆有甚焉⁵⁷。缘木求鱼,虽不得鱼,无后灾。以若所为,求若所欲,尽心力而为之,后必有灾。"曰:"可得闻与?"曰:"邹人与楚人战⁵⁸,则王以为孰胜?"曰:"楚人胜。"曰:"然则小固不可以敌大,寡固不可以敌众,弱固不可以敌强。海内之地,方千里者九⁵⁹,齐集有其一⁶⁰。以一服八,何以异于邹敌楚哉?盖亦反其本矣⁶¹。今王发政施仁,使天下仕者皆欲立于王之朝,耕者皆欲耕于王之野,商贾皆欲藏于王之市⁶²,行旅皆欲出于王之涂,天下之欲疾其君者⁶³,皆欲赴愬于王⁶⁴。其若是,孰能御之?"

王曰:"吾惛⁶⁵,不能进于是矣。愿夫子辅吾志,明以教我。我虽不敏,请尝试之。"

曰:"无恒产而有恒心者⁶⁶,惟士为能。若民⁶⁷,则无恒产,因无恒心。苟无恒心,放辟邪侈,无不为已⁶⁸。及陷于罪,然后从而刑之,是罔民也⁶⁹。焉有仁人在位,罔民而可为也?是故明君制民之产,必使仰足以事父母,俯足以畜妻子,乐岁终身饱⁷⁰,凶年免于死亡,然后驱而之善⁷¹,故民之从之也轻⁷²。今也制民之产,仰不足以事父母,俯不足以畜妻子,乐岁终身苦,凶年不免于死亡。此惟救死而恐不赡⁷³,奚暇治礼义哉⁷⁴?王欲行之,则盍反其本矣?五亩之宅⁷⁵,树之以桑,五十者可以衣帛矣。鸡豚狗彘之畜,无失其时⁷⁶,七十者可以食肉矣。百亩之田,勿夺其时,八口之家可以无饥矣。谨庠序之教⁷⁷,申之以孝悌之义⁷⁸,颁白者不负戴于道路矣⁷⁹。老者衣帛食肉,黎民不饥不寒,然而不王者,未之有也。"

(《孟子正义》,清焦循正义,北京:中华书局,1987)

【注释】

① 本文选自《孟子·梁惠王上》。

② 齐宣王:齐国国君,田氏,名辟疆。

③ 齐桓公:齐国国君,名小白。晋文公:晋国国君,名重耳。他们在春秋时先后称霸,为"春秋五霸"中的两位。

④ 道:说。

⑤ 以:通"已"。无以,犹言"不得已"。

⑥ 王(wàng):用作动词,指统治天下。

⑦ 保:安。

⑧ 御:阻挡。

⑨ 胡龁(hé):人名,齐国的一位臣子。

⑩ 之:动词,到……去。

⑪ 衅钟:古代杀牲以血涂钟行祭。衅,血祭。

⑫ 觳觫(hú sù):恐惧战栗的样子。

⑬ 识:知道。诸:"之乎"的合音。

⑭ 是:代词,这种。

⑮ 爱:吝啬,吝惜。

⑯ 诚:的确,确实。

⑰ 褊(biǎn)小:狭小。

⑱ 异:奇怪。

⑲ 恶(wū):怎么。

⑳ 隐:可怜,怜悯。

㉑ 宜:应当。乎:这里表感叹。

㉒ 无伤:没有损害,此处意为没有什么关系。

㉓仁术:仁道,即实施仁政的途径。

㉔远:远离。庖厨:厨房。

㉕说:通"悦",高兴。

㉖"他人"二句:引自《诗经·小雅·巧言》。忖度(cǔn duó),揣测,推测。

㉗夫子:古代对男子的敬称。

㉘戚戚:心动的样子。

㉙复:告。

㉚钧:古时重量单位,三十斤为一钧。

㉛明:视力。秋毫之末:秋日禽兽新长出的细绒毛,比喻极为微细的东西。

㉜舆:车。薪:柴。

㉝许:同意。

㉞独:却。

㉟见保:被安抚。

㊱形:具体的表现。

㊲挟:夹在胳膊之下。太山:即泰山。北海:指渤海,因在齐之北,故称。

㊳折枝:历来有三种解释:一是折取树枝;二是枝通"肢",向老者弯腰行礼;三是按摩搔痒。

㊴语(yù):告诉。

㊵"老吾老"句:第一个"老"字用作动词,敬爱;第二、三个"老"字为名词,指老人。

㊶"幼吾幼"句:第一个"幼"字用作动词,爱护;第二、三个"幼"字为名词,指幼儿。

㊷"刑于"三句:引自《诗经·大雅·思齐》。刑,通"型",此处用作动词,示范。寡妻,寡德之妻,为谦称,即嫡妻。御,治理。

㊸推:推广。四海:犹言天下。

㊹妻子:妻子和子女。

㊺权:秤砣,此处用作动词,称重量。

㊻度(duó):度量。

㊼抑:还是。兴甲兵:指发动战争。

㊽所大欲:最想得到的东西。

㊾肥甘:美味的食物。

㊿轻煖:又轻又暖的衣服。煖,同"暖"。

�51便嬖(pián bì):君主左右受宠幸的小臣。

�52辟土地:扩大领土。辟,开辟。

�53朝秦、楚:使秦、楚入朝称臣。

�54莅:临。中国:相对于四夷而言,指黄河流域周王朝所统治的区域,即中原地带。抚:安抚。四夷:指当时的少数民族,是古人对四方外族的蔑称。

�55若:如此,这样的。

�56若是其甚:"其甚若是"的倒装,有这样严重吗?是,此,指缘木而求鱼。甚,厉害。

�57殆:只怕。

�58邹:小国名,即邾,占有今山东费县、邹城、滕州、济宁、金乡一带。战国时为楚所灭。

�59方千里者九:谓海内有九个方圆千里的地域。有人认为指九州。

60集:汇集。

61盍:同"盍",何不。反:同"返"。本:根本,此处指仁政。下文"盍反其本矣"一句,意同。

62藏:囤积。

63疾:痛恨。

64愬:通"诉"。赴愬:跑来告诉。

65惽:同"昏",思想混乱。

66恒产:指能够长久维持生活的产业,比如田地、树木等。恒,常。

67若:至于。

68已:通"矣"。

69罔民:即对人民张开罗网,也就是陷民于罪的意思。罔,通"网",此处用作动词,张网。

70乐岁:丰年。

71驱:驱使,督促。之:动词,到。

72轻:容易。

73赡:足。

74奚:何,哪里。

75五亩:合现在一亩二分多。宅:宅院。一对夫妇受宅五亩,田百亩,是当时儒家的理想。

76无:通"毋",不要。

77庠序:古代的学校。

78申:重复,反复进行。

79颁白:头发半白。颁,通"斑"。

【提示】

孟子在孔子"仁"的基础上,进一步发展出重民、亲民的理想,明确地指出:"民为贵,社稷次之,君为轻。"(《孟子·尽心下》)在此基础上,孟子广泛地向当时的王者推行他的"仁政"学说。他说,"仁者无敌。"(《孟子·梁惠王上》)又说:"得道者多助,失道者寡助。寡助之至,亲戚畔之;多助之至,天下顺之。"(《孟子·公孙丑下》)规劝他们要亲民、爱民,只有这样,天下才能长治久安。孟子的民本思想是中国传统文化的宝贵思想资源。

本文是孟子向齐宣王宣扬自己的王道理论，是其民本思想的具体体现。开始，齐宣王向他打听齐桓、晋文之事，实际上就是想得到"称霸"天下的方法。孟子巧妙地把"霸道"的话题引到"王道"上来，鲜明地提出了"保民而王，莫之能御"的观点。然后就围绕着这个论点，引类譬喻，列举事实，最后得出结论：只有行仁政，才能服天下。否则，就会事与愿违，"缘木而求鱼"。同时，孟子提出了具体的建议：其一，给民以"恒产"，即固定的产业，这样才使民有"恒心"，要使他们"仰足以事父母，俯足以畜妻子"。其次，赋税徭役要有定制，要"不违农时"，要使百姓"不饥不寒"。可见，孟子讲的仁政，并非是空泛的仁义道德，而是有着实实在在的经国济民的内容。

在艺术特点上，善于辩论是《孟子》的一大特色。这也是战国时期的时代特征在文学上的烙印。《孟子》的辩论娴熟地运用了逻辑推理（如类比推理）的方法，循循善诱，因势利导，巧妙地把对方引入自己预设的结论之中，从而使对方心悦诚服。善于运用比喻、寓言等方式是孟子散文的又一大特色，诚如赵岐所言："孟子长于譬喻。"（赵岐《孟子章句·题辞》）运用形象、生动的比喻去说明抽象的道理，增添了文章的趣味性，具有很强的说服力。如本文"以若所为，求若所欲，犹缘木而求鱼"，生动形象地揭示出欲以"霸道"去达到"辟土地，朝秦、楚，莅中国而抚四夷"的目的是绝不可能的。孟子散文的另一个特点，是大量使用排比、叠句等修辞手法，使其文形成气势磅礴、畅达雄辩的风格。这一风格的形成也与其个人的人格修养有密切的关系，如他自己所说："吾善养吾浩然之气。"（《孟子·公孙丑上》）在语言上，孟子散文明白晓畅，简洁凝练，不事辞藻，对后世文章语言影响很大。

【思考与练习】

一、谈谈你对孟子"仁政"思想的理解。

二、孟子散文的艺术特点是什么？

三、孟子思想在哪些方面是对孔子思想的发扬光大？

【附录】

孟子曰："桀、纣之失天下也，失其民也；失其民者，失其心也。得天下有道：得其民，斯得天下矣。得其民有道：得其心，斯得民矣。得其心有道：所欲与之聚之，所恶勿施，尔也。民之归仁也，犹水之就下，兽之走圹也。故为渊驱鱼者，獭也；为丛驱爵者，鹯也；为汤、武驱民者，桀与纣也。……"（《孟子·离娄上》）

孟子曰："民为贵，社稷次之，君为轻。是故得乎丘民而为天子，得乎天子为诸侯，得乎诸侯为大夫。诸侯危社稷，则变置。牺牲既成，粢盛既絜，祭祀以时，然而旱干水溢，则变置社稷。"（《孟子·尽心下》）

冯谖客孟尝君①

《战国策》

《战国策》，又名《国策》、《国事》、《事语》、《长书》、《短长》等。属国别体杂史著作，约成书于秦代，其文多出自战国中晚期各国史官之手，记载各国有关政治、外交、军事等方面的史实。经西汉著名学者刘向整理编订，定名为《战国策》。全书分十二国策，共三十三篇。宋时已有缺失，由曾巩作了订补。《战国策》记事始于周贞定王十四年(前455)，止于秦始皇三十一年(前216)，其中保存了许多珍贵的史料，对战国时期谋臣策士游说各国或互相辩难的言行记载尤为具体，是研究战国史的重要文献。《战国策》也是我国古代一部优秀的散文集。它文笔恣肆，语言流畅，论事透辟，写人传神，还善于运用寓言故事和新奇的比喻来说明抽象的道理，具有浓厚的艺术魅力和文学趣味。《战国策》对我国两汉以来的史传文和政论文的发展都产生过积极影响。

齐人有冯谖者，贫乏不能自存②。使人属孟尝君③，愿寄食门下④。孟尝君曰："客何好⑤？"曰："客无好也。"曰："客何能？"曰："客无能也。"孟尝君笑而受之，曰："诺。"左右以君贱之也，食以草具⑥。居有顷⑦，倚柱弹其剑，歌曰："长铗归来乎⑧！食无鱼。"左右以告。孟尝君曰："食之，比门下之客⑨。"居有顷，复弹其铗，歌曰："长铗归来乎！出无车。"左右皆笑之，以告。孟尝君曰："为之驾⑩，比门下之车客。"于是乘其车，揭其剑⑪，过其友曰⑫："孟尝君客我⑬。"后有顷，复弹其剑铗，歌曰："长铗归来乎！无以为家⑭。"左右皆恶之，以为贪而不知足。孟尝君问："冯公有亲乎？"对曰："有老母。"孟尝君使人给其食用，无使乏。于是冯谖不复歌。

后孟尝君出记⑮，问门下诸客："谁习计会⑯，能为文收责于薛者乎⑰？"冯谖署曰⑱："能。"孟尝君怪之，曰："此谁也？"左右曰："乃歌夫'长铗归来'者也。"孟尝君笑曰："客果有能也，吾负之，未尝见也。"请而见之，谢曰⑲："文倦于事，愦于忧⑳，而性懧愚㉑，沉于国家之事，开罪于先生。先生不羞㉒，乃有意欲为收责于薛乎？"冯谖曰："愿之。"于是约车治装㉓，载券契而行㉔。辞曰："责毕收，以何市而反㉕?"孟尝君曰:"视吾家所寡有者。"

驱而之薛,使吏召诸民当偿者悉来合券㉖。券遍合,起,矫命以责赐诸民㉗,因烧其券。民称万岁。

长驱到齐,晨而求见。孟尝君怪其疾也㉘,衣冠而见之,曰:"责毕收乎? 来何疾也!"曰:"收毕矣。""以何市而反?"冯谖曰:"君云'视吾家所寡有者'。臣窃计,君宫中积珍宝,狗马实外厩,美人充下陈㉙;君家所寡有者,以义耳! 窃以为君市义㉚。"孟尝君曰:"市义奈何?"曰:"今君有区区之薛,不拊爱子其民㉛,因而贾利之㉜。臣窃矫君命,以责赐诸民,因烧其券,民称万岁。乃臣所以为君市义也。"孟尝君不说㉝,曰:"诺,先生休矣㉞。"

后期年㉟,齐王谓孟尝君曰㊱:"寡人不敢以先王之臣为臣。"孟尝君就国于薛㊲。未至百里,民扶老携幼,迎君道中。孟尝君顾谓冯谖㊳:"先生所为文市义者,乃今日见之。"冯谖曰:"狡兔有三窟,仅得免其死耳。今君有一窟,未得高枕而卧也。请为君复凿二窟。"

孟尝君予车五十乘㊴,金五百斤,西游于梁㊵,谓惠王曰㊶:"齐放其大臣孟尝君于诸侯㊷,诸侯先迎之者,富而兵强。"于是梁王虚上位㊸,以故相为上将军,遣使者,黄金千斤,车百乘,往聘孟尝君。冯谖先驱,诫孟尝君曰:"千金,重币也;百乘,显使也。齐其闻之矣。"梁使三反㊹,孟尝君固辞不往也㊺。

齐王闻之,君臣恐惧,遣太傅赍黄金千斤㊻,文车二驷㊼,服剑一㊽,封书谢孟尝君曰:"寡人不祥㊾,被于宗庙之祟㊿,沉于谄谀之臣,开罪于君! 寡人不足为也[51],愿君顾先王之宗庙[52],姑反国统万人乎[53]!"冯谖诫孟尝君曰:"愿请先王之祭器[54],立宗庙于薛[55]。"庙成,还报孟尝君曰:"三窟已就,君姑高枕为乐矣。"

孟尝君为相数十年,无纤介之祸者[56],冯谖之计也。

(《战国策》,汉刘向集录,宋鲍彪、元吴师道注,上海:上海古籍出版社,1978)

【注释】

① 选自《战国策》中的《齐策四》,篇名为今人所拟。
　冯谖(xuān):齐国游说之士,谖,一作"煖",《史记》中又作"驩"。客:做门客。孟尝君:齐国贵族,姓田名文,齐湣王时为相。田文之父在齐宣王时受封于薛(今山东滕县东南),田文沿袭,孟尝君即为封号。以好养士(门客)而著名,与信陵君(魏)、春申君(楚)、平原君(赵)一起被称为"战国四公子"。
② 存:生存。
③ 属:同"嘱",嘱托,请求。
④ 寄食:依附他人生活。
⑤ 好(hào):爱好,擅长。
⑥ 食(sì):通"饲",给人东西吃。草具:粗劣的饭菜。
⑦ 居有顷:过了不久。
⑧ 长铗(jiá):长剑。一说铗为剑把。归来乎:离开吧,回去吧。来、乎,都是语气词。
⑨ 比:按照。门下之客:指中等待遇的食客。

⑩ 为之驾:为他配车。
⑪ 揭:举。
⑫ 过:拜访。
⑬ 客我:指孟尝君待冯谖为上等门客。
⑭ 无以为家:没有能力养家。
⑮ 记:账册。一说,指书状之类文件。
⑯ 习:熟悉。计会(kuài):会计账目。
⑰ 责(zhài):同"债"。
⑱ 署:署名,签名,引申为表示。
⑲ 谢:道歉。
⑳ 愦(kuì):心思烦乱。
㉑ 怯(nuò):同"懦",懦弱。
㉒ 不羞:不以此感到羞辱。
㉓ 约车治装:准备车马,整理行装。
㉔ 券契:债务契约。
㉕ 市:买。反:同"返"。
㉖ 当偿者:应偿还债务的人。合券:验合债券。古代契约分为两半,立约双方各执其一。

㉗ 矫命:假托命令。

㉘ 疾:迅速。

㉙ 下陈:指宫中地位低下的姬侍。

㉚ 市义:买回百姓的恩义,即收买人心。

㉛ 拊爱:体恤爱护。子其民:把民众看作自己的子女。

㉜ 贾(gǔ)利:求取利益。贾,求取。

㉝ 说:通"悦"。

㉞ 休矣:算了吧。

㉟ 期年:整整一年。

㊱ 齐王:指齐湣王。当时齐湣王恐孟尝君政治势力扩大,有意排斥他,决定废除孟尝君的相位并把他赶到封地去居住。后文所说"不敢以先王之臣为臣",显系托词。

㊲ 就国:回封地。

㊳ 顾:回头看。

㊴ 乘(shèng):古制一车四马为一乘。

㊵ 梁:魏国。因为当时魏已迁都到大梁(今河南开封),故称之为梁。

㊶ 惠王:梁惠王。

㊷ 放:放逐。

㊸ 虚:空出。上位:显贵的职位,此指宰相之位。

㊹ 三反:先后三次往返。反,同"返"。

㊺ 固辞:坚决辞谢。

㊻ 太傅:官名。 赍(jī):持物送人。

㊼ 文车:装饰精美的车。驷:四马拉的车。

㊽ 服剑:佩剑。

㊾ 不祥:意为糊涂。一说不吉祥,没福气。

㊿ 被:遭,受。宗庙之祟:指祖宗神灵的警告。宗庙,帝王、诸侯祭祀祖先的祠庙。祟,鬼神的祸害。

51 不足为:不值得你看重并辅助。一说无所作为。

52 顾:顾念。

53 姑:姑且。反:同"返"。万人:代指一国百姓。

54 请先王之祭器:请分出一些祭祀先王的礼器。

55 立宗庙于薛:在薛地再建一座齐国宗庙。这是巩固和强化薛作为封地的政治地位的重要举措,因为宗庙一立,封地就不能再取消。

56 纤介:细小。纤,细丝。介,同"芥",小草。

【提示】

本文记叙了策士冯谖为孟尝君营就"三窟"、巩固政治地位的经过,展现了冯谖不甘碌碌无为,以深谋远虑报效知己的奇卓风采和孟尝君宽容大度、礼贤下士的良好品德,从一个侧面反映了战国时期的社会风貌。"市义"固然是收买人心,但若无对人心向背的关心,不知广施仁义、体恤民情方能赢得民众的拥护,又岂能为之?

作者刻画冯谖的形象,主要采取了欲扬先抑、层层深入的方法。开篇写他"无好"、"无能",寄食于人却再三弹铗而歌,要求优厚的生活待遇,仿佛是不知餍足的小人,而后再写他自告奋勇为孟尝君收债"市义",营就"三窟",展示其卓越不凡的见识和才具,令人心折,充分显示出作者艺术构思的巧妙匠心。

此外,故事情节的生动有趣、一波三折,孟尝君及其手下人对冯谖态度的映衬,也从不同侧面丰满了冯谖的形象。

【思考与练习】

一、如果说冯谖初为门客时频频争地位待遇是自信的表现,那么形成他的这种自信的主客观原因何在?

二、联系"毛遂自荐"、"伯乐相马"一类故事,试析实行"惟才是举"(曹操)、"不拘一格降人才"(龚自珍)等主张的社会条件和环境。

三、从择选、设计人生道路的角度,谈谈"狡兔三窟"的双重性意义(积极的和消极的)。

【辑评】

三番弹铗,想见豪士一时沦落,胸中磈礧勃不自禁。通篇写来波澜层出,姿态横生,能

使冯公须眉浮动纸上。(清·吴楚材等《古文观止》)

此文之妙,全在立意之奇,令人读一段想一段,真有武夷九曲,步步引人入胜之致。……谋篇之妙,殊属奇绝。若其句调之变换,摹写之精工,顿挫跌宕,关锁照应,亦无不色色入神。变体快笔,皆以为较《史记》更胜。(清·余诚《重订古文释义新编》)

此冯谖传也,屈伸具态。其计谋,不出为巨室老,无绝殊者。喜其叙置不平铺,且为史传开体。(清·浦起龙《古文眉诠》)

又 呈吴郎①

杜 甫

　　杜甫（712—770），字子美，原籍襄阳（今湖北襄樊襄阳区），自其曾祖时迁居巩县（今河南巩义）。唐代伟大的诗人。天宝六年（747）应进士举，未第，遂客居都城长安。曾住杜陵附近之少陵，故世称杜少陵。安史之乱期间，他历经离乱，备尝艰辛。先寄身于秦川、同谷等地，后携妻儿入蜀，辗转飘泊于梓州、阆州、夔州诸地近十年。大历间离蜀东归，不久即病逝于湘江舟中。在蜀时曾得西川节度使严武的举荐，得授检校工部员外郎职衔，后世因称其为杜工部。杜甫是唐代，也是中国古代最重要的诗人之一。他出身于世代"奉儒守官"之家，对国家命运和民生疾苦非常关注。半生流离失所的苦难经历，使他得以深入社会，真切认识现实黑暗和百姓苦难。他的众多优秀诗篇，深刻地反映了唐王朝由盛转衰过程中的社会风貌和时代苦难，被后人誉为"诗史"。他的诗在艺术上达到炉火纯青的境界，五古、七古、五律、七律各体皆长，绝句亦有特色，以沉郁顿挫的风格、千锤百炼的语言、精细老成的诗律被后世推为"诗圣"，与李白并称"李杜"。有《杜少陵集》。

　　堂前扑枣任西邻，无食无儿一妇人。
　　不为困穷宁有此②，只缘恐惧转须亲③。
　　即防远客虽多事④，便插疏篱却甚真⑤。
　　已诉征求贫到骨⑥，正思戎马泪沾巾⑦。

（《杜诗详注》，唐杜甫撰，清仇兆鳌注，北京：中华书局，1979）

【注释】

① 呈：呈送，尊敬的说法。这是用诗写的一封信，杜甫以前写过《简吴郎司法》，这是又一首，所以说"又呈"。吴郎是来自忠州的一位司法（州政府的军事参谋），是杜甫的晚辈姻亲，暂住夔州。杜甫腾出自己靠近城市的住宅瀼西草堂给吴郎居住，草堂前有枣树，西邻是一贫穷寡妇，杜甫在时听任她打枣。吴郎搬入后，在枣树周围围起篱笆，其用意自然是防止寡妇再来打枣。杜甫得知以后，便以诗代简，婉言相劝。

② 宁有此：哪会这样做。此，指贫妇人打枣这件事。

③ 只缘：正因。转须亲：反而应该亲切对待。

④ 远客：指吴郎。多事：指那位贫妇多此一举。

⑤ 却甚真：指像是真的不让贫妇来打枣。

⑥ 征求：官府征收赋税。

⑦ 戎马：指战争。

【提示】

　　这是一首以诗代简之作。通过劝说吴郎不要阻止老妇人打枣这件小事,体现诗人仁民爱物、心忧天下的博大胸怀。

　　前两联诗人自述从前对扑枣邻妇的态度和理由。诗人首先现身说法,用实际行动来启发对方;接着,交代了邻妇的悲惨处境:"无食无儿",两个"无"字,颇具反复唱叹之致,写出这位老妇人凄惨辛酸的生活境况,不由得使人心生怜悯,作者这样说,是为了感化吴郎。颔联紧接首联,说老妇人如果不是因为穷得万般无奈,又何至于去打人家的枣呢? 正因为她担心遭到主人的斥责而心存恐惧,所以对她就更应当和气亲近。"宁有此"包含无限哀怜,"转须亲"暗示吴郎对老妇人所应抱有的态度。

　　颈联两句上下一气,相互关联,以迂曲的方式劝说吴郎。作者本意是劝说吴郎,希望他体恤老妇的难处,任其前来打枣,却先从承认老妇"多事"入手,措辞极其委婉,可谓煞费苦心。尾联由近及远,借老妇人的哭诉,指出当时广大人民困穷的社会根源:战乱。诗人想到战乱中更多流离失所的人们,忧伤至极,不禁热泪沾襟。

"即防远客虽多事,便插疏篱却甚真。"

　　这首诗体现了诗人对饱受战乱之苦的下层人民的深切关怀与热爱。他从西邻老妇一人的苦况,想到普通百姓水深火热的生活;从表达对老妇的同情扩展而为对时局艰难的忧虑。正是这种以小见大、推己及人、无时无刻不关心黎民疾苦的崇高精神,使得这首诗在千载以后读来,仍能感动人心。

　　全诗夹叙夹议,娓娓道来,特别是中间两联,深得含蓄婉曲之致。语言方面,诗中多用虚词作为转接,如"不为"、"只缘"、"已诉"、"正思",以及"即"、"便"、"虽"、"却"等,句法别致,富于散文意味,与盛唐七律常格不同,而能别开生面。

【思考与练习】

一、结合中间两联体会诗人在批评吴郎时措辞的委婉与艺术性。
二、这首诗揭示了当时怎样的社会现实,诗人对当时社会现实持何种态度?
三、前人评此诗"语淡而意厚",请就此进行分析。

【辑评】

　　此亦一简,本不成诗。然直写情事,曲折明了,亦成诗家一体。大家无所不有,亦无所不可也。(明·王嗣奭《杜臆》)

　　此章告以恤邻之道也。……"无食无儿一妇人"句,中含四层哀矜意:通章皆包摄于此。○此诗是直写性情,唐人无此格调。然语淡而意厚,蔼然仁者痌瘝一体之心,真得《三百篇》神理者。(清·仇兆鳌《杜诗详注》)

［正宫］端正好①

刘时中

刘时中(？—约1324)，名致，字时中，号逋斋，石州宁乡(今山西中阳)人。元散曲家。因曾依姚燧在江西龙兴(今南昌)居住，故又自称"古洪刘时中"。少时随父居广东，父殁后游宦于湖南、江西、河南等地，历官湖南宪府吏、永新州判、河南行省掾、翰林待制、浙江行省都事等。致仕后寓居杭州，与张可久等酬唱。所作散曲今存七十余首，有清丽的写景抒情之作，也有反映民生疾苦之作。一说写［正宫］《端正好·上高监司》的是另一个名叫刘时中的潦倒文人。

上高监司（前套）②

众生灵遭磨障③，正值着时岁饥荒。谢恩光④，拯济皆无恙，编做本词儿唱。

【滚绣球】去年时正插秧，天反常，那里取若时雨降⑤，旱魃生四野灾伤⑥。谷不登，麦不长，因此万民失望。一日日物价高涨。十分料钞加三倒⑦，一斗粗粮折四量。煞是凄凉。

【倘秀才】殷实户欺心不良，停塌户瞒天不当⑧。吞象心肠歹伎俩⑨。谷中添秕屑，米内插粗糠，怎指望他儿孙久长！

【滚绣球】甑生尘老弱饥⑩，米如珠少壮荒。有金银那里每典当⑪？尽枵腹高卧斜阳⑫。剥榆树餐，挑野菜尝。吃黄不老胜如熊掌⑬，蕨根粉以代糇粮⑭。鹅肠苦菜连根煮⑮，荻笋芦蒿带叶咙⑯，则留下杞柳株樟⑰。

【倘秀才】或是捶麻柘稠调豆浆⑱，或是煮麦麸稀和细糠。他每早合拿擎拳谢上苍⑲。一个个黄如经纸，一个个瘦似豺狼，填街卧巷。

【滚绣球】偷宰了些阔角牛，盗斫了些大叶桑。遭时疫无棺活葬，贱卖了些家业田庄。嫡亲儿共女，等闲参与商⑳。痛分离是何情况？乳哺儿没人要撇入长江。那里取厨中剩饭杯中酒，看了些河里孩儿岸上娘，不由我不哽咽悲伤。

【倘秀才】私牙子船湾外港㉑，行过河中宵月朗，则发迹了些无徒米麦行㉒。牙钱加倍解㉓，卖面处两般装㉔，昏钞早先除了四两㉕。

【滚绣球】江乡相㉖，有义仓，积年系税户掌。借贷数补答得十分停当，都侵用过将官府行唐㉘。那近日劝粜到江乡㉙，按户口给月粮。富户都用钱买放㉚，无实惠尽是虚桩。充饥画饼诚堪笑，印信凭由却是谎，快活了些社长知房㉛。

【伴读书】磨灭尽诸豪壮，断送了些闲浮浪。抱子携男扶箍杖㉜，尪羸伛偻如虾样㉝。

一丝好气沿途创，阁泪汪汪。

【货郎儿】见饿莩成行街上㉞，乞出拦门斗抢。便财主每也怀金鹄立待其亡㉟。感谢这监司主张，似汲黯开仓㊱。披星带月热中肠，济与粜亲临发放。见孤孀疾病无饭向㊲，差医煮粥分厢巷。更把赃输钱分例米，多般儿区处的最优长㊳。众饥民共仰，似枯木逢春，萌芽再长。

【叨叨令】有钱的贩米谷置田庄添生放㊴，无钱的少过活分骨肉无承望。有钱的纳宠妾买人口偏兴旺，无钱的受饥馁填沟壑遭灾障。小民好苦也么哥㊵，小民好苦也么哥，使秋收鬻妻卖子家私丧。

【三煞】这相公爱民爱国无偏党，发政施仁有激昂。恤老怜贫，视民如子，起死回生，扶弱摧强。万万人感恩知德，刻骨铭心，恨不得展草垂缰㊶。覆盆之下㊷，同受太阳光。

【二煞】天生社稷真卿相，才称朝廷作栋梁。这相公主见宏深，秉心仁恕，治政公平，莅事慈祥。可与萧曹比并㊸，伊傅齐肩㊹，周召班行㊺。紫泥宣诏㊻，花衬马蹄忙。

【一煞】愿得早居玉笋朝班上㊼，仵看金瓯姓氏香㊽。入阙朝京，攀龙附凤，和鼎调羹㊾，论道兴邦。受用取貂蝉济楚㊿，衮绣峥嵘[51]，珂珮丁当[52]。普天下万民乐业，都知是前任绣衣郎[53]。

【尾声】相门出相前人奖[54]，官上加官后代昌。活被生灵恩不忘[55]，粒我蒸民德怎偿[56]。父老儿童细较量，樵叟渔夫曹论讲，共说东湖柳岸旁，那里清幽更舒畅。靠着云卿苏圃场[57]，与徐孺子流芳挹清况[58]。盖一座祠堂人供养，立一统碑碣字数行[59]，将德政因由都载上，使万万代官民见时节想。

"谷不登，麦不长……贱卖了些家业田庄。"
移家　清·黄慎作

（《阳春白雪》，元杨朝英编，《历代散曲汇纂》影印本，杭州：浙江古籍出版社，1998）

【注释】

① 这套散曲原载元刊散曲选本《阳春白雪》后集卷三,原共两套,这里选的是前一套。正宫:宫调名。端正好:套曲中第一支曲子的曲牌名。[正宫]【端正好】是元曲中最常见的联套方式。下面的【滚绣球】、【倘秀才】、【伴读书】、【货郎儿】、【叨叨令】及【煞】、【尾声】也都是曲牌名。【煞】在套曲中的排列方式是最后面一支为【一煞】,【一煞】之上为【二煞】,依次类推。【尾声】又叫【尾】,是套曲中的最后一支曲子。

② 监司:州府监察官员,元代的御史、廉访使等都可称为监司。高监司,元代江南有高姓监司数位,此曲所写何人不明。

③ 磨障:佛家语,磨难。

④ 恩光:恩德。

⑤ 若:同"偌",那个。时雨:及时雨。

⑥ 旱魃(bá):传说中引发旱灾的怪物。

⑦ 料钞:当时的纸币。加三倒:纸币贬值,需加三成(倒换)使用。

⑧ 停塌户:囤积粮食的商户。

⑨ 吞象:比喻贪婪狠毒。

⑩ 甑(zèng):饭锅。

⑪ 每:相当于"么",元曲中的词缀,用在指示代词后。

⑫ 枵(xiāo)腹:肚子空空,饿肚子。

⑬ 黄不老:野菜名。

⑭ 糇(hóu)粮:干粮。

⑮ 鹅肠苦菜:野菜名。

⑯ 荻(dí):一种生长在水边,形状与芦苇相似的草本植物。蒿:野草名,有青蒿、白蒿等几种。咙(zhuāng):同"噇",吞咽。

⑰ 杞柳:树名,枝条细长,也叫红皮柳。

⑱ 麻柘(zhè):指麻草和柘树的果实。

⑲ 他每:他们。每,相当于"们"。

⑳ 参与商:指二十八宿中的参宿与商宿,两星一西一东,此出彼没。比喻分离不相见。

㉑ 私牙子:投机倒把的粮贩子。

㉒ 无徒:无赖之徒。

㉓ 牙钱:倒卖的佣钱。解:收取。

㉔ 两般装:克扣斤两的手段。

㉕ 昏钞:指旧币。

㉖ 相:厢,那边。

㉗ 税户:纳税之户,指富户。

㉘ 行:那里,元曲常用指示代词。唐:搪塞。

㉙ 劝粜(tiào):督促(有粮的人家)出卖粮食。

㉚ 买放:通过贿赂得到宽免。

㉛ 社长:元代乡村中每五十户为一社,设一社长。知房:家族的主事人。

㉜ 筇(qióng)杖:竹杖。筇,竹名。

㉝ 尫羸(wāng léi):瘦弱。

㉞ 饿莩(piǎo):饿死的人。莩,通"殍"。

㉟ 鹄(hú)立:像天鹅一样伸长脖颈站着。

㊱ 汲黯(? —前112):字长孺,西汉濮阳(今河南濮阳西南)人,为谒者时,武帝派他视察河南房屋火灾,他见当地水旱灾严重,便矫命发仓赈民。

㊲ 皈向:归宿。

㊳ 赃输钱:没收的赃款。分例米:配给的粮食。

㊴ 生放:放贷生息。

㊵ 也么哥:感叹语,按【叨叨令】曲牌定格,这两句后三字必须是"也么哥"。

㊶ 展草:据晋陶渊明《搜神后记》记载,广陵人杨生养一狗,非常宠爱。有一天杨酒醉卧草丛中,遇大火。狗连吠而杨不醒,便以水沾身洒草上,使杨免遭火焚。后遂用为报恩的典故。垂缰:据南朝宋刘敬叔《异苑》记载,前秦国主苻坚遭慕容冲袭击,驰马落涧,追兵将到,那马跪到涧边垂下马鞍,让苻坚攀援登岸,终于脱难。后"垂鞍"演化为"垂缰",成为报恩的典故。

㊷ 覆盆:倒扣的盆,比喻见不到光明的地方。

㊸ 萧曹:萧何、曹参,西汉初的名相。比并:相比,同类。

㊹ 伊傅:伊尹、傅说,商代的名相。

㊺ 周召:周初名臣周公旦、召公奭(shì)。班行:并列。

㊻ 紫泥:代指诏书。皇帝诏书用紫泥封缄,故称。

㊼ 玉笋:比喻人物出类拔萃。

㊽ 金瓯:比喻国家,这里有全国之义。

㊾ 和鼎调羹:指担负朝政,治理国家。和鼎,在鼎中调味。古代以调和鼎鼐比喻宰相的职责。调羹,典出《尚书·说命》:"若作和羹,尔惟盐梅。"

㊿ 貂蝉:貂尾和附蝉,古代高官礼帽的饰物。济楚:整齐。

51 衮绣:衮衣绣裳,画龙纹的上衣和绣纹饰的下衣。

52 珂珮:珂做的佩饰。珂,玉一类的美石。

53 绣衣郎:指御史官职。

54 相门出相:语出《史记·孟尝君列传》:"将门必有将,相门必有相。"这里称颂高监司祖上曾为高官。

55 被:当为"彼"之讹。

⑤粒:使……有饭吃。烝民:民众。

⑤云卿苏圃:苏云卿的菜园。苏为南宋时隐士,在豫章(今江西南昌)东湖结庐而居,辟园种菜。

⑤徐孺子:即徐稚(97—168),字孺子,豫章南昌(今属江西)人,东汉隐士,以道德高尚著称。流芳挹清:美好的名声广远流传。况:……的样子。

⑤一统:一座。

【提示】

刘时中的《上高监司》套曲在元代散曲中有两个非常突出的特点。一个是形式上的。这部作品共有两套,教材所选为其一,一般称为前套,由十五支曲子组成,另一套称后套,有三十四支曲子组成。如此篇幅在现存元散曲作品中是最长的。另一个特点是内容方面的。元散曲的大部分作品是文人遣怀抒情之作,像这样的以写实笔法反映灾荒中民众的苦难与社会的黑暗的曲子,实在是凤毛麟角。无论其悲天悯人的情怀,还是对社会现实的描绘与揭露,在元代文学乃至整个古代文学中,都十分突出的,因此被誉之为元散曲中的"新乐府"。

全套十五支曲子大体可以分为五部分。

首曲【端正好】可视为全套的序曲,与【尾声】相呼应,交待写作的缘起。这是一部分。接下来,是【滚绣球】与【倘秀才】的三次反复,一共六支曲子描写天灾与民瘼,这是全曲的重头戏部分。下面的【滚绣球】与【伴读书】两支曲子组成一部分,揭露官员昏庸,与劣绅勾结,加重了百姓的困苦。第四部分也是两支曲子,先写高监司的仁政给百姓带来一线生机,继而再写百姓的困苦情状,向高监司呼吁。第五部分由四支【煞】、【尾】曲组成,歌功颂德,表达了对高监司的感激与祝福。

这一套曲不以华丽的词藻见长。它给读者留下深刻印象的地方,首先是不加任何粉饰的白描。天灾的严重,粮食的匮乏,饥民的困苦,社会的混乱,都有十分生动细致的描绘。另外,对奸商的鬼蜮伎俩,官绅勾结的手段,也有毫不留情的揭露。其次是作者炽烈的感情,包括对灾民的悲悯之情,对奸商的憎恶之情,对贪官的愤恨之情,和对高监司由衷的感激之情,都渗透到整篇作品里。而这些都表现出作者强烈的社会责任感与爱憎分明的情怀,对于一名古代曲家来说,格外难能可贵。

至于曲中对高监司的颂扬,我们不必苛求。一则施仁政于民的官吏确应歌之颂之,二则在那个时代也属常例。

【思考与练习】

一、作品从哪几个方面描写了灾民困苦的生活?
二、除了天灾,作品中还写了哪些"人祸"?
三、全套中以古喻今使用了哪些典故?

【辑评】

刘时中在他们里是一位杰出的作家……其最伟大的作品则为《上高监司》的两套【端正好】。这两套俱见于《阳春白雪》,是散曲家们从来未之尝试的新的境界。他在这里,把散曲的作用,提高到类似白居易《新乐府》的了。(郑振铎《插图本中国文学史》)

元散曲作家刘时中有《上高监司》曲二两大套,刻画世态,至为深切。(郑振铎《论元人所写商人、士子、妓女间的三角恋爱剧》)

原 君①

黄宗羲

黄宗羲(1610—1695),字太冲,号南雷,学者称梨洲先生,浙江余姚人。明末清初著名思想家、史学家、文学家。明诸生。其父黄尊素为东林党重要成员,受魏忠贤迫害而死,遗命宗羲师从著名学者刘宗周。清军南下,黄宗羲举义军进行抗清斗争,曾被南明鲁王任命为左副都御史。后从事著述,屡次坚拒清朝官府的征聘。后人将他与顾炎武、王夫之并称"清初三大思想家"。著有《明夷待访录》、《宋元学案》、《明儒学案》、《南雷文定》、《南雷诗历》等,编有《明文海》。今人编有《黄宗羲全集》。

有生之初②,人各自私也,人各自利也。天下有公利而莫或兴之③,有公害而莫或除之。有人者出,不以一己之利为利,而使天下受其利;不以一己之害为害,而使天下释其害④。此其人之勤劳,必千万于天下之人。夫以千万倍之勤劳,而己又不享其利,必非天下之人情所欲居也⑤。故古之人君,量而不欲入者⑥,许由、务光是也⑦;入而又去之者⑧,尧、舜是也⑨;初不欲入而不得去者,禹是也⑩。岂古之人有所异哉?好逸恶劳,亦犹夫人之情也。

后之为人君者不然。以为天下利害之权皆出于我,我以天下之利尽归于己,以天下之害尽归于人,亦无不可。使天下之人不敢自私,不敢自利,以我之大私为天下之公⑪;始而惭焉,久而安焉,视天下为莫大之产业,传之子孙,受享无穷。汉高帝所谓"某业所就,孰与仲多"者⑫,其逐利之情,不觉溢之于辞矣。

此无他,古者以天下为主,君为客,凡君之所毕世而经营者⑬,为天下也。今也以君为主,天下为客,凡天下之无地而得安宁者,为君也。是以其未得之也,屠毒天下之肝脑⑭,离散天下之子女,以博我一人之产业⑮,曾不惨然,曰:"我固为子孙创业也。"其既得之也,

许由洗耳　　明·陈洪绶作

敲剥天下之骨髓,离散天下之子女,以奉我一人之淫乐,视为当然,曰:"此我产业之花息也⑯。"然则为天下之大害者,君而已矣。向使无君⑰,人各得自私也,人各得自利也。呜呼!岂设君之道固如是乎?

古者天下之人爱戴其君,比之如父,拟之如天,诚不过也。今也天下之人怨恶其君,视之如寇雠⑱,名之为独夫⑲,固其所也⑳。而小儒规规焉以君臣之义无所逃于天地之间㉑,至桀、纣之暴㉒,犹谓汤、武不当诛之㉓,而妄传伯夷、叔齐无稽之事㉔,乃兆人万姓崩溃之血肉㉕,曾不异夫腐鼠。岂天地之大,于兆人万姓之中,独私其一人一姓乎?是故武王,圣人也;孟子之言㉘,圣人之言也。后世之君,欲以如父如天之空名,禁人之窥伺者㉙,皆不便于其言㉚,至废孟子而不立㉛,非导源于小儒乎?

虽然,使后之为君者果能保此产业,传之无穷,亦无怪乎其私之也。既以产业视之,人之欲得产业,谁不如我?摄缄縢,固扃鐍㉜,一人之智力,不能胜天下欲得之者之众。远者数世,近者及身,其血肉之崩溃,在其子孙矣。昔人愿世世无生帝王家㉝,而毅宗之语公主㉞,亦曰:"若何为生我家!"痛哉斯言!回思创业时,其欲得天下之心,有不废然摧沮者乎㉟?是故明乎为君之职分,则唐虞之世,人人能让,许由、务光非绝尘也㊱;不明乎为君之职分,则市井之间,人人可欲,许由、务光所以旷后世而不闻也㊲。然君之职分难明,以俄顷淫乐㊳,不易无穷之悲,虽愚者亦明之矣!

(《黄宗羲全集》一,清黄宗羲撰,杭州:浙江古籍出版社,2005)

【注释】

① 本文为《明夷待访录》中的第一篇。《明夷待访录》写于清康熙二年(1663),清乾隆间被列为禁书。"明夷"是《周易》六十四卦之一。原君:推究做君主的道理。

② 有生之初:人类社会开始的时候。

③ 莫或兴之:没有人去兴办它。

④ 释:去掉,免除。

⑤ 居:居其位,处于那个地位,指做君主。

⑥ 量:考虑。入:指就君之位,做君主。

⑦ 许由:尧时高士。传说尧想把天下让给他,他不受,尧又召他为九州长,他不愿闻,跑到颍水边去洗耳。务光:商代高士。相传汤以天下让给他,他不肯接受,负石自沉于水。

⑧ 去:离开,指放弃君位。

⑨ 尧:上古的著名君主,号陶唐氏,名放勋,史称唐尧,死后由舜继位。舜:上古的著名君主,姚姓,或作妫姓,号有虞氏,名重华,史称虞舜。

⑩ 禹:夏代开国君主。因治水有功,舜想把天下给他,他起初不愿接受,舜死后才作了君主。

⑪ 私:私欲。公:公利。

⑫ 某业所就,孰与仲多:我今天所成就的这份家业,与老二相比,谁多呢?仲,排行第二,此指刘

邦的二哥。据《史记·高祖本纪》记载,汉高祖九年(198)未央宫建成,刘邦在大殿中宴诸侯群臣,向他的父亲敬酒时说了这话。

⑬ 毕世:终生,一辈子。

⑭ 屠毒:杀害,毒害。肝脑:代指生命。

⑮ 博:获取。

⑯ 花息:利息。

⑰ 向使:假使。

⑱ 寇雠:仇敌。《孟子·离娄下》:"君之视臣如土芥,则臣视君如寇雠。"

⑲ 独夫:贪暴无道得不到人民拥护的统治者。

⑳ 所:宜,适宜。

㉑ 小儒:指目光短浅的俗儒。规规焉:拘谨地。逃:逃避。

㉒ 桀、纣:历史上两个著名的暴君,桀是夏代的最后一个君主,被商汤推翻;纣是商代最后一个君主,被周武王推翻。

㉓ 汤:商朝的建立者成汤,又称武汤、武王、天乙、成汤。武:西周的建立者周武王,姬姓,名发。不当诛之:据《史记·儒林传》记载,汉景帝时,黄生与辕固生辩论,说汤、武伐桀、纣是弑君。

㉔ 伯夷、叔齐:商朝诸侯孤竹君的两个儿子。无稽

之事：据传周武王伐纣时，伯夷、叔齐曾拦住他的马头，极力劝阻，认为臣不当伐君。商亡后他们不食周粟，隐居首阳山，采薇而食，终于饿死。无稽，无可查考。

㉕ 兆人：亿万人民。

㉖ 腐鼠：喻轻贱的东西。语出《庄子·秋水》："于是鸱得腐鼠，鹓雏过之，仰而视之，曰：'嚇！'"

㉗ 私：偏爱。

㉘ 孟子之言：指《孟子·梁惠王下》中的一段话："齐宣王问曰：'汤放桀，武王伐纣，有诸？'孟子对曰：'于传有之。'曰：'臣弑其君可乎？'曰：'贼仁者谓之贼，贼义者谓之残，残贼之人，谓之一夫。闻诛一夫纣矣，未闻弑君也。'"

㉙ 窥伺：偷看，等待机会，指伺机夺取君位。

㉚ 不便于其言：感到孟子的话不利于他们的统治。

㉛ 废孟子而不立：宋神宗元丰七年（1084）孔庙配享增入孟子，明洪武五年（1372）太祖朱元璋因不满《孟子》"民为贵，君为轻"一章，下诏去掉了孔庙里的孟子牌位。又在洪武二十三年、二十

七年下诏修订《孟子》，凡书中含有民本思想的章节，都予删除。

㉜ "摄缄縢"二句：用绳子捆紧，用锁锁牢。语见《庄子·胠箧》。摄，收紧。缄，扎束器物的绳子。縢（téng），绳子。扃（jiōng），关钮。鐍（jué），锁钥。

㉝ 昔人：指南朝宋顺帝刘准。据《资治通鉴·齐纪一》记载，顺帝升明三年（479），萧道成迫其下诏禅位，宋顺帝在被逼出宫时，"泣而弹指曰：'愿后身世世勿复生帝王家！'宫中皆哭"。

㉞ 毅宗：明朝崇祯皇帝。南明时谥思宗，后改谥毅宗。《明史·公主传》："长平公主……城陷，帝入寿宁宫，主牵帝衣哭。帝曰：'汝何故生我家！'以剑挥斫之，断左臂。"

㉟ 废然摧沮（jǔ）：颓丧气馁的样子。

㊱ 绝尘：超绝尘俗。

㊲ 旷后世而不闻：谓后代再没有听到有这样的人。旷，空，绝。

㊳ 俄顷：片刻。

【提示】

在古代的封建社会，君权神授天经地义，不可移易，而效忠君王则是臣民至死不能违背的伦理观念。黄宗羲这篇文章仿韩愈《原道》、《原毁》等立题，从探究人君的职分入手，激烈抨击了封建帝王"视天下为莫大之产业，传之子孙"的"家天下"思想，揭露他们"屠毒天下之肝脑"，"敲剥天下之骨髓"，"离散天下之子女"以满足一己私欲的罪恶，并从理论上驳斥了腐儒盲目忠君的荒谬。尽管作者未能从社会制度上认识产生封建暴君的渊源，而只是在肯定君主制的前提下提出变革独裁的改良愿望，但是，文章敢于反对专制、挑战君权的胆识，"天下为主，君为客"的主张，则光彩烨烨，标志了古代民本思想向现代民主意识的转进，具有划时代的意义。

文章以简朴流畅的语言阐述观点，并从历史传说和经典史籍中援引事例予以论证，取精用宏，体现出作者学识的渊深与思想之敏锐。尤其是作者举出被历代儒者奉为圣明的孟子斥责残贼独夫的言论作为依据，来驳斥腐儒盲目忠君的荒谬，以子之矛攻子之盾，显得简明扼要，中肯痛快。

【思考与练习】

一、本文的主要观点是什么？这在当时有何进步意义？

二、文中运用的对比方法，对凸显主旨有什么作用？

【辑评】

此等论调，由今日观之，固甚普通、甚肤浅，然在二百六七十年前，则真极大胆之创论也。（梁启超《清代学术概论》）

范 县署中寄舍弟墨第四书①

郑　燮

郑燮(1693—1766),字克柔,号板桥,江苏兴化人。清著名书画家、文学家,"扬州八怪"之一。少贫,然天资奇纵,超越流辈。乾隆元年(1736)成进士。乾隆七年授山东范县知县。四年后调任潍县,逢山东大饥荒,他开仓赈济百姓,活万余人。乾隆十八年,终因请赈得罪大吏而辞归。后往来于兴化与扬州之间,以卖书鬻画为生。擅画兰、竹、石、松、菊等,而画兰、竹尤为突出。工书法,以篆、隶体参入楷行草,有纵横错落、瘦硬奇峭之致,自成体貌,自称"六分半书",并将书法用笔融于绘画之中。其诗文情感真挚、直率,语言晓畅易懂,为大众所喜诵。其诗、书、画,被称为"三绝"。有《板桥集》。

十月二十六日得家书,知新置田获秋稼五百斛②,甚喜。而今而后,堪为农夫以没世矣!要须制碓,制磨,制筛罗、簸箕,制大小扫帚,制升、斗、斛。家中妇女,率诸婢妾,皆令习春揄蹂簸之事③,便是一种靠田园长子孙气象。天寒冰冻时,穷亲戚朋友到门,先泡一大碗炒米送手中,佐以酱姜一小碟,最是暖老温贫之具。暇日咽碎米饼,煮糊涂粥,双手捧碗,缩颈而啜之④,霜晨雪早,得此周身俱暖。嗟乎!嗟乎!吾其长为农夫以没世乎!

我想天地间第一等人,只有农夫,而士为四民之末⑤。农夫上者种地百亩,其次七八十亩,其次五六十亩,皆苦其身,勤其力,耕种收获,以养天下之人。使天下无农夫⑥,举世皆饿死矣。我辈读书人,入则孝,出则弟⑦,守先待后⑧,得志泽加于民,不得志修身见于世,所以又高于农夫一等。今则不然,一捧书本,便想中举、中进士、作官,如何攫取金钱、造大房屋、置多田产。起手便错走了路头,后来越做越坏,总没有个好结果。其不能发达者,乡里作恶,小头锐面⑨,更不可当。夫束修自好者⑩,岂无其人;经济自期⑪,抗怀千古者⑫,亦所在多有。而好人为坏人所累,遂令我辈开不得口;一开口,人便笑曰:"汝辈

墨竹图　清·郑燮作

书生，总是会说，他日居官，便不如此说了。"所以忍气吞声，只得挨人笑骂。工人制器利用，贾人搬有运无，皆有便民之处。而士独于民大不便，无怪乎居四民之末也！且求居四民之末而亦不可得也！

愚兄平生最重农夫，新招佃地人⑬，必须待之以礼。彼称我为主人，我称彼为客户，主客原是对待之义，我何贵而彼何贱乎？要体貌他，要怜悯他；有所借贷，要周全他；不能偿还，要宽让他。尝笑唐人《七夕》诗，咏牛郎织女，皆作会别可怜之语，殊失命名本旨⑭。织女，衣之源也；牵牛，食之本也，在天星为最贵，天顾重之，而人反不重乎！其务本勤民⑮，呈象昭昭可鉴矣。吾邑妇人，不能织绸织布，然而主中馈⑯，习针线，犹不失为勤谨。近日颇有听鼓儿词⑰、以斗叶为戏者⑱，风俗荡轶⑲，亟宜戒之。

吾家业地虽有三百亩，总是典产⑳，不可久恃，将来须买田二百亩。予兄弟二人，各得百亩足矣，亦古者一夫受田百亩之义也㉑。若再求多，便是占人产业，莫大罪过。天下无田无业者多矣，我独何人？贪求无厌，穷民将何所措足乎！或曰："世上连阡越陌，数百顷有余者，子将奈何？"应之曰："他自做他家事，我自做我家事。世道盛则一德遵王㉒，风俗偷则不同为恶㉓。"亦板桥之家法也。哥哥字。

（《郑板桥集》，清郑燮撰，上海：上海古籍出版社，1979）

【注释】

① 乾隆十四年(1749)，郑板桥订定了十六通写给堂弟郑墨的书信刊刻。其中写于范县任中的有五通，本文是第四通。郑墨：板桥叔父省庵公之子，号五桥，比板桥年小二十五岁，板桥与其感情至深。

② 斛：量器，古以十斗为一斛，南宋末年改为五斗为一斛。

③ 春揄蹂簸：语本《诗经·大雅·生民》："或春或揄，或簸或蹂。"春揄指春米，捣米于臼曰春，自臼取出曰揄。蹂，搓揉。簸，扬米去糠。

④ 啜：食，饮。

⑤ 四民：指士、农、工、商。中国古代传统观念中，士为四民之首。由于当时士人无行，故郑燮将士放在四民之末。

⑥ 使：假使。

⑦ "入则孝"二句：语出《论语·学而》："弟子入则孝，出则弟。"孝，孝敬父母。弟，通"悌"，尊敬兄长。

⑧ 守先待后：谨守先圣的美德，将其传于后人。

⑨ 小头锐面：这里形容丑陋奸滑。

⑩ 束修：约束修养。

⑪ 经济：经世济民。

⑫ 抗怀：高尚的情怀。抗，通"亢"，高，高尚。

⑬ 佃地人：佃户。

⑭ "殊失"句：郑燮《与金农书》："赠示《七夕诗》，可谓词严义正，脱尽前人窠臼，不似唐人作为一派褒狎狎语也。夫织女乃衣之源，牵牛乃食之本，在天星为最贵，奈何作此不经之说乎！"其要义与本文同。

⑮ 务本：指务农。我国古代传统思想中，以农为本。《史记·文帝纪》："农，天下之本，务莫大焉。"

⑯ 中馈：指家中供膳诸事。《周易·家人》："无攸遂，在中馈。"孔颖达疏："妇人之道……其所职，主在于家中馈食供祭而已。"

⑰ 鼓儿词：即鼓词，明、清流行北方的一种说唱艺术。用鼓、板击节演唱。

⑱ 斗叶：即马吊牌，也称叶子戏，始于明代中叶的一种纸牌博戏。

⑲ 荡轶：放纵，不受约束。

⑳ 典产：别人暂押的田产。因为随时有被人赎回的可能，所以说"不可久恃"。

㉑ 一夫受田百亩：《新唐书·食货志》："古者，百亩田号一夫，盖一夫授田不得过百亩。"郭沫若《中国史稿》："周制百步为亩，一夫百亩（约合今31.2亩），称为一田，是井田的基本单位。"

㉒ 一德：坚守其德，始终如一。遵王：遵守法令。

㉓ 偷：衰败，浇薄。

【提示】

儒家的"仁"、"爱"思想是郑板桥思想的核心。"衙斋卧听萧萧竹,疑是民间疾苦声。些小吾曹州县吏,一枝一叶总关情。"(《潍县署中画竹呈包大中丞括》)这首诗正是他亲民思想的鲜明写照。在任职期间,他时时关心民瘼,为他们作了许多实事,甚至最后因为民请赈,得罪于大吏而辞归。

在这封信中,他猛烈地抨击了当时"士"人之无德无行,认为"天地间第一等人,只有农夫,而士为四民之末",甚至于"求居四民之末而亦不可得"。因为农夫"皆苦其身,勤其力,耕种收获,以养天下之人",而许多读书人则"一捧书本,便想中举、中进士、作官,如何攫取金钱、造大房屋、置多田产"。郑板桥对当时士人的虚伪、丑陋的批评,可谓入木三分,至今犹具有一定的现实意义。同时,他语重心长地告诫自己的堂弟要树立人人平等的观念,如对于佃户要尽主客之礼,不要有贵贱之分,"主客原是对待之义,我何贵而彼何贱乎?"并且要关心、善待他们,体现了他的亲民、爱民思想。

板桥家书,感情真挚、坦率,有如促膝对坐聊家常话,娓娓动情,感人至深。正如前人评其家书曰:"情真意挚,悱恻动人。"(《清代学者像传》)语言上,板桥家书清新自然,大量使用口语,晓畅易懂,不事雕琢,具有独特的艺术魅力。

【思考与练习】

一、结合当时的社会背景,谈谈你对"我想天地间第一等人,只有农夫,而士为四民之末。……且求居四民之末而亦不可得也!"这段话的理解,并说说这种观点有何现实意义。

二、本文中从哪几个方面体现了郑燮"仁"的思想?

三、对"板桥家法",今天如何看?

【辑评】

所为家书忠厚恳挚,有光禄《庭诰》、(颜之推)《颜氏家训》遗意。(《清史列传·郑燮传》)

所刻寄弟书数纸,皆老成忠厚之言,大有光禄《庭诰》、(颜之推)《颜氏家训》遗意,异乎放荡以为高者,信贤者之不可测也。(清·李桓《国朝耆献类征初编·郑燮》)

第二单元

和 而 不 同

　　"和为贵"、"致中和"、"中庸之道"、"中和之美"、"和五味以调口"、"和六律以聪耳",我国古代先哲的这些箴言,都包含着"和而不同"的哲理,是中华民族生活经验、政治经验、审美经验的宝贵结晶。

　　多元并立,多样共存,是世上万事万物的自然存在状态,也是"和"的当然前提。"和"不等于"同":"同"者,一也;"和"者,谐也。有不同而求和谐,达和谐而存不同,乃是社会常规,人生常道。"声一无听,物一无文",什么都同一的世界并不美好,客观上也不存在。"和实生物,同则不继",讲求和谐能谋取发展,只求同一则注定衰亡,这早已为人类的文明历史所反复证明。现今重申"和而不同",就是要超越"非此即彼"、"有我无你"、"惟我独尊"之类的狭隘、偏执、专制或霸道,在多元相互依存、相互制约、共同滋长的前提下,求得人类社会的和谐发展和持续繁荣。

　　讲求"和而不同",既需要辩证的思想,更需要宽阔的胸襟。思想通达、胸襟宽广的君子,每每在承认差异中谋求和谐,与人和平共处;而不明事理、缺乏容人雅量者,则往往强迫别人顺服屈从自己。因而,只有明达事理、宽阔胸襟,才能真正坚持正义和公平,才能真正做到理解和宽容,才能真正真诚平等地存异求同。奉行"和而不同",无论是对处理人际关系或国际关系,还是对活跃思想、清明政治、繁荣学术,都具有毋庸置疑的积极意义。

　　有必要指出并予以强调的是,讲求"和而不同",不能一味追求提高"同"的比量乃至于消除"不同",而应当在促进各个"不同"的要素自身充分发展的基础上追求"和"的合理程度。这样达成的和谐,才是真实的、美好的,才能持久安定。

《老子》二章①

《老子》

老子,即老聃,姓李名耳,字伯阳,楚国苦县(今河南鹿邑东)人。春秋末期著名思想家。曾任周守藏室之史(或称柱下史)。相传孔子适周,曾向他问礼。后弃官归隐。老子是道家学派的创始人,后世与庄子并称"老庄"。其思想核心是"道法自然",主张贵柔守雌,无为而治。

《老子》,亦称《道德经》,道家学派的经典。今通行本分上、下二编八十一章(《道经》三十七章,《德经》四十四章,1973 年长沙马王堆汉墓出土的帛书《老子》甲、乙两种本子,则《德经》在前,《道经》在后)。相传为老聃所作,今人认为可能编定于战国中期,但基本保留了老子本人的思想。《老子》语言朴素流畅,多用排比韵语,音调谐婉,便于记诵,具有深刻的哲理性与系统的思辨性,对中国传统文化有着深远的影响。

天下皆知美之为美,斯恶已②;皆知善之为善,斯不善已。故有无相生③,难易相成④,长短相形⑤,高下相倾⑥,音声相和⑦,前后相随。是以圣人处无为之事,行不言之教。万物作焉而不为始⑧,生而不有⑨,为而不恃⑩,功成而弗居⑪。夫惟弗居,是以不去⑫。

天之道⑬,其犹张弓乎⑭?高者抑之⑮,下者举之⑯,有余者损之,不足者与之。天之道,损有余而补不足;人之道则不然⑰,损不足以奉有余⑱。孰能有余以奉天下?唯有道者⑲。是以圣人为而不恃,功成而不处⑳,其不欲见贤㉑。

(《老子道德经河上公章句》,战国河上丈人注,北京:中华书局,1993)

【注释】

① 本文所选为《老子》第二章(河上公本亦称"养身第二")、第七十七章(河上公本亦称"天道第七十七")。

② 恶:丑。已:矣。

③ 有:指世界万物。无:指道之体虚无而不可名状。

④ 相成:相互生成。

⑤ 形:比较。

⑥ 相倾:相互倾斜依靠。

⑦ 音:指单音。声:混合之声。相和:构成和谐之音。

⑧ 不为始:原本作"不辞",据敦煌本改。不为始,即不去凿空自造。

⑨ 有:指据为己有。

⑩ 不恃:指不自大而固执定见。

⑪ 弗居:不居功自傲。

⑫ 不去:不会失掉功业。

⑬ 天之道:指自然的规律。

⑭ 其犹张弓：就像拉开弓一样。

⑮ 高者抑之：瞄准时高过箭靶的就让弓降低一些。

⑯ 下者举之：瞄准时低于箭靶的就把弓抬高一些。此处所谓"高"与"低"均就准的而言。

⑰ 人之道：指人类社会的规则。

⑱ 奉：供。

⑲ 有道者：指圣贤及有道明君。

⑳ 处：居功自处。

㉑ 见贤：表现贤能才干。见，通"现"，显现。

【提示】

　　在古代专制社会中，统治者政治上求"同"，即使是思想，也不能有"腹非"之异，这就严重阻碍了社会的健康发展。《老子》则不同。它以道为根据，指出了世界事物是相反相成，多样统一，在同一自然世界（包括人类社会）中共同生活，构成了"和而不同"的世界。"有无相生"、"高下相倾"、"音声相和"，这一对对的矛盾，相互对立，又辩证统一，相互依赖、转化，谁也离不开谁。《老子》从人们常见的现象中揭示了真理。如果强求同一，岂非取消了世界万物及人民大众的生存权利？矛盾的多样性决定了和谐的必然，这是天道自然，也是人类社会发展的最终归宿。但是，天道是损有余以补不足，为什么作为万物之灵的人类社会，却偏偏要逆天而行做尽损不足以奉有余的阴损事呢？因此，"孰能有余以奉天下？唯有道者"，这是作者的理想追求与对未来的美好期待。

老子像　　明·陈洪绶作

【思考与练习】

一、你对美与丑、善与恶有什么认识？美与丑、善与恶，有矛盾斗争的一面，是否也有相互依存及向对方转化的另一面？

二、"损有余而补不足"，是否说明天道自然是公平的？"损不足以奉有余"，是否说明人道总是逆天而行？

三、强行要求非此即彼的同一与强调矛盾多样统一的和谐，二者截然相反，何者合天道而顺民意？何者逆天道而非善政？谈谈你的认识。

晏子对齐侯问①

《左传》

　　《左传》，全称《春秋左氏传》，又称《春秋左传》或《左氏春秋》。相传为春秋末年鲁国史官左丘明所撰。虽有解经(为《春秋》经文作注解)性质，但大体上可认定为中国史学史上第一部形式完备的编年体史书，记事自鲁隐公元年(前722)始，至鲁悼公四年(前464)止，较详细记载了这二百五十多年间各诸侯国的政治、军事、外交、经济和文化等方面的重大史实，其中，对诸侯列国之间的矛盾和争斗，所记尤为具体翔实。《左传》也是一部优秀的文学著作，大多数篇章堪称先秦叙事性散文的代表作。记叙线索清晰明了，取材详略得当，笔法多有变化，语言明快流畅，描写战争往往重视交待其前因后果而揭示胜负的必然性。在叙事过程中，还能注重对人物言行和内心活动进行细致刻画和深入揭示。上述特点，对于后来的史书与散文写作产生了很大影响。

　　齐侯至自田②，晏子侍于遄台③。子犹驰而造焉④。公曰："唯据与我和夫!"晏子对曰："据亦同也，焉得为和?"公曰："和与同异乎?"对曰："异。和如羹焉，水火醯醢盐梅以烹鱼肉⑤，燀之以薪⑥。宰夫和之⑦，齐之以味⑧，济其不及⑨，以泄其过⑩。君子食之，以平其心。君臣亦然。君所谓可而有否焉⑪，臣献其否以成其可⑫。君所谓否而有可焉，臣献其可以去其否。是以政平而不干⑬，民无争心。故《诗》曰：'亦有和羹，既戒既平。鬷嘏无言，时靡有争⑭。'先王之济五味，和五声也，以平其心，成其政也。声亦如味，一气⑮，二体⑯，三类⑰，四物⑱，五声⑲，六律⑳，七音㉑，八风㉒，九歌㉓，以相成也。清浊，小大，短长，疾徐，哀乐，刚柔，迟速，高下，出入，周疏，以相济也。君子听之，以平其心。心平，德和。故《诗》曰：'德音不瑕㉔。'今据不然。君所谓可，据亦曰可；君所谓否，据亦曰否。若以水济水，谁能食之? 若琴瑟之专一，谁能听之? 同之不可也如是。"

　　(《春秋左传注》修订本，杨伯峻注，北京：中华书局，1990)

【注释】

① 选自《左传·昭公二十年》，篇名为编者所拟。晏子：即晏婴(? —前500)，字平仲，维夷(今山东高密)人。春秋时齐国大夫，历佐灵公、庄公、景公三朝。世传有《晏子春秋》一书，应是战国时人搜集晏子有关言行而成。齐侯：此指齐景公。

② 至自田：从打猎场所归来。田，打猎。

③ 遄(chuán)台：台名，在今山东淄博临淄区附近。

④ 子犹：宦者梁丘据。驰而造焉：驱车赶来。造，前往，到。

⑤ 醯(xī)：醋。醢(hǎi)：肉酱。

⑥ 燀(chǎn)：炊。

⑦ 宰夫：厨师。

⑧ 齐(jì)：调剂，调和。

⑨ 济：救，此指增添。

⑩ 泄：泄漏，减少。

⑪ 所谓：所说的。可而有否：可行而其中有不可行的地方，与下文的"否而有可"意思相反。

⑫ 献其否：指出其不可行之处。成其可：使其趋于完善可行。

⑬ 不干(gān)：指行为不违礼制。干，干犯，干扰。

⑭ "亦有和羹"四句：为《诗经·商颂·烈祖》中的诗句。诗意是：汤羹调和，滋味平和而适中，献羹神降不出声，秩序井然无争抢。戒，完备。鬷(zōng)，通"奏"，进，指献羹。嘏，原诗作"假"，通"格"，指神至。

⑮ 一气：首先气以动之。

⑯ 二体：晋杜预认为是"舞有文、武"。

⑰ 三类：指演奏《诗经》的风、雅、颂。

⑱ 四物：杂四方器物而成其器。

⑲ 五声：宫、商、角、徵、羽五音。

⑳ 六律：指古代音乐十二律中黄钟、大簇、姑洗、蕤宾、夷则、无射等六个阳律。

㉑ 七音：宫、商、角、徵、羽、变宫、变徵七音。

㉒ 八风：八方之风。

㉓ 九歌：晋杜预谓"九功之德皆可歌也。六府三事谓之九功"。

㉔ 德音不瑕：为《诗经·豳风·狼跋》中的诗句，谓品德名声无瑕疵。瑕，瑕疵。

【提示】

本文主要从国家政治的角度，论证了"和"与"同"的本质区别。晏子认为，君臣之间的"和"，不是不分黑白、混淆是非的和稀泥，而是要承认矛盾存在的客观性和不同意见的合理性。君可则献其否，君否则献其可，君臣之间，应允许存在不同看法和不同意见，在彼此充分发表各自意见的基础上达成"和"，才是国家政治的应有状态和理想境界。而"同"则相反。"同"否定不同，回避矛盾，不允许不同意见、不同认识的存在及发表。如梁丘据之同于齐侯，乃是为利益驱使谄媚君王，不说真话实话，影附响随，以保持表面上的一致。这不仅表明该臣子人品的低下，也容易助长君王的专制思想，这样的"同"，与"和"是有天壤之别的。

文章以厨师和羹与乐师操琴的双重比喻反复论证主旨，说理形象生动，使人易于感知和接受，也使所论显得精辟透彻，富有哲理启迪。

【思考与练习】

一、晏子所论与后面一篇课文中史伯所论有什么异同？

二、为什么说"和"与"同"是两种不同的政治状态？

三、本文的说理有什么特点？

史 伯对桓公问①

《国语》

《国语》，又名《春秋外传》或《左氏外传》。相传为春秋末鲁国左丘明所撰，但现代有的学者从内容判断，认为是战国时期的学者依据春秋时期各国史官记录的原始材料整理编辑而成的。《国语》是中国最早的一部国别体史书，凡二十一卷（篇），分周、鲁、齐、晋、郑、楚、吴、越八国记事。记事时间，起自西周中期，下迄春秋战国之交，前后约五百年。相较《左传》，《国语》所记事件大都不相连属，且偏重记言，往往通过言论反映事实，以人物之间的对话刻画人物形象，具有一定的文学价值。

公曰："周其弊乎？"②对曰："殆于必弊者也③。《泰誓》曰④：'民之所欲，天必从之。'今王弃高明昭显⑤，而好谗慝暗昧⑥；恶角犀丰盈⑦，而近顽童穷固⑧。去和而取同。夫和实生物⑨，同则不继⑩。以他平他谓之和⑪，故能丰长而物归之⑫；若以同裨同⑬，尽乃弃矣。故先王以土与金、木、水、火杂⑭，以成百物。是以和五味以调口⑮，刚四支以卫体⑯，和六律以聪耳⑰，正七体以役心⑱，平八索以成人⑲，建九纪以立纯德⑳，合十数以训百体㉑。出千品㉒，具万方㉓，计亿事㉔，材兆物㉕，收经入㉖，行姟极㉗。故王者居九畡之田，收经入以食兆民㉘，周训而能用之，和乐如一。夫如是，和之至也。于是乎先王聘后于异姓㉙，求财于有方㉚，择臣取谏工而讲以多物㉛，务和同也。声一无听㉜，物一无文㉝，味一无果㉞，物一不讲。王将弃是类也而与剸同㉟。天夺之明，欲无弊，得乎？"

（《国语集解》修订本，徐元诰集解，北京：中华书局，2002）

【注释】

① 选自《国语·郑语》，篇名为编者所加。史伯：周宣王和幽王时任太史，名颖，字硕父。桓公：郑桓公，名友，周宣王弟，公元前806年封于郑（今陕西华县），前774年任周幽王的大司徒，宰执朝政。因周幽王无道，故与史伯议论局势及避祸之道。

② 其：将。

③ 殆：大概，恐怕。

④ 泰誓：《尚书》中《周书》的一篇。

⑤ 今王：周幽王。高明昭显：指富于智慧光明磊落

的贤人。

⑥ 谗慝（tè）暗昧：指进谗奸险的愚昧小人。慝，邪恶。暗昧，昏暗。

⑦ 角犀丰盈：指刚正直言的贤臣。角犀，形容额头隆起；丰盈，面颊丰满；古人以为二者为贤哲而能的面相。

⑧ 顽童：指愚昧无知之人。穷固：思想僵化的不学之徒。

⑨ 和实生物：有"和"则万事万物蓬勃生长。

⑩ 同则不继：只认"同"则发展难以为继。"和"与

"同"是先秦哲学中的两个重要概念。"和"指诸多矛盾的事物组成了矛盾对立又相反相成的和谐的统一体。"同"指只认同类,强调专一,而排斥异己,不与矛盾的事物共处一体,从而否定了宇宙万物矛盾运动的规律。

⑪ 以他平他:对不同事物予以平衡。

⑫ 丰长:发展壮大。物归之:指万物归于协调统一。

⑬ 裨:增益。

⑭ 土、金、木、水、火:五行,古人认为是五种基本物质元素。

⑮ 五味:酸、甘、苦、辛、咸。

⑯ 支:通"肢"。

⑰ 六律:原指音乐中十二律中黄钟、大簇、姑洗、蕤宾、夷则、无射六个阳声之律,此借以泛指十二律吕。聪耳:悦耳动听。

⑱ 七体:指人身如耳、鼻、目、口等七窍。役心:受心驱使。

⑲ 八索:指《周易》八卦在人体中的对应器官,如《说卦》曰:"乾为首,坤为腹,震为足,巽为股,坎为耳,离为目,艮为手,兑为口。"

⑳ 九纪:指人体内心、肺、肝、脾、肾、胃、肠、胆、膀胱九个内脏器官。

㉑ 十数:古代社会中人分为十等:王、公、大夫、士、皂、隶、舆、僚、仆、台。训百体:训导百官万民,使之举止得体。

㉒ 千品:千种品级。

㉓ 万方:万种方法。

㉔ 亿:古数十万为亿。

㉕ 材:通"裁"。兆:十亿为兆,此应指今数百万。

㉖ 经:通"京",十兆为经(京),此应指今数千万。入:收入。

㉗ 姟(gāi):通"垓",十经(京)为姟(垓),此应指今数亿。

㉘ "故王者"二句:据《国语·楚语下》记载,观射父对楚王问"兆民、经入、姟数"之义时,答道:"天子之田九垓,以食兆民,王取经入焉,以食万官。"则"九垓(gāi)之田"与"姟数"是意义相关的,就是无数田地,极辽阔的土地。清俞樾将这两句与《楚语》中的句子相对照,认为此处有缺误,当作:"故王者居九垓之田以食兆民,收经入以食万官。"他的意见可以参考。"姟数"同上文的"姟极"也是差不多的意思。

㉙ 聘后于异姓:这体现了"同则不继"。

㉚ 有方:泛指诸侯。有,词头,无实义。方,方国。

㉛ 讲(讲):校,考察。一说通"构(构)",义为合集。物:事务,事情。

㉜ 一:单一。

㉝ 无果:不成其味。果,成。

㉞ 剸(zhuān)同:专制同一。剸,通"专",指专制。

【提示】

"和"与"同"是先秦哲学中一对重要的矛盾范畴。从本文来看,早在西周末年,我们的祖先就已经能以"和而不同"的先进思想来认识自然世界和社会政治了。

郑桓公向史伯讨教当时政局的趋向及避祸之道,史伯依据周幽王实行专制统治的现实,料定其必有亡弊之祸,因而劝郑桓公早作准备。他不仅引《尚书·泰誓》"民之所欲,天必从之"的古训作为历史依据,更以大千世界"和实生物,同则不继"的道理作为理论依据,来论断专制统治的必然衰败。显示出识见的深刻和思想的通达。

本文的旨意重在批判专制统治,史伯的勇气和胆识令人感佩。然而文章所包蕴的"和而不同"的思想认识,却具有更为普遍而深远的指导意义。尤其是"声一无听,物一无文"等譬喻,词语浅显而事理昭晰,既充满睿智,又浑厚质朴,达到了孔子所称扬的"辞达"境界。

【思考与练习】

一、史伯所说的"同",与专制统治有什么内在联系?

二、就"声一无听,物一无文",谈谈你对对立统一矛盾关系的认识。

【辑评】

《国语》,《左氏》之外传也,《左氏》传经,辞语尚略,故复选录《国语》之辞以实。然则《左氏》、《国语》,世儒之实书也。(汉·王充《论衡·案书篇》)

《国语》一书,深厚浑朴,周(语)、鲁(语)尚矣。《周语》辞胜事,《晋语》事胜辞,《齐语》单记桓公霸业,大略与《管子》同。如其妙理玮辞,骤读之而心惊,潜玩之而味永,还须以《越语》压卷。(清·朱彝尊《经义考》引明·陶望龄语)

秋 水 (节选)①

《庄子》

庄子(约前369—前286),名周,宋国蒙(今河南商丘东北)人。战国中期著名思想家,道家学派的代表人物之一,后世与老子并称"老庄"。出身贫寒,曾借粟度日,一度担任过蒙地的漆园吏。楚威王闻其贤名,以厚礼聘任相职,但他不愿就官,终生穷困。庄子发展了老子"道法自然"的思想,主张顺应自然,提倡无为而无不为,提出"心斋"、"坐忘"等理论。既有合理因素,也有消极成分。

《庄子》,亦称《南华经》,是道家学派的经典。《汉书·艺文志》著录五十二篇,今本收文三十三篇,凡内篇七,外篇十五,杂篇十一。一般认为内篇是庄子自撰,外、杂篇是庄子的门人和后学所撰。这些文章大都构思精巧,想象丰富,文笔恣肆,词藻瑰丽,并多采用寓言形式,善作连类比喻,富有浪漫色彩。《庄子》一书,对后人的人生观、文艺观和文艺创作,都产生了深远影响。

秋水时至②,百川灌河③。泾流之大④,两涘渚崖之间⑤,不辩牛马⑥。于是焉河伯欣然自喜⑦,以天下之美为尽在己⑧。顺流而东行,至于北海,东面而视,不见水端⑨。于是焉河伯始旋其面目⑩,望洋向若而叹曰⑪:"野语有之曰⑫:'闻道百,以为莫己若者⑬。'我之谓也⑭。且夫我尝闻少仲尼之闻而轻伯夷之义者⑮,始吾弗信。今我睹子之难穷也⑯,吾非至于子之门则殆矣⑰,吾长见笑于大方之家⑱。"

秋水图　宋·马远作

北海若曰："井蛙不可以语于海者⑲，拘于虚也⑳；夏虫不可以语于冰者，笃于时也㉑；曲士不可以语于道者㉒，束于教也㉓。今尔出于崖涘㉔，观于大海，乃知尔丑㉕，尔将可与语大理矣㉖。天下之水，莫大于海：万川归之，不知何时止而不盈；尾闾泄之㉘，不知何时已而不虚㉙；春秋不变，水旱不知。此其过江河之流㉚，不可为量数。而吾未尝以此自多者㉛，自以比形于天地㉜，而受气于阴阳，吾在于天地之间，犹小石小木之在大山也。方存乎见少㉝，又奚以自多㉞！计四海之在天地之间也，不似礨空之在大泽乎㉟？计中国之在海内㊱，不似稊米之在大仓乎㊲？号物之数谓之万㊳，人处一焉㊳；人卒九州㊵，谷食之所生㊶，舟车之所通㊷，人处一焉㊸。此其比万物也㊹，不似豪末之在于马体乎？五帝之所连㊻，三王之所争㊼，仁人之所忧㊽，任士之所劳㊾，尽此矣㊿！伯夷辞之以为名51，仲尼语之以为博52。此其自多也53，不似尔向之自多于水乎54？"

（《庄子集释》，清郭庆藩集释，北京：中华书局，1961）

【注释】

① 本文节选自《庄子》的《秋水》篇（属"外篇"部分）。原文由七部分组成，这里节选的是第一部分。

② 时：按时，此指按季节。

③ 灌：注入。河：黄河。

④ 泾(jīng)流：水流。

⑤ 两涘(sì)：岸的两边。涘，水边，河岸。渚(zhǔ)崖：河渚岸边。渚，水中小洲。

⑥ 辩：通"辨"，辨别，识别。

⑦ 河伯：黄河之神。

⑧ 尽在己：全都集中在自己这里。

⑨ 端：边，尽头。

⑩ 旋其面目：改变了他（原先欣然自喜）的面容。旋，转，转变。

⑪ 望洋：连绵词，仰视的样子。若：即海若，海神。

⑫ 野语：俗语，谚语。

⑬ 莫己若："莫若己"的倒装。

⑭ 我之谓：也是倒装，即"谓我"。

⑮ 尝闻：曾经听说。少仲尼之闻：小看孔子（字仲尼）的学识。轻伯夷之义：轻视伯夷的义行。伯夷，商代诸侯孤竹君的长子，与其弟叔齐互让君位，逃亡到周。周武王伐商纣王时，伯夷、叔齐两人叩马谏阻，认为以臣伐君是不义之举。商亡后，伯夷兄弟不食周粟，最终饿死在首阳山。

⑯ 子：你，本指海神若，这里借指整个北海。难穷：难以穷尽。

⑰ 殆(dài)：危险。

⑱ 大方之家：明白大道理的人。

⑲ 以：与。

⑳ 拘于虚：眼界受居处环境狭小的局限。拘，受拘束，受局限。虚，同"墟"，狭小的居处。

㉑ 笃：固，拘限。时：时令季节。

㉒ 曲士：乡曲之士，指见识浅陋之人。

㉓ 束于教：受所受教育的限制。束，束缚，限制。

㉔ 尔：你。

㉕ 丑：鄙陋。

㉖ 大理：大道理。

㉗ 盈：满。

㉘ 尾闾：神话中排泄海水的地方。泄：排泄。

㉙ 已：停止。虚：空虚。

㉚ 其：代指大海的容量。过：超过。

㉛ 自多：自我夸耀。多，赞美。

㉜ 比形：存身。比，列，形，身形。

㉝ 方：正。存乎见少：存有自己见识很少的想法。

㉞ 奚以：何以，怎么。

㉟ 礨(lěi)空：蚁穴，小孔穴。

㊱ 中国：古指中原地区。

㊲ 稊(tí)米：一种稗草的籽粒。

㊳ 号：称。

㊴ 人处一：谓人类只是天下万物中的一类。

㊵ 人卒：人众。

㊶ 生：生长。

㊷ 通：通过，到达。

㊸ 人处一：谓个人只是天下人中的一个。

㊹ 其：代指人。

㊺ 豪末：毫毛的末梢。豪，通"毫"。

㊻ 五帝:指传说中上古的黄帝、颛顼(zhuān xū)、帝喾(kù)、尧、舜。一说指伏羲、神农、黄帝、尧、舜。所连:所连续统治的。

㊼ 三王:指夏启、商汤、周武王。所争:所争夺的。

㊽ 仁人:崇尚仁的人。

㊾ 任士:以天下为己任的贤能之士。劳:劳心劳力。

㊿ 尽此:尽于此。

�51 辞之:指辞让君位。以为名:凭此获得名声。

�52 语之:指谈说天下。以为博:凭此显示知识渊博。

�53 其:代指伯夷、孔子。

�54 向:刚才。

【提示】

这篇文章通过寓言形式揭示了一个道理:在广袤无垠的宇宙中,个人的认识和作为都要受到种种主客观条件的制约,因而是十分有限的。文章旨意虽或有无所作为、消极虚无之嫌,但其合理内核,却能启迪人们不可囿于个人有限的识见而自满自足。

《庄子》文章善于把抽象的哲理化为具体的形象而令人自悟,本文非常典型地体现出这一特点。首先,在整体构思上,虚构一个河神与海神对话的寓言故事,以此展开说理,阐明文章主旨。其次,在文章展开说理之前,先设置了一段对河水与海景的描写,以具体景物的比照来陪衬河神与海神不同的认识境界,形象地渲染文章的主旨。再次,通过援譬设喻的手段来揭示所欲阐述的深微玄奥的哲理,而且所用比喻往往连类而及,层见叠出,使抽象的结论寓于形象的比喻之中,引人联想,发人深思。

作为一篇论说文,本文的论证方法也颇具特色,以由小到大、再由大到小的逐层推进,使结论自然地凸现出来,令人折服。在修辞方面,作者把大量的排比句与反诘句配合运用,造成文章滔滔莽莽的气势,强化了说理的力量。

【思考与练习】

一、本文揭示了什么道理? 这种道理在客观上有何意义?

二、本文是怎样把抽象的哲理化为具体的形象的?

三、举例说明本文善于援譬设喻的特点。

【辑评】

芴漠无形,变化无常。死与,生与,天地并与,神明往与! 芒乎何之,忽乎何适? 万物毕罗,莫足以归。古之道术有在于是者,庄周闻其风而悦之。以谬悠之说,荒唐之言,无端崖之辞,时恣纵而不傥,不以觭见之也。以天下为沈浊,不可与庄语,以卮言为曼衍,以重言为真,以寓言为广。独与天地精神往来,而不敖倪于万物,不谴是非,以与世俗处。其书虽瑰玮而连犿,无伤也;其辞虽参差而诙诡,可观。(《庄子·天下》)

老、庄之作,管、孟之流。盖以立意为宗,不能以文章为本。(南朝梁·萧统《文选序》)

文章蹊径好尚,自庄、列出而一变;《淮南子》连类喻义,本诸《易》与《庄子》。(清·刘熙载《艺概·文概》)

大 同①

《礼记》

　　《礼记》,又称《小戴礼记》或《小戴记》。内容基本上是孔子弟子及其再传、三传弟子所记的先秦至汉初儒家关于礼仪教化的论述。相传是西汉宣帝时戴圣所辑,今传本为东汉郑玄注本,共四十九篇。《礼记》是儒家的主要经典之一,与《周礼》、《仪礼》合称"三礼",为后人研究古代礼制文明及早期儒家思想提供了十分重要的文献资料。其中的《大学》、《中庸》两篇,在宋代与《论语》、《孟子》合为《四书》。

　　昔者仲尼与于蜡宾②,事毕,出游于观之上③,喟然而叹④。仲尼之叹,盖叹鲁也。言偃在侧⑤,曰:"君子何叹⑥?"孔子曰:"大道之行也⑦,与三代之英⑧,丘未之逮也⑨,而有志焉。

　　"大道之行也,天下为公。选贤与能⑩,讲信修睦,故人不独亲其亲,不独子其子,使老有所终,壮有所用,幼有所长,矜寡孤独废疾者⑪,皆有所养。男有分⑫,女有归⑬。货恶其弃于地也⑭,不必藏于己,力恶其不出于身也⑮,不必为己。是故谋闭而不兴⑯,盗窃乱贼而不作⑰,故外户而不闭,是谓大同⑱。

　　"今大道既隐,天下为家,各亲其亲,各子其子,货力为己,大人世及以为礼⑲。城郭沟池以为固⑳,礼义以为纪㉑。以正君臣㉒,以笃父子,以睦兄弟,以和夫妇,以设制度,以立田里㉓,以贤勇知㉔,以功为己㉕。故谋用是作㉖,而兵由此起。禹、汤、文、武、成王、周公,由此其选也㉗。此六君子者,未有不谨于礼者也。以著其义㉘,以考其信㉙,著有过㉚,刑仁讲让㉛,示民有常。如有不由此者,在执者去㉜,众以为殃,是谓小康。"

　　(《礼记集解》,清孙希旦集解,北京:中华书局,1989)

【注释】

① 本文节选自《礼记·礼运》,篇名为编者所拟。

② 仲尼:孔子的字。蜡(zhà):古代国君或诸侯的年终祭祀仪式。宾:陪祭的人。

③ 观(guàn):门阙,指宗庙殿宇前面的大门楼。

④ 喟然:叹息声。

⑤ 言偃:字子游,孔子弟子。

⑥ 君子:指孔子。

⑦ 大道:与道家哲学本体之"道"不同,此指儒者理

想的大公无私的尧、舜时代。

⑧ 三代之英:指夏禹、商汤与周之文王、武王。英,英杰。

⑨ 未之逮:没赶上好时代。逮,及。

⑩ 与(與):通"举(舉)",推举。

⑪ 矜(guān):同"鳏",鳏夫,无妻者。寡:寡妇,无夫者。孤:孤儿,失父母抚养者。独:孤老,无子女供养者。疾废:残疾人。

⑫ 分:职分,职业。

⑬ 归:出嫁有家。

⑭ 货:财物。

⑮ 身:自身,自己。

⑯ 谋闭而不兴:阻塞阴谋而不使其发生。兴,起。

⑰ 乱贼:叛乱与贼害。

⑱ 大同:此指"大道之行,天下为公"的平等和谐理想世界。

⑲ 世及以为礼:指古代世卿世禄制度,把血缘世袭作为礼法制度而遵行。

⑳ 沟池:此指护城河及壕沟。

㉑ 纪:秩序纲纪。

㉒ 以正君臣:规范端正君臣上下的关系。

㉓ 以立田里:为乡里立规矩。立,规范。

㉔ 以贤勇知:以勇敢和有智慧的人为贤。知,通"智"。

㉕ 以功为己:为自己而建功立业。

㉖ 谋:此指阴谋。　用是:因此。作:起。

㉗ 由此其选也:指被历史选中脱颖而出。

㉘ 以著其义:以表彰合乎礼义之事。著,显露。

㉙ 考:考察。

㉚ 著有过:揭露过失。

㉛ 刑仁讲让:以仁义为典范,提倡谦逊礼让。刑,通"型",典型。

㉜ 在执者去:统治者被废黜。执,"势"的古字。

【提示】

　　文章虽托名孔子与学生言偃的问答,但实际反映了春秋战国至汉初儒家的思想。春秋战国时代,天下大乱,礼崩乐坏,人民生活痛苦不堪。因此,儒家向往的"大同"理想,正是对于大动荡的混乱现实的一种强烈反拨。

　　"大同"的内容丰富,其中当然也包括了对于国家、民族大一统的热烈追求,这正是秦汉时期人们对于传统儒家理论的新思考。文章分三段。首段孔子"叹鲁",为什么?过去人们说是周礼尽在鲁国,现在礼制分崩离析,社会动荡不安,鲁尚如此,遑论其余!声声叹息,隐约见到了现实的黑暗与人们的不安。这才引出了第二段对于"大同"世界的理想追求。"大道之行也,天下为公",这是一个没有人压迫人、人剥削人的公平社会,权力、财富归于国家全民公有,人人平等,社会太平。幼有所长,老有所养,男女尽力,各尽所能,社会健康发展,夜不闭户而盗贼不作。这是一幅多么美妙的理想蓝图,其思想的超前性可见一斑。可惜在那个时代只是个难以实现的梦想,所以只能退求其次。这又引出了最后一段对于"小康"社会的描述。"小康"社会虽然不是最高理想,但通过礼制的建设与推行,儒者认为是可以实现的。这与天下为公的"大同"世界虽有距离,但却可在现实生活中去具体争取。"小康"衬托了"大同"理想的完美。对"大同"社会的理想追求,道出了中华民族的心声。直到近现代的康有为、孙中山和共产主义者,都在为实现这一社会理想而努力,于此可见其思想影响之深远。

　　文章铺张扬厉,多用排比,气势宏伟而激情跃出于字里行间,其章法脉络,首尾相应而环环相扣。

【思考与练习】

一、过去理想的大同社会与今天我们正在建设的小康社会有何异同,有何关系?

二、大同社会是古代的理想世界,今天如何评价这种理想?今后怎样才能实现?要具有哪些条件?

三、本文在语言表达上有何特点?

容忍与自由①

胡　适

　　胡适(1891—1962)，初名嗣穈，学名洪骍，字适之，安徽绩溪人。中国现代著名学者、思想家、诗人。1910 年留学美国，就读于康奈尔大学和哥伦比亚大学。受赫胥黎、杜威思想影响较大。1917 年回国后，任北京大学教授，宣扬民主、科学，倡导反封建的新文化运动，发表《文学改良刍议》、《文学进化观念与戏剧改良》等文章，率先从事白话新诗与文学史的写作，成为五四新文学运动的一位主要代表人物。1928 年后，发起人权运动，以自由主义反对国民党政府的专制独裁②。后曾任驻美大使、北京大学校长及台湾"中央研究院"院长。胡适在中国哲学史、文学史、古典小说和古籍整理等各个领域的研究工作中，都有重要成果。主要著作有《尝试集》、《白话文学史》、《中国哲学史大纲》、《中国章回小说考证》、《胡适文存》等。

　　十七八年前，我最后一次会见了母校康耐尔大学的史学大师布尔先生(George Lincoln Burr)。我们谈到英国史学大师阿克顿(Lord Acton)一生准备要著作一部"自由之史"，没有完成他就死了。布尔先生那天谈话很多，有一句话我至今没有忘记。他说："我年纪越大，越感觉到容忍(tolerance)比自由还更重要。"

　　布尔先生死了十多年了，他这句话我越想越觉得是一句不可磨灭的格言。我自己也有"年纪越大，越觉得容忍比自由还更重要"的感想。有时我竟觉得容忍是一切自由的根本：没有容忍，就没有自由。

　　我十七岁的时候(1908)曾在《竞业旬报》上发表几条"无鬼丛话"，其中有一条是痛骂小说《西游记》和《封神榜》的，我说：

　　　　《王制》有之③："假于鬼神时日卜筮以疑众④，杀。"吾独怪夫数千年来之掌治权者，之以济世明道自期者⑤，乃懵然不之注意⑥，惑世诬民之学说得以大行，遂举我神州民族投诸极黑暗之世界！……

　　这是一个小孩子很不容忍的"卫道"态度⑦。我那时候已是一个无鬼论者，所以发出那样摧除迷信的狂论，要实行《王制》(《礼记》的一篇)的"假于鬼神时日卜筮以疑众，杀"的一条经典。

　　我在那时候当然没有梦想到说这话的小孩子在十五年后(1923)会很热心的给《西游记》作两万字的考证！我在那时候当然更没有想到那个小孩子在二三十年后还时时留心搜求可以考证《封神榜》的作者的材料！我在那时候也完全没有想想《王制》那句话的历史

意义。那一段《王制》的全文是这样的：

> 析言破律⑧，乱名改作⑨，执左道以乱政⑩，杀。作淫声异服奇技异器以疑众⑪，杀。行伪而坚⑫，言伪而辩⑬，学非而博⑭，顺非而泽以疑众⑮，杀。假于鬼神时日卜筮以疑众，杀。此四诛者，不以听⑯。

我在五十年前，完全没有懂得这一段话的"诛"正是中国专制体制下禁止新思想、新学术、新信仰、新艺术的经典的根据。我在那时候抱着"破除迷信"的热心，所以拥护那"四诛"之中的第四诛："假于鬼神时日卜筮以疑众，杀。"我当时完全没有想到第四诛的"假于鬼神……以疑众"和第一诛的"执左道以乱政"的两条罪名都可以用来摧残宗教信仰的自由。我当时也完全没有注意到郑玄注里用了公输般作"奇技异器"的例子⑰，更没有注意到孔颖达《正义》里举了"孔子为鲁司寇七日而诛少正卯"的例子来解释"行伪而坚，言伪而辩，学非而博，顺非而泽以疑众，杀"⑱。故第二诛可以用来禁绝艺术创作的自由，也可以用来"杀"许多发明"奇技异器"的科学家。故第三诛可以用来摧残思想的自由，言论的自由，著作出版的自由。

我在五十年前引用了《王制》第四诛，要"杀"《西游记》、《封神榜》的作者。那时候我当然没有梦想到十年之后我在北京大学教书时就有一些同样"卫道"的正人君子也想引用《王制》的第三诛，要"杀"我和我的朋友，当年我要"杀"人，后来人要"杀"我；动机是一样的：都是因为动了一点正义的火气，就失掉容忍的度量了。

我自己叙述五十年前主张"假于鬼神时日卜筮以疑众，杀"的故事，为的是要说明我年纪越大，越觉得"容忍"比"自由"还更重要。

我到今天还是一个无神论者，我不信有一个有意志的神，我也不信灵魂不朽的说法。

我自己总觉得，这个国家、这个社会、这个世界，绝大多数人信神的，居然能有这雅量，能容忍我的无神论，能容忍我这个不信神不信灵魂不灭的人，能容忍我在国内和国外自由发表我的无神论的思想，从没有人因此用石头掷我，把我关在监狱里，或把我捆在柴堆上用火烧死。我在这个世界里居然享受了四十多年的容忍与自由。我觉得这个国家、这个社会、这个世界对我的容忍态度是可爱的，是可以感激的。

所以我自己总觉得我应该用容忍的态度来报答社会对我的容忍。所以我自己不信神，但我能诚心的谅解一切信神的人，也能诚心的容忍并且敬重一切信仰有神的宗教。

我要用容忍的态度来报答社会对我的容忍，因为我年纪越大，我越觉得容忍的重要意义。若社会没有这点容忍的气度，我决不能享受四十多年的大胆怀疑的自由，公开主张无神论的自由了。

在宗教自由史上，在思想自由史上，在政治自由史上，我们都可以看见容忍的态度是最难得、最稀有的态度。人类的习惯是喜同而恶异的，总不喜欢和自己不同的信仰、思想、行为。这就是不容忍的根源。不容忍只是不能容忍和我自己不同的新思想和新信仰。一个宗教团体总相信自己的宗教信仰是对的，是不会错的，所以它总相信那些和自己不同的宗教信仰必定是错的，必定是异端，邪教。一个政治团体总相信自己的政治主张是对的，是不会错的，所以它总相信那些和自己不同的政治见解必定是错的，必定是敌人。

一切对异端的迫害，一切对"异己"的摧残，一切宗教自由的禁止，一切思想言论的被压迫，都由于这一点深信自己是不会错的心理。因为深信自己是不会错的，所以不能容忍任何和自己不同的思想信仰了。

试看欧洲的宗教革新运动的历史。马丁·路德(Martin Luther)和约翰·高尔文(John Calvin)等人起来革新宗教⑲，本来是因为他们不满意于罗马旧教的种种不容忍，种种不自由。但是新教在中欧、北欧胜利之后，新教的领袖们又都渐渐走上了不容忍的路上去，也不容许别人起来批评他们的新教条了。高尔文在日内瓦掌握了宗教大权，居然会把一个敢独立思想、敢批评高尔文的教条的学者塞维图斯(Servetus)定了"异端邪说"的罪名，把他用铁链锁在木桩上，堆起柴来，慢慢的活烧死。这是 1553 年 10 月 23 日的事。

这个殉道者塞维图斯的惨史，最值得人们的追念和反省。宗教革新运动原来的目标是要争取"基督教的人的自由"和"良心的自由"。何以高尔文和他的信徒们居然会把一位独立思想的新教徒用慢慢的火烧死呢？何以高尔文的门徒(后来继任高尔文为日内瓦的宗教独裁者)柏时(Beze)竟会宣言"良心的自由是魔鬼的教条"呢？

基本的原因还是那一点深信我自己是"不会错的"的心理。像高尔文那样虔诚的宗教改革家，他自己深信他的良心确是代表上帝的命令，他的口和他的笔确是代表上帝的意志，那么他的意见还会错吗？他还有错误的可能吗？在塞维图斯被烧死之后，高尔文曾受到不少人的批评。1554 年，高尔文发表一篇文字为他自己辩护，他毫不迟疑地说："严厉惩治邪说者的权威是无可疑的，因为这就是上帝自己的说话。……这工作是为上帝的光荣的战斗。"

上帝自己的说话，还会错吗？为上帝的光荣作战，还会错吗？这一点"我不会错"的心理，就是一切不容忍的根苗。深信我自己的信念没有错误的可能(infallible)，我的意见就是"正义"，反对我的人当然都是"邪说"了。我的意见代表上帝的意旨，反对我的人的意见当然都是"魔鬼的教条"了。

这是宗教自由史给我们的教训：容忍是一切自由的根本；没有容忍"异己"的雅量，就不会承认"异己"的宗教信仰可以享受自由。但因为不容忍的态度是基于"我们的信念不会错"的心理习惯，所以容忍"异己"是最难得、最不容易养成的雅量。

在政治思想上，在社会问题的讨论上，我们同样的感觉到不容忍是常见的，而容忍总是很稀有的。我试举一个死了的老朋友的故事作例子。四十多年前，我们在《新青年》杂志上开始提倡白话文学的运动，我曾从美国寄信给陈独秀⑳，我说：

> 此事之是非，非一朝一夕所能定，亦非一二人所能定。甚愿国中人士能平心静气与吾辈同力研究此问题。讨论既熟，是非自明。吾辈已张革命之旗，虽不容退缩，然亦决不敢以吾辈所主张为必是而不容他人之匡正也。

独秀在《新青年》上答我道：

> 鄙意容纳异议，自由讨论，固为学术发达之原则，独于改良中国文学当以白话为正宗之说，其是非甚明，必不容反对者有讨论之余地；必以吾辈所主张者为绝对之是，而不容他人之匡正也。……

我当时就觉得这是很武断的态度。现在四十多年之后，我还忘不了陈独秀这一句话，我还觉得这种"必以吾辈所主张者为绝对之是"的态度是很不容忍的态度，是最容易引起别人的恶感，是最容易引起反对的。

我曾说过，我应该用容忍的态度来报答社会对我的容忍。现在常常想，我们还得戒律自己:我们若想别人容忍谅解我们的见解,我们必须先养成能够容忍谅解别人的见解的度量。至少至少我们应该戒约自己决不可"以吾辈所主张者为绝对之是"。我们受过实验主义的训练的人,本来就不承认有"绝对之是",更不可以"以吾辈所主张者为绝对之是"。

(《中国新文学大系(1949—1976)》杂文卷,上海:上海文艺出版社,1997)

【注释】

① 本文原刊于台湾省出版的《自由中国》1959 年 3 月 16 日第 20 卷第 6 期。

② 1958 年 4 月,胡适任台湾"中央研究院"院长时,与雷震共同创办《自由中国》杂志,触犯了国民党政府的专制统治,雷震被捕,杂志也被勒停。1961 年 11 月,胡适在美国国际开发总署主办的亚东区科学教育会议上作了 25 分钟的讲演,又被批判围剿,指责他"贬低中国古老文明,力主向西方现代文明看齐",因而病倒。1962 年 2 月 24 日,"中央研究院"召开院士会议期内,在最后一次酒会上致开幕词,他说道:"我去年讲了 25 分钟的话,引起'围剿',不要去管它,那是小事体,小事体。我挨了四十多年的骂,从来不生气,并且欢迎之至……"此时他突然发病,摔倒,心脏一下子就停止跳动,溘然逝世。上面这些话就成为他最后表明自己心迹的语言。在此之前,于 20 世纪 50 年代中期,中国大陆也进行过批判胡适思想的运动。

③ 王制:儒家经典《礼记》中的一篇。《礼记》亦称《小戴记》或《小戴礼记》,内容是秦汉以前各种礼仪论著的选集,相传是西汉戴圣所编纂。内容有 49 篇,包括著名的《礼运》《学记》《乐记》《大学》《中庸》《王制》等篇在内。是研究中国古代社会情况、儒家学说、典章文物制度的要籍。

④ 假于鬼神:假借鬼神的名义。时日卜筮(shì)以疑众:经常用卜筮的迷信举动来摇惑群众。卜,用火灼龟甲以测吉凶,后也指用其他方法测吉凶。筮,用蓍草占卦。

⑤ 以济世明道自期者:期望自己能够成为裨补时艰、阐明大道理的人,即有心于关怀世事的志士仁人。

⑥ 懵(měng)然:糊里糊涂,不明事理的样子。

⑦ 卫道:保卫自己所信其实未必都对的道理。一般含有贬义。

⑧ 析言破律:剖析言辞破坏法律。

⑨ 乱名改作:变乱名物擅改制度。

⑩ 左道:邪道,不正之道。

⑪ 淫声:放荡的音乐。奇技异器:奇异怪诞的技术与器物。

⑫ 行伪而坚:行为虚伪却坚执不改。

⑬ 言伪而辩:言论虚伪却能说会道。

⑭ 学非而博:学识不正却大肆夸口。

⑮ 顺非而泽:依顺错误而巧于修饰。

⑯ 不以听:对犯了这四种该杀之罪的人,应决然杀掉,不必再审问、听取什么意见。

⑰ 郑玄(127—200):字康城,北海高密(今属山东)人,东汉著名经学家,曾为《礼记》作注,注中曾举了公输般作奇技异器的例子解释经文。公输般:春秋时鲁国人,公输氏,名般,亦称班、盘,通称鲁班。古代建筑大匠,被后代奉为木工的祖师,创造过多种非常奇巧的工具。

⑱ 孔颖达(574—648):字冲远,冀州衡水(今属河北)人,唐经学家,曾撰《礼记正义》,举了传说孔子杀少正卯的例子解释经文。少正卯相传是孔子同时代的人。《荀子·宥坐》最早载有这件事,说孔子为鲁国摄政,朝七日而杀少正卯,说孔子因少正卯兼有上述《王制》里的四诛等罪恶,不可不杀。似真有其事。清代学者考证,多否定孔子诛少正卯其人其事,认为《论语》《春秋》《左传》等重要经传中都未见记载,与孔子的思想与行为皆不合,非孔子所能为,也非孔子所需为。

⑲ 马丁·路德(Matin Luther,1483—1546):16 世纪欧洲宗教改革运动的发起者,基督教新教路德宗的创始人,德国人。1517 年,发表《95 条论纲》,揭开宗教改革的序幕。反对教皇对各国教会的控制,要求建立适合君主专制的新的教会和教义,深得市民上层和一部分德国诸侯的支持。约翰·高尔文(Jean Galvin,1509—1564):通译"加尔文",16 世纪欧洲宗教改革家,基督教新教加尔文宗的创始人,法国人。受马丁·路德影响,1533 年改信新教,1541 年后长期定居日内瓦,建立新教教会,废除主教制,

代之以长老制,在日内瓦建成政教合一的神权体制,成为一个宗教独裁者,其主张与信条适合资产阶级激进派的要求。后曾以异端罪名处死西班牙科学家塞维图斯(1511—1553)等多人。

⑳ 陈独秀(1879—1942):字仲甫,安徽怀宁十里铺(今属安庆)人。早年留学日本。1915年起主编《新青年》杂志,1917年任北京大学文科学长,积极提倡民主与科学、文学革命,反对封建主义,是五四新文化运动的主要代表人物之一。五四运动后,他接受和宣传马克思主义,1920年发起组织中国共产党。1921年,他被选为中央局书记、总书记。大革命后期,被党内认为犯了右倾投降主义错误,1929年被开除出党。1932年,被国民党政府逮捕,1937年6月出狱,1942年在四川江津逝世。

【提示】

本文反复要说明的道理,就是"没有容忍,就没有自由"。作者根据他一生的深切体验,道出:"年纪越大,越觉得'容忍'比'自由'还更重要。"自由,当然是目的,但作者有时"竟觉得容忍是一切自由的根本"。如果人与人之间彼此对无法完全避免的种种差异与不同都绝不容忍,一定要别人完全认同也即顺从于自己的一切思想言行,那怎么能行呢?即使有强人所难、迫人就范的威权,也是绝不能持久,终究要失败的。封建专制主义的终于失败,就是一个最明白的例子。特别在思想学术领域,各种不同的信念之间,通过平等善意的沟通、交流、讨论,可以互补、融会、各自调整、改善的因素和可能很多,而且随着当前多元化、全球化的趋势越来越明显,这种因素和可能已越来越多。过去那种非此即彼,总以为自己所信的一定不会错,别人所信的一定是可恶甚至荒谬的异端邪说,因而导致互相残酷厮杀,无所不用其极,实际是非常不幸的,无助于人类社会在和平与发展中迅速获得更大的进步。现在我们都已体会到"有容乃大"的真理,无论要做成什么大事业、大规划、大作品,都要有"海纳百川"的雅量,融贯古今中外一切科学的知识,调动尽可能多人们的工作积极性,团结一切可以团结的人以增加社会的凝聚力,共同生活在一个活泼、生动、愉快的、互相促进的、有利于创造的良好环境中,才有最多实现的可能。我们现在都拥护"百花齐放,百家争鸣"这个方针,对极端武断的态度,"必以吾辈所主张者为绝对之是"的态度,也就是很不容忍的态度,是非常必要的纠正。

作者与陈独秀同是倡导五四新文化运动和文学革命的主要代表。作者在当时就觉得陈的态度很武断。四十多年后,虽然五四新文化运动和文学革命的巨大成绩早已著在史册,但痛定思痛,仍要提出这个问题,表明他长期以来对这个问题的深刻感受,留告后人,很有启发意义。全文从古到今,从中到外,从讲历史到讲自己亲身的感受体会,反复讲明所持的信念,剀切详明,明白清楚。这是他一贯倡导的文风。

【思考与练习】

一、胡适为什么要引用《礼记·王制》"四诛"的全文?通过对"四诛"的现代阐释,胡适巧妙地阐明了自己的什么思想?

二、胡适为什么要将中国古代的"四诛"与西方的宗教迫害并列为例?

三、胡适是在怎样的历史背景下提出"容忍比自由还更重要"的论断的?他所提倡的"容忍"与他所追求的"自由",各自的内涵是什么?(提示:可参阅胡适的同名演说词,演说词《容忍与自由》原载1959年12月1日《自由中国》第21卷第11期,见欧阳哲生编《胡适文集》第12卷《胡适演讲集》,北京大学出版社1998年版)

像 山那样思考①

奥尔多·利奥波德

奥尔多·利奥波德(Aldo Leopold，1887—1948)，美国著名学者、思想家。生于爱荷华州伯灵顿。1909年获耶鲁大学林学专业硕士学位，进入联邦林业局任职。1933年任威斯康星大学农业系教授。利奥波德长期从事林学研究和狩猎管理工作，是近现代研究环境伦理的重要学人，环境保护运动的先驱者，被称为美国野生生物管理之父。其学说新颖警省，颇具振聋发聩之效，在全世界有较大的影响。著有专著三部和五百多篇文章，其中《沙乡年鉴》于他死后出版，是他最知名的著作。

一声深沉的、骄傲的嗥叫，从一个山崖回响到另一个山崖，荡漾在山谷中，渐渐地消失在漆黑的夜色里。这是一种不驯服的、对抗性的悲哀，和对世界上一切苦难的蔑视情感的迸发。

每一种活着的东西(大概还有很多死了的东西)，都会留意这声呼唤。对鹿来说，它是死亡的警告；对松林来说，它是半夜里在雪地上混战和流血的预言；对郊狼来说，是就要来临的拾遗的允诺②；对牧牛人来说，是银行里赤字的坏兆头③；对猎人来说，是狼牙抵制弹丸的挑战。然而，在这些明显的、直接的希望和恐惧之后，还隐藏着更加深刻的涵义，这个涵义只有这座山自己才知道。只有这座山长久地存在着，从而能够客观地去听取一只狼的嗥叫。

不过，那些不能辨别其隐藏的涵义的人也都知道这声呼唤的存在，因为在所有有狼的地区都能感到它，而且，正是它把有狼的地方与其他地方区别开来的。它使那些在夜里听到狼叫，白天去察看狼的足迹的人毛骨悚然。即使看不到狼的踪迹，也听不到它的声音，它也是暗含在许多小小的事件中的：深夜里一匹驮马的嘶鸣，滚动的岩石的嘎啦声，逃跑的鹿的砰砰声，云杉下道路的阴影。只有不堪教育的初学者才感觉不到狼是否存在④，和认识不到对狼有一种秘密的看法这一事实。

我自己对这一点的认识，是自我看见一只狼死去的那一天开始的。当时我们正在一个高高的峭壁上吃午饭。峭壁下面，一条湍急的河蜿蜒流过。我们看见一只雌鹿——当时我们是这样认为——正在涉过这条急流，它的胸部淹没在白色的水中。当它爬上岸朝向我们，并摇晃着它的尾巴时，我们才发觉我们错了：这是一只狼。另外还有六只显然是正在发育的小狼也从柳树丛中跑了出来，它们喜气洋洋地摇着尾巴，嬉戏着搅在一起。它们确确实实是一群就在我们的峭壁之下的空地上蠕动和互相碰撞着的狼。

在那些年代里，我们还从未听说过会放过打死一只狼的机会那种事。在一秒钟之内，我们就把枪弹上了膛,而且兴奋的程度高于准确:怎样往一个陡峭的山坡下瞄准,总是不大清楚的。当我们的来复枪膛空了时⑤,那只狼已经倒了下来,一只小狼正拖着一条腿,进入到那无动于衷的静静的岩石中去。

当我们到达那只老狼的所在时,正好看见在它眼中闪烁着的、令人难受的、垂死的绿光。这时,我觉察到,而且以后一直是这样想,在这双眼睛里,有某种对我来说是新的东西,是某种只有它和这座山才了解的东西。当时我很年轻,而且正是不动扳机就感到手痒的时期。那时,我总是认为,狼越少,鹿就越多,因此,没有狼的地方就意味着是猎人的天堂。但是,在看到这垂死时的绿光时,我感到,无论是狼,或是山,都不会同意这种观点。

自那以后,我亲眼看见一个州接一个州地消灭它们所有的狼。我看见过许多刚刚失去了狼的山的样子。看见南面的山坡由于新出现的弯弯曲曲的鹿径而变得皱皱巴巴。我看见所有可吃的灌木和树苗都被吃掉,先变成无用的东西,然后则死去。我看见每一棵可吃的、失去了叶子的树只有鞍角那么高。这样一座山看起来就好像什么人给了上帝一把大剪刀,并禁止了所有其他的活动。结果,那渴望着食物的鹿群的饿殍⑥,和死去的艾蒿丛一起变成了白色,或者就在高出鹿头的部分还留有叶子的刺柏下腐烂掉。这些鹿是因其数目太多而死去的。

我现在想,正是因为鹿群不在对狼的极度恐惧中生活着,那一座山就要在对它的鹿的极度恐惧中生活。而且,大概就比较充分的理由来说,当一只被狼拖去的公鹿在两年或三年里就可得到补替时,一片被太多的鹿拖疲惫了的草原,可能在几十年里都得不到复原。

牛群也是如此,清除了其牧场上的狼的牧牛人并未意识到,他取代了狼用以调整牛群数目以适应其牧场的工作。他不知道像山那样来思考。正因为如此,我们才有了尘暴,河水把未来冲刷到大海去。

我们大家都在为安全、繁荣、舒适、长寿和平静而奋斗着。鹿用轻快的四肢奋斗着,牧牛人用套圈和毒药奋斗着,政治家用笔,而我们大家则用机器、选票和美金。所有这一切带来的都是同一种东西:我们这一时代的和平。用这一点去衡量成就,全部是很好的,而且大概也是客观的思考所不可缺少的,不过,太多的安全似乎产生的仅仅是长远的危险。也许,这也就是梭罗的名言潜在的涵义。这个世界的启示在荒野。大概,这也是狼的嗥叫中隐藏的内涵,它已被群山所理解,却还极少为人类所领悟。

(《沙乡年鉴》,[美国]奥尔多·利奥波德撰,侯文蕙译,长春:吉林人民出版社,1997)

【注释】

① 本文节选自作者的《沙乡年鉴》一书。
② 拾遗的允诺:据吴美真译本(书名题《沙郡岁月》),此句译为"对郊狼而言,那是一种有残肉可食的应许",语义更明确。
③ 坏兆头:牧牛人,指牧场主而言。牧场主向银行贷款经营牧场,一旦牛羊被狼群咬食,则难以还

清贷款,所以说"是银行里赤字的坏兆头"。
④ 不堪教育的初学者:指从未到过狼区而对狼一无所知的人。
⑤ 来复枪:有膛线的步枪,因膛线也叫来复线,故称。
⑥ 饿殍(piǎo):本指饿死的人,此指饿死的动物。

【提示】

利奥波德是西方的环境学家,他在文章中通过人类消灭狼的具体故事,提出了深沉的

尤斯米特山谷——自由帽　[美国]比尔施塔特作

哲理思考。人们兴奋地杀狼,表面的理由很充足;但是,生态学第一规律告诉我们,每个事物都和其他事物联系着,破坏自然生物链中的任何一环,将波及包括人类自身文明及其生存。所以,不仅是死去的狼,就是大山、森林、草原和河流——也即人类赖以生活的自然环境,都坚决不同意人类这一短视的看法。在人与自然的关系中,人类态度不同:有的主张"人定胜天",人是万物之灵,主宰世界,一切不合人类"同一"要求的事物或生命,统统消灭掉,从而促使自然成为人类的奴隶,自然环境必须屈服于人类的无限欲望。另一类人则主张人与自然环境和平共处,地球上诸多物种都有自己生存与发展的理由,地球是人类的母亲,胸怀宽广深厚,容载万物,共建"和而不同"的和谐世界。前者急功近利,为了人类短期利益,从根本上破坏了环境,与自然为敌,最终,人类将堕入用文明消灭自己的危险境地。这就是狼的垂死眼光的启示,是荒野大山的思考。

【思考与练习】

一、作者以拟人的艺术笔法,写出了山的悲哀。请问,山的思考是什么？谈谈你的具体感受。

二、在人与自然的关系中,"人定胜天"曾被认为是一个具有进步意义的观念,但在环境遭受人类工业文明严重破坏的今天,是否必须重新思考并加以调整？

三、传统中的狼是坏蛋的代名词,但作为地球的一个物种,狼是否应该被人类消灭？请谈谈你的认识。

第三单元

胸怀天下

　　早在先秦，儒家就要求君子应"修身齐家"，并进而"治国平天下"，自觉担负起应有的社会责任。从此伊始，胸怀天下，忧国忧民，成为我国历代志士仁人薪火相传的一个优良传统。

　　"位卑不敢忘忧国"，"居江湖之远而筹庙堂之策"，历朝历代，总有许多"匹夫"以天下兴亡为己任，关注着国家的盛衰与百姓的疾苦，怀抱着忠贞为国、赤诚为民的天地良心。范仲淹"先天下之忧而忧，后天下之乐而乐"；诸葛亮则鞠躬尽瘁，死而后已。其他如孟子、屈原、杜甫、辛弃疾、关汉卿、海瑞、顾炎武、孙中山等等圣贤英杰，正是为国家、为民族、为人民捧出了这样的一颗颗天地良心，才与江河同在，与日月同辉。

　　胸怀天下、忧国忧民的精神内核是忧患意识。人生难免遭受挫折和坎坷，社会也总有动荡不安的时期，因而需要居安思危，防患于未然；需要有直面灾难的勇气和战胜灾难的信心。人格光辉是在与灾难搏斗中闪现，人类社会也是在不断战胜灾难中前进。尽管人生会有短暂的安宁，社会也会有一时的太平，但如果一味耽于安乐，安享太平，则往往会招致新的灾祸。居安必须思危，高枕不能无忧。"忧劳可以兴国，逸豫可以亡身"。"生于忧患，死于安乐"。忧患意识之所以被人们看重，就因为它总是与个体生命之树是否能常青不衰、国家社会是否能长治久安息息相关。

　　当今世界，还存在着许多值得我们忧患的问题而不容稍有懈怠。诸如国际单边主义的横行、恐怖主义的威胁、人口膨胀的重负、环境污染的危害、资源匮乏的困窘等等，都需要我们严加关注。作为炎黄子孙，我们理应继承先辈胸怀天下的优良传统，担负起推动人类社会不断进步的神圣使命。

乐 毅报燕王书①

《战国策》

　　臣不佞②，不能奉先王之教③，以顺左右之心④，恐抵斧质之罪⑤，以伤先王之明，而又害于足下之义，故遁逃奔赵。自负以不肖之罪，故不敢为辞说。今王者使使者数之罪⑥，臣恐侍御者之不察先王之所以畜幸臣之理⑦，而又不白于臣之所以事先王之心⑧，故敢以书对。

　　臣闻贤圣之君，不以禄私其亲，功多者授之；不以官随其爱，能当之者处之⑨。故察能而授官者，成功之君也；论行而结交者，立名之士也。臣以所学者观之，先王之举错，有高世之心⑩，故假节于魏王⑪，而以身得察于燕⑫。先王过举⑬，擢之乎宾客之中⑭，而立之乎群臣之上，不谋于父兄，而使臣为亚卿⑮。臣自以为奉令承教，可以幸无罪矣，故受命而不辞。

　　先王命之曰："我有积怨深怒于齐，不量轻弱，而欲以齐为事⑯。"臣对曰："夫齐霸国之余教也⑰，而骤胜之遗事也⑱，闲于兵甲⑲，习于战攻。王若欲攻之，则必举天下而图之。举天下而图之，莫径于结赵矣⑳。且又淮北、宋地㉑，楚、魏之所同愿也㉒。赵若许，约楚、魏、宋尽力，四国攻之㉓，齐可大破也。"先王曰："善。"臣乃口受令，具符节，南使臣于赵。顾反命㉔，起兵随而攻齐。以天之道，先王之灵，河北之地㉕，随先王举而有之于济上㉖。济上之军奉命击齐，大胜之。轻卒锐兵，长驱至国㉗。齐王逃遁走莒㉘，仅以身免。珠玉财宝，车甲兵器，尽收入燕。大吕陈于元英㉙，故鼎反于元历室㉚，齐器设于宁台㉛。蓟丘之植，植于汶皇㉜。自五伯以来㉝，功未有及先王者也。先王以为惬其志㉞，以臣为不顿命㉟，故裂地而封之，使之得比乎小国诸侯。臣不佞，自以为奉令承教，可以幸无罪矣，故受命而弗辞。

　　臣闻贤明之君，功立而不废，故著于《春秋》㊱；蚤知之士㊲，名成而不毁，故称于后世。若先王之报怨雪耻，夷万乘之强国㊳，收八百岁之蓄积㊴，及至弃群臣之日㊵，余令诏后嗣之遗义，执政任事之臣，所以能循法令、顺庶孽者④¹，施及萌隶④²，皆可以教于后世。

臣闻善作者不必善成，善始者不必善终。昔者伍子胥说听乎阖闾④³，故吴王远迹至于郢④⁴；夫差弗是也④⁵，赐之鸱夷而浮之江④⁶。故吴王夫差不悟先论之可以立功，故沉子胥而不悔。子胥不蚤见主之不同量④⁷，故入江而不改。夫免身全功，以明先王之迹者，臣之上计也。离毁辱之非④⁸，堕先王之名者，臣之所大恐也。临不测之罪，以幸为利者，义之所不敢出也。

臣闻古之君子，交绝不出恶声④⁹；忠臣之去也，不洁其名⁵⁰。臣虽不佞，数奉教于君子矣。恐侍御者之亲左右之说，而不察疏远之行也，故敢以书报，唯君之留意焉。

　　（《战国策》，西汉刘向集录，上海：上海古籍出版社，1985）

【注释】

① 本文选自《战国策·燕策二》，篇名为后人所拟。

② 不佞(nìng)：不才，无用之人。

③ 先王：指燕昭王(？—前279)，名平，公元前311—前279年在位，曾筑黄金台以招纳贤能之士。

④ 左右：指燕惠王(？—前272)，昭王子。

⑤ 斧质之罪：死罪。质，通"锧"，用斧子斩杀罪犯所配砧板。

⑥ 数：数说，条列。

⑦ 侍御者：犹前之左右，指燕惠王。畜：养。幸：亲，信。

⑧ 不白：不明白。

⑨ 能当之者：才能与官职相称的人。

⑩ 高世：超越世俗。

⑪ 假节于魏王：凭借魏王使节的身份。假，借。节，符节，外交使臣所持的凭证。

⑫ 身得察于燕：亲身到燕国考察实际。

⑬ 过举：过高抬举。

⑭ 擢：提拔。

⑮ 亚卿：次卿，地位仅次于正卿的朝廷官员。

⑯ 以齐为事：指报复齐国。

⑰ 霸国之余教：早先齐桓公曾为春秋五霸之一，发展到战国时期，其有关图霸的教导犹存。

⑱ 骤胜之遗事：屡次战胜之余威。

⑲ 闲于兵甲：熟悉军事。闲，通"娴"，习熟。

⑳ 径：快捷，便当。

㉑ 淮北：淮河以北地区，原属楚，后为齐占领。宋地：在今山东、安徽、江苏三省之间。公元前286年，齐灭宋而占其地。

㉒ 楚、魏之所同愿：指楚欲恢复其淮北之地，魏国欲得宋地。

㉓ 四国：当时宋已亡，"宋"字疑衍。四国应指燕、赵、楚、魏四国。

㉔ 顾反命：刚回来复命。反，通"返"。

㉕ 河北之地：此指齐国的黄河以北地区。

㉖ 济上：指齐国的济水流域。

㉗ 国：指齐国都城临淄(今山东淄博临淄区)。

㉘ 齐王：指齐湣王(？—前284)，田氏，名地。曾败楚、败秦，又攻燕。后为燕将乐毅所败，终为楚将淖齿所杀。莒(jǔ)：地名，今属山东。

㉙ 大吕：齐国大钟名。元英：燕国宫殿名。

㉚ 历室：燕国宫殿名。故鼎：指原被劫往齐国的燕鼎。在古代，钟鼎是象征国家社稷的重宝礼器。

㉛ 宁台：燕台名，原址在今北京丰台区。

㉜ 蓟：燕都，在今北京西南。植于汶皇：（燕国蓟都的土丘）移植了齐国汶水的竹子。皇，通"篁"。

㉝ 五伯：指春秋五霸，即齐桓公、晋文公、宋襄公、秦穆公、楚庄王。另外也有其他说法。伯，通"霸"。

㉞ 惬：适意。

㉟ 顿：坠，丧失。

㊱ 春秋：原为鲁国编年史，此泛指史册。

㊲ 蚤：通"早"。

㊳ 夷：平定。万乘：夸张春秋战国时大国战车数量众多。强国：指齐国。

㊴ 八百岁：从周初封姜太公于立国至齐湣王时，约八百年。

㊵ 弃群臣之日：指燕昭王逝世之时。

㊶ 顺庶孽：滕妾所生之子，因非嫡出，易作乱，所以必须安抚使之顺服礼义。

㊷ 萌：通"氓"，百姓。隶：徒隶。

㊸ 伍子胥(？—前484)：即伍员，子胥为其字。原为楚人，因父伍奢、兄伍尚为楚平王所杀而逃亡吴国，为吴大夫，助吴王阖闾攻破楚之郢都，鞭

平王尸。后吴王夫差不听其谏,奸臣伯嚭又谗构之,夫差遂赐属镂剑令其自杀。阖闾(? —前496):春秋时吴国国君,名光,原为吴公子,后刺王僚而即位,任用伍员为行人,孙武为将军,励精图治,国势渐强,大败楚国。

④ 吴王:指阖闾。郢:楚国都城,在今湖北江陵西北。

⑤ 夫差(? —前473):春秋时吴国国君,阖闾之子,得伍员之力,大败越国。越求和,他不听伍员忠谏,许越和,又北上与齐争霸。越王勾践乘虚攻吴,不久灭吴,夫差自杀。

⑥ 鸱(chī)夷:革囊,可作盛酒器。伍员自杀后,夫差令以革囊盛其尸投于江中。

⑦ 主之不同量:指吴王阖闾与夫差父子二人气量大不相同。

⑧ 离:通"罹",遭到。

⑨ 交绝:断绝往来。

⑩ 不洁其名:不(毁伤君主以)自取高洁之名。

【提示】

战国时期的公元前 314 年,燕国发生内乱,齐国乘机攻燕,毁其宗庙,迁其重宝,燕、齐两国遂结下深仇。燕昭王是历史上著名的明君,他即位后忍辱负重,励精图治,举贤任能,思复国仇。经过长期准备,于公元前 284 年,以乐毅为上将军,合诸侯四国之兵伐齐,齐师大败。但在燕昭王死后,惠王即位,却中了齐国的反间计,解除乐毅兵权而以骑劫代之。乐毅恐遭不测,遂奔赵国。骑劫遭齐军反攻,败死,于是形势逆转。燕惠王害怕赵国起用乐毅攻燕,就写信责备乐毅。乐毅以此书作答,表明心迹。

在本文中,乐毅接过惠王来信"何以报先王之所以遇将军之意"的责问,一一作答:一是回忆自己当年忠于国事,长谋短策,无不精心经营擘划,完成了伐齐的总体设计;二是亲率轻师锐卒,深入腹地,连败齐师,以雪国耻,借报先王知遇之恩;三是君择臣而臣亦可择君,自己是为国家而战,但并不愚忠于君主个人。最后,以洒脱的姿态、诚挚的言辞,表现了风霜高洁的人格,更反衬出燕惠王的昏聩和无能。

在古代,一个士大夫文人要胸怀天下,为国效命,实现自己的政治理想,不能不借助于君臣遇合,即在上者为明君,在下者为贤臣;只有君臣相得,方能治理好国家,造福于百姓。燕、齐之怨固然是因统治者利益冲突所致,乐毅报答先王之心也未免出于知恩图报的个人立场,其历史局限本不必讳言;但乐毅在本文中对贤圣之君提出的种种要求,在古代却具有一定普遍意义,在某种程度上,可以说是士大夫得以实现治国平天下理想的先决条件。早在《左传·哀公十一年》中,就记录了孔子的话"鸟则择木,木岂能择鸟",《孔子家语》也记孔子说过"君择臣而任之,臣亦择君而仕之",晋代文学家潘岳《杨荆州诔》云:"鸟则择木,臣亦简(选择)君。"于是后人常有"良禽择木而栖,贤臣择主而事"的流行说法,可见贤臣须择明君而事,包含着合理的思想内核,已成为后世儒家实现胸怀天下政治理想的一个重要指导思想。

此文是历代传诵的书信名篇,因其是以下致上,所以议论委婉,并无一句直接指斥惠王的言辞,但观其行文,则态度不亢不卑,绝无一点奴颜媚态,该说的话,无不尽言。乐毅虽为武将,文章却写得儒雅蕴藉,读来有一唱三叹之致。其所议论,思路清晰,事实俱在而条条在理,逻辑严密有力。"散郁陶,托风采","条畅以任气,优柔以怿怀"(《文心雕龙·书记》),一个胸怀天下的爱国将军形象,虎虎有生气地活跃在字里行间。

【思考与练习】

一、文章未直接批评燕惠王,但与先王作比较,读者自有认识。请描绘一下隐藏在语言文字背后的燕惠王的形象,并谈谈你的体会。

二、君臣际遇与战争,是此文的重要内容,是否从一个侧面反映了战国时期的独特社会风貌?

三、通过齐燕大战,分析其胜败原因,以资借鉴。

【辑评】

昔臣僚敷奏,朋旧往复,皆总曰书。……盖论议知识,人岂能同?苟不具之于书,则安得尽其委曲之意哉?战国、两汉间,若乐生(按:乐毅)、若司马子长、若刘歆诸书,敷陈明白,辨难恳到,诚可为修辞之助。(明·吴讷《文章辨体序说》)

北征①

杜　甫

皇帝二载秋，闰八月初吉②。杜子将北征③，苍茫问家室④。
维时遭艰虞⑤，朝野少暇日。顾惭恩私被⑥，诏许归蓬荜⑦。
拜辞诣阙下⑧，怵惕久未出⑨。虽乏谏净姿，恐君有遗失⑩。
君诚中兴主，经纬固密勿⑪。东胡反未已⑫，臣甫愤所切。
挥涕恋行在⑬，道途犹恍惚。乾坤含疮痍，忧虞何时毕？
靡靡逾阡陌⑭，人烟眇萧瑟⑮。所遇多被伤⑯，呻吟更流血。
回首凤翔县，旌旗晚明灭。前登寒山重，屡得饮马窟。
邠郊入地底⑰，泾水中荡潏⑱。猛虎立我前⑲，苍崖吼时裂⑳。
菊垂今秋花，石戴古车辙㉑。青云动高兴㉒，幽事亦可悦㉓。
山果多琐细，罗生杂橡栗。或红如丹砂，或黑如点漆。
雨露之所濡，甘苦齐结实。缅思桃源内㉔，益叹身世拙。
坡陀望鄜畤㉕，岩谷互出没。我行已水滨，我仆犹木末㉖。
鸱鸟鸣黄桑㉗，野鼠拱乱穴。夜深经战场，寒月照白骨。
潼关百万师㉘，往者散何卒㉙？遂令半秦民㉚，残害为异物㉛。
况我堕胡尘㉜，及归尽华发。经年至茅屋㉝，妻子衣百结㉞。
恸哭松声回，悲泉共幽咽。平生所娇儿，颜色白胜雪㉟。
见耶背面啼㊱，垢腻脚不袜。床前两小女，补绽才过膝㊲。
海图拆波涛㊳，旧绣移曲折㊴。天吴及紫凤㊵，颠倒在裋褐㊶。
老夫情怀恶，呕泄卧数日。那无囊中帛㊷，救汝寒凛慄。
粉黛亦解苞㊸，衾裯稍罗列㊹。瘦妻面复光，痴女头自栉㊺。
学母无不为，晓妆随手抹。移时施朱铅㊻，狼藉画眉阔。
生还对童稚，似欲忘饥渴。问事竞挽须㊼，谁能即嗔喝㊽？
翻思在贼愁㊾，甘受杂乱聒㊿。新归且慰意，生理焉得说51？
至尊尚蒙尘52，几日休练卒53？仰观天色改54，坐觉妖氛豁55。
阴风西北来，惨澹随回纥56。其王愿助顺57，其俗善驰突。
送兵五千人，驱马一万匹。此辈少为贵58，四方服勇决。
所用皆鹰腾，破敌过箭疾。圣心颇虚仁59，时议气欲夺60。
伊洛指掌收62，西京不足拔63。官军请深入，蓄锐可俱发。
此举开青徐64，旋瞻略恒碣65。昊天积霜露，正气有肃杀67。
祸转亡胡岁，势成擒胡月。胡命其能久68，皇纲未宜绝69。

忆昨狼狈初⑦,事与古先别。奸臣竟菹醢⑦,同恶随荡析⑦。
不闻夏殷衰⑦,中自诛褒妲⑦。周汉获再兴⑦,宣光果明哲⑦。
桓桓陈将军⑦,仗钺奋忠烈。微尔人尽非,于今国犹活。
凄凉大同殿⑧,寂寞白兽闼⑧。都人望翠华⑧,佳气向金阙⑧。
园陵固有神⑧,扫洒数不缺⑧。煌煌太宗业⑧,树立甚宏达⑧!

(《杜诗详注》,唐杜甫撰,清仇兆鳌注,北京:中华书局,1979)

"生还对童稚,似欲忘饥渴。"
还家　　明·马轼作

【注释】

① 唐肃宗至德二载(757)秋,杜甫从肃宗临时居住的凤翔(今属陕西)返回家人所在的鄜州(治今陕西富县),是往东北方向走,因此这首诗题名为《北征》。

② 初吉:初一。

③ 杜子:诗人自称。

④ 苍茫:形容诗人在战乱中返家茫然无着落的心境。

⑤ 维时:指当时。艰虞:艰难忧患,这里指安史之乱。

⑥ 恩私被:指唯独自己蒙受皇恩,被允许回家探亲。

⑦ 蓬荜:蓬门荜户的缩语,草和树枝编的门户,指穷人家,此指杜甫的家。

⑧ 诣:觐见。阙下:本义是宫殿前的望楼,这里指到朝廷面见皇帝。

⑨ 怵惕(chù tì):诚惶诚恐的样子。

⑩ 遗失:指考虑不周和失误之处。

⑪ 经纬:这里是用织布的纵横交错来比喻治理国家的复杂性。密勿:勤勉努力。

⑫ 东胡:指安禄山、史思明的叛军。

⑬ 行在:皇帝离开都城皇宫时临时居住的地方,这里是指凤翔。

⑭ 靡靡:缓缓。阡陌:田间的小路。

⑮ 眇(miǎo):少。

⑯ 被伤:带着创伤。

⑰ 邠(bīn):即邠州,治今陕西彬县。入地底:泾水在邠州城北郊流过,冲刷成盆地,从山上望去,邠郊就好像在地底一样。

⑱ 荡潏(yù):水流动涌出的样子。

⑲ 猛虎:形容山上的奇险怪石。一说是真遇到猛虎。

⑳ 吼:指穿岩而过的风声。一说是猛虎的吼叫。

㉑ 戴:印着。

㉒ 高兴:高雅的情致。

㉓ 幽事:指山中幽美的景色。

㉔ 缅思:远想。桃源:东晋诗人陶渊明所作《桃花源记》中没有纷争的世外理想社会。

㉕ 坡陀:山坡。鄜畤(zhì):畤是祀神的祭坛,据《史记·封禅书》记载,春秋时秦文公曾在鄜地设坛祭祀白帝,因此以鄜畤为鄜州的别称。

㉖ 木末:树梢。由于山路很陡,杜甫已经走到山下

水边,仆人还在山上,回头看去好像在树梢上一样。

㉗ 鸱鸟:猫头鹰一类的鸟。黄桑:枯黄的桑树。

㉘ 潼关:关名,在今陕西潼关县东北,地处今陕西、山西、河南三省要冲,自古为兵家必争之地。

㉙ 散何卒:安禄山叛乱后,哥舒翰被任为兵马副元帅,率军二十万驻潼关,本拟坚守,但在朝廷催逼下匆忙出击,结果大败,致使长安沦陷。卒,通"猝",仓猝。

㉚ 秦:今陕西和甘肃东部一带,春秋战国时属秦国。

㉛ 异物:指死人。

㉜ 堕胡尘:杜甫至德元年(756)七月从鄜州至灵武谒见唐肃宗,半途被叛军俘房押至长安,到次年三月始得逃脱。

㉝ 经年:诗人至德元年七月离开鄜州的家到至德二载的八月回来,已经一年多的时间。

㉞ 妻子:妻子和儿女。百结:衣服破烂,拼拼补补的样子。

㉟ 白胜雪:指面色苍白没有血色。

㊱ 耶:即"爷(爺)",古时对父亲的称呼。背面啼:转过身去啼哭。因为孩子很久没见父亲而感到陌生,才会这样。

㊲ 补绽:缝补,打补丁。才过膝:指女儿的衣服短小不合身。

㊳ 海图:绣有海景图案,挂在墙上作装饰的幛子。波涛:海图幛子上的花纹图案。

㊴ 旧绣:旧的刺绣品。移曲折:因为缝补衣服把绣品原有的曲折花纹移改打乱了。

㊵ 天吴:神话传说中的水神,这里是指刺绣的图案。紫凤:紫色的凤凰,这里也是指刺绣的图案。

㊶ 裋(shù)褐:粗布衣,穷人穿的衣服。

㊷ 那(nuó):"奈何"二字的合音。

㊸ 粉黛:妇女化妆用的白粉和描眉用的青黑色颜料。苞:通"包",包裹。

㊹ 衾:被子。裯(chóu):床帐。

㊺ 栉(zhì):梳头。

㊻ 移时:一会儿功夫。朱铅:红色的胭脂和白色的铅粉,古代妇女的化妆品。

㊼ 挽须:扯胡子。

㊽ 嗔喝:责骂。

㊾ 翻:反。

㊿ 杂乱聒:指小孩子的吵吵闹闹。

�51 生理:生计。

�52 至尊:最尊贵的人。指唐肃宗。蒙尘:蒙受风尘。指唐肃宗尚远逃离京城长安,流亡在外。

�53 练卒:练兵。指打仗。

�54 天色改:这是借天象说明平叛的形势有所好转。

�55 坐觉:顿时感觉到。妖氛:妖气,邪气。指叛军的凶焰。

�56 回纥(hé):唐代西北部族。至德二载(757)九月,郭子仪建议唐肃宗借回纥兵马协助平叛。回纥怀仁可汗派遣太子叶护等率精兵四千到凤翔。

�57 其王:即回纥首领怀仁可汗。助顺:指帮助唐朝讨伐叛军。驰突:驰骋冲杀。指擅长骑马作战。

�58 少以贵:以少为贵。

�59 鹰腾:比喻回纥兵的勇武。

60 圣心:指肃宗的想法。唐肃宗对借兵回纥颇寄厚望。虚伫(zhù):虚心以待。

61 时议:当时朝廷上下的舆论。气欲夺:指朝臣们迫于形势不敢提出异议。夺,丧失。

62 伊洛:伊水和洛水,这两条河都流经洛阳,故而此处用以代指洛阳。指掌收:形容轻易收复。

63 西京:指长安,唐代以洛阳为东京,长安为西京。拔:攻拔。

64 青:青州,治益都(今山东青州)。徐:徐州,治彭城(今江苏徐州)。

65 旋:很快。略:攻取。恒:指恒山,又名常山,在今河北曲阳西北。碣:指碣石山,在今河北昌黎北。此处恒、碣指河北一带安、史叛军的老巢。

66 昊天:秋天。

67 肃杀:秋降霜露,能使草木凋零,有肃杀之气。言朝廷于此时平叛,正合于天时。

68 其:岂。

69 皇纲:朝廷的纲纪。

70 狼狈初:指安史之乱刚发生的时候。

71 奸臣:指杨国忠等人。竟:终。菹醢(zū hǎi):古代的一种极刑,把受刑者剁成肉酱。代指处死杨国忠等人。

72 同恶:指杨国忠的同党。荡析:荡涤瓦解。安禄山叛乱后,潼关失守,唐玄宗仓皇逃奔四川,到马嵬驿时,左龙武大将军陈玄礼发动兵变,杀死杨国忠,唐玄宗被迫下令缢死杨贵妃。

73 夏殷衰:指像夏商周三代那样亡国。这里以"夏殷"总括夏商周三代。殷,即商代。

74 诛褒妲:唐玄宗赐死杨贵妃。褒,西周最后一位君主幽王的宠妃褒姒(sì);妲(dá),商代最后一位君主纣的宠妃妲己。这里"褒妲"与上文的"夏殷"是互文关系,总括三代的亡国之君夏桀、商纣和周幽王的宠妃妹喜、妲己、褒姒。

⑦ 周汉：这里是借周、汉两代事说唐朝的中兴。

宫门。

⑦ 宣光：这里是把唐肃宗比做周、汉两代中兴的君主周宣王、汉光武帝。

⑧ 都人：指长安城的居民。望：盼望。翠华：翠鸟毛做成的旗帜，为皇帝的仪仗所用，代指皇帝。

⑦ 桓桓：威武有力的样子。陈将军：指发动马嵬兵变的陈玄礼。

⑧ 佳气：兴旺的气象。金阙：金门，代指长安的皇宫。

⑦ 仗：持。钺(yuè)：长把大斧，古代的一种兵器，象征征伐诛杀的权力。

⑧ 园陵：帝王的陵寝，这里指唐代历朝先帝的陵寝。固：本来。神：神灵。

⑦ 微：没有。尔：你，指陈玄礼。

⑧ 扫洒：对陵寝的祭扫。数：礼数，即祭礼。

⑧ 大同殿：唐代长安皇宫殿名，曾是唐玄宗召见大臣的地方。当时长安仍被叛军占据。

⑧ 太宗业：唐太宗创立下的基业。必将发扬光大。

⑧ 白兽闼(tà)：即白兽门，唐代长安未央宫的

⑧ 树立：建立，建树。宏达：宏伟，宏大。此指发扬光大。

【提示】

《北征》全诗共七百字，是杜甫五言古体长诗中最长的作品，写于安史之乱爆发后的第三年(757)，诗人从唐肃宗行在所在的凤翔返回鄜州家中之后。整首诗以叙述诗人在返家前后和途中的亲身经历为主，但同时也表达了诗人对时局的看法和忧虑，是一篇极富现实主义精神的伟大杰作。

全诗根据内容可以分为五个部分：第一部分从开篇到"忧虞何时毕"，写返家之前辞别皇帝的经过。第二部分从"靡靡逾阡陌"到"残害为异物"，写返家途中的所见所闻。第三部分从"况我堕胡尘"到"生理焉得说"，叙述回到家中的情况，写出了战乱中与亲人重逢那种悲喜交集的复杂情感。第四部分从"至尊尚蒙尘"到"皇纲未宜绝"，记叙了唐肃宗向回纥借兵的事件，并表达出诗人对此事的看法。第五部分从"忆昨狼狈初"到篇末，回顾了马嵬兵变，写出长安百姓对平叛的期待，以此来勉励唐肃宗重新振兴唐太宗建立的"煌煌"基业。

从内容上来看，《北征》既涉及了安史之乱中的具体事件，也表现了安史之乱给国家造成的巨大创伤，更结合诗人的亲身经历反映了战乱给人民带来的苦难。这种反映现实的深度和广度是非常可贵的。从写作手法上来看，此诗夹叙夹议，以诗人对国家和人民深挚的情感，把这首内容丰富的长诗贯穿成一个有机的整体；细节描写生动细致，人物形象鲜活，神情毕肖；措辞老成凝重；风调沉郁顿挫；凡此种种，使得《北征》成为杜甫"诗史"中最有代表性的作品之一。

【思考与练习】

一、为什么说《北征》是杜甫诗歌作为"诗史"的代表作？你能从诗篇中梳理出诗人忧国忧民思想的具体表现吗？

二、诗中第二部分的景物描写有何特点？

三、举例说明诗中细节描写的艺术效果。有人说杜诗"万景皆实"，读了这首诗后你对此有什么体会？

【辑评】

杜逢禄山之难，流离陇蜀，毕陈于诗，推见至隐，殆无遗事，故当时号为"诗史"。(唐·孟棨《本事诗》)

太白《梦游天姥吟》、《远别离》等,子美不能道。子美《北征》、《兵车行》、《垂老别》等,太白不能作。论诗以李、杜为准,挟天子以令诸侯也。(宋·严羽《沧浪诗话》)

长篇最难,晋、魏以前,诗无过十韵者。盖常使人以意逆志,初不以序事倾尽为工。至老杜《述怀》、《北征》诸篇,穷极笔力,如太史公纪、传,此固古今绝唱。(宋·叶梦得《石林诗话》)

子美五言,《北征》、《述怀》、《新婚》、《垂老》等作,虽格本前人,而调由己创。五七言律广大悉备,上自垂拱,下逮元和,宋人之苍,元人之绮,靡不兼总。故古体则脱弃陈规,近体则兼该众善,此杜所独长也。(明·王世贞《艺苑卮言》)

人谓诗主性情,不主议论,似也,而亦不尽然。试思二《雅》中何处无议论?杜老古诗中,《奉先咏怀》、《北征》、《八哀》诸作,近体中《蜀相》、《咏怀》、《诸葛》诸作,纯乎议论。但议论须带情韵以行,勿近伧父面目耳。(清·沈德潜《说诗晬语》)

《奉先咏怀》及《北征》是两篇有韵古文,从文姬《悲愤》诗扩而大之者也。后人无此才气,无此学问,无此境遇,无此襟抱,断断不能作。然细绎其中,阳开阴合,波澜顿挫,殊足增长笔力。百回读之,随有所得。(清·施补华《岘佣说诗》)

后人长篇,率皆横征事实,否则力薄不可支持。试阅老杜《咏怀》、《北征》等作,曾用几故实耶?若青莲大篇,随手事实,滚滚而来,则又不为使事也。正如大风拔木,屋瓦皆飞,气之所过,物必从之,风何有意于其闻哉?(清·乔亿《剑溪说诗》)

上 枢密韩太尉书①

苏 辙

苏辙(1039—1112),字子由,一字同叔,号颍滨遗老,眉州眉山(今属四川)人。北宋著名散文家。嘉祐二年(1057)与兄苏轼同中进士。授商州军事推官。神宗时为制置三司条例司僚属。与兄皆主张比较渐进的改革,因此反对王安石变法,被贬为河南推官。元丰二年(1079),其兄罹"乌台诗案",他也受牵连,谪监筠州盐酒税。哲宗时,官至尚书右丞、门下侍郎,执掌朝政。后又累遭贬谪。徽宗时复官大中大夫,致仕。卒谥文定。苏辙与父苏洵、兄苏轼并称"三苏",其散文以策论见长,冲和淡泊。也工诗。有《栾城集》。

太尉执事②:辙生好为文,思之至深。以为文者气之所形③,然文不可以学而能④,气可以养而致⑤。孟子曰:"我善养吾浩然之气⑥。"今观其文章,宽厚宏博,充乎天地之间,称其气之小大⑦。太史公行天下⑧,周览四海名山大川,与燕、赵间豪俊交游⑨,故其文疏荡⑩,颇有奇气。此二子者,岂尝执笔学为如此之文哉?其气充乎其中而溢乎其貌⑪,动乎其言而见乎其文⑫,而不自知也。

辙生十有九年矣。其居家所与游者,不过其邻里乡党之人⑬,所见不过数百里之间,无高山大野可登览以自广。百氏之书⑭,虽无所不读,然皆古人之陈迹,不足以激发其志气。恐遂汩没⑮,故决然舍去⑯,求天下奇闻壮观,以知天地之广大。过秦、汉之故都⑰,恣观终南、嵩、华之高⑱,北顾黄河之奔流,慨然想见古之豪杰。至京师,仰观天子宫阙之壮,与仓廪、府库、城池、苑囿之富且大也⑲,而后知天下之巨丽。见翰林欧阳公⑳,听其议论之宏辩,观其容貌之秀伟,与其门人贤士大夫游㉑,而后知天下之文章聚乎此也。太尉以才略冠天下,天下之所恃以无忧,四夷之所惮以不敢发㉒,入则周公、召公㉓,出则方叔、召虎㉔。而辙也未之见焉。

且夫人之学也,不志其大㉕,虽多而何为?辙之来也,于山见终南、嵩、华之高,于水见黄河之大且深,于人见欧阳公,而犹以为未见太尉也。故愿得观贤人之光耀㉖,闻一言以自壮,然后可以尽天下之大观而无憾者矣。

辙年少,未能通习吏事㉗。向之来也,非有取于斗升之禄㉘。偶然得之,非其所乐。然幸得赐归待选㉙,使得优游数年之间㉚,将以益治其文,且学为政。太尉苟以为可教而辱教之㉛,又幸矣。

(《苏辙集》,宋苏辙撰,北京:中华书局,1990)

【注释】

① 本文是作者在嘉祐二年(1057)考中进士后所作。枢密：即枢密使，宋代执掌全国兵权的大臣，职位与秦汉时太尉相似。韩太尉：即韩琦(1008—1075)，字稚圭，安阳(今属河南)人，天圣进士，是宋初名臣。

② 执事：信函中对对方的敬称。

③ 气之所形：品格气质等精神状态的表现。形，显露，表现。

④ 能：善。

⑤ 致：得到。

⑥ "我善"句：语出《孟子·公孙丑上》，原文"我"作"吾"。浩然之气，盛大刚正之气。

⑦ 称其气之小大：与他的浩然之气的程度相称。

⑧ 太史公：西汉司马迁任太史令，故称太史公。他写的《史记》同时具有显著的文学价值。

⑨ 燕、赵：战国时两个国名，这里代指北方。韩愈《送董邵南游河北序》："燕赵古称多感慨悲歌之士。"

⑩ 疏荡：洒脱自由，不受拘束。

⑪ 中：内心。

⑫ 动乎其言：发于言。见：通"现"，表现。

⑬ 乡党：乡里。

⑭ 百氏之书：诸子百家的著作。

⑮ 汩(gǔ)没：埋没。

⑯ 舍去：此指离开家乡。作者于嘉祐元年(1056)随父兄离家乡，经成都、长安、洛阳，赴汴京应试。

⑰ 秦、汉之故都：秦都咸阳，西汉都长安，东汉都洛阳。

⑱ 终南：终南山，秦岭主峰之一，在陕西西安西南。嵩：嵩山，五岳中的中岳，在河南登封北。华山：华山，五岳中的西岳，在陕西华阴南。

⑲ 仓廪(lǐn)：粮仓。苑囿(yòu)：园林。

⑳ 翰林欧阳公：欧阳修曾任翰林学士，是作者中进士时的主考官。

㉑ 门人贤士大夫：指当时的著名文人梅尧臣、苏舜钦、曾巩等。

㉒ 四夷：古代对四方少数民族的贬称，这里指西夏、契丹等。惮(dàn)：惧怕。韩琦与范仲淹曾经略陕西，抗击西夏，当时民谣云："军中有一韩，西贼闻之心胆寒。军中有一范，西贼闻之惊破胆。"发：发难，侵袭。

㉓ 入：指在中央政府做官。周公：即姬旦，周武王弟，成王初立，曾由其摄政。召公：即姬奭，是周成王时的辅政大臣。

㉔ 出：指在地方上当官。方叔：周宣王时大臣，曾征荆蛮、猃狁。召虎：即召穆公，周宣王时大臣，曾平淮夷。

㉕ 志：有志于。

㉖ 光耀：风采。

㉗ 吏事：日常官务。

㉘ 向：往日，以前。

㉙ 斗升之禄：微薄的俸禄。

㉚ 待选：宋代中进士后，还须经吏部考试后方能授官。

㉛ 优游：悠闲自得。

㉜ 辱：谦词，屈尊之意。

【提示】

本文虽是为求见韩琦、以期识拔而作，但绝无一味奉承邀宠之辞，而是重点论述了养气与作文的关系，认为"气"是人的气质和品格，它来自于作家的生活阅历和身心修养，对写作有极重要的作用。文章的意义大大超越了他原来干谒的目的，可视为一篇很有深度的文学论文。

在构思方面，作者采用了由虚而实、层层推进的写法。文章以谈作文体会为突破口，从作文谈到养气，从养气谈到增广阅历，从增广阅历谈到向前辈学人求教的必要，再到求见太尉，不从实处落笔，而从虚处发端，最终推进到求见对方的诚意，笃实恳切，写来纡徐委曲，立言得体。

苏辙散文以冲和稳健见长，但能在行文方面追求平稳中有波折、淡泊中见深邃的效果。在承接与转折处，常常采用突接、暗转的笔法，这可从每一自然段的开头细加体会；在论说展开过程中,多用顺笔,但有时又用逆笔反激一句,如第一段中举孟子、司马迁两例论证观点后,用一句反问加强语气:"此二子者,岂尝执笔学为如此之文哉?"第三段开头也先从反面发问,再从正面说出求见太尉之意。顺笔与逆笔相济,使文章更见顿挫跌宕,一波三折。

此文扼要慎识,深知学文要领,文和行都在大家之列。

【思考与练习】

一、作者认为"文"与"气"之间是什么关系?"养气"有哪些途径?为什么养气能对学好语文有益?

二、本文是如何层层推进地展开论述的?这样推进起何作用?

三、体会文章要在平稳中求变化的道理。

【辑评】

上书大人先生,更不作喁喁细语,一落笔便纯是一片奇气。此一片奇气最难得,若落笔时写不得着,即此文通篇都无有。(清·金圣叹《天下才子必读书》)

养气之说发于孟子,昌黎、柳州论文亦以气为主,眉山父子得力尤深,其文遂雄视百代。此书自道所见,固大而非夸也。(清·储欣《唐宋八大家类选》)

意只是欲求见太尉,以尽天下之大观,以激发其志气,却以得见欧阳公,引起求见太尉;以历见名山大川京华人物,引起得见欧阳公;以作文养气,引起历见名山大川京华人物。注意在此,而立言在彼,绝妙奇文。(清·吴楚材等《古文观止》)

通体绝无一干求仕进语,而纡徐婉曲中,盛气足以逼人,的是少年新得意文字。本传称子由为人沉静简洁,为文汪洋淡泊,而有秀杰之气,读此具足窥见一斑云。(清·余诚《重订古文释义新编》)

读书人未识宇宙形势,古今人物,不能作好文字。子由至此,可谓尽形势、人物之大观矣,故其为文洋洋洒洒,三折九曲,独具大海回风之象。(清·李扶九《古文笔法百篇》)

贺新郎①

辛弃疾

辛弃疾(1140—1207),字幼安,号稼轩,历城(今山东济南)人。南宋著名词人。二十二岁时在北方参加耿京领导的抗金义军,后渡江南归宋廷。初授江阴签判,后官湖北、湖南、江西安抚使等。他坚持北伐,但始终不被信任。曾先后进呈《美芹十论》、《九议》等奏章,陈述恢复大计,均未被采纳。淳熙八年(1181)落职,此后除一度出任福建提点刑狱、安抚使外,长期在江西农村闲居。嘉泰三年(1203)起知绍兴府,兼浙东安抚使,又知镇江府。终抱恨以殁。辛弃疾词今存六百多首,题材广泛,意境深远,手法多样,善于用典。他把爱国抱负和满腔忧愤倾注到词作中,形成了雄奇豪壮、苍凉沉郁的风格,是南宋豪放词派的主要代表。有《稼轩长短句》。

同父见和再用韵答之②

老大那堪说。似而今、元龙臭味③,孟公瓜葛④。我病君来高歌饮,惊散楼头飞雪。笑富贵、千钧如发⑤。硬语盘空谁来听⑥?记当时、只有西窗月。重进酒,换鸣瑟。　　事无两样人心别。问渠侬、神州毕竟⑦,几番离合⑧?汗血盐车无人顾⑨,千里空收骏骨⑩。正目断、关河路绝。我最怜君中宵舞⑪,道男儿到死心如铁。看试手,补天裂⑫。

(《稼轩词编年笺注》增订本,宋辛弃疾撰,邓广铭笺注,上海:上海古籍出版社,1993)

【注释】

① 贺新郎:词调名,又名《金缕曲》、《贺新凉》等。

② 同父:陈亮(1143—1194)的字,一作同甫。他是南宋著名的学者、文学家,永康(今属浙江)人,人称龙川先生。南宋绍熙四年(1193)进士第一,授签书建康判官厅公事,未及赴任而卒。他才气超迈,提倡事功之学,力主抗战而反对与金和议。有《龙川文集》、《龙川词》。辛弃疾原有赠送陈亮的《贺新郎》(把酒长亭说),陈亮步韵以和,见[附录]。辛弃疾读后,又作此词再和。

③ 元龙:东汉末陈登的字。据《三国志·魏书·张

邈传附陈登传》载,许汜在刘备面前不满陈登"湖海之士,豪气不除",埋怨自己去见陈,陈竟"久不相与语,自上大床卧,使客卧下床"。刘备便说:"君有国士之名,今天下大乱,……望君忧国忘家有救世之意,而君求田问舍,言无可采。是元龙所讳也,何缘当与君语?"意谓求田问舍之私,志士所耻。臭(xiù)味:气味。此句表示词人与陈亮情意相投。

④ 孟公:西汉著名游侠陈遵的字。据《汉书·游侠传》:"遵嗜酒,每大饮,宾客满堂,辄关门,取客

车辖投井中，虽有急，终不得去。"瓜葛：指关系或共同之处。

⑤ 千钧如发：视千钧之重如毛发之轻。

⑥ 硬语盘空：唐韩愈《荐士》诗有"横空盘硬语，妥帖力排奡"之句，这里借喻不合当政者所好的言论文章之慷慨激烈。

⑦ 渠侬：吴语方言，他（她）。高德基《平江记事》："盖以乡人自称曰'吾侬'、'我侬'，称他人曰'渠侬'，问人曰'谁侬'。"

⑧ 离合：离指国家分裂，合指天下统一。

⑨ 汗血盐车：据《汉书·武帝纪》记载，汗血是出自西域大宛的纯种良马，其汗如血，日行千里。另据《战国策·楚策》载，老骥驾着运盐的马车上

太行山，"蹄申膝折"，"中阪迁延，负辕而不能上，伯乐遭之，下车攀而哭之"。这里将两个典故合在一起。

⑩ 收骏骨：据《战国策·燕策》载，燕昭王即位后欲招天下贤士，郭隗劝他用千金求千里马，结果仅得马骨，但天下人从此知道了昭王的心意，不久燕国便得到了千里马，随后名将乐毅也来投奔。

⑪ 中宵舞：《晋书·祖逖传》："逖与司空刘琨俱为司州主簿，情好绸缪，共被同寝。中夜，闻荒鸡鸣，蹴琨觉曰：'此非恶声也。'因起舞。"

⑫ 补天裂：古代神话有女娲炼五色石以补天裂的故事，见《淮南子·览冥训》。

【提示】

　　这首词作于淳熙十六年（1189）春。当时，陈亮自东阳（今属浙江）来到信州拜访辛弃疾，留十日，并约朱熹到紫溪（今江西铅山南）聚首，共商恢复大计。但朱熹因事未能成行。陈亮等朱未到，遂辞归东阳。在辛、陈同游鹅湖（今铅山东北）之后，辛弃疾作《贺新郎》（把酒长亭说）追赠陈亮，正巧陈来信索词，所以辛词小序中说是"心所同然者如此，可发千里一笑"。陈亮因此步韵和词一首。读陈和作后，辛弃疾情不自禁地同原韵和答又作此篇。时作者年近半百，落职闲居，蹉跎岁月，恢复无望，理想成空。因而借同志唱和，来抒发英雄失意的一腔悲愤之情。

　　上片即景叙事而情在其中。"老大那堪说"，开篇即以沉郁之语直抒胸怀。以下巧用即景叙事艺术，追忆鹅湖之会的豪饮高歌。元龙、孟公皆为豪爽慷慨之士，并都姓陈，以比陈亮。在抗战爱国方面，辛、陈是意气相投的同志。"笑富贵、千钧如发"，见其人格之高洁。但"硬语盘空谁来听"？

闻鸡起舞

换来的只有孤月窥窗。下片则纯运赋体而直抒胸臆。神州的几番离合，千里汗血马的累死盐车之下，令人无限悲恨。"正目断、关河路绝"，表面上状眼前大雪封山之景，骨子里却是叹中原恢复之难。但作者并非一味悲痛失落，"我最怜君中宵舞"，有力地刻画了一个以天下为己任的爱国志士形象；"看试手，补天裂"，篇末自有惊人语，正见其英雄本色。

　　此词的特点是"以文为词"，用典甚多，但如盐著水，了无窒碍，丰富了作品的情感和形

象,读来觉笔力千钧,浑化无迹。全词既有深刻的现实思考,同时又呈现豪爽飞动的浪漫情怀,在沉郁中见出豪壮,奏出了时代的黄钟大吕之音。

【思考与练习】

一、分别说明词中所用典故的涵义,并细味稼轩词"以文为词"的艺术特色。

二、谈谈词中描写到的自然景物,怎样才呈现出浓厚强烈的主观色彩的?

三、对辛稼轩的词作,过去读过一些么? 读过此词,有何感想?

【辑评】

稼轩不平之鸣,随处辄发,有英雄语,无学问语。(周济《介存斋论词杂著》)

北宋词多就景叙情,……至稼轩、白石一变而为即事叙景。(周济《介存斋论词杂著》)

【附录】

贺新郎
寄辛幼安和见怀韵

陈 亮

老去凭谁说? 看几番、神奇臭腐,夏裘冬葛。父老长安今余几? 后死无仇可雪。犹未燥、当时生发。二十五弦多少恨,算世间、那有平分月。胡妇弄,汉宫瑟。　　树犹如此堪重别。只使君、从来与我,话头多合。行矣置之无足问,谁换妍皮痴骨? 但莫使、伯牙弦绝。九转丹砂牢拾取,管精金只是寻常铁。龙共虎,应声裂。

北方①

艾　青

艾青(1910—1996),原名蒋海澄,浙江金华人。中国现当代著名诗人。1928年入学国立西湖艺术学院绘画系。次年赴法国勤工俭学。1932年回国后即投入革命文艺运动,并致力于诗歌创作。后赴延安,曾任《诗刊》主编。抗战胜利,任华北联合大学文艺学院副院长等职。建国后任《人民文学》副主编。1979年当选为中国作家协会副主席。艾青的诗歌创作与现实紧密结合,及时而强烈地传达了时代的呼唤和人民的心声。在艺术上,则追求深沉的审美意象和提倡自由流动的形式,推动了中国现代新诗的发展,在现当代诗坛有较大影响。先后出版了二十多本诗集,主要有《大堰河》、《北方》、《向太阳》、《火把》、《归来的歌》等。

一天,
那个科尔沁草原上的诗人②
对我说:
"北方是悲哀的。"

不错
北方是悲哀的。
从塞外吹来的
沙漠风,
已卷去北方的生命的绿色
与时日的光辉
——一片暗淡的灰黄
蒙上一层揭不开的沙雾;
那天边疾奔而至的呼啸
带来了恐怖
疯狂地
扫荡过大地;
荒漠的原野
冻结在十二月的寒风里,
村庄呀,山坡呀,河岸呀,

颓垣与荒冢呀

都披上了土色的忧郁……

孤单的行人，

上身俯前

用手遮住了脸颊，

在风沙里

困苦地呼吸

一步一步地

挣扎着前进……

几只驴子

——那有悲哀的眼

　　和疲乏的耳朵的畜生，

载负了土地的

痛苦的重压，

它们厌倦的脚步

徐缓地踏过

北国的

修长而又寂寞的道路……

那些小河早已枯干了

河底也已画满了车辙，

北方的土地和人民

在渴求着

那滋润生命的流泉啊！

枯死的林木

与低矮的住房

稀疏地，阴郁地

散布在灰暗的天幕下；

天上，

看不见太阳，

只有那结成大队的雁群

惶乱的雁群

击着黑色的翅膀

叫出它们的不安与悲苦，

从这荒凉的地域逃亡

逃亡到

绿荫蔽天的南方去了……

北方是悲哀的。

而万里的黄河

汹涌着混浊的波涛
给广大的北方
倾泻着灾难与不幸；
而年代的风霜
刻画着
广大的北方的
贫穷与饥饿啊。

而我
——这来自南方的旅客，
却爱这悲哀的北国啊。
扑面的风沙
与入骨的冷气
决不曾使我咒诅；
我爱这悲哀的国土，
一片无垠的荒漠
也引起了我的崇敬。
——我看见
我们的祖先
带领了羊群
吹着笳笛
沉浸在这大漠的黄昏里；
我们踏着的
古老的松软的黄土层里
埋有我们祖先的骸骨啊，
——这土地是他们所开垦。
几千年了
他们曾在这里
和带给他们以打击的自然相搏斗，
他们为保卫土地
从不曾屈辱过一次，
他们死了
把土地遗留给我们——
我爱这悲哀的国土，
它的广大而瘦瘠的土地
带给我们以淳朴的言语
与宽阔的姿态，
我相信这言语与姿态
坚强地生活在大地上

永远不会灭亡；
我爱这悲哀的国土，
　　古老的国土
——这国土
养育了我所爱的
世界上最艰苦
与最古老的种族。

一九三八年二月四日　潼关③

《艾青全集》第一卷，艾青撰，石家庄：花山文艺出版社，1994）

【注释】

① 本诗写于 1938 年，最早收入 1939 年出版的诗集《北方》。
② 科尔沁草原上的诗人：指端木蕻良（1912—1996），原名曹京平，辽宁昌图人，现代作家，1933 年创作了长篇小说《科尔沁旗草原》。科尔沁为蒙古旧部名，明末归附后金（后改国号为清），所属有科尔沁左翼前、中、后旗与右翼前、中、后旗，在今内蒙古东部，这一带的草原被称为"科尔沁草原"。
③ 潼关：县名，今属陕西，著名的古关潼关在县城东北，历来为军事要地。

【提示】

　　本诗写于 1938 年 2 月。当时，艾青正和萧红、萧军、聂绀弩、端木蕻良、张仃等一批文化界朋友，应聘赴山西民族革命大学执教，旅经陕西潼关。诗人目睹战争阴云笼罩下北国大地一派荒凉、阴郁和纷乱的景色，心灵受到极大震动。一位朋友感叹"北方是悲哀的"，更触发了他的思绪，他便满怀深情地吟唱出对北国大地和人民的悲哀、同情和挚爱；同时也表达了全民族追求进步、渴望光明的理想主义情怀。在诗篇中，"土地"成了最醒目、最富于象征意义的意象。"我爱这悲哀的国土"的诗句，更成为贯穿全诗、重复叠现、回肠荡气的主旋律。

　　诗作为了创造北国大地的鲜明意象，特别从现代绘画等艺术中借鉴了许多手法，出色地运用光线、色彩和声音，来描绘场景，营造氛围，喻示情怀，从而极大地丰富了诗作的表现力和艺术美。

　　诗人出于对诗的散文美的自觉追求，还成功地运用了新体自由诗的形式。整首诗既没有固定的诗节、诗行和字数，也没有明显的韵脚与限制，显得无拘无束、自由挥洒。但细加玩味，全诗却充满着诗的旋律、诗的意境、诗的韵味，既表现了诗意的生活，又抒写了生活的诗意。

"万里的黄河
汹涌着混浊的波涛……"

【思考与练习】

一、艾青《北方》一诗的主旋律是什么,诗人是如何加以表现的?

二、艾青提倡"诗的散文美",请结合本诗,谈谈你对这一命题的理解与评价。

三、艾青原是一位画家,对于色彩和光线的使用特别敏感,请你说明在本诗中诗人是如何运用声、光、色来创造诗歌意象的?

【辑评】

这集子是我在抗日战争后所写的诗作的一小部分,在今日,如果真能由它而激起一点种族的哀感,不平,愤懑,和对于土地的眷恋之情,该是我的快乐吧。(艾青《北方·序》)

艾青的诗,好在那雄浑的力量,直截了当的语言,强烈鲜明的意象——可以看见、闻到、触到的意象,这也许因为他不仅是个诗人,也是个画家吧。艾青是一个有时代感、使命感、同时又有艺术感的诗人。(聂华苓《漪澜堂畔晤艾青》)

关联着人民与苦难的"土地"类意象和寄寓着光明与温暖的"太阳"类意象,被公认为艾青诗作风格的鲜明标志。……显而易见,艾青诗中"土地"类和"太阳"类意象,不是一般的语象,而是诗人最深切的关怀和最殷切的期望的象征;前者凝聚了艾青对祖国和人民最深沉的爱,对民族危难和人民疾苦的深广忧思;后者则寄托了艾青对民族光明未来的热烈向往和对美好的社会理想的不懈追求,所以它们是主题级的象征性意象。(解志熙《摩登与现代》)

赞　美①

穆　旦

穆旦(1918—1977)，原名查良铮，笔名梁真，浙江海宁人，出生于天津。中国现代著名诗人、翻译家。1940年毕业于西南联大外文系并留校任教。1948年留学美国芝加哥大学，获文学硕士学位。1953年回国，执教于南开大学。穆旦早期的诗歌创作始于天津南开中学读高中时。20世纪40年代前，受英国浪漫派现代诗风的影响较大。后来在浪漫主义中融合了现实主义和现代主义的因素，成为现代"九叶诗派"的一面旗帜。20世纪40年代的诗作多收入《穆旦诗集》。20世纪50年代主要从事外国文学翻译工作，译有普希金、拜伦、雪莱、济慈、布莱克等人的诗作，在译坛享有盛名。今人编有《穆旦诗文集》。

走不尽的山峦的起伏，河流和草原，
数不尽的密密的村庄，鸡鸣和狗吠，
接连在原是荒凉的亚洲的土地上，
在野草的茫茫中呼啸着干燥的风，
在低压的暗云下唱着单调的东流的水，
在忧郁的森林里有无数埋藏的年代
它们静静的和我拥抱：
说不尽的故事是说不尽的灾难，沉默的
是爱情，是在天空飞翔的鹰群，
是干枯的眼睛期待着泉涌的热泪，
当不移的灰色的行列在遥远的天际爬行；
我有太多的话语，太悠久的感情，
我要以荒凉的沙漠，坎坷的小路，骡子车，
我要以槽子船，漫山的野花，阴雨的天气，
我要以一切拥抱你，你，
我到处看见的人民呵，
在耻辱里生活的人民，佝偻的人民，
我要以带血的手和你们一一拥抱
因为一个民族已经起来。

一个农夫，他粗糙的身躯移动在田野中，

73

他是一个女人的孩子,许多孩子的父亲,
多少朝代在他的身边升起又降落了
而把希望和失望压在他身上,
而他永远无言的跟在犁后旋转,
翻起同样的泥土溶解过他祖先的,
是同样的受难的形象凝固在路旁。
在大路上多少次愉快的歌声流过去了,
多少次跟来的是临到他的忧患;
在大路上人们演说,叫嚣,欢快,
然而他没有,他只放下了古代的锄头,
再一次相信名词,溶进了大众的爱,
坚定地,他看着自己溶进死亡里,
而这样的路是无限的悠长的
而他是不能够流泪的,
他没有流泪,因为一个民族已经起来。

在群山的包围里,在蔚蓝的天空下,
在春天和秋天经过他家园的时候,
在幽深的谷里隐着最含蓄的悲哀:
一个老妇期待着孩子,许多孩子期待着
饥饿,而又在饥饿里忍耐,
在路旁仍是那聚焦着黑暗的茅屋,
一样的是不可知的恐惧,一样的是
大自然中那侵蚀着生活的泥土,
而他走去了从不回头诅咒。
为了他我要拥抱每一个人,
为了他我失去了拥抱的安慰,
为了他,我们是不能给以幸福的,
痛哭吧,让我们在他的身上痛哭吧,
因为一个民族已经起来。

一样的是这悠久的年代的风,
一样的是从这倾圮的屋檐下散开的
无尽的呻吟和寒冷,
它歌唱在一片枯槁的树顶上,
它吹过了荒芜的沼泽,芦苇和虫鸣,
一样的是这飞过的乌鸦的声音
当我走过,站在路上踟蹰:
我踟蹰着为了多年耻辱的历史

仍在这广大的山河中等待，

等待着，我们无言的痛苦是太多了。

然而一个民族已经起来，

然而一个民族已经起来。

1941 年 12 月

（《穆旦诗文集》第一卷，穆旦撰，北京：人民文学出版社，2006）

【注释】

① 本诗写于 1941 年 12 月，收入诗集《旗》。

【提示】

　　20 世纪 40 年代初，正是抗日战争最艰苦的相持阶段。在人民的苦难面前，在艰苦卓绝的民族斗争中，作为诗人的穆旦，以深沉饱满的热情去赞美祖国、赞美人民，以"沉雄"而急切的心情欢唱着"一个民族已经起来"的高昂颂歌，流露出诗人对历史耻辱的悲悯，对民族灾难的痛苦和对人民力量的崇拜。

　　作为"中国诗歌现代化"历程中的一个带有标志性的诗人，穆旦的诗除了创造介于口语与书面语之间的文体外，还体现出强烈的民族感情主旋律。在本诗客观冷峻的描写中，我们看到在一组组的意象群中，"我"的视点在下沉，"我"的思绪在飞越，"我"已"溶进了大众的爱"，"溶进死亡里"，如凤凰涅槃一样，诗人的民族情感在这里得以飞升，他用那"带血"的情感去拥抱祖国和人民，显现出诗人一颗悲悯、痛苦、幸福、负疚、激昂、深沉等相互交织的诗心所在。与其他的诗作相比较，《赞美》更注重对现实生活中的具象进行准确的提炼，使之成为一种民族精神的定格。无论是景物描

"这悠久的年代的风……
吹过了荒芜的沼泽，芦苇和虫鸣……"

写，还是人物塑造，其意象背后的诗情都是凸显的——"赞美"成为整个诗情的凝炼概括。

　　全诗情感的节奏有张有弛，韵律感很强，尤其是最后两句重复诗句的强调，充分抒发了诗人情感达到高潮时的情绪，是整首诗歌的"诗眼"所在。

【思考与练习】

一、本诗表现了作者哪几种复杂的内心情感？这些情感怎样构成了"一个民族已经起来"的庄严宣告？

二、试析本诗中的农民形象塑造。

三、此诗与舒婷的《祖国呵，我亲爱的祖国》（作于 1979 年）都写了中华民族和祖国的命

运,但作者处于两个不同的时代,诗中的形象和情感有何异同之处?

【附录】

祖国呵,我亲爱的祖国

舒 婷

我是你河边上破旧的老水车,
数百年来纺着疲惫的歌;
我是你额上熏黑的矿灯,
照你在历史的隧洞里蜗行摸索;
我是干瘪的稻穗;是失修的路基;
是淤滩上的驳船。
把纤绳深深
勒进你的肩膊,
——祖国呵!

我是贫穷,
我是悲哀。
我是你祖祖辈辈
痛苦的希望呵,
是"飞天"袖间
千百年来未落到地面的花朵,
——祖国呵!

我是你簇新的理想,
刚从神话的蛛网里挣脱;
我是你雪被下古莲的胚芽;
我是你挂着眼泪的笑涡;
我是新刷出的雪白的起跑线;
是绯红的黎明
正在喷薄;
——祖国呵!

我是你十亿分之一,
是你九百六十万平方的总和;
你以伤痕累累的乳房
喂养了
迷惘的我、深思的我、沸腾的我;
那就从我的血肉之躯上
去取得
你的富饶、你的荣光、你的自由;
——祖国呵,
我亲爱的祖国!

我的世界观①

阿尔伯特·爱因斯坦

阿尔伯特·爱因斯坦(Albert Einstein，1879—1955)，美国物理学家，20世纪最伟大的科学家之一。生于德国乌尔姆镇。1900年毕业于苏黎世工业大学，加入瑞士籍。1913年返回德国，任柏林大学教授。1921年获得诺贝尔物理学奖。1933年希特勒上台后，他因其犹太人身份受到迫害，赴美国任普林斯顿高级研究所教授。1940年加入美国籍。20世纪初的15年中，他提出了一系列的科学理论，断言物质和能量的相当性，给空间、时间和引力都赋予了新概念，因而名闻天下。他所建立的相对论成为现代物理学的理论基础之一。爱因斯坦作为人类历史上一位杰出的科学家、创新天才，其伟大之处不仅在于他杰出的科学成就，也在于他恢宏的胸襟和崇高的人格。热爱真理，追求正义，深切关怀社会进步，是他无穷探索、一生奋斗的精神动力。除科学研究外，他还留下有许多对政治、社会、人生感悟的文字，同样给世人以巨大而深刻的影响。有《爱因斯坦全集》。

我们这些总有一死的人的命运是多么奇特呀！我们每个人在这个世界上都只作一个短暂的逗留；目的何在，却无所知，尽管有时自以为对此若有所感。但是，不必深思，只要从日常生活就可以明白：人是为别人而生存的——首先是为那样一些人，他们的喜悦和健康关系着我们自己的全部幸福；然后是为许多我们所不认识的人，他们的命运通过同情的纽带同我们密切结合在一起。我每天上百次地提醒自己：我的精神生活和物质生活都依靠着别人（包括生者和死者）的劳动，我必须尽力以同样的分量来报偿我所领受了的和至今还在领受着的东西。我强烈地向往着俭朴的生活，并且时常为发觉自己占用了同胞的过多劳动而难以忍受。我认为阶级

爱因斯坦木刻像　　佚名作

的区分是不合理的，它最后所凭借的是以暴力为根据。我也相信，简单淳朴的生活，无论在身体上还是在精神上，对每个人都是有益的。

我完全不相信人类会有那种在哲学意义上的自由②。每一个人的行为，不仅受着外界的强迫，而且还要适应内心的必然。叔本华说③："人虽然能够做他所想做的，但不能要他所想要的。"这句话从我青年时代起，就对我是一个真正的启示；在我自己和别人生活面

临困难的时候，它总是使我们得到安慰，并且永远是宽容的源泉。这种体会可以宽大为怀地减轻那种容易使人气馁的责任感，也可以防止我们过于严肃地对待自己和别人；它还导致一种特别给幽默以应有地位的人生观。

要追究一个人自己或一切生物生存的意义或目的，从客观的观点看来，我总觉得是愚蠢可笑的。可是每个人都有一定的理想，这种理想决定着他的努力和判断的方向。就在这个意义上，我从来不把安逸和享乐看作是生活目的本身——这种伦理基础，我叫它猪栏的理想。照亮我的道路，并且不断地给我新的勇气去愉快地正视生活的理想，是善、美和真。要是没有志同道合者之间的亲切感情，要不是全神贯注于客观世界——那个在艺术和科学工作领域里永远达不到的对象，那末在我看来，生活就会是空虚的。人们所努力追求的庸俗的目标——财产、虚荣、奢侈的生活——我总觉得都是可鄙的。

我对社会正义和社会责任的强烈感觉，同我显然的对别人和社会直接接触的淡漠，两者总是形成古怪的对照。我实在是一个"孤独的旅客"，我未曾全心全意地属于我的国家，我的家庭，我的朋友，甚至我最接近的亲人；在所有这些关系面前，我总是感觉到有一定距离并且需要保持孤独——而这种感受正与年俱增。人们会清楚地发觉，同别人的相互了解和协调一致是有限度的，但这不足惋惜。这样的人无疑有点失去他的天真无邪和无忧无虑的心境；但另一方面，他却能够在很大程度上不为别人的意见、习惯和判断所左右，并且能够不受诱惑要去把他的内心平衡建立在这样一些不可靠的基础之上。

我的政治理想是民主主义。让每一个人都作为个人而受到尊重，而不让任何人成为崇拜的偶像。我自己受到了人们过分的赞扬和尊敬，这不是由于我自己的过错，也不是由于我自己的功劳，而实在是一种命运的嘲弄。其原因大概在于人们有一种愿望，想理解我以自己的微薄绵力通过不断的斗争所获得的少数几个观念，而这种愿望有很多人却未能实现。我完全明白，一个组织要实现它的目的，就必须有一个人去思考，去指挥，并且全面担负起责任来。但是被领导的人不应当受到强迫，他们必须有可能来选择自己的领袖。在我看来，强迫的专制制度很快就会腐化堕落。因为暴力所招引来的总是一些品德低劣的人，而且我相信，天才的暴君总是由无赖来继承，这是一条千古不易的规律。就是这个缘故，我总是强烈地反对今天我们在意大利和俄国所见到的那种制度。像欧洲今天所存在的情况，使得民主形势受到了怀疑，这不能归咎于民主原则本身，而是由于政府的不稳定和选举制度中与个人无关的特征。我相信美国在这方面已经找到了正确的道路。他们选出了一个任期足够长的总统，他有充分的权力来真正履行他的职责。另一方面，在德国的政治制度中，我所重视的是，它为救济患病或贫困的人作出了比较广泛的规定。在人生的丰富多彩的表演中，我觉得真正可贵的，不是政治上的国家，而是有创造性的、有感情的个人，是人格；只有个人才能创造出高尚的和卓越的东西，而群众本身在思想上总是迟钝的，在感觉上也总是迟钝的[④]。

讲到这里，我想起了群众生活中最坏的一种表现，那就是使我厌恶的军事制度。一个人能够洋洋得意地随着军乐队在四列纵队里行进，单凭这一点就足以使我对他轻视。他所以长了一个大脑，只是出于误会；单单一根脊髓就可满足他的全部需要了。文明国家的这种罪恶的渊薮，应当尽快加以消灭。由命令而产生的勇敢行为，毫无意义的暴行，以及在爱国主义名义下一切可恶的胡闹，所有这些都使我深恶痛绝[⑤]！在我看来，战争是多么卑鄙、下流！我宁愿被千刀万剐，也不愿参预这种可憎的勾当。尽管如此，我对人类的评价还是十分高的,我相信,要是人民的健康感情没有被那些通过学校和报纸而起作用的商业利益和政治利益蓄意进行败坏,那末战争这个妖魔早就该绝迹了。

我们所能有的最美好的经验是奥秘的经验。它是坚守在真正艺术和真正科学发源地上的基本感情。谁要是体验不到它,谁要是不再有好奇心也不再有惊讶的感觉,他就无异于行尸走肉,他的眼睛是迷糊不清的。就是这样奥秘的经验——虽然掺杂着恐怖——产生了宗教。我们认识到有某种为我们所不能洞察的东西存在,感觉到那种只能以其最原始的形式为我们感受到的最深奥的理性和最灿烂的美——正是这种认识和这种情感构成了真正的宗教感情;在这个意义上,而且也只是在这个意义上,我才是一个具有深挚的宗教感情的人。我无法想象一个会对自己的创造物加以赏罚的上帝,也无法想象它会有像在我们自己身上所体验到的那样一种意志⑥。我不能也不愿去想象一个人在肉体死亡以后还会继续活着;让那些脆弱的灵魂,由于恐惧或者由于可笑的唯我论,去拿这种思想当宝贝吧!我自己只求满足于生命永恒的奥秘,满足于觉察现存世界的神奇的结构,窥见它的一鳞半爪,并且以诚挚的努力去领悟在自然界中显示出来的那个理性的一部分,即使只是其极小的一部分,我也就心满意足了。

(《爱因斯坦文集》第三卷,[美国]爱因斯坦撰,许良英、赵中立、张宜三编译,北京:商务印书馆,1979)

【注释】

① 本文最初发表于 1930 年,原题《我的信仰》。

② 哲学意义上的自由:有些哲学家认为,哲学意义上的自由,与"必然"相对,组成辩证法的一对范畴。"必然"指客观事物的规律,自由指人们对必然的认识和对客观世界的改造。人们未认识客观规律时,处于盲目受它支配的地位,没有真正的自由。自由与必然是辩证的统一。

③ 叔本华(1788—1860):德国哲学家,唯意志论者。曾在柏林大学任教。致力于柏拉图、康德哲学的研究。认为意志是宇宙的本质。

④ 个人:这里所指的个人,是指"有创造性的、有感情的个人,是人格",不是平庸、无情的个人;所指的群众,是指"在思想上总是迟钝的,在感觉上也总是迟钝的"庸众。

⑤ 深恶痛绝:以上这段议论,是作者对当时意大利墨索里尼、德国希特勒法西斯专制势力正企图掀起战争暴力和其他种种暴行的严厉斥责。

⑥ 无法想象:这表明作者怀有的并不是一般意义上的宗教感情,而是深刻关怀人类福祉的那种挚爱之情。

【提示】

文章开头就明白宣告:人是应当为别人而生存的,首先是为那些其喜悦和健康关系着我们自己的全部幸福的人,然后是为许多虽不相识,但他们的命运却通过同情的纽带同我们密切结合在一起的人。他说自己每天上百次地提醒自己,他的精神生活与物质生活都依靠着别人的劳动,包括生者和死者,自己必须尽力报偿他们。他相信简单淳朴的生活对每个人都有益。这是他世界观、人生观的基础和核心。

他说,叔本华"人虽然能够做他所想做的,但不能要他所想要的"这两句话,从青年时代起对他就是一个真正的启示。在生活困难时使他得到安慰,并且永远是宽容的源泉。应该尽量做想做的,不能要所想要的,这是他基于社会群体意识的严格自律。

每个人都要有一定的理想,它决定着自己努力和判断的方向。他从来不把安逸和享乐看作生活目的本身。他的道路是追求善、美和真。他觉得追求财产、虚荣、奢侈的生活是可鄙的。

他有高尚的理想,鄙视世俗的享受。他认为自己未曾全心全意地属于自己的国家、家庭、朋友,甚至最接近的亲人;在这些关系面前,他总感到有一定距离并且需要保持孤独,因为这样能够在很大程度上不为别人的意见、习惯和判断所左右。他有更高的追求,并因此而坚持独立思考。

他的政治理想是民主主义。他认为强迫的专制制度很快就会腐化堕落,天才的暴君总是由无赖来继承,这是一条千古不易的规律。他强烈反对当时在意大利的法西斯专制和俄国所见到的那种制度。他认为真正可贵的,是有创造性的、有感情的个人,是人格。他深恶痛绝毫无意义的暴行,绝不愿意参预卑鄙、下流的战争。他在政治上崇尚民主,在人格上追求有创造性的、有感情的自由。

他高度评价人类对"奥秘"的勇于探索精神,坚守真正艺术和真正科学发源地上的基本感情。他是一个具有深挚的宗教感情的人——一定要为人类和社会尽力,创造出高尚的和卓越的东西。科学精神与人文精神在他身上得到了真正的高度统一。

这是爱因斯坦在谈自己世界观方面最有代表性也最著名的一篇文章,清纯朴实,深刻锐利,坦诚自然,明白无疑。只有像他这样的伟人,才写得出如此举重若轻、永垂不朽的名文。

【思考与练习】

一、爱因斯坦对人类的贡献无论在科学研究上还是社会进步上都是非常伟大的,请结合他这篇文章谈谈你的体会。

二、爱因斯坦认为只要从日常生活就可以明白"人是为别人而生存的",每一个人都必须因此对别人尽力有所报偿,你觉得他这样说也这样做是否有得也有失?

三、自然科学家关心政治,也以追求真善美作为自己的理想,这对科学研究有无副作用,是否浪费精力和时间?文要学点理,理要学点文,这能有什么益处?文、理能够渗透、互补么?

学文例话（一）

记叙文的阅读与写作

记事、写人、记游、状物等类的散文，都属于记叙文。记叙文以记叙为主，间以描写、抒情和议论，是一种形式多样、笔墨灵活的文体。阅读和写作记叙文，要注重整体构思，善于抓住传神细节，并将真挚情感蕴涵在笔墨之中。

——

整体构思要着重解决好散与聚的问题。散与聚相反相成，不能偏废，须有散有聚、散而能聚方好。一般说来，散文都是"立意以聚之"。"意在笔先"，有了好的立意，选择材料就有了目标，组织材料就有了主心骨，文章也就有了灵魂。立意的要诀，则在于写自己最有感受的东西。心里有的东西，文章里才能有，打动过自己的东西，才能打动别人，好文章都是亲身感受并有独特感受的产物。《我与地坛》笔致精细深微，是基于作者对自身遭遇的独到体验和感悟；《哭小弟》悲情凄怆难抑，是由于作者心中翻腾着一代知识分子"迟开而早谢"的可悲命运；《二月兰》对人生感喟颇多，是由于作者心中郁积着太多的不平和无奈；《拣麦穗》呼唤纯真童心，是由于作者痛感"文革"期间人性的扭曲和真情的失落。真体验深感受方出好文章，这是古今定律。若能在此基础上更进一层，像《张中丞传后叙》那样，力排俗议，让被污损的英姿重新放出光彩，像《都江堰》那样，超越崇拜长城的流行观念，而重新开掘都江堰的现代人文品格，悟到别人未立之意，写出前人未道之理，就为文章的散而能聚抢占了最富凝聚力的精神制高点。

散文的种类繁多，不同题材，不同形式，有着不同的意聚特点，须酌情处理，灵活对待。《纪念傅雷》写得十分短小精悍，主要成功之处就在于立意集中而精到。作者被傅雷因不堪凌辱而以死抗争的惊人行为所震动，感悟到一个"怒"字，并联想到傅雷以往的几次"怒"，从而形成了以三次"怒"为线索的整体构想，没有再增添任何枝蔓。这个"怒"字，不仅饱含着人们长期压抑着的对"文革"的愤懑情绪，而且很切合傅雷一贯的个性特点；不仅体现着儒家所提倡的具有浩然之气的刚直品德，而且也是当时知识分子中最难得见到的东西。这样以"怒"字聚焦而又一石多鸟的立意，写出来自然也就集中而又丰赡了。生活是多层面的，意也是多层面的，因此立意要有纲有目，做到能纲举目张。《哭小弟》中，小弟的事迹、品格多方多面，但聚焦于无私奉献精神就显得杂而不乱；小弟的命运坎坎坷坷，但聚焦于"迟开早谢"就特别令人扼腕；像小弟那样的知识分子很多，从哭小弟进而哭蒋筑英、罗健夫，就从痛悼小弟中升华出普遍的社会意义。意有时是复杂难言、多元难辨的，要尽力保持它固有的原生朦胧态，过于单一、明晰，反而会失去真味和丰润。《我与地坛》中，既有对自然的亲和细察，也有对人生的冷峻思索；既有对博大无私的母爱的无限崇敬，也有对自己不能报答于万一的深切痛悔；既有遭遇不幸后的苦痛、绝望、软弱，也有焦灼中的挣扎、奋发、坚韧。特别是那些一般人在一般情况下难以细察的微妙，难以体验的情愫，难以感悟的奥秘，也都渗透在那细腻而精致的描述之中。在这里，原生态就是深微，朦胧感就是耐人寻味。理性和概念并不是真的万能，文学艺术的特有功能，或许就在它能够弥补理性和概念的不足。

聚，意味着文章要凝神如一、集中鲜明；散，意味着文章思路和材料要纵横驰骋、丰富多彩。散与聚本是矛盾的、对立的、相互排斥的，但在艺术领域内却是相生相长的，即散得愈开而聚得愈紧，审美的成色就愈高。《都江堰》是一篇游记，记叙了游观水流、瞻仰二王庙、过横江索桥的全过程，做到了景全游尽，而且还对比长城，叙述造坝过程，插叙李冰父子的生平事迹，描述石像的出没历史，说古论今，思路跌宕，笔墨潇洒，可谓极尽"开"的能事；同时，文章又处处聚焦于都江堰的文化内涵，从"只知贡献的乡间母亲"，到"庄丽的驯顺"，再到"冰清玉洁的政治纲领"，直至结尾的"贴近了大地，贴近了苍生"，全文四部分都能紧扣"扎扎实实造福于民"的人文精神，文心集中，思理一贯，可谓极尽"合"的能事。既能大开，又能大合，这就是散与聚相辅相成的理想境界。

初学写作的人，往往有一个粘滞不化的毛病：叙事必此事，写人必此人，绘景必此景，状物必此物，思路打不开，总是在一条羊肠小道上行走，平铺直叙，总是不能使精气神跳荡起来。其实，许多艺术手段的运用，正是破解这一弊端的良方妙药。《始得西山宴游记》是写游西山的所见所感，却花了近一半篇幅去写游其他山的无聊、乏味，这是用铺垫手法把游西山后"心凝形释"的感受反衬得更加突出。《都江堰》开掘水利工程的人文精神，却多处涉笔长城，这是通过对比把都江堰的现代意义反衬得更加鲜明。《哭小弟》多处宕开笔墨，写探病者众多，朋友来信赞叹，父亲写挽联痛悼，这是用侧面描写手法来烘染小弟的无私奉献精神；《我与地坛》既细描地坛，又刻画母亲，似不相干，但实质上地坛也是母亲，两者都是"我"抚平创伤、焕发新生的源泉，这是在更深层意味上的象征性关联；《冯谖客孟尝君》是歌颂冯谖，但开头却极力铺陈他再三弹铗而歌、反复要求优厚待遇的"小人"行径，这种藏锋试主的先抑后扬手法，既反托了他为孟尝君"营就三窟"的深谋远虑风采，又平添了行文一波三折的引人情趣。显然，铺垫、对比、侧写、象征、先抑后扬等种种表现手法，都有一个共同特点，那就是"正面攻不上侧面攻"、"对面着笔"、"言在此而意在彼"、"曲尽其妙"，而驱动这些手法的内在机杼，则还是散与聚、开与合的辩证规律。

二

对材料的选取、剪裁，最重要的是要抓住重大事件中的关键环节进行艺术加工。"整体构思确定之后，细节就决定一切"，这是最有见地的写作名言。

一般说来，散文中的重大事件都是真实的，而其中的不少具体环节却是想象加工出来的。因此，作者的主要功力，是体现在细节加工上；如果细节加工欠妥，重大事件也会是贫瘠的。《冯谖客孟尝君》抓住了烧债券市义、设计使孟尝君复位、请先王祭器立庙三件大事，《段太尉逸事状》抓住了勇服郭晞、仁愧焦令谌、拒收朱泚贿赂三件大事，都是慧眼识珠，但最成功之处还在于其中的细节加工。作者对冯谖烧债券市义过程的描述，呈现出一系列意想不到的环节：讨债变成烧债券，还敢假借孟尝君的名义；买物品变成"市义"，还说是孟尝君最缺少的；孟尝君"不说"，不知后面会发生什么事；直至一年后孟尝君被罢职还乡时，"民扶老携幼，迎君道中"，才见出"市义"的真正效力。这样的艺术加工，不仅把冯谖的深谋远虑出挑得特别充分，而且抓住了读者，步步引人入胜。段太尉勇服郭晞，先写郭晞军卒横行乡里，再写节度使"戚不敢言"，再写"晞一营大噪，尽甲"，再写段太尉"解佩刀"，只"选老躄者一人扶马"而往，再写被"甲者"挡在门外，再写他以诙谐言辞令"甲者愕"，最后才说服郭晞，使之谢罪改过。如此层层铺垫，步步进逼，极尽精工细作之能事，段太尉的过人胆识自然也就渲染得淋漓尽致了。

记事写人，不论事件大小，不论情节曲直，都应当有几个或动人心弦、或耐人寻味、或光彩夺目的闪亮细节。《垓下之围》中，如果只有霸王别姬的场面，而没有"虞兮虞兮"的悲歌，英雄末路无可奈何的心情就难以那么动人；如果只有东城快战的经过，而没有"天之亡我"的反复呼告，项羽至死不悟的心态就难以充分展现；如果只有拔剑自刎，而没有耻见江东父老的诉说和将宝马赠给乌江亭长的言辞举动，就无以披露项羽性格中知耻重义的一面。《张中丞传后叙》写南霁云，虽然只有突围求援一事，但由于作者抓住了不忍独食、慷慨陈辞、抽刀断指、箭射浮图几个激情澎湃的细节，又用"一座大惊，皆感激为云泣下"来侧面烘托，用贺兰进明的妒贤不救对比反衬，南霁云忠贞刚烈、嫉恶如仇的性格就显得格外夺目。《哭小弟》中的小弟形象，自始至终都是由一个个细节累积起来的：小时候冬天用冷水洗脸，马上要动手术了还要先去开个会，卧床不起还要材料来"想再看看"，医院门口挤满争着给他献血的人，带病检查每一个螺丝钉、胶布，病痛得常常大汗淋漓，病危了还怕惊动别人……只有这样写，才是朴实的无私奉献，才是真正的平凡伟大。"历史正是由这些人写成的"，作者没有夸大。

写景状物，则要抓住景物的特点，并在描绘中紧紧扣合所要表达的主要旨意。《始得西山宴游记》只写西山高大特立的一面，其他特点概不涉及，而且是选取站在山顶扫描的视角，突出四面远眺、一览众山小的感受，又用游览其他山时的无可看、无所感来铺垫反托，处处都是为了彰显作者独立不阿的人格。柳宗元当时官场失意，他是在寻求自宽自励的精神支撑点。《赤壁赋》抓住泛舟夜游的特色，以明月、江水、清风贯穿始终，写景、抒情、议论，大悲、大喜、大醉，天地心、古今意、人生理，均出入其中，编织之精致，融合之贴切，均可巧夺天工。苏轼当时因"乌台诗案"而下狱、遭贬，仕途绝望，心情郁闷，他是在自由自在的清风明月中，寻求精神解脱，探视新的适意自然的审美化人生道路。当然，不同的心理状态，应有不同的景物色调与之相合。《我与地坛》中，景物繁多而色彩纷纭，情绪错杂而意绪朦胧，读来确有"嘈嘈切切错杂弹，大珠小珠落玉盘"之感，而这恰与轮椅上"我"当时的复杂心境谐和一致："忽然间几乎什么都找不到了"，"面对那些和我一样不明白为什么要来这世上的小昆虫"，我不知道自己"为什么活"、"怎样活"……像这种因突遭不幸而神情恍惚、茫然四顾的心态，如果作者或读者硬要写景条分缕析、情志集中明朗，那就必定会"复凿七窍而混沌死"了。

象征是一种相似性连类生发，象征性散文的写作关键，在于突出几个生发点，让读者能够充分联想到所要表达的东西。《二月兰》是整体性象征,寓意若即若离,比较朦胧,但由于作者突出了二月兰多不被人注意的朴实、紫气直冲霄汉的气势、把花开遍大地的勇气和无喜无惧的恒定品性,就使读者较容易地联想到平凡、高蹈、勇毅、坚韧的人格,并产生很多遐想。《瓦尔登湖》中的"蚁群大决战",是象征人类战争,整个场面描写十分精彩,而最令人震撼的却是几处细节描写:红蚂蚁已经"身首异处",但"蚂蚁头却仍死咬往对方不放";黑蚂蚁将两个红蚂蚁的脑袋"挂在它身体的两侧",作为"战利品","一瘸一拐地爬过窗台";军乐队"排成方阵,威武雄壮地高奏凯歌";"蚂蚁们都大呼着'为上帝而战!'","没有一个雇佣兵不是为真理而斗争"。看蚂蚁,想人类,战争的残酷实在令人发指,好战者的狂热实在令人震惊,战争的宣言实在虚伪之极,战争的神圣实在令人恶心!《都江堰》多的是局部象征,其中几处对比性象征则是文章的亮点:长城是"僵硬的雕塑","摆出一副老资格等待人们修缮",都江堰是"灵动的生活","只知贡献的乡间母亲",这是两种文化品格的象征;"手拿一把长锸",与"铁戟钢锤反复辩论",用今天的话来说,这是以阶级斗争为纲与以经济建设为中心两条路线长期斗争的象征;"绘制水系图谱"与热衷"金杖玉玺",这是为民造福与争权夺利两种行政心态的象征。这类亮点,使整个文章充满思辨理趣,具有尖锐的现实针砭意义。

三

"贯一为拯乱之药。"(《文心雕龙》)最好的拯乱之药就是以真情灌注全文。以情动人,是写作记叙文的要领之一。情感既是写作的动力,也是行文的内在线索,既是文章的重要内涵,也是文章感染力的源泉。情感本身虽然看不见、摸不着,但它却渗透在文章的整体建构、人事描述、行文笔调、语言运用之中。

一篇散文,实际上有两个层面:表层是具象的景物人事,内里是一股滚动着的情感流。内在情感流是割不断、也不可割断的文章命脉。表层的景物人事可以打破时空限制呈现种种不同的组合样式,但内在情感流却必须遵循心理活动、情感流动、情绪涨落的规律。抒情散文《听听那冷雨》的思绪时空不断转换,大陆、美国、台湾,古代、昨天、今天,江南、春雨、云山,像长长短短的电影蒙太奇镜头,交叉而来,重叠而去,让人目不暇接,理不出头绪。其实头绪是有的,那就是刻骨铭心的思乡情怀。这一情怀剪不断,理还乱,四处奔突,冲到那里,笔墨就落在那里,无法条理,也无须规范。然而这正是思乡情怀的特点,体现出文章外在物象推移与内在情感流动的统一;而且人在情绪高涨时,理智就会暂时退居幕后,文章表层物象的无序跳荡,就更能见出内在情怀的激昂。这正是艺术表现方法对心理规律的尊重。记事写人散文也有这种情况。《哭小弟》全文以"哭"贯穿始终,心情十分哀痛、悲愤,情绪相当激动,故而思绪不受时空限制,整篇文章好像是故意把小弟的生平事迹、病亡过程和人们的悼念,切割了许多碎片,然后再随着心情的起伏,自由地将它们交叉累积起来。其实这正是笔随情走,以情思引领叙事;情到笔到,表层的散漫中自有内里的严谨;用法而不见法,更见出水到渠成、结体自然之妙。《赤壁赋》虽然也是以作者的情感流程为线索,但它却不是像《哭小弟》那样以一种情感贯彻到底,而是让情感不断地转折、变化:先写泛舟长江之乐,再写生命短暂之悲,最后则归结于适意自然之喜。而这一情感变化的实质,则是一个自我精神解脱过程的合理演绎。不同的作品当然有着不同的情感融贯特点,但它们都要合乎一定的心理规律,否则就会落下"不合情理"的诟病。

文章的笔调,是文章内在情感流的外在显现形态,也是作者当时创作情态的自然流泻。一定的文章,一定的情致,就应当有一定的笔调;换一种笔调,就可能不是这种情致,从而也就会变成另一篇文章。《我与地坛》是回忆性散文,情感复杂而隐曲,所以笔调是幽幽倾诉,舒缓往复,像小河流水,汩汩突突,日夜低吟。《张中丞传后叙》是为英雄辨诬,义愤填膺,所以笔调慷慨激昂,一上来就是"大弦嘈嘈如急雨"。《报刘一丈书》是揭露权奸丑陋嘴脸,内心充满厌恶情绪,所以采用了漫画式嘲讽笔调。此外,像《西湖七月半》的讽世藐俗式调侃,《别赋》的哀婉悱恻式美感,《都江堰》的思辨色彩,《拣麦穗》的童真情趣等等,也都是各具特色的合情合意笔调。写作散文的一大难关,就在于要同时掌握多种笔调,以便于应对各种文体、各种内容、各种形式,而这种能力的培养,却不是讲讲道理就能奏效的,须靠自己长期的阅读体验和写作磨炼。但有一点可以肯定,那就是在阅读和写作时,要能够暂时忘记眼前的现实存在,而进入一种特定的神思空间和情致状态,让想象在这个空间里"梦游",让这种情致抚摸、拥抱"梦游"中的一切景物人事,乃至将身心熔化在特定情境之中,与其中的人物同观、同想、同哭、同笑。这叫做设身处地、进入脚色。或许在这样的心理状态中,合情合意的笔调会自动生成、自由流动,那当然是写作的最佳状态、理想境界。

笔调体现在语言的运用之中。一定的笔调应当有一定的语言特色,而一定的语言特色则有一定的表现功能。这里最值得重视的是个语感问题。"少焉,月出于东山之上,徘徊于斗牛之间。白露横江,水光接天。纵一苇之所如,凌万顷之茫然。浩浩乎如冯虚御风,而不知其所止;飘飘乎如遗世独立,羽化而登仙。"《赤壁赋》的这种骈散相间、音韵错落如行云流水的语言,正与作者当时泛舟江上的轻松愉悦心情和谐一致。"譬如那些苍黑的古柏,你忧郁的时候它们镇静地站在那儿,你欢喜的时候它们依然镇静地站在那儿,它们没日没夜地站在那儿从你没有出生一直站到这个世界上又没了你的时候。"《我与地坛》多用这种曲曲折折、委委婉婉的长句,恰与当时作者起起伏伏、幽幽怨怨的情致相辅相成。语言的节奏、旋律,也就是内在情感的节奏、旋律,这是语感的实质。但它的具体体现,却是十分复杂的。用长句还是短句,用排比还是对偶,用比喻还是借代,用韵还是不用韵,乃至用单音节词还是用双音节词,用平声字还是用仄声字,用逗号还是用分号,等等,都关系到语言的情调和美感。语感是一种直觉,难以理喻,全靠多读多写来潜移默化。《听听那冷雨》的语感颇佳,值得反复阅读。特别是作者创造性地运用了大量叠词,如"湿湿"、"腾腾"、"细细密密"、"滂滂沱沱"、"滴滴点点滴滴"、"清清爽爽新新"、"淅沥淅沥淅沥"、"忐忐忑忑忐忐忑忑"等等,或用以延伸时空,或突出事物质性,或用以强化动感,或加浓声响色彩,或用以制造氛围,或渲染绵绵情思,语言的灵动多姿,承载着意境的丰赡氤氲,令人确有"五步一楼,十步一阁,步步莲花,字字珠玉"之叹。

第四单元

浩然正气

  我国古代的贤达非常重视个人道德品质的修炼培养,其要旨之一,就是倡导襟抱高迈远大,品德高尚正直,要有一身浩然正气。

  志向高远所以成为品德修养的内容和浩然正气的体现,有其渊源和来历。孔子"登东山而小鲁,登泰山而小天下",孟子云"善养吾浩然之气"。孔子的"泰山"之志、孟子的"浩然之气",是远大抱负、博大胸襟的象征,是以国家天下为念,涵有昂扬向上、奋发有为的生命意志和精神追求。一个人志向高远、胸襟博大,就能够恪守正道,坚持正义;就不会阿谀逢迎,自甘下流;就不会蝇营狗苟,一味谋求自己的私利。孔子曾两度去鲁,周游列国,推销自己的政治主张;孟子也曾西行魏国,游说梁惠王"保民而王"。尽管都没有成功,但两人均坚持理想,不改初衷,关门授徒,开坛立说,把思想的火炬传递给了后人。

  正直高尚的品德是浩然正气的当然内容。品德高尚有着仁慈、善良、诚信等多重指向,但大要乃在孟子所说的"富贵不能淫,贫贱不能移,威武不能屈"。为追求真理、维护道义、坚守人格而不怕威逼利诱,不向邪恶低头,不为一切外在力量而改变左右,即使付出生命的代价也在所不惜。屈原为坚持理想,惨遭流放,虽自沉汨罗,却"九死其犹未悔";司马迁为完成《史记》,身被宫刑,面对专横的汉武帝,仍"不虚美,不隐恶",秉笔直书;段太尉为了人民的疾苦不畏强暴,勇于担当,即使深入虎穴,也毫无惧色;都体现出一身正气,令人敬重景仰。而张中丞死守孤城,文天祥独撑危局,为维护国家和民族的利益不惜牺牲自己的性命,更是正气浩然的极至体现,他们死得辉煌,死得壮烈,永垂不朽,浩气长存。"人生自古谁无死?留取丹心照汗青"。

  人,应当有一身浩然正气。人的一生,应当是正气浩然。

报任安书①

司马迁

司马迁(约前145—?),字子长,夏阳(今陕西韩城南)人。西汉伟大的史学家、文学家。青年时多次出外游历,足迹遍及南北各地。三十岁为郎中。数年后承袭父职任太史令,读到大量政府藏书。他继承父志,于太初元年(前104)开始着手编写《史记》。天汉二年(前99),由于替败降匈奴的李陵辩解,得罪汉武帝,被处宫刑。出狱后任中书令。为了完成《史记》的写作,他含垢忍辱,发愤著书,终于在征和二年(前91)左右基本写成。不久即去世。

《史记》记叙了上自传说中的黄帝、下至汉武帝太初年间共三千多年的历史,是我国第一部纪传体通史。全书一百三十篇,凡“本纪”十二篇,“表”十篇,“书”八篇,“世家”三十篇,“列传”七十篇。原书有缺佚,今本系汉元帝时褚少孙补全。《史记》全面而生动地反映了历史的真实,对不合理的社会现实和统治阶级争权夺利、尔虞我诈的面目进行了揭露和批判,对社会中下层被压迫者和反抗者则寄予一定的同情。由于他在记叙历史人物时注入了自己的深厚感情,再加上精炼生动的语言表达,书中的人物往往写得栩栩如生,具有强烈的艺术感染力量。《史记》是一部伟大的历史著作,也是一部伟大的传记文学作品。在史学和文学两个方面,它都对后世产生了深远的影响。

太史公、牛马走、司马迁再拜言②。

少卿足下③:

曩者辱赐书④,教以慎于接物⑤,推贤进士为务⑥。意气勤勤恳恳,若望仆不相师用,而流俗人之言⑦。仆非敢如是也。虽罢驽⑧,亦尝侧闻长者遗风矣。顾自以为身残处秽,动而见尤,欲益反损,是以抑郁而无谁语⑨。谚曰:“谁为为之? 孰令听之⑩?”盖钟子期死,伯牙终身不复鼓琴⑪。何则? 士为知己用,女为说己容⑫。若仆大质已亏缺,虽材怀随、和⑬,行若由、夷⑭,终不可以为荣,适足以发笑而自点耳⑮。

书辞宜答,会东从上来⑯,又迫贱事,相见日浅,卒卒无须臾之间得竭指意⑰。今少卿抱不测之罪⑱,涉旬月,迫季冬⑲,仆又薄从上上雍⑳,恐卒然不可讳㉑。是仆终已不得舒愤懑以晓左右㉒,则长逝者魂魄私恨无穷。请略陈固陋。阙然不报㉓,幸勿过㉔。

仆闻之:“修身者智之府也,爱施者仁之端也,取予者义之符也,耻辱者勇之决也,立名者行之极也㉕。”士有此五者,然后可以托于世,列于君子之林矣。故祸莫惨于欲利,悲莫痛于伤心,行莫丑于辱先㉖,而诟莫大于宫刑㉗。刑余之人,无所比数,非一世也,所从来远矣。昔卫灵公与雍渠载㉘,孔子适陈;商鞅因景监见㉙,赵良寒心㉚;同子参乘㉛,袁丝变

"屈原放逐，乃赋《离骚》。"

屈子图　　明·朱约佶作

色㉜；自古而耻之。夫中材之人，事关于宦竖，莫不伤气，况忼慨之士乎㉝！如今朝虽乏人，奈何令刀锯之余荐天下豪隽哉！仆赖先人绪业㉞，得待罪辇毂下㉟，二十余年矣。所以自惟㊱：上之，不能纳忠效信，有奇策材力之誉，自结明主；次之，又不能拾遗补阙，招贤进能，显岩穴之士㊲；外之，不能备行伍，攻城野战，有斩将搴旗之功㊳；下之，不能累日积劳，取尊官厚禄，以为宗族交游光宠。四者无一遂㊴，苟合取容，无所短长之效，可见于此矣。乡者㊵，仆亦尝厕下大夫之列㊶，陪外廷末议㊷。不以此时引维纲，尽思虑，今已亏形为扫除之隶㊸，在闒茸之中㊹，乃欲卬首信眉㊺，论列是非，不亦轻朝廷，羞当世之士邪？嗟乎，嗟乎！如仆，尚何言哉，尚何言哉！且事本末未易明也。仆少负不羁之才，长无乡曲之誉㊻，主上幸以先人之故，使得奉薄技，出入周卫之中㊼。仆以为戴盆何以望天，故绝宾客之知，忘室家之业，日夜思竭其不肖之材力，务一心营职，以求亲媚于主上。而事乃有大谬不然者。

　　夫仆与李陵俱居门下㊽，素非相善也，趣舍异路，未尝衔杯酒接殷勤之欢。然仆观其为人自奇士，事亲孝，与士信，临财廉，取予义，分别有让，恭俭下人，常思奋不顾身以徇国家之急㊾。其素所畜积也㊿，仆以为有国士之风。夫人臣出万死不顾一生之计，赴公家之难，斯已奇矣。今举事壹不当，而全躯保妻子之臣随而媒孽其短○51，仆诚私心痛之。且李陵提步卒不满五千，深践戎马之地，足历王庭○52，垂饵虎口，横挑彊胡，卬亿万之师○53，与单于连战十余日○54，所杀过当。虏救死扶伤不给，旃裘之君长咸震怖○55，乃悉征左、右贤王○56，举引弓之民，一国共攻而围之。转斗千里，矢尽道穷，救兵不至，士卒死伤如积。然李陵一呼劳军，士无不起躬流涕，沫血饮泣○57，张空弮○58，冒白刃，北首争死敌。陵未没时，使有来报，汉公卿王侯皆奉觞上寿。后数日，陵败书闻，主上为之食不甘味，听朝不怡。大臣忧惧，不知所出。仆窃不自料其卑贱，见主上惨凄怛悼，诚欲效其款款之愚○59。以为李陵素与士大夫绝甘分少○60，能得人之死力，虽古名将不过也。身虽陷败，彼观其意，且欲得其当而报汉。事已无可奈何，其所摧败，功亦足以暴于天下○61。仆怀欲陈之，而未有路。适会召问，即以此指推言陵功，欲以广主上之意，塞睚眦之辞○62。未能尽明，明主不深晓，以为仆沮贰师○63，而为李陵游说，遂下于理○64。拳拳之忠○65，终不能自列，因为诬上，卒从吏议○66。家贫，财赂不足以自赎，交游莫救，左右亲近不为一言。身非木石，独与法吏为伍，深幽囹圄之中○67，谁可告愬者○68！此正少卿所亲见，仆行事岂不然邪？李陵既生降，隤其家声○69，而仆又茸以蚕室○70，重为天下观笑。悲夫，悲夫！事未易一二为俗人言也。

　　仆之先人非有剖符丹书之功○71，文史星历近乎卜祝之间○72，固主上所戏弄，倡优畜之⑭,流俗之所轻也。假令仆伏法受诛,若九牛亡一毛,与蝼蚁何异⑮?而世又不能与死节者比,特以为智穷罪极,不能自免,卒就死耳。何也?素所自树立使然。人固有一死,死有重于泰山,或轻于鸿毛,用之所趋异也。太上不辱先⑯,其次不辱身,其次不辱理色⑰,其次不辱辞令,其次诎体受辱⑱,其次易服受辱⑲,其次关木索被箠楚受辱⑳,其次鬄毛发婴金铁受辱㉑,其次毁肌肤断支体受辱,最下腐刑㉒,极矣。传曰"刑不上大夫",此言士节不可不厉也。猛虎处深山,百兽震恐,及其在阱槛之中㉓,摇尾而求食,积威约之渐也㉔。故士有画地为牢,势不入;削木为吏,议不对;定计于鲜也㉕。今交手足㉖,受木索,暴肌肤,受榜箠㉗,幽于圜墙之中㉘。当此之时,见狱吏则头枪地㉙,视徒隶则心惕息㉚。何者?积威约之势也。及已至此,言不辱者,所谓彊颜耳㉛,曷足贵乎!且西伯㉜,伯也,拘牖里㉝;李斯㉞,相也,具五刑㉟;淮阴㊱,王也,受械于陈;彭越、张敖㊲,南乡称孤㊳,系狱具罪;绛侯诛诸吕㊴,权倾五伯㊵,囚于请室㊶;魏其㊷,大将也,衣赭、关三木㊸;季布为朱家钳奴;灌夫受辱居室㊹。此人皆身至王侯将相,声闻邻国,及罪至罔加,不能引决自财㊺,在尘埃之中。古今一体,安在其不辱也!由此言之,勇怯,势也;彊弱,形也。审矣,曷足怪乎!且人不能蚤自财绳墨之外㊻,已稍陵夷至于鞭箠之间㊼,乃欲引节㊽,斯不亦远乎!古人所以重施刑于大夫者,殆为此也。

夫人情莫不贪生恶死,念亲戚,顾妻子。至激于义理者不然,乃有不得已也。今仆不幸,蚤失二亲,无兄弟之亲,独身孤立。少卿视仆于妻子何如哉?且勇者不必死节,怯夫慕义,何处不勉焉!仆虽怯耎欲苟活,亦颇识去就之分矣,何至自湛溺累绁之辱哉㊾!且夫臧获婢妾犹能引决,况若仆之不得已乎!所以隐忍苟活,函粪土之中而不辞者,恨私心有所不尽,鄙没世而文采不表于后也。

古者富贵而名摩灭㊿,不可胜记,唯倜傥非常之人称焉⒅。盖西伯拘而演《周易》⒆;仲尼厄而作《春秋》;屈原放逐,乃赋《离骚》;左丘失明⒇,厥有《国语》;孙子膑脚,《兵法》修列;不韦迁蜀⒇,世传《吕览》⒇;韩非囚秦⒇,《说难》、《孤愤》;《诗》三百篇,大氐贤圣发愤之所为作也。此人皆意有所郁结,不得通其道,故述往事,思来者。及如左丘明无目,孙子断足,终不可用,退论书策以舒其愤,思垂空文以自见。仆窃不逊,近自托于无能之辞,网罗天下放失旧闻⒇,考之行事,稽其成败兴坏之理⒇,凡百三十篇,亦欲以究天人之际⒇,通古今之变,成一家之言。草创未就,适会此祸,惜其不成,是以就极刑而无愠色。仆诚已著此书,藏之名山,传之其人通邑大都,则仆偿前辱之责⒇,虽万被戮⒇,岂有悔哉!然此可为智者道,难为俗人言也。

且负下未易居,下流多谤议⒇。仆以口语遇遭此祸⒇,重为乡党戮笑,污辱先人,亦何面目复上父母之丘墓乎?虽累百世,垢弥甚耳!是以肠一日而九回,居则忽忽若有所亡⒇,出则不知所如往。每念斯耻,汗未尝不发背沾衣也。身直为闺阁之臣,宁得自引深藏于岩穴邪⒇?故且从俗浮湛,与时俯仰,以通其狂惑。今少卿乃教以推贤进士,无乃与仆之私指谬乎⒇?今虽欲自雕琢⒇,曼辞以自解⒇,无益于俗,不信⒇,只取辱耳。要之死日,然后是非乃定。书不能尽意,故略陈固陋。

谨再拜⒇。

(《汉书》,东汉班固撰,唐颜师古注,北京:中华书局,1962)

【注释】

① 本文初见于《汉书·司马迁传》,后《文选》亦载之。任安:司马迁友,字少卿,荥阳人。曾任益州刺史、北军使者护军。因事下狱,致信司马迁。后在戾太子事件中因态度暧昧被武帝诛杀。

② "太史公"句:《汉书》无此句,据《文选》补。古代书信,常具列职官名姓于前。太史公:史官名。牛马走:如牛马供人驱役,以此谦称自己如仆役。

③ 足下:古代向人示敬的尊称。

④ 曩(nǎng):昔日,从前。

⑤ 慎于接物:与人交往很慎重。

⑥ 推贤进士:推荐贤才。为务:为己任。

⑦ "若望仆"二句:《文选》作"若望仆不相师,而用流俗人之言",更易理解。望,怨望,埋怨。

⑧ 罢(pí)驽:疲弱无用的劣马,喻能力低下。罢,同"疲"。

⑨ 无谁语:指无知己可倾诉情怀。

⑩ "谁为"二句:为谁去做,让谁来听呢?

⑪ 不复鼓琴:钟子期与伯牙均为春秋时楚人,伯牙善弹琴,钟子期为其知音,能从琴声中听出意在高山抑或流水。钟死后,伯牙毁掉琴,终身不再弹奏。事见《吕氏春秋·本味》。

⑫ 说(yuè):通"悦",喜欢。

⑬ 材:通"才"。随、和:随侯之珠与和氏之璧,战国时的贵重宝物。

⑭ 由、夷:许由和伯夷,均为古代品德高尚之人。许由是尧时的隐士,相传尧将天下让给他,他不受,尧又召他为九州长,他不愿闻,跑到颍水之滨去洗耳。伯夷:商末孤竹君长子,相传其父遗命立次子叔齐继承君位,孤竹君死,叔齐让位给伯夷,伯夷不受,叔齐也不愿继位,于是都出亡。

⑮ 自点:自取耻辱。点,玷污。

⑯ 上:指汉武帝。

⑰ 卒(cù)卒:匆促貌。卒,通"猝"。须臾:片刻之时。指:通"旨"。

⑱ 不测:无法猜度其结果。

⑲ 迫季冬:逼近冬末。按,汉律十二月处决囚犯。

⑳ 薄从:被迫随从。从上上雍:跟随皇上到雍地。雍地地势较高,故称上雍。

㉑ 不可讳:喻处死。

㉒ 晓左右:使你明白。左右,此指任安。

㉓ 阙然不报:长久没有回信。

㉔ 过:罪过,责备。

㉕ "修身"五句:府,府藏。端,起始。符,信。决,

决断。极,远大目标。

㉖ 辱先:污辱祖先。

㉗ 诟:耻辱。宫刑:古代一种刑罚,男子阉割生殖器,女子幽闭。

㉘ 卫灵公:春秋时卫国国君。据《史记·孔子世家》记载,卫灵公与夫人同车出行,宦者雍渠参乘,使孔子为次乘,招摇过市,孔子叹道:"吾未见好德如好色者也。"于是丑之,遂去卫过曹。此言"适陈",即去陈国,与《史记》所记有出入。

㉙ 商鞅(约前390—前338):卫国人,姓公孙,名鞅,战国时著名法家人物,助秦孝公变法,国以富强,封於、商十五邑,号商君,故称商鞅。孝公死,他被继位的秦惠文王车裂。著有《商君书》。景监:秦孝公宠幸的宦官,商鞅是通过景监的推荐才得见秦孝公的。

㉚ 赵良:春秋时秦国的贤者。据《史记·商君列传》记载,商鞅相秦十年,赵良去见他,劝以"恃德者昌,恃力者亡",商鞅不听。

㉛ 同子:西汉时宦官赵谈,司马迁因父亲司马谈与赵谈同名,为避父讳,故称"同子"。参乘:马车上陪乘的人。古代乘车,尊者在左,御者在中,一人在右陪坐,称"参乘"或"车右"。

㉜ 爰丝:即袁盎(? —前148),字丝,楚人,后迁安陵(今陕西咸阳东北),汉文帝时为中郎将。据《史记·袁盎晁错列传》记载,汉文帝以宦官赵谈为参乘,袁盎伏车前谏道:"陛下奈何与刀锯余人载!"变色:脸色变得很难看。

㉝ 忼慨:同"慷慨"。

㉞ 先人绪业:祖先遗留下的学术与事业。

㉟ 辇毂:原指皇帝车驾,这里指京师。

㊱ 惟:思,想。

㊲ 显:指推荐。岩穴之士:隐居的贤人才士。

㊳ 搴(qiān)旗:拔取敌军的旗帜。搴,拔取。

㊴ 遂:成就。

㊵ 乡(xiàng)者:过去。

㊶ 厕:置身。下大夫:太史令秩六百石,相当于下大夫。

㊷ 末议:微不足道的议论。

㊸ 扫除之隶:扫地的贱差仆役。

㊹ 阘(tà)茸:指下贱之人。

㊺ 卬:通"昂"。信(shēn):同"伸",舒展。

㊻ 乡曲:乡里。

㊼ 周卫之中:皇宫禁地。

㊽ 李陵(? —前74):陇西成纪(今甘肃秦安)人,西汉名将李广之孙。汉武帝时为骑都尉,率兵

北伐匈奴,初连战皆捷,后矢尽援绝,不得已而降。门下:当时司马迁与李陵俱为侍中,同居侍中曹(官署名)门下。

㊽ 徇:献身某事。

㊿ 畜:通"蓄"。

�51 媒蘖:原为酿酒的酵母,此作动词,指罗列罪状时添油加醋。

52 王庭:匈奴单于所居之地。

53 卬:通"仰"。匈奴大军居群山中,居高临下,故陵军仰首对抗强敌。

54 单(chán)于:匈奴君主称号。

55 旃(zhān)裘之君长:身穿毛织衣服的匈奴首领。

56 左、右贤王:匈奴单于之下的最高长官。

57 沫血:流血满面。

58 卷(quān):弓。按,矢尽,故张空弓奋勇迎敌。

59 怛(dá)悼:悲痛。怛,痛。

60 款款:诚实忠心貌。

61 绝甘分少:好吃的尽给别人,自己只分很少一部分。

62 暴:暴露,引申为显现。

63 睚眦(yá zì):瞪眼看人,借指很小的怨恨。

64 沮:诋毁。贰师:指贰师将军李广利,汉武帝所宠幸的李夫人之兄。

65 理:古代执法官,这里泛指法庭。

66 拳拳:诚挚貌。

67 吏议:法官判决。

68 囹圄(líng yǔ):牢狱。

69 愬:同"诉"。

70 陨(tuí):坠落。

71 茸:推置其中。蚕室:受宫刑的人所居温室。

72 剖符丹书:指朝廷对大臣的特殊待遇。符,竹质契约,剖而为二,皇帝与大臣各执其半,上书盟誓之辞。丹书,铁制券契,用丹砂书写盟誓之辞于契上。

73 文史星历:文人、史官、星象与历算专家。卜祝:专管占卜、祭祀的人。

74 倡优:以音乐歌舞或杂技戏谑娱人的艺人。畜:对待。

75 蝼蚁:蝼蛄与蚂蚁。蝼蛄,亦称蝼蝈或土狗子,穴居昆虫。

76 太上:最上,首先。先:祖先。

77 不辱理色:道理和颜面没受侮辱。

78 诎体:指身体被捆绑。诎,同"屈",屈身被绑。

79 易服:指换上囚衣。

80 关木索:戴上刑具。关,贯,戴。木,木枷。索,绳索。

81 鬄(tì)毛发:剃光头发,此指髡(kūn)刑。婴金铁:戴上铁链。婴,环绕。

82 腐刑:即宫刑。

83 槛(jiàn):牢笼。

84 积威约之渐:威猛之势长期受到制约而变得温驯。

85 定计于鲜:言牢狱、酷吏之残忍,士大夫义不受辱而早作自杀打算。鲜,新,义同"早"。

86 交手足:手脚捆在一起。

87 榜箠:鞭笞拷打。

88 圜墙:指牢狱。圜,通"圆"。

89 枪地:触地,撞地。枪,通"抢"。

90 惕息:心跳气喘,形容非常惊恐。

91 彊颜:厚脸皮。彊,同"强"。

92 西伯:指周文王姬昌。

93 牖(yǒu)里:今河南汤阴。商纣王时西伯为西方诸侯之长。因事被纣王拘囚于此。

94 李斯:见本书课文《谏逐客书》作者介绍。他是被腰斩的。

95 具五刑:受尽五刑之苦毒。五刑指黥劓、斩趾、笞杀、枭首、断舌酷刑。

96 淮阴:指韩信(? —前196),淮阴(今江苏淮阴西南)人,楚汉战争中为刘邦大将,助刘击灭项羽,建立汉朝,封楚王。后有人告韩信欲反,刘邦南游至陈而诱捕之,贬为淮阴侯,后被吕后诱杀于未央宫中。陈:今河南淮阳。

97 彭越(? —前196):字仲,昌邑(今山东巨野东南)人,楚汉战争中归刘邦,助刘取得天下,封梁王,后被人告以谋反,被杀。张敖:大梁(今河南开封)人,汉初诸侯王张耳之子,承父赵王之爵,其国相贯高谋刺刘邦,事泄被捕,他也受牵连下狱,后遇赦。

98 乡(xiàng):同"向"。孤:诸侯王自称之辞。

99 绛侯:指周勃(? —前169),沛县(今属江苏)人,秦末随刘邦起事,后封绛侯,刘邦死后,他计诛诸吕而安刘氏,功盖朝廷。后曾被诬下狱。

100 五伯:春秋五霸,指齐桓公、宋襄公、晋文公、秦穆公、楚庄王。另也有其他说法。伯,通"霸"。

101 请室:大臣待罪之室。

102 魏其:指窦婴(? —前131),字王孙,观津(今河北武邑东)人,汉景帝时为大将军,封魏其侯,后在武帝时被诬下狱判死罪。

103 衣赭:穿赭色囚衣。关三木:手、脚、项三处戴上刑具。关,贯。

104 季布:楚人,原为项羽将军,数辱困刘邦,项羽败死,刘邦悬赏拘捕季布甚急,季布因髡首变姓名为鲁人朱家之奴以藏身。

⑩ 灌夫(？—前131)：字仲孺，颍阴(今河南许昌)人，汉景帝时为中郎将。吴楚七国叛乱时，曾入吴军壁，大小十余创，勇冠三军。武帝时为太仆，与魏其侯窦婴相善。因得罪丞相田蚡，被劾系狱而死。

⑩ 自财：自杀。财，通"裁"。

⑩ 绳墨：指法律。

⑩ 陵夷：衰颓，衰落。

⑩ 引节：引决持节，即自杀以殉节。

⑩ 怯愞(ruǎn)：胆怯软弱。愞，古"软"字。

⑪ 湛(chén)溺：沉溺。湛，同"沉"。累绁(léi xiè)：捆绑犯人的绳子，引申为牢狱。累，通"缧"。

⑪ 臧获：奴婢。

⑪ 摩：通"磨"。

⑪ 俶傥(tì tǎng)：同"倜傥"，豪迈不拘，才气纵横之貌。

⑪ 演《周易》：传说周文王被拘羑里时，推八卦为《周易》六十四卦。

⑪ 作《春秋》：孔子周游列国，宣传其主张，终不为世用，归而作《春秋》。

⑪ 失明：传说鲁国史官左丘明眼睛失明后仍作《国语》。

⑪ 孙子：此指齐孙子，即战国齐孙膑。他与庞涓同学兵法，后被庞涓诳骗到魏国，遭受膑刑，被齐使救回齐国，齐威王任之为军师，大破魏军。他写有著名兵家著作《孙膑兵法》。膑：一种古代刑罚，切除受刑者的膝盖骨。

⑪ 不韦：吕不韦((？—前235)，卫国濮阳(今河南濮阳西南)人，原为商人，通过将留在赵国做人

质的秦公子异人送回秦国立为太子，并继位为国君而发迹，任相国，封文信侯。秦王政亲政后，被解职，迁往蜀地。按：吕不韦聚门客著《吕氏春秋》，事在迁蜀之前。

⑫ 吕览：《吕氏春秋》的别名。

⑫ 韩非(约前280—前233)：战国末韩国公子，与李斯同为荀子学生，受秦王政之邀出使秦国，后遭李斯谗毁，下狱自杀。他写有著名法家著作《韩非子》。按：韩非作《说难》、《孤愤》(《韩非子》中的两篇)，事在入秦被囚之前。

⑫ 放失(yì)：散失。失，通"佚"，亡佚。

⑫ 稽：考察。

⑫ 天人之际：宇宙自然及社会人生的种种内在联系。

⑫ 责(zhài)：同"债"。

⑫ 戮：杀。一说戮，辱也，于义亦通，下"戮笑"，即"辱笑"。

⑫ 下流：喻地位低贱。但北宋刊本《汉书》，"下流"作"上流"，指向上游行。意谓自己负罪之人，如不自量而推贤进能以上行，则更将受谤。于义似更佳。

⑫ 口语：指言说、议论。

⑫ 忽忽：恍惚貌。

⑬ 闺阁之臣：指宫中宦官。

⑬ 臧：通"藏"。

⑬ 无乃：恐怕。指：通"旨"。

⑬ 雕琢(zhuàn)：雕刻。琢，雕刻花纹。

⑬ 曼辞：美辞。

⑬ 不信：不被信任。

⑬ 谨再拜：《汉书》无此句，据《文选》补。此为古代书信末尾的格式性用语。

【提示】

白居易云："感人心者，莫先乎情。"《报任安书》所以激动人心，主要原因就在于文章自始至终充溢着真诚饱满的思想感情。

一是冤屈之情。司马迁对朝廷怀抱一腔忠诚，"日夜思竭其不肖之材力，务一心营职"，甚至因此而"绝宾客之知，忘室家之业"。他之所以为李陵辩解，是因眼见汉武帝闻败报后"食不甘味，听朝不怡"，遂"欲效其款款之愚"，以宽慰皇上。然而竟触怒汉武帝，将他处以极刑，令他感受到莫大的冤屈。"忘室家之业"的后果是无钱赎罪(汉代律法，可以钱抵罪)；"绝宾客之知"带来的是"左右亲近不为一言"。无可奈何，他不得不接受毒刑。二十年的立身行事，累日积劳，竟落得如此可悲的下场，他心中的凄怆可想而知。

二是痛苦之情。司马迁身受宫刑，内心极其痛苦。因为这不仅使他"身残处秽"，与宦竖为伍，还要因此"重为乡党戮笑，污辱先人"，在名誉上蒙受奇耻大辱，在肉体上和精神上承受双重打击。故他在文章中情不自禁地一再提到"大质已亏缺"、"刀锯之余"、"亏形为

扫除之隶",等等。甚至因此"肠一日而九回,居则忽忽若有所亡,出则不知所如往。每念斯耻,汗未尝不发背沾衣也"。真是血泪和墨,痛彻心肺。

三是激愤之情。对所蒙受的冤屈与不幸,司马迁不甘逆来顺受,忍气吞声。在文章中他还时或以愤慨的笔调指出汉武帝喜怒无常,宠庇亲信,致使是非颠倒,黑白混淆,竟令怀"拳拳之忠"者遇"大谬不然"之事。所以,当任安要他推贤进士,触动了他的隐痛时,他胸中的激愤便难以抑制,遂不可遏止地迸发出"奈何令刀锯之余荐天下豪隽","尚何言哉!尚何言哉"之类话语。整篇文章,冤屈、痛苦与激愤之情互相交织,贯穿始终,情真辞切,感人至深。

尤其令人动容的是,经过激烈的思想斗争,司马迁终于以先进的生死观使自己摆脱了"刑不上大夫"的封建名节观的桎梏,并从孔子、屈原等前代圣贤身上吸取了力量,看到了自己应该坚持的人生道路,放弃了"引决自财(裁)"的想法,勇敢地面对宫刑,以极大的毅力"隐忍苟活",发愤著书,终于完成了《史记》这部不朽的巨著,为后人留下了一份极其珍贵的文化遗产,也为后人树立了又一个为实现伟大理想而忍辱负重、奋斗不息的光辉榜样。

从结构上讲,这篇文章是围绕"推贤进士"四字展开的。开篇伊始,司马迁就单刀直入,概括转述了任安来信中"教以慎于接物,推贤进士为务"的主旨,而后就紧紧围绕此四字,从几个方面进行申辩,层次井然,前后照应,章法颇为严谨。

此外,说理和叙事融为一体,骈偶与散句交错运用,多用排比、多用典故等等,也都是本文的特点,阅读时应予注意。

【思考与练习】

一、为什么一封书信能产生如此深远巨大的思想震撼力?

二、通过此信,请就司马迁的人格、思想及其勇敢选择,写点感想。

三、"人固有一死,死有重于泰山,有轻于鸿毛",对两千多年前的这句格言,你有何感想?

【辑评】

是书反复数千百言,其叙受刑处,只点出"仆沮贰师"四字,是非自见。所谓舒愤懑以晓左右者,此也。结穴在受辱不死著书自现上。通篇淋漓悲壮,如泣如诉,自始至终,似一气呵成。盖缘胸中积愤不能自遏,故借少卿"推贤进士"之语,做个题目耳。读者逐段细绎,如见其慷慨激烈,须眉欲动。(清·林云铭《古文析义》)

此书反复曲折,首尾相续,叙事明白,豪气逼人。其感慨啸歌,大有燕赵烈士之风。忧愁幽思,则又直与《离骚》对垒。文情至此极矣!(清·吴楚材等《古文观止》)

柳宗元言,拔地倚天,惟此文足以当之。长江大河,奇峰怪石,而又出于自然。直是无意为文。(清·李兆洛《骈体文钞》)

张中丞传后叙①

韩愈

　　韩愈(768—824),字退之,河内河阳(今河南孟州南)人。自称郡望为昌黎(今属河北),故世称韩昌黎。唐著名文学家。自幼勤勉好学,沉潜诗书。贞元八年(792)登进士第。贞元末,官监察御史,因上疏请求减免灾民赋税,贬阳山令。元和间,随宰相裴度平定淮西藩镇之乱,迁刑部侍郎。不久即因谏迎佛骨,贬潮州刺史。穆宗朝,历官国子监祭酒、京兆尹等,官至吏部侍郎。卒谥文,故后世称韩文公。韩愈在思想上推崇儒家道统,在文学上崇尚秦汉散文,反对六朝以来骈文的浮靡之风,并因此倡导了有革新意义的古文运动。他的诗文创作都有很高的成就。其文与柳宗元并称"韩柳",名列唐宋古文八大家之首,内容殷实,气势壮盛,辞锋峻利,语言练达,影响深远;其诗开中唐尚奇一派,与孟郊并称"韩孟",对宋诗影响较大。有《昌黎先生集》。

　　元和二年四月十三日夜②,愈与吴郡张籍阅家中旧书③,得李翰所为《张巡传》④。翰以文章自名⑤,为此传颇详密。然尚恨有阙者⑥:不为许远立传⑦,又不载雷万春事首尾⑧。

　　远虽材若不及巡者⑨,开门纳巡⑩,位本在巡上。授之柄而处其下⑪,无所疑忌,竟与巡俱守死⑫,成功名,城陷而虏⑬,与巡死先后异耳⑭。两家子弟材智下⑮,不能通知二父志⑯,以为巡死而远就虏⑰,疑畏死而辞服于贼⑱。远诚畏死,何苦守尺寸之地,食其所爱之肉⑲,以与贼抗而不降乎?当其围守时,外无蚍蜉蚁子之援㉑,所欲忠者,国与主耳,而贼语以国亡主灭㉒。远见救援不至,而贼来益众,必以其言为信,外无待而犹死守,人相食且尽㉓,虽愚人亦能数日而知死所矣㉔。远之不畏死亦明矣。乌有城坏㉕,其徒俱死,独蒙愧耻求活?虽至愚者不忍为,呜呼!而谓远之贤而为之邪。

　　说者又谓远与巡分城而守㉖,城之陷,自远所分始。以此诟远㉗,此又与儿童之见无异。人之将死,其藏腑必有先受其病者㉘;引绳而绝之㉙,其绝必有处。观者见其然,从而尤之㉚,其亦不达于理矣。小人之好议论,不乐成人之美㉛,如是哉㉜!如巡、远之所成就,如此卓卓,犹不得免,其他则又何说。

　　当二公之初守也,宁能知人之卒不救㉝,弃城而逆遁㉞?苟此不能守㉟,虽避之他处何益?及其无救而且穷也㊱,将其创残饿羸之余㊲,虽欲去,必不达。二公之贤,其讲之精矣㊳!守一城,捍天下,以千百就尽之卒㊴,战百万日滋之师㊵,蔽遮江淮,沮遏其势㊶,天下之不亡,其谁之功!当是时,弃城而图存者,不可一二数;擅彊兵坐而观者,相环也。不追议此,而责二公以死守,亦见其自比于逆乱㊷,设淫辞而助之攻也㊸。

　　愈尝从事于汴、徐二府㊹,屡道于两府间㊺,亲祭于其所谓双庙者。其老人往往说巡、远时事云：南霁云之乞救于贺兰也[46]，贺兰嫉巡、远之声威功绩出己上，不肯出师救。爱霁云之勇且壮，不听其语，强留之，具食与乐，延霁云坐[47]。霁云慷慨语曰："云来时，睢阳之人，不食月余日矣！云虽欲独食，义不忍；虽食，且不下咽！"因拔所佩刀，断一指，血淋漓，以示贺兰。一座大惊，皆感激为云泣下[48]。云知贺兰终无为云出师意，即驰去；将出城，抽矢射佛寺浮图[49]，矢著其上砖半箭，曰："吾归破贼，必灭贺兰！此矢所以志也[50]。"愈贞元中过泗州[51]，船上人犹指以相语。城陷，贼以刃胁降巡，巡不屈，即牵去，将斩之；又降霁云，云未应。巡呼云曰："南八[52]，男儿死耳，不可为不义屈！"云笑曰："欲将以有为也[53]，公有言，云敢不死[54]！"即不屈。

张籍曰："有于嵩者，少依于巡。及巡起事，嵩常在围中[55]。籍大历中于和州乌江县见嵩[56]，嵩时年六十余矣。以巡初尝得临涣县尉[57]，好学无所不读。籍时尚小，粗问巡、远事，不能细也。云：巡长七尺余，须髯若神。尝见嵩读《汉书》，谓嵩曰：'何为久读此？'嵩曰：'未熟也。'巡曰：'吾于书读不过三遍，终身不忘也。'因诵嵩所读书，尽卷不错一字。嵩惊，以为巡偶熟此卷，因乱抽他帙以试[58]，无不尽然。嵩又取架上诸书试以问巡，巡应口诵无疑。嵩从巡久，亦不见巡常读书也。为文章，操纸笔立书[59]，未尝起草。初守睢阳时，士卒仅万人[60]，城中居人户亦且数万，巡因一见问姓名，其后无不识者。巡怒，须髯辄张。及城陷，贼缚巡等数十人坐，且将戮。巡起旋[61]，其众见巡起，或起或泣。巡曰：'汝勿怖！死，命也。'众泣不能仰视。巡就戮时，颜色不乱[62]，阳阳如平常[63]。远宽厚长者，貌如其心。与巡同年生，月日后于巡，呼巡为兄，死时年四十九。"嵩贞元初死于亳、宋间[64]。或传嵩有田在亳、宋间，武人夺而有之，嵩将诣州讼理[65]，为所杀。嵩无子。张籍云。

（《韩昌黎文集校注》，唐韩愈撰，马其昶注，上海：上海古籍出版社，1986）

【注释】

① 张中丞：即张巡（709—757），邓州南阳（今属河南）人。唐开元末进士，由太子通事舍人出任清河县令，又调真源县令。天宝十四载（755）安禄山叛变，张巡在雍丘一带起兵抗击，后与许远同守睢（suī）阳（今河南商丘）孤城，被围经年，终因兵尽粮绝，援兵不至，于至德二载（757）城破被俘，不屈殉难。中丞是朝廷追封张巡的官衔。

《张中丞传》即《张巡传》，唐李翰撰，今佚。《张中丞传后叙》是对《张巡传》的补充。

② 元和：唐宪宗李纯年号（806—820）。

③ 吴郡：即苏州。张籍（约767—约830）：字文昌，原籍苏州（今属江苏），迁居和州乌江（今安徽和县东北），贞元十四年（798）登进士第，官国子司业，世称张司业。唐代著名诗人，韩愈的朋友，

善写乐府诗,与王建并称"张王"。

④ 李翰:字子羽,赵州赞皇(今河北元氏)人,官至翰林学士。与张巡友善,曾客居睢阳,亲见张巡战守事迹。张巡死后,有人诬其降贼,因撰《张巡传》上肃宗,并有《进张中丞传表》(见《全唐文》卷四三〇)。

⑤ 自名:自负。

⑥ 阙:缺漏,不足。

⑦ 许远(709—757):字令威,唐杭州盐官(今浙江海宁西南)人。安史之乱时,任睢阳太守,后与张巡合守孤城,城陷被掳往洛阳,至偃师被害。

⑧ 雷万春:张巡部下勇将。按,这里当是"南霁云"之误,如此,方与后文相应。首尾:始末。

⑨ 材:同"才"。《新唐书·张巡传》:"远自以材不及巡,请禀军事而居其下,巡受不辞,远专治军粮战具。"

⑩ 开门纳巡:至德二载(757)正月,叛军安庆绪部将尹子奇带兵十三万围睢阳,时许远为睢阳太守,向张巡告急,张巡自宁陵率军入睢阳城。纳,接纳。

⑪ 之:指张巡。柄:权柄。

⑫ 竟:终于,最终。

⑬ 城陷而虏:至德二载十月,睢阳陷落,张巡、许远被俘。

⑭ 先后异耳:时间有先后不同罢了。按:城破之后,张巡与部将三十六人被斩,许远被送往洛阳邀功,后被害于偃师。

⑮ 材智下:才智低下,指其轻信谣言、不辨是非。安史之乱平定后,大历年间,张巡之子张去疾轻信小人挑拨,上书唐代宗,谓城破后张巡等被害,唯许远独存,是屈降叛军,请追夺许远官爵。诏令去疾与许远子许岘及百官议此事。

⑯ 通知:明白,了解。

⑰ 就虏:被俘虏。

⑱ 辞服:言辞软弱不坚。

⑲ 诚:假如。

⑳ 所爱:所爱的人。睢阳被围多日,城中粮尽,军民以雀鼠为食,最后只得以妇女和老弱男子充饥,张巡曾杀爱妾、许远曾杀奴仆以充军粮。

㉑ 蚍蜉(pí fú)蚁子:此指极为微弱的援助。蚍蜉,大蚁。

㉒ 国亡主灭:指叛军拿"国亡主灭"为词来招降张、许。安史之乱时,长安、洛阳陷落,玄宗逃往西蜀,国势确实极为危殆。

㉓ 且:将。

㉔ 数日:计算日期。

㉕ 乌有:哪有。

㉖ 说者:发议论的人,指张去疾等。分城而守:张巡和许远曾分兵把守睢阳,张守东北,许守西南。城破时叛军先从西南处攻入。

㉗ 诟(gòu):辱骂。

㉘ 藏腑:同"脏腑"。

㉙ 引:拉。绝:断。

㉚ 尤之:指归咎于先受害的脏腑和绳先断的地方。尤,埋怨,责怪。

㉛ 成人之美:语出《论语·颜渊》:"君子成人之美,不成人之恶,小人反是。"

㉜ 是:此。

㉝ 宁:岂。卒:最终。

㉞ 逆:事先。遁:逃跑。

㉟ 苟:假如。

㊱ 且:将。穷:困厄。

㊲ 将:率领。创残饿羸(léi):受伤、残废、挨饿、瘦弱的人。

㊳ 讲:讲论,评说。此指李翰《进张中丞传表》所云:"巡退军睢阳,扼其咽领,前后拒守。自春徂冬,大战数十,小战数百,以少击众,以弱击强,出奇无穷,制胜如神,杀其凶丑凡几十余万。贼所以不敢越睢阳而取江淮,江淮所以保全者,巡之力也。"

㊴ 就尽:濒临灭亡。

㊵ 日滋:一天天增多。

㊶ 沮(jǔ)遏:阻止。

㊷ 比:比并。逆乱:指安史叛军。

㊸ 设淫辞:捏造荒谬的言辞。

㊹ 从事:任职。唐时称幕僚为从事。韩愈曾先后在汴州、徐州任推官之职。

㊺ 屡道:几次经过。

㊻ 南霁云:魏州顿丘(今河南清丰西南)人,出身贫贱,安禄山反时,参加平叛,被遣至睢阳与张巡议事,为其所感,遂留为部将。贺兰:复姓,指贺兰进明。时为御史大夫、河南节度使,驻节于临淮一带。

㊼ 延:请。

㊽ 感激:有感触而情绪激动。

㊾ 浮图:佛教语,梵语音译,即佛塔,又译浮屠。

㊿ 志:标记。

51 贞元:唐德宗李适年号(785—805)。泗州:治临淮(今江苏泗洪东南),当时贺兰进明屯兵于此。

52 南八:南霁云排行第八,故称。

53 有为:有所作为,指暂时隐忍以图报仇。

54 敢:岂敢。

⑤ 常：通"尝"，曾经。

⑥ 大历：唐代宗李豫年号（766—779）。和州乌江县：在今安徽和县东北。

⑤ 以：因。临涣：在今安徽宿州西南。县尉：掌一县军事的官。张巡死后，朝廷封赏他的亲戚、部下，于嵩因此得官临涣县尉。

⑤ 帙（zhì）：书套，这里指书本。

⑤ 立书：马上书写，指一挥而就。

⑥ 仅（jìn）：将近，几乎。

⑥ 起旋：起身小便。

⑥ 颜色不乱：神色不变。

⑥ 阳阳：安详的样子。

⑥ 亳（bó）：亳州，治今安徽亳州。宋：宋州，睢阳郡原名宋州。

⑥ 诣（yì）：往，到。讼（sòng）理：诉讼。

【提示】

天宝十四载(755)冬，安禄山起兵叛变，气焰嚣张，进逼河南，洛阳失守，长安危急，玄宗西避蜀中，各军则迁延不进。面对这种形势，张巡与许远合守睢阳，孤军奋战，以少击众，扼其咽喉，坚持一年之久，力挫叛军锐气，屏蔽了朝廷财赋主要来源的江淮地区，为以后官军全面反攻、收复失地创造了有利时机和条件。最后终因敌强己弱、粮尽援绝而城破身死，他们的英勇气概和历史功绩，深受后世称仰。

乱平以后，朝中有人利用张巡、许远后代的幼稚无知，竭力散布许远降贼有罪的谣言，制造破坏国家统一的舆论，为割据势力张目。韩愈对此十分愤慨，为说明事实真相，驳斥小人的谬论，他写下本文，以弘扬正气，打击邪恶。

本文的最大特色是议论与叙事紧密结合。前半部分侧重议论，针对污蔑许远的谬论进行驳斥，在驳斥中补叙许远的事迹，以补李翰《张巡传》之不足，并高度赞扬了张巡、许远"守一城，捍天下"的历史功绩。后半部分侧重叙事，着重记叙南霁云的动人事迹，并补叙了张巡、许远的一些轶事，为睢阳保卫战中的几位英雄人物塑像立碑。前、后两部分既有上述分工，又有内在联系：前者之议论是后者叙事之"纲领"，后者之叙事是为前者之议论提供事实佐证。两部分都紧紧围绕着赞扬英雄、斥责小人的主题展开。

本文几个英雄人物形象生动，光彩照人，这主要得力于传神的细节描写。如南霁云的拔刀断指、抽矢射塔，张巡的好学、记忆力超人和就义时"颜色不乱，阳阳如平常"，都是文中的精彩片断。其次，作者有意让英雄人物的不同性格相互映衬，如张巡之从容镇定、博闻强识、视死如归，许远之宽厚谦和、甘心让贤，南霁云之忠勇刚烈、嫉恶如仇，相互辉映，相得益彰。此外，反面人物贺兰进明的卑劣无耻，也有力地反衬出英雄们的磊落胸怀和凛然正气。

韩愈主张以"气"主"文"，认为气盛则言宜。本文充分体现了他的这一主张，文章气势充沛，激情饱满，无论叙事抒情，作者的主观感情色彩均极为浓厚，饱含其对英雄的信任与景仰。尤其是"守一城……其谁之功也"一段文字，议论风发，义正辞严，激情鼓荡，立懦起顽，如金石落地，铿锵有声，震撼人心。

【思考与练习】

一、体会并说明本文记叙与议论并重的特色。

二、韩愈写作本文的起因是什么？主要意图是什么？

三、具体分析本文塑造人物形象的方法。

【辑评】

阅李翰所为《张巡传》而作也。补记载之遗落，暴赤心之英烈。千载之下，凛凛生气。（宋·黄震《黄氏日钞》）

辩许远无降贼之理，全用议论；后于老人言，补南霁云乞师，全用叙事。末从张籍口中述于嵩、述张巡轶事，拉杂错综，史笔中变体也。争光日月，气薄云霄，文至此可云不朽。（清·沈德潜《唐宋八大家文读本》）

前三段乃议论，不得曰记张中丞传逸事；后二段乃叙事，不得曰读张中丞传，故标以《张中丞传后叙》。……截然五段，不用钩连而神气流注，章法浑成。（清·沈阖《韩文论述》引清·方苞语）

盖仿史公传后论体，采遗事以补传中所不足也。如背诵《汉书》、记城中卒伍姓名、起旋慰同斩者之涕泣，事近繁碎，然为传后补遗之体则可，引为《张巡传》中正事，则事更有大于此者。李翰书正坐太繁，极为欧阳文忠所讥。然退之此文，历落有致，夹叙夹议。欧阳公述王铁枪事，殆脱胎于此。（林纾《韩柳文研究法》）

段太尉逸事状①

柳宗元

柳宗元(773—819),字子厚,河东(今山西永济)人。世称柳河东。唐著名文学家。贞元九年(793)进士及第,十四年中博学鸿词科,授集贤殿正字。迁监察御史里行。永贞元年(805),任礼部员外郎,参加王叔文为首的政治革新运动,力主改革弊政,反对宦官专权和藩镇割据。革新失败后,贬官永州司马。元和十年(815)迁柳州刺史,卒于任所。柳宗元与韩愈齐名,并称"韩柳",同为中唐古文运动的倡导者,同是唐宋古文八大家之一。他的文学主张与韩愈相近,诗文创作注重针砭时弊,反映民瘼。他的政论、传记、寓言均有特色,山水游记以刻画细致、寄慨深远在文学史上享有盛誉。诗歌也风貌独特,在作手如林的中唐诗坛自成一家,与韦应物并称"韦柳"。有《柳河东集》。

太尉始为泾州刺史时②,汾阳王以副元帅居蒲③。王子晞为尚书④,领行营节度使⑤,寓军邠州⑥,纵士卒无赖⑦。邠人偷嗜暴恶者⑧,率以货窜名军伍中⑨,则肆志⑩,吏不得问。日群行丐取于市⑪,不嗛⑫,辄奋击折人手足,椎釜鬲瓮盎盈道上⑬,袒臂徐去⑭,至撞杀孕妇人。邠宁节度使白孝德以王故⑮,戚不敢言⑯。

太尉自州以状白府⑰,愿计事⑱。至则曰:"天子以生人付公理⑲,公见人被暴害,因恬然⑳。且大乱㉑,若何?"孝德曰:"愿奉教㉒。"太尉曰:"某为泾州㉓,甚适,少事;今不忍人无寇暴死㉔,以乱天子边事。公诚以都虞候命某者㉕,能为公已乱㉖,使公之人不得害。"孝德曰:"幸甚㉗!"如太尉请㉘。

既署一月㉙,晞军士十七人入市取酒,又以刃刺酒翁,坏酿器,酒流沟中。太尉列卒取十七人㉚,皆断头注槊上㉛,植市门外㉜。晞一营大噪,尽甲㉝。孝德震恐,召太尉曰:"将奈何㉞?"太尉曰:"无伤也㉟,请辞于军㊱。"孝德使数十人从太尉,太尉尽辞去㊲。解佩刀,选老躄者一人持马㊳,至晞门下。甲者出㊴,太尉笑且入曰:"杀一老卒,何甲也?吾戴吾头来矣!"甲者愕。因谕曰㊵:"尚书固负若属耶㊶?副元帅固负若属耶㊷?奈何欲以乱败郭氏㊸?为白尚书㊹,出听我言。"

晞出见太尉。太尉曰:"副元帅勋塞天地,当务始终㊺。今尚书恣卒为暴㊻,暴且乱,乱天子边,欲谁归罪㊼?罪且及副元帅㊽。今邠人恶子弟以货窜名军籍中㊾,杀害人,如是不止,几日不大乱?大乱由尚书出,人皆曰尚书倚副元帅,不戢士㊿。然则郭氏功名,其与存者几何�51?"言未毕,晞再拜曰:"公幸教晞以道52,恩甚大,愿奉军以从。"顾叱左右曰:"皆解甲散还火伍中54,敢哗者死!"太尉曰:"吾未晡食55,请假设草具56。"既食,曰:"吾疾作,愿留宿门下。"命持马者去,旦日来57。遂卧军中。晞不解衣,戒候卒击柝卫太尉58。旦,俱至孝德所,谢不能㉛,请改过。邠州由是无祸。

先是㉜,太尉在泾州为营田官㉝。泾大将焦令谌取人田,自占数十顷,给与农㉞,曰:"且熟,归我半。"是岁大旱,野无草,农以告谌。谌曰:"我知人数而已㉟,不知旱也。"督责益急,农且饥死,无以偿,即告太尉。

太尉判状辞甚巽㊱,使人求谕谌。谌盛怒,召农者曰:"我畏段某耶? 何敢言我!"取判铺背上,以大杖击二十,垂死,舆来庭中㊲。太尉大泣曰:"乃我困汝㊳!"即自取水洗去血,裂裳衣疮㊴,手注善药,旦夕自哺农者,然后食。取骑马卖,市谷代偿㊵,使勿知。

淮西寓军帅尹少荣㊶,刚直士也。入见谌,大骂曰:"汝诚人耶? 泾州野如赭㊷,人且饥死;而必得谷,又用大杖击无罪者。段公,仁信大人也㊸,而汝不知敬。今段公唯一马,贱卖市谷入汝,汝又取不耻。凡为人傲天灾、犯大人、击无罪者,又取仁者谷,使主人出无马,汝将何以视天地㊹,尚不愧奴隶耶㊺!"谌虽暴抗㊻,然闻言则大愧流汗,不能食,曰:"吾终不可以见段公!"一夕,自恨死㊼。

及太尉自泾州以司农征㊽,戒其族:"过岐㊾,朱泚幸致货币㊿,慎勿纳。"及过,泚固致大绫三百匹�51。太尉婿韦晤坚拒,不得命�52。至都�53,太尉怒曰:"果不用吾言�54!"晤谢曰:"处贱无以拒也�55。"太尉曰:"然终不以在吾第�56。"以如司农治事堂�57,栖之梁木上�58。泚反,太尉终�59,吏以告泚,泚取视,其故封识具存�60。

太尉逸事如右�61。

元和九年月日�62,永州司马员外置同正员柳宗元谨上史馆�63。今之称太尉大节者出入�64,以为武人一时奋不虑死,以取名天下,不知太尉之所立如是�65。宗元尝出入岐周邠斄间�66,过真定�67,北上马岭�68,历亭障堡戍�69,窃好问老校退卒�70,能言其事。太尉为人姁姁�71,常低首拱手行步,言气卑弱,未尝以色待物;人视之,儒者也。遇不可�72,必达其志�73,决非偶然者。会州刺史崔公来�74,言信行直,备得太尉遗事,覆校无疑,或恐尚逸坠�75,未集太史氏�76,敢以状私于执事�77。谨状�78。

（《柳河东集》,唐柳宗元撰,宋廖莹中辑注,上海:中华书局上海编辑所,1958）

【注释】

① 本文作于元和九年(814),是作者给当时在史馆任职的韩愈修史时作参考的。宋代所修《新唐书·段秀实传》即取材于此。段太尉:即段秀实(719—783),字成公,汧阳(今陕西千阳)人。官至泾州刺史兼泾原郑颍节度使。建中四年(783),朱泚作乱称帝,段秀实斥之以狂贼,以朝笏廷击朱之面额,遂被害。后朝廷追赠太尉。状:旧时详记死者世系、名字、爵里、行实、寿年的文体。逸事状,"则但录其逸者,其所已载,不必详焉,乃状之变体也"(徐师曾《文体明辨·序说》)。

② 太尉:这里是以段秀实死后追赠的官名称呼他。泾州刺史:广德二年(764),因邠宁节度使白孝德的推荐,段秀实任泾州(治今甘肃泾川北

刺史。

③ 汾阳王:即郭子仪。郭子仪平定安史之乱有功,于宝应元年(762)进封汾阳郡王。至德二年(757)四月,郭子仪兼任关内、河东副元帅,河中节度、观察使,出镇河中。蒲:蒲州,唐为河中府(治今山西永济)。

④ 王子晞:郭晞,郭子仪的第三子,随父征伐,屡建战功。广德二年(764),吐蕃侵边,郭晞奉命率朔方军支援邠州。郭晞曾任御史中丞,转御史大夫,卒后于大历中追赠兵部尚书。

⑤ 领:兼任。节度使:总揽一区军民财政的地方长官。

⑥ 寓军:在辖区之外驻军。寓,寄居。邠(bīn)州:治今陕西彬县。

⑦ 无赖:横行不法。

⑧ 偷:懒惰。嗜:贪婪。暴:强暴。恶:凶恶。

⑨ 率:大都。以:用。货:财物,这里指贿赂。窜:指不正当地混入。

⑩ 肆志:为所欲为。

⑪ 日:每天。丐:乞求,这里是强讨的意思。

⑫ 嗛(qiè):通"慊",满足。

⑬ 椎:指用棍棒敲击。釜:锅。鬲:三个脚的容器。盎:腹大口小的瓦盆。

⑭ 袒臂:裸露着臂膀。徐去:指扬长而去。徐,缓缓。

⑮ 白孝德:安西(治今新疆库车)人,李光弼部将,广德二年(764)任邠宁节度使。以王故:因为汾阳郡王郭子仪的缘故。

⑯ 戚不敢言:心中忧伤却不敢明说。

⑰ 状:一种陈述事实的文书。白:禀告。府:此指节度使衙门。

⑱ 计事:商量此事。

⑲ 生人:生民,老百姓。付:交托。理:治。

⑳ 因:仍旧。恬然:安然,指无动于衷。

㉑ 且:将要。

㉒ 奉教:听您指教。

㉓ 某:段秀实自称。为(wéi):指任职。

㉔ 无寇:没有战乱。

㉕ 诚:假如。都虞候:军队中的执法官。

㉖ 已:止。

㉗ 幸甚:非常荣幸。

㉘ 如太尉请:同意了段秀实的请求。

㉙ 署:代理某职。

㉚ 列卒:布置士兵。取:捕捉。

㉛ 注槊(shuò)上:插在长矛上。

㉜ 植:竖立。

㉝ 尽甲:全都披上盔甲。甲,用作动词。

㉞ 将奈何:怎么办。

㉟ 无伤:无妨,没事。

㊱ 辞:陈辞,指说理。

㊲ 辞去:遣去,辞退。

㊳ 老躄(bì)者:年老腿跛的人。

㊴ 甲者:全副武装的士兵。

㊵ 谕:教导。

㊶ 固:难道。负:辜负,对不起。若属:汝辈,你们。

㊷ 副元帅:指郭子仪。

㊸ 奈何:为什么。败郭氏:败坏郭家的名声。

㊹ 白:说,指告诉。

㊺ 务始终:力求全始全终。

㊻ 恣:放纵。

㊼ 欲谁归罪:要归罪于谁。

㊽ 且及:将及,指将连累到。

㊾ 货:财物,指贿赂。

㊿ 戢(jí):管束,制止。

51 其:副词,表估量语气。与:虚词,无义。几何:多少。

52 幸:幸而。

53 奉军以从:带领全军听从您。

54 火伍:队伍。古代军队编制十人为火,五人为伍。

55 晡(bū)食:晚餐。晡,申时,下午三时至五时。

56 假设:代办。草具:粗劣的饭食。

57 旦日:第二天。

58 戒:告谕。候卒:警卫。柝(tuò):古代巡夜打更用的梆子。

59 谢不能:道歉说自己没有才能。

60 先是:在此以前。

61 营田官:白孝德初任邠宁节度使时,以段秀实署营田副使。唐制,诸军万人以上置营田副使一人,掌管军队屯垦。

62 给与农:佃给农者。

63 入数:收入的数量。

64 判状:判决书。巽(xùn):通"逊",委婉,柔顺。

65 舆:扛,抬。

66 困:用作动词,义为使人受困苦。

67 裂裳衣疮:撕破(自己的)衣服,包扎(农者的)伤口。衣,用作动词,指包扎。

68 市:买。

69 淮西寓军:临时驻扎在泾州的淮西军。淮西,今河南许昌、信阳一带。

70 野如赭(zhě):田野像赤土。意指干旱严重,草木不生。

71 仁信大人:仁慈诚实的君子。

72 视天地:仰视天,俯视地,意指生存在世间。

73 尚不愧奴隶:还不愧对奴隶,意谓人格下贱连奴隶都不如。

74 暴抗:强暴高傲。抗,通"伉",高傲。

75 自恨死:此记载与事实不符。焦令谌大历八年(773)尚在泾原兵马使任上。作者可能是得之于传闻而误记。

76 以司农征:建中元年(780)二月,段秀实自泾原节度使被召为司农卿。司农,即司农卿,为司农寺长官,掌国家储粮用粮之事。征,征召。

77 岐:岐州,治今陕西凤翔。

78 朱泚(cǐ)(742—784):昌平(今北京昌平区)人,原任卢龙节度使,时为凤翔府尹。建中四年

(783)被叛乱士兵推为皇帝,国号秦,建元应天,次年改国号为汉,自号汉元天皇,后战败,逃亡途中被部将杀死。幸:假使,倘若。致:赠送。货币:钱物。

⑲ 慎:表示警戒之词,千万。

⑳ 固:坚持。

㉑ 不得命:得不到同意,指推辞不掉。

㉒ 都:指唐代京城长安。

㉓ 果:终究。用:采纳。

㉔ 处贱:居于卑下的地位。

㉕ 不以在吾第:不能把它放在我的家里。第,住宅。

㉖ 如:送往。治事堂:办公的厅堂。

㉗ 栖:安放。

㉘ 太尉终:建中四年(783)十月,泾原节度使姚令言的部队在京师哗变,唐德宗出奔,朱泚被叛军拥立为帝,召段秀实议事,段以所执朝笏击伤朱,遂遇害。终,去世。

㉙ 故封识(zhì):原来封存的标记。识,通"志",标记。

㉚ "太尉"句:这是表示正文结束的话。

㉛ 元和:唐宪宗李纯年号(806—820)。

㉜ 永州司马员外置同正员:当时柳宗元任永州(治今湖南零陵)司马,这里是他官职地位的全称。上:呈给,表敬词。史馆:国家修史机构。

㉝ 出入:不一致。此尤其侧重于指对段太尉为人行事的歪曲、误解。与下文的"出入"含义不同。

㉞ 所立:指品德、为人。

㉟ "宗元"句:柳宗元曾于贞元十年(794)时游历邠州一带。周,在岐山下,今陕西郿县一带。鏊(tái),同"邰",今陕西武功西。

㊱ 真定:不可考,或是"真宁"之误。真宁:今甘肃正宁。

㊲ 马岭:山名,在今甘肃庆阳西北。

㊳ 亭障堡戍:古代在边地修建的岗楼、碉堡一类建筑物,供瞭望、防御之用。

㊴ 校:中下级军官。退卒:退役士兵。

㊵ 姁(xǔ)姁:温和的样子。

㊶ 言气卑弱:说话的口气谦恭温和。

㊷ 色:脸色。这里指不好的脸色。物:指人。

㊸ 不可:不能赞同(的事情)。

㊹ 必达其志:一定要实现自己的主张。

㊺ 会:适逢。州刺史:指永州刺史崔能,作者的上司。

㊻ 逸坠:散失。

㊼ 太史氏:史官。

㊽ 敢:表敬词。私:指私下送达。执事:对对方的敬称,这里指史官韩愈。

㊾ 谨状:郑重地写下这篇逸事状。

【提示】

　　本文是柳宗元人物传记中的代表作,作者选择了传主生平的三件逸事,以突现其刚勇、仁义及气节凛然。三者交相辉映,多侧面地表现出了段太尉外柔内刚、勇毅见于平易之中的个性特征,刻画了封建社会一位正直廉洁的官吏形象。在文章中,作者还以白孝德之懦怯,焦令谌之横暴及朱泚之奸诈作对比衬托,使段秀实的形象倍添光彩。在《与史官韩愈致段秀实太尉逸事书》中,柳宗元曾说:"太尉大节,古固无有。然人以为偶一奋,遂名无穷,今大不然。太尉自有难在军中,其处心未尝亏侧,其莅事无一不可纪。会在下名未达,以故不闻,非直以一时取笏为谅(信)也。"可见作者对段秀实为人行事的由衷敬佩。

　　全文不着一句议论,纯用冷静的笔调作客观的记叙,繁处不避细琐,简处不失要害,而作者的揄扬褒贬则暗寓其中,很好地体现了"以备史乘"的写作意图。

　　本文所记三件逸事,"勇服郭晞"最为丰赡生动,矛盾冲突尖锐、曲折,人物形象鲜明、丰满,情节发展富于戏剧性。作者打破事件原有的时间顺序,将它提至"仁愧焦令谌"之前,以先声夺人,强化了文章的艺术效果。

【思考与练习】

一、有人以为,柳宗元写作本文,不仅仅是为段太尉立传正名,还与中唐时藩镇割据的政治局面有所关联。请谈谈你的理解与认识。

二、在"勇服郭晞"一事中,作者从多个侧面进行映衬,刻画段太尉外柔内刚、勇毅见于平实之中的个性特征。请联系课文,作具体的说明。

三、为何说本文叙事写人"繁处不避细琐,简处不失要害"?

【辑评】

书以声之,状以条之,跋以振之,合而成篇。(清·浦起龙《古文眉诠》)

王元美曰:"退之《海神庙碑》,犹有相如之意;《毛颖传》,尚现子长之风。子厚《晋问》,颇得枚叔之情;《太尉逸事》,盖存孟坚之造。下此益远矣。"(章士钊《柳文指要》)

正气歌并序①

文天祥

文天祥（1236—1283），字履善，一字宋瑞，号文山，吉州吉水（今江西吉安）人。宋末大臣、文学家。宝祐四年（1256）进士第一。历知瑞州、赣州。德祐元年（1272）元兵南下，他组织义军入卫临安。次年任右丞相，入元军营谈判，被扣留。逃脱后与陆秀夫等继续坚持抗元，曾收复州县多处，后兵败被俘。元廷多次威胁利诱，他坚贞不屈，被囚禁数年后在大都（今北京）从容就义。文天祥被俘后，作有《过零丁洋》诗以明志，其中"人生自古谁无死，留取丹心照汗青"为千古名句。有《文山先生全集》。

余囚北庭，坐一土室，室广八尺，深可四寻②，单扉低小，白间短窄③，污下而幽暗。当此夏日，诸气萃然。雨潦四集，浮动床几，时则为水气。涂泥半朝，蒸沤历澜④，时则为土气。乍晴暴热，风道四塞，时则为日气。檐阴薪爨，助长炎虐，时则为火气。仓腐寄顿⑤，陈陈逼人，时则为米气。骈肩杂遝，腥臊污垢，时则为人气。或圊溷⑥、或毁尸、或腐鼠，恶气杂出，时则为秽气。叠是数气，当侵沴鲜不为厉⑦。而予以孱弱俯仰其间⑧，于兹二年矣，无恙。是殆有养致然尔。然亦安知所养何哉？孟子曰："吾善养吾浩然之气。"⑨彼气有七，吾气有一，以一敌七，吾何患焉！况浩然者，乃天地之正气也。作《正气歌》一首。

天地有正气，杂然赋流形⑩。
下则为河岳，上则为日星。
于人曰浩然，沛乎塞苍冥。
皇路当清夷⑪，含和吐明庭。
时穷节乃见，一一垂丹青⑫。
在齐太史简⑬，在晋董狐笔⑭。
在秦张良椎⑮，在汉苏武节⑯。
为严将军头⑰，为嵇侍中血⑱。
为张睢阳齿⑲，为颜常山舌⑳。
或为辽东帽㉑，清操厉冰雪。
或为出师表㉒，鬼神泣壮烈。
或为渡江楫㉓，慷慨吞胡羯。
或为击贼笏㉔，逆竖头破裂。
是气所旁薄㉕，凛烈万古存。
当其贯日月，生死安足论。

地维赖以立㉖，天柱赖以尊。

三纲实系命㉗，道义为之根。

嗟余遘阳九㉘，隶也实不力㉙。

楚囚缨其冠㉚，传车送穷北㉛。

鼎镬甘如饴㉜，求之不可得。

阴房阗鬼火㉝，春院閟天黑㉞。

牛骥同一皂㉟，鸡栖凤凰食。

一朝濛雾露㊱，分作沟中瘠㊲。

如此再寒暑，百沴自辟易㊳。

哀哉沮洳场㊴，为我安乐国。

岂有他谬巧㊵，阴阳不能贼㊶。

顾此耿耿在，仰视浮云白㊷。

悠悠我心悲，苍天曷有极㊸。

哲人日已远，典刑在夙昔㊹。

风檐展书读，古道照颜色㊺。

（《文山先生全集》，宋文天祥撰，《四部丛刊》缩印本，上海：商务印书馆，1936）

【注释】

① 本诗选自《文山先生全集》卷十四《指南录》三，为作者狱中所撰。

② 寻：古时的长度单位，一寻为八尺。

③ 白间：指不施油漆的窗子。

④ 沥澜：翻起泥浆。

⑤ 仓腐：陈朽的粮食。寄顿：堆放。

⑥ 圊溷（qīng hùn）：厕所。

⑦ 侵沴（lì）：指疫病传染。沴，妖气为害。鲜：很少。为厉：发生祸害。

⑧ 俯仰：这里指起居。

⑨ "吾善"句：语出《孟子·公孙丑上》。

⑩ 杂然：聚合貌。赋：赋予。这里是表达理学的"气生万物"思想。

⑪ 皇路：国运。清夷：清平，太平。

⑫ 丹青：图画。这一句是流芳百世的意思。

⑬ 太史简：春秋时齐国大夫崔杼杀齐庄公，太史秉笔直书："崔杼弑其君。"被杀。其弟前仆后继，终于记录到简册上。

⑭ 董狐笔：春秋时晋灵公被重臣赵穿所杀，史官董狐按照儒家所认可的"春秋笔法"予以记录，得到孔子的夸奖。

⑮ 张良椎：秦始皇巡游天下时，张良（？—前189）招募刺客在博浪沙以大铁椎狙击，中其副车。

⑯ 苏武节：汉武帝时，苏武（？—前60）出使匈奴被扣留，坚贞不屈，牧羊于苦寒荒野十九年，始终不放下作为汉朝使者象征的节旄。

⑰ 严将军：东汉末刘璋的部将严颜被张飞俘虏后，面对张飞的威吓，厉声答道："我州但有断头将军，无有降将军也。"

⑱ 嵇侍中：即嵇绍（253—304），字延祖，西晋谯郡铚（今安徽濉溪县）人，魏晋名士嵇康之子，官侍中。随晋惠帝讨伐叛军，兵败众散，他以身体掩护晋惠帝，被乱箭射死，血溅帝衣。乱平后，晋惠帝保留衣上血迹道："此嵇侍中血，勿去。"

⑲ 张睢阳：即张巡（709—757），唐邓州南阳（今属河南）人，官真源令，安史之乱中与睢阳太守许远死守睢阳阻挡叛军，每出战誓师激昂慷慨，"眦裂血流，齿牙皆碎"。

⑳ 颜常山：即颜杲卿（692—756），字昕，唐京兆万年（今陕西西安）人，安史之乱起，他以常山太守起兵讨伐叛军，失败后被俘，他大骂安禄山不止，被叛党割去舌头。

㉑ 辽东帽：东汉末，辽东人士管宁抱德怀贞，隐居不仕，出入常戴皂帽，着布衣。他曾与华歆交好，后发现其操守有亏便割席绝交。

㉒ 出师表：三国时蜀相诸葛亮秉持"汉贼不两立"

的信念,出师北伐,上表后主请战。前后两篇《出师表》后来成为千古传诵的名文。

㉓ 渡江楫:西晋末东晋初,北方被匈奴族刘曜、羯族石勒等占据,豫州太守祖逖率众渡江北伐,中流击楫发誓:"逖不能清中原而复济者,有如大江!"

㉔ 击贼笏:唐德宗时,朱泚谋反,欲拉拢段秀实。段伪与周旋,乘机以笏板击伤朱泚,因此殉难。

㉕ 旁薄:同"磅礴"。

㉖ 地维:系住地的大绳。古人认为天圆地方,天有九柱支撑,地有四维牵系。

㉗ 三纲:封建时代道德的最基本原则,即君为臣纲,父为子纲,夫为妻纲。

㉘ 遭阳九:遭逢厄运。古代术数家称"阳九"为灾年。

㉙ 隶:指自己服务于朝廷。

㉚ 楚囚:春秋时楚人钟仪被俘囚于晋国,始终戴着南冠。这里有不忘故国的意思。

㉛ 传(zhuàn)车:即驿车。

㉜ 鼎镬:古代有以鼎镬烹人的酷刑,这里指处死。镬,无足的鼎。

㉝ 阒(qù):静悄悄。

㉞ 閟(bì):幽深。

㉟ 牛骥:比喻平庸的人和杰出的人,指自己同普通的罪犯关押在一起。皂:牛马吃草的槽。

㊱ 濛雾露:指因恶劣气候致病。濛,当为"蒙"。

㊲ 分作:恐怕应该变作。瘠:通"胔",肉未烂尽的尸体。《说苑·善说》:"死之则不免为沟中之瘠,不死则功复用于天下。"

㊳ 辟易:退避。

㊴ 沮洳(jù rù)场:低下潮湿的地方,指牢狱。

㊵ 谬巧:花招。

㊶ 阴阳:泛指外界杂气。贼:害。

㊷ 浮云:孔子曾讲过"不义而富且贵,于我如浮云"(《论语·述而》),这里化用其意。

㊸ 苍天曷有极:化用《诗经·唐风·鸨羽》"悠悠苍天,曷其有极"句。这里意思是我的忧伤同苍天一样广远无边。

㊹ 典刑:同"典型",榜样。

㊺ 古道:古人所走的正道,指先辈的美德。颜色:神色。

【提示】

　　人生世上,经常会遇到"义"和"利"的选择。孔子说:"不义而富且贵,于我如浮云。"孟子说:"舍生而取义。"都是讲人要有高尚的精神操守。孟子更进一步把这种操守提升到本体论的高度,提出"吾善养吾浩然之气",而一旦这种正气充沛,就可以使个体的生命与天地的精神相沟通。这种观点成为我们民族思想文化的一个优秀传统。而以诗的语言描绘、歌颂这一传统,则首推文天祥的《正气歌》。

"在汉苏武节。"

　　这首《正气歌》之所以彪炳青史,不仅是因为内容的充实或是技巧的高明,主要的是这首诗是以生命铸就,是以热血写成。文天祥面临的选择不是小利小义,而是生存还是死亡,死节还是叛变。在这人生最大的考验面前,他从传统中汲取了力量,找到了精神的坚强支柱,熔铸出这首掷地有声的道义颂歌。

　　《正气歌》前面的序文长达一百九十八个字,是十分少见的,但却是作品不可或缺的部分。序文中提出了七种邪气,都是人所难以忍受的。而七气叠加足以置任何人于死地,自己却安然无恙。这样就提出了一个问题:为什么?接下来便由问题引出孟子的"浩然之气"说,再引申一步就提出了天地正气的看法。这样写,在"气"的问题上作出强烈对比,即是恶劣环境与自己精神世界的对比,也隐含着人生境界正邪的对比意味,给读者留下深刻印象,成为全诗展开的基础。

全诗可分四层:"天地有正气"到"一一垂丹青"为第一层,从本体的高度给"正气"以说明,最后提出乱世重气节,引出下一层诸多"正气"榜样。第二层由"在齐太史简"到"道义为之根",列举出十二位以生命来践履"正气"的忠贞之士,用了"旁薄"、"凛烈"、"贯日月"这样有力量有气势的形容词语,把这些烈士的形象烘托、渲染得顶天立地。下面由"嗟余遭阳九"到"仰视浮云白"为第三层,再写自己的遭遇,以人所难忍的境遇来衬托自己从正气中得到的精神力量。最后六句是明志,写自己的个体生命与这一浩然正气融为一体,从容面对将要到来的一切。

这首诗是以精神震撼力见长的。这种力量的产生源于三个方面:一方面是立意高远,把个人的精神操守同天地的本质属性联系起来,从开始的"下则为河岳,上则为日星"到后面的"贯日月"、"天柱"、"地维",赋予这一"正气"以最高的价值。另一方面是中间列举的十二位"典型"。作者用了强有力的排比手法,一气灌注,产生沛然不可阻挡的感觉。中间句式又有所变化,更生跌宕慷慨的效果。第三方面是采用对比,正气与邪气的对比,物质环境与精神力量的对比,死亡威胁与自己从容淡定的对比,在对比中凸现出正气的崇高与伟力。

对这首诗的评价也有一些歧义,质疑的意见主要在于如何看待民族冲突与民族英雄方面,以及诗中所举的"典型"评价适当与否。这些问题都是可以讨论的。不过,《正气歌》的主旨在于对生命的最高价值——道义的坚守与追求,特别是面对利益与原则冲突时,人生应有的选择。这些是本诗的根本所在,其意义应是毋庸置疑的。

【思考与练习】

一、谈谈你对人生中"正气"价值的看法。

二、试用现代散文来叙述十二位"典型"的事迹,要求简练而有气势。

【辑评】

天祥平生大节,照耀今古,而著作亦极雄赡,如长江大河浩瀚无际。《农田余话》曰:"宋南渡后,文体破碎,诗体卑弱,惟范石湖、陆放翁为平正。至晦庵诸子,始欲一变时习,模仿古作,故有神头鬼面之论。时人渐染既久,莫之或改。及文天祥留意杜诗,所作顿去当时之凡陋,观《指南前后录》可见。不独忠义冠于一时,亦斯文间气之发见也。"(清·纪昀等《四库全书总目·集部·文山集》)

宋养士三百年,其间临难致身者,固不乏人;而国灭君亡,从容就义者,信国一人而已矣。……囚狱赋诗,良可恸矣!而天阊院黑,火阍房阴,道义懔万古而独存,阴阳随百沴以悉辟,故虽天心已去,而臣节难回,卒至伏锧从容,观者感涕。(清·黄仁黼《古文笔法百篇》)

梅花岭记^①

全祖望

全祖望(1705—1755),字绍衣,号谢山,浙江鄞县(今宁波)人。清著名学者、文学家。乾隆元年(1736)进士,选庶吉士。后辞官归里,主讲蕺山、端溪书院,致力经史研究。曾续修黄宗羲所编的《宋元学案》。其《鲒埼亭集》中收有大量明清之际忠臣义士的碑传。另有《经史答问》、《汉书地理志稽疑》等。

顺治二年乙酉四月^②,江都围急^③。督相史忠烈公知势不可为^④,集诸将而语之曰:"吾誓与城为殉,然仓皇中不可落于敌人之手以死,谁为我临朝成此大节者?"副将军史德威慨然任之。忠烈喜曰:"吾尚未有子,汝当以同姓为吾后,吾上书太夫人,谱汝诸孙中^⑤。"

二十五日城陷,忠烈拔刀自裁,诸将果争前抱持之,忠烈大呼"德威",德威流涕不能执刃,遂为诸将所拥而行,至小东门,大兵如林而至,马副使鸣騄、任太守民育及诸将刘都督肇基等皆死。忠烈乃瞠目曰:"我史阁部也。"被执至南门,和硕豫亲王以"先生"呼之^⑥,劝之降。忠烈大骂而死。初忠烈遗言:"我死,当葬梅花岭上。"至是德威求公之骨不可得,乃以衣冠葬之。

或曰:"城之破也,有亲见忠烈青衣乌帽,乘白马出天宁门投江死者,未尝殉于城中也。"自有是言,大江南北,遂谓忠烈未死。已而英、霍山师大起^⑦,皆托忠烈之名,仿佛陈涉之称项燕^⑧。吴中孙公兆奎以起兵不克^⑨,执至白下^⑩,经略洪承畴与之有旧^⑪,问曰:"先生在兵间,审知故扬州阁部史公果死耶^⑫?抑未死耶?"孙公答曰:"经略从北来,审知故松山殉难督师洪公果死耶^⑬?抑未死耶?"承畴大恚^⑭,急呼麾下驱出斩之。呜呼!神仙诡诞之说,谓颜太师以兵解^⑮,文少保亦以悟大光明法蝉脱^⑯,实未尝死。不知忠义者,圣贤家法,其气浩然长留天地之间,何必出世入世之面目^⑰!神仙之说,所谓为蛇画足。即如忠烈遗骸,不可问矣,百年而后,予登岭上,与客述忠烈遗言,无不泪下如雨,想见当日围城光景。此即忠烈之面目,宛然可遇,是不必问其果解脱否也,而况冒其未死之名者哉!

墓旁有丹徒钱烈女之冢^⑱,亦以乙酉在扬,凡五死而得绝^⑲。时告其父母火之,无留骨秽地^⑳,扬人葬之于此。江右王猷定、关中黄遵岩、粤东屈大均为作传铭哀词^㉑,顾尚有未尽表章者^㉒。予闻忠烈兄弟自翰林可程下^㉓,尚有数人,其后皆来江都省墓。适英、霍山师败,捕得冒称忠烈者,大将发至江都,令史氏男女来认之。忠烈之第八弟已亡,其夫人年少有色,守节,亦出视之。大将艳其色,欲强娶之,夫人自裁而死。时以其出于大将之所逼也,莫敢为之表章者。呜呼!忠烈尝恨可程在北,当易姓之间^㉔,不能仗节,出疏纠之^㉕。

岂知身后乃有弟妇以女子而踵兄公之余烈乎？梅花如雪，芳香不染，异日有作忠烈祠者，副使诸公谅在从祀之列，当另为别室以祀夫人，附以烈女一辈也。

（《全祖望集汇校集注》，清全祖望撰，朱铸禹集注，上海：上海古籍出版社，2000）

【注释】

① 本文选自《鲒埼亭集外编》卷二十。梅花岭：在扬州原广储门外，是明朝州守吴秀挖河泥堆起的土丘，丘上栽种梅花，因而名为梅花岭。明末史可法守扬州，城陷殉国，葬衣冠于梅花岭。

② 顺治二年乙酉：即公元1645年。顺治，清世祖年号（1644—1661）。

③ 江都：扬州的治所，代指扬州城。

④ 督相史忠烈公：史可法（1601—1645），字宪之，号道邻，河南祥符（今开封）人。清兵入关后，明朝福王朱由崧在南京即帝位。史可法任兵部尚书、大学士。被奸臣排挤，遂自请到扬州督师抗清，后孤军奋战，兵败被俘，不屈殉国。明代大学士相当于宰相，史可法以大学士身分督师，所以称为"督相"。忠烈，史可法的谥号。

⑤ 谱汝诸孙中：把你的名字加到家谱里，列入孙辈。

⑥ 和硕豫亲王：即多铎（1614—1649），努尔哈赤的第十五子。和硕，满洲语，是加于亲王、公主称号前的尊称。

⑦ 英、霍山师：英山、霍山（皆在今安徽境内）的抗清义军。

⑧ 陈涉之称项燕：秦末陈胜起义借用楚国已故大将项燕的名义。

⑨ 孙公兆奎：吴江（今属江苏）人，与同乡的吴易一起起兵抗清，号"孙吴军"。

⑩ 白下：南京的别名。

⑪ 洪承畴（1593—1665）：字彦演，号亨九，福建南安人，原明兵部尚书，松山一役兵败降清。清兵南下，他被委任为七省经略，当时驻扎在江宁。

⑫ 审知：确切地知道。

⑬ 松山殉难：洪承畴以兵部尚书的身份督师松山，战败被俘后，明廷以为他已经殉难，崇祯帝亲自设坛祭吊，却不知他已经降清。

⑭ 恚（huì）：愤怒。

⑮ 颜太师：唐代名臣颜真卿（708—784），字清臣，京兆万年（今陕西西安）人，官至吏部尚书、太子太师，封鲁郡公。唐德宗时为叛将李希烈所杀。传说他在被杀时升仙了。兵解：通过兵器来解脱躯壳而成仙，这是道教常用的说法。

⑯ 文少保：南宋文天祥，曾任少保。见本书课文《正气歌》作者介绍。他在狱中有诗云："谁知真患难，忽遇大光明。"本意是说患难中反而参透人生真谛。后人就附会说，他悟大光明佛法而解脱成佛。蝉脱：像蝉脱壳一样遗下了躯壳。

⑰ 出世入世：佛家语。出世是脱离俗世，入世是生活于人世。

⑱ 丹徒：今江苏镇江。

⑲ 凡五死：共自杀了五次。

⑳ 秽地：指被敌人玷污了的土地。

㉑ 王猷定（1598—1662）：明末清初古文家，字于一，号轸石，江西南昌人，曾在史可法幕中担任文书工作，明亡后隐居不出。有《四照堂集》。黄遵岩：陕西人，生平不详。屈大均（1630—1696）：明末清初著名遗民诗人，字介子、翁山，广东番禺（今广州）人。曾参加抗清斗争，兵败后一度削发为僧，法名今种。有《翁山诗外》、《文外》。

㉒ 顾：只不过。表章：表彰。

㉓ 可程：史可程，史可法的弟弟，明崇祯进士，曾任翰林院庶吉士，李自成入北京后投降。

㉔ 易姓：指改朝换代。

㉕ 纠之：弹劾他。

【提示】

在中华文化的传统中，梅花历来是高洁的象征，歌唱梅花的文学作品也是代不绝书。《梅花岭记》则是这些作品中，给人印象特别深刻的一篇。

这篇作品的重点不在描写梅花，作品的题目似乎也可以改为"史阁部逸事状"。作品的中心内容是抗清名臣史可法从容就义的事迹,大体可以分为三部分:第一部分是他面对无法抵御的强敌从容地作了殉难的抉择,第二部分是对于他赴死的种种看法以及作者的议论,第三部分是联想到两位同样从容赴死的女性的事迹。全篇提到梅花只有两处,一处是史可法在安排后事时,特意提到要埋骨梅花岭;一处是篇末插入的"梅花如雪,芳香不染"。作为文章,这两处都有些突兀,而突兀的地方也恰恰是引起读者注意的地方。因此,本文中梅花的意象虽着墨不多,却有作者深意在。这两处看似不经意的穿插,就使得本文与文学史、文化史上大量赞颂梅花的文章产生了互文关系,如"墙角数枝梅,凌寒独自开"(王安石)、"雪虐风饕只自如"(陆游)等,从而含蓄地把史可法的精神境界作了艺术化的提升。

作为一篇记人为主的文章,作者正面描写史可法的笔墨并不多,但却足以给读者留下深刻印象,其原因就在把人物所处的情境与其言行联系、对比,在巨大的反差中表现史可法顶天立地的壮烈情怀。先是决心赴死安排后事的情境:当史德威报名助其死节时,他的表现是"喜曰",并把史德威收为族亲。接下来的情境是敌军"如林而至",战友纷纷阵亡,他的表现是挺身而出,"瞋目"怒喝。另一个情境是被俘后敌酋作出礼贤下士的姿态,而他的回应是"大骂而死"。"喜"、"瞋目"、"大骂"放到特定的情境中,人物的凛然大义就不由读者不肃然起敬了。

【思考与练习】

一、文中所讲"忠烈之面目"指的是什么? 为什么作者说史可法是否解脱并不重要?

二、联系《正气歌》,分析文天祥、史可法的生死观。

三、本文中间提到洪承畴,作者的用意是什么? 分析其效果。

【辑评】

数点梅花亡国泪,二分明月故臣心。(清·张尔荩撰联)

心痛鼎湖龙,一寸江山双血泪;魂归华表鹤,二分明月万梅花。(清·蒋士铨撰联)

阁部就义,舆论不一。谢山去史不远,见闻较确。简末载及弟妇,亦可无"南枝向暖北枝寒"之憾矣。(王文濡《清文评注读本》)

狱中上母书①

夏完淳

夏完淳(1631—1647)，原名复，字存古，号小隐，又号灵首，华亭(今上海松江区)人。明末诗人、抗清志士。他的父亲夏允彝和老师张溥、陈子龙，都是明末讲究气节的著名人物。他聪明早慧，七八岁能诗文，十二岁博极群书，知军国大事。清兵南下，他积极参加抗清斗争，随父亲夏允彝入松江吴志葵军。不久兵败父死，他同老师陈子龙、岳父钱栴重组义军，上书南明鲁王，得遥授中书舍人，投太湖吴易军继续斗争。失败后只身流离，潜回故乡，以图再举。后为清兵所捕，慷慨就义，年仅十七岁。有《夏节愍集》。

不孝完淳今日死矣，以身殉父，不得以身报母矣！痛自严君见背②，两易春秋③，冤酷日深，艰辛历尽。本图复见天日④，以报大仇，恤死荣生⑤，告成黄土⑥，奈天不佑我，钟虐明朝⑦，一旅才兴，便成齑粉⑧。去年之举⑨，淳已自分必死⑩，谁知不死，死于今日也。斤斤延此二年之命⑪，菽水之养⑫，无一日焉。致慈君托迹于空门⑬，生母寄生于别姓⑭。一门漂泊，生不得相依，死不得相问。淳今日又溘然先从九京⑮，不孝之罪，上通于天。呜呼！双慈在堂，下有妹女，门祚衰薄⑯，终鲜兄弟。淳一死不足惜，哀哀八口，何以为生？

虽然，已矣，淳之身父之所遗，淳之身君之所用，为父为君，死亦何负于双慈？但慈君推干就湿⑰，教礼习诗，十五年如一日。嫡母慈惠，千古所难，大恩未酬，令人痛绝。慈君托之义融女兄⑱，生母托之昭南女弟⑲。淳死之后，新妇遗腹得雄，便以为家门之幸，如其不然，万勿置后⑳。会稽大望㉑，至今而零极矣㉒，节义文章，如我父子者几人哉？立一不肖后，如西铭先生为人所诟笑㉓，何如不立之为愈耶？

呜呼！大造茫茫㉔，总归无后㉕，有一日中兴再造㉖，则庙食千秋㉗，岂止麦饭豚蹄㉘，不为馁鬼而已哉㉙！若有妄言立后者，淳且与先文忠在冥冥诛殛顽嚚㉚决不肯舍㉛！兵戈天地，淳死后，乱且未有定期，双慈善

"二十年后……为北塞之举矣。"

保玉体，无以淳为念。二十年后，淳且与先文忠为北塞之举矣㉛。勿悲，勿悲，相托之言，慎勿相负！

武功甥将来大器㉜，家事尽以委之。寒食、盂兰㉝，一杯清酒，一盏寒灯，不至作若敖之鬼㉞，则吾愿毕矣。新妇结缡二年㉟，贤孝素著，武功甥好为我善待之，亦武功渭阳情也㊱。

语无伦次，将死言善㊲。痛哉！痛哉！

人生孰无死？贵得死所耳！父得为忠臣，子得为孝子，含笑归太虚㊳，了我分内事。大道本无生㊴，视身若敝屣㊵。但为气所激，缘悟天人理㊶。恶梦十七年，报仇在来世。神游天地间，可以无愧矣！

（《夏完淳集笺校》，明夏完淳撰，白坚笺注，上海：上海古籍出版社，1991）

【注释】

① 清顺治四年（1647），谢尧文通海案起，七月，夏完淳涉案被捕，关在南京狱中，九月英勇就义。本文是夏完淳临难前写给其母亲的书信。

② 严君：旧时对父亲的敬称。见背：相弃，指去世。

③ 两易春秋：换了两次春秋，即过了两年。本文写于1647年，作者的父亲夏允彝在1645年殉国，故云"两易春秋"。

④ 图：图谋。复见天日：指恢复明朝。

⑤ 恤死荣生：使死去的人（指父亲）得到安慰，使活着的人（指母亲）感到荣耀。

⑥ 告成黄土：以复国成功的消息告慰先人。黄土，指先人坟墓。

⑦ 钟虐：聚集灾祸。钟，聚集。虐，指上天降罚。

⑧ 一旅：古代兵制，五百人为一旅。据《左传·哀公元年》和《史记·吴太伯世家》记载，夏朝中期失国后，少康曾凭借着"有土一成，有众一旅"的基础，终于恢复了国家。后世遂以"一旅"代称初建的义军。赍（jī）粉：粉末。这里比喻军队崩溃。

⑨ 去年之举：指顺治三年（1646）作者所参加的吴易抗清义军失败之事。

⑩ 自分：自料。

⑪ 斤斤：仅仅。

⑫ 菽（shú）水之养：旧时指寒素人家的子女对父母菲薄的供养。菽，大豆。

⑬ 慈君：指作者的嫡母盛氏。托迹：藏身。空门：佛门。

⑭ 生母：指作者生母陆氏，是夏允彝的妾。寄生：寄居。

⑮ 溘（kè）然：忽然，很快地。九京：喻坟墓。九京，九原，春秋时晋国卿大夫的墓地。

⑯ 门祚（zuò）衰薄：家门衰微，福分浅薄。祚，福。

⑰ 推干就湿：即"推燥居湿"，母亲把床上干处让给幼儿，自己睡在湿处。指母亲养育子女的辛劳。

⑱ 义融女兄：作者的姐姐夏淑吉，字美南，号荆隐。义融当是她的又一名字。

⑲ 昭南女弟：作者的妹妹夏惠吉，字昭南。

⑳ 置后：抱养别人的孩子为后嗣。

㉑ 会稽大望：这里指夏族大姓。会稽，古郡名，当时松江府属古会稽郡。望，望族。

㉒ 零极：萧条零落到了极点。

㉓ 西铭先生：明末复社领袖、文学家张溥（1602—1641），字天如，号西铭，太仓（今属江苏）人，是夏允彝的挚友，夏完淳的老师。生前无子，死后由钱谦益等代为立嗣，名永锡。

㉔ 大造茫茫：谓老天不明，让明朝灭亡。造，造化，指天。

㉕ 总归无后：谓在清朝统治下，即使自己有后，也会被杀，仍是无后。

㉖ 中兴再造：指恢复明朝。

㉗ 庙食：鬼神在祠庙里享受祭祀。明如中兴，作者因抗清而死，纵或无后，也将受众人祭祀。

㉘ 麦饭：磨麦连皮做成的面食。豚蹄：猪蹄。以上都指简单的祭品。

㉙ 馁鬼：挨饿的鬼。

㉚ 先文忠：作者的父亲夏允彝死后，南明予谥文忠。诛殛顽嚚（yín）：诛杀愚妄无行的人。诛殛，诛杀。顽嚚，愚顽而又言行不正的人。《左传·僖公二十四年》："口不道忠信之言为嚚。"

㉛ 北塞之举：指出师北伐，把清军驱逐出北方的边塞。

㉜ 武功甥：夏完淳的外甥侯檠，夏淑吉之子，字武功，比作者小六岁。

㉝ 寒食：节名，在清明前一二日，为祭扫坟墓的传

统节日。孟兰:据《孟兰盆经》记载,目连之母死后于饿鬼道中受倒悬之苦,目连乃从佛言,于夏历七月十五日置百味五果,供养三宝,以解救之。南朝梁以降,这一天成为民间超度先人的节日,叫中元节,俗称鬼节,延请僧尼结孟兰盆会,诵经施食。

㉞ 若敖之鬼:指没有后代的饿鬼。据《左传·宣公四年》记载,若敖氏为春秋时楚国公族名。这一族的后代令尹子文看到族人子越椒思想行为不正,估计他可能会给整个家族带来灾难,临死时,对族人哭着说:"鬼犹求食,若敖氏之鬼,不其馁而。"后来,若敖氏终于因为越椒叛楚而被灭了全族。

㉟ 结缡(lí):结婚。缡,旧时妇女出嫁覆面之巾。

㊱ 渭阳情:甥舅之间的感情。春秋时晋公子重耳亡命于秦,后来归国时,其甥秦太子送行,赠别诗中有"我送舅氏,曰至渭阳"之句,见《诗经·秦风·渭阳》。渭阳,渭水北岸。

㊲ 将死言善:语本《论语·泰伯》:"鸟之将死,其鸣也哀;人之将死,其言也善。"

㊳ 太虚:天,天堂。

㊴ 大道本无生:道家的说法,人本来是从无而生,死后又归于无。

㊵ 敝屣:破旧的鞋子,喻无用之物。语本《孟子·尽心上》:"舜视弃天下,犹弃敝蹝也。"蹝,草鞋。

㊶ 天人理:天道与人事之理。

【提示】

夏完淳是一位民族英雄,十五岁即追随父亲夏允彝、师父陈子龙参加抗清斗争。后被捕入狱,羁押于南京。这篇文章即写于狱中,系与母亲的诀别信。

文章感人肺腑,首先在于作者的爱国情怀。作为一个抗清志士,作者认为,国将不国,何以家为?因而不怕历尽艰辛,以图"复见天日",虽然事败入狱、行将牺牲,依然视死如归,全然不惧,体现了以身许国的英雄本色。在抒写国破家亡之恨的同时,作者也反复表达了不能报效母亲养育之恩的遗憾和对妻子、对外甥的惦念关怀,但大义当先,决无英雄气短、儿女情长的伤感。

从写作上看,文章始终将民族恨与骨肉情两相依托、映照,以见"忠"、"孝"不能两全之憾。今日读来,虽观念难免陈旧,而情意却实在真切。

【思考与练习】

一、本文是夏完淳在什么背景下写就的?表达了作者怎样的思想感情?

二、为什么作者要说"大造茫茫,总归无后,有一日中兴再造,则庙食千秋,岂止麦饭豚蹄,不为馁鬼而已哉"?

三、本文在语言运用上有何特点?

我有一个梦想①

马丁·路德·金

马丁·路德·金(Martin Luther King, Jr, 1929—1968),美国著名的黑人民权运动领袖。生于佐治亚州亚特兰大,先后获得神学学士学位与哲学博士学位。20世纪50年代,金在阿拉巴马州浸礼会教堂任牧师时,开始领导当地黑人的维权斗争。随后他组织南方基督教领袖联合会,成为迅速扩展的民权运动的领导人。1964年被授予诺贝尔和平奖。1968年当他指导田纳西州孟菲斯的罢工斗争时遇刺身亡。1986年1月,美国总统里根签署法令,规定每年1月份的第三个星期一为"马丁·路德·金纪念日"。

一百年前,一位伟大的美国人签署了解放黑奴宣言②,今天我们就是在他的雕像前集会。这一庄严宣言犹如灯塔的光芒,给千百万在那摧残生命的不义之火中受煎熬的黑奴带来了希望。它之到来犹如欢乐的黎明,结束了束缚黑人的漫漫长夜。

然而一百年后的今天,我们必须正视黑人还没有得到自由这一悲惨的事实。一百年后的今天,在种族隔离的镣铐和种族歧视的枷锁下,黑人的生活备受压榨。一百年后的今天,黑人仍生活在物质充裕的海洋中一个穷困的孤岛上。一百年后的今天,黑人仍然萎缩在美国社会的角落里,并且意识到自己是故土家园中的流亡者。今天我们在这里集会,就是要把这种骇人听闻的情况公之于众。

就某种意义而言,今天我们是为了要求兑现诺言而汇集到我们国家的首都来的。我们共和国的缔造者起草宪法和独立宣言的气壮山河的词句时③,曾向每一个美国人许下了诺言。他们承诺给予所有的人以生存、自由和追求幸福的不可剥夺的权利。

就有色公民而论,美国显然没有实践她的诺言。美国没有履行这项神圣的义务,只是给黑人开了一张空头支票,支票上盖着"资金不足"的戳子后便退了回来。但是我们不相信正义的银行已经破产。我们不相信,在这个国家巨大的机会之库里已没有足够的储备。因此今天我们要求将支票兑现——这张支票将给予我们宝贵的自由和正义的保障。

我们来到这个圣地也是为了提醒美国,现在是非常急迫的时刻。现在决非侈谈冷静下来或服用渐进主义的镇静剂的时候。现在是实现民主诺言的时候。现在是从种族隔离的荒凉阴暗的深谷攀登种族平等的光明大道的时候。现在是向上帝所有的儿女开放机会之门的时候。现在是把我们的国家从种族不平等的流沙中拯救出来,置于兄弟情谊的磐石上的时候。

如果忽然忽视时间的迫切性和低估黑人的决心,那么,这对美国来说,将是致命伤。自由和平等的爽朗秋天如不到来,黑人义愤填膺的酷暑就不会过去。1963年并不意味着斗争的结束,而是开始。有人希望,黑人只要撒撒气就会满足,如果国家安之若素,毫无反应,这些人必会大失所望。黑人得不到公民的权利,美国就不可能有安宁或平静。正义的光明的一天不到来,叛乱的旋风就将继续动摇这个国家的基础。

但是对于等候在正义之宫门口的心急如焚的人们,有些话我是必须说的。在争取合法地位的过程中,我们不要采取错误的做法。我们不要为了满足对自由的渴望而抱着敌对和仇恨之杯痛饮。我们斗争时必须永远举止得体,纪律严明。我们不能容许我们的具有崭新内容的抗议蜕变为暴力行动。我们要不断地升华到以精神力量对付物质力量的崇高境界中去。

现在黑人社会充满着了不起的新的战斗精神,但是我们却不能因此而不信任所有白人。因为我们的许多白人兄弟已经认识到,他们的命运与我们的命运是紧密相连的,他们今天参加游行集会就是明证。他们的自由与我们的自由是息息相关的。我们不能单独行动。

当我们行动时,我们必须保证向前进。我们不能向后退。现在有人问热心民权运动的人:"你们什么时候才能满足?"

只要黑人仍然遭受警察难以形容的野蛮迫害,我们就绝不会满足。

只要我们在外奔波而疲乏的身躯不能在公路旁的汽车旅馆和城里的旅馆找到住宿之所,我们就绝不会满足。

只要黑人的基本活动范围只是从少数民族聚居的小贫民区转移到大贫民区,我们就绝不会满足。

只要密西西比仍然有一个黑人不能参加选举④,只要纽约有一个黑人认为他投票无济于事,我们就绝不会满足。

不!我们现在并不满足,我们将来也不满足,除非正义和公正犹如江海之波涛,汹涌澎湃,滚滚而来。

我并非没有注意到,参加今天集会的人中,有些受尽苦难和折磨;有些刚刚走出窄小的牢房;有些由于寻求自由,曾在居住地惨遭疯狂迫害的打击,并在警察暴行的旋风中摇摇欲坠。你们是人为痛苦的长期受难者。坚持下去吧,要坚决相信,忍受不应得的痛苦是一种赎罪。

让我们回到密西西比去,回到阿拉巴马去⑤,回到南卡罗来纳去⑥,回到佐治亚去⑦,回到路易斯安那去⑧,回到我们北方城市中的贫民区和少数民族居住区去,要心中有数,这种状况是能够也必将改变的。我们不要陷入绝望而不能自拔。

朋友们,今天我对你们说,在此时此刻,我们虽然遭受种种困难和挫折,我仍然有一个梦想。这个梦想是深深扎根于美国的梦想中的。

我有一个梦想，有一天这个国家会站起来，讲出这个真理——"我们相信人类在上帝面前是平等的，这是显而易见的真理。"

我有一个梦想，从前奴隶的后嗣和奴隶主的后嗣，有一天，可以在佐治亚州红色的山峦上，平起平坐，兄弟相称。

我有一个梦想，即如蒸发着热气的密西西比州、蒸发着不平等的热气、蒸发着欺压者的热气，有一天，将会转化为自由公义的绿洲。

我有一个梦想，有一天，再没有人以肤色来评价我的孩子，而单单看重品格内涵，因为他们将活在一个平等的国家，再没有种族歧视。

今日，我有一个梦想。

我有一个梦想，南部阿拉巴马州，素来充斥着恶毒的种族歧视者，以及他们的总督，嘴唇经常滴下否定和干预的话。有一天，就在南部阿拉巴马州，黑人的男孩女孩，和白人的男孩女孩，可以无拘无束地手牵着手，情同手足。

今日，我有一个梦想。

我有一个梦想。有一天，一切山洼都要填满，大小山岗都要削平，高高低低的要改为平坦，崎崎岖岖的必成为平原，上帝的荣耀必然显现，凡有血气的，必一同看见。

这是我们的希望，这是我们回南部去时要带回的信心。凭借这信心，我们能够把绝望的大山，凿成希望的石块；凭借这信心，我们能够将我们国家吵耳的纷争，转化为歌颂手足深情的优美交响乐章；凭借这信心，我们可以一起工作、一起祈祷、一起挣扎、一起为自由奋斗，因为我们深深知道有一天会一同获得自由。

将会有这样的一天。这样的一天，神的儿女将会带着新意歌唱："我的祖国，一片自由温馨的土壤，属于你的，我要歌唱，这是我先祖逝去的地方，是客旅踩过骄傲足迹的地方，群山各处，让自由高响。"

要是美国要真的成为伟大的国家，这些必须实现。让自由响自新罕布什尔高耸的山巅⑨，让自由从纽约的雄峰响起，让自由响自宾夕法尼亚的亚力恒山⑩！

让自由响自科罗拉多山岭的雪顶⑪！

让自由响自加利福尼亚弯曲的山丘⑫！

岂仅如此，让自由响自佐治亚州的山岭！让自由响自田纳西的山岭⑬！

让自由响自密西西比的大山、小山。从群山的四处，让自由响起。

当我们容许自由响起，响遍大村庄、小村落、每州每城，我们会加速看见那天的来临，所有神的儿女，白人黑人，犹太人外邦人，基督徒天主教徒，都手牵着手，同声歌唱那古老的黑人灵歌⑭："自由了！自由了！感谢全能天父，我们终获自由！"

（许立中译）

（《我有一个梦想：马丁·路德·金告诉我们》，[美]马丁·路德·金撰，霍玉莲编纂，王婷等译，北京：中央编译出版社，2001）

【注释】

① 1963 年 8 月 23 日，马丁·路德·金组织了美国历史上影响深远的"自由进军"运动。他在华盛顿的林肯纪念堂前向 25 万人发表了著名的演说《我有一个梦想》，这篇演讲又称《向华盛顿

进军演说词》。

② 一位伟大的美国人：指林肯（Abraham Lincoln，1809—1865），共和党人，美国第16任总统。他在任的1863年1月颁布了解放黑人奴隶的《解放宣言》，领导了对南方奴隶制度的战争，并最终维护了联邦统一。

③ 宪法和独立宣言：美国宪法制订于1787年，独立宣言发表于1776年。

④ 密西西比：美国南部的一个州，州首府杰克逊。是黑人占人口比例最高的州之一。

⑤ 阿拉巴马：美国南部的一个州，州首府蒙哥马利。

⑥ 南卡罗来纳：美国东南部的一个州，州首府哥伦比亚。南北战争首先在此打响。

⑦ 佐治亚：美国东南部的一个州，州首府亚特兰大。

⑧ 路易斯安那：美国南部的一个州，州首府巴吞鲁日，主要城市新奥尔良被称为美国爵士乐之都。

⑨ 新罕布什尔：美国东北部的一个州，州首府康考特。州内有名山华盛顿峰及怀特山脉。1776年1月5日，首先宣告独立，反抗英国，州箴言便是："不自由，毋宁死！"

⑩ 宾夕法尼亚：美国东北部的一个州，州首府哈立斯堡。

⑪ 科罗拉多：美国中部的一个州，州首府丹佛。

⑫ 加利福尼亚：美国西南部的一个州，州首府萨克拉门托。

⑬ 田纳西：美国东南部的一个州，州首府纳什维尔。

⑭ 黑人灵歌：一种黑人宗教歌曲。

【提示】

这是一篇境界高远、大气磅礴、情真意切的演讲词。

面对着几十万反抗歧视与压迫的黑人兄弟，面对着他们愤怒、激昂的面孔，金博士不是简单地诉说苦难或是煽动仇恨，而是站到历史的制高点上，回首二百年前美国建国时的理想，回首一百年前废奴先驱者的理想，从而使自己的诉求获得更重大的普世价值；同时他又展望未来，用诗一样的语言描绘了自己的梦想。这个梦想既包括了对现实权利的争取，也包括了白人、黑人亲如兄弟的共同家园的构建。当他充满激情地呼喊着"群山各处，让自由高响"的时候，他就把听众带到了崇高的、理想的精神境界。

被压迫者的抗争是困难的、危险的，需要参加者有大无畏的勇气和不屈不挠的意志。金博士的演讲词就表现出这样的豪情与气魄。他用一连串的排比句鼓舞与会者，他用振聋发聩的声音宣誓："我们现在并不满足，我们将来也不满足，除非正义和公正犹如江海之波涛，汹涌澎湃，滚滚而来。"他还把自己放到与"美国"对话的地位，告诫这个国家摒弃错误，走到正确的道路上来。这样的气魄、气势必然给听众以巨大的信心和力量。

金博士的演讲又是非常注意说服力与感召力的。他用"兑现支票"的比喻来说明黑人诉求的正当性；他谆谆切切地说明斗争中理性与非暴力的重要；他对深处苦难中的同胞表达诚挚的同情，并激励他们坚持自己正义的抗争。这些都是用十分亲切的、诚恳的、通俗的语言说出，没有丝毫居高临下的训诫感觉，使听众感受到他的情深意切。

从技巧的角度看，这也是演讲词中的杰作。演讲词不同于一般的书面文章，它要求有强烈的现场感，要求能够控制、调动听众的情绪。金博士的这篇讲稿堪称这方面的典范。他用"让我们"、"朋友们，今天我对你们说"这样的语句使自己同听众融为一体；用"只要"、"只要"和"我有一个梦想"、"我有一个梦想"的大段排比鼓动起全场的热烈气氛；又通过在大段的热情激烈的话语之间适度穿插"但是对于"、"我并非没有注意到"一类内容，调节演讲的节奏，使得演讲者与听众的情绪一浪高过一浪地推向顶峰。

【思考与练习】

一、从内容与情绪两个角度,分析这篇演讲词的层次结构。

二、谈谈你对非暴力抗争观念的看法。

三、用演讲的语气诵读"朋友们,今天我对你们说"到篇末的部分。

第五单元

冰雪肝胆

　　"冰雪肝胆"是品质高洁的形象表述，它与"浩然正气"紧相关联，也是个人品格修养的重要方面。如果说，"浩然正气"多彰显于关系家国社会的大是大非，那么，"冰雪肝胆"则多映现于个人日常生活的方方面面。

　　品质高洁的内蕴丰厚，难以尽述，诸如待人真诚、临财清廉、心地善良、襟怀坦荡、重然诺、守信用等，似乎皆可纳入其范围。要义在"真""纯"二字。"真"，指向为人真诚，不虚情假意；说话真实，不口是心非；性情真率，不矫揉造作。"纯"，指向心灵纯洁，不容藏污纳垢；思想纯真，不信左道旁门；意趣纯粹，不取低级下流。总之在于真诚坦荡，心口如一，言行一致；在于真纯通透，不假浮美，不加虚饰；如张孝祥《念奴娇》所说，是"表里俱澄澈"，是"肝胆皆冰雪"。

　　崇尚精神的自由和人格的独立，也是品质高洁的重要内容。不重精神自由，可能为物欲腐蚀，沦落于形而下的低级趣味；不重人格独立，可能向权势屈服，蜕变成任人摆布的驯服工具。中国经历了两千年的封建社会，封建意识根深蒂固。残暴的专制政体对人民的奴役，不唯在劳苦其形体、盘剥其财富，还在压抑其精神、扭曲其人格。如今，尽管社会制度已经发生了根本改变，但封建专制残留下的遗害还未完全清除，随波逐流、与时俯仰、屈从、奴服的社会心理还时有表现。对此，我们在充分警惕的同时，更应该高扬五四运动的文化精神，坚韧地追求精神的自由和人格的独立。胡适说得好："争你们个人的自由，便是为国家争自由；争你们自己的人格，便是为国家争人格！自由平等的国家不是一群奴才可以建造得起来的！"

　　个人品格修养的境界高无止境。谨守"老老实实，清清白白"的做人底线，然后拾级而上，不断攀登新的境界，让生命活出点精神、活出点骨气、活出点品位、活出点意义，应是每个人永远的追求。

魏 公子列传（节选）①

司马迁

　　魏公子无忌者，魏昭王少子②，而魏安釐王异母弟也③。昭王薨④，安釐王即位，封公子为信陵君。

　　公子为人仁而下士，士无贤不肖皆谦而礼交之，不敢以其富贵骄士。士以此方数千里争往归之，致食客三千人⑤。当是时，诸侯以公子贤，多客，不敢加兵谋魏十余年。

　　魏有隐士曰侯嬴，年七十，家贫，为大梁夷门监者⑥。公子闻之，往请，欲厚遗之。不肯受，曰："臣修身絜行数十年⑦，终不以监门困故而受公子财。"公子于是乃置酒大会宾客。坐定，公子从车骑⑧，虚左⑨，自迎夷门侯生。侯生摄敝衣冠⑩，直上载公子上坐，不让，欲以观公子。公子执辔愈恭。侯生又谓公子曰："臣有客在市屠中，愿枉车骑过之。"公子引车入市，侯生下见其客朱亥，俾倪故久立⑪，与其客语，微察公子。公子颜色愈和。当是时，魏将相宗室宾客满堂，待公子举酒。市人皆观公子执辔。从骑皆窃骂侯生。侯生视公子色终不变，乃谢客就车。至家，公子引侯生坐上坐，遍赞宾客⑫，宾客皆惊。酒酣，公子起，为寿侯生前。侯生因谓公子曰："今日嬴之为公子亦足矣！嬴乃夷门抱关者也，而公子亲枉车骑自迎嬴⑬；于众人广坐之中，不宜有所过⑭，今公子故过之。然嬴欲就公子之名，故久立公子车骑市中，过客以观公子，公子愈恭。市人皆以嬴为小人，而以公子为长者能下士也。"于是罢酒。侯生遂为上客。

　　侯生谓公子曰："臣所过屠者朱亥，此子贤者，世莫能知，故隐屠间耳。"公子往数请之，朱亥故不复谢，公子怪之。

　　魏安釐王二十年，秦昭王已破赵长平军⑯，又进兵围邯郸。公子姊为赵惠文王弟平原君夫人，数遗魏王及公子书，请救于魏。魏王使将军晋鄙将十万众救赵。秦王使使者告魏王曰："吾攻赵旦暮且下⑯，而诸侯敢救者，已拔赵，必移兵先击之！"魏王恐，使人止晋鄙，留军壁邺⑰，名为救赵，实持两端以观望。

　　平原君使者冠盖相属于魏⑱，让魏公子曰⑲："胜所以自附为婚姻者，以公子之高义，为能急人之困。今邯郸旦暮降秦而魏救不至，安在公子能急人之困也！且公子纵轻胜，弃之降秦，独不怜公子姊邪？"公子患之，数请魏王，及宾客辩士说王万端。魏王畏秦，终不听公子。

公子自度终不能得之于王，计不独生而令赵亡，乃请宾客，约车骑百余乘⑳，欲以客往赴秦军㉑，与赵俱死。

行过夷门，见侯生，具告所以欲死秦军状。辞决而行㉒。侯生曰："公子勉之矣，老臣不能从。"公子行数里，心不快，曰："吾所以待侯生者备矣，天下莫不闻；今吾且死，而侯生曾无一言半辞送我，我岂有所失哉？"复引车还，问侯生。侯生笑曰："臣固知公子之还也。"曰："公子喜士，名闻天下。今有难，无他端而欲赴秦军，譬若以肉投馁虎，何功之有哉？尚安事客㉓？然公子遇臣厚，公子往而臣不送，以是知公子恨之复返也。"公子再拜，因问。侯生乃屏人间语㉔，曰："嬴闻晋鄙之兵符常在王卧内㉕，而如姬最幸，出入王卧内，力能窃之。嬴闻如姬父为人所杀，如姬资之三年㉖，自王以下欲求报其父仇，莫能得。如姬为公子泣，公子使客斩其仇头，敬进如姬。如姬之欲为公子死，无所辞，顾未有路耳㉗。公子诚一开口请如姬，如姬必许诺，则得虎符夺晋鄙军，北救赵而西却秦，此五霸之伐也㉘。"公子从其计，请如姬。如姬果盗晋鄙兵符与公子。

公子行，侯生曰："将在外，主令有所不受，以便国家。公子即合符，而晋鄙不授公子兵而复请之，事必危矣。臣客屠者朱亥可与俱，此人力士，晋鄙听，大善；不听，可使击之。"于是公子泣。侯生曰："公子畏死邪？何泣也？"公子曰："晋鄙嚄唶宿将㉙，往恐不听，必当杀之，是以泣耳，岂畏死哉？"于是公子请朱亥。朱亥笑曰："臣乃市井鼓刀屠者，而公子亲数存之㉚，所以不报谢者，以为小礼无所用。今公子有急，此乃臣效命之秋也。"遂与公子俱。公子过谢侯生。侯生曰："臣宜从，老不能。请数公子行日，以至晋鄙军之日，北乡自刭㉛，以送公子。"公子遂行。

至邺，矫魏王令代晋鄙。晋鄙合符，疑之，举手视公子曰："今吾拥十万之众，屯于境上，国之重任，今单车来代之，何如哉㉜？"欲无听。朱亥袖四十斤铁椎，椎杀晋鄙。

公子遂将晋鄙军。勒兵㉝，下令军中曰："父子俱在军中，父归；兄弟俱在军中，兄归；独子无兄弟，归养。"得选兵八万人，进兵击秦军。秦军解去，遂救邯郸，存赵。赵王及平原君自迎公子于界，平原君负韊矢为公子先引㉞。赵王再拜曰："自古贤人未有及公子者也！"当此之时，平原君不敢自比于人。

公子与侯生决，至军，侯生果北乡自刭。

（《史记》，西汉司马迁撰，南朝宋裴骃集解，唐司马贞索隐，唐张守节正义，北京：中华书局，1959）

【注释】

① 本文节选自《史记》卷七十七《魏公子列传》，有的本子也作《信陵君列传》。

② 魏昭王：名遫，战国时魏国国君，公元前295年至前277年在位。

③ 魏安釐（xī）王：名圉，战国时魏国国君，公元前276年至前243年在位。

④ 薨（hōng）：春秋战国时，诸侯之死的专称。

⑤ 致：招来。

⑥ 大梁：魏国都城（今河南开封）。夷门监者：夷门的守门人。夷门，大梁的东门。

⑦ 絜行：修饰品行。

⑧ 从车骑：带着车马。

⑨ 虚左:空着自己车上左边的位子。左边的位子,上位。

⑩ 摄:整理。

⑪ 俾倪:同"睥睨",斜着眼睛看,表示旁若无人的高傲态度。

⑫ 赞:告知,指介绍侯生。

⑬ 枉:谦词,表示委屈对方。

⑭ 过:拜访。

⑮ 破赵长平军:指秦将白起打败赵国的几十万长平军之事。长平,赵地,在今山西晋城。

⑯ 旦暮且下:很快就要攻下。旦暮,不是早晨就是晚上,形容时间很短。

⑰ 壁邺:驻守在邺地。壁,营垒,这里用作动词。

⑱ 冠盖相属:穿戴着礼服礼帽,坐着车子,连续地到来。

⑲ 让:责备。

⑳ 约:预备。

㉑ 客:门客。

㉒ 辞决而行:辞别而去。决,通"诀",别。

㉓ 尚安事客:还用门客做什么呢!

㉔ 间语:密谈,说私话。

㉕ 兵符:古代调兵遣将用的一种凭证。分为两半,发令者和受命者各执一半,两半相合,作为验证。

㉖ 资:蓄,此指心里存着报仇的念头。

㉗ 顾:但,只是。

㉘ 五霸之伐:如五霸一般的功业。

㉙ 嚄(huò)唶(zè)宿将:很有威势的老将。嚄唶,原是大笑大叫,形容气势很盛,威勇的样子。

㉚ 亲数存之:屡次亲自慰问他。

㉛ 北乡(xiàng)自刭:面向北方自杀。乡,同"向"。刭,以刀割颈。

㉜ 何如:何故。

㉝ 勒兵:整顿军队。

㉞ 韇(lán):盛箭的器具。先引:在前面引路。背着箭矢为人引路,这是一种表达尊敬的隆重礼节。

【提示】

善于刻画人物形象,是司马迁历史人物传记的最大特征。特别是"信陵君是太史公胸中得意人,故本传亦太史公得意文"(明茅坤语)。所以阅读本篇,对于作者在描写信陵君这一人物形象上的独到艺术成就,尤值得关注。

《史记》虽以"实录"著称,但司马迁为信陵君立传时,并非事无巨细,兼收并蓄,而是根据信陵君为人处世的性格特征,对纷繁的史料,众多的事迹,做了严格的取舍,精心的安排。把他的政治远见写在了《魏世家》中,对信陵君的军事才能,也只是寥寥数语一带而过。而把传记的重点放在信陵君窃符救赵这一重大事件上。因为这是信陵君一生中的最大壮举,也是他的性格得到最集中、最充分展示的关键性经历。文章正是通过窃符救赵,把信陵君虚怀若谷、礼贤下士的高贵品格,和急人之难、救人之危的仁爱之心,表现得淋漓尽致,令人难以忘怀。

作者还紧紧围绕窃符救赵这一中心事件,巧妙地运用历史人物中的群体形象,突出信陵君的性格特征。无论是胸有经纶、肝胆相照的侯嬴,还是急公好义、视死如归的朱亥,或是有胆有识、见义勇为的绝代佳人如姬,作者或精雕细琢,或粗线条勾勒,都写得栩栩如生。但这些人物决不是一个个孤立的个体,他们烘云托月,从不同侧面、不同角度,把信陵君的独特性格映衬得鲜明夺目。不仅给人以强烈的历史感,也给人以艺术的真实感。从本篇中读者不难看出,作者总是善于在叙事中刻画出历史人物的个性,在写人中交代出历史事件的始末,从而把历史与文学交融为一体,这正是司马迁的历史人物传记的高明之处。

【思考与练习】

一、信陵君既是太史公胸中得意人,你以为他的性格魅力何在?司马迁是怎样刻画这一著名历史人物的?

二、侯嬴为什么选在信陵君夺取兵权的时机"北乡自刭"？他的死表现了何种精神？

三、侯嬴、朱亥、如姬是信陵君窃符救赵壮举中的三个有功之人,作品都写得呼之欲出,作者对这三个人物的描写在手法上有何不同？

【辑评】

分主桩、介绍、下场三法观之,头绪秩如矣。写公子结客,根于性情,高出他公子;足以兴感百世。文亦从中心向慕结撰而成。神味洋溢,在笔墨之外。(清·浦起龙《古文眉诠》)

黄州新建小竹楼记①

王禹偁

王禹偁(954—1001),字元之,济州巨野(今属山东)人。北宋著名文学家。出身贫寒。太平兴国八年(983)进士,历任右拾遗、左司谏、知制诰等职。因同情生民疾苦,直言敢谏,主张改革朝政,屡遭贬谪。后奉召入京,因撰修《太祖实录》获咎,于咸平二年(999)再次贬知黄州(今湖北黄冈),后又改知蕲州(今湖北蕲县),死于任所。王禹偁的散文风格简雅古淡,语言平易流畅,以"传道而明心"自励,继承了唐代韩愈、柳宗元的古文运动精神,对宋代散文风貌的形成有积极影响。其诗学白居易,多反映民生疾苦之作。自编诗文为《小畜集》,后人又辑其佚文为《小畜外集》。

黄冈之地多竹②,大者如椽③。竹工破之,刳去其节④,用代陶瓦⑤,比屋皆然⑥,以其价廉而工省也。子城西北隅⑦,雉堞圮毁⑧,蓁莽荒秽⑨。因作小楼二间,与月波楼通⑩。远吞山光,平挹江濑⑪。幽阒辽夐⑫,不可具状⑬。夏宜急雨,有瀑布声;冬宜密雪,有碎玉声。宜鼓琴,琴调虚畅⑭;宜咏诗,诗韵清绝;宜围棋,子声丁丁然⑮;宜投壶⑯,矢声铮铮然:皆竹楼之所助也。

公退之暇⑰,披鹤氅⑱,戴华阳巾⑲,手执《周易》一卷⑳,焚香默坐,销遣世虑㉑。江山之外,第见风帆沙鸟、烟云竹树而已㉒。待其酒力醒,茶烟歇,送夕阳,迎素月,亦谪居之胜概也㉓。

彼齐云、落星㉔,高则高矣;井干、丽谯㉕,华则华矣,止于贮妓女、藏歌舞,非骚人之事㉖,吾所不取。

吾闻竹工云:"竹之为瓦,仅十稔㉗,若重覆之,得二十稔。"噫!吾以至道乙未岁㉘,自翰林出滁上㉙,丙申移广陵㉚,丁酉又入西掖㉛。戊戌岁除日㉜,有齐安之命㉝,

己亥闰三月到郡㉞。四年之间,奔走不暇,未知明年又在何处,岂惧竹楼之易朽乎?幸后之人与我同志,嗣而葺之㉟,庶斯楼之不朽也。

咸平二年八月十五日记。

(《小畜集·小畜外集》,《四部丛刊》缩印本,上海:商务印书馆,1936)

【注释】

① 本文选自《小畜集》卷十七。又题《黄冈竹楼记》或《竹楼记》。

② 黄冈:地名,今属湖北。

③ 椽(chuán):放在屋檩上架屋面板和瓦的木条。

④ 刳(kū):剖,削。节:竹节。

⑤ 陶瓦:泥土烧制的瓦片。

⑥ 比:全,满。皆然:都是这个样子。

⑦ 子城:大城所附属的小城,又称月城、瓮城。

⑧ 雉堞:城墙上的女墙部分,即垛口。圮(pǐ)毁:毁坍。

⑨ 蓁莽:杂乱丛生的草木。

⑩ 月波楼:在黄州城西北角。

⑪ 挹(yì):酌,舀取。濑:流经沙石上的急水。

⑫ 幽阒(qù):寂静。辽复(xiòng):辽远。

⑬ 具状:完全地说出。

⑭ 虚畅:清虚和畅。

⑮ 丁(zhēng)丁然:象声词。

⑯ 投壶:古代的一种游戏。方法是各人向壶中投箭矢,中者或中多者胜,不中或中少者负,罚酒。

⑰ 公退:处理完公事回来。

⑱ 鹤氅(chǎng):用鸟羽缝成的风衣。

⑲ 华阳巾:道士所戴的一种头巾。这里指隐士的帽子。

⑳ 周易:中国先秦典籍,是一部记录卜筮结果的书,凡六十四卦。

㉑ 销遣:销,消除;遣,排遣。世虑:世间的忧虑。

㉒ 第:只,但。

㉓ 胜概:上好的风光景象。

㉔ 齐云:唐楼名,又称月华楼,故址在今江苏苏州。落星:三国吴楼名,孙权所建,故址在今南京东北。

㉕ 井幹(hán):汉长安(今西安)楼名。丽谯(qiáo):三国魏楼名,曹操所建。

㉖ 骚人:诗人墨客,泛指文人。

㉗ 稔(rěn):谷物一熟叫做一稔,引申为一年。

㉘ 至道乙未岁:宋太宗至道元年(995)。

㉙ 出:从朝官调任地方官,往往是贬官。滁:即今安徽滁州。

㉚ 丙申:至道二年(996)。广陵:即今江苏扬州。

㉛ 丁酉:至道三年(997)。西掖:朝廷的行政机构中书省。

㉜ 戊戌:宋真宗咸平元年(998)。岁除日:除夕。

㉝ 齐安:黄州又称齐安郡。

㉞ 己亥:宋真宗咸平二年(999)。

㉟ 嗣:继承。葺(qì):原指以茅草覆盖屋子,泛指修缮屋子。

【提示】

本文作于作者一生最后一次贬谪期间。文章通过对贬谪地黄州城外荒郊自己所建简陋小竹楼中生活情景的描绘,抒发了由此引起的种种人生感慨。

在这些感慨中,有落寞惆怅,也有忿懑不平。如文章第二段写竹楼中一年四季的寂寞生活情景,第三段写公余之暇默坐竹楼、超脱人世的情景,表面上把贬谪生活写得幽趣盎然,似颇怡然自得,实际上却透露出落寞惆怅乃至忿懑不平的情感内蕴。

尤可注意的是,文章体现了作者对于“屈身而不屈于道”的高尚人格操守的坚持。末段,围绕着竹楼之“易朽”与“不朽”展开议论,表达了这样的象征意义:竹楼的形质固然会很快朽腐,但贬居于竹楼中志士仁人们的品格境界却是不朽的!这是本文的主旨,也是其人文精神价值之所在。

在构思方面,作者采用了相反相形的对比写法。其中有齐云、落星、井幹、丽谯等高华名楼与简陋竹楼的对比,有"贮妓女、藏歌舞"的骄奢淫逸与"焚香默坐,消遣世虑"的"骚人之事"的对比,有竹楼形质易朽与其象征的不朽人格操守之对比。这些对比,无不突出了黄州竹楼景物之幽美、作者内心之恬静和人格形象之高洁。

全文篇幅无多,笔墨简省,如"夏宜急雨"、"冬宜密雪",举夏、冬两季以代四季;文章作于中秋,而于文中仅"迎素月"三字点及。但为渲染谪居生活之闲适情趣,却不惜运用排比句式,畅写"六宜"。这样的详略处理,很值得称许。

此文亦骈亦散,既有骈文之整饬工丽,也具散文之流畅自由,跌宕有致。性格鲜明,抒情中显出理念,抑郁中仍极坚强。其正直不阿,都在描叙中自然显出,富有艺术魅力。

【思考与练习】

一、本文抒发了作者怎样的情感?从哪些语言中可以看出他坚贞自守、不甘沉沦的精神?

二、分析竹楼在文中的象征意义。

【辑评】

冷淡萧疏,无意于安排措置,而自得之于景象之外,可以上追柳州得意诸记。起、结摇曳生情,更觉蕴藉。(清·吴楚材等《古文观止》)

通体俱切定竹楼,抒写胜概。玩"亦谪居"句,则竹楼之景,尽属谪居之乐矣。"吾以至道"数语,分明有由乐转入悲意,却妙在笔能含蓄不露。末以"新楼不朽"结到底,还他个记体。(清·余诚《重订古文释义新编》)

念奴娇①

张孝祥

张孝祥(1132—1170),字安国,号于湖居士,历阳乌江(今安徽和县东北)人。南宋著名词人。绍兴二十四年(1154)进士第一,授镇东军签判,转秘书省正字。隆兴元年(1163)知平江府,次年任中书舍人,直学士院,兼都督府参赞军事。张浚北伐,领建康留守。主张恢复中原,反对隆兴和议,两度被劾落职。后知潭州,迁荆南湖北路安抚使。乾道五年(1169)以显谟阁直学士致仕,不久病逝。其词多以抗金恢复为主旨,气势豪迈,淋漓痛快,上继苏轼,下开辛弃疾,在南宋初词坛影响较大。也有写景寄怀之作,往往清疏淡远。有《于湖居士文集》、《于湖先生长短句》。

过洞庭

洞庭青草②,近中秋、更无一点风色③。玉鉴琼田三万顷④,着我扁舟一叶。素月分辉,明河共影⑤,表里俱澄澈⑥。悠然心会,妙处难与君说。　应念岭海经年⑦,孤光自照⑧,肝肺皆冰雪⑨。短发萧骚襟袖冷⑩,稳泛沧浪空阔⑪。尽吸西江⑫,细斟北斗⑬,万象为宾客⑭。扣舷独笑⑮,不知今夕何夕⑯。

(《于湖居士文集》,宋张孝祥撰,上海:上海古籍出版社,1980)

【注释】

① 念奴娇:词调名。念奴,唐天宝间长安著名歌妓。宋孝宗乾道元年(1165),张孝祥知静江府(治今广西桂林),兼广南西路安抚使,次年因谗落职,由桂林北归。此词可能是路经湖南洞庭湖时所作。

② 青草:青草湖,因青草山而得名,亦名巴丘湖。一说湖中多青草,冬春水涸,满目皆是,故名。唐宋时湖周二百六十余里,北面有沙洲与洞庭湖相隔,水涨时则与洞庭相连,当时诗文中多与洞庭并称。

③ 风色:风。

④ 玉鉴:玉镜。鉴,《于湖先生长短句》作"界"。琼:美玉。

⑤ 明河:银河。明,《于湖先生长短句》作"银"。

⑥ 表里:从外到内。表指外界,里指内心。

⑦ 岭海:指今广东、广西一带,其地北面是五岭,南面是南海,故称。海,《绝妙好词》作"表",岭表,五岭之外,也指今广东、广西地区。经年:一年或一年多。作者在知静江府任上有一年多时间。

⑧ 孤光:指月光。

⑨ 肺:《于湖先生长短句》同,《绝妙好词》作"胆"。

⑩ 萧骚:萧疏,稀少。

⑪ 沧浪(láng):青苍色的水,此指湖水。此处暗用《孟子·离娄上》所载孺子歌"沧浪之水清兮,可以濯我缨;沧浪之水浊兮,可以濯我足"之意。

⑫尽吸西江:吸,《于湖先生长短句》作"挹"。挹(yì),用勺舀水。据《景德传灯录》记载,居士庞蕴参问马祖:"不与万法为侣者是什么人?"马祖答:"待汝一口挹尽西江水,即向汝道。"庞蕴当即领悟玄机。此借禅宗话头表明心胸开阔。西江:唐宋人常称长江中下游为西江。

⑬细斟北斗:用北斗星当酒器来饮长江之水。《诗经·小雅·大东》:"维北有斗,不可以挹酒浆。"此反用诗意。北斗,星座名,七星相连,状如长柄勺。

⑭万象为宾客:以天地万物为宾客,与之共饮。

⑮笑:《于湖居士长短句》同,《绝妙好词》作"啸"。

⑯今夕何夕:今夜是什么样的夜晚啊。语出《诗经·唐风·绸缪》:"今夕何夕,见此良人。"这里是赞叹当夜的良辰美景。

【提示】

这是一首中秋词。这首词,与其说是通过月夜泛舟洞庭,描绘了自然景象的浩渺开阔,不如说是表现了作者自我人格的超拔高洁。

在词中,物境与心境高度融合,自然美与人格美浑然一体,展现出空灵晶莹的奇妙境界。"表里俱澄澈"一句,既是概括题旨的警策之笔,也是对此词艺术特色的形象表述。

词的上片侧重描绘物境。作者有意突出水天辉映、上下通明的澄澈意境,以形象手段传达从中感悟到的心物交融、天人同化的美妙体验。下片侧重表现超拔高洁、处变不惊的心境。"尽吸(挹)西江"三句极尽想象之能事,写来气概豪纵,笔墨淋漓,把全词感情推向高潮。

作者自我的人格魅力使这首词格外动人心弦。遭遇困塞却光明磊落,甚至能驱遣天地万物,"尽吸(挹)西江"的豪举,使词中的自我抒情形象占据了画面中心,充塞于天地之间,作者的精神风貌和人格魅力在词中得到了鲜明表现。

"玉鉴琼田三万顷,着我扁舟一叶。"

词中多处用典,有禅语,有《诗经》句,融化苏轼《赤壁赋》文辞意境如从己出,艺术功力甚深。

【思考与练习】

一、此词作者的人格魅力表现在哪些方面?

二、简析这首词物境与心境相交融的艺术特色。

三、"尽吸(挹)西江"三句的豪纵气概是怎样表现出来的?

【辑评】

　　张于湖有英姿奇气,著之湖湘间,未为不遇。洞庭所赋在集中最为杰特。方其吸江酌斗,宾客万象时,讵知世间有紫微青琐哉!(宋·魏了翁《鹤山大全集》)

　　写景不能绘情,必少佳致。此题咏洞庭,若只就洞庭落想,纵写得壮观,亦觉寡味。此词开首从洞庭说至"玉界琼田三万顷",题已说完,即引入"扁舟一叶"。以下从舟中人心迹与湖光映带写,隐现离合,不可端倪,镜花水月,是二是一。自尔神采高骞,兴会洋溢。(清·黄苏《蓼园词选》)

　　飘飘有凌云之气,觉东坡《水调》犹有尘心。(清·王闿运《湘绮楼词选》)

金缕曲①

纳兰性德

纳兰性德(1655—1685),原名成德,字容若,号楞伽山人,满洲正黄旗人。清初著名词人。他的父亲明珠官武英殿大学士,权倾朝野。他于康熙十五年(1676)考中进士,初授三等侍卫,后升至一等侍卫,经常随清圣祖巡幸远近。但他无意功名,酷爱读书,多结交知名文士。纳兰性德很有文学天才,工诗文,而尤以填词著称,与阳羡词派领袖陈维崧、浙西词派领袖朱彝尊鼎足清初词坛。可惜英年早逝。有《通志堂集》《纳兰词》。

赠梁汾②

德也狂生耳③。偶然间、缁尘京国④,乌衣门第⑤。有酒惟浇赵州土⑥,谁会成生此意⑦?不信道、遂成知己。青眼高歌俱未老⑧,向樽前、拭尽英雄泪。君不见,月如水。

共君此夜须沉醉。且由他、蛾眉谣诼⑨,古今同忌。身世悠悠何足问,冷笑置之而已。寻思起、从头翻悔。一日心期千劫在⑩,后身缘、恐结他生里⑪。然诺重⑫,君须记。

【注释】

① 金缕曲:词调名,又名《贺新郎》《贺新凉》等。据顾贞观和词中的附注"岁丙辰,容若二十有二,乃一见即恨识余之晚。阅数日,填此曲为余题照",可知此词作于康熙十五年丙辰。

② 梁汾:纳兰性德的好友顾贞观。贞观(1637—1714)字华峰,号梁汾,无锡人,也是当时的著名词人,以高标格、重义气著称。有《弹指词》。

③ 德:作者名中有"德"字,故以之自称。狂生:狂放的人。

④ 缁(zī)尘:黑色尘土,比喻名利场的污染。

⑤ 乌衣门第:贵族门第。因东晋王、谢两大望族聚居在建康(今南京)乌衣巷,故称。

⑥ "有酒"句:这是唐诗人李贺《浩歌》诗中的成句。赵州土,指战国赵平原君赵胜(? —前251)的坟墓。平原君有礼贤下士的美名。

⑦ 成生:作者自称,他原名成德。

⑧ 青眼:表示尊敬。本指双眼平视能见黑眼珠,因《世说新语·简傲》曾记载三国魏末诗人阮籍(210—263)对鄙俗之人以白眼相对,对投缘之人则以青眼相对,后世遂用为典故。

⑨ 蛾眉谣诼:语本《楚辞·离骚》:"众女嫉余之蛾眉兮,谣诼谓余以善淫。"蛾眉,以蚕蛾细长而弯曲的触须比喻女子姣好的眉毛。《诗经·卫风·硕人》:"螓首蛾眉,巧笑倩兮。"谣诼,中伤。

⑩ 心期:彼此心中相期许。千劫:极言时间之长、变化之大。劫,本佛教用语,指世界毁灭一次再重新开始的一个周期。

⑪ 后身缘:转世再生时重逢的缘分。佛教以前世、今世、来世为三世,谓来世之身为"后身"。

⑫ 然诺:许诺。重:郑重。

（《纳兰词笺注》修订本，清纳兰性德撰，张草纫笺注，上海：上海古籍出版社，2003）

【提示】

作者鄙视名利场而喜欢结交饱学超俗之士，与顾贞观交情最深。顾贞观仕途失意，只任过内阁中书等微职。但作者把他视为知己，不仅平等相待，而且在他以及他的友人遇到麻烦时都尽力帮助。如顾的好友吴汉槎获罪流放，顾填词寄怀，纳兰读后深受感动，倾力相助，终使吴得赦而归。此事成为清初广泛流传的士林佳话，足见两人的肝胆相照和作者对朋友的云天高义。

纳兰性德本是写情高手，最擅小令，以"缠绵婉约"、"哀感顽艳"著称，而此作风格迥异，在他的全部作品中当属"另类"。这首词的突出特点是情感直露、奔放，使一个"狂生"的形象跃然纸上，可谓狂态可掬。不过，直露却不浅薄，究其原因有三：第一，眼界高，气势足，大有睥睨一世之概。第二，善用顿挫。如上片由开篇的"狂生"转入"谁会"的落寞，再转为"青眼高歌"的昂扬，继而跌入"英雄泪"的感慨，最后以"月如水"宕开一笔，一气贯穿而又跌宕有致。第三，用典恰切。读者由典故自然联想到屈原、阮籍、李贺和平原君，从而使作品表达的人生态度具有了历史的厚重感。

【思考与练习】

一、具体分析这首词表达情感直露而不浅薄的特点。

二、说一说词中几处用典的含义及作用。

【辑评】

顾梁汾舍人，风神俊朗，大似过江人物。无锡严荪友诗："曈曈晓日凤城开，才是仙郎下直回。绛蜡未消封诏罢，满身清露落宫槐。"其标格如许。画《侧帽投壶图》，长白成容若题《贺新凉》一阕于上云云。词旨嵚崎磊落，不啻坡老、稼轩，都下竞相传写，于是教坊歌曲间，无不知有《侧帽词》者。（清·彭孙遹《词藻》）

纳兰容若成德，深于情者也，固不必刻画《花间》，俎豆《兰畹》，而一声《河满》，辄令人怅惘欲涕。情致与《弹指》最近，故两人遂成莫逆。读两家短调，觉阮亭脱胎温李，犹费拟议。其中赠寄梁汾《贺新凉》、《大醋》诸阕，念念以来生相订交，情至此，非金石所能比坚。（清·谢章铤《赌棋山庄词话》）

【附录】

金缕曲
酬容若见赠次原韵

顾贞观

且住为佳耳。任相猜、驰笺紫阁，曳裾朱第。不是世人皆欲杀，争显怜才真意。容易得、一人知己。惭愧王孙图报薄，只千金、当洒平生泪。曾不直，一杯水。　歌残击筑心逾醉。忆当年、侯生垂老，始逢无忌。亲在许身犹未得，侠烈今生已已。但结记、来生休悔。俄顷重投胶在漆，似旧曾、相识屠沽里。名预籍，石函记。

纪念傅雷①

施蛰存

施蛰存(1905—2003),原名施德普,字蛰存,浙江杭州人。中国现当代著名学者、作家。1923年入学上海大学。转大同大学、震旦大学。1932年起在上海主编大型文学月刊《现代》,并从事小说创作,是中国最早的"新感觉派"的代表。1937年起,相继在云南大学、厦门大学、暨南大学、大同大学、光华大学、沪江大学等校任教。1952年调任华东师范大学教授。施蛰存博学多才,兼通古今中外,在文学创作、古典文学研究、碑帖研究、外国文学翻译等方面均有成绩。有《施蛰存文集》。

一九六六年九月三日,这是傅雷和夫人朱梅馥离开这个世界的日子,今年今天,正是二十周年纪念。这二十年过得好快,我还没有时间写一篇文章纪念他们。俗话说:"秀才人情纸半张。"我连这半张纸也没有献在老朋友灵前,人情之薄,可想而知。不过,真要纪念傅雷夫妇,半张纸毕竟不够,而洋洋大文却也写不出,于是拖延到今天。

现在,我书架上有十五卷的《傅雷译文集》和两个版本的《傅雷家书》,都是傅敏寄赠的②,还有两本旧版的《高老头》和《欧也妮·葛朗台》③,是傅雷送给我的,有他的亲笔题字。我的照相册中有一张我的照片,是一九七九年四月十六日在傅雷追悼会上,在赵超构送的花圈底下④,沈仲章给我照的,衣襟上还有一朵黄花。这几年来,我就是默对这些东西,悼念傅雷。

一九三九年,我在昆明⑤。在江小鹣的新居中⑥,遇到滕固和傅雷⑦。这是我和傅雷定交的开始。可是我和他见面聊天的机会,只有两次,不知怎么一回事,他和滕固吵翻了,一怒之下,回上海去了。这是我第一次领略到傅雷的"怒"。后来知道他的别号就叫"怒庵",也就不以为奇。从此,和他谈话时,不能不提高警惕。

一九四三年,我从福建回沪省亲⑧,在上海住了五个月,曾和周煦良一同到吕班路(今重庆南路)巴黎新村去看过傅雷⑨,知道他息影孤岛⑩,专心于翻译罗曼·罗兰⑪。这一次认识了朱梅馥。也看见客堂里有一架钢琴,他的儿子傅聪坐在高凳上练琴⑫。

我和傅雷的友谊,只能说开始于解放以后。那时他已迁居江苏路安定坊,住的是宋春舫家的屋子⑬。我住在邻近,转一个弯就到他家。五十年代初,他在译巴尔扎克,我在译伐佐夫、显克微支和尼克索⑭。这样,我们就成为翻译外国文学的同道,因此,在这几年中,我常去他家里聊天,有时也借用他的各种辞典查几个字。

可是,我不敢同他谈翻译技术,因为我们两人的翻译方法不很相同。一则因为他译的是法文著作,从原文译,我译的都是英文转译本,使用的译法根本不同。二则我主张翻译只要达意,我从英文本译,只能做到达英译本的意。英译本对原文本负责,我对英译本负责。傅雷则主张非但要达意,还要求传神。他屡次举过一个例。他说:莎士比亚的《哈姆雷特》第一场有一句"静得连一个老鼠的声音都没有"[15]。但纪德的法文译本[16],这一句却是"静得连一只猫的声音都没有"。他说:"这不是译错,这是达意,这也就是传神。"我说,依照你的观念,中文译本就应该译作"鸦雀无声"。他说"对"。我说:"不行,因为莎士比亚时代的英国话中不用猫或鸦雀来形容静。"

傅雷有一本《国语大辞典》,书中有许多北方的成语。傅雷译到法文成语或俗话的时候,常常向这本辞典中去找合适的中国成语俗话。有时我去看他,他也会举出一句法文成语,问我有没有相当的中国成语。他这个办法,我也不以为然。我主张照原文原意译,宁可加个注,说明这个成语的意义相当于中国的某一句成语。当然,他也不以为然。

一九五八年,我们都成为第五类分子[17],不便来往,彼此就不相闻问。不过,有一段时候,朱梅馥和我老伴都被居委会动员出去办托儿所,她们俩倒是每天在一起,我因此便间接知道一些傅雷的情况。

一九六一年,大家都蒙恩摘除了"帽子",可以有较多的行动自由,于是我又常去看他。他还在译书,而我已不干这一行了,那几年,我在热衷于碑版文物,到他那里去,就谈字画古董。他给我看许多黄宾虹的画,极其赞赏,而我却又有不同意见。我以为黄宾虹晚年的画越来越像个"墨猪"[18]。这句话又使他"怒"起来,他批评我不懂中国画里的水墨笔法。

一九六六年八月下旬,我已经在里弄里被"示众"过了[19]。想到傅雷,不知他这一次如何"怒"法,就在一个傍晚,踱到他门口去看看。只见他家门口贴满了大字报,门窗紧闭,真是"鸦雀无声"。我就踱了回家。大约在九月十日左右,才知道他们两夫妇已撒手西归,这是怒庵的最后一"怒"。

我知道傅雷的性情刚直,如一团干柴烈火,他因不堪凌辱,一怒而死,这是可以理解的,我和他虽然几乎处处不同,但我还是尊敬他。在那一年,朋友中像傅雷那样的毅然决然不自惜其生命的,还有好几个,我也都一律尊敬。不过,朱梅馥的能同归于尽,这却是我想象不到的,伉俪之情,深到如此,恐怕是傅雷的感应。

傅雷逝世,其实我还没有了解傅雷。直到他的家书集出版,我才能更深一步的了解傅雷。他的家教如此之严,望子成龙的心情如此之热烈。他要把他的儿子塑造成符合于他的理想的人物。这种家庭教育是相当危险的,没有几个人能成功,然而傅雷成功了。

傅雷的性格,最突出的是他的刚直。在青年时候,他的刚直还近于狂妄。所以孔子说:"好刚不好学,其蔽也狂[20]。"傅雷从昆明回来以后,在艺术的涵养,知识学问的累积之后,他才成为具有浩然之气的儒家之刚者[21],这种刚直的品德,在任何社会中,都是难得见到的,连孔子也说过:"吾未见刚者[22]。"

傅雷之死,完成了他的崇高品德,今天我也不必说"愿你安息吧",只愿他的刚劲,永远弥漫于知识分子中间。

(一九八六年九月三日)

(《施蛰存文集·北山散文集》一,施蛰存撰,上海:华东师范大学出版社,2001)

【注释】

① 傅雷(1908—1966)：字怒安，号怒庵，江苏南汇(今上海南汇区)人。早年留学法国，专攻艺术。回国后致力于法国文学艺术的翻译介绍。建国后曾任作协上海分会书记处书记。"文革"中遭迫害而死。译著有罗曼·罗兰的《约翰·克利斯朵夫》、巴尔扎克的《高老头》、《欧也妮·葛朗台》、丹纳的《艺术哲学》等三十多部。

② 傅敏：傅雷的次子。《傅雷家书》是他所编。

③《高老头》、《欧也妮·葛朗台》：法国作家巴尔扎克的两部著名长篇小说，由傅雷译成中文。

④ 赵超构(1910—1992)：笔名林放，浙江瑞安人。现当代著名杂文家，毕业于中国公学大学部。1946年到上海参与《新民报·晚刊》的创刊工作。建国后担任上海新民晚报社社长多年。曾任上海市政协副主席、中华全国新闻工作者协会副主席、全国晚报工作者协会会长。著有《林放杂文选》、《未晚谈》(凡三编)、《赵超构文集》等。

⑤ 我在昆明：1937年9月，施蛰存应云南大学校长熊庆来聘请，曾到该校中文系任教。

⑥ 江小鹣(jiān)(1894—1939)：现代著名美术家。江苏吴县(今苏州)人。早年留法学习，先学西方油画，后又学雕塑。20世纪20年代归国后移居上海。参加"天马画会"。30年代曾任上海新华艺术学校雕塑系主任。

⑦ 滕固(1901—1941)：字若渠，江苏宝山(今上海宝山区)人。现代著名美术理论家、文学家。早年毕业于上海美术专科学校，后留学日本，获硕士学位。又赴德国柏林大学留学，获博士学位。回国任行政院参事、重庆中央大学教授等职。1938年国立北平艺专与国立杭州艺专合并成立昆明国立艺术专科学校，一度出任校长。为文学研究会成员，写过不少小说、诗歌。著有《唐宋绘画史》、《中国美术小史》、《征途访古述记》、《唯美派的文学》等。

⑧ 从福建回沪省亲：1940年3月施蛰存到福建，在厦门大学中文系任教。

⑨ 周煦良(1905—1984)：安徽至德(今东至)人。现当代著名翻译家、作家。早年入学光华大学。1928年赴英留学，获爱丁堡大学硕士学位。历任暨南大学教授、光华大学英文系主任、华东师范大学外语系主任、作协上海分会书记处书记、上海文联副秘书长等职。曾译过毛姆的《刀锋》等。有《周煦良文集》。

⑩ 孤岛：指第二次世界大战中太平洋战争爆发前的上海租界。

⑪ 罗曼·罗兰(Romain Rolland, 1866—1944)：法国现代作家、社会活动家。巴黎高等师范学校毕业。曾任艺术史、音乐史教授。1915年获诺贝尔文学奖。著有长篇小说《约翰·克里斯朵夫》、《母与子》，传记《米卡朗琪罗传》、《贝多芬传》等。

⑫ 傅聪(1934—　)：上海人，当代著名旅英钢琴家，傅雷的长子。1955年曾获第三届肖邦国际钢琴比赛第三名。

⑬ 宋春舫(1892—1938)：浙江吴兴(今湖州)人，现代戏剧家、翻译家。早年留学瑞士。归国后历任北京大学、清华大学、青岛山东大学等校教授。为中国现代话剧运动的先驱者。著有《宋春舫论剧》一至三集，剧本《一幅喜神》、《五里雾中》和《原来是梦》、游记《蒙德卡罗》。

⑭ 伐佐夫(иван минчов вазов, 1850—1921)：保加利亚近代著名作家。因参加民族独立斗争，多次流亡国外。归国后曾任教育大臣。施蛰存译过他的代表作长篇小说《轭下》。显克微支(Henryk Sienkiewicz, 1846—1916)：波兰近代著名作家。1905年获诺贝尔文学奖。创作多以波兰人民的反侵略斗争为题材。主要作品有长篇小说《火与剑》等三部曲、《你往何处去》、《十字军骑士》等。施蛰存与人合译过《显克微支短篇小说集》。尼克索(Martin Andersen Nexo, 1869—1954)：丹麦近代著名作家。生于石匠家庭，做过工人。曾当选为丹麦共产党中央委员。主要作品有长篇小说《征服者贝莱》、《蒂特》、《红莫尔顿》三部曲。施蛰存译过他的《征服者贝莱》，与人合译过《尼克索短篇小说》。

⑮ 哈姆雷特：英国戏剧家莎士比亚创作的著名悲剧，与《奥赛罗》、《李尔王》、《麦克白斯》并称莎士比亚的四大悲剧。

⑯ 纪德(André Gide, 1869—1951)：法国现代著名作家。早期创作具有象征主义色彩。1947年获诺贝尔文学奖。主要作品有散文诗集《人间食粮》，中篇小说《蔑视道德的人》、《窄门》、《田园交响乐》，长篇小说《伪币制造者》等。

⑰ 第五类分子：在20世纪50年代后期至70年代中期"以阶级斗争为纲"的时代，把地主、富农、反革命分子、坏分子、右派列为无产阶级专政的对象，习称"地、富、反、坏、右"。第五类分子即指右派分子。施蛰存在1957年反右运动中被错划为右派。

⑱ 黄宾虹(1865—1955):名质,字朴存,一作朴人,号宾虹,以号行,又号虹庐,安徽歙县人,生于浙江金华。现代著名国画家,曾在多家美术院校任教。建国后任中国美协华东分会副主席。著有《虹庐画谈》、《中国画学史大纲》等。今人编有《黄宾虹文集》。墨猪:比喻书画的点划痴肥

而无骨力。

⑲ 示众:指"文革"初期的当众批斗与羞辱。

⑳ "好刚"二句:语出《论语·阳货》。

㉑ 浩然之气:语出《孟子·公孙丑上》,指一种至大至刚、充塞天地的正气。

㉒ 吾未见刚者:语出《论语·公冶长》。

【提示】

这是一篇悼念友人的散文。作者以客观冷静的笔墨,叙述了自己与傅雷生前交往的情谊,展现了傅雷独特的个性,赞颂了像傅雷这样的中国知识分子坚持真理、刚直不屈的优秀品格。

本文作者在回忆与傅雷的交往时,突出写了傅雷的"怒"。第一次作者领略到傅雷的"怒"是在1939年,傅雷在昆明和滕固吵翻了,一怒之下,回上海去了。第二次写傅雷的"怒"是作者与傅雷就翻译方法和黄宾虹画的两次争论,显示出傅雷直率的性格。第三次写傅雷的"怒",是在"文革"初期,傅雷因不堪凌辱,以死抗争,他的夫人也与他一起撒手西归,这是傅雷的最后一"怒"。

文章的最后两个自然段,是作者由傅雷之死引发的关于"刚者"的议论,傅雷的"怒",绝不只是一种个人的脾性,而是知识分子的刚直品德的表现。最后,作者对傅雷的崇高品德表示了深深的崇敬。

文章是按时间顺序来进行记叙的,作者选取自己与傅雷交往二十七年中的若干片断,依次写来,显得层次井然。在回忆傅雷时,又突出了他的个性,将傅雷的性格写得鲜明生动,给读者留下了深刻的印象。文章的语言朴实无华,但饱含深情,还时或显示出机趣和幽默。

【思考与练习】

一、本文写出了傅雷怎样的个性特征?表现了怎样的主题?

二、本文是按什么顺序来进行回忆的?开头用了什么叙述方法?这样写有什么好处?

三、本文作者将傅雷称为"刚者",并在文章的结尾说:"只愿他的刚劲,永远弥漫于知识分子中间"。这表达了作者怎样的思想感情?

拣麦穗①

张　洁

张洁(1937—　)，祖籍辽宁抚顺，生于北京。中国当代女作家。1960年毕业于中国人民大学。1978年开始文学创作。现为北京市作家协会专业作家。著有小说散文集《爱，是不能忘记的》、《方舟》，中短篇小说集《祖母绿》，长篇小说《沉重的翅膀》、《只有一个太阳》等。

在农村长大的姑娘，谁不熟悉拣麦穗这回事儿呢？

我要说的，却是几十年前拣麦穗的那段往事。

或许可以这样说，拣麦穗的时节，也许是顶能引动姑娘们的幻想的时节。

在那月残星稀的清晨，挎着一个空篮子，顺着田埂上的小路，走去拣麦穗的时候，她想的是什么呢？

等到田野上腾起一层薄雾，月亮，像是偷偷地睡过一觉，重又悄悄地回到天边，方才挎着装满麦穗的篮子，走回自家的破窑洞的时候，她想的又是什么呢？

唉，她能想什么呢？！

假如你没有在那种日子里生活过，你永远不能想象，从这一粒粒丢在地里的麦穗上，会生出什么样的幻想！

她拼命地拣呐，拣呐，一个收麦子的时节，能拣上一斗？她把这麦子换来的钱积攒起来，等到赶集的时候，扯上花布，买上花线，然后，她剪呀、缝呀，绣呀……也不见她穿，也不见她戴，谁也没和谁合计过，谁也没找谁商量过，可是等到出嫁的那一天，她们全会把这些东西，装进新嫁娘的包裹里去。

不过，当她们把拣麦穗时所伴着的幻想，一同包进包裹里去的时候，她们会突然感到那些幻想全都变了味儿，觉得多少年来，她们拣呀、缝呀、绣呀，实在是多么傻啊！她们要嫁的那个男人，和她们在拣麦穗、扯花布、绣花鞋的时候所幻想的那个男人，有着多么大的不同，又有着多么大的距离啊！但是，她们还是依依顺顺地嫁了出去，只不过在穿戴那些衣物的时候，再也找不到做它、缝它时的那种心情了。

这算得了什么呢？谁也不会为她们叹一口气，表示同情。谁也不会关心她们还曾经有过幻想。连她们自己也甚至不会感到过分地悲伤。顶多不过像是丢失了一个美丽的梦。有谁见过哪一个人会死乞白赖地寻找一个丢失的梦呢②？

当我刚刚能够歪歪咧咧地提着一个篮子跑路的时候，我就跟在大姐姐的身后拣麦穗了。

那篮子显得太大,总是磕碰着我的腿和地面,闹得我老是跌跤。我也很少有拣满一个篮子的时候,我看不见田里的麦穗,却总是看见蚂蚱和蝴蝶,而当我追赶它们的时候,拣到的麦穗,还会从篮子里重新掉回地里去。

有一天,二姨看着我那盛着稀稀拉拉几个麦穗的篮子说:"看看,我家大雁也会拣麦穗了。"然后,她又戏谑地问我:"大雁,告诉二姨,你拣麦穗做啥?"

我大言不惭地说:"我要备嫁妆哩!"

二姨贼眉贼眼地笑了,还向围在我们周围的姑娘、婆姨们眨了眨她那双不大的眼睛:"你要嫁谁嘛!"

是呀,我要嫁谁呢?我忽然想起那个卖灶糖的老汉。我说:"我要嫁那个卖灶糖的老汉!"

她们全都放声大笑,像一群鸭子一样嘎嘎地叫着。笑啥嘛!我生气了。难道做我的男人,他有什么不体面的地方吗?

卖灶糖的老汉有多大年纪了?我不知道。他脸上的皱纹一道挨着一道,顺着眉毛弯向两个太阳穴,又顺着腮帮弯向嘴角。那些皱纹,给他的脸上增添了许多慈祥的笑意。当他挑着担子赶路的时候,他那剃得像半个葫芦样的后脑勺上的长长的白发,便随着颤悠悠的扁担一同忽闪着。

我的话,很快就传进了他的耳朵。

那天,他挑着担子来到我们村,见到我就乐了。说:"娃呀,你要给我做媳妇吗?"

"对呀!"

他张着大嘴笑了,露出了一嘴的黄牙。他那长在半个葫芦样的头上的白发,也随着笑声一齐抖动着。

"你为啥要给我做媳妇呢?"

"我要天天吃灶糖哩!"

他把旱烟锅子朝鞋底上磕着:"娃呀,你太小哩。"

"你等我长大嘛!"

他摸着我的头顶说:"不等你长大,我可该进土啦。"

听了他的话,我着急了。他要是死了,那可咋办呢?我那淡淡的眉毛,在满是金黄色的茸毛的脑门上,拧成了疙瘩。我的脸也皱巴得像个核桃。

他赶紧拿块灶糖塞进了我的手里。看着那块灶糖,我又咧着嘴笑了:"你别死啊,等着我长大。"

他又乐了。答应着我:"我等你长大。"

"你家住哪哒呢③?"

"这担子就是我的家,走到哪哒,就歇在哪哒!"

我犯愁了:"等我长大,去哪哒寻你呀!"

"你莫愁,等你长大,我来接你!"

这以后,每逢经过我们这个村子,他总是带些小礼物给我。一块灶糖,一个甜瓜,一把红枣……还乐呵呵地对我说:"看看我的小媳妇来呀!"

我呢,也学着大姑娘的样子——我偷偷地瞧见过——要我娘找块碎布,给我剪了个烟荷包,还让我娘在布上描了花。我缝呀,绣呀……烟荷包缝好了,我娘笑得个前仰后合,说那不是烟荷包,皱皱巴巴的,倒像个猪肚子。我让我娘给我收了起来,我说了,等我出嫁的时候,我要送给我男人。

我渐渐地长大了。到了知道认真地拣麦穗的年龄了。懂得了我说过的那些个话,都是让人害臊的话。卖灶糖的老汉也不再开那玩笑——叫我是他的小媳妇了。不过他还是常常带些小礼物给我。我知道,他真的疼我呢。

我不明白为什么,我倒真是越来越依恋他,每逢他经过我们村子,我都会送他好远。我站在土坎坎上,看着他的背影,渐渐地消失在山坳坳里④。

年复一年,我看得出来,他的背更弯了,步履也更加蹒跚了。这时,我真的担心了,担心他早晚有一天会死去。

有一年,过腊八的前一天⑤,我约莫着卖灶糖的老汉⑥,那一天该会经过我们村。我站在村口上一棵已经落尽叶子的柿子树下,朝沟底下的那条大路上望着,等着。

那棵柿子树的顶梢梢上,还挂着一个小火柿子。小火柿子让冬日的太阳一照,更是红得透亮。那个柿子多半是因为长在太高的树梢上,才没有让人摘下来。真怪,可它也没让风刮下来,雨打下来,雪压下来。

路上来了一个挑担子的人。走近一看,担子上挑的也是灶糖,人可不是那个卖灶糖的老汉。我向他打听卖灶糖的老汉,他告诉我,卖灶糖的老汉老去了。

我仍旧站在那棵柿子树下,望着树梢上的那个孤零零的小火柿子。它那红得透亮的色泽,依然给人一种喜盈盈的感觉。可是我却哭了,哭得很伤心。哭那陌生的,但却疼爱我的卖灶糖的老汉。

后来,我常想,他为什么疼爱我呢?无非我是一个贪吃的,因为生得极其丑陋而又没人疼爱的小女孩吧?

等我长大以后,我总感到除了母亲以外,再也没有谁能够像他那样朴素地疼爱过我——没有任何希求,没有任何企望的。

真的,我常常想念他。也常常想要找到,我那个皱皱巴巴的,像猪肚子一样的烟荷包。可是,它早已不知被我丢到哪里去了。

1979 年 12 月

(《中国当代作家选集丛书·张洁》,张洁撰,北京:人民文学出版社,1993)

【注释】

① 本文最初发表于 1979 年 12 月 16 日《光明日报》。
② 死乞白赖:纠缠个没完。
③ 哪哒:哪里,什么地方。
④ 山坳坳:山沟沟。坳,洼下的地方。
⑤ 腊八:夏历十二月初八。相传佛祖在这一天成道,民间视为节日,要喝腊八粥。
⑥ 约莫:揣测,估计。

【提示】

本文是一篇情致感人的记事散文。

"文化大革命"过去不久,作者敏锐地感受到当时的人与人之间存在着某种冷漠和隔阂,这不禁使她怀念起自己幼年时与一个卖灶糖老汉之间的一段纯真情谊,于是写了这篇文章。文章描述了"我"童年时一段难忘的经历——卖灶糖老汉对"我"的疼爱,以及"我"对卖灶糖老汉的依恋,赞颂了这一老一少之间特有的纯真友谊,表现出作者对人和人之间朴素纯真的感情的向往和追求。

全文分为三部分。第一部分所写的拣麦穗姑娘的种种美丽幻想,与后面所写的内容并不是一个连续的故事,因而只能把它看作是文章主体部分(即第二、三部分)的一个铺垫。从内容上看,这一部分对后面两部分有统领作用,因为第二、第三部分所描述的"我"童年时与卖灶糖老汉的纯真情谊,就是拣麦穗姑娘的许多"美丽的梦"中的一个,从而体现出它的典型性与普遍意义。从情感气氛上看,这一部分写到的拣麦穗姑娘的"梦"的纯真和丢失的困惑,正与后面那个典型故事的情致一致,从而形成了笼罩全篇的基本情感氛围。

文章善于用个性化的对话来表现人物的个性与心理。如"我"与卖灶糖老汉的对话,一个问,一个答,一个天真烂漫,一个爽朗风趣,老少无猜,情意十分真挚。文中的行为细节描写简洁传神,如写卖灶糖老汉,每次到村子里来,从不忘记带"一块灶糖,一个甜瓜,一把红枣"等小礼物给"我",而"我"从不失时地"朝沟底下的那条大路上望着,等着";卖灶糖老汉走时,"我"都会送他好远,"站在土坎坎上,看着他的背影,渐渐地消失在山坳坳里",这些行为细节很传神地表现出一老一少感情的纯洁、真挚和深切。文中还运用了象征手法,如写到卖灶糖老汉去世时,作者花了不少笔墨描写那颗高挂在树梢上的小火柿子。这"红得透亮"的小火柿子,象征着卖灶糖老汉的美好心地和一老一少间情谊的真挚可贵。作者写那小火柿子"没让风刮下来,雨打下来,雪压下来",虽然"孤零零的",却"给人一种喜盈盈的感觉"。这其中显然是象征着对那种纯真感情的不可磨灭性的肯定,同时也渗透着作者对当时社会环境的敏锐感受。

【思考与练习】

一、本文歌颂了怎样的感情?在当时,作者为什么要歌颂这种感情?

二、本文的开头先述说拣麦穗姑娘丢失的"美丽的梦",这与后面所写的故事有什么关系?

三、找出文中人物对话描写成功的地方,分析它们对表现人物性格所起的作用。

品 质

约翰·高尔斯华绥

约翰·高尔斯华绥(John Galsworthy，1867—1933)，英国著名现实主义作家。出生于律师家庭。牛津大学法律专业毕业，19世纪末在旅途中认识了原籍波兰的英国著名小说家约瑟夫·康拉德，从此走上了文学创作道路。早期署名约翰·辛约翰，1904年发表长篇小说《岛国的法利赛人》时始用本名。1932年获诺贝尔文学奖。高尔斯华绥的小说对劳苦大众的苦难有深切的同情，对上层社会的丑恶有深刻的揭露，有力批判了资本主义物质文明给社会带来的罪恶，体现了一个知识分子的良知。他的最重要作品是以长篇小说《有产业的人》为开端的一批连续小说，即《福尔赛世家》三部曲(《有产业的人》、《骑虎》、《出租》)、《现代喜剧》三部曲(《白猿》、《银匙》、《天鹅之歌》)、《尾声》三部曲(《女侍》、《开花的荒野》、《河那边》))。他也是一个优秀的剧作家，主要剧作有《银盒》、《斗争》、《正义》、《鸽子》、《忠诚》等。

　　我很年轻时就认识他了，因为他承做我父亲的靴子。他和他哥哥合开一爿店，店房有两间打通的铺面，开设在一条横街上——这条街现在已经不存在了，但是在那时，它却是坐落在伦敦西区的一条新式街道。

　　那座店房有某种素净的特色：门面上没有注明为任何王室服务的标记，只有包含他自己日耳曼姓氏的"格斯拉兄弟"的招牌①；橱窗里陈列着几双靴子。我还记得，要想说明橱窗里那些靴子为什么老不更换，我总觉得很为难，因为他只承做定货，并不出售现成靴子；要是说这些都是他做得不合脚因而退回来的靴子，那似乎是不可想像的。是不是他买了那些靴子来作摆式的呢？这也好像不可思议。把那些不是亲手做的皮靴陈列在自己的店里，他是绝不能容忍的。而且，那几双靴子太美观了——有一双轻跳舞靴，细长到非言语所能形容的地步；那双带布口的漆皮靴，叫人看了舍不得离开；还有那双褐色长统马靴，闪着怪异的黑亮的光辉，虽然是簇新的，看来好像已经穿过一百年了。只有亲眼看过靴子灵魂的人才能做出那样的靴子——这些靴子体现了各种靴子的本质，确实是模范品格。我当然在后来才有这种想法，不过，在我大约十四岁那年，我够格去跟他定做成年人靴子的时候，对他们两兄弟的品格就有了些模糊的印象。因为从那时起一直到现在，我总觉得，做靴子，特别是做像他所做的靴子，简直是神妙的手艺。

　　我清楚地记得：有一天，我把幼小的脚伸到他跟前时，羞怯地问道：

　　"格斯拉先生，做靴子是不是很难的事呢？"

　　他回答说："这是一种手艺。"从他的含讽带刺的红胡根上，突然露出了一丝微笑。

他本人有点儿像皮革制成的人:脸庞黄皱皱的,头发和胡须是微红和蜷曲的,双颊和嘴角间斜挂着一些整齐的皱纹,话音很单调,喉音很重;因为皮革是一种死板板的物品,本来就有点儿僵硬和迟钝。这正是他的面孔的特征,只有他的蓝灰眼睛含蓄着朴实严肃的风度,好像在迷恋着理想。他哥哥虽然由于勤苦在各方面都显得更虚弱、更苍白,但是他们两兄弟却很相像,所以我在早年有时要等到跟他们订好靴子的时候,才能确定他们到底谁是谁。后来我搞清楚了:如果没有说"我要问问我的兄弟",那就是他本人;如果说了这句话,那就是他的哥哥了。

一个人年纪大了而又荒唐起来以至赊账的时候,不知怎么的,他绝不赊格斯拉兄弟俩的账。如果有人拖欠他几双——比如说——两双以上靴子的价款,竟心满意得地确信自己还是他的主顾,所以走进他的店铺,把自己的脚伸到那蓝色铁架眼镜底下,那就未免有点儿太不应该了。

人们不可能时常到他那里去,因为他所做的靴子非常经穿,一时穿不坏的——他好像把靴子本质缝到靴里去了。

人们走进他的店堂,不会像走进一般店铺那样怀着"请把我要买的东西拿来,让我走吧"的心情,而是心平气和地像走进教堂那样。来客坐在那张仅有的木椅上等候着,因为他的店堂里从来没有人的。过了一会,可以看到他的或他哥哥的面孔从店堂里二楼楼梯口往下边看望——楼梯口是黑洞洞的,同时透出沁人脾胃的皮革气味。随后就可以听到一阵喉音,以及趿木皮拖鞋踏在狭窄木楼梯上的踢踏声;他终于站在来客的面前,上身没有穿外衣,背有一点儿弯,腰间围着皮围裙,袖子往后卷起,眼睛眨动着——像刚从靴子梦中惊醒过来,或者说,像一只在目光中受了惊动因而感到不安的猫头鹰。

于是我就说:"你好吗,格斯拉先生?你可以给我做一双俄国皮靴吗?"

他会一声不响地离开我,退回到原来的地方去,或者到店堂的另一边去;这时,我就继续坐在木椅上休息,欣赏皮革的香味。不久后,他回来了,细瘦多筋的手里拿着一张黄褐色皮革。他眼睛盯看着皮革对我说:"多么美的一张皮啊!"等我也赞美一番以后,他就继续说:"你什么时候要?"我回答说:"啊,你什么时候方便,我就什么时候要。"于是他就说:"半个月以后,好不好?"如果答话的是他的哥哥,他就说:"我要问问我的兄弟!"

然后,我会含糊地说:"谢谢你,再见吧,格斯拉先生。"他一边说:"再见!"一边继续注视他手里的皮革。我向门口走去的时候,就又听到他的趿木皮拖鞋的踢踏声把他送回楼上去做他的靴子梦了。但是假如我要定做的是他还没有替我做过的新式样靴子,那他一定要照手续办事了——叫我脱下靴子,把靴子老拿在手里,以立刻变得又批评又抚爱的眼光注视着靴子,好像在回想他创造这只靴子时所付的热情,好像在责备我竟这样穿坏了他的杰作。以后,他就把我的脚放在一张纸上,用铅笔在外沿搔上两三次,跟着用他的敏感的手指来回地摸我的脚趾,想摸出我的要求的要点。

有一天,我有机会跟他谈了一件事;我忘不了那一天。我对他说:"格斯拉先生,你晓得吗,上一双在城里散步的靴子咯吱咯吱地响了。"

他看了我一下,没有作声,好像在盼望我撤回或重新考虑我的话;然后他说:
"那双靴子不该咯吱咯吱地响呀。"
"对不起,它响了。"
"你是不是在靴子还经穿的时候把它弄湿了呢?"

"我想没有吧。"

他听了这句话以后，蹙蹙眉头，好像在搜寻对那双靴子的回忆；我提起了这件严重的事情，真觉得难过。

"把靴子送回来！"他说，"我想看一看。"

由于我的咯吱咯吱响的靴子，我内心里涌起了一阵怜悯的感情；我完全可以想像到他埋头细看那双靴子时的历久不停的悲惨心情。

"有些靴子，"他慢慢地说，"做好的时候就是坏的。如果我不能把它修好，就不收你这双靴子的代价。"

有一次（也只有这一次），我穿着那双因为急需才在一家大公司买的靴子，漫不经心地走进他的店铺。他接受了我的定货，但没拿皮革给我看；我可以意识到他的眼睛在细看我脚上的次等皮革。他最后说：

"那不是我做的靴子。"

他的语调里没有愤怒，也没有悲哀，连鄙视的情绪也没有，不过那里面却隐藏着可以冰冻血液的潜在因素。为了讲究时髦，我的左脚上的靴子有一处使人很不舒服；他把手伸下去，用一个手指在那块地方压了一下。

"这里疼痛吧，"他说，"这些大公司真不顾体面。可耻！"跟着，他心里好像有点儿沉不住气了，所以说了一连串的挖苦话。我听到他议论他的职业上的情况和艰难，这是唯一的一次。

"他们把一切垄断去了，"他说，"他们利用广告而不靠工作把一切垄断去了。我们热爱靴子，但是他们抢去了我们的生意。事到如今——我很快就要失业。生意一年年地清淡下去——过后你会明白的。"我看着他那多皱折的面孔，看到了我以前未曾注意到的东西：惨痛的东西和惨痛的奋斗——他的红胡子好像突然添上好多花白须毛了！

我尽一切可能向他说明我买这双倒霉靴子时的情况。但是他的面孔和声调使我获得很深刻的印象，结果在以后几分钟里，我定了许多双靴子。这下可糟了！这些靴子比以前的格外经穿。差不多穿了两年，我也没想起要到他那里去一趟。

后来我再去他那里的时候，我很惊奇地发现：他的店铺外边的两个橱窗中的一个漆上另一个人的名字了——也是个靴匠的名字，当然为王室服务的啦。那几双常见的旧靴子已经失去了孤高的气派，挤缩在单独的橱窗里去了。在里面，现在已缩成一小间，店堂的楼梯口比以前更黑暗、更充满着皮革气味。我也比平时等了更长的时间，才看到一张面孔向下边窥视，随后才有一阵趿木皮拖鞋的踢踏声。最后，他站在我的面前了；他透过那副生了锈的铁架眼镜注视着我说：

"你是不是——先生？"

"啊！格斯拉先生！"我结结巴巴地说，"你要晓得，你的靴子实在太结实了！看，这双还很像样呢！"我把脚向他伸过去。他看了看这双靴子。

"是的，"他说，"人们好像不要结实靴子了。"

为了避开他的带责备的眼光和语调，我赶紧接着说："你的店铺怎么啦？"

他安静地回答说："开销太大了。你要做靴子吗？"

虽然我只需要两双，我却向他定做了三双；我很快就离开了那里。我有一种难以描述的感觉，以为他的心里把我看成对他存坏意的一分子：也许不一定跟他本人作对，而是跟他的靴子理想作对。我想，人们是不喜欢那样的感觉的；因为过了好几个月以后，我又到他的店铺里去；我记得，我去看他的时候，心里有这样的感觉："呵！怎么啦，我撇不开这位老人——所以我就去了！也许会看到他的哥哥呢！"

因为我晓得，他哥哥很老实，甚至在暗地里也不至于责备我。

我的心安下了，在店堂出现的正是他的哥哥，他正在整理一张皮革。

"啊，格斯拉先生，"我说，"你好吗？"

他走近我的跟前，盯着看我。

"我过得很好，"他慢慢地说，"但是我哥哥死掉了。"

我这才看出来，我所遇到的原来是他本人——但是多么苍老，多么消瘦啊！我以前从没听他提过他的哥哥。我吃了一惊，所以喃喃地说："啊！我为你难过！"

"的确，"他回答说，"他是个好人，他会做好靴子；但是他死掉了。"他摸摸头顶，我猜想，他好像要表明他哥哥死的原因；他头上的头发突然变得像他的可怜哥哥的头发一样稀薄了。"他失掉了另外一间铺面，心里老是想不开。你要做靴子吗？"他把手里的皮革举起来说，"这是一张美丽的皮革。"

我定做了几双靴子。过了很久，靴子才送到——但是这几双靴子比以前的更结实，简直穿不坏。不久以后，我到国外去了一趟。

过了一年多，我才又回到伦敦。我所去的第一个店铺就是我的老朋友的店铺。我离去时，他是个六十岁的人，我回来时，他仿佛已经七十五岁了，显得衰瘦、软弱、不断地发抖，这一次，他起先真的不认识我了。

"啊！格斯拉先生，"我说，心里有些烦闷，"你做的靴子好极啦！看，我在国外时差不多一直穿着这双靴子的；连一半也没有穿坏呀，是不是？"

他细看我这双俄国皮靴，看了好久，脸上似乎恢复了镇静的气色。他把手放在我的靴面上说：

"这里还合脚吗？我记得，费了很大劲才把这双靴子做好。"

我向他确切地说明：那双靴子非常合脚。

"你要做靴子吗？"他说，"我很快就可以做好；现在我的生意很清淡。"

我回答说："劳神，劳神！我急需靴子——每种靴子都要！"

"我可以做时新的式样。你的脚恐怕长大了吧。"他非常迟缓地照我的脚型画了样子，又摸摸我的脚趾，只有一次抬头看着我说：

"我哥哥死掉了，我告诉过你没有？"

他变得衰老极了，看了他实在叫人难过；我真高兴离开他。

我对这几双靴子并不存什么指望，但有一天晚上靴子送到了。我打开包裹，把四双靴子排成一排；然后，一双一双地试穿这几双靴子。一点问题也没有。不论在式样或尺寸上，在加工或皮革质量上，这些靴子都是他给我做过的最好的靴子。在那双城里散步穿的靴口里，我发现了他的账单。单上所开的价钱与过去的完全一样，但我吓了一跳。他从来没有在四季结账日以前把账单开来的。我飞快地跑下楼去，填好一张支票，而且马上亲自把支票寄了出去。

一个星期以后，我走过那条小街，我想该进去向他说明：他替我做的新靴子是如何地合脚。但是当我走近他的店铺所在地时，我发现他的姓氏不见了。橱窗里照样陈列着细长的轻跳舞靴、带布口的漆皮靴，以及漆亮的长统马靴。

我走了进去，心里很不舒服。在那两间门面的店堂里——现在两间门面又合而为一了——只有一个长着英国人面貌的年轻人。

"格斯拉先生在店里吗?"我问道。

他诧异地同时讨好地看了我一眼。

"不在,先生,"他说,"不在。但是我们可以很乐意地为你服务。我们已经把这个店铺过户过来了。毫无疑问,你已经看到隔壁门上的名字了吧。我们替上等人做靴子。"

"是的,是的,"我说,"但是格斯拉先生呢?"

"啊!"他回答说,"死掉了!"

"死掉了! 但是上星期三我才收到他给我做的靴子呀。"

"啊!"他说,"真是怪事。可怜的老头儿是饿死的。"

"慈悲的上帝啊!"

"慢性饥饿,医生这样说的! 你要晓得,他是这样去做活的! 他想把店铺撑下去,但是除了自己以外,他不让任何人碰他的靴子。他接了一份定货后,要费好长时间去做它。顾客可不愿等待呀。结果,他失去了所有的顾客。他老坐在那里,只管做呀做呀——我愿意代他说这句话——在伦敦,没有一个人可以比他做出更好的靴子! 但是也得看看同业竞争呀! 他从不登广告! 他肯用最好的皮革,而且还要亲自做。好啦,这就是他的下场。照他的想法,你对他能有什么指望呢?"

"但是饿死——"

"这样说,也许有点儿夸张——但是我自己知道,他从早到晚坐在那里做靴子,一直做到最后的时刻。你知道,我往往在旁边看着他。从不让自己有吃饭的时间;店里从来不存一个便士。所有的钱都用在房租和皮革上了。他怎么能活得这么久,我也莫名其妙。他经常断炊。他是个怪人。但是他做了顶好的靴子。"

"是的,"我说,"他做了顶好的靴子。"

1911 年

（《高尔斯华绥短篇小说选集》，[英国]高尔斯华绥撰,沈长钺译,上海:新文艺出版社,1957）

【注释】

① 日耳曼:北欧的古代民族,近代德意志、奥地利、卢森堡、荷兰、英吉利、瑞典、丹麦、挪威等族的祖先。

【提示】

本文是作者短篇小说的代表作。作品通过对鞋匠格斯拉的故事叙述,批判了资本主义经济在高速发展的过程中(大机器生产替代了原始的手工业生产)悖离人性的弊病;歌颂了执著的格斯拉兄弟优秀的品质——诚信、质朴和认真的为人处世态度。然而,就是这种高尚的品质也在资本主义生产方式的碾压下逐渐消逝,随着格斯拉兄弟"悲剧的诞生",作者慨叹的是做出"靴的灵魂的人"在这个人世间竟没有了立足之地。

本文用第一人称"我"的叙述视角来观察人和事,便于抒情议论,亦有亲近感,是早期小说的主要创作手法。作品注重细节描写,尤其是对人物肖像和行状的描写更是精心设计。作品描写几次见到格斯拉的情形,似乎相同,其实深藏匠心:用近似重复的手法强化主人公的高尚品质,使其像浮雕凸出于石面一样深印在读者的头脑之中,并对最后主人公的悲剧命运起到了强劲的铺垫反托作用。

小说最震撼人心的地方当是结尾:当"我"最后一次来到物是人非的店堂里时,得知格斯拉竟然是"饿死"的;当那个年轻人在娓娓叙述格斯拉的怪异时,最后只说了一句"他做了顶好的靴子"便戛然而止。然而这"饿死"与"顶好的靴子"一碰撞,就不能不令人深思:如此美好的人品和事物,究竟为什么会落得如此悲惨的结局? 这悲剧是偶然的还是必然的? 能引发读者进行如此深入的思考,也正是小说的最大成功之处。

人在苦难中还能保持高尚的品质是最可贵的真善美境界;而能让真善美不断继承和发扬光大的社会才是真正美好的社会。

【思考与练习】

一、格斯拉是个怪人吗? 他的行为不符合历史的潮流,作者为什么歌颂他的品质? 谈谈你对格斯拉这个人物的看法。

二、"我"与格斯拉一共见了几次面? 作者对这几次见面的描写有什么特点和作用?

三、"我"为什么要做那么多经穿的靴子? 从中可以看出作者什么样的人文价值立场?

四、你认为格斯拉的悲剧是怎样造成的? 应当怎样看待这样的悲剧?

第六单元

洞明世事

　　人情世态是这个世界上最为丰富多彩的风景，也是人生最难以认识和把握的对象。听听婴宁青春少女天真烂漫的笑声，瞧瞧刘邦衣锦还乡趾高气扬的德性，看着沙子龙为"断魂枪"断了传人而"断魂"，听了姚纳为无可倾诉苦恼而"苦恼"，你不由感叹，世事人情是如此的千姿百态，种种爱恨欣悲、穷通苦乐，确乎难以思议。再看看钱钟书的《吃饭》，你更会惊讶，连人人天天照例不误的"吃饭"里，也居然有如此复杂、如此精彩的"学问"。

　　人既有自然属性，又有社会属性，是一个"社会人"，与社会有着千丝万缕的联系，需要能够正确认识各种社会现象，处理好各种人际关系。一定的社会现象、一定的人情世故是和一定的社会环境、一定的世俗心态紧相关联的。各类世风习俗，都有其鲜明的历史时段性，都带有相应的社会观念的投影。因而，应与时俱进，站在现代文明的角度与高度对人情世故作审视、识别并进行取舍。应取其精华，去其糟粕，汲取其中合乎情理、有益于和谐人际关系、有益于促进社会文明的部分，作为人们所应该共同循守的思想行为准则，这才是真正的洞明世事，才有益于推进社会的文明进程。

　　与卷帙浩瀚的书卷文献相比，世事人情显得远为丰富而复杂，甚至可以说没有穷尽。古人因此主张"读万卷书，行万里路"，通过增长人生阅历来弥补仅从书本汲取知识的不足，以正确了解社会。确实，广闻博见，洞察人世，非但可以丰富知识、增长阅历，还能够使自己适时得体地接物处世，使自己更好地生存和发展。《红楼梦》中有"世事洞明皆学问，人情练达即文章"之语，旧时人们多从消极的意义上去领会，但若求正解，这十四个字，实是对人生经验的高度概括，对我们正确认识社会现象、处理好人际关系，有着切实的指导意义。

枕中记①

沈既济

沈既济(约750—约797),吴兴德清(今属浙江)人,一说苏州吴县(今江苏苏州)人。唐小说家、史学家。唐德宗时受到宰相杨炎赏识,建中元年(780)授左拾遗、史馆修撰。次年杨炎被贬赐死,他也被贬为处州司户参军。后复入朝,官礼部员外郎。沈既济博通典籍,工于史笔,曾撰《建中实录》十卷、《选举志》十卷,今佚。所作小说今存《枕中记》、《任氏传》二篇,都是唐传奇中的杰作。

开元七年②,道士有吕翁者③,得神仙术,行邯郸道中④,息邸舍,摄帽弛带⑤,隐囊而坐⑥。

俄见旅中少年,乃卢生也。衣短褐,乘青驹,将适于田⑦,亦止于邸中,与翁共席而坐,言笑殊畅。久之,卢生顾其衣装敝褰,乃长叹息曰:"大丈夫生世不谐,困如是也!"翁曰:"观子形体,无苦无恙,谈谐方适,而叹其困者,何也?"生曰:"吾此苟生耳。何适之谓?"翁曰:"此不谓适,而何谓适?"答曰:"士之生世,当建功树名,出将入相,列鼎而食,选声而听,使族益昌而家益肥,然后可以言适乎。吾尝志于学,富于游艺⑧,自惟当年青紫可拾⑨。今已适壮⑩,犹勤畎亩,非困而何?"言讫,而目昏思寐。时主人方蒸黍⑪,翁乃探囊中枕以授之,曰:"子枕吾枕,当令子荣适如志。"

其枕青瓷,而窍其两端⑫。生俯首就之,见其窍渐大,明朗。乃举身而入,遂至其家。数月,娶清河崔氏女⑬。女容甚丽,生资愈厚⑭。生大悦,由是衣装服驭,日益鲜盛。明年,举进士,登第;释褐秘校⑮,应制⑯,转渭南尉⑰;俄迁监察御史⑱;转起居舍人⑲,知制诰。三载,出典同州㉑,迁陕牧㉒。生性好土功㉓,自陕西凿河八十里,以济不通。邦人利之,刻石纪德。移节汴州㉔,领河南道采访使㉕,征为京兆尹㉖。是岁,

邯郸道省悟黄粱梦

神武皇帝方事戎狄㉗，恢宏土宇㉘。会吐蕃悉抹逻及烛龙莽布支攻陷瓜沙㉙，而节度使王君㪍新被杀，河湟震动㉚。帝思将帅之才，遂除生御史中丞㉛，河西道节度㉜。大破戎虏，斩首七千级，开地九百里，筑三大城以遮要害㉝。边人立石于居延山以颂之㉞。归朝册勋，恩礼极盛。转吏部侍郎㉟，迁户部尚书兼御史大夫㊱。时望清重，群情翕习㊲。大为时宰所忌，以飞语中之㊳，贬为端州刺史。三年，征为常侍㊴。未几，同中书门下平章事㊸。与萧中令嵩、裴侍中光庭同执大政十余年，嘉谟密令㊷，一日三接，献替启沃㊸，号为贤相。同列害之，复诬与边将交结，所图不轨。下制狱㊹，府吏引从至其门而急收之㊺。生惶骇不测，谓妻子曰："吾家山东，有良田五顷，足以御寒馁，何苦求禄？而今及此。思衣短褐㊻，乘青驹，行邯郸道中，不可得也。"引刃自刎。其妻救之，获免。其罹者皆死㊽，独生为中官保之㊼，减罪死，投驩州㊽。数年，帝知冤，复追为中书令㊾，封燕国公，恩旨殊异。生五子：曰俭，曰传，曰位，曰倜，曰倚，皆有才器。俭进士登第，为考功员外㊿；传为侍御史；位为太常丞㈤；倜为万年尉；倚最贤，年二十八，为左襄㈥。其姻媾皆天下望族。有孙十余人。两窜荒徼㈦，再登台铉㈧，出入中外，徊翔台阁㈨，五十余年，崇盛赫奕。性颇奢荡，甚好佚乐，后庭声色㈩，皆第一绮丽。前后赐良田、甲第、佳人、名马，不可胜数。

后年渐衰迈，屡乞骸骨㉒，不许。病，中人候问㉓，相踵于道，名医上药，无不至焉。将殁，上疏曰："臣本山东诸生㉔，以田圃为娱。偶逢圣运，得列官叙。过蒙殊奖，特秩鸿私㉕，出拥节旌，入升台辅。周旋中外，绵历岁时。有忝天恩㉖，无裨圣化。负乘贻寇㉗，履薄增忧㉘，日惧一日，不知老至。今年逾八十，位极三事㉙，钟漏并歇㉚，筋骸俱耄㉛，弥留沈顿，待时益尽。顾无成效，上答休明㉚，空负深恩，永辞圣代。无任感恋之至㉓。谨奉表陈谢。"诏曰："卿以俊德，作朕元辅㉔。出拥藩翰㉕，入赞雍熙㉖。升平二纪㉗，实卿所赖。比婴疾疹，日谓痊平。岂斯沈痼，良用悯恻。今令骠骑大将军高力士就第候省㉗。其勉加针石㉘，为予自爱。犹冀无妄㉛，期于有瘳㉗。"是夕，薨㉗。

卢生欠伸而悟，见其身方偃于邸舍㉔，吕翁坐其傍，主人蒸黍未熟，触类如故㉕。生蹶然而兴㉗，曰："岂其梦寐也？"翁谓生曰："人生之适，亦如是矣。"生怃然良久㉗，谢曰："夫宠辱之道，穷达之运，得丧之理，死生之情，尽知之矣。此先生所以窒吾欲也㉗。敢不受教。"稽首再拜而去㉗。

（《文苑英华》，宋李昉等编，影印本，北京：中华书局，1966）

【注释】

①《枕中记》有两种本子传世，这里是据《文苑英华》本。另有《太平广记》本，文字颇有异同。

②开元七年：公元 719 年。开元，唐玄宗年号（713—741）。

③吕翁：旧注或指为吕洞宾，不确。吕洞宾本人及传说均晚于作者。

④邯郸：县名，今属河北省。

⑤摄帽弛带：摘下帽子松开腰带。摄，手提。弛，解下、松开。

⑥隐囊：靠枕。这里用为动词，意谓倚在靠枕上。

隐，凭，靠，旧读去声。

⑦适：到。

⑧富于游艺：有多方面的修养。《论语·述而》："志于道，据于德，依于仁，游于艺。"

⑨青紫可拾：很容易地得到功名富贵。青紫，本为古时公卿绶带之色，因指代高官显爵。《汉书·夏侯胜传》："经术苟明，其取青紫如俛拾地芥耳。"

⑩适壮：到了壮年，年满三十。《礼记·曲礼上》："三十曰壮，有室。"

⑪ 黍:一种一年生粮食作物,子实淡黄色者,去皮后通称黄米,比小米略大,可做饭,可酿酒。

⑫ 窍:孔。此用作动词,开孔。

⑬ 清河崔氏:清河崔氏为当时的显姓望族,唐代寒门以结姻于显姓望族为荣。清河,郡名,治武城(今河北清河西北)。

⑭ 资:资产。厚:丰厚。

⑮ 释褐:换去平民服装,此指进士及第后授官。秘校:秘书省校书郎的简称,掌校勘书籍、订正讹误。

⑯ 应制:参加宏词或拔萃考试。这是唐代的两种选拔官员的考试制度,前者"试文三篇",后者"试判三条"。

⑰ 渭南尉:渭南县尉,掌一县军事。渭南,今属陕西。

⑱ 监察御史:御史台察院的官员,掌分察百僚、巡按郡县、纠视刑狱、肃整朝仪。

⑲ 起居舍人:负责记录皇帝言论的侍从官。

⑳ 知制诰:负责起草诏命的官职。

㉑ 出典同州:出任同州刺史。典,掌管。同州,治冯翊(今陕西大荔)。

㉒ 陕牧:陕州刺史。陕州,治陕县(今河南陕县西南)。牧,州郡长官。

㉓ 土功:指水利工程。据郑樵《通志》,唐玄宗时多次开凿陕州到长安的水道,以利粮食运输,如陕州刺史韦坚天宝间开河道引渭水成功。土,原本作"上",据别本改。

㉔ 移节:改任,指地方长官之间的调动。汴州:治开封(今属河南)。

㉕ 河南道:唐开元十五道之一,辖今山东、河南黄河故道以南,江苏、安徽淮河以北地区。采访使:官名,唐初称按察使,开元时改为采访处置使。

㉖ 京兆尹:官名,唐开元初改雍州为京兆府,雍州长史为京兆尹。

㉗ 神武皇帝:唐玄宗的尊号。事戎狄:对外族开战。

㉘ 恢宏土宇:拓展疆域。

㉙ 攻陷瓜沙:据《旧唐书·萧嵩传》,开元十五年(727),"吐蕃大将悉诺逻恭禄及烛龙莽布支攻陷瓜州城",玄宗派遣萧嵩以兵部尚书、河西节度使衔率兵抵御。瓜州,治晋昌(今甘肃安西东南)。本文取材于此事。

㉚ 河湟:指今甘肃、青海境内的黄河、湟水流域。

㉛ 除:拜官授职。御史中丞:国家监察机关御史台的副长官。

㉜ 河西道节度:河西节度使。唐开元、天宝间为十节度使之一,辖今甘肃河西走廊。

㉝ 三大城:据《旧唐书·张仁愿传》,张仁愿曾筑三座受降城防御突厥。本文当取材于此。

㉞ 居延山:在今内蒙古额济纳旗境内。

㉟ 吏部侍郎:吏部的副长官。吏部,尚书省六部之首,掌全国官员任免、课考、升降、调动之事。

㊱ 户部尚书:户部的正长官。户部,尚书省六部之一,掌全国土地、户籍、赋税、财政之事。御史大夫:国家监察机关御史台的正长官。

㊲ 群情翕(xī)习:众人服从、追随。翕,调协和合。

㊳ 飞语:没有根据的流言。

㊴ 端州:治高要(今广东肇庆)。

㊵ 常侍:皇帝身边的侍从官,唐代多为大臣的兼职。

㊶ 同中书门下平章事:唐代以中书省长官中书令、门下省长官侍中为宰相,以他官任宰相,则称"同中书门下平章事"。

㊷ 萧中令嵩、裴侍中光庭:都是玄宗朝的重臣。中令,中书令。

㊸ 嘉谟:指皇帝的旨意。嘉,美好。谟,谋划。

㊹ 献替启沃:指给皇帝的奏议讽谏。献替,即"献可替否",对皇帝的建议与劝谏。启沃,开诚忠告。

㊺ 制狱:皇帝特命拘押罪人的监狱。制,诏命。

㊻ 收:逮捕。

㊼ 短褐:粗布短衣,贫贱者所穿着。短,"裋"(shù)的借字。

㊽ 罢者:指受到牵连的人。

㊾ 中官:宦官。

㊿ 投驩州:发配到驩州。驩州,治九德(今越南荣市)。

51 中书令:见注㊶。

52 考功员外:考功员外郎,吏部考功司的副长官,负责官员的业绩考核。

53 侍御史:御史台中的官职,负责监察。

54 太常丞:太常寺丞,负责祭祀礼乐的官职。太,原本作"大",太的古字;据别本改。

55 万年:古县名,与长安县同治都城(今陕西西安),辖都城东片。尉,县尉,掌一县军事的官员。

56 左襄:《太平广记》作"右补阙"。即拾遗、补阙一类的谏官。

57 窜:流放。荒徼:荒远的边地。徼,边界。

58 台铉(xuàn):指宰相之职。铉,本义是鼎耳,后比喻重臣。

153

⑤中外：中央和地方(的职位)。

⑥台阁：原指尚书台，后泛指中央政府机构。

⑥后庭：一般指后宫，这里指姬妾的住所。

⑥乞骸骨：古代请求退休的婉词。

⑥中人：宦官。

⑥诸生：此指儒生。

⑥秩鸿私：给予很大的偏爱。秩，有官职、俸禄的意思，这里指授官、赏俸。鸿，巨大。

⑥忝(tiǎn)：有愧于。

⑥负乘贻寇：居非其位，才不称职的谦词。语出于《周易·解》："六三，负且乘，致寇至。"意思是背负着包裹乘车(显示出自己不配享受的低下身份)，结果招致强盗抢夺。

⑥履薄：如履薄冰，形容谨慎、惶恐的样子。

⑥三事：这里指三公之职，有位极人臣之意。

⑦钟漏并歇：比喻衰朽残年，来日无多。钟，击之报时的铜钟。漏，古时主要的计时器漏壶。

⑦耄：原义是高龄，此处意为衰颓。

⑦休明：美好清明，指君主的美政。

⑦无任：犹言不胜。

⑦元辅：宰相。

⑦藩翰：指捍卫王室的重臣。典出《诗经·大雅·板》："价人维藩，大师维垣，大邦维屏，大宗维翰。"毛传："藩，屏也；翰，干也。"

⑦雍熙：和乐升平。

⑦二纪：二十四年。岁星十二年运行一周，为一纪。

⑦比：近来。婴：遭受。

⑦高力士(684—762)：高州良德(今广东高州东北)人，唐宦官，本姓冯，养于宦官高氏，遂姓高。玄宗时颇受宠幸，封渤海郡公。

⑧针石：古代针灸所用的砭石制成的石针。此泛指治疗手段。

⑧无妄：《周易·无妄》："九五，无妄之疾，勿药有喜。"意谓虽得病，但不必服药而自然痊愈。用于治病时，多为希冀、祝福痊愈的意思。

⑧有瘳(chōu)：也是痊愈之意。古文中，无妄、有瘳常常对举。

⑧薨(hōng)：死的别称。唐代称三品以上大官之死。《新唐书·百官志一》："凡丧，三品以上称薨。"原本作"梦"，据别本改。

⑧偃：卧。

⑧触类：各种，所有。

⑧蹶然：快速起身的样子。兴：起来。

⑧怃然：失意的样子。

⑧窒吾欲：抑制我的欲望。窒，抑制。

⑧稽首：古时一种叩头至地的跪拜礼。

【提示】

这篇小说是唐人传奇中的著名篇章，在当时及后世都有很大影响。

追逐功利抑或淡泊自适，是古代士人普遍感到要慎重选择的人生道路。《枕中记》的作者通过卢生梦游的故事，给出了他对这一难题的回答：追逐功利只是"一枕黄粱"。这不仅形象而凝炼地表达了宦海风波多险恶、人生富贵皆空幻的内涵，而且对失意士人有心理补偿、心态平衡的特殊作用，确有人认同接受还广为传播。元明以还，马致远、汤显祖、蒲松龄等名家都曾以《枕中记》为底本而再行创作发挥。

从写作角度看，本文一个突出的特点是虚实结合。虽说《枕中记》的框架受到南朝志怪小说的影响，梦中岁月长达六十年更属虚妄而纯粹出于假想，但梦中的一些具体内容却直接取材于当时现实，如对吐蕃之战，开凿河道等，甚至萧嵩、裴光庭、高力士等人物名号也都是真实的。这既反映了当时以小说见"史才"的风尚，又通过虚与实的强烈比照加强了揭露官场凶险的力度，突出了功名富贵实如过眼云烟的劝诫意味。

由于作者的创作意图是借这个寓言式的传奇故事惊醒世人，所以文笔多为概括的叙述而极少具体描写，这对小说的艺术性来说，是个欠缺。不过，作品开头与结尾处卢生和吕翁的两番对话仍不乏生动。尤其是"卢生欠伸而悟"一节，在平淡的叙述中蕴含了感慨、醒悟、讥讽、悲悯等复杂情意，不露声色地凭"谢曰"以下数句作结，主旨全出，是高明之笔。

【思考与练习】

一、分析作品是如何逐渐加深对"富贵人生"的反思与批判的。

二、分析作品首尾呼应的手法及其艺术效果。

三、作品阐发的人生观有何积极意义？今天来看，又有什么局限性？

四、你所了解的古代文学作品中，还有哪些表现出类似的思想观念？

[般涉调]哨遍①

睢景臣

睢景臣,字景贤,扬州(今属江苏)人,元戏曲家、散曲家。生卒年不详。钟嗣成《录鬼簿》谓大德七年(1303)曾与之在杭州相见,并称道他"心性聪明,酷嗜音律"。朱权《太和正音谱》评其散曲"如凤管秋声"。撰有杂剧《屈原投江》等三种,均佚,今存套曲三篇收在《太平乐府》等散曲集中。

高祖还乡②

社长排门告示③,但有的差使无推故④。这差使不寻俗⑤。一壁厢纳草也根⑥,一边又要差夫,索应付。又言是车驾,都说是銮舆⑦,今日还乡故。王乡老执定瓦台盘⑧,赵忙郎抱着酒胡芦⑨。新刷来的头巾,恰糨来的绸衫⑩,畅好是妆幺大户⑪。

【耍孩儿⑫】 瞎王留引定火乔男女⑬,胡踢蹬吹笛擂鼓⑭。见一彪人马到庄门⑮,匹头里几面旗舒⑯:一面旗白胡阑套住个迎霜兔⑰,一面旗红曲连打着个毕月乌⑱。一面旗鸡学舞⑲,一面旗狗生双翅⑳,一面旗蛇缠胡芦㉑。

【五煞㉒】 红漆了叉,银铮了斧㉓。甜瓜苦瓜黄金镀㉔。明晃晃马镫枪尖上挑㉕,白雪雪鹅毛扇上铺。这几个乔人物,拿着些不曾见的器杖,穿着些大作怪衣服。

【四煞】 辕条上都是马,套顶上不见驴。黄罗伞柄天生曲。车前八个天曹判㉖,车后若干递送夫。更几个多娇女,一般穿着,一样妆梳。

【三煞】 那大汉下的车,众人施礼数。那大汉觑得人如无物。众乡老展脚舒腰拜,那大汉那身着手扶㉗。猛可里抬头觑,觑多时认得,险气破我胸脯。

【二煞】 你须身姓刘,你妻须姓吕。把你两家儿根脚从头数:你本身做亭长耽几盏酒㉘,你丈人教村学读几卷书。曾在俺庄东住,也曾与我喂牛切草,拽坝扶锄㉙。

【一煞】 春采了桑,冬借了俺粟。零支了米麦无重数。换田契强秤了麻三秤,还酒债偷量了豆几斛㉚。有甚胡突处㉛?明标着册历㉜,见放着文书。

【尾㉝】 少我的钱差发内旋拨还㉞,欠我的粟税粮中私准除㉟。只道刘三谁肯把你揪捽住㊱?白什么改了姓更了名唤作汉高祖㊲!

(《太平乐府》,元杨朝英编,《历代散曲汇纂》影印本,杭州:浙江古籍出版社,1998)

【注释】

① 般涉调:这套散曲的共同宫调名。哨遍:这套散曲第一支曲子的曲牌名,也作"稍遍"。

② 高祖:汉高祖刘邦。他出身微贱,登基后衣锦还乡,历来传为美谈,在元代更成为杂剧与散曲的热门题材。

③ 社:古代类似保、甲一类的社会单位。元代农村以五十户为一社,设社长管理赋税等。排门告示:挨户通知。

④ 但有的:所有的。无推故:不得借故推脱。

⑤ 不寻俗:不寻常。

⑥ 一壁厢:一边。纳草也根:交纳粮草。根,当为"粮"字之误。

⑦ 銮舆:皇帝的车驾。

⑧ 乡老:指乡邻中的头面人物。

⑨ 忙郎:村人的通称。

⑩ 糨(jiàng):旧时洗衣,用非常稀薄的面糊上浆,使其挺括。

⑪ 畅好是:正好是。妆幺大户:冒充的阔人。

⑫ 耍孩儿:曲牌名。

⑬ 王留:元杂剧中年轻农民的泛称。火:同"伙"。乔:装模作样,稀奇古怪。

⑭ 胡踢蹬:胡乱地,胡闹。

⑮ 彪:当作"彪",旧戏曲、小说里,一队称一彪。

⑯ 匹头里:劈头,当头。

⑰ 胡阑:圆环。迎霜兔:指月中玉兔。此指仪仗队中的月旗。

⑱ 曲连:圆圈。毕月乌:指日中金乌。古人以二十八宿中的毕宿及七曜中的月曜与乌鸟相配,故有此称。此指仪仗队中的日旗。

⑲ 鸡学舞:指凤。

⑳ 狗生双翅:指飞虎。

㉑ 蛇缠胡芦:指龙。

㉒ 煞:曲牌名,用于套数,多连用几支,以逆序计数。

㉓ 银铮:镀银。

㉔ 甜瓜苦瓜:指仪仗队中的金瓜锤。

㉕ 马镫枪尖上挑:指仪仗队中的朝天镫。

㉖ 天曹判:天界的判官,此指驾前侍卫。

㉗ 那(nuó)身:挪身。那,同"挪"。

㉘ 亭长:刘邦起兵前曾作泗水亭长。秦制,十里为亭,十亭为乡。耽:迷恋,沉湎。

㉙ 堪:当为"耥"字之误。耥,牵引犁、耙等农具的畜力单位。又《雍熙乐府》本此字作"耙(pá)",一种一端有齿的长柄农具,用以聚拢、耙梳谷物或整地。

㉚ 斛:十斗。

㉛ 胡突:糊涂。

㉜ 册历:账簿。

㉝ 尾:也叫"尾声",曲牌名,放在一套曲子的末尾,故称。

㉞ 差发:元代抵赋税、充徭役的款项。旋:马上。

㉟ 私准除:暗地扣除。

㊱ 刘三:刘邦排行第三,故称。揪捽(zuó):拉扯。

㊲ 白什么:平白地为什么。这里表示主人公对刘邦身份一无所知,是调侃语。

【提示】

这是一篇诙谐而又辛辣的讽刺喜剧作品。

刘邦出身微贱,后成帝王。后世有人故意把他神化,愚弄人民,有所谓"真龙天子"、"天命攸归"的"美谈"。本文却借平民百姓之口,对刘邦尽情调侃、嘲讽,表现出对帝王的轻蔑。在封建专制统治下,作者有这种见识和勇气,确属难能可贵。

作品由八支曲子构成,分为四个层次:第一支【哨遍】曲为一层,写车驾到来前乡里的忙乱;【耍孩儿】至【四煞】为第二层,写农民眼中的銮舆仪仗;【三煞】至【一煞】为第三层,写农民认出刘邦面目后的心理活动,借此揭露刘邦微贱时的无赖行为;最后一层是【尾】,以讥笑刘邦改姓更名"唤作汉高祖",把整部喜剧推向高潮。

在表现手法上,本篇独出心裁,完全立足于平民百姓的主观视角,从而化神圣庄严为荒唐滑稽,产生出强烈的反讽效果。在描写乡民心理活动时,步步递进:先是对乡里头面人物反常的忙乱感到困惑,继而对"乔男女"、"大作怪衣服"产生好奇,接下来自以为看破了真相,半是愤怒半是挖苦,最后归于对"改了姓更了名"的指责。无知、误解与真实情况杂糅在一起,使读者看到了一个活灵活现的普通乡民的心理世界;而在这个似乎充满扭曲变形的世界里,却显露出了汉高祖的真实面目。作者巧妙地使变形与真实相反相成,在调侃、幽默中透出犀利的批判锋芒。

【思考与练习】

一、作品通过乡民的主观视角描写汉高祖还乡场面,出现了哪些"误解"? 这样描写的特殊效果是什么? 此文突出的意义是什么?

二、作品中的刘邦是个怎样的人?

三、作者对乡民所持的态度是怎样的?

【辑评】

维扬诸公,俱作《高祖还乡》套数,惟公【哨遍】制作新奇,皆出其下。(元·钟嗣成《录鬼簿》)

"也曾与我喂牛切草,拽坝扶锄。"

报 刘一丈书①

宗 臣

宗臣(1525—1560),字子相,号方城山人,兴化(今属江苏)人。明文学家。嘉靖二十九年(1550)进士,授刑部主事,移吏部文选司,进稽勋司员外郎。因与杨继盛相善,得罪奸相严嵩,被贬为福建布政司参议。因抗御倭寇有功,迁福建提学副使,卒于任上。当时李攀龙、王世贞主盟文坛,宗臣与王、李及谢榛、梁有誉、徐中行、吴国伦合称"后七子"。他的创作较少摹拟堆砌习气,散文的成就在"后七子"中较为突出。有《宗子相集》。

数千里外,得长者时赐一书②,以慰长想,即亦甚幸矣;何至更辱馈遗③,则不才益将何以报焉④?书中情意甚殷⑤,即长者之不忘老父,知老父之念长者深也。至以"上下相孚⑥,才德称位"语不才⑦,则不才有深感焉。夫才德不称,固自知之矣;至于不孚之病,则尤不才为甚。

且今世之所谓"孚"者,何哉?日夕策马⑧,候权者之门⑨。门者故不入⑩,则甘言媚词⑪,作妇人状,袖金以私之⑫。即门者持刺入⑬,而主者又不即出见。立厩中仆马之间,恶气袭衣裾,即饥寒毒热不可忍,不去也⑭。抵暮,则前所受赠金者出,报客曰:"相公倦⑮,谢客矣⑯。客请明日来。"即明日,又不敢不来。夜披衣坐,闻鸡鸣,即起盥栉⑰,走马抵门。门者怒曰:"为谁?"则曰:"昨日之客来。"则又怒曰:"何客之勤也!岂有相公此时出见客乎?"客心耻之,强忍而与言曰:"亡奈何矣⑱,姑容我入。"门者又得所赠金,则起而入之。又立向所立厩中。幸主者出,南面召见⑲,则惊走匍匐阶下⑳。主者曰:"进!"则再拜,故迟不起;起则上所上寿金㉑。主者故不受,则固请。主者故固不受,则又固请。然后命吏内之㉒,则又再拜,又故迟不起,起则五六揖,始出。出,揖门者曰:"官人幸顾我㉓!他日来,幸亡阻我也㉔!"门者答揖,大喜奔出。马上遇所交识,即扬鞭语曰:"适自相公家来㉕,相公厚我,厚我!"且虚言状㉖。即所交识,亦心畏相公厚之矣。相公又稍稍语人曰:"某也贤,某也贤。"闻者亦心计交赞之㉗。此世所谓"上下相孚"也。长者谓仆能之乎㉘?

前所谓权门者,自岁时伏腊一刺之外㉙,即经年不往也。间道经其门㉚,则亦掩耳闭目,跃马疾走过之,若有所追逐者。斯则仆之褊哉㉛,以此常不见悦于长吏,仆则愈益不顾也。每大言曰:"人生有命,吾惟守分尔矣㉜!"长者闻此,得无厌其为迂乎㉝?

乡园多故㉞,不能不动客子之愁。至于长者之抱才而困,则又令我怆然有感。天之与先生者甚厚,亡论长者不欲轻弃之㉟,即天意亦不欲长者之轻弃之也,幸宁心哉㊱!

(《宗子相集》,明宗臣撰,明天华阁刊本)

【注释】

① 报:答复。刘一丈:宗臣父亲的朋友。"一"是排行,"丈"是对男性长辈的尊称。刘一丈号墀石,有学识、抱负,一生在家乡隐居。

② 长(zhǎng)者:对长辈的称呼,这里指刘一丈。

③ 辱:谦辞,意为自己地位低,对方地位高,这样是屈辱了对方。馈遗(kuì wèi):赠送礼物。

④ 不才:无才,作者自己的谦称。

⑤ 殷:恳切,深厚。

⑥ 上下相孚:上级和下级彼此信任。

⑦ 才德称(chèn)位:才能和品德跟自己的地位相称。

⑧ 日夕:白天和晚上,一天到晚。策马:用马鞭赶马,意即骑马。

⑨ 权者:有权有势的人,这里指当时的宰相严嵩等人。

⑩ 门者:看门人。故不入:故意不让进去。

⑪ 甘言媚词:甜言蜜语,奉承诏媚的话。

⑫ 袖金:在衣袖中藏着银子。私之:偷偷地送给门者,指贿赂。

⑬ 刺:名帖,名片。

⑭ 不去:不离开。

⑮ 相公:对宰相的尊称。

⑯ 谢:谢绝,意为不接见。

⑰ 盥栉(guàn zhì):洗脸梳头。

⑱ 亡(wú)奈何:没奈何,没办法。亡,同"无"。

⑲ 南面:坐北朝南。古代以朝南为尊。

⑳ 匍匐:伏在地上。

㉑ 寿金:礼金。

㉒ 内(nài)之:收下它(这份礼金)。内,同"纳"。

㉓ 官人:称呼做大官的人,这是对守门人的尊称。顾:照顾。

㉔ 幸:希望。亡(wú):通"毋",不要。

㉕ 适:刚才。

㉖ 且虚言状:并且虚假地说了一些相公厚待他的情况。

㉗ 心计交赞之:心里盘算着,交相称赞他。之,指相公称赞的那个人。

㉘ 仆:自己的谦逊。

㉙ 岁时:一年的四时节令。伏腊:夏天的伏日,冬天的腊日,都是一年中重要的祭祀日。

㉚ 间:间或,偶然。

㉛ 斯:这。褊(biǎn):狭小,此指心胸狭隘。

㉜ 守分(fèn):守住做人的本分。

㉝ 得无:能不,岂不。

㉞ 故:变故。

㉟ 亡(wú)论:无论。

㊱ 幸宁心哉:希望能够心情平静。

【提示】

明世宗嘉靖中叶,严嵩、严世蕃父子当国,恃宠揽权,骄焰熏天。一时无耻之徒,相率奔走其门,干谒求进,贿赂成风。而许多正直有才华的士大夫,则遭受排挤打击,报国无门。宗臣目睹官场种种黑暗与腐败,深感不平,借着给刘一丈复书的机会,对此大胆进行了揭露与抨击。

作者就来书中提出的"上下相孚,才德称位"两语发挥,以具体生动的事例,采用既夸张变形又简洁传神的手法,勾勒出一幅官场行贿受贿、买官卖官的生动画面。干谒者的奴颜婢膝,守门者的狐假虎威,当权者的虚伪贪婪,无不形神兼备,惟妙惟肖。文章有着强烈的现实针对性和批判性。

本文在内容布局与写法上亦颇具匠心。作者于"才德称位"仅一笔带过,却对"上下相孚"在当时之虚伪大加挞伐。这是因为"上下相孚"的真相一旦揭穿,"才德称位"便成了无根之木,也就毋须多作辩述了。文章写"上下相孚",按常理抨击的重点应在上者,但作者的描写却略于"上"而详于"下"。对求官者的卑躬屈膝、甘言媚词,守门人的颐指气使、敲诈勒索,都有详尽的刻画;而对相公的描绘则着墨无多,仅用"故不受"、"故固不受"、"然后命吏内之"寥寥数语,骄横贪婪、虚伪做作的本相即已毕露。"下"者的表现如此,那么"上"

者的权势与气焰也就不难想见了。

【思考与练习】

一、在当时政治黑暗、不少士大夫寡廉鲜耻的情况下,作者表现了怎样的态度与勇气?

二、文章详写谒见前,而略写谒见后,这在艺术上取得了何种效果?

【辑评】

描写逢迎之状态如画。又先夫子曰:宗臣字子相,兴化人。提学副使。其文虽无深致,而方幅整齐。(清·黄宗羲《明文授读》)

叙上下相孚处,未免涉于轻薄,然仕途中更有甚于此者,但不可对人言耳。昏暮乞哀,骄人白日,舍此别无可进身处。(清·林云铭《古文析义》)

是时严介溪揽权,俱是乞哀昏暮、骄人白日一辈人,摹写其丑形恶态,可为尽情。末说出自己之气骨,两两相较,薰莸不同,清浊异质。有关世教之文。(清·吴楚材等《古文观止》)

婴宁^①

蒲松龄

蒲松龄(1640—1715),字留仙,一字剑臣,号柳泉居士,山东淄川(今淄博淄川区)人。清著名小说家。出身于半农半商的家庭,后来逐渐贫困。虽十几岁就成为诸生,但屡次失意于乡试,只得作幕宾、塾师为生。七十一岁才援例成为贡生。因终身都郁郁不得志,又较多接触社会底层,对黑暗的社会现实有深刻认识,故具有"孤愤"、"狂痴"的人生态度,集中表现在他创作的文言短篇小说集《聊斋志异》中。《聊斋志异》所收作品将近500篇,综合六朝志怪与唐传奇之长,借谈鬼说狐,曲折地批判社会,表达理想,是中国古代文言短篇小说的顶峰之作。蒲松龄的诗、文、词、俗曲等作品也有一定成就,今人汇编为《蒲松龄集》、《蒲松龄全集》。

王子服,莒之罗店人^②。早孤。绝慧,十四入泮^③。母最爱之,寻常不令游郊野。聘萧氏,未嫁而夭,故求凰未就也^④。

会上元^⑤,有舅氏子吴生,邀同眺瞩。方至村外,舅家有仆来,招吴去。生见游女如云,乘兴独游。有女郎携婢,捻梅花一枝,容华绝代,笑容可掬。生注目不移,竟忘顾忌。女过去数武^⑥,顾婢曰:"个儿郎目灼灼似贼!"遗花地上,笑语自去。生拾花怅然,神魂丧失,怏怏遂返。

至家,藏花枕底,垂头而睡,不语亦不食。母忧之,醮禳益剧^⑦,肌革锐减。医师诊视,投剂发表^⑧,忽忽若迷。母抚问所由,默然不答。适吴生来,嘱密诘之。吴至榻前,生见之泪下。吴就榻慰解,渐致研诘。生具吐其实,且求谋画。吴笑曰:"君意亦复痴!此愿有何难遂?当代访之。徒步于野,必非世家。如其未字^⑨,事固谐矣;不然,拚以重赂,计必允遂。但得痊瘳,成事在我。"生闻之,不觉解颐^⑩。吴出告母,物色女子居里^⑪,而探访既穷,并无踪绪。母大忧,无所计。然自吴去后,颜顿开,食亦略进。

数日,吴复来。生问所谋。吴给之曰^⑫:"已得之矣。我以为谁何人,乃我姑氏女,即君姨妹行,今尚待聘。虽内戚有婚姻之嫌,实告之,无不谐者。"生喜溢眉宇,问:"居何里?"吴诡曰:"西南山中,去此可三十余里。"生又付嘱再四,吴锐身自任而去^⑬。生由此饮食渐加,日就平复。探视枕底,花虽枯,未便凋落。凝思把玩,如见其人。怪吴不至,折柬招之^⑭。吴支托不肯赴召。生恚怒,悒悒不欢。母虑其复病,急为议姻;略与商榷,辄摇首不愿,惟日盼吴。

吴迄无耗^⑮,益怨恨之。转思三十里非遥,何必仰息他人?怀梅袖中,负气自往,而家人不知也。伶仃独步,无可问程,但望南山行去。约三十余里,乱山合沓,空翠爽肌,寂无

拈花微笑欲欹倾
城情一刻�时转
不情一味天真
何烂漫只宜
呼作太憨生

人行，止有鸟道。遥望谷底，丛花乱树中，隐隐有小里落。下山入村，见舍宇无多，皆茅屋，而意甚修雅。北向一家，门前皆丝柳，墙内桃杏尤繁，间以修竹，野鸟格磔其中⑯。意其园亭，不敢遽入。回顾对户，有巨石滑洁，因据坐少憩。

俄闻墙内有女子，长呼"小荣"，其声娇细。方伫听间，一女郎由东而西，执杏花一朵，俯首自簪。举头见生，遂不复簪，含笑捻花而入。审视之，即上元途中所遇也。心骤喜。但念无以阶进⑰；欲呼姨氏，顾从无还往，惧有讹误。门内无人可问。坐卧徘徊，自朝至于日昃⑱，盈盈望断，并忘饥渴。时见女子露半面来窥，似讶其不去者。忽一老媪扶杖出，顾生曰："何处郎君，闻自辰刻便来，以至于今。意将何为？得勿饥耶？"生急起揖之，答云："将以盼亲。"媪聋聩不闻。又大言之。乃问："贵戚何姓？"生不能答。媪笑曰："奇哉！姓名尚自不知，何亲可探？我视郎君，亦书痴耳。不如从我来，啖以粗粝，家有短榻可卧。待明朝归，询知姓氏，再来探访，不晚也。"生方腹馁思啖，又从此渐近丽人，大喜。从媪入，见门内白石砌路，夹道红花，片片堕阶上；曲折而西，又启一关⑲，豆棚花架满庭中。肃客入舍⑳，粉壁光如明镜；窗外海棠枝朵，探入室中；裀藉几榻㉑，罔不洁泽。甫坐，即有人自窗外隐约相窥。媪唤："小荣！可速作黍。"外有婢子嗷声而应。坐次，具展宗阀㉒。媪曰："郎君外祖，莫姓吴否？"曰："然。"媪惊曰："是吾甥也！尊堂㉓，我妹子。年来以家窭贫㉔，又无三尺男，遂至音问梗塞。甥长成如许，尚不相识。"生曰："此来即为姨也，匆遽遂忘姓氏。"媪曰："老身秦姓，并无诞育；弱息仅存㉕，亦为庶产㉖。渠母改醮㉗，遗我鞠养。颇亦不钝，但少教训，嬉不知愁。少顷，使来拜识。"

未几，婢子具饭，雏尾盈握㉘。媪劝餐已，婢来敛具。媪曰："唤宁姑来。"婢应去。良久，闻户外隐有笑声。媪又唤曰："婴宁，汝姨兄在此。"户外嗤嗤笑不已。婢推之以入，犹掩其口,笑不可遏。媪瞋目曰㉒:"有客在,咤咤叱叱,是何景象?"女忍笑而立,生揖之。媪曰:"此王郎,汝姨子。一家尚不相识,可笑人也。"生问:"妹子年几何矣?"媪未能解。生又言之。女复笑,不可仰视。媪谓生曰:"我言少教诲,此可见矣。年已十六,呆痴裁如婴儿㉓。"生曰:"小于甥一岁。"曰:"阿甥已十七矣,得非庚午属马者耶?"生首应之。又问:"甥妇阿谁?"答云:"无之。"曰:"如甥才貌,何十七岁犹未聘?婴宁亦无姑家,极相匹敌。惜有内亲之嫌。"生无语,目注婴宁,不遑他瞬㉛。婢向女小语云:"目灼灼,贼腔未改!"女又大笑,顾婢曰:"视碧桃开未?"遽起,以袖掩口,细碎连步而出。至门外,笑声始纵。媪亦起,唤婢襆被㉒,为生安置。曰:"阿甥来不易,宜留三五日,迟迟送汝归。如嫌幽闷,舍后有小园,可供消遣;有书可读。"

次日,至舍后,果有园半亩,细草铺毡,杨花糁径㉝;有草舍三楹,花木四合其所。穿花小步,闻树头苏苏有声,仰视,则婴宁在上。见生来,狂笑欲堕。生曰:"勿尔,堕矣!"女且下且笑,不能自止。方将及地,失手而堕,笑乃止。生扶之,阴捘其腕㉞。女笑又作,倚树不能行,良久乃罢。生俟其笑歇,乃出袖中花示之。女接之,曰:"枯矣。何留之?"曰:"此上元妹子所遗,故存之。"问:"存之何意?"曰:"以示相爱不忘也。自上元相遇,凝思成疾,自分化为异物㉟。不图得见颜色,幸垂怜悯。"女曰:"此大细事。至戚何所靳惜?待郎行时,园中花,当唤老奴来,折一巨稛负送之。"生曰:"妹子痴耶?""何便是痴?"曰:"我非爱花,爱捻花之人耳。"女曰:"葭莩之情㊱,爱何待言。"生曰:"我所为爱,非瓜葛之爱,乃夫妻之爱。"女曰:"有以异乎?"曰:"夜共枕席耳。"女俯思良久,曰:"我不惯与生人睡。"语未已,婢潜至,生惶恐遁去。

少时,会母所,母问:"何往?"女答以园中共话。媪曰:"饭熟已久,有何长言,周遮乃尔㊲。"女曰:"大哥欲我共寝。"言未已,生大窘,急目瞪之。女微笑而止。幸媪不闻,犹絮絮究诘。生急以他词掩之,因小语责女。女曰:"适此语不应说耶?"生曰:"此背人语。"女曰:"背他人,岂得背老母。且寝处亦常事,何讳之?"生恨其痴,无术可以悟之。食方竟,家中人捉双卫来寻生㊳。先是,母待生久不归,始疑;村中搜觅几遍,竟无踪兆。因往询吴。吴忆曩言,因教于西南山村行觅。凡历数村,始至于此。生出门,适相值,便入告媪,且请偕女同归。媪喜曰:"我有志,匪伊朝夕㊴。但残躯不能远涉,得甥携妹子去,识认阿姨,大好!"呼婴宁。宁笑至。媪曰:"有何喜,笑辄不辍?若不笑,当为全人。"因怒之以目,乃曰:"大哥欲同汝去,可便装束。"又饷家人酒食,始送之出曰:"姨家田产丰裕,能养冗人。到彼且勿归,小学诗礼,亦好事翁姑。即烦阿姨,为汝择一良匹。"二人遂发。至山坳,回顾,犹依稀见媪倚门北望也。

抵家,母睹姝丽,惊问为谁。生以姨女对。母曰:"前吴郎与儿言者,诈也。我未有姊,何以得甥?"问女,女曰:"我非母出。父为秦氏,没时,儿在襁中,不能记忆。"母曰:"我一姊适秦氏,良确;然殂谢已久,那得复存?"因审诘面庞、志赘㊵,一一符合。又疑曰:"是矣。然亡已多年,何得复存?"疑虑间,吴生至,女避入室。吴询得故,惘然久之。忽曰:"此女名婴宁耶?"生然之。吴亟称怪事。问所自知,吴曰:"秦家姑去世后,姑丈鳏居,祟于狐,病瘵死。狐生女名婴宁,绷卧床上,家人皆见之。姑丈殁,狐犹时来;后求天师符黏壁间,狐遂携女去。将勿此耶?"彼此疑参,但闻室中吃吃皆婴宁笑声。母曰:"此女亦太憨生。"吴请面之。母入室,女犹浓笑不顾。母促令出,始极力忍笑,又面壁移时,方出。才一展拜,翻然遽入,放声大笑。满室妇女,为之粲然㊶。

吴请往觇其异⁴²,就便执柯⁴³。寻至村所,庐舍全无,山花零落而已。吴忆姑葬处,仿佛不远;然坟垅湮没,莫可辨识,诧叹而返。母疑其为鬼。入告吴言,女略无骇意;又吊其无家,亦殊无悲意,孜孜憨笑而已。众莫之测。母令与少女同寝止。昧爽即来省问⁴⁴,操女红精巧绝伦。但善笑,禁之亦不可止;然笑处嫣然,狂而不损其媚,人皆乐之。邻女少妇,争承迎之。母择吉将为合卺⁴⁵,而终恐为鬼物。窃于日中窥之⁴⁶,形影殊无少异。至日,使华妆行新妇礼;女笑极不能俯仰⁴⁷,遂罢。生以其憨痴,恐漏泄房中隐事;而女殊密秘,不肯道一语。每值母忧怒,女至,一笑即解。奴婢小过,恐遭鞭楚,辄求诣母共话;罪婢投见,恒得免。而爱花成癖,物色遍戚党;窃典金钗,购佳种,数月,阶砌藩溷⁴⁸,无非花者。

庭后有木香一架,故邻西家。女每攀登其上,摘供簪玩。母时遇见,辄诃之。女卒不改。一日,西人子见之,凝注倾倒。女不避而笑。西人子谓女意已属,心益荡。女指墙底笑而下,西人子谓示约处,大悦。及昏而往,女果在焉。就而淫之,则阴如锥刺,痛彻于心,大号而踣。细视非女,则一枯木卧墙边,所接乃水淋窍也。邻父闻声,急奔研问,呻而不言。妻来,始以实告。爇火烛窍⁴⁹,见中有巨蝎,如小蟹然。翁碎木捉杀之。负子至家,半夜寻卒。邻人讼生,讦发婴宁妖异。邑宰素仰生才,稔知其笃行士,谓邻翁讼诬,将杖责之。生为乞免,逐释而出。母谓女曰:“憨狂尔尔,早知过喜而伏忧也。邑令神明,幸不牵累;设鹘突官宰⁵⁰,必逮妇女质公堂,我儿何颜见戚里?”女正色,矢不复笑⁵¹。母曰:“人罔不笑,但须有时。”而女由是竟不复笑,虽故逗,亦终不笑;然竟日未尝有戚容⁵²。

一夕,对生零涕。异之。女哽咽曰:“曩以相从日浅,言之恐致骇怪。今日察姑及郎,皆过爱无有异心,直告或无妨乎?妾本狐产。母临去,以妾托鬼母,相依十余年,始有今日。妾又无兄弟,所恃者惟君。老母岑寂山阿,无人怜而合厝之⁵³,九泉辄为悼恨。君倘不惜烦费,使地下人消此怨恫,庶养女者不忍溺弃⁵⁴。”生诺之,然虑坟冢迷于荒草。女但言无虑。刻日,夫妻舆榇而往⁵⁵。女于荒烟错楚中⁵⁶,指示墓处,果得媪尸,肤革犹存。女抚哭哀痛。舁归⁵⁷,寻秦氏墓合葬焉。是夜,生梦媪来称谢,寤而述之。女曰:“妾夜见之,嘱勿惊郎君耳。”生恨不邀留。女曰:“彼鬼也。生人多,阳气胜,何能久居?”生问小荣,曰:“是亦狐,最黠。狐母留以视妾,每摄饵相哺,故德之常不去心⁵⁸。昨问母,云已嫁之。”由是岁值寒食⁵⁹,夫妻登秦墓,拜扫无缺。

女逾年,生一子。在怀抱中,不畏生人,见人辄笑,亦大有母风云。

异史氏曰⁶⁰:“观其孜孜憨笑,似全无心肝者;而墙下恶作剧,其黠孰甚焉!至凄恋鬼母,反笑为哭,我婴宁殆隐于笑者矣。窃闻山中有草,名‘笑矣乎’。嗅之,则笑不可止。房中植此一种,则合欢、忘忧⁶¹,并无颜色矣。若解语花⁶²,正嫌其作态耳⁶³。”

(《聊斋志异》会校会注会评本,清蒲松龄撰,清吕湛恩等注,清王士禛等评,上海:上海古籍出版社,1978)

【注释】

① 本篇文字据作者稿本,个别地方据别本改。篇名“婴宁”,似出于《庄子·大宗师》“其为物,无不将也,无不迎也,无不毁也,无不成也,其名为撄宁”,所谓“撄宁”,指合乎天道、保持自然本色的人生。

② 莒(jǔ):莒县,今属山东。

③ 入泮(pàn):古代学校有泮池,故称学童入学为入泮。

④ 求凰:犹言求妻。相传西汉时著名辞赋家司马相如曾以“凤求凰”琴曲向卓文君求婚。

⑤ 上元:节日名,即元宵节。中国古代从北魏开始以正月十五为上元节,七月十五为中元节,十月十五为下元节,源于道教。

⑥ 数武:几步。武,半步。

⑦ 醮禳(jiào ráng):设醮禳解。醮,道士设坛祈祷。禳,除去邪恶与灾祸。

⑧ 发表:中医的一种治疗方法,即通过让患者出汗使其体内邪毒发散出来。

⑨ 未字:女子还没有订婚。

⑩ 解颐:开怀欢笑。

⑪ 居里:居住的乡里。

⑫ 绐(dài):欺诳。

⑬ 锐身自任:挺身担起责任。锐身,挺身。

⑭ 折柬:裁纸写信。

⑮ 耗:音信。

⑯ 格磔(zhé):鸟鸣声。

⑰ 无以阶进:找不到进去的理由。阶,台阶,这里喻指借口、理由。

⑱ 日昃(zè):过中午。昃,日偏。

⑲ 启一关:开了一道门。关,门。

⑳ 肃客:迎客。肃,引导、迎接。

㉑ 祸藉:坐垫,坐席。

㉒ 具展宗阀:各自述说家世。阀,本指官宦人家门前记录功业的柱子,后泛指功业或家世。

㉓ 尊堂:对别人母亲的敬称。

㉔ 窭(jù)贫:贫穷。窭:原作"屡",据青柯亭本改。

㉕ 弱息:幼弱的子女。

㉖ 庶产:姬妾所生。

㉗ 渠:她的。改醮:改嫁。

㉘ 雏尾盈握:(摆上来)肥鸡肥鸭。古人称幼小的鸡鸭为"雏尾不盈握",即尾巴还抓不满一把。

㉙ 瞋(chēn)目:瞪眼。瞋:原作"嗔",据青柯亭本改。

㉚ 裁:才。

㉛ 不遑他瞬:顾不上看其他地方。不遑,没有空闲。

㉜ 襆(pú)被:指整理铺盖。

㉝ 糁(sǎn):散落。

㉞ 阴拨(zùn):暗地里捏。拨,捏,按。

㉟ 自分:自料,自以为。异物:指死人。

㊱ 葭莩(jiā fú):芦苇中的薄膜。借指疏远的亲戚,但也可泛指亲戚。这里是泛指。

㊲ 周遮:啰嗦,唠叨。

㊳ 捉双卫:牵着两头驴。卫,驴的别名。

㊴ 匪伊朝夕:不止一天。

㊵ 志赘:指人身上的特征。志,通"痣",赘,赘疣。

㊶ 粲然:笑貌。

㊷ 觇(chān)其异:察看有无异常。觇,观察,窥探。

㊸ 执柯:比喻做媒。典出《诗经·豳风·伐柯》:"伐柯如何?匪斧不克。娶妻如何?匪媒不得。"

㊹ 昧爽:黎明。省问:问候,请安。

㊺ 合卺(jǐn):本为古代婚礼上的一种仪式,剖一瓠为两瓢,新郎、新娘各执一瓢,斟酒而饮;后多以之代指成婚。

㊻ 窃:偷偷地,暗地里。日中窥之:传说鬼物在阳光下没有影子,所以用这个方法来检验婴宁。

㊼ 不能俯仰:指笑得直不起腰来。

㊽ 阶砌藩溷(hùn):阶砌,台阶;藩,篱笆;溷,厕所。这里是无所不在的意思。

㊾ 爇(ruò):燃烧,点燃。

㊿ 设:假如。鹘突:糊涂。

51 矢:发誓。

52 戚容:悲伤的神色。

53 合厝(cuò):合葬。厝,埋葬。

54 庶:或许。溺弃:古时重男轻女的恶俗,认为女儿不能接续香火,所以把女婴溺杀。这句的意思是,我安葬了父母,或许可以改变人们轻视女儿的习俗。

55 舆:本义是车箱,引申为车子,这里用作动词,意为运载。櫬(chèn):棺材。

56 错楚:杂乱的丛莽。

57 舁(yú):抬。

58 德之:感激她。德,名词用作动词。不去心:心中惦念。

59 寒食:清明的前两天为寒食节,旧俗这天不点火吃冷食。寒食到清明是扫墓的日子。

60 异史氏:蒲松龄自称。

61 合欢、忘忧:合欢花、忘忧草。因为这两种花草的名字带有开怀之意,所以拿来与"笑矣乎"比较。

62 解语花:意谓像花一美丽而又善解人意,讲话能够让人开心。典出王仁裕《开元天宝遗事》:"明皇秋八月,太液池有千叶白莲数枝盛开,帝与贵戚宴赏焉。左右皆叹羡,久之,帝指贵妃示于左右曰:'争如我解语花?'"

63 作态:造作,不自然。指解语花迎合他人,不是天性的自然流露。

【提示】

《聊斋志异》在中国古代小说中独放异彩之处,是塑造了一批性格各异、生动可爱的女妖形象,特别是其中的狐精,如娇娜、青凤、红玉、莲香等等,无不栩栩如生。而在诸多美丽的狐女中,最为引人注目的一个便是本篇的婴宁。

婴宁的形象有三个突出的地方:一是天真烂漫、无所顾忌的痴笑,一是到了似乎全然不通人情世故程度的娇憨,一是透过那个促狭的恶作剧表现出的狡黠。这三点使得婴宁的形象有声有色地凸现到读者面前,而其中表现出的性格矛盾也成为困扰现代读者的难题。

对于现代的读者来说,研究者提供了两种大相径庭的解读。

一种解读是,婴宁是为自由而生,"封建礼教和传统性别文化强加给女性的一切禁锢,在她身上都失去了作用"。她的不顾一切的笑,"粉碎了一切教条,一切的虚伪"。至于婴宁后来"竟不复笑",则是表现出"现实的沉重"。这种解读的长处是发掘出"痴笑"、娇憨可能蕴含的文化内涵,特别是符合于现代读者阅读后总体的情感倾向。但问题是并不完全合于作者自己所透露的创作意图——"隐于笑者"(笑不是天性发露,而是一种生存策略),另外也难以解释那个恶作剧情节。

另一种解读是,从"异史氏"的评论来探测蒲松龄的创作意图。作者是以"大智若愚,大巧若拙"的人生哲理为构思的文化背景,他根本就没有想过塑造的是一个纯任天真的少女,而是一个为了融入、适应人类生活,以痴笑为韬隐之策略的极为聪明而又可爱的小狐精。这种解释可以克服前一种解读面临的困难,但把婴宁说成谋略深远、玩弄王子服与众人(包括我们读者)于股掌的心机深重的狐狸精,却又大大背离了多数读者基本的阅读感受。

更圆通的解释可能是:作者确实有塑造"隐于笑"者的形象、甚而表现老庄人生哲学的意图。但一旦进入写作过程,人物自己就"生长"起来,作者思想中赞美、追求真性情的倾向不自觉地倾注到婴宁身上,成为小狐精最为鲜明的顺其自然、纯任人性发展的独特个性特征,其墙下之"黠",虽然淫棍罪不至死,不过对女人来说,未必不是一种保护纯洁人性的有效手段,是对不法男人的严惩及夸张的描写。但始料不及的也同时造成了人物性格的一定程度的内在矛盾。实际上,这种情况在很多优秀的作品中都存在,如《水浒》里的宋江、《红楼梦》中的尤三姐。

这篇作品塑造人物的另一个重要特色是把娇憨的婴宁处处与烂漫的鲜花映照来写,使"笑"与"花"成为少女天真的个性鲜明的象征性因素。

【思考与练习】

一、请就上述三种解读发表自己的看法。

二、作品中是怎样描写婴宁"笑"的音容姿态的?

三、作品中是怎样描写围绕着婴宁的鲜花的?这些笔墨艺术效果如何?

四、有兴趣者,可把《聊斋志异·小翠》与本篇对照来读,比较二者在情节与人物上的相似处。

【辑评】

婴宁憨态,一片天真,过于司花儿远矣。我正以其笑为全人。(清·何守奇评本《聊斋

志异》)

　　有花乃有人,有人乃有笑;见其花如见其人,欲见其人,必袖其花。乃未见其人,而先见其里落之花,见其门前之花,则野鸟格磔中,固早有含笑捻花人在矣。未见其人,先闻其声,见其花,见其笑,而后审视而得见所欲见之人。既照应起笔,即引逗下文,文中贵有顿笔也。至入门而夹道写花,庭外写花,窗外写花,室内写花,借许多花引出人来;而复未写其人,先写其笑,写其户外之笑,写其入门之笑,写其见面之笑,又照应上元之言,照应上元之笑。许多笑字,配对上许多花字,此遥对法也。随手借视碧桃撇开,写花写笑,双双绾住,然后再写花,再写人,再写笑。树上写笑,将堕写笑,堕时写笑,堕后写笑,束住笑字,正叙袖中之花,入正面矣,却以园中花作一夹衬,随又撇开。写其笑,写其来时之笑,写其见母之笑,写其见客之笑,写其转入之笑;又恐冷落花字,以山花零落,小作映带,然后笑与花反复并写,从花写笑,从笑而写不笑;既不笑矣,笑字无从写矣,偏以不笑反复映衬,而忽而零涕,忽而哽咽,忽而抚哭哀痛,无非出力反衬笑字。更以其子见人辄笑,大有母风,收拾全篇笑字。此作者以嬉笑为文章,如评中所云,隐于笑者矣。故为琐琐批出,而不禁失声大笑。○此篇以笑字立胎,而以花为眼,处处写笑,即处处以花映带之。捻梅花一枝数语,已伏全文之脉,故文章全在提掇处得力也。以捻花笑起,以摘花不笑收,写笑层见叠出,无一意冗复,无一笔雷同,不笑后复用反衬,后仍结转笑字,篇法严密乃尔。(清·但明伦评本《聊斋志异》)

中国人失掉自信力了吗①

鲁　迅

　　鲁迅(1881—1936)，原名周樟寿，字豫山，后改名周树人，字豫才。浙江绍兴人。中国现代伟大的文学家、思想家、革命家。幼年受过诗书经传的传统文化教育，也接触过底层农民生活。1898年考入南京江南水师学堂，后改入陆师学堂附设矿务铁路学堂，开始接受西方文化教育，信奉达尔文的进化学说。1902年赴日本留学，初学医，后弃医从文。1909年8月回国，先后在杭州、绍兴任教。1912年应蔡元培邀请，在南京临时政府任金事，5月随政府迁居北平。1918年用笔名"鲁迅"在《新青年》杂志上发表第一篇白话文小说《狂人日记》。1920年起，先后在北京大学、北京女子师范大学、厦门大学、中山大学任教。1927年10月，定居上海，开始了"左翼"十年的战斗生活。这一时期，他的思想由进化论发展到阶级论，他由革命民主主义者转变为倾向马克思主义的革命家，成为中国文化革命的巨人。因积劳成疾，1936年10月19日逝世于上海。鲁迅一生文学创作近四百万字，翻译五百多万字，古籍整理六十多万字。代表作有小说集《呐喊》、《彷徨》，杂文集《坟》、《且介亭杂文》，散文集《朝花夕拾》，散文诗集《野草》等。他的著作已译成英、日、俄、法、德等五十多种文字，介绍到世界各地。新版《鲁迅全集》18卷2005年由人民文学出版社出版。

　　从公开的文字上看起来：两年以前，我们总自夸着"地大物博"，是事实；不久就不再自夸了，只希望着国联②，也是事实；现在是既不夸自己，也不信国联，改为一味求神拜佛③，怀古伤今了——却也是事实。

　　于是有人慨叹曰：中国人失掉自信力了④。

　　如果单据这一点现象而论，自信其实是早就失掉了的。先前信"地"，信"物"，后来信"国联"，都没有相信过"自己"。假使这也算一种"信"，那也只能说中国人曾经有过"他信力"，自从对国联失望之后，便把这他信力都失掉了。

　　失掉了他信力，就会疑，一个转身，也许能够只相信了自己，倒是一条新生路，但不幸的是逐渐玄虚起来了。信"地"和"物"，还是切实的东西，国联就渺茫，不过这还可以令人不久就省悟到依赖它的不可靠。一到求神拜佛,可就玄虚之至了,有益或是有害,一时就找不出分明的结果来,它可以令人更长久的麻醉着自己⑤。

中国人现在是在发展着"自欺力"。

"自欺"也并非现在的新东西,现在只不过日见其明显,笼罩了一切罢了。然而,在这笼罩之下,我们有并不失掉自信力的中国人在。

我们从古以来,就有埋头苦干的人,有拼命硬干的人,有为民请命的人,有舍身求法的人,……虽是等于为帝王将相作家谱的所谓"正史"⑥,也往往掩不住他们的光耀,这就是中国的脊梁。

这一类的人们,就是现在也何尝少呢?他们有确信,不自欺;他们在前仆后继的战斗,不过一面总在被摧残,被抹杀,消灭于黑暗中,不能为大家所知道罢了。说中国人失掉了自信力,用以指一部分人则可,倘若加于全体,那简直是诬蔑。

要论中国人,必须不被搽在表面的自欺欺人的脂粉所诓骗,却看看他的筋骨和脊梁。自信力的有无,状元宰相的文章是不足为据的,要自己去看地底下。

九月二十五日

（新编《鲁迅全集》第六卷,鲁迅撰,北京:人民文学出版社,2005）

【注释】

① 本文写于1934年9月25日,最初发表于1934年10月20日《太白》半月刊第一卷第三期,署名公汗。后由作者编入《且介亭杂文》。

② 国联:"国际联盟"的简称,第一次世界大战后于1920年成立的国际政府间组织。它标榜以"促进国际合作,维持国际和平与安全"为宗旨,实际上是英、法等大国控制并为其利益服务的工具。1946年4月正式宣告解散。"九一八"事变后,蒋介石即在南京发表讲话,声称"暂取逆来顺受态度,以待国联公理之判决"。国民党政府也多次向国联申诉,要求制止日本帝国主义的侵略,但国联采取了袒护日本的立场。它派出的调查团到我国东北调查后,在发表的《国联调查团报告书》中,竟认为日本在中国的东北有特殊地位,说它对中国的侵略是"正当而合法"的。

③ 求神拜佛:当时一些国民党官僚和"社会名流",

以祈祷"解救国难"为名,多次在一些大城市举办"时轮金刚法会"、"仁王护国法会"。

④ 失掉自信力:当时舆论界曾有过这类论调,如1934年8月27日《大公报》社评《孔子诞辰纪念》中说:"民族的自尊心与自信力,既已荡焉无存,不待外侮之来,国家固早已濒于精神幻灭之域。"

⑤ "一到"五句:作者在《且介亭杂文·附记》中说:"《中国人失掉自信力了吗》也是写给《太白》的。凡是对于求神拜佛,略有不敬之处,都被删除,可见这时我们的'上峰'正在主张求神拜佛。现仍补足,并用黑点为记,聊以存一时之风尚耳。"

⑥ 正史:清高宗诏定从《史记》到《明史》共二十四部纪传体史书为正史,即二十四史。梁启超在《中国史界革命案》中说:"二十四史非史也,二十四姓之家谱而已。"

【提示】

本文通过对"中国人失掉了自信力"的论点的驳斥,揭示了中国人并没有失掉自信力的深刻道理,颂扬了"民族脊梁"们坚韧不拔的意志。

鲁迅的杂文善于条分缕析,层层论证,最后水到渠成地得出深刻的结论,本文亦不例外。第一部分概述悲观论(中国人失掉了自信力)产生的背景,树立起批驳的靶子,随后沿着自信力——他信力——自欺力的发展方向逐层推进论述,最后辩证地指出:中国自古以来就有"并不失掉自信力"的人,他们才是民族的脊梁和希望。文章有破有立,环环相扣,论证严密,精辟有力。

寓逻辑性于形象性之中是本文的艺术特色之一。这主要表现在两方面:一是比喻形象,如"脊梁"、"筋骨"之类,非常贴切准确;二是语言形象,如"他信力"、"自欺力",借助模拟的修辞手段,信手拈来,却如神来之笔,使文风变得俏皮而不失庄重,锐利而别有风趣。

【思考与练习】

一、本文中的"我们"、"中国人"有时指"一部分人",有时指"全体",结合当时的政治背景,谈谈文中"我们"、"中国人"在前后文中发生的意义变化。

二、试分析本文的驳论结构。

三、指出文中所用的比喻及其表达作用。

断魂枪[1]

老 舍

老舍(1899—1966)，原名舒庆春，字舍予，笔名老舍。北京人，满族。中国现代著名小说家、戏剧家。1918年毕业于北京师范学校，任小学校长。1924年赴英国伦敦大学东方学院任汉语教师，并开始从事文学创作。1930年回国后在齐鲁大学、山东大学任教授。抗日战争期间，在重庆中华全国文艺界抗敌协会任理事兼总务部主任。1946年赴美讲学，1949年回国。曾任全国文联副主席、全国作协副主席、北京市文联主席等职。"文革"初期受迫害去世。老舍的作品充满着地域文化色彩，被称为"京味"十足的"市井文学"，反映出当时不少人对感觉到了的新事物还不能有清楚的认识，因而产生的痛苦。城市平民生活的题材，加上富有悲喜剧色彩的情节和幽默的语言，使得他的小说和戏剧深得读者的欢迎。其长篇小说代表作有《骆驼祥子》、《四世同堂》，中篇小说代表作有《月牙儿》，短篇小说代表作有《断魂枪》，话剧代表作有《茶馆》等。今人编有《老舍文集》。

沙子龙的镖局已改成客栈[2]。

东方的大梦没法子不醒了。炮声压下去马来与印度野林中的虎啸。半醒的人们，揉着眼，祷告着祖先与神灵；不大会儿，失去了国土、自由与主权。门外立着不同面色的人，枪口还热着。他们的长矛毒弩，花蛇斑彩的厚盾，都有什么用呢；连祖先与祖先所信的神明全不灵了啊！龙旗的中国也不再神秘，有了火车呀，穿坟过墓破坏着风水。枣红色多穗的镖旗，绿鲨皮鞘的钢刀，响着串铃的口马[3]，江湖上的智慧与黑话，义气与声名，连沙子龙，他的武艺、事业，都梦似的变成昨夜的。今天是火车、快枪、通商与恐怖。听说，有人还要杀下皇帝的头呢！

这是走镖已没有饭吃，而国术还没被革命党与教育家提倡起来的时候[4]。

谁不晓得沙子龙是短瘦、利落、硬棒，两眼明得象霜夜的大星？可是，现在他身上放了肉。镖局改了客栈，他自己在后小院占着三间北房，大枪立在墙角，院子里有几只楼鸽。只是在夜间，他把小院的门关好，熟习熟习他的"五虎断魂枪"。这条枪与这套枪，二十年的工夫，在西北一带，给他创出来："神枪沙子龙"五个字，没遇见过敌手。现在，这条枪与这套枪不会再替他增光显胜了；只是摸摸这凉、滑、硬而发颤的杆子，使他心中少难过一些而已。只有在夜间独自拿起枪来，才能相信自己还是"神枪沙"。在白天，他不大谈武艺与往事；他的世界已被狂风吹了走。

在他手下创练起来的少年们还时常来找他。他们大多数是没落子弟，都有点武艺，可是没地方去用。有的在庙会上去卖艺：踢两趟腿，练套家伙，翻几个跟头，附带着卖点大力丸,混个三吊两吊的。有的实在闲不起了,去弄筐果子,或挑些毛豆角,赶早儿在街上论斤吆喝出去。那时候,米贱肉贱,肯卖膀子力气本来可以混个肚儿圆;他们可是不成:肚量既大,而且得吃口管事儿的;干饽饽辣饼子咽不下去⑤。况且他们还时常去走会:五虎棍,开路,太狮少狮……虽然算不了什么——比起走镖来——可是到底有个机会活动活动,露露脸。是的,走会捧场是买脸的事,他们打扮的得象个样儿,至少得有条青洋绉裤子,新漂白细市布的小褂,和一双鱼鳞洒鞋——顶好是青缎子抓地虎靴子。他们是神枪沙子龙的徒弟——虽然沙子龙并不承认——得到处露脸,走会得赔上俩钱,说不定还得打场架。没钱,上沙老师那里去求。沙老师不含糊,多少不拘,不让他们空着手儿走。可是,为打架或献技去讨教一个招数,或是请给说个"对子"——什么空手夺刀,或虎头钩进枪——沙老师有时说句笑话,马虎过去:"教什么? 拿开水浇吧!"有时直接

"'神枪沙子龙'五个字,没遇见过敌手。"

把他们赶出去。他们不大明白沙老师是怎么了,心中也有点不乐意。

可是,他们到处为沙老师吹腾,一来是愿意使人知道他们的武艺有真传授,受过高人的指教;二来是为激动沙老师:万一有人不服气而找上老师来,老师难道还不露一两手真的么? 所以:沙老师一拳就砸倒了个牛! 沙老师一脚把人踢到房上去,并没使多大的劲! 他们谁也没见过这种事,但是说着说着,他们相信这是真的了,有年月,有地方,千真万确,敢起誓!

王三胜——沙子龙的大伙计——在土地庙拉开了场子,摆好了家伙。抹了一鼻子茶叶末色的鼻烟,他抡了几下竹节钢鞭,把场子打大一些。放下鞭,没向四围作揖,又着腰念了两句:"脚踢天下好汉,拳打五路英雄!"向四围扫了一眼:"乡亲们,王三胜不是卖艺的;玩艺儿会几套,西北路上走过镖,会过绿林中的朋友。现在闲着没事,拉个场子陪诸位玩玩。有爱练的尽管下来,王三胜以武会友,有赏脸的,我陪着。神枪沙子龙是我的师傅;玩艺地道! 诸位,有愿下来的没有?"他看着,准知道没人敢下来,他的话硬,可是那条钢鞭更硬,十八斤重。

王三胜,大个子,一脸横肉,努着对大黑眼珠,看着四围。大家不出声。他脱了小褂,紧了紧深月白色的"腰里硬",把肚子杀进去。给手心一口唾沫,抄起大刀来:

"诸位,王三胜先练趟瞧瞧。不白练,练完了,带着的扔几个;没钱,给喊个好,助助威。

这儿没生意口。好,上眼⑥!"

大刀靠了身,眼珠努出多高,脸上绷紧,胸脯子鼓出,象两块老桦木根子。一跺脚,刀横起,大红缨子在肩前摆动。削砍劈拨,蹲越闪转,手起风生,忽忽直响。忽然刀在右手心上旋转,身弯下去,四围鸦雀无声,只有缨铃轻叫。刀顺过来,猛的一个"跺泥",身子直挺,比众人高着一头,黑塔似的。收了势:"诸位!"一手持刀,一手叉腰,看着四围。稀稀的扔下几个铜钱,他点点头。"诸位!"他等着,等着,地上依旧是那几个亮而削薄的铜钱,外层的人偷偷散去。他咽了口气:"没人懂!"他低声的说,可是大家全听见了。

"有功夫!"西北角上一个黄胡子老头儿答了话。

"啊?"王三胜好似没听明白。

"我说:你——有——功——夫!"老头子的语气很不得人心。

放下大刀,王三胜随着大家的头往西北看。谁也没看重这个老人:小干巴个儿,披着件粗蓝布大衫,脸上窝窝瘪瘪,眼陷进去很深,嘴上几根细黄胡,肩上扛着条小黄草辫子,有筷子那么细,而绝对不象筷子那么直顺。王三胜可是看出这老家伙有功夫,脑门亮,眼睛亮——眼眶虽深,眼珠可黑得象两口小井,深深的闪着黑光。王三胜不怕:他看得出别人有功夫没有,可更相信自己的本事,他是沙子龙手下的大将。

"下来玩玩,大叔!"王三胜说得很得体。

点点头,老头儿往里走。这一走,四外全笑了。他的胳臂不大动;左脚往前迈,右脚随着拉上来,一步步的往前拉扯,身子整着,象是患过瘫痪病。蹭到场中,把大衫扔在地上,一点没理会四围怎样笑他。

"神枪沙子龙的徒弟,你说? 好,让你使枪吧;我呢?"老头子非常的干脆,很象久想动手。

人们全回来了,邻场耍狗熊的无论怎么敲锣也不中用了。

"三截棍进枪吧?"王三胜要看老头子一手,三截棍不是随便就拿得起来的家伙。

老头子又点点头,拾起家伙来。

王三胜努着眼,抖着枪,脸上十分难看。

老头子的黑眼珠更深更小了,象两个香火头,随着面前的枪尖儿转,王三胜忽然觉得不舒服,那俩黑眼珠似乎要把枪尖吸进去! 四外已围得风雨不透,大家都觉出老头子确是有威。为躲那对眼睛,王三胜耍了个枪花。老头子的黄胡子一动:"请!"王三胜一扣枪,向前躬步,枪尖奔了老头子的喉头去,枪缨打了一个红旋。老人的身子忽然活展了,将身微偏,让过枪尖,前把一挂,后把撩王三胜的手。拍,拍,两响,王三胜的枪撒了手。场外叫了好。王三胜连脸带胸口全紫了,抄起枪来;一个花子,连枪带人滚了过来,枪尖奔了老人的中部。老头子的眼亮得发着黑光;腿轻轻一屈,下把掩裆,上把打着刚要抽回的枪杆;拍,枪又落在地上。

场外又是一片彩声。王三胜流了汗,不再去拾枪,努着眼,木在那里。老头子扔下家伙,拾起大衫,还是拉拉着腿,可是走得很快了。大衫搭在臂上,他过来拍了王三胜一下:"还得练哪,伙计!"

"别走!"王三胜擦着汗:"你不离,姓王的服了! 可有一样,你敢会会沙老师?"

"就是为会他才来的!"老头子的干巴脸上皱起点来,似乎是笑呢。"走;收了吧;晚饭我请!"

王三胜把兵器拢在一处,寄放在变戏法二麻子那里,陪着老头子往庙外走。后面跟着不少人,他把他们骂散了。

"你老贵姓?"他问。

"姓孙哪,"老头子的话与人一样,都那么干巴。"爱练,久想会会沙子龙。"

沙子龙不把你打扁了! 王三胜心里说。他脚底下加了劲,可是没把孙老头落下。他看出来,老头子的腿是老走着查拳门中的连跳步;交起手来,必定很快。但是,无论他怎么快,沙子龙是没对手的。准知道孙老头要吃亏,他心中痛快了些,放慢了些脚步。

"孙大叔贵处?"

"河间的,小地方。"孙老者也和气了些:"月棍年刀一辈子枪,不容易见功夫! 说真的,你那两手就不坏!"

王三胜头上的汗又回来了,没言语。

到了客栈,他心中直跳,唯恐沙老师不在家,他急于报仇。他知道老师不爱管这种事,师弟们已碰过不少回钉子,可是他相信这回必定行,他是大伙计,不比那些毛孩子;再说,人家在庙会上点名叫阵,沙老师还能丢这个脸么?

"三胜,"沙子龙正在床上看着本《封神榜》[⑦],"有事吗?"

三胜的脸又紫了,嘴唇动着,说不出话来。

沙子龙坐起来,"怎么了,三胜?"

"栽了跟头!"

只打了个不甚长的哈欠,沙老师没别的表示。

王三胜心中不平,但是不敢发作;他得激动老师:"姓孙的一个老头儿,门外等着老师呢;把我的枪,枪,打掉了两次!"他知道"枪"字在老师心中有多大分量。没等吩咐,他慌忙跑出去。

客人进来,沙子龙在外间屋等着呢。彼此拱手坐下,他叫三胜去泡茶。三胜希望两个老人立刻交了手,可是不能不沏茶去。孙老者没话讲,用深藏着的眼睛打量沙子龙。沙很客气:

"要是三胜得罪了你,不用理他,年纪还轻。"

孙老者有些失望,可也看出沙子龙的精明。他不知怎样好了,不能拿一个人的精明断定他的武艺。"我来领教领教枪法!"他不由地说出来。

沙子龙没接碴儿。王三胜提着茶壶走进来——急于看二人动手,他没管水开了没有,就沏在壶中。

"三胜,"沙子龙拿起个茶碗来,"去找小顺们去,天汇见,陪孙老者吃饭。"

"什么!"王三胜的眼珠几乎掉出来。看了看沙老师的脸,他敢怒而不敢言地说了声"是啦!"走出去,撇着大嘴。

"教徒弟不易!"孙老者说。

"我没收过徒弟。走吧,这个水不开! 茶馆去喝,喝饿了就吃。"沙子龙从桌子上拿起缎子褡裢,一头装着鼻烟壶,一头装着点钱,挂在腰带上。

"不,我还不饿!"孙老者很坚决,两个"不"字把小辫从肩上抢到后边去。

"说会子话儿。"

"我来为领教领教枪法。"

"功夫早搁下了,"沙子龙指着身上,"已经放了肉!"

"这么办也行,"孙老者深深的看了沙老师一眼:"不比武,教给我那趟五虎断魂枪。"

"五虎断魂枪?"沙子龙笑了:"早忘干净了!早忘干净了!告诉你,在我这儿住几天,咱们各处逛逛,临走,多少送点盘缠。"

"我不逛,也用不着钱,我来学艺!"孙老者立起来,"我练趟给你看看,看够得上学艺不够!"一屈腰已到了院中,把楼鸽都吓飞起去。拉开架子,他打了趟查拳⑧:腿快,手飘洒,一个飞脚起去,小辫儿飘在空中,象从天上落下来一个风筝;快之中,每个架子都摆得稳、准、利落;来回六趟,把院子满都打到,走得圆,接得紧,身子在一处,而精神贯串到四面八方。抱拳收势,身儿缩紧,好似满院乱飞的燕子忽然归了巢。

"好!好!"沙子龙在台阶上点着头喊。

"教给我那趟枪!"孙老者抱了抱拳。

沙子龙下了台阶,也抱着拳:"孙老者,说真的吧;那条枪和那套枪都跟我入棺材,一齐入棺材!"

"不传?"

"不传!"

孙老者的胡子嘴动了半天,没说出什么来。到屋里抄起蓝布大衫,拉拉着腿:"打搅了,再会!"

"吃过饭走!"沙子龙说。

孙老者没言语。

沙子龙把客人送到小门,然后回到屋中,对着墙角立着的大枪点了点头。

他独自上了天汇,怕是王三胜们在那里等着。他们都没有去。

王三胜和小顺们都不敢再到土地庙去卖艺,大家谁也不再为沙子龙吹胜;反之,他们说沙子龙栽了跟头,不敢和个老头儿动手;那个老头子一脚能踢死个牛。不要说王三胜输给他,沙子龙也不是他的对手。不过呢,王三胜到底和老头子见了个高低,而沙子龙连句硬话也没敢说。"神枪沙子龙"慢慢似乎被人们忘了。

夜静人稀,沙子龙关好了小门,一气把六十四枪刺下来;而后,挂着枪,望着天上的群星,想起当年在野店荒林的威风。叹一口气,用手指慢慢摸着凉滑的枪身,又微微一笑,"不传!不传!"

（《老舍文集》第八卷,老舍撰,北京:人民文学出版社,1985）

【注释】

① 本文最初发表于 1935 年 9 月天津《大公报》副刊《文艺》第 13 期。

② 镖局:同"镖局。"

③ 口马:指张家口外出产的马。

④ 国术:指中国的武术。

⑤ 辣饼子:剩下的隔夜干粮。

⑥ 上眼:请观众注意看。

⑦ 封神榜:即《封神演义》,明代长篇神魔小说,题许仲琳撰。以周武王伐商为背景,多仙道斗法大战的情节。

⑧ 查(zhā)拳:武术拳种之一,据传创始于明代回族人查尚义。

【提示】

　　作为老舍短篇的扛鼎之作,《断魂枪》所表现的主题内涵是十分丰富的,作者所描写的国术大师沙子龙,绝不是用自私保守、冥顽不化可以概括的性格典型。本文的高妙之处就在于将这个末路英雄的清醒意识写到了极致——沙子龙不得不亲手埋葬自己昔日的辉煌,将充满传统美质的文化送进那个"活棺材"中去。沙子龙之所以淡出世俗,淡出江湖,淡出历史,其根本原因就是"今天是火车、快枪、通商与恐怖"的时代,现代战争中的新式武器早已淘汰了"祖先的神灵",取决胜负的不再是人的绝技,而是现代化的技术。因此,沙子龙认识到自身的贫弱,只能空怀"五虎断魂枪"的绝技而孤芳自赏。然而,更可悲的却是王三胜、小顺子们,以及那位颇具神秘感的人物孙老者,根本就认识不到这可悲的民族文化境遇,还抱着祖宗的绝技不放,这无疑是作者对民族传统文化中的保守痼疾的嘲讽。沙子龙"不传""五虎断魂枪"是明智的,是他意识到民族悲剧的表现,从某种意义上说,他是一个先觉者。但他又是无奈的,因为他还认识不到自己生存的位置,找不到传统文化在现代社会中的延续点和连接线。

　　此文与一般小说创作所不同的是,作者先在交待人物生存的社会背景时,就在议论中暗示出了小说的主题内涵——"神明全不灵了啊!龙旗的中国也不再神秘"。小说的主人公一直到叙述进展到近一半时才出场,而且处处以近似神秘的色彩去处理,这与作者所要表现的主题内涵相得益彰,完成了形式与内容的高度一致。

　　另外,欲扬先抑手法、传统的白描手法的运用,也为小说人物丰富的内心世界作出了殷实的铺陈。

【思考与练习】

一、作者刻画沙子龙这个形象对表现作品的主题有何意义?

二、从王三胜和孙老者的身上,你看到的是什么样的文化内容?

三、本文在艺术表现手法方面有哪些鲜明的特点?

吃饭①

钱钟书

钱钟书(1910—1998),字默存,号槐聚,江苏无锡人。中国现代著名学者、小说家。1933年清华大学外文系毕业。1935年与作家、翻译家杨绛结婚,然后同赴英国留学。在牛津大学英国语文系攻读两年,又到法国巴黎大学进修法国文学一年,于1938年归国。先后担任过西南联大外文系教授、国立师范学院英语系主任、上海暨南大学外语系教授、中央图书馆英文总纂、清华大学外文系教授等。1953年起,任文学研究所(先后属北京大学、中国科学院哲学社会科学学部、中国社会科学院)研究员。1982年任中国社会科学院副院长。钱钟书在国内外学术界享有很高声誉,他的小说和散文都具有机智隽永的独特风格。有学术著作《谈艺录》、《管锥编》、《七缀集》,长篇小说《围城》,短篇小说集《人·兽·鬼》,散文集《写在人生边上》,以及《槐聚诗存》、《宋诗选注》、《宋诗纪事补正》等。

    吃饭有时很像结婚,名义上最主要的东西,其实往往是附属品。吃讲究的饭事实上只是吃菜,正如讨阔佬的小姐,宗旨倒并不在女人。这种主权旁移,包含着一个转了弯的、不甚素朴的人生观。辨味而不是充饥,变成了我们吃饭的目的。舌头代替了肠胃,作为最后或最高的裁判。不过,我们仍然把享受掩饰为需要,不说吃菜,只说吃饭,好比我们研究哲学或艺术,总说为了真和美可以利用一样。有用的东西只能给人利用,所以存在;偏是无用的东西会利用人,替它遮盖和辩护,也能免于抛弃。柏拉图《理想国》②里把国家分成三等人,相当于灵魂的三个成分;饥渴吃喝等嗜欲是灵魂里最低贱的成分,等于政治组织里的平民或民众。最巧妙的政治家知道怎样来敷衍民众,把自己的野心装点成民众的意志和福利;请客上馆子去吃菜,还顶着吃饭的名义,这正是舌头对肚子的借口,仿佛说:"你别抱怨,这有你的份! 你享着名,我替你出力去干,还亏了你什么?"其实呢,天知道——更有饿瘪的肚子知道——若专为充肠填腹起见,树皮草根跟鸡鸭鱼肉差不了多少! 真想不到,在区区消化排泄的生理过程里还需要那么多的政治作用。

    古罗马诗人波西蔼斯(Persius)曾慨叹说,肚子发展了人的天才,传授人以技术(Magister artisingeni que largitor venter)。这个意思经拉柏莱发挥得淋漓尽致,《巨人世家》卷三有赞美肚子的一章③,尊为人类的真主宰、各种学问和职业的创始和提倡者,鸟飞,兽走,鱼游,虫爬,以及一切有生之类的一切活动,也都是为了肠胃。人类所有的创造和活动(包括写文章在内),不仅表示头脑的充实,并且证明肠胃的空虚。饱满的肚子最没用,那时候的头脑,迷迷糊糊,只配做痴梦;咱俩有一条不成文的法律:吃了午饭睡中觉,就是有力的证据。我们通常把饥饿看得太低了,只说它产生了乞丐、盗贼、娼妓一类的东西,忘记了它也启发过思想、技巧,还有"有饭大家吃"的政治和经济理论。德国古诗人白洛柯斯(B. H. Brockes)做赞美诗,把上帝比作"一个伟大的厨师父"(der grosse Speisemeister),做饭给全人类吃,还不免带些宗教的稚气。弄饭给我们吃的人,决不是我们真正的主人翁。这样的上帝,不做也罢。只有为他弄了饭来给他吃的人,才支配着我们的行动。譬如一家之主,并不是赚钱养家的父亲,倒是那些乳臭未干、安坐着吃饭的孩子;这一点,当然做孩子时不会悟到,而父亲们也决不甘承认的。拉柏莱的话较有道理。试想,肚子一天到晚要我们把茶饭来向它祭献,它还不是上帝是什么?但是它毕竟是个下流不上台面的东西,一味容纳吸收,不懂得享受和欣赏。人生就因此复杂起来。一方面是有了肠胃而要饭去充实的人,另一方面是有饭而要胃口来吃的人。第一种人生观可以说是吃饭的;第二种不妨唤作吃菜的。第一种人工作、生产、创造,来换饭吃。第二种人利用第一种人活动的结果,来健脾开胃,帮助吃饭而增进食量。所以吃饭时要有音乐,还不够,就有"佳人"、"丽人"之类来劝酒;文雅点就开什么销寒会、销夏会,在席上传观书法名画;甚至赏花游山,把自然名胜来下饭。吃的菜不用说尽量讲究。有这样优裕的物质环境,舌头像身体一般,本来是极随便的,此时也会有贞操和气节了;许多从前惯吃的东西,现在吃了仿佛玷污清白,决不肯再进口。精细到这种田地,似乎应当少吃,实则反而多吃。假使让肚子作主,吃饱就完事,还不失分寸。舌头拣精拣肥,贪嘴不顾性命,结果是肚子倒楣受累,只好忌嘴,舌头也像鲁智深所说"淡出鸟来"。这诚然是它馋得忘了本的报应!如此看来,吃菜的人生观似乎欠妥。

不过,可口好吃的菜还是值得赞美的。这个世界给人弄得混乱颠倒,到处是磨擦冲突,只有两件最和谐的事物总算是人造的:音乐和烹调。一碗好菜仿佛一支乐曲,也是一种一贯的多元,调和滋味,使相反的分子相成相济,变作可分而不可离的综合。最粗浅的例像白煮蟹和醋、烤鸭和甜酱,或如西菜里烤猪肉(roast pork)和苹果泥(apple sauce)、渗鳖鱼和柠檬片,原来是天涯地角、全不相干的东西,而偏偏有注定的缘分,像佳人和才子、母猪和癞象,结成了天造地设的配偶、相得益彰的眷属。到现在,他们亲热得拆也拆不开。在调味里,也有来伯尼支(Leibniz)的哲学所谓"前定的调和"(Harmonia Praestabilita),同时也有前定的不可妥协,譬如胡椒和煮虾蟹、糖醋和炒牛羊肉,正如古音乐里,商角不相协,徵羽不相配。音乐的道理可通于烹饪,孔子早已明白,

"甚至赏花游山,把自然名胜来下饭。"

《论语》记他在齐闻《韶》,"三月不知肉味"④。可惜他老先生虽然在《乡党》一章里颇讲究烧菜,还未得吃道三昧,在两种和谐里,偏向音乐。譬如《中庸》讲身心修养,只说"发而中节谓之和",养成音乐化的人格,真是听乐而不知肉味人的话。照我们的意见,完美的人格,"一以贯之"的"吾道",统治尽善的国家,不仅要和谐得像音乐,也该把烹饪的调和悬为理想。在这一点上,我们不追随孔子,而愿意推崇被人忘掉的伊尹⑤。伊尹是中国第一个哲学家厨师,在他眼里,整个人世间好比是做菜的厨房。《吕氏春秋·本味篇》记伊尹以至味说汤⑥,把最伟大的统治哲学讲成惹人垂涎的食谱。这个观念渗透了中国古代的政治意识,所以自从《尚书·说命》⑦起,做宰相总比为"和羹调鼎",老子也说"治国如烹小鲜"。孟子曾赞伊尹为"圣之任者",柳下惠为"圣之和者⑧";这里的文字也许有些错简。其实呢,允许人赤条条相对的柳下惠该算是个放"任"主义者;而伊尹倒当得起"和"字——这个"和"字,当然还带些下厨上灶、调和五味的涵意。

吃饭还有许多社交的功用,譬如联络感情、谈生意经等等,那就是"请吃饭"了。社交的吃饭种类虽然复杂,性质却极为简单。把饭给有饭吃的人吃,那是请饭;自己有饭可吃而去吃人家的饭,那是赏面子。交际的微妙不外乎此。反过来说,把饭给与没饭吃的人吃,那是施食;自己无饭可吃而去吃人家的饭,赏面子就一变而为丢脸。这便是慈善救济,算不上交际了。至于请饭时客人数目的多少,男女性别的配比,我们改天再谈。但是趣味洋溢的《老饕年鉴》(Almanachdes Gourmands)里有一节妙文,不可不在此处一提。这八小本名贵稀罕的奇书在研究吃饭之外,也曾讨论到请饭的问题。大意说:我们吃了人家的饭该有多少天不在背后说主人的坏话,时间的长短按照饭菜的质量而定;所以做人应当多多请客吃饭,并且吃好饭,以增进朋友的感情,减少仇敌的毁谤。这一番议论,我诚恳地介绍给一切不愿彼此成为冤家的朋友,以及愿意彼此变为朋友的冤家。至于我本人呢,恭候诸君的邀请,努力奉行猪八戒对南山大王手下小妖说的话:"不要拉扯,待我一家家吃将来。"

(《钱钟书集·写在人生边上》,钱钟书撰,北京:三联书店,2002)

【注释】

① 本文写于1941年后,选自作者的散文集《写在人生边上》。

② 理想国:古希腊著名哲学家柏拉图(Platon,前427—前347)所著,在《理想国》中柏拉图阐述了自己的道德、政治和教育理论,竭力为贵族奴隶主统治下的社会秩序辩护。

③ 巨人世家:文艺复兴时期法国著名文学家拉伯雷(Francois Rabelais,约1494—1553)所撰长篇小说,通译《巨人传》。作品取材于中世纪民间传说,共五卷,主要描写巨人卡冈都亚和他的儿子庞大固埃的故事,尖锐讽刺、抨击社会现实,反映出个性解放的要求。本文中的"拉伯莱"即拉伯雷。

④ 三月不知肉味:语见《论语·述而》:"子在齐闻

韶,三月不知肉味。曰:'不图为乐之至于斯也。'"

⑤ 伊尹:商初大臣,名伊,尹是官名,一说名挚。传为奴隶出身,原为有莘氏女的陪嫁之臣,汤用为"小臣",后来任以国政,帮助汤攻灭夏桀。汤去世后,历佐卜丙、仲壬二王。仲壬死后,其侄太甲当立,伊尹篡位自立,放逐太甲。七年后,太甲潜回,把他杀死。

⑥ 吕氏春秋:又名《吕览》,共二十六卷,分编为十二纪、八览、六论。为战国末秦国吕不韦集合门客共同编写,汇合先秦各派学说,为秦国统一天下、治理国家提供思想武器。

⑦ 尚书:亦称《书》、《书经》,儒家主要经典之一。中国上古历史文件和部分追述古代事迹著作的

汇编,相传由孔子编选而成。今通行的《尚书》中《今文尚书》为真,《古文尚书》则为后人伪作。

⑧ 柳下惠:春秋时鲁国大夫,展氏,名获,食邑在柳下,谥惠,曾任士师。以守礼而"坐怀不乱"著称。

【提示】

　　这是一篇嘲讽世情时弊、闪烁智慧光芒的绝妙文章。作者借人生最常见的吃饭为题,巧设妙喻,探幽发微,把人们司空见惯的一些现象揭示得矛盾百出、淋漓尽致。在世人眼中,吃饭原不过是人生最基本的生存欲望,别无深意,可在钱钟书笔下,却另有所图:"吃饭有时很像结婚,名义上最主要的东西,其实往往是附属品。吃讲究的饭事实上只是吃菜,正如讨阔佬的小姐,宗旨倒并不在女人。"在作者看来,名为吃饭,实为吃菜,舌头代替了肠胃,辨味当成了充饥,这岂非"主权旁移"? 为了给吃饭进一步增添情趣,人们又每每以音乐侑宴,佳人劝酒,书画传情,名胜助兴,在区区消化排泄的生理过程里,竟然要创造这样优裕的物质环境,这里享受又掩饰成为需要。至于把吃饭变成了"请饭",广泛运用于社交场合,成了一种增进朋友感情,减少仇敌毁谤的交际手段,这更是吃饭功用的微妙延伸。正是透过这种名与实的背离,主与次的颠倒,手段与目的的互相掩饰,作者将隐藏于吃饭背后的世态人心揭露得入木三分。

　　文章笔调犀利,语言幽默,或旁征博引,或侃侃而谈,文风如行云流水,汪洋恣肆。奇思妙想和真知灼见俯拾即是,生活哲理与人情世态交融一体,深刻的思辨与丰富的联想密切结合。使人读来,既洞达世情,又切中时弊,在会心微笑之余,获得深刻的启迪和无限的快意。

　　此文横说竖说,触处生辉,日常生活中都蕴含至理,可见深入生活、扩大见闻之重要。作者的许多学问,也从"洞明世事"中来。

【思考与练习】

一、"我们吃了人家的饭该有多少天不在背后说主人的坏话,时间的长短按照饭菜的质量而定;所以做人应当多多请客吃饭,并且吃好饭,以增进朋友的感情,减少仇敌的毁谤。"试就文中的这一番议论,结合时弊进行分析。

二、有人说钱钟书是那种"含笑谈真理的人",请以本文为例,体认作者这种别具一格的散文。

公寓生活记趣[①]

张爱玲

张爱玲(1921—1995),原名煐,笔名梁京。河北丰润(今唐山丰润区)人,出生于上海。中国现当代著名女作家。祖父张佩纶清光绪间曾任左副都御史,是著名的诗人,祖母是李鸿章的女儿。1939年考入英国伦敦大学,因第二次世界大战爆发改入香港大学。1943年在《紫罗兰》、《万象》、《天地》、《古今》等杂志上发表小说和散文,并在英文杂志《二十世纪》上发表文章和影评。1952年赴香港任职于香港美国新闻处。1970年应邀赴美国加利福尼亚大学伯克利分校中国研究中心任研究员。后病逝于洛杉矶。张爱玲的作品多取材于上海和香港的上层社会,描写人物的病态心理极为老到,文字干净而带书卷气和贵族气,具有深厚的传统文化背景,渗透着对现代文明的深刻反思,在中国现当代小说中独树一帜。主要著作有长篇小说《秧歌》、《赤地之恋》、《怨女》、《半生缘》、《十八春》,中篇小说集《传奇》、《小艾》,短篇小说集《惘然记》,散文集《流言》,论著《红楼梦魇》等。

读到"我欲乘风归去,又恐琼楼玉宇,高处不胜寒"的两句词,公寓房子上层的居民多半要感到毛骨悚然。屋子越高越冷。自从煤贵了之后,热水汀早成了纯粹的装饰品[②]。构成浴室的图案美,热水龙头上的H字样自然是不可少的一部份,实际上呢,如果你放冷水而开错了热水龙头,立刻便有一种空洞而凄怆的轰隆轰隆之声从九泉之下发出来,那是公寓里特别复杂,特别多心的热水管系统在那里发脾气了。即使你不去太岁头上动土,那雷神也随时地要显灵。无缘无故,只听见不怀好意的"嗡……"拉长了半响之后接着"訇訇"两声,活像飞机在顶上盘旋了一会,掷了两枚炸弹。在战时香港吓细了胆子的我,初回上海的时候,每每为之魂飞魄散。若是当初它认真工作的时候,艰辛地将热水运到六层楼上来,便是咕噜两声,也还情有可原。现在可是雷声大,雨点小,难得滴下两滴生锈的黄浆……然而也说不得了,失业的人向来是肝火旺的。

梅雨时节,高房子因为压力过重,地基陷落的原故,门前积水最深。街道上完全干了,我们还得花钱雇黄包车渡过那白茫茫的护城河。雨下得太大的时候,屋子里便闹了水灾。我们轮流抢救,把旧毛巾,麻袋,褥单堵住了窗户缝;障碍物湿濡了,绞干,换上,污水折在脸盆里,脸盆里的水倒在抽水马桶里。忙了两昼夜,手心磨去了一层皮,墙跟还是汪着水,糊墙的花纸还是染了斑斑点点的水痕与霉迹子。

风如果不朝这边吹的话,高楼上的雨倒是可爱的。有一天,下了一黄昏的雨,出去的时候忘了关窗户,回来一开门,一房的风声雨味,放眼望出去,是碧蓝的潇潇的夜,远处略有淡灯摇曳,多数的人家还没点灯。

常常觉得不可解，街道上的喧声，六楼上听得分外清楚，仿佛就在耳根底下，正如一个人年纪越高，距离童年渐渐远了，小时的琐屑的回忆反而渐渐亲切明晰起来。

我喜欢听市声。比我较有诗意的人在枕上听松涛，听海啸，我是非得听见电车响才睡得着觉的。在香港山上，只有冬季里，北风彻夜吹着常青树，还有一点电车的韵味。长年住在闹市里的人大约非得出了城之后才知道他离不了一些什么。城里人的思想，背景是条纹布的幔子，淡淡的白条子便是行驶着的电车——平行的，匀净的，声响的河流，汩汩流入下意识里去。

我们的公寓邻近电车厂，可是我始终没弄清楚电车是几点钟回家。"电车回家"这句子仿佛不很合适——大家公认电车为没有灵魂的机械，而"回家"两个字有着无数的情感洋溢的联系。但是你没看见过电车进厂的特殊情形罢？一辆衔接一辆，像排了队的小孩，嘈杂，叫嚣，愉快地打着哑嗓子的铃："克林，克赖，克赖，克赖！"吵闹之中又带着一点由疲乏而生的驯服，是快上床的孩子，等着母亲来刷洗他们。车里灯点得雪亮。专做下班的售票员的生意的小贩们曼声兜售着面包。有时候，电车全进了厂了，单剩下一辆，神秘地，像被遗弃了似的，停在街心。从上面望下去，只见它在半夜的月光中袒露着白肚皮。

这里的小贩所卖的吃食没有多少典雅的名色。我们也从来没缒下篮子去买过东西。（想起《侬本痴情》里的顾兰君了③。她用丝袜结了绳子，缚住了纸盒，吊下窗去买汤面。袜子如果不破，也不是丝袜了！在节省物资的现在，这是使人心惊肉跳的奢侈。）也许我们也该试着吊下篮子去。无论如何，听见门口卖臭豆腐干的过来了，便抓起一只碗来，蹬蹬奔下六层楼梯，跟踪前往，在远远的一条街上访到了臭豆腐干担子的下落，买到了之后，再乘电梯上来，似乎总有点可笑。

我们的开电梯的是个人物，知书达理，有涵养，对于公寓里每一家的起居他都是一本清账。他不赞成他儿子去做电车售票员——嫌那职业不很上等。再热的天，任凭人家把铃揿得震天响，他也得在汗衫背心上加上一件熨得溜平的纺绸小褂，方肯出现。他拒绝替不修边幅的客人开电梯。他的思想也许缙绅气太重④，然而他究竟是个有思想的人。可是他离了自己那间小屋，就踏进了电梯的小屋……只怕这一辈子是跑不出这两间小屋了。电梯上升，人字图案的铜栅栏外面，一重重的黑暗往下移，棕色的黑暗，红棕色的黑暗，黑色的黑暗……衬着交替的黑暗，你看见司机人的花白的头。

没事的时候他在后天井烧个小风炉炒菜烙饼吃。他教我们怎样煮红米饭：烧开了，熄了火，停个十分钟再煮，又松，又透，又不塌皮烂骨，没有筋道。

托他买豆腐浆，交给他一只旧的牛奶瓶。陆续买了两个礼拜，他很简单地报告道："瓶没有了。"是砸了还是失窃了，也不得而知。再隔了些时，他拿了一只小一号的牛奶瓶装了豆腐浆来。我们问道："咦？瓶又有了？"他答道："有了。"新的瓶是赔给我们的呢还是借给我们的，也不得而知。这一类的举动是颇有点社会主义风的。

我们的新闻报每天早上他要循例过目一下方才给我们送来。小报他读得更为仔细些，因此要到十二点钟才轮得到我们看。英文，日文，德文，俄文的报他是不看的，因此大清早便捲成一卷插在人家弯曲的门钮里。

报纸没有人偷，电铃上的钢板却被撬去了。看门的巡警倒有两个，虽不是双生子，一样都是翻领里面竖起了木渣渣的黄脸，短裤与长统袜之间露出木渣渣的黄膝盖；上班的时候，一般都是横在一张藤椅上睡觉，挡住了信箱。每次你去看信箱的时候总得殷勤地凑到他面颊前面,仿佛要询问:"酒刺好了些罢?"

恐怕只有女人能够充分了解公寓生活的特殊优点:佣人问题不那么严重。生活程度这么高,即使雇得起人,也得准备着受气。在公寓里"居家过日子"是比较简单的事。找个清洁公司每隔两星期来大扫除一下,也就用不着打杂的了。没有佣人,也是人生一快。抛开一切平等的原则不讲,吃饭的时候如果有个还没吃过饭的人立在一边眼睁睁望着,等着为你添饭,虽不至于使人食不下咽,多少有些讨厌。许多身边杂事自有它们的愉快性质。看不到田园里的茄子,到菜场上去看看也好——那么复杂的,油润的紫色;新绿的豌豆,热艳的辣椒,金黄的面筋,像太阳里的肥皂泡。把菠菜洗过了,倒在油锅里,每每有一两片碎叶子粘在篾篓底上,抖也抖不下来;迎着亮,翠生生的枝叶在竹片编成的方格子上招展着,使人联想到篱上的扁豆花。其实又何必"联想"呢?篾篓子的本身的美不就够了么?我这并不是效忠于国社党⑤,劝诱女人回到厨房里去。不劝便罢,若是劝,一样的得劝男人到厨房里去走一遭。当然,家里有厨子而主人不时的下厨房,是会引起厨子最强烈的反感的。这些地方我们得寸步留心,不能太不识眉眼高低。

有时候也感到没有佣人的苦处。米缸里出虫,所以挽了些胡椒在米里——据说米虫不大喜欢那刺激性的气味。淘米之前先得把胡椒拣出来。我捏了一只肥白的肉虫的头当做胡椒,发现了这错误之后,不禁大叫起来,丢下饭锅便走。在香港遇见了蛇,也不过如此罢了。那条蛇我只见到它的上半截,它钻出洞来矗立着,约有二尺来长。我抱了一叠书匆匆忙忙下山来,正和它打了个照面。它静静地望着我,我也静静地望着它,望了半晌,方才哇呀呀叫出声来,翻身便跑。

提起虫豸之类,六楼上苍蝇几乎绝迹,蚊子少许有两个。如果它们富于想像力的话,飞到窗口往下一看,便会晕倒了罢?不幸它们是像英国人一般地淡漠与自足——英国人住在非洲的森林里也照常穿上了燕尾服进晚餐。

公寓是最合理想的逃世的地方。厌倦了大都会的人们往往记挂着和平幽静的乡村,心心念念盼望着有一天能够告老归田,养蜂种菜,享点清福。殊不知在乡下多买半斤腊肉便要引起许多闲言闲语,而在公寓房子的最上层你就是站在窗前换衣服也不妨事!

然而一年一度,日常生活的秘密总得公布一下。夏天家家户户都大敞着门,搬一把藤椅坐在风口里。这边的人在打电话,对过一家的仆欧一面熨衣裳,一面便将电话上的对白译成了德文说给他的小主人听。楼底下有个俄国人在那里响亮地教日文。二楼的那位女太太和贝多芬有着不共戴天的仇恨,一捺十八敲⑥,咬牙切齿打了他一上午;钢琴上倚着一辆脚踏车。不知道哪一家在煨牛肉汤,又有哪一家泡了焦三仙⑦。

人类天生的是爱管闲事。为什么我们不向彼此的私生活里偷偷的看一眼呢,既然被看者没有多大损失而看的人显然得到了片刻的愉悦?凡事牵涉到快乐的授受上,就犯不着斤斤计较了。较量些什么呢?——长的是磨难,短的是人生。

屋顶花园里常常有孩子们溜冰,兴致高的时候,从早到晚在我们头上咕滋咕滋锉过来又锉过去,像磁器的磨擦,又像睡熟的人在那里磨牙,听得我们一粒牙齿在牙仁里发酸如同青石榴的子,剔一剔便会掉下来。隔壁一个异国绅士声势汹汹上楼去干涉。他的太太提醒他道:"人家不懂你的话,去也是白去。"他揎拳掳袖道:"不要紧,我会使他们懂得的!"隔了几分钟他偃旗息鼓嗒然下来了。上面的孩子年纪都不小了,而且是女性,而且是美丽的。

谈到公德心,我们也不见得比人强。洋台上的灰尘我们直截了当地扫到楼下的洋台上去。"啊,人家阑干上晾着地毯呢——怪不过意的,等他们把地毯收了进去再扫罢!"一念之慈,顶上生出了灿烂圆光。这就是我们的不甚彻底的道德观念。

一九四三年十二月

(《张爱玲文集》第四卷,张爱玲撰,合肥:安徽文花出版社,1993)

【注释】

① 本文最早收入 1945 年出版的散文集《流言》。

② 热水汀:英语 stenm 的音译,暖气,热水器。

③ 顾兰君(1917—1989):原名顾小蝉,上海人,电影女演员。《依本痴情》是 1943 年由屠光启导演,桑弧编剧的电影,顾兰君任主演。

④ 缙绅:插笏在腰带上,借指有官职的或做过官的人。缙,本作"搢",插。绅,古代士人、官员束腰的大带子。

⑤ 国社党:全称德国国家社会主义工人党,又称"纳粹党",德国法西斯政党。前身是 1919 年成立的德意志工人党,1921 年起由阿道夫·希特勒领导,1933 年成为执政党。第二次世界大战结束后被取缔。

⑥ 挼(zā):挤压。

⑦ 焦三仙:用神曲、麦芽、山楂和粳米、砂糖熬成的粥。

【提示】

本文是一篇记叙日常生活的散文。

文章开首从引用古代诗词名句入手,但笔锋突转,从高雅浪漫的词境一下子就拉近到公寓的世俗生活之中。把热火龙头所发出的声音夸张描写到了极致,甚至和飞机掷炸弹的听觉联系起来,这种心理感受是和时代背景紧紧相契合的。接着再写梅雨时节的雨和风,"风声雨味"的描写丝丝入扣,而人的感觉的精细更为突出,那种梅雨时节的烦躁和"碧蓝的潇潇的夜",以及"淡灯摇曳"的风景构图形成的极大反差,构成了上海这个大都市一幅特殊的风景线。

循着声音,"街道上的喧声"、"市声"都是融入大都市人的下意识的和谐之声。电车的嘈杂声、小贩的叫卖声、勾起的是作者诗意的电影镜头的联想。

写景用听觉,写人就是用视觉了。开电梯的人物虽没具姓名,但写得栩栩如生,将这个人物与住户融洽的关系写得很是微妙。

用夹叙夹议的手法来写作者的感受,更能体现出作者的知识背景和描写手段之高明。一面是上升到理性层面的宏观阔论,一面又是回到形下的视觉描写——紫、绿、黄、翠的多种菜蔬,可谓跳脱潇洒,汪洋恣肆。能从米缸里的一只米虫而联想到蛇的经历,虽也奇特,但亦可见出作者调动生活积累的妙用。而作者将大都市的公寓生活与逃世的田园乡村生活相比,得出的结论自是显而易见的。

文章的结尾处又回到公寓日常生活的情境中,仍然是寻声而去:电话对白、日文教书、幽默的钢琴声,构成了公寓的热闹场景。当然又诙谐地插入了两种味觉描写,即使称不上神来之笔,也是很波俏的描写。屋顶上的类似磨牙的溜冰声、异国绅士的呵斥声、太太的叮嘱声,到哑然失声,作者写出了公寓人心的瞬间的细微变化。文章的煞尾也很妙,那"一念之慈",就把人心美的一面展示出来了,瑕瑜互见的公寓日常生活就是人性的正反两面。

整个文章看似琐碎杂乱,就像日常生活那样无章可循,但是,仔细体味,作者串联文章的妙处恰恰就在于用听觉和视觉来寻找自我内心的感觉。声音和人物影像是文章的外在结构线索，而作者的抒情议论才是作品的内在结构。其实整个文章是有章可循的。

【思考与练习】

一、本文的艺术特色，是否就是那种"无技巧的技巧"的体现？你感觉如何？

二、你能从文中摘出作者非世俗化的、带有贵族气的句子吗？谈谈你的感想。

三、试写一篇千字左右的日常生活小景文章，请同学们看看，或许对你会很有帮助。

苦恼① ——我向谁去诉说我的悲伤……②

安东·契诃夫

安东·契诃夫（Антон Павлович Чехов，1860—1904），俄国著名小说家、戏剧家。出身于破产的商人家庭，毕业于莫斯科大学医药系，早期以"契洪特"的笔名写过两百多篇短小作品，质量参差不齐，有为适应当时一些资产阶级报纸和市民趣味的读者而写的平庸之作，也有暴露黑暗、针砭社会弊病的佳作，如《一个小官员之死》、《变色龙》、《苦恼》等。1886年后，他思想剧变，作品中的批判因素增强，创作风格日趋成熟。这一时期他又写了一百余篇中短篇小说，较有名的有《草原》、《第六病室》、《带阁楼的房子》、《新娘》等。契诃夫的小说简练冷峻，风格独特。他的戏剧创作在戏剧史上也有重要地位，剧作有《万尼亚舅舅》、《三姊妹》、《樱桃园》等。

暮色昏暗。大片的湿雪绕着刚点亮的街灯懒洋洋地飘飞，落在房顶、马背、肩膀、帽子上，积成又软又薄的一层。车夫姚纳·波达波夫周身雪白，象是一个幽灵。他在赶车座位上坐着，一动也不动，身子往前伛着，伛到了活人的身子所能伛到的最大限度。即使有一个大雪堆倒在他的身上，仿佛他也会觉得不必把身上的雪抖掉似的。……他那匹小马也是一身白，也是一动都不动。它那呆呆不动的姿态、它那瘦骨棱棱的身架、它那棍子般直挺挺的腿，使它活象那种花一个戈比就能买到的马形蜜糖饼干。它多半在想心思。不论是谁，只要被人从犁头上硬拉开，从熟悉的灰色景致里硬拉开，硬给丢到这儿来，丢到这个充满古怪的亮光、不停的喧嚣、熙攘的行人的旋涡当中来，那他就不会不想心事。……

姚纳和他的瘦马已经有很久停在那个地方没动了。他们还在午饭以前就从大车店里出来，至今还没拉到一趟生意。可是现在傍晚的暗影已经笼罩全城。街灯的黯淡的光已经变得明亮生动，街上也变得热闹起来了。

"赶车的，到维堡区去③！"姚纳听见了喊声。"赶车的！"

姚纳猛的哆嗦一下，从粘着雪花的睫毛里望出去，看见一个军人，穿一件带风帽的军大衣。

"到维堡区去！"军人又喊了一遍。"你睡着了还是怎的？到维堡区去！"

为了表示同意，姚纳就抖动一下缰绳，于是从马背上和他肩膀上就有大片的雪撒下来。……那个军人坐上了雪橇。车夫吧哒着嘴唇叫马往前走，然后象天鹅似的伸长了脖子，微微欠起身子，与其说是由于必要，不如说是出于习惯地挥动一下鞭子。那匹瘦马也伸长脖子，弯起它那象棍子一样的腿，迟疑地离开原地走动起来了。……

"你往哪儿闯，鬼东西！"姚纳立刻听见那一团团川流不息的黑影当中发出了喊叫声。

"鬼把你支使到哪儿去啊？靠右走!"

"你连赶车都不会！靠右走!"军人生气地说。

一个赶轿式马车的车夫破口大骂。一个行人恶狠狠地瞪他一眼,抖掉自己衣袖上的雪,行人刚刚穿过马路,肩膀撞在那匹瘦马的脸上。姚纳在赶车座位上局促不安,象是坐在针尖上似的,往两旁撑开胳膊肘,不住转动眼珠,就跟有鬼附了体一样,仿佛他不明白自己是在什么地方,也不知道为什么在那儿似的。

"这些家伙真是混蛋!"那个军人打趣地说。"他们简直是故意来撞你,或者故意要扑到马蹄底下去。他们这是互相串通好的。"

姚纳回过头去瞧着乘客,努动他的嘴唇。……他分明想要说话,然而从他的喉咙里却没有吐出一个字来,只发出咝咝的声音。

"什么?"军人问。

姚纳撇着嘴苦笑一下,嗓子眼用一下劲,这才沙哑地说出口:

"老爷,那个,我的儿子……这个星期死了。"

"哦! ……他是害什么病死的?"

姚纳掉转整个身子朝着乘客说:

"谁知道呢！多半是得了热病吧。……他在医院里躺了三天就死了。……这是上帝的旨意哟。"

"你拐弯啊,魔鬼!"黑地里发出了喊叫声。"你瞎了眼还是怎么的,老狗! 用眼睛瞧着!"

"赶你的车吧,赶你的车吧,……"乘客说。"照这样走下去,明天也到不了。快点走!"

车夫就又伸长脖子,微微欠起身子,用一种稳重的优雅姿势挥动他的鞭子。后来他有好几次回过头去看他的乘客,可是乘客闭上眼睛,分明不愿意再听了。他把乘客拉到维堡区以后,就把雪橇赶到一家饭馆旁边停下来,坐在赶车座位上佝下腰,又不动了。……湿雪又把他和他的瘦马涂得满身是白。一个钟头过去,又一个钟头过去了。……

人行道上有三个年轻人路过,把套靴踩得很响,互相诟骂,其中两个人又高又瘦,第三个却矮而驼背。

"赶车的,到警察桥去!"那个驼子用破锣般的声音说。"一共三个人。……二十戈比①!"

姚纳抖动缰绳,吧哒嘴唇。二十戈比的价钱是不公道的,然而他顾不上讲价了。……一个卢布也罢,五戈比也罢,如今在他都是一样,只要有乘客就行。……那几个青年人就互相推搡着,嘴里骂声不绝,走到雪橇跟前,三个人一齐抢到座位上去。这就有一个问题需要解决:该哪两个坐着,哪一个站着呢? 经过长久的吵骂、变卦、责难以后,他们总算做出了决定:应该让驼子站着,因为他最矮。

"好,走吧!"驼子站在那儿,用破锣般的嗓音说,对着姚纳的后脑壳喷气。"快点跑! 嘿,老兄,瞧瞧你的这顶帽子! 全彼得堡也找不出比这更糟的了。……"

"嘻嘻,……嘻嘻,……"姚纳笑着说。"凑合着戴吧。……"

"喂,你少废话,赶车! 莫非你要照这样走一路? 是吗? 要给你一个脖儿拐吗? ……"

"我的脑袋痛得要炸开了,……"一个高个子说,"昨天在杜克玛索夫家里,我跟瓦斯卡一块儿喝了四瓶白兰地。"

"我不明白,你何必胡说呢?"另一个高个子愤愤地说。"他胡说八道,就跟畜生似的。"

"要是我说了假话,就叫上帝惩罚我! 我说的是实情。……"

"要说这是实情,那末,虱子能咳嗽也是实情了。"

"嘻嘻!"姚纳笑道。"这些老爷真快活!"

"呸,见你的鬼! ……"驼子愤慨地说。"你到底赶不赶车,老不死的? 难道就这样赶车? 你抽它一鞭子! 唷,魔鬼! 唷! 使劲抽它!"

姚纳感到他背后驼子的扭动的身子和颤动的声音。他听见那些骂他的话,看到这几个人,孤单的感觉就逐渐从他的胸中消散了。驼子骂个不停,诌出一长串稀奇古怪的骂人话,直骂得透不过气来,连连咳嗽。那两个高个子讲起一个叫娜杰日达·彼得罗芙娜的女人。姚纳不住地回过头去看他们。正好他们的谈话短暂地停顿一下,他就再次回过头去,嘟嘟哝哝说:

"我的……那个……我的儿子这个星期死了!"

"大家都要死的,……"驼子咳了一阵,擦擦嘴唇,叹口气说。"得了,你赶车吧,你赶车吧! 诸位先生,照这样的走法我再也受不住了! 他什么时候才会把我们拉到呢?"

"那你就稍微鼓励他一下,……给他一个脖儿拐!"

"老不死的,你听见没有? 真的,我要揍你的脖子了! ……跟你们这班人讲客气,那还不如索性走路的好! ……你听见没有,老龙⑤? 莫非你根本就不把我们的话放在心上?"

姚纳与其说是感到,不如说是听到他的后脑勺上啪的一响。

"嘻嘻,……"他笑道。"这些快活的老爷,……愿上帝保佑你们!"

"赶车的,你有老婆吗?"高个子问。

"我? 嘻嘻,……这些快活的老爷! 我的老婆现在成了烂泥地罗。……哈哈哈! ……在坟墓里! ……现在我的儿子也死了,可我还活着。……这真是怪事,死神认错门了。……它原本应该来找我,却去找了我的儿子。……"

姚纳回转身,想讲一讲他儿子是怎样死的,可是这时候驼子轻松地呼出一口气,声明说,谢天谢地,他们终于到了。姚纳收下二十戈比以后,久久地看着那几个游荡的人的背影,后来他们走进一个黑暗的大门口,不见了。他又孤身一人,寂静又向他侵袭过来。……他的苦恼刚淡忘了不久,如今重又出现,更有力地撕扯他的胸膛。姚纳的眼睛不安而痛苦地打量街道两旁川流不息的人群:在这成千上万的人当中有没有一个人愿意听他倾诉衷曲呢? 然而人群奔走不停,谁都没有注意到他,更没有注意到他的苦恼。……那种苦恼是广大无垠的。如果姚纳的胸膛裂开,那种苦恼滚滚地涌出来,那它仿佛就会淹没全世界,可是话虽如此,它却是人们看不见的。这种苦恼竟包藏在这么一个渺小的躯壳里,就连白天打着火把也看不见。……

姚纳瞧见一个扫院子的仆人拿着一个小蒲包,就决定跟他攀谈一下。

"老哥,现在几点钟了?"他问。

"九点多钟。……你停在这儿干什么? 把你的雪橇赶开!"

姚纳把雪橇赶到几步以外去,伛下腰,听凭苦恼来折磨他。……他觉得向别人诉说也没有用了。……可是五分钟还没过完,他就挺直身子,摇着头,仿佛感到一阵剧烈的疼痛似的;他拉了拉缰绳。……他受不住了。

"回大车店去,"他想。"回大车店去!"

那匹瘦马仿佛领会了他的想法,就小跑起来。大约过了一个半钟头,姚纳已经在一个肮脏的大火炉旁边坐着了。炉台上,地板上,长凳上,人们鼾声四起。空气又臭又闷。姚纳瞧着那些睡熟的人,搔了搔自己的身子,后悔不该这么早就回来。……

"连买燕麦的钱都还没挣到呢⑥,"他想。"这就是我会这么苦恼的缘故了。一个人要是会料理自己的事,……让自己吃得饱饱的,自己的马也吃得饱饱的,那他就会永远心平气和。……"

墙角上有一个年轻的车夫站起来,带着睡意嗽一嗽喉咙,往水桶那边走去。

"你是想喝水吧?"姚纳问。

"是啊,想喝水!"

"那就痛痛快快地喝吧。……我呢,老弟,我的儿子死了。……你听说了吗? 这个星期在医院里死掉的。……竟有这样的事!"

姚纳看一下他的话产生了什么影响,可是一点影响也没看见。那个青年人已经盖好被子,连头蒙上,睡着了。老人就叹气,搔他的身子。……如同那个青年人渴望喝水一样,他渴望说话。他的儿子去世快满一个星期了,他却至今还没有跟任何人好好地谈一下这件事。……应当有条有理,详详细细地讲一讲才是。……应当讲一讲他的儿子怎样生病,怎样痛苦,临终说过些什么话,怎样死掉。……应当描摹一下怎样下葬,后来他怎样到医院里去取死人的衣服。他有个女儿阿尼霞住在乡下。……关于她也得讲一讲。……是啊,他现在可以讲的还会少吗? 听的人应当惊叫,叹息,掉泪。……要是能跟娘们儿谈一谈,那就更好。她们虽然都是蠢货,可是听不上两句就会哭起来。

"去看一看马吧,"姚纳想。"要睡觉,有的是时间。……不用担心,总能睡够的。"

他穿上衣服,走到马房里,他的马就站在那儿。他想起燕麦、草料、天气。……关于他的儿子,他独自一人的时候是不能想的。……跟别人谈一谈倒还可以,至于想他,描摹他的模样,那太可怕,他受不了。……

"你在吃草吗?"姚纳问他的马说,看见了它的发亮的眼睛。"好,吃吧,吃吧。……既然买燕麦的钱没有挣到,那咱们就吃草好了。……是啊。……我已经太老,不能赶车了。……该由我的儿子来赶车才对,我不行了。……他才是个地道的马车夫。……只要他活着就好了。……"

姚纳沉默了一忽儿,继续说:

"就是这样嘛,我的小母马。……库兹玛·姚内奇不在了。……他下世了。……他无缘无故死了。……比方说,你现在有个小驹子,你就是这个小驹子的亲娘。……忽然,比方说,这个小驹子下世了。……你不是要伤心吗?"

那匹瘦马嚼着草料,听着,向它主人的手上呵气。

姚纳讲得入了迷,就把他心里的话统统对它讲了。……

(《契诃夫文集》第四卷,〔俄国〕契诃夫撰,汝龙译,上海:上海译文出版社,1984)

【注释】

① 本篇作于1886年。

② "我向谁"句:引自宗教诗《约瑟夫的哭泣和

往事》。

③ 维堡区:彼得堡一个区的名字。

④戈比:俄国货币单位,一百戈比为一卢布。 | 一条怪龙名,这里用作骂人的话。
⑤老龙:原文是"高雷内奇龙",俄国神话传说中的 | ⑥燕麦:马的饲料。

【提示】

这篇小说描述一个死了儿子的老马夫姚纳想向别人倾诉心中的痛苦,然而那么大的一个彼得堡竟找不到一个能听他说话的人,最后他只好对着自己的小母马诉说。作者以冷峻的笔触,揭示出19世纪沙皇统治下的社会下层小人物悲惨无援的处境和苦恼孤寂的心态。通过姚纳的遭遇,反映了俄罗斯底层劳动人民的悲惨命运,控诉了沙皇统治下俄国社会人与人之间的冷漠无情。

小说的中心线索是紧紧围绕着车夫姚纳因死了儿子想跟人家倾吐一下内心的愁苦这个可怜的心愿和欲望展开的,情节按照时间顺序铺排,作者将"人与人"的关系与"人与马"的关系进行对比。文中姚纳先后四次想向军人、三个青年、扫院子的仆人与年轻马夫诉说苦恼,但这些人对他都漠不关心。最后他来到小母马跟前,小母马不仅听着"他的倾诉",而且还"闻闻主人的手"。马有情而人无情,形成了一个鲜明的对比。这一对比,更能引起读者对主人公悲惨命运的同情,对世态炎凉的颤栗,对黑暗社会现实的憎恶。

小说的对话描写精当简练,能反映出人物在特定环境、场合中的性格特征与心理活动。姚纳与军人及三个寻欢作乐的青年的对话,不仅深刻揭示了军人与三个青年的自私自利、麻木不仁,而且也反映了姚纳内心深处极度苦闷的情绪。

小说的细节描写匠心独运,静态的肖像描写逼真传神,语言朴实无华。作品虽然没有曲折的情节和惊人的事变,但能以小见大,于平淡中发人深思,在简单的情节中反映出重大的社会问题,体现了契诃夫短篇小说的独特风格。

【思考与练习】

一、马车夫姚纳为什么要再三对别人、甚至对小母马叙说他儿子死了的事?
二、小说是怎样将"人与人"的关系与"人与马"的关系作对比的? 这样对比有何作用?
三、本文的人物对话描写有什么特色? 对塑造人物形象起了什么作用?
四、举例说明本文中的细节描写对刻画人物性格、表现人物心理活动所起的作用。

学 文 例 话 （二）

议论文的阅读与写作

论点、论据、论证是议论文的三大要素。一篇好的议论文，应当是观点深邃而有创见，论据典型而具张力，论证严谨而富启迪。

— 一 —

人类的精神财富，是在历史的长河中，由一系列大大小小的创见积淀而成的。没有创见，就没有发展。评价议论文，首先要看它有没有创见；写作议论文，首先要在观点上有自己的独到之处。古今议论笔墨，浩如烟海，但大多已经或即将被时间冲走、湮没，只有少量精品能够存活。有创见者存，无创见者亡，这是历史的无情选择。

创新，需要有洞穿历史的深邃眼光。孔子的"仁者爱人"、"克己复礼"，孟子的"民为邦本"、"民贵君轻"，是面对着春秋战国时期群雄争霸的血雨腥风而创辟的新政治理念。当时虽被讥为迂腐，却终究成为中国两千多年封建统治的圭臬，即使是最狂妄的暴君，也不敢公开抗拒它的权威。然而当原始儒学的民本思想被一步步阉割为维护封建专制政体的统治术之时，面对日趋腐朽、万马齐喑的社会现实，黄宗羲又以其一篇《原君》，一针见血地揭示出皇权专制"以天下为一己之私"的实质，将传统的民本思想推向了近代民主意识。这一预示着社会政体必将发生根本变革的创见，在当时确属石破天惊之响。创新就是发展。当我们今天进一步用"以人为本"来替代"以民为本"的观念时，那就意味着要从根本上涤除官与民长期被隔裂、被对立、被倒置的痼疾，而真正民主、公平、和谐的现代社会，或许正是从这里孕育出来的。

创新，需要过人的胆识。和而不同是中华传统精神文明的精华。早在先秦时期，"和为贵"、"致中和"、"中庸之道"、"中和之美"、"执两用中"等哲理名言的出现和流行，就标志着这一社会人生普遍理念的基本成熟。但在先秦以后漫长的文化专制时代，和而不同的呼声却几近绝迹。偶有涉及者，也只是重复"声一无听"、"味一无果"、"物一无文"的轻音熟调，或隔靴搔痒，不敢触及政治，或片面强调"和"，抹煞"不同"的真义。这是为什么？值得深思。重读一下《国语》的《史伯对桓公问》吧，他一上来就把和而不同推上了政治舞台，将周王室衰微的原因，归结为"去和而取同"，强调包容着对立面的"不同"，才是"和"的真谛，并进而得出一个振聋发聩的结论："和实生物，同则不继"。说得更明白些就是：和则生，同则亡。像这样逆反"喜同恶异"的人类普遍心理，直接呼唤"和则生、同则亡"的社会政治律令，是一切专制主义者所不愿听、乃至惧怕的，这就是过人的胆识。多元并立，多样共存，是自然常态，社会常规，人生常道，偏执"非此即彼"、"你死我活"的狭隘道行，社会人生就永无宁日。只有在促进各个"不同"要素自身充分发展的基础上，去追求"和"的合理程度和理想状态，才是天地胸襟，人间正道。当前，见之于和平外交、和谐社会以及亲和自然的科学发展观，不正是以人为本、和而不同新理念不断落到实处的体现吗？

过人胆识，需要有开阔的心胸和眼界，让心灵在天地间无羁无碍地飞得更高、想得更远。人的思路总是不同程度地被困囿在低层次空间打转，而不能上升到更普遍的义理，这是创造精神被窒息的主要原因。在这方面，倒应当好好向庄子学习。庄子的《秋水》（节选），主旨是张扬"宇宙无限而人的认识有限"的普世理念，要人们放开眼量看世界、看宇宙，不要自我张大，也不要神化圣贤。庄子"少仲尼之闻而轻伯夷之义"，不是坐井观天，而是翱翔太空回望地球，看到的只是一个蓝色的小皮球而已。这一高远的立足点和眼量，显然对狂妄的自我中心主义、人类中心主义以及其他种种中心主义，有很大的杀伤力。由此，我们可以联想到罗素《如何避免愚蠢的见识》一文的结语："在茫茫宇宙中一个小小角落的一颗小小星球的生命史上，人类仅仅是一个短短的插曲，而且说不定宇宙中其他地方还有一些生物，他们优越于我们的程度，不亚于我们优越于水母的程度。"也可以联想到爱因斯坦在《我的世界观》中对我们的告诫："我们认识到有某种为我们所不能洞察的东西存在。"所谓"客观世界"，那是个"在艺术和科学工作领域里永远达不到的对象"。还可以联想到胡适在《容忍与自由》中对"绝对之是"的否定："我们受过实验主义训练的人，本来就不承认'绝对之是'，更不可以'以吾辈所主张者为绝对之是'。"站得愈高，看得愈远。如果轻率地将庄子的《秋水》钉死在"相对主义"、"虚无荒诞"的绞刑架下，那么，这些大科学家、大学问家也都是虚无主义、消极人生吗？

二

演绎和归纳，是议论文的两种基本论说方法。

演绎法是一个由一般到个别的论说过程，它从一般原理出发，经过一定的逻辑推演，从而得出一个关于个别情况的结论。推演过程的逻辑关系，主要有形式逻辑、事理逻辑和辩证逻辑之分。形式逻辑有三段论、假言推理、选言推理等诸多种类，以三段论最为常见。三段论由大前提、小前提和结论三部分构成，是从一个概念联系着的两个前提推导出结论的演绎过程。例如，庄子在《秋水》中认为孔孟之道既"轻"又"小"，就是一个三段式推论：文章所极力张扬的"宇宙无限而人的认识有限"的理念是大前提，"孔孟是人"则是一个不言自明的小前提，两者一结合就得出"孔孟之道也十分有限"的结论。再如，胡适在《容忍与自由》中认为："喜同恶异"是人类的普遍心理，有了这种心理就不能容忍，不能容忍就要党同伐异、消灭异己，要消灭异己大家就谁也没有自由，所以作者得出的最终结论，就是"没有容忍就没有自由"。这里就包含着一连串的三段式推论。显然，任何论说都必须遵循一定的形式逻辑，否则论证就不能成立。

但是，议论文的思理是否有深度，是否有创见，却不取决于形式逻辑，而主要取决于内在事理逻辑是否严谨和思维方法是否辩证。事理逻辑是事物之间的必然联系，它是形式逻辑能否成立的内在依据。在《齐桓晋文之事章》中,当孟子看到齐宣王对一条即将被杀的牛产生了深切的恻隐之心时,就认为他可以实行仁政,因为恻隐之心是走向仁政的心理通道,这其间就有一个当权者的心理特征与政治之间的事理逻辑关系。孟子把孔子侧重于人格修养的仁学,发展为社会政治的王道理想,恐怕正是这一事理逻辑关系的升华。可以说,一个重大事理逻辑的发现,往往能发人长思深省,预示着一个新的学说的创辟;而一篇好的论说文,就应当力求具有这种富含创新张力的逻辑内核。史伯将和而不同与国家兴亡联系起来,庄子将孔孟之道与宇宙无限联系起来,爱因斯坦将"宗教感情"与深不可测的天地奥秘联系起来,利奥波德将消灭狼群与人类能否继续生存联系起来(《像山那样思考》),朱光潜将审美与人生联系起来(《慢慢走,欣赏啊!》),等等,其中就都包蕴着丰富而深邃的事理逻辑关系。

　　至于辩证逻辑,那是更高层次的思维方式,非通达事理逻辑者是难以得其一二的。老子说:"天下皆知美之为美,斯恶已;皆知善之为善,斯不善已。"这简短的两个论断中,充满有无相生、强弱相成、祸福相依、美丑相形等诸多对立统一的辩证规律,是思想方法狭隘偏执者无论如何也想不到、想不通和难以接受的。在人们多以"容忍"为妥协投降、纵奸容恶的时候,胡适断定"没有容忍就没有自由",在人们多以自己的主张为"绝对正确"的时候,胡适断定"绝对之是根本不存在"的,这是颇具胆识的;而这胆识之中,就包容着许多辩证思维因素:一味地强调斗争哲学,结果会发现自己就坐在火山口上;一味地"喜同恶异",总难免自己也成为被排斥的"异己";一味地标榜"完全正确",本身就证明着真理已经离他而去。当今,人类面临着日益恶化的生存环境,要建设一个以人为本、多元并存、持续发展的和谐社会,恐怕单讲二元对立观念是远远不够的,须借助更加灵动的辩证思维,对诸多长期以来占统治地位的流行思想进行反思,并在反思中提出与时俱进的新见解、新理念。

　　归纳法是由个别到一般的论证方法,它是通过列举、分析若干实例或分论点,来归纳证明具有更普遍意义的结论。所有理论,归根结底都是从实践中来,并且还要回到实践中去的,所以用事实说话的例证法,是最常见也最可靠的论说途径。当然,例证要精心选择,只有典型性强者,才更有说服力。贾谊《过秦论》,通篇都是铺陈史实,几乎不用逻辑推理,结论也只有结尾处"仁义不施,而攻守之势异也"两句,但古今叫绝,皆赞其说理透辟有力,为什么? 主要是由于秦以暴政灭亡的历史事实,是中国历史上最突出最典型的,只要把史实摆足说透,无须逻辑推演,其因"仁义不施"而速亡的深层义理就和盘托出了。这是事实胜于雄辩的典范文例。

　　胡适的《容忍与自由》,则主要是通过分析典型实例来讲道理。先选择三个论据,然后围绕着这三个论据进行论说,让事实和论理交融一体,不仅避免了思路贫乏、论说枯燥的弊端,而且收到了论据发人深省、说理深入透彻的效果。首先,三个实例分居学术、宗教、政治三大领域,视野开阔,特征鲜明,本身就具有充分的涵盖面和强劲的冲击力、启示力和说服力。其次,在分析这三个例据时,又依次意指"容忍是自由的前提"、"喜同恶异是不能容忍的心理根源"和"绝对之是根本不存在"三个分论点,层层推进,步步深入,把"没有容忍就没有自由"的总论点阐发得十分具体、精到。再次,作者先从自己的教训说起,坦诚地进行自我反思,拉近了与读者的心灵距离,极具亲和力。而全文不摆理论架势,平易出之,剀切道来,则呈现出一种胸有成竹、透彻于心,而后返璞归真、深入浅出的境界。可以说,《容忍与自由》既善于摆事实,又善于讲道理,尽现大家风范。

三

比较，包括对比和类比，不仅是有效的论证方法，而且是充满理趣智慧和审美意味的表达手段。

没有比较，就没有是非、好坏，这是常识。而作为一种论证方法，对比的主要功效，则是使对比双方的特征都更加鲜明突出。庄子《秋水》连用"小石小木之在大山"、"礨空之在大泽"、"稊米之在大仓"、"豪末之在马体"四个小与大的对比，将"宇宙无限而人的认识有限"的道理彰显得分外鲜明；萧伯纳的《贝多芬百年祭》，则是通过与莫扎特等人的对比，将贝多芬反抗传统、独辟蹊径的音乐创作精神反衬得更加突出。

如果仔细分析一下就会发现，对比不仅有反衬作用，还能生发出新的意义。例如孟子说："狗彘食人食而不知检，涂有饿莩而不知发。"（《寡人之于国也》）前一句是说有些人穷奢极欲，富得挥霍无度，后一句是说有些人饿死路旁，穷得无法生存，而将两者并置起来一对比，就升华出一个新的关系意义：当时社会贫富悬殊、阶级对立到了极点，甚至隐含着由于统治者不顾下层百姓死活，因而社会动荡、统治基础极不牢固的深意。事物的意义不仅在于自身，更多的是在于它与其他事物的关系之中，对比就是揭示同类事物之间某种关系意义的有效途径。

还应当进一步看到，对比双方的差距愈大，对比愈强烈，效果就愈好。这是个对比的成色问题。因此，当我们运用对比方法的时候，不仅要精心选择对比对象，而且要通过种种手段来强化对比的力度。《过秦论》只用事实说话而不用逻辑推理照样说理透辟的原因，除了前面所说的秦朝速亡的史实典型外，更重要的还在于它的强劲对比手法。全文铺陈史实，并非面面俱到，而是"千回万叠只是论秦如此之强，又千回万叠只是论陈涉如此之微"（过珙语），这就集中笔墨强化了一个落差极大的强与弱的对比；然而如此之强者却被如此之弱者一击而亡，这就不能不令读者深思，从而更加深刻地体会到秦政之残暴不仁、不得人心到了何种程度。愈渲染秦王之强，愈渲染陈涉之弱，对比就愈强烈，主旨也就愈加鲜明强劲，这显然是《过秦论》的主要艺术匠心所在。

从心理学上看，类比是一种相似性同构联想，是一种与逻辑推理完全不同的思维方式。它打破了人们习惯上对事物进行按种按类划分的科学分类方法，而在非同种非同类的事物间进行形态上或性质上的相似联结，从而开启了一个更加广阔更加自由的类比思维新空间。类比思维是艺术思维的基础，比喻、比拟、象征，乃至寓言、童话、动漫，都是类比思维的产物。因此，作为论证方法，类比不仅有说理功能，而且能给议论文增添诸多审美性特色。《齐桓晋文之事章》中用"缘木求鱼"来比喻实行霸道不能取得天下，《召公谏厉王弭谤》中用"防民之口，甚于防川"来说明压制民众舆论的艰难，《谏太宗十思疏》中用"载舟覆舟，所宜深慎"来彰显民众力量的巨大，都是通过类比方法来阐明事理，不仅寓意贴切警策，而且形象生动空灵。这类比喻所以能成为流传至今的成语、格言，道理就在这里。

对那些正面论说有难度的论题，类比方法往往更有奇效。在《秋水》中，宇宙的无限性和人的认识的有限性，若正面入手，恐怕是老虎吃天无从下口的，于是庄子就虚构了一个河伯与海若对话的寓言故事，用大海与河水的不同景观来象喻宽阔与狭隘两种不同的精神境界，以类比见义，就显得运重若轻，得心应手。有人说，庄子是用寓真于诞的文学艺术表现方法，来阐发出真入玄的天地人生至理，见识是相当精到的。钱钟书的《吃饭》，更是一篇以类比见义、连类生发、层出不穷的妙文。作者从吃饭说到结婚,说到艺术,说到政治,从美味说到音乐,说到和而不同,说到治国,都是经由对不同事物的相似性联想展开的。从"吃饭"实质变成吃菜,连类到"讨小姐"实质变成讨钱,连类到用"追求真和美"来掩饰追名逐利,连类到用"弄饭给大家吃"来掩饰让大家弄饭给他吃,眼光锐利,思理独到,情调冷峻,笔锋讥诮,处处洋溢着理趣的机敏和智慧。从"一碗好菜仿佛一支乐曲",到"天造地设的配偶、相得益彰的眷属",到"整个人世间好比是做菜的厨房",到"把最伟大的统治哲学讲成惹人垂涎的食谱",广征博引,巧喻连珠,任性而发,出奇制胜,看似信手拈来,却处处妙笔生花。阅读《吃饭》,咀嚼重重叠叠的类比,犹如跟随一个哲思泉涌的导游,饱览光怪陆离的世态人情,景点目不暇接,观感美不胜收。

第七单元

以史为鉴

  历史是迄今为止人类全部社会实践活动的总和，包蕴着人类的全部成功和失败、欢乐和痛苦、经验和教训。洞察历史，可以使人眼界开阔，见识深远；汲取历史上成功的经验和失败的教训，可以使个人少犯错误，使社会发展少走弯路。中华民族有五千年的悠久历史，有着难以计数的历史故事和历史人物，这是一笔极为难得的文化遗产和精神财富。

  我国古代的文献和文学作品里有众多的咏史怀古篇什。秦皇汉武、唐宗宋祖、七雄争霸、三国归一、吴宫花草、晋代衣冠，一些历史人物、历史事件和历史遗迹，为后人所一再关注审视。作家们以史为鉴，从中寻绎国家兴废的原因，探究朝代更替的缘由，旨意或在针砭时弊，或在警示危机，或在为疗救现实提供良方猛药。登临咏怀之际，许多作者"观古今于须臾，抚四海于一瞬"，"念天地之悠悠，独怆然而涕下"，不仅以其超迈的视野、深刻的见识给人以思想启迪，还以其博大的胸襟、炽热的情怀给人以心灵震撼。

  历史的积淀是厚重的，一些反复呈现的历史现象，实质上演示了社会发展的必然规律，值得我们牢牢记取。如果任凭个人的主观意志去强行改变社会发展的自然趋向，那无异于螳臂挡车。历史的积淀是厚重的，也包括它所带有的遗毒与顽疾。即使当今世界的社会形态发生了重大的变化，人类文明取得了巨大的进步，那些与人的私心私欲和人性的普遍弱点有着千丝万缕联系的顽疾遗毒，也不会轻易退出现实舞台。从这个角度讲，以史为鉴，也具有普遍而永恒的意义。

召 公谏厉王弭谤^①

《国语》

厉王虐^②，国人谤王。召公告王曰："民不堪命矣^③。"王怒。得卫巫^④，使监谤者^⑤。以告^⑥，则杀之。国人莫敢言，道路以目^⑦。

王喜。告召公曰："吾能弭谤矣，乃不敢言！"

召公曰："是障之也^⑧。防民之口，甚于防川。川壅而溃^⑨，伤人必多；民亦如之。是故为川者决之使导^⑩，为民者宣之使言^⑪。故天子听政，使公卿至于列士献诗^⑫，瞽献曲^⑬，史献书^⑭，师箴^⑮，瞍赋^⑯，矇诵^⑰，百工谏^⑱，庶人传语^⑲，近臣尽规^⑳，亲戚补察^㉑，瞽史教诲^㉒，耆艾修之^㉓：而后王斟酌焉。是以事行而不悖^㉔。民之有口，犹土之有山川也，财用于是乎出。犹其原隰之有衍沃也^㉕，衣食于是乎生。口之宣言也，善败于是乎兴^㉖。行善而备败^㉗，其所以阜财用衣食者也^㉘。夫民虑之于心而宣之于口，成而行之^㉙，胡可壅也？若壅其口，其与能几何^㉚？"

王弗听。于是国人莫敢出言。三年，乃流王于彘^㉛。

（《国语集解》修订本，徐元诰集解，北京：中华书局，2002）

【注释】

① 本文选自《国语·周语上》。召公：一作"邵公"，即召穆公，名虎，时为周厉王的卿士。弭谤：消弭民间对帝王的各种议论指责，即以政治高压手段压制思想言论自由。

② 厉王：即周厉王，名胡，公元前878年即位。

③ 民不堪命：意为老百姓无法忍受（厉王）的暴政。命：指厉王暴虐的各种政令。

④ 卫巫：来自卫国的巫者。

⑤ 使监谤者：让卫巫去监视发表意见的百姓。

⑥ 以告：即"以之告"，省略介词宾语"之"字。指（卫巫）把议论者告知厉王。

⑦ 道路以目：百姓在路上相遇，不敢讲话，只能彼此默默以目示意。

⑧ 障：阻拦。意为暂时阻挡，并未彻底制止。

⑨ 川壅而溃：筑堤坝防河水，水易于壅塞，会导致溃堤。

⑩ 为川者：（善于）治水的人。决之使导：排除壅障之物，使河水畅流。

⑪ 为民者：（善于）治理国家、统治民众的人。宣之使言：引导老百姓讲话。

⑫ 公卿、列士：朝廷各级官员。献诗：从民间采集对帝王讽谏的诗篇（歌谣）送给帝王看。

⑬ 瞽：盲人乐师。无目为瞽。曲：乐曲，指反映民间呼声的作品。

⑭ 史：史官。书：史书典籍，指可供借鉴历史经验的书籍。

⑮ 师：少师，位低于太师的乐官。箴（zhēn）：寓有警戒作用的文辞，类似现在的警句、格言、座右铭。

⑯ 瞍（sǒu）：盲人。无眸子为瞍。赋：不歌而诵。

⑰ 矇：盲人。有眸子而失明为矇。诵：不讲究声调节奏的诵读。

⑱ 百工：有专门技艺侍奉君主的人。

⑲ 庶人：老百姓。传语：间接地反映意见。

⑳近臣:最接近帝王的大臣。尽规:(经常)向帝王进言规劝。尽,同"进"。

㉑亲戚:帝王宗室成员。补察:弥补帝王过失,监督帝王行为是非。

㉒教诲:(用礼仪礼法对帝王)教育、引导。

㉓耆艾:分别指六十岁、五十岁的长者,这里代指帝王的师傅。修:戒饬,警告,提醒。

㉔悖:逆,违背。

㉕原隰(xí):宽阔平坦与低洼潮湿之地。衍沃:地势低而平,有河流可资灌溉之地。

㉖善败:(国家政事)的好坏。于是乎兴:由此而体现出来。

㉗行善:凡民众认为好的,就推行。备败:凡民众认为坏的,就防范。

㉘阜:增加,增多。

㉙成而行之:考虑成熟之后自然(必然)流露(表达)出来。

㉚与能几何:有多少人来辅助你(帝王)呢? 与,在此作"助"解。

㉛流:流放、放逐。彘(zhì):晋地,在今山西霍县境内。据史书记载,厉王流彘在公元前 842 年。

【提示】

本文中召公"防民之口,甚于防川"的一段议论,形象、生动,富有启发性和说服力,且闪烁着民本思想的光华。可叹的是,周厉王却一点也听不进去,而且历代的反动统治者,仍不断地步周厉王的后尘。这一史实表明,从理论上解决问题并不太难,而真正付诸实践并非易事。然而即使如此,召公的意见仍值得今人重视,厉王的教训也值得汲取。

【思考与练习】

一、召公为什么认为"防民之口,甚于防川"?

二、周厉王拒谏的深层次原因是什么? 给今人留下了怎样的历史教训?

【辑评】

召公所谏,语语格言。细看当分四段。第一段言止谤有害;第二段言听政全赖民言,斟酌而行;第三段言民之有言,实人君之利;第四段言民之言,非孟浪而出,皆几经裁度,不但不可壅,实不能壅者。回抱防川之意,融成一片,惊健绝伦。(清·林云铭《古文析义》)

谏词只"天子听政"一段在道理上讲,其余俱是在利害上讲。而正意又每与喻意夹写,笔法新警异常。至前后叙次处,描写王与国人,以及起伏照应之法,更极精细。最是《国语》中遒炼文字。(清·余诚《重订古文释义新编》)

谏逐客书①

李斯

李斯(？—前208年)，战国时楚国上蔡(今河南上蔡)人。秦著名政治家。青年时代受学于荀子。学成，到秦国游说，得到秦王政的赏识，拜为客卿。秦统一六国后，官至丞相。秦二世时，被赵高陷害，腰斩于咸阳，夷灭三族。李斯留下的著述不多，主要有《谏逐客书》、《论统一书》、《行督责书》和《自罪书》等，大都被收入《史记·李斯列传》。

臣闻吏议逐客，窃以为过矣②。

昔缪公求士③，西取由余于戎④，东得百里奚于宛⑤，迎蹇叔于宋⑥，来丕豹、公孙支于晋⑦，此五子者，不产于秦，而缪公用之，并国二十，遂霸西戎。孝公用商鞅之法⑧，移风易俗，民以殷盛，国以富彊⑨，百姓乐用，诸侯亲服，获楚、魏之师⑩，举地千里，至今治彊。惠王用张仪之计⑪，拔三川之地⑫，西并巴、蜀⑬，北收上郡⑭，南取汉中⑮，包九夷⑯，制鄢、郢⑰，东据成皋之险⑱，割膏腴之壤，遂散六国之从⑲，使之西面事秦，功施到今⑳。昭王得范睢㉑，废穰侯㉒，逐华阳㉓，彊公室㉔，杜私门，蚕食诸侯，使秦成帝业。此四君者，皆以客之功。由此观之，客何负于秦哉？向使四君却客而不内㉕，疏士而不用，是使国无富利之实，而秦无彊大之名也。

今陛下致昆山之玉㉖，有随、和之宝㉗，垂明月之珠，服太阿之剑㉘，乘纤离之马㉙，建翠凤之旗㉚，树灵鼍之鼓㉛。此数宝者，秦不生一焉，而陛下说之㉜，何也？必秦国之所生然后可，则是夜光之璧不饰朝廷，犀象之器不为玩好㉝，郑卫之女不充后宫，而骏良駃騠不实外厩㉞，江南金锡不为用，西蜀丹青不为采。所以饰后宫充下陈、娱心意说耳目者㉟，必出于秦然后可，则是宛珠之簪㊱，傅玑之珥㊲，阿缟之衣㊳，锦绣之饰不进于前，而随俗雅化㊴，佳冶窈窕，赵女不立于侧也。夫击瓮叩缶㊵，弹筝搏髀而歌呼呜呜快耳目者㊶，真秦之声也；郑卫桑间㊷，昭虞武象者㊸，异国之乐也。今弃击瓮叩缶而就郑卫，退弹筝而取昭虞，若是者何也？快意当前，适观

说商鞅变法
秦孝君

而已矣[44]。今取人则不然，不问可否，不论曲直，非秦者去，为客者逐。然则是所重者在乎色乐珠玉，而所轻者在乎人民也，此非所以跨海内、制诸侯之术也。

臣闻地广者粟多，国大者人众，兵强则士勇。是以太山不让土壤[45]，故能成其大；河海不择细流，故能就其深[46]；王者不却众庶，故能明其德。是以地无四方，民无异国，四时充美，鬼神降福，此五帝三王之所以无敌也[47]。今乃弃黔首以资敌国[48]，却宾客以业诸侯[49]，使天下之士退而不敢西向，裹足不入秦，此所谓藉寇兵而赍盗粮者也[50]。

夫物不产于秦，可宝者多；士不产于秦，而愿忠者众。今逐客以资敌国，损民以益仇，内自虚而外树怨于诸侯，求国无危，不可得也。

（《史记》，西汉司马迁撰，南朝宋裴骃集解，唐司马贞索隐，唐张守节正义，北京：中华书局，1959）

【注释】

① 本文选自《史记·李斯列传》。
② 窃：私自，自谦之词。过：错误。
③ 缪公：秦穆公，秦国君，春秋五霸之一。公元前659年至前621年在位。
④ 由余：晋国人，流亡于戎。后奉戎王命出使秦国，被秦穆公设计收买。穆公用由余之谋伐戎，并国二十，开地千里。
⑤ 百里奚：楚国宛（今河南南阳）人。初仕虞国，晋灭虞后，他以战俘身份作为晋献公女儿的陪嫁奴仆入秦。后出走宛地，秦穆公闻其贤，用五张羊皮赎回，并拜其为相。
⑥ 蹇叔：本是岐（今陕西歧山）人，客居于宋国。因百里奚的推荐，秦穆公以厚币接他入秦任上大夫。
⑦ 丕豹：晋大夫丕郑子。其父被杀，遂自晋奔秦。公孙支：岐州人，居于晋。他们西入秦国后，分别被穆公任为大将和大夫。
⑧ 孝公：秦孝公，秦国君，公元前361年至前338年在位。商鞅：姓公孙，名鞅，卫国人。入秦，劝秦孝公变法，使秦国力大盛。
⑨ 彊：同"强"。
⑩ 获楚、魏之师：指商鞅于公元前340年率秦军大破魏军，继而又战胜楚军。
⑪ 惠王：秦惠王，秦国君，公元前337年至前311年在位。张仪：魏国人，西入秦，被惠王任为相。张仪提出了用"连横"瓦解东方六国"合纵"的谋略。
⑫ 三川之地：指韩国之洛阳一带。三川，黄河、洛水、伊水。
⑬ 巴、蜀：战国时期的两个小国，分别在今四川省的东部和西部。公元前316年，秦灭蜀。
⑭ 上郡：郡名，战国魏文侯置，后为秦所夺，治肤施（今陕西榆林东南）。
⑮ 汉中：郡名，战国楚怀王置，在汉水中游，公元前312年，秦大破楚军而占取之，移治南郑（今陕西汉中东）。
⑯ 九夷：这里泛指散居楚国的若干少数民族。
⑰ 鄢、郢（yān yǐng）：楚国先后建都的地方。鄢，今湖北宜城南。郢，今湖北荆州江陵区西北。本句指公元前280年至277年秦国攻取大片楚国地事。
⑱ 成皋：又名虎牢，军事要地，在今河南荥阳西北。
⑲ 六国之从（zòng）：战国时齐、楚、赵、魏、韩、燕六国的抗秦联盟。从，通"纵"，即合纵。
⑳ 施（yì）：延，延续。
㉑ 昭王：秦昭王，秦国君，公元前306年至前251年在位。范雎：当作范雎，魏国人，入秦后被昭王拜为相。
㉒ 穰（ráng）侯：即魏冉，封于穰，故称穰侯。
㉓ 华阳：华阳君，名芈（mǐ）戎。魏冉和华阳君都是秦昭王的母亲宣太后的弟弟，专权骄横。
㉔ 公室：王室，朝廷。
㉕ 向使：当初假使。内（nà）：同"纳"，接纳。
㉖ 昆山之玉：昆仑山北麓（今新疆和田地区）所产的良玉。
㉗ 随、和之宝：随侯珠，和氏璧，都是有名的珍宝。
㉘ 太阿：宝剑名，相传为春秋时吴国的欧冶子、干将所铸。
㉙ 纤离：古代骏马名。
㉚ 翠凤之旗：用翠凤的羽毛装饰的旗。
㉛ 灵鼍（tuó）之鼓：用灵鼍皮蒙的鼓。鼍，俗名猪婆龙，即扬子鳄。

㉜ 说(yuè):通"悦"。

㉝ 犀象之器:用犀牛角和象牙制成的器物。

㉞ 駃騠(jué tí):骏马。

㉟ 下陈:指君王诸侯的姬侍。

㊱ 宛珠:宛地(靠近汉水)出产的珍珠。

㊲ 傅玑之珥(ěr):镶着珠玑的耳饰。珥,耳环。

㊳ 阿缟(gǎo):东阿县(今属山东)出产的白绢。

㊴ 随俗雅化:娴雅变化而能通俗。

㊵ 击瓮叩缶(fǒu):敲打瓦罐瓦盆。

㊶ 捕髀(bì):拍着大腿。

㊷ 郑卫桑间:指郑、卫两国的民乐民歌。

㊸ 昭虞武象:昭一作"韶",韶虞,相传是虞舜时的

乐曲名。武象,相传为周武王时的舞曲名。

㊹ 适观:适合观赏。

㊺ 太山:即泰山。让:辞,拒绝。

㊻ 就:成就,完成。

㊼ 五帝:《史记》以黄帝、颛顼、帝喾、尧、舜为五帝。三王:三代之王,即夏禹、商汤、周文王与周武王。

㊽ 黔首:秦代对百姓的称呼。黔,黑。

㊾ 业诸侯:使诸侯成就功业。业,这里用作动词。

㊿ 藉寇兵:借给贼寇武器。赍(jī)盗粮:送给强盗粮食。

【提示】

　　秦始皇初年,李斯被拜为客卿。当时,由于客卿在秦国的发展影响了原有贵族的权势,秦国贵族于是借韩国派水工郑国为秦国开渠以阴谋消耗秦国力量的事件,一概否定客卿仕秦的功绩与用心,并奏请秦王逐客。于是秦王下逐客令,李斯也在被逐之列。李斯有感于这一政策的重大失误,及时向秦王上了这篇《谏逐客书》。

　　在书中,李斯历叙秦国四代君主都以客卿致富强而成霸业的历史事实,表明客卿并不负秦,秦国历来也并不却客。还列举种种珍宝器物虽不产于秦,都能为秦王所用,说明用人与使物也理应统一,切不可重物而轻人。进而指出逐客非所以跨海内制诸侯之术也。文章正反对比,利害对举,既能晓之以理,又能动之以情,十分富有说服力。

　　臣子向君主进谏,历代并不乏人,但大都因批"逆鳞"而遭惨败。李斯的这篇谏书却能为秦王接纳,使其收回成命,并恢复了李斯的官职,这在历史上确为凤毛麟角。其中应有多方面的原因,但与李斯在谏书中不为客说,专为秦谋;详述纳客之功,略论逐客之过的论说策略;重于事实明理,轻于据理力争的论说方法,有极大关系。

　　作为一篇谏书,本文除了观点明确外,还具有婉转的措辞与犀利的语锋完美结合的显著特点。而词采缤纷的大肆铺陈,以及气势充沛的排比句式,也极大地增强了文章的说服力。

【思考与练习】

一、这篇文章意在论逐客之过,作者不直斥秦王逐客之非,而用很大篇幅详叙秦国历代君主的纳客之功,这是出于何种考虑?

二、文章的中心议题是客卿问题,但作者始终不谈客卿的利益,却处处从秦国的危亡着眼,为秦王的统一大业着想,你认为作者在策略上有何高明之处?

三、清李兆洛在《骈体文钞》中尊本文为"骈体之祖",你认同这一说法吗?请结合文本略作阐析。

四、阅读本篇,对于不同国家、民族、地区之间建立一种海纳百川的科学人才观,有何历史的启示意义?

【辑评】

文章用意庸，易起人厌；须出人意表，方为高手。如李斯《谏逐客书》，借人扬己，以小喻大，另是一种巧思。能打破此等关窍，下笔自惊世骇俗矣。（明·归有光《文章指南》）

细玩行文，落笔时胸中必有一段无因见逐、不能自平之气。故不禁其拉杂错综，忽而正说，忽而倒说，忽而复说，莫可端倪。如此所以为佳。（清·林云铭《古文析义》）

李斯既亦在逐中，若开口便直斥逐客之非，宁不适以触人主之怒，而滋之令转甚耶，妙在绝不为客谋，而通体专为秦谋。语意由浅入深，一步紧一步，此便是游说秘诀。……意最真挚，笔最曲折，语最委婉。而段落承接，词调字句，更无不各具其妙。（清·余诚《重订古文释义新编》）

旁罗处，层叠敲击。到正写，又妙在不粘。风雨发作，光怪变现。笔势如生蛇不受捕捉。（清·浦起龙《古文眉诠》）

何氏义门谓此文只"昔"字、"今"字对照两大段，前举先世之典，以事证；后就秦王一身，以物喻。即小见大，于人情尤易通晓。可谓道着。何义门又谓汉以后文字不能如此驰骋。实则文章逐时代而迁移，李斯富于才，此篇为切己之事，故言之精切。实则仍是策士之词锋，不能不如此炫其神通以骇人也。（林纾《古文辞类纂选》）

此书历来传诵，至其命意为后世张本开宗，则似未有道者。二西之学入华，儒者辟佛与夫守旧者斥新知，诃为异端，每以来自异域耳。为二学作护法者，立论每与此书似响之应、若符之契。（钱钟书《管锥编》）

过 秦论(上)①

贾 谊

贾谊(前200—前168),洛阳(今河南洛阳东)人。西汉著名政治家、文学家。也是最早的汉赋作家之一。十八岁时就以文才出名。二十岁被汉文帝召为博士。一年后升为太中大夫。他对当时政治提出了改革的建议,遭到周勃等权贵的忌妒、毁谤,被贬为长沙王的太傅。后人因称其为贾长沙、贾太傅。文帝七年(前175),他被召回长安,任梁怀王的太傅。文帝虽仍赞赏他的博学,但对于他多次上疏陈述的政治主张并不采纳。后来梁怀王骑马摔死,他悲泣自责,忧闷而死。贾谊的作品,《汉书·艺文志》著录有文五十八篇,赋七篇。其文见现存的《新书》,亦名《贾子》。

秦孝公据崤函之固②,拥雍州之地③,君臣固守以窥周室④,有席卷天下,包举宇内,囊括四海之意,并吞八荒之心⑤。当是时也,商君佐之⑥,内立法度,务耕织,修守战之具,外连衡而斗诸侯⑦。于是秦人拱手而取西河之外⑧。

孝公既没,惠文、武、昭襄蒙故业⑨,因遗策⑩,南取汉中,西举巴、蜀,东割膏腴之地,北收要害之郡。诸侯恐惧,会盟而谋弱秦,不爱珍器重宝肥饶之地⑪,以致天下之士⑫,合从缔交⑬,相与为一⑭。当此之时,齐有孟尝,赵有平原,楚有春申,魏有信陵⑮,此四君者,皆明智而忠信,宽厚而爱人,尊贤而重士,约从离衡⑯,兼韩、魏、燕、赵、宋、卫、中山之众⑰。于是六国之士,有宁越、徐尚、苏秦、杜赫之属为之谋⑱;齐明、周最、陈轸、召滑、楼缓、翟景、苏厉、乐毅之徒通其意⑲;吴起、孙膑、带佗、倪良、王廖、田忌、廉颇、赵奢之伦制其兵⑳。尝以十倍之地,百万之师,叩关而攻秦㉑。秦人开关延敌㉒,九国之师,逡巡而不敢进㉓。秦无亡矢遗镞之费,而天下已困矣。于是从散约败,争割地而赂秦。秦有余力而制其弊,追亡逐北㉔,伏尸百万,流血漂橹㉕;因利乘便,宰割天下,分裂山河。彊国请服,弱国入朝。延及孝文王、庄襄王㉖,享国之日浅,国家无事。

及至始皇,奋六世之余烈㉗,振长策而御宇内㉘,吞二周而亡诸侯㉙,履至尊而制六合㉚,执敲扑而鞭笞天下㉛,威振四海。南取百越之地㉜,以为桂林、象郡㉝,百越之君,俯首系颈㉞,委命下吏。乃使蒙恬北筑长城而守藩篱㉟,却匈奴七百余里,胡人不敢南下而牧马,士不敢弯弓而报怨。于是废先王之道,焚百家之言,以愚黔首,堕名城,杀豪杰,收天下之兵,聚之咸阳,销锋镝㊱,铸以为金人十二,以弱天下之民。然后践华为城㊲,因河为池㊳,据亿丈之高,临不测之渊以为固。良将劲弩,守要害之处;信臣精卒,陈利兵而谁何㊴。天下已定,始皇之心,自以为关中之固,金城千里㊵,子孙帝王万世之业也。

始皇既没,余威震于殊俗㊶。然陈涉瓮牖绳枢之子㊷,氓隶之人㊸,而迁徙之徒也㊹。

才能不及中人，非有仲尼、墨翟之贤，陶朱、猗顿之富㊺，蹑足行伍之间，而倔起阡陌之中，率疲弊之卒，将数百之众，转而攻秦；斩木为兵，揭竿为旗，天下云合响应，赢粮而景从㊻。山东豪俊并起而亡秦族矣。

且夫天下非小弱也；雍州之地，殽函之固，自若也。陈涉之位，非尊于齐、楚、燕、赵、韩、魏、宋、卫、中山之君也；锄耰棘矜㊼，非铦于钩戟长铩也㊽；适戍之众，非抗于九国之师也；深谋远虑，行军用兵之道，非及乡时之士也㊾。然而成败异变，功业相反，何也？试使山东之国与陈涉度长絜大㊿，比权量力，则不可同年而语矣。然秦以区区之地，致万乘之势，序八州而朝同列，百有余年矣；然后以六合为家，殽函为宫；一夫作难而七庙堕○51，身死人手，为天下笑者，何也？仁义不施，攻守之势异也。

（《新书校注》，汉贾谊撰，阎振益、钟夏注，北京：中华书局，2000）

【注释】

① 本文选自贾谊《新书》卷一。原文一般分为上、中、下三篇，这里选的是上篇。"过秦"的"过"，是过失、过错的意思，这里用作动词，"过秦"就是指责秦国的过失。

② 秦孝公：秦国的国君，名渠梁，公元前361年至前338年在位。殽函：崤山和函谷关。崤，亦作"殽"。

③ 雍州：古九州之一，今陕西、甘肃、青海一带。

④ 窥周室：暗暗地计划吞并周朝。窥，窥伺，偷看，意谓寻找机会吞并他国。

⑤ 八荒：八方荒远的地方。

⑥ 商君：商鞅。

⑦ 连衡：也作"连横"，是当时外交斗争的一种策略。斗诸侯：使诸侯自相斗争。

⑧ 拱手：两手相合，指毫不费力。

⑨ 惠文、武、昭襄：秦国的三位国君惠文王、武王、昭襄王。惠文王名驷，是孝公的儿子；武王是惠文王的儿子，昭襄王是武王的异母弟。蒙：有承接的意思。

⑩ 因：沿袭。

⑪ 不爱：不吝惜。

⑫ 致：招纳。

⑬ 合从：也作"合纵"，是六国联合共同对付秦国的策略。

⑭ 相与为一：互相援助，成为一体。

⑮ "齐有"四句：孟尝，孟尝君，齐国的公子，姓田名文。平原，平原君，赵国的公子，名胜。春申，春申君，姓黄名歇。信陵，信陵君，魏国的公子，名无忌。

⑯ 约从离衡：相约为合从，离散秦国的连衡策略。

⑰ 韩、魏、燕、赵、宋、卫、中山：《史记·秦始皇本纪》"燕"后有"楚、齐"二字。

⑱ 宁越：赵人。徐尚：宋人。苏秦：周人，是当时的"合从长"。杜赫：周人。

⑲ 齐明：东周臣。周最：东周君的儿子。陈轸：楚人。召滑：楚臣。楼缓：魏相。翟景：魏人。苏厉：苏秦之弟。乐毅：燕将。

⑳ 吴起：卫人。孙膑：齐将。带佗：楚将。倪良、王廖：都是当时的兵家。田忌：齐将。廉颇、赵奢：都是赵将。

㉑ 叩关：指攻打函谷关。

㉒ 延敌：引敌人进来。延，引进。

㉓ 逡巡：徘徊，行而不进。

㉔ 亡：逃跑。此指败逃的敌军。北：溃败，此指败走的敌军。

㉕ 橹：盾牌。

㉖ 孝文王：秦国国君，昭襄王的儿子，在位只有三天就死了。庄襄王：孝文王的儿子，在位三年就死了。

㉗ 六世：指孝公、惠文王、武王、昭襄王、孝文王、庄襄王六代。余烈：遗留下来的功业。

㉘ 振：挥动。策：马鞭子。御：驾御，统治。

㉙ 吞二周：吞并西周和东周。秦昭襄王五十一年（前256）灭西周，秦庄襄王元年（前249）灭东周。

㉚ 履至尊：登上帝位。六合：天地四方，指天下。

㉛ 敲朴：刑具，短的叫敲，长的叫朴。

㉜ 百越：古代越族居住在江、浙、闽、粤各地，各部族各有名称，而统称百越，也叫百粤。

㉝ 桂林、象郡：秦所置的二郡，都在今广西境内。

㉞ 俛首：低头，表示服从。俛，同"俯"。系颈：颈上系绳，表示投降。

㉟ 蒙恬：秦将。始皇时领兵三十万北逐匈奴，修筑万里长城。

㊱ 锋镝（dí）：泛指兵器。锋，刀尖；镝，箭头。

㊲ 践华为城：依凭着华山当作城。

㊳ 因河为池：顺沿着黄河当作池（护城河）。

㊴ 谁何：指盘诘查问，系将代词用作动词。

㊵ 金城：坚固的城池。

㊶ 殊俗：不同的风俗，指边远的地区。

㊷ 瓮牖（yǒu）绳枢：以破瓮作窗户，以草绳系户枢，形容家里穷。

㊸ 氓：民。隶：奴隶。

㊹ 迁徙之徒：被征发的人，指陈涉被征发戍守渔阳而言。

㊺ 陶朱：春秋时越国的范蠡。他帮助越王勾践灭

吴后，离开越国，跑到陶，自称陶朱公。他善于经营生计，后人常以"陶朱"为富人的代称。猗顿：春秋时鲁国人。他向陶朱公学致富之术，大畜牛羊于猗氏（今山西临猗一带）南部，积累了很多的财物。

㊻ 赢粮：担着粮食。赢，担负。景从：如影随形地跟着。景，同"影"。

㊼ 钼耰（yōu）棘矜（jīn）：钼，"锄"。耰，锄柄。棘，同"戟"。矜，戟柄。

㊽ 铦（xiān）：锋利。钩戟：有钩的戟。长铩（shā）：长矛。

㊾ 乡（xiàng）时：先前。乡，同"向"。

㊿ 度长絜（xié）大：量量长（短），比比大（小）。絜，衡量。

51 七庙：天子的宗庙。周制天子祀祖立七庙。

【提示】

《过秦论》是西汉政治家贾谊的一篇力作，意在警戒当世之君臣记取秦朝覆亡的历史教训，如作者在《过秦论》的下篇里引野谚所作说明："前事之不忘，后事之师也。"创作意图十分明确。

作者总结秦朝灭亡的教训，却先从秦国的强盛说起。文章以抗秦六国的雄厚实力作为反衬，用铺陈夸张之笔着力渲染了秦国孝公以来六代君主的开拓功业和秦始皇统一六国的赫赫威势。这既为写秦朝日后的覆亡作铺垫，也为揭示主题蓄势。而正是这个"金城千里"，似乎造就了"帝王万世之业"的强大秦国，面对陈涉"斩木为兵，揭竿为旗"的数百"疲弊之卒"，居然不堪一击而迅即覆亡。秦王朝终由极盛走向了极衰，由万世之业的幻想变成二世而亡的现实，这形成了一种巨大的历史反差。反差促使人们反思，文章连用两个"何也"，发人深省，促使人们从中认识到导致强秦覆亡的最终原因是"仁义不施"。这既是对秦王朝覆亡所作的历史总结，也是为汉王朝的长治久安提供历史借鉴。

文章熔政论性与文学性于一炉，作者善于运用排比与对偶等多种表现手段铺陈渲染，纵横论析，感情充沛，辞锋犀利，文势闳肆，富于节奏，确有一唱三叹之致。前人以为"此等笔力，即求之西汉中，亦不易得也"，确为的评。

【思考与练习】

一、《谏逐客书》一发端，便提出文章主题；《过秦论》一直到文章最后，才揭示主题。试比较两者在表达上有何不同效果？这与文类的不同有何内在关系？

二、金圣叹认为《过秦论》"前半有说六国时，此只是反衬秦；后半有说秦时，此只是反衬陈涉"。请分析本文在反衬手法运用上有何独到成就？

三、前人指出，贾谊作陈涉与强秦之比，有卵石之异。但文章的最后结局居然是卵能碎石，作者力图用这种意想不到的艺术效果来揭示何种思想？

四、对于秦国的兴亡，贾谊用"仁义不施，攻守之势异也"进行了历史的总结，今天我们重

读这篇千古名文,有何新的借鉴意义?

【辑评】

"过秦论"者,论秦之过也。秦过只是末句"仁义不施"一语便断尽。此通篇文字,只看得中间"然而"二字一转。未转之前,重叠只是论秦如此之强;既转以后,重叠只是论陈涉如此之微。通篇只得二句文字:一句只是以秦如此之强,一句只是以陈涉如此之微。至于前半有说六国时,此只是反衬秦;后半有说秦时,此只是反衬陈涉,最是疏奇之笔。(清·金圣叹《天下才子必读书》)

《过秦论》乃论秦之过。三篇中而此篇最为警健。秦之过,止在结语"仁义不施"而"攻守之势异"二句。通篇全不提破,千回万转之后,方徐徐说出便住。从来古文无此作法。尤妙在论秦之强处,重重叠叠,说了无数才转入陈涉,又将陈涉之弱处,重重叠叠说了无数,再转入六国。然后以秦之能攻不能守处作一问难,迫出正意。段段看来,都是到山穷水尽之际得绝处逢生之妙。(清·林云铭《古文析义》)

《过秦论》者,论秦之过也。秦过只是末"仁义不施"一句便断尽,从前竟不说出。层次敲击,笔笔放松,正笔笔鞭紧,波澜层折,姿态横生,使读者有一唱三叹之致。(清·吴楚材等《古文观止》)

通篇俱是写仁义不施,而攻守势异。……其文平铺直叙中,自具纵横驰骤,向背往来。"且夫"以下是议论。其实叙事内原带有议论;议论内亦兼有叙事。变化错综,不可端倪。至段落之长短相间,承接之虚实相生,句调之整齐参差相杂,更觉笔墨到处皆妙。难尽述,读者当一一细心领取。(清·余诚《重订古文释义新编》)

俗解通篇四分之三,笼统说作秦强,全无曲势,末句攻守二字,又如赘疣。予自少疑之。岂知前要托高九国,与后捺低陈涉相照。托高则以一当九,难矣。而秦反远攻;捺低则以暴击弱,易矣。而秦惟恃守,恰将九国之众,陈涉之微,分头激射,两路�折逼,如此夹出后段,加倍精彩。藏曲于直,故得势。而结尾两言,更字字落实。神物无方,固未易识。(清·浦起龙《古文眉诠》)

谏 太宗十思疏①

魏 徵

魏徵(580—643),字玄成,巨鹿下曲阳(今河北晋县)人。唐初著名政治家。隋末参加瓦岗义军。后归唐。唐太宗即位,任为谏议大夫。贞观三年(629),以秘书监参与朝政。迁侍中,封郑国公。卒谥文贞。以敢于直言进谏著称,屡劝唐太宗居安思危、举贤任能、戒奢爱民,于贞观之治功绩卓著。他去世后,唐太宗亲自撰写碑文,称:"人以铜为镜,可以正衣冠;以古为镜,可以见兴替;以人为镜,可以知得失。魏徵殁,朕亡一镜矣!"魏徵曾撰写《隋书》的序论和《梁书》、《陈书》、《北齐书》的总论,论列史实以简明正确为旨归,时称"良史"。有《魏徵集》,已佚。《全唐文》存其文三卷,《全唐诗》存其诗一卷。

臣闻求木之长者,必固其根本②;欲流之远者,必浚其泉源③;思国之安者,必积其德义④。源不深而望流之远,根不固而求木之长,德不厚而思国之理,臣虽下愚⑤,知其不可,而况于明哲乎⑥!人君当神器之重⑦,居域中之大⑧,将崇极天之峻⑨,永保无疆之休⑩。不念居安思危,戒奢以俭⑪,德不处其厚,情不胜其欲⑫,斯亦伐根以求木茂,塞源而欲流长也。

凡百元首⑬,承天景命⑭,莫不殷忧而道著⑮,功成而德衰。有善始者实繁,能克终者盖寡⑯。岂取之易而守之难乎⑰?昔取之而有余,今守之而不足,何也?夫在殷忧必竭诚以待下,既得志则纵情以傲物⑱;竭诚则吴越为一体⑲,傲物则骨肉为行路⑳。虽董之以严刑㉑,振之以威怒㉒,终苟免而不怀仁㉓,貌恭而不心服。怨不在大㉔,可畏惟人㉕,载舟覆舟㉖,所宜深慎㉗,奔车朽索㉘,其可忽乎㉙!

君人者㉚,诚能见可欲则思知足以自戒㉛,将有作则思知止以安人㉜,念高危则思谦冲而自牧㉝,惧满溢则思江海下百川㉞,乐盘游则思三驱以为度㉟,忧懈怠则思慎始而敬终㊱,虑壅蔽则思虚心以纳下㊲,想谗邪则思正身以黜恶㊳,恩所加则思无因喜以谬赏㊴,罚所及则思无因怒而滥刑㊵。总此十思㊶,弘兹九德㊷,简能而任之㊸,择善而从之㊹,则智者尽其谋,勇者竭其力,仁者播其惠㊺,信者效其忠㊻,文武争驰,君臣无事,可以尽豫游之乐,可以养松、乔之寿㊼,鸣琴垂拱㊽,不言而化㊾。何必劳神苦思,代下司职㊿,役聪明之耳目�51,亏无为之大道哉!

(《贞观政要》,唐吴兢撰,上海:上海古籍出版社,1978)

【注释】

① 本文选自《贞观政要·君道》,亦见于《旧唐书· | 魏徵传》。今常见的《古文观止》本则颇有删削。

谏:劝谏。太宗:唐太宗李世民。疏:奏疏,封建时代臣子向君主陈述意见的一种文体。

② 固:使……稳固。本:根。

③ 浚(jùn):疏通。

④ 德义:恩德和道义。

⑤ 下愚:最愚笨的人。

⑥ 明哲:贤明而有智慧的人。

⑦ 人君:君主。当:担当,掌握。神器:指帝位。

⑧ 居域中之大:语本《老子》:"道大,天大,地大,王亦大。域中有四大,而王居其一焉。"居,占据。域中,天地间。

⑨ 崇:尊崇。极天:至天,达于天。语本《诗经·大雅·崧高》:"崧高维岳,骏极于天。"峻:崇高,高贵。

⑩ 无疆:没有边际。休:福。

⑪ 戒奢以俭:戒除奢侈而崇尚节俭;以,而。一说,用厉行节俭来革除奢侈;以,用。

⑫ 不胜其欲:制伏不住他的欲望。

⑬ 凡百:所有一切。元首:指帝王。

⑭ 承天景命:承受上天的大命。古人认为封建帝王是承受天命而登位的。景,大。

⑮ 殷:深。一说通"慇",忧貌。

⑯ 克终:善终。

⑰ 之:指天下。

⑱ 傲物:骄傲自大,看不起别人。

⑲ 吴越:吴国和越国是春秋时两个势不两立的敌对诸侯国。

⑳ 骨肉:借指亲属。行路:路人。

㉑ 董:督责。

㉒ 振:震动,震慑。

㉓ 苟:暂且。免:指避免犯罪。

㉔ 怨不在大:语出《尚书·康诰》:"怨不在大,亦不在小。"孔颖达疏云:"人之怨不在事大,或由小事而起;虽由小事而起,亦不恒在事小,因小至大。"此则说明,不管事大事小,凡是能使民众怨恨的事都不可做。

㉕ 惟:为,是。人:民众。

㉖ 载舟覆舟:语本《荀子·王制》:"君者舟也,庶人者水也。水则载舟,水则覆舟。"载,托起。

㉗ 宜:应当。

㉘ 奔车朽索:用朽烂的绳子驾驭飞奔的马车。典出《尚书·五子之歌》:"予临兆民,懔乎若朽索之驭六马。"

㉙ 其:岂,难道。忽:轻忽,怠慢。

㉚ 君人:做民众的君主。这里君是动词。

㉛ 可欲:指能引起自己喜好的东西。

㉜ 有作:有所兴建,指建造宫殿之类的大工程。知止:知道适可而止。语本《老子》:"知止不殆。"(殆,危险)安人:使民众得到安宁。

㉝ 谦冲:谦虚。自牧:自我修养。

㉞ 满溢:指骄傲自满。江海下百川:江海的地势比所有的河流都低下。语本《老子》:"江海所以能为百谷王者,以其善下之,故能为百谷王。"下百川,下于百川,比百川低下。

㉟ 盘游:游乐,这里指出猎。三驱:打猎时,只围其三面,使被围的禽兽可以逃去一些。不忍把禽兽完全捕杀,这是古人所谓好生之德。度:限度。

㊱ 慎始而敬终:从开始到终了都非常慎重。语出《左传·襄公二十五年》:"慎始而敬终,终以不困。"敬,在这里与"慎"同义。

㊲ 壅:指耳朵被堵塞。蔽:指眼睛被蒙蔽。纳下:听取下面的意见。

㊳ 谗:讲坏话陷害别人。邪:行为不正。正身:端正自己的言行。黜:罢斥。恶:指奸邪之徒。

㊴ 无:通"毋",不要。谬赏:错误地赏赐。

㊵ 滥刑:过度地施加刑罚。

㊶ 总:这里有全部掌握、全面养成之意。

㊷ 弘:弘扬,发扬光大。兹:此。九德:古代的九种美德,说法不一,这里泛指国君应当具有的德行。

㊸ 简:选,挑选。能:有才能的人。

㊹ 善:指品德高尚的人。从:听从,信任。

㊺ 播:广施。惠:仁爱,恩德。

㊻ 信者:忠诚的人。

㊼ 松、乔:赤松子与王子乔的并称,两人都是传说中的仙人。

㊽ 鸣琴:指无为而治。典出《吕氏春秋·察贤》:"宓子贱治单父,弹鸣琴,身不下堂而单父治。"垂拱:垂衣拱手。意思是无须亲自动手做事。

㊾ 化:治。

㊿ 司职:行使职权。

51 役:驱使。聪明:视觉、听觉非常敏锐。

【提示】

唐太宗在创业之时,奋发进取,严于律己;但立国之后,不免自矜功业,舍勤俭而求奢

"鸣琴垂拱,不言而化。"
鼓琴图　　元·王振鹏作

佾。魏徵此文,写于贞观十一年(637),旨在提醒、儆戒唐太宗居安思危,戒奢以俭、积聚德义以顺应民心,使天下长治久安。

文章观点鲜明,论述畅达。开篇即提出"思国之安者,必积其德义"的中心论点,而后的文字即紧紧围绕这一中心展开。文章各个部分之间关联紧密,因果分明,具有令人信服的逻辑力量。

作者善于运用正反对举的方法来援事说理,进行对比论证,论述简捷扼要,而事理昭然,是非、得失、利害等相形益彰。此外,文中还多用比喻、排比、对偶等修辞,化抽象为具体,化深奥为浅显,不仅使文章的说理显得生动可感,也使文章的句式显得整饬而便于记诵。

【思考和练习】

一、结合本文的中心论点,说明国家安定、积聚德义、获取人心、厉行"十思"四者之间的内在逻辑联系。

二、以第一、二段为例,说明本文所采用的正反对举的论证方法。

三、认知文中语意相反相成的对偶句。

【辑评】

此魏公贞观十一年之疏。以"思"字作骨,意谓人君敢于纵情傲物,不积德义以致失人心者,皆坐未之思耳。思曰睿,睿作圣,故有"十思"之目。若约言之,总一居安思危而已。十三年五月,复有《十渐不克终》之疏,非魏公不敢为此言,非太宗亦不能纳而用之。千古君臣,令人神往。文虽平实,当与三代谟训并垂,原不待以奇幻见长也。(清·林云铭《古文析义》)

以文论,总冒总收,有埋伏,有发挥,有线索,反正宕跌,不使直笔,排雄厚,不尚单行,最合时墨;以理论,忧盛危明,善始虑终,虽古大臣谟诰,不过如此。疏上太宗即纳,此魏公所以称贤相,而贞观之治,亦几于古也。(清·李扶九《古文笔法百篇》)

吊古战场文^①

李 华

李华(715—766),字遐叔,赵州赞皇(今属河北)人。唐文学家。开元二十三年(735)进士及第。天宝初举博学宏词,授南和尉。历官秘书省校书郎、右补阙、检校吏部员外郎。以病辞官归。为盛唐时期的著名古文家,与萧颖士齐名,并称"萧李",为韩愈、柳宗元古文运动的先驱。有《李遐叔文集》。

浩浩乎平沙无垠^②,敻不见人^③。河水萦带^④,群山纠纷^⑤。黯兮惨悴^⑥,风悲日曛^⑦。蓬断草枯^⑧,凛若霜晨^⑨。鸟飞不下,兽挺亡群^⑩。亭长告余曰^⑪:"此古战场也。常覆三军^⑫,往往鬼哭,天阴则闻。"伤心哉!秦欤汉欤?将近代欤^⑬?

吾闻夫齐魏徭戍^⑭,荆韩召募^⑮,万里奔走,连年暴露^⑯。沙草晨牧^⑰,河冰夜渡。地阔天长,不知归路。寄身锋刃,腷臆谁诉^⑱?秦汉而还,多事四夷;中州耗斁^⑳,无世无之。古称戎夏^㉑,不抗王师^㉒。文教失宣,武臣用奇^㉓;奇兵有异于仁义,王道迂阔而莫为^㉕。

"万里奔走,连年暴露。"

呜呼噫嘻!吾想夫北风振漠,胡兵伺便^㉖。主将骄敌,期门受战^㉗。野竖旄旗^㉘,川回组练^㉙。法重心骇,威尊命贱^㉛。利镞穿骨^㉜,惊沙入面。主客相搏,山川震眩;声折江河,势崩雷电。至若穷阴凝闭^㉝,凛冽海隅^㉞,积雪没胫,坚冰在须。鸷鸟休巢,征马踟蹰^㉟。缯纩无温^㊱,堕指裂肤^㊲。当此苦寒,天假强胡^㊳,凭凌杀气^㊴,以相剪屠^㊵。径截辎重,横攻士卒。都尉新降^㊶,将军复没。尸填巨港之岸^㊷,血满长城之窟。无贵无贱,同为枯骨,可胜言哉^㊸!鼓衰兮力尽,矢竭兮弦绝,白刃交兮宝刀折,两军蹙兮生死决^㊹。降矣哉终身夷狄,战矣哉暴骨沙砾^㊺。鸟无声兮山寂寂,夜正长兮风淅淅,魂魄结兮天沉沉^㊻,鬼神聚兮云幂幂^㊼。日光寒兮草短,月色苦兮霜白。伤心惨目,有如是耶?

吾闻之：牧用赵卒⁴⁸，大破林胡⁴⁹，开地千里，遁逃匈奴⁵⁰。汉倾天下⁵⁰，财殚力痛⁵¹。任人而已，其在多乎⁵²？周逐猃狁⁵³，北至太原⁵⁴，既城朔方⁵⁵，全师而还。饮至策勋⁵⁶，和乐且闲，穆穆棣棣⁵⁷，君臣之间。秦起长城，竟海为关⁵⁸，荼毒生人⁵⁹，万里朱殷⁶⁰。汉击匈奴⁶¹，虽得阴山，枕骸遍野，功不补患。

苍苍蒸民⁶²，谁无父母？提携捧负，畏其不寿。谁无兄弟？如足如手；谁无夫妇？如宾如友。生也何恩⁶³，杀之何咎⁶⁴？其存其没，家莫闻知。人或有言，将信将疑。悁悁心目⁶⁵，寝寐见之。布奠倾觞⁶⁶，哭望天涯。天地为愁，草木凄悲。吊祭不至，精魂无依。必有凶年⁶⁷，人其流离⁶⁸。

呜呼噫嘻！时耶命耶？从古如斯。为之奈何？守在四夷⁶⁹。

（《唐文粹》，宋姚铉编，《四部丛刊》缩印本，上海：商务印书馆，1936）

【注释】

① 本文约作于唐天宝末年。古战场：李华曾奉使朔方（今雁北一带），目睹了北方古战场的景象，不满于开元、天宝年间唐玄宗骄侈好战，边将邀功求赏，以致边衅不断、人民伤亡惨重的情况，写下此文。文中所谓古战场，表面是泛指，其实乃指当时北方边境。

② 无垠：无边无际。

③ 敻（xiòng）：辽远。

④ 萦带：环绕。

⑤ 纠纷：纠集纷乱。

⑥ 黯兮：黯然，心神沮丧。惨悴：凄伤。

⑦ 曛（xūn）：日色昏黄。

⑧ 蓬（péng）：多年生草本植物，枯后根断，随风乱飞。因而又名飞蓬。

⑨ 凛：寒冷。

⑩ 挺：快速奔走。亡：失。

⑪ 亭长：地方小吏，管治安等事。亭，乡以下的行政单位。

⑫ 常：通"尝"，曾经。三军：泛指军队。

⑬ 将：抑或，还是。

⑭ 徭戍：徭役征戍。

⑮ 荆：楚国。

⑯ 暴（pù）露：露宿野外，受烈日炙烤、风雨吹打。暴，同"曝"。

⑰ 沙草：沙漠草原。

⑱ 膈（bì）臆：苦闷的心情。

⑲ 事：指战事，战争。四夷：四方的少数民族。夷与下文的"戎"、"狄"等都是古代汉族统治者对四方少数民族的辱称。

⑳ 中州：中原。耗斁（dù）：消耗破坏。

㉑ 戎夏：此指四方各族及中原人民。

㉒ 不抗王师：古人以为，天子以礼乐教化安天下，其军队乃仁义之师，有征无战，天下都不能抵抗。

㉓ 文教：指古代君主用以统治天下的典章制度、礼乐教化等。失宣：没有得到反复不停的宣扬、提倡。

㉔ 用奇：用奇兵诡计。奇，奇诡，出其不意。

㉕ 王道：以仁义治天下的法则。莫为：无人实施。

㉖ 胡兵：指西、北方少数民族的军队。伺便：犹言趁便，乘机。

㉗ 期门受战：到敌人袭至军营才被动应战。期门，营门。

㉘ 旄旗：古代用牦牛尾做竿饰的旗子。

㉙ 川：平川，原野。组练：组甲被练，古代军士所穿的两种衣甲。代指军队。

㉚ 法重：军法严峻。

㉛ 命贱：指士兵心里害怕触犯军法，只得拼死作战。

㉜ 镞（zú）：箭头。

㉝ 至若：至于。穷阴：极其阴沉的云气。凝闭：凝聚闭合。

㉞ 海隅：海角。海，瀚海，沙漠。

㉟ 踟蹰：徘徊不前。

㊱ 缯纩（zēng kuàng）：指衣服。缯，丝织品。纩，丝绵。

㊲ 堕指：手指都冻掉。

㊳ 天假：指老天给敌人以可乘之机。假，借给。

㊴ 凭凌：横行，猖獗。

㊵ 剪屠：杀戮。

㊶ 都尉：比将军级别略低的军官。

㊷ 巨港:大河。

㊸ 胜(shēng)言:尽言。

㊹ 蹙(cù):迫近,逼近。

㊺ 暴(pù)骨:暴露尸骨。指死于郊野。

㊻ 魂魄结:死者的阴魂集结。沉沉:昏暗无光。

㊼ 幂(mì)幂:云气浓密貌。

㊽ 牧用赵卒:据《史记·廉颇蔺相如列传》记载,战国末年,赵国良将李牧守雁门郡(今山西宁武、代县一带),大破匈奴,降服林胡,匈奴首领单于遁逃,其后十余年未敢犯赵边城。

㊾ 林胡:古代北方的一个游牧民族。

㊿ 汉倾天下:据《史记·匈奴列传》记载,汉初,刘邦率兵出击匈奴,中计被围,结和亲之约,每年向匈奴奉纳财物以求边境安定,但边患始终未除。

�51 殚(dān):竭,尽。痡(pū):疲倦,衰竭。

�52 其:岂,难道。

�53 周逐猃狁(xiǎn yǔn):周宣王时,北方少数民族猃狁进犯,尹吉甫率兵击之,将其驱逐至太原而班师。见《诗经·小雅·六月》。猃狁,北方少数民族,即匈奴的前身。

�54 太原:在今宁夏固原一带,一说在今甘肃平凉。

�55 城:筑城。朔方:北方。

�56 饮至:古代军队出征凯旋,还至宗庙告祭,饮酒庆贺。策勋:把功勋写在简策上。

�57 穆穆棣棣:形容仪态端庄美好,娴雅安和。

�58 竟海为关:长城东端直至山海关,已临海,故云。竟,至。

�59 荼(tú)毒生人:残害人民。

�60 朱殷(yān):指鲜血。朱,红色。殷,赤黑色。

�61 汉击匈奴:据《史记·匈奴列传》记载,汉武帝时,卫青、霍去病北征匈奴,控制了今河套地区及北阴山山脉一带,但汉军亦死亡数万。

�62 苍苍:众多貌。蒸民:众民。蒸,同"烝",众。

�63 恩:指君王的恩德。

�64 咎:罪过。

�65 悁(juān)悁:忧闷的样子。

�66 布奠:设祭。觞(shāng):酒杯。

�67 凶年:荒年。古时战争之后,必有荒年。

�68 其:将,将要。

�69 守在四夷:语出《左传·昭公二十三年》:"古者天子,守在四夷。"意谓施仁政,行王道,那么四方边境的外族都会为天子守卫国土,就可以免于战争。

【提示】

边患不靖,是中国古代长期存在的一个重大问题。作者由凭吊古战场,回顾边患历史,体察人民苦难,有针对性地尖锐指出:边战不息的原因,有时也在本国帝王好战,边将邀功,"多事四夷",致使士卒牺牲累累,百姓流离失所。因此,作者主张,为政应重在宣文教,施仁义,行王道,睦邻友好,得"守在四夷"之效。所言未必尽当,但用心可贵,精神可嘉。

文章从描绘古战场的悲凉景色入手,以"常覆三军"作为行文纲领,展开对边战的历史回顾和场景描绘,突出描述不义之战的残酷性、危害性和古战场阴森惨淡的景象、气氛,以揭示不义之战的根由是某些帝王、边将的"多事四夷",而"多事四夷"的根由在"文教失宣",从而归结出应施仁政、行王道的主旨。纲目清晰,次第井然。

作者想象丰富,描述亦见功力。无论是"声折江河,势崩雷电"的总体描述,还是"利镞穿骨,惊沙入面"的细致摹写,都可谓简洁生动。"河水萦带,群山纠纷"两句尤为警策。在描述古战场悲凉肃杀之景象的同时,作者还倾注进了悲怆沉痛的情感,将惨淡之景与惨痛之情融汇一体,读来令人惨恻不已。

文章以四言为主,语多骈偶,且段段用韵,给人以整饬匀称的美感。"吾闻夫"、"吾想夫"、"至若"、"吾闻之"等散句的提顿、勾勒,又使文章时见舒展和流畅。

【思考与练习】

一、本文主旨是否"在守不在战"?

二、有人以为,本文对战争的看法有失偏颇,情调也太凄伤。你的看法如何?

三、联系作品实际,具体分析本文的抒情与写景是如何密切交融以共同表达作品主旨的。

【辑评】

人但惊其字句组练,不知其只是极写亭长口中"尝覆三军"一句,先写未覆时,次补写欲覆未覆时,次写已覆之后。(清·金圣叹《天下才子必读书》)

通篇主意在守不在战,守则以仁义,乃孔孟之旨也。但用赋体为文,段段用韵,感慨悲凉之中,自饶风韵,故尔人人乐诵,且可为穷兵者炯戒,可为战场死者吐气,读者无不叹息,真古今至文也。(清·李扶九《古文笔法百篇》)

【附录】

己亥岁二首(其一)

曹　松

泽国江山入战图,生民何计乐樵苏?
凭君莫话封侯事,一将功成万骨枯。

咏史①

龚自珍

龚自珍(1792—1841)，一名巩祚，字璱人，号定庵，浙江仁和(今杭州)人。清著名学者、文学家和启蒙思想家。嘉庆二十三年(1818)中举人。任内阁中书。道光九年(1829)成进士。历官宗人府主事、礼部主客司主事。终因屡触时忌，于道光十九年辞官南归。不久暴卒于江苏丹阳云阳书院。龚自珍是嘉庆、道光间提倡通经致用的今文经学派的重要学者，主张改革弊政，抵御外侮，曾积极支持林则徐禁鸦片烟。诗、文、词各体兼长，其诗善抒感慨，议论纵横，想象丰富，豪放瑰丽。有《龚自珍全集》。

金粉东南十五州②，万重恩怨属名流③。
牢盆狎客操全算④，团扇才人踞上游⑤。
避席畏闻文字狱⑥，著书都为稻粱谋⑦。
田横五百人安在⑧？难道归来尽列侯⑨！

(《龚自珍全集》，清龚自珍撰，上海：上海古籍出版社，1999)

田横五百士　　徐悲鸿作

【注释】

① 本篇作于道光五年(1825)十二月。作者当时因守母丧离官寓居昆山,目睹东南富庶地区,坏人当道,政治黑暗,而不少知识分子在清廷高压政策的钳制下,又养成了苟安自保的风习;所谓"名流",不是流连声色,便热衷于勾心斗角,争名逐利。作者在诗中对此表达了他的愤慨和讽刺。

② 金粉:古代妇女化妆用的铅粉。此借指景象繁华。十五州:泛指长江下游地区。

③ 万重恩怨:指所谓"名流"在声色和名利场中彼此猜忌争夺,恩怨重重。

④ 牢盆:古代煮盐器具。这里借指盐商。狎(xiá)客:权贵豪富豢养的亲近的清客。

⑤ 团扇:圆扇,古代宫妃、歌妓常手执白绢团扇。才人:宫中女官。《宋书·后妃传》:"晋置才人,爵视千石以下。"此处"团扇才人"是对轻薄文人的贬称。

⑥ 避席:古人席地而坐,为表示恭敬或畏惧离席而起。文字狱:指清廷迫害知识分子的一种冤狱,

故意在作者诗文中摘取字句,罗织成罪。康熙、雍正、乾隆几代文字狱尤为惨酷。

⑦ 稻粱谋:本指鸟类寻觅食物,转指人们为衣食奔走。杜甫《同诸公登慈恩寺塔》:"君看随阳雁,各有稻粱谋。"

⑧ 田横(? —前202):秦末狄县(今山东高青东南)人,楚汉战争中自立为齐王。刘邦登帝位后,他带领五百多人逃入海岛。刘邦招降说:"田横来,大者王,小者乃侯耳! 不来,且举兵加诛焉。"他不得已从命,来到离洛阳三十里处,终觉向刘邦称臣为大耻,遂自刎而死。岛上五百人听到田横已死,也都自杀。见《史记·田儋列传》。此处借用田横门客的故事讽刺清统治者惯于欺骗,指出当时有些士大夫趋炎附势,没有骨气,实无益处。

⑨ 列侯:爵位名。汉制,王子封侯,称诸侯;异姓功臣受封,称列侯。

【提示】

　　诗人客居昆山,身处东南金粉之地,目睹盘踞要津、把持权柄的都是些无才无德的官僚政客,与无志无行的幸臣。而广大士子则在高压专制统治之下,畏避文网,明哲保身,成为苟且偷安、无筋无骨的碌碌庸夫。对于这种昏暗现实与萎靡士风,作者感慨良多,愤作此诗。诗篇借历史上田横殉难的典故作结,正是表达了诗人对当时社会骨鲠忠贞之士日渐消亡的深深悲哀。此诗题为"咏史",实为讽今。诗人以深邃的史识、警策的语言,撕下了"盛世"的面纱,把清王朝统治的腐朽本质及其没落趋势,清晰地揭示给人们,具有醒世与警世的艺术力量。全诗造语凝重,属对工切,境界开阔,寓理精辟,读来有骨力铮铮之感。

【思考和练习】

一、"避席"一联,后人视作警句,请你谈谈对这两句诗的理解。

二、诗篇为何要引用历史上田横和他五百部下殉难的典故? 诗人的言外之意是什么?

卖书记

李国文

李国文（1930—　），江苏盐城人，生于上海。中国当代作家。1947 年入南京国立戏剧专科学校，攻读理论编剧专业。1949 年在华北革命大学学习。1954 年任中国铁路总工会宣传部文艺编辑。1957 年发表短篇小说《改选》，揭露官僚主义之弊，崭露头角，但也因此被错划为"右派分子"。"四人帮"覆灭后重新开始创作。1986 年调至中国作家协会，任《小说选刊》主编。他的作品能深刻触及时弊，具有自己的见解与艺术特色，颇受读者好评，曾多次获奖。著有长篇小说《冬天里的春天》、《花园街五号》和中短篇小说集《第一杯苦酒》、《危楼纪事》、《没意思的故事》、《洁白的世界》等。

说来买书不容易，卖书更难。

买书，常常为买不到好书懊恼，为失之交臂而遗憾，为掏不出那么多钱而诅咒书价之暴涨，出版社之黑心。然后羡慕鲁迅先生每年的书账①，都是好几百大洋地花，而且能买到那许多有价值的书籍。现在，哪个以文字为生的作家，敢这样大手大脚地买书呢？也许有钱的个体户能一掷千金，可他们又并不需要书。于是，只好一做王小二过年之叹②，二做阿 Q 式的自慰③，与其现在买了将来保不准还会卖，那就多一事不如少一事了。

无论如何，买不到书，顶多是恼火骂娘而已。

可是卖书，特别是卖自己不想卖，不舍得卖的书，那种心痛，虽比不上卖儿卖女，但看到你珍藏的书、报、刊，被撕碎了包咸菜，被送进造纸厂，扔进水池子里沤泡，那滋味实在是扯心揪肝的。

其实，我不是藏书家，只不过自己悔不该做了不该做的知识分子，而且还是更不该做的作家，不能不有那么几本书而已。当然，你是个臭知识分子，你是个臭作家，你就不可能没有喜欢书籍的臭毛病。有时候读到黄裳先生的购书札记④，也是很神往的。如果口袋里的钞票除了买烧饼外，尚有余裕，未尝不想到琉璃厂去转转的⑤，找到一本你一直在找而找不到的书，那种快乐，也只有同此癖好的人才能体会。然而一想到有一天你很可能还要卖掉或者扔掉这些书的话，也就兴味索然了。尽管如此，买书之心不死，见书店而不进去，总觉得若有所失地不安，这大概就叫做毛病了。

谈起卖书，话就更长了。先后，我一共有过三次说来痛楚的卖书体验。如果按时间划分，恰巧是五十年代、六十年代和七十年代。五十年代，我把我怎么也割舍不下的一些书，带到了北京，单身汉，住集体宿舍，属于你的空间，必然是有限的。你的书塞在你的床底下，尚不至影响别人革命，一旦超越这个范围，别的革命的同志就会以革命的眼神示意你要自觉了。若是说："你都看些什么书呀？"那还算是客气的。如果说："你怎么尽看这些小资产阶级情调的书呀？"那恐怕就要有些小麻烦了。也许中国人从孔夫子开始，就生有一种诲人不倦的好习惯，特别愿意帮助人，挽救人，给人指点迷津。于是我只能诚惶诚恐地使我的书籍体积缩小，免生枝节。

共和国最初几年，真是一个充满了革命罗曼蒂克的时期，误以为美丽的幻想和憧憬，会在明天一早打开门时呈现在眼前。虽然我并不乐意精简我那可怜巴巴的百十本书，但相信暂时的失去，等到那盼着的一天，甚至会得到更多。那是我一个永远的梦，能拥有琳琅满目的几架我心爱的书籍，此生足矣！于是我把好不容易背到北京来的，解放前在上海读中学时逛四马路旧书摊上买的⑥，在南京读大学时转四牌楼或夫子庙的小书店里买的⑦，一个穷学生当然不可能买到什么珍、善本书，不过也是爱不释手的几本破书，以革命的名义淘汰了一批。

那时东安市场内⑧，即现在一进门的公厕方位，有一条买卖旧书的小胡同，鳞次栉比地排满了书摊⑨。我那些书自然不值钱的，三文两文便卖掉了。我始终遗憾，有一本外国作家的短篇小说集，书名是什么，我记不得了，作者叫什么，我也忘掉了，但那是一位南欧作家，大抵是不会错的。文笔之幽默，至今还留下深刻的印象。还能想起其中一篇的内容，描写人们怎么在知道了彗星要和地球相撞，面临大毁灭前，恣意享受人生最后一刻时的形神状态，猪宰了，牛杀了，酒喝光了，房子也给点燃了，本不爱的男女也匆忙结合了。等到那恐惧的一刻过去，人们发现自己还活着，才知道那该死的世纪末是怎样把大家坑了⑩。

以后，我再没有看到这本书的出版，所有的外国文学家辞典里，也找不到这位作家的一点线索，真不该卖掉那本书。

记得有一本三十年代编的当时名家小说，沉甸甸地，很有些分量，论斤称了，至今我也后悔不迭，要留在手边就好了，可以看到一些作家的早期作品中的离经叛道精神，和晚期为人为文不知是真是假的那种皈依正统的心态，两者之间所产生的难以置信的差距，很有些令人匪夷所思的地方。

虽然有的篇目，如郁达夫的《迟桂花》⑪，总算在很后的后来重新问世，但像叶灵凤、邵洵美、洪灵菲⑫，甚至张资平那些也曾盛极一时的作品⑬，就湮没在历史的积淀里，很不容易找到的了。我还记得似乎是沈从文的一篇把妻子典租给别人，去给人家生儿育女的凄凄苦苦的小说，嗣后再出他的集子时，也没有收进。还有一篇丁玲的短篇小说⑭，题名忘了，描写一个三十年代年轻的文化人去狎妓的故事，似乎在肮脏的亭子间里，颇委琐的场所，似乎是一个非职业性的妓女，只求快些了事。谁知这个男人对女性胴体及有关部位的崇拜⑮，却是非常弗洛伊德的⑯。那些赤裸裸的描写，应该说够大胆，和不让后人的。

八十年代初，在大连棒槌岛遇到这位前辈作家，我差一点就想请教她写的这篇刻画性心理的作品了。话到嘴边，我迟疑了，这本书我三十年前卖了，读这本书更早，是四十年前当中学生时的事了，万一记忆出了差错，岂不是惹得老前辈不愉快吗？好像这篇作品，也未再印行过，不能不说是遗憾。一篇作品能给人留下这样久远的印象，我想一定是有它的自身价值的。

当时，我卖掉这些书，倒也并不怎么心痛。

问题在于《拟情书》、《查拉图斯如是说》和其他几本《世界文库》⑰，一定要我弃之若敝屦⑱，实在难舍难分。尤其那本《拟情书》，是用草纸印刷，估计是抗日战争期间在大后方纸张匮乏情况下出版的，若保存到今天，倒不失为作家、翻译家、出版家为传播文化所作出的努力的佐证。我是在上海当时叫作吕班路的生活书店里买的，那是抗战胜利后不久的事。时至今日，这两本书也见不到。尼采的书不出，尚可理解，不知为什么，《拟情书》似乎至今未被出版社看中，或许嫌那种表达爱情的方式陈旧了些？难道爱情还有古老和现代的区分么？

我一点也没有怪罪那些过分热情帮助别人的人的意思，他们（也包括她们，女同志要偏激起来，绝对不怕矫枉过正的）在小组会上，在生活会上，在学习会上，在支部会上，就有人对我下不了狠心与过去决裂，表示痛心疾首。那时候开会是生活的主要内容，比赛谁更加革命些，则更是主要内容的内容。而革命，对某些积极分子来说，很大程度上是革别人的命。

"还有功夫去研究怎样写情书？这种小资产阶级的尾巴怎么下不了狠心一刀两断呢？"一位穿列宁服的神色严肃的女小组长语重心长地教导我："我真难以理解你们这些知识分子，怎么感情总是不对头呢？看起来，对你们的思想改造可不是一天两天的事啊！"她那摇头的样子，使我明白，如果我不想不可救药，只好忍痛把书当破烂卖给敲小鼓的了⑲。但我纳闷，这是一定要割掉的尾巴吗？后来，我们各奔前程了，这位女同志虽然憎恶《拟情书》，但她能使两个老同志为她犯了男女关系的错误，受到处分，我就有点不甚理解了。反正我相信，不是前面的她，就是后面的她，有一个不是她，这是毫无疑问的。

如果她还健在，她能看到这篇《卖书记》，也许她会作出一个正确的答复。

第二次卖书，是六十年代饿肚子的结果了⑳，不但卖书，说来也无所谓丢人的，甚至连并不多余的衣物也变卖了，有什么办法，饿啊！辘辘饥肠光靠酱油冲汤是解决不了问题的，越喝越浮肿。夜半饿醒了，就得琢磨家中还有什么可以卖的？救命要紧，压倒一切，人到了危殆的时候，求生的欲望也益发强烈。

卖，凡能变成食物的，都可以出手。

我真感谢中国书店的收购部，当时能以六折的价钱收购完整的不脱不缺的期刊报纸，真是起到了救人一命，胜造七级浮屠的作用㉑。舍得也好，不舍得也好，我和我的妻子，为了糊这张"口"，将保存了好多年的杂志，用车推到现在的西单购物中心的原来商场里的中国书店，全部卖掉了。

当时，最凄怆的莫过于那套《译文》了㉒，也就是现在的《世界文学》，当我从小车往书店柜台上装的时候，心里也说不出是什么滋味，我把朋友的一份友情也变卖了，这是我直到今天也还不能释然于怀的。

因为茅盾先生在解放后将它复刊时，适我在朝鲜前线㉓，没能及时买到，等我回国后订了这份刊物，总是以未有最初的几期为憾，像王尔德的《朵连格连的画像》就在复刊的前两期上㉔。于是我好一阵子满北京城地找，希望补成全璧。人世间的许多事情就是这样别扭，想得的得不到，想推的推不掉，人际关系也是这个道理，你把他当作至交，他却在背后干出卖你的勾当，而且令人厌恶的是，这类人言必马列，正襟危坐，其实肚子里装的龌龊，比墨斗鱼还要黑，绝对可以做到吃人不吐骨头地心毒手辣。相反，也有血性汉子，或许说些话，做些事，并不尽合你意，但在关键时刻，他的肩膀决不脱滑，使你觉得这个世界尚有好人在，真情在，否则，也着实让人绝望的了。

一九五七年,有位作家(后来证明不过是个作家混子而已,这大概也是个规律,一个作家倘写不出作品,或压根儿也不会写作品,便只好像天津三不管、北京天桥那种地痞加流氓似的靠耍嘴把式来霸占地盘。过去这样,现在也还是这样,古今同此一理)恨不能由于我写了一篇《改选》,把我送去劳改,他好立功受奖。这位写不出作品,却想吃蘸人血馒头发迹的老兄,一面假惺惺地如何如何对我表示知己,一面到处搜集材料,欲置我于死地。就是曾经将他自己的《译文》前几期让给我的这位老同学,在这位小丑作家前去向他调查我的时候,很说了几句公道话,惹得这个反右英雄回机关来破口大骂,声言凡与我有来往者,皆可打成右派云云。这样,我的老同学受我一点政治上的牵连,在那时的中国,自是意料中事。

就是他,知道我在找《译文》,便说:"你要哪一期,你拿走好了!"

"你呢?"我看他书架上整整齐齐地从复刊第一期起排列着,有些不忍心。

他说:"既然你喜欢……"他就是这样一位敢把心掏给你的人。

所以,当我站在中国书店的柜台前,由于生计所迫,不得不卖掉这套《译文》的时候,我犹豫了。这其中有几本杂志包含着朋友的一份心意啊!也许我应该留下来,以便将来使他那一套《译文》得以完整地保存。可是,中国书店的收购条件,必须是不缺期的才能六折,否则,就要你把书往磅秤上堆了。

原谅我吧!老同学!我太需要钱了,因为我太饿了。

后来,我从外地又回到北京来,他却由北京到外地去了,难得见面一次,话题也不免太多。但这件绝非小事的细节,我总是忘了告诉他一声。当然,他那豪爽任侠的性格,即使知道,至多也是一笑而已,才不会放在心上。去年,他因病辞世,收到他的讣告,马上想到了他那几本被我卖掉的《译文》,为未能使他了解,而成了我永远的遗憾了。其实,六十年代那最饿的日子里,他和我一样,也浮肿来着,也冲着酱油汤喝来着,想到这里,除了遗憾,更有不能释然于怀的歉意了。

第三次卖书,便是七十年代那轰轰烈烈岁月里的事了①。

如果说,五十年代卖书,只是为了割一条小资产阶级的尾巴,属于外科手术。那么,到了"文革"期间,不得不卖掉所有可能涉嫌的书籍,完全为了保全性命,是生死攸关的头等大事了。因为来抄家的狂热至极的红卫兵,要比"秀才遇到兵"的"兵",更加"有理也说不清"的。特别对你这种板上钉钉的所谓分子之类,你若敢辩解一声,轻则呵斥,重则棍棒,然后高帽一顶,游街示众,那还不是家常便饭。

放明白些,除规规矩矩不乱说乱动外,要紧的是不能给抄家的小将们,留下任何口实,这时候,你才体会到书籍的危害性了。古籍多了,说你厚古薄今,外国书多了,说你崇洋媚外,即使你把毛著放在极恭敬的位置②,那也不行,为什么你有那么多的非马列的书?是何居心之类的话,必然跟着批过来的。上帝保佑,最佳之计,就是把所有印成汉字的东西统统肃清,"人生识字糊涂始③",如今,连字都没有了,肯定万事大吉了。

于是除去我妻子的钢琴乐谱外,我们俩基本上将大部分书都送到废品站,卖破烂。

现在重新回过头去,想一想当时卖书的往事,说不好是喜剧呢?还是悲剧?

住宅区的废品收购站的老太太,胳膊上戴着革命造反派的红袖箍,煞有介事地一本一本地过。

"不是最后都沤烂了做手纸吗?"我妻子有点不耐烦。

"那也看有没有反动的!"这位生怕革命派的肛门受到精神污染的红色老太太㉘,义正词严地说。

虽然负责审查,大权在握,哪本要,哪本不要,她说了算,但识字不多的这位审查大员,还需要我一一报上书名,才决定取舍。那套二十七册的《契诃夫文集》递了过去㉙,她问:"哪国的?"

"俄国的。"

她不收,拨拉到一边。

"为什么?"

她眼睛一瞪,"别当我不明白,俄国就是苏联,老修的东西不收。"

同样的理由,朱生豪译的《莎士比亚全集》和一套线装本的《元曲选》㉚,我俩又原封不动地拉了回来。这三套书,正好封、资、修,全齐了。现在这些劫后余生的书还在我的书架上摆着,没有变成擦屁股的手纸,真得感谢那位老太太的"大义凛然"。

排在我们后边等候卖书的,是一位古稀老人。那种竹制的童车里,装得满满的,全是大部头。趁着我妻子和收购的算账的那一会儿,我问老人:"你老人家把这些分册征求意见本的《辞海》㉛,干吗也卖掉呢? 那是工具书呀!"

"是吗?"好像他刚明白《辞海》原来是工具书似的。

"不该卖的,不该卖的!"我劝他。

他说:"我参加过这部书的部分编纂工作,不过,现在……"他反过来问我:"这种书还用得着么?"

当时,我不知该怎么回答。

但他老人家那张疑问的脸,时隔多年,我仍旧记得清清楚楚。尤其他那意味深长的话,我更是忘怀不了。他说:"印刷术是中国的四大发明之一,闻名于世。但是,秦始皇焚书呢? 怎么算㉜?"

收购的老太太吆喝他:"老头,快推过来! 快推过来!"

老人动作缓慢地把那一车书推进屋里去,那模样,真的不像是卖书,而像卖他的亲生骨肉一样。

也许从这一刻起,我才真正懂得买书不容易,卖书更难的道理。

但愿从此不卖不想卖的书,那该多好多好!

1992 年 4 月 12 日

(插图珍藏版《李国文散文》,李国文撰,北京:人民文学出版社,2005)

【注释】

① 鲁迅先生每年的书账:鲁迅先生早期的《日记》里,常留当时每年的书账,记下买了什么书,付了多少钱。

② 王小二:俗语有"王小二过年,一年不如一年"。穷人越来越穷的意思。

③ 阿 Q:鲁迅著名小说《阿 Q 正传》中的主要人物,每以"精神胜利法"聊以自慰。

④ 黄裳(1919—):原名容鼎昌,现代学者、翻译家、藏书家,河北井陉人。写过很多购书札记、散文。有《锦帆集》等。

⑤ 琉璃厂:北京一个书店、字画专卖店等比较集中的地方。

⑥ 四马路:今上海福州路,旧时是书店集中的地方。

⑦ 四牌楼、夫子庙:原南京两个颇多小书店的地方。

⑧ 东安市场:原北京的一个大型市场,其中也有买卖旧书的店铺。

⑨ 鳞次栉(zhì)比:像鱼鳞和梳子的齿那样一一紧挨着的样子。

⑩ 世纪末:原指一个世纪的末期,这里是世界末日的意思。

⑪ 郁达夫:见本书课文《江南的冬景》的作者介绍。

⑫ 叶灵凤(1905—1975):原名蕴璞,江苏南京人。邵洵美(1906—1968):原名云龙,浙江余姚人。洪灵菲(1903—1933):原名伦修,广东潮安人。三人都是 20 世纪 30 年代、40 年代在上海从事写作的知名作家。

⑬ 张资平(1893—1959):原名星仪,广东梅县人,现代小说家,写的多是三角恋爱之类的故事。

⑭ 丁玲(1904—1986):原名蒋伟,字冰之,湖南临澧人,现当代著名女作家,著有小说《莎菲女士的日记》、《太阳照在桑干河上》等。

⑮ 胴(dòng)体:体腔,多指人体。

⑯ 弗洛伊德(1856—1939):奥地利心理学家,精神分析学派创始人。他认为存在于人们潜意识中的性的本能是人的心理的基本动力,强调潜意识大多与性欲有关,当其被压抑而郁积于心时就成为"情结"。这些情结受自我的监督而不能出现在意识领域,就只能以曲折的象征的方式表现出来,"梦"就是常见的方式。这种观点对文艺创作和批评产生一定的影响,持不同意见的学者也不少。

⑰ 拟情书:古罗马奥维德著。查拉图斯如是说:德国尼采著。世界文库:20 世纪 30 年代郑振铎主编的一套收录世界各国文学名著的丛书。

⑱ 敝屣(xǐ):敝,破旧;屣,鞋。

⑲ 敲小鼓的:小商贩、收破烂的,以敲小鼓为号。

⑳ 饿肚子:20 世纪 60 年代有所谓"三年自然灾害"时期。

㉑ 浮屠:佛教语,梵语音译,佛塔,也译"浮图"。

㉒ 译文:20 世纪 30 年代在上海出版的一种专发表翻译文学作品的杂志,曾得到鲁迅大力支持。建国后初沿用旧名,后更名为《世界文学》。

㉓ 朝鲜前线:抗美援朝战争的前线。

㉔ 王尔德(Oscar Wilde,1854—1900):英国唯美主义作家。提出"为艺术而艺术"的主张,反对用道德公理支配艺术。著有长篇小说《道连·格雷的画像》(即文中的《朵连格连的画像》)、剧本《温德米尔夫人的扇子》、《理想丈夫》、《认真的重要》、《莎乐美》、童话《快乐王子》等。

㉕ 轰轰烈烈:指 20 世纪 70 年代前半期"四人帮"祸国殃民几使国家濒于经济崩溃边缘的事。作者这里说的是反话。

㉖ 毛著:毛泽东主席著作的简称。主要是《毛主席语录》、《毛泽东选集》一至四卷及"老三篇"(《为人民服务》、《愚公移山》、《纪念白求恩》)。

㉗ 人生识字糊涂始:这句话是鲁迅一篇文章的标题,原文见《且介亭杂文二编》。宋苏轼《石苍舒醉墨堂》一诗中有"人生识字忧患始,姓名粗记可以休"之句,鲁迅当是据此翻出己意。

㉘ 肛门受到精神污染:因为卖出的书多半是被沤烂了去做手纸的,故作者出此讽刺之语。

㉙ 契诃夫:见本书课文《苦恼》的作者介绍。

㉚ 莎士比亚(William Shakespeare,1564—1616):英国文艺复兴时期伟大戏剧家、诗人。做过剧场杂差、演员、编剧等。代表剧作有《仲夏夜之梦》、《威尼斯商人》、《罗密欧与朱丽叶》、《哈姆雷特》、《奥赛罗》、《麦克白斯》、《李尔王》等。元曲选:一名《元人百种曲》,元杂剧剧本集,明臧懋循编。共选杂剧一百种,其中少数为明初人之作。所收剧本经其加工整理,科白完整,并附音注,是研究元杂剧的主要选本。

㉛ 分册:指 20 世纪 60 年代新编《辞海》按学科分册印出的征求意见本,实际已可作为工具书使用。

㉜ 怎么算:秦始皇曾焚书坑儒,摧残古代丰富的文化,然而"文革"期间却曾泛滥过肯定其焚书坑儒的谬论,故文中老人有此疑问。

【提示】

本文围绕亲身经历的三次"卖书"的具体感受,从一个侧面深刻地反映出:20 世纪 50 年代初极左思潮即已蔓延;60 年代所称的"三年自然灾害",实际上主要是由于不重生产,一味搞阶级斗争和各种政治运动,导致民生凋敝、经济严重困难所造成的物质极端贫乏;70 年代的"文革"则更是一场灾难深重的浩劫。本文虽然只是从个人"卖书"这些似乎是琐屑的小事着笔,却显然能以小见大,由微知著,折射出当时人们性格被扭曲、内心充满痛苦的真实状况。启人深思,使人警觉。

作者通过"卖书"过程中的一些细节,寥寥几笔就颇生动地写出几种不同人物的精神面貌,如"左"的口头革命派,想吃蘸人血馒头谋求私利的那个"老兄",废品收购站戴着"革命造反派"红袖箍却并不知革命为何事的老太太等。既讽刺,又幽默,像喜剧,实际非常可悲。同时,作者对当时那些善良正直的人们坚守良知、坚持正义则充满敬重、感激之情。

此文思想内涵容量大,现实意义丰富,值得认真体会,深入思考。

【思考与练习】

一、作品写了三次"卖书"的经历,为什么可以说它能以小见大、由微知著?

二、当时会发生这样可悲的"喜剧",今天读来有什么启发,有什么历史教训应该吸取?

三、此文写非常沉痛的往事,多寓讽刺,笔调却比较轻松平易,且幽默可读,举重若轻。这样写是否会削弱内容的深刻性?你的感受如何?

第八单元

故园情深

　　自古以来，中华民族对故土、对故园、对故乡的亲友故旧，始终怀有浓烈的热爱眷恋，痴心不改，一往情深。

　　我国的农业社会长达几千年，田园经济，小农生产，男耕女织，衣食自给，人们的生存和生活对土地、对家乡有着太多的依恋；因而思想上安土重迁，情感上对乡土也有着难以割舍的眷念。"仍怜故乡水，万里送行舟"、"客舍并州已十霜，归心日夜忆咸阳"、"独在异乡为异客，每逢佳节倍思亲"、"停船暂相问，或恐是同乡"、"近乡情更怯，不敢问来人"……这许许多多难以计数的诗句，流溢出的都是一股股真情挚爱，是一股股浓稠得化不开的思念。

　　这思念的背后有安顿生命、抚慰心灵等等的潜在文化内蕴，而我们这里想要拈出并予以强调的是其中的怀旧与感恩。

　　在中国人的传统观念里，不忘故乡、不忘父母、不忘故旧是一种美好的品德，从而怀旧被认为也是美好的情感。无论富饶还是贫瘠，无论富贵还是贫贱，无论愉悦还是辛酸，人们对故乡的风物、对家园的亲友、对孩提时的往事，总是萦绕于心，深切怀念。江南的雨，塞北的雪，父亲佝偻的背影，母亲慈祥的眼神，陌上采桑，灯下学字，一切的一切都因为与故乡家园联系在一起显得格外珍贵而存留于永久的记忆，所谓"月是故乡明"。

　　俗话说："一方水土养一方人。"故乡的生养之情，父母的哺育之恩，使每个人得以长大成人。饮水思源，知恩图报，是人之常情。因而在那众多的思乡怀亲的诗篇里，时常含蕴着游子感恩戴德的良知，含蕴着乌雏反哺的赤诚。"慈母手中线，游子身上衣。临行密密缝，意恐迟迟归。谁言寸草心，报得三春晖。"孟郊这首《游子吟》，写出了普天下儿女们的共同心声。

　　每个人的故乡的总和，就是我们亲爱的祖国；每个人的亲友的总和，就是我们亲爱的人民。因而，个人对故乡、对亲友的款款深情，就凝聚成我们对祖国、对中华民族的深深热爱，升华为炎黄子孙赤诚而火热的"中国心"。

别赋

江　淹

江淹(444—505),字文通,济阳考城(今河南民权东北)人。南朝著名文学家。出身寒庶。宋大明五年(461)为新安王从事,后转入建平王幕。入齐,历官中书侍郎、尚书左丞、侍中等。入梁,官至金紫光禄大夫,封醴陵侯。江淹善作抒情及体物小赋,文辞清丽,情思要眇,尤以《恨赋》、《别赋》驰名。有《江文通集》。

"舟凝滞于水滨……棹容与而讵前。"

黯然销魂者①,唯别而已矣!况秦吴兮绝国,复燕宋兮千里②。或春苔兮始生,乍秋风兮暂起③。是以行子肠断,百感凄恻。风萧萧而异响,云漫漫而奇色。舟凝滞于水滨,车逶迟于山侧④。棹容与而讵前⑤,马寒鸣而不息。掩金觞而谁御⑥?横玉柱而沾轼⑦。居人愁卧，怳若有亡⑧。日下壁而沉彩⑨，月上轩而飞光。见红兰之受露，望青楸之罹霜⑩。巡层楹而空掩⑪，抚锦幕而虚凉⑫。知离梦之踯躅⑬，意别魂之飞扬。

故别虽一绪，事乃万族⑭。至若龙马银鞍，朱轩绣轴⑮，帐饮东都⑯，送客金谷⑰。琴羽张兮箫鼓陈，燕赵歌兮伤美人。珠与玉兮艳暮秋，罗与绮兮娇上春。惊驷马之仰秣⑱，耸渊鱼之赤鳞⑲。造分手而衔涕⑳，感寂寥而伤神。

乃有剑客惭恩㉑，少年报士㉒，韩国赵厕㉓，吴宫燕市㉔，割慈忍爱，离邦去里㉕，沥泣共诀㉖，抆血相视㉗。驱征马而不顾，见行尘之时起。方衔感于一剑，非买价于泉里㉘。金石震而色变㉙，骨肉悲而心死㉚。

或乃边郡未和，负羽从军㉛，辽水无极，雁山参云㉝。闺中风暖，陌上草薰㉞。日出天而曜景，露下地而腾文㉟。镜朱尘之照烂㊱，袭青气之烟煴㊲。攀桃李兮不忍别，送爱子兮沾罗裙。

至如一赴绝国㊳，讵相见期㊳。视乔木兮故里，决北梁兮永辞㊵。左右兮魂动，亲宾兮泪滋㊶。可班荆兮增恨㊷，惟樽酒兮叙悲。值秋雁兮飞日，当白露兮下时。怨复怨兮远山曲㊸，去复去兮长河湄㊹。

又若君居淄右㊺，妾家河阳㊻。同琼佩之晨照，共金炉之夕香。君结绶兮千里㊼，惜瑶草之徒芳㊽。惭幽闺之琴瑟，晦高台之流黄㊾。春宫閟此青苔色㊿，秋帐含兹明月光，夏簟清兮昼不暮，冬釭凝兮夜何长52。织锦曲兮泣已尽，回文诗兮影独伤53。

傥有华阴上士54，服食还山55。术既妙而犹学，道已寂而未传。守丹灶而不顾57，炼金鼎而方坚。驾鹤上汉58，骖鸾腾天59。暂游万里，少别千年。惟世间兮重别，谢主人兮依然。

下有芍药之诗60，佳人之歌61。桑中卫女，上宫陈娥62。春草碧色，春水渌波63，送君南浦64，伤如之何！至乃秋露如珠，秋月如珪，明月白露，光阴往来，与子之别，思心徘徊。

是以别方不定65，别理千名，有别必怨，有怨必盈，使人意夺神骇，心折骨惊66。虽渊、云之墨妙67，严、乐之笔精68，金闺之诸彦69，兰台之群英70，赋有凌云之称71，辩有雕龙之声72，谁能摹暂离之状，写永诀之情者乎！

（《江文通集汇注》，南朝梁江淹撰，明胡之骥汇注，北京：中华书局，1984）

【注释】

① 黯然：意沮神伤貌。销魂：丧魂落魄。

② 秦：今陕西一带。吴：今江苏、浙江一带。绝国：绝远之地。燕：今河北北部一带。宋：今河南东部一带。

③ 乍：忽然。

④ 逶迟：缓慢而行貌。

⑤ 棹：原指船桨，泛指船。容与：徘徊不进貌。一说随水波荡漾貌。讵前：不前。讵，岂。

⑥ 觞：酒杯。御：饮用。

⑦ 玉柱：玉质柱。柱，琴瑟一类弦乐器系弦的部位。沾：泪沾沾。轼：车前横木，泛指车。

⑧ 怳：同"恍"，恍惚。亡：失。

⑨ 沉彩：落日余晖消失。

⑩ 楸：一种落叶乔木。罹：遭受。

⑪ 楹：屋柱，屋一间为一楹。一说屋一列为一楹。

⑫ 而：原本作"以"，与"而"义同，但本文连词概用"而"，故据《文选》改。

⑬ 踯躅（zhí zhú）：徘徊不进貌。

⑭ 族：类。

⑮ 朱轩绣轴：泛指装饰豪华的车辆。轩，车。轴，车轴，代指车辆。

⑯ 帐饮东都：东都，指汉时京师长安东门。据《汉书·疏广传》，疏广告老还乡，士大夫设帐东都门外，为之饯行。帐饮，张帷帐于郊野，设酒食

饯行。

⑰ 金谷:西晋石崇的金谷园,在洛阳西北。石崇曾在金谷园中盛宴送王诩还长安,见其《金谷诗序》。

⑱ 仰秣:马进食,此指马仰头。

⑲ 耸:耸动。赤鳞:红色之鱼。这两句是说音乐美妙动听,连马与鱼儿也倾听感动。

⑳ 造:至。

㉑ 惭恩:感恩。

㉒ 报士:报答主上以国士相待之恩。

㉓ 韩国:指战国时聂政在韩国都城为严仲子刺杀韩相侠累之事。赵厕:指战国初豫让为主人智氏复仇,潜伏于厕中欲刺杀赵襄子之事。

㉔ 吴宫:指春秋时吴国公子光与吴王僚争权,公子光派刺客专诸刺杀吴王僚之事。燕市:指战国末荆轲受燕太子丹之聘,与好友高渐离在燕国街上饮酒高歌,谋刺秦王政之事。

㉕ 离邦去里:离别了故国故乡。

㉖ 沥泣:滴泪。

㉗ 抆:拭去。血:当指带血的眼泪。

㉘ 买价:沽名钓誉以取声价。泉里:阴间。

㉙ 金石:指钟磬之类乐器。色变:荆轲以秦舞阳为随从出发赴秦,面见秦王政时,秦舞阳因庭上金石齐鸣而惊恐色变,面如死灰。

㉚ 骨肉悲:聂政刺杀侠累后,为不让人认出,自剜眼、毁面、剖腹死,被韩国暴尸街头。其姐荣(一作嫈)抚其尸自杀。

㉛ 羽:羽箭。

㉜ 辽水:辽河,在今辽宁西部。

㉝ 雁山:雁门山,在今山西平县西北。

㉞ 薰:香。

㉟ 腾文:纹彩闪烁。

㊱ 镜:照。朱尘:红尘。照烂:明亮灿烂。

㊲ 袭:触及。青气:春郊清新之气。烟煴(yīn yūn):同"氤氲",云气笼罩貌。

㊳ 绝国:指遥远边地。

㊴ 讵相见期:岂有相见的日期。

㊵ 决:通"诀",诀别。梁:桥。

㊶ 泪滋:泪多。

㊷ 可:岂,作反诘词用。班荆:铺荆条于地,坐在上面与友人叙旧。典出《左传·襄公二十六年》:"伍举奔郑,将遂奔晋。声子将如晋,遇之于郑郊,班荆相与食,而言复故。"班,布,铺。

㊸ 山曲:山坳。

㊹ 河湄:河边。

㊺ 淄右:淄水西边。古人以西为右方。淄,淄河,在今山东。

㊻ 河阳:黄河北岸。古人以河北为阳。

㊼ 结绶:指做官。绶,系印章的带子。

㊽ 瑶草:仙草,泛指珍奇芳馥的草。

㊾ 晦:使黯淡。流黄:一种精美的丝织品。这句是说无心织锦。

㊿ 春宫:妇女住处的美称。闷(bì):遮蔽,隐藏。

�51 簟:竹席。

�52 钉(gāng):灯。

�53 "织锦曲"二句:这两句是互文见义。据《晋书·列女传·窦滔妻苏氏》记载,前秦苻坚时窦滔为秦州刺史,被徙流沙,其妻苏蕙善属文,思念丈夫,织锦为回文旋图诗相赠,凡八百四十字,宛转循环以读之,词甚凄惋。另据武则天《织锦回文记》所载,则是窦滔赴任襄阳,携宠姬赵阳台前往,与苏蕙断绝音讯,苏氏悲伤,遂织锦成回文诗二百余首,名曰璇玑图。

㊿ 傥:或。华阴:华山北侧。上士:指求仙之士。

�55 服食:服食道教丹药。还山:指辞别人世而登仙。

�56 寂:指超越世俗的不生不灭之境,亦称寂灭。

�57 丹灶:与下句的"金鼎"皆为道教炼丹之炉。不顾:指不再关心世俗世界之事。

�58 汉:河汉,银河。

�59 骖鸾:乘御鸾凤。鸾,凤凰一类的鸟。

�60 芍药之诗:《诗经·郑风·溱洧》写相爱男女的戏谑,有"维士与女,伊其相谑,赠之以勺药"之句。勺药,同"芍药"。

�61 佳人之歌:据《汉书·外戚传·孝武李夫人》记载,李夫人之兄李延年曾为汉武帝起舞而歌:"北方有佳人,绝世而独立。一顾倾人城,再顾倾人国,宁不知倾城与倾国,佳人难再得。"

62 "桑中"二句:《诗经·鄘风·桑中》:"期我乎桑中,要我乎上宫,送我乎淇之上矣。"桑中、上宫,乡中小地名,为男女约会之处。今人或以为桑中即桑林之社所在,上宫即祀桑之祠。陈,陈国,都城宛丘(今河南淮阳),春秋后期为楚国所灭。娥,美女。

63 渌波:清澈的水波。

64 南浦:南面的水滨。《楚辞·九歌·河伯》:"子交手兮东行,送美人兮南浦。"

65 方:情况,方式。

66 心折骨惊:"心惊骨折"的修辞倒装,"惊"字置后,也是为了押韵。

67 渊、云:西汉著名文学家王褒字子渊,扬雄字子云,用"渊云"指称二人。王褒,蜀资中(今四川资阳)人,宣帝时为谏议大夫,撰有《洞箫赋》。扬雄(前53—后18),蜀郡成都(今属四川)人,成帝时为给事黄门郎,撰有《长杨赋》、《羽猎赋》、《甘泉赋》。

⑱ 严、乐:西汉严安和徐乐,二人曾上书武帝言时务,被拜为郎中。

⑲ 金闺:汉代宫门金马门的别称,为学士待诏之处。彦:俊彦,才士。

⑳ 兰台:汉代朝廷珍藏典籍及讨论学术的机关。汉设兰台令史,掌校理图籍文书之事。

㉑ 凌云之称:司马相如奏《大人赋》,汉武帝读后飘飘有凌云之气。事见《汉书·司马相如列传》。

㉒ 雕龙之声:战国时齐人邹衍之学"闳大不经",驺奭则"颇采驺衍之术以纪文",齐人遂有"谈天衍,雕龙奭"之语。后多以"雕龙"形容文章华美,如雕镂龙文一样。

【提示】

离别是人生总要遭遇的内容,伤离伤别也是人们的普遍情感。江淹的《别赋》择取离别的七种类型摹写离愁别绪,有代表性,并曲折地映射出南北朝时战乱频仍、聚散不定的社会状况。其题材和主旨在六朝抒情小赋中堪称新颖别致。

文章眉目清晰,次序井然。首段总起,泛写人生离别之悲,"黯然销魂"四字为全文抒情定下基调。中间七段分别描摹富贵之别、侠客之别、从军之别、绝国之别、夫妻之别、方外之别、情侣之别的不同情状。末段则以"别方不定,别理千名,有别必怨,有怨必盈"进行概括总结。其结构类似乐曲中的 ABA 形式,首尾呼应,以突出主旨。

《别赋》最突出的成就,在于借环境描写和气氛渲染以刻画人的心理感受。作者善于对生活进行观察、概括、提炼,择取不同的场所、时序、景物来烘托、刻画人的情感活动,铺张而不厌其详,夸饰而不失其真,酣畅淋漓,信然能引发共鸣,而领悟"悲"之所以为美。

《别赋》的文饰骈俪整饬,但却未流入宫体赋之靡丽,亦不同于汉大赋的堆砌,清新流丽,充满诗情画意。尤其是"春草碧色,春水渌波,送君南浦,伤如之何"等名句,如溪流山中,珠落玉盘,千古传诵。

【思考与练习】

一、《别赋》所写,都是类型人物的共同心理,为什么读者却仍能感到生动、具体而形象呢?

二、体会作品语言的音乐之美。

三、今天应该怎样正确对待离别?

【辑评】

江淹《别赋》"春草碧色,春水渌波,送君南浦,伤如之何",取诸目前,不雕琢而自工,可谓天然之句。(明·杨慎《升庵诗话》)

赋家至齐梁,变态已尽,至文通已几几乎唐人之律赋矣。特其秀色,非后人之所及也。(清·何焯《义门读书记》)

立格与《恨赋》同,前以激昂胜,此以柔婉胜。总论一气呵成,有天骥下峻阪之势。言尽意不尽。(清·许梿《六朝文絜》)

哀江南赋序

庾　信

庾信(513—581),字子山,南阳新野(今属河南)人。南北朝著名文学家。初仕梁,任东宫领直、右卫将军等官,袭爵武康县侯。承圣三年(554)出使西魏,不久梁亡,他被迫留在北方。历仕西魏、北周,官至骠骑大将军、开府仪同三司,后世称庾开府。在梁时为文绮艳,与徐陵并为宫体文学代表,号称"徐庾体"。仕北朝后,虽居高官显爵,但常怀故国之思,作品风格转为苍劲沉郁,故杜甫有"庾信文章老更成"之句。庾信的文学创作集六朝诗文之大成,虽用典颇多,但情文兼至,用意曲深而有变化自如之妙。有《庾子山集》。

粤以戊辰之年,建亥之月①,大盗移国②,金陵瓦解。余乃窜身荒谷,公私涂炭③。华阳奔命④,有去无归。中兴道销⑤,穷于甲戌⑥。三日哭于都亭,三年囚于别馆。天道周星⑦,物极不反⑧。傅燮之但悲身世⑨,无处求生;袁安之每念王室⑩,自然流涕。

昔桓君山之志事⑪,杜元凯之平生⑫,并有著书,咸能自序。潘岳之文采⑬,始述家风;陆机之词赋⑭,先陈世德。信年始二毛⑮,即逢丧乱;藐是流离,至于暮齿。燕歌远别⑱,悲不自胜;楚老相逢⑲,泣将何及。畏南山之雨⑳,忽践秦庭㉑;让东海之滨,遂餐周粟㉒。下亭飘泊㉓,高桥羁旅㉔。楚歌非取乐之方㉕,鲁酒无忘忧之用㉖。追为此赋,聊以记言㉗,不无危苦之词,惟以悲哀为主。

日暮途远,人间何世!将军一去㉘,大树飘零;壮士不还,寒风萧瑟。荆璧睨柱㉙,受连城而见欺㉛;载书横阶㉜,捧珠盘而不定㉝。钟仪君子,入就南冠之囚㉞;季孙行人,留守西河之馆㉟。申包胥之顿地㊱,碎之以首;蔡威公之泪尽㊲,加之以血。钓台移柳㊳,非玉关之可望㊴;华亭鹤唳㊵,岂河桥之可闻㊶。

孙策以天下为三分㊷,众才一旅;项籍用江东之子弟㊹,人惟八千。遂乃分裂山河,宰割天下。岂有百万义师㊻,一朝卷甲,芟夷斩伐㊻,如草木焉。江淮无涯岸之阻,亭壁无藩篱之固㊼。头会箕敛者,合从缔交;锄耰棘矜者,因利乘便㊿。将非江表王气,终于三百年乎?是知并吞六合,不免轵道之灾;混一车书,无救平阳之祸。呜呼!山岳崩颓,既履危亡之运;春秋迭代,必有去故之悲。天意人事,可以凄怆伤心者矣!况复舟楫路穷,星汉非乘槎可上;风飚道阻,蓬莱无可到之期。穷者欲达其言,劳者须歌其事。陆士衡闻而抚掌,是所甘心;张平子见而陋之,固其宜矣。

（《庾子山集注》,北周庾信撰,清倪璠注,北京:中华书局,1980）

【注释】

① 粤:发语词,无实义。戊辰:梁太清二年(548)。建亥之月:阴历十月。

② 大盗:指侯景。侯景字万景,羯族,先降北魏尔朱荣,后归高欢,又降西魏,再降梁,受封为河南王。太清二年他叛梁作乱,不久攻陷梁都金陵(今南京)。大宝二年(551)他废梁自立,国号汉,建元太始,次年为梁将陈霸先等所败,被部下杀死。移国:篡国。

③ 涂炭:陷于泥涂炭火之中,以喻灾难。

④ 华阳奔命:指出使西魏。华阳,华山之南。西魏都关中长安(今陕西西安),在华山之南。

⑤ 中兴道销:梁元帝平侯景叛乱,是谓"中兴";但很快江陵就在承圣三年甲戌(554)为西魏所破,梁元帝被俘遇害,故称"道销"。

⑥ 甲戌:指梁承圣三年。

⑦ 天道周星:岁星十二年运行一周,指天道周而复始。

⑧ 物极不反:指国家亡而不复。

⑨ 傅燮:字南容,东汉北地灵州(今宁夏灵武北)人,灵帝时任汉阳太守,为叛军王国、韩遂围攻,其子劝他弃城归乡,他说:"世乱不能养浩然之志,食禄又欲避其难乎?吾行何之,必死于此!"遂战死。见《后汉书·傅燮传》。

⑩ 袁安:字邵公,东汉汝南汝阳(今河南商水西北)人,为司徒,"以天子幼弱,外戚擅权,每朝会进见及与公卿言国家事,未尝不噫呜流涕"。见《后汉书·袁安传》。

⑪ 桓君山:桓谭(约前20—后56),东汉学者,字君山,沛国相(今安徽濉溪西北)人,官议郎给事中。著《新论》二十九篇,有自序,书已亡佚,后人有辑本。

⑫ 杜元凯:杜预(222—284),西晋将领、学者,字元凯,京兆杜陵(今陕西西安东南)人,官镇南大将军,以灭吴功封当阳县侯。著《春秋左氏经传集解》,有自序,今存。

⑬ 潘岳(247—300):西晋文学家,字安仁,荥阳中牟(今属河南)人,官给事黄门侍郎。曾作《家风诗》。

⑭ 陆机(261—303):西晋文学家,字士衡,吴郡吴县华亭(今上海松江区)人,官平原内史。其祖陆逊、父陆抗,皆为东吴名将,他曾撰《祖德赋》、《述先赋》颂祖先勋业。

⑮ 二毛:头发黑白参半,指年已半老。庾信三十六岁遭侯景之乱,使西魏时四十二岁。

⑯ 觍是:觍,远;是,此。一作"狼狈",亦通。

⑰ 暮齿:晚年。

⑱ 燕歌远别:庾信同时人王褒作《燕歌行》,"妙尽塞北苦寒之言,元帝及诸文士和之,而竞为悽切"(《北史·王褒传》)。

⑲ 楚老相逢:用西汉末龚胜事。龚胜,字君实,楚人,以名节称,不事二姓,拒王莽征召,绝食而死。庾信世居南方,同为楚人,但却留北朝仕二姓,故引以自愧。

⑳ 畏南山之雨:谓远害避祸。刘向《列女传·陶答子妻》:"南山有玄豹,雾雨七日而不下食者,何也?欲以泽其毛而成文章也,故藏而远害。"

㉑ 践秦庭:谓奉使西魏,如春秋时楚国大夫申包胥在伍子胥破楚后赴秦国求救。

㉒ 餐周粟:表示有愧古贤。据《史记·伯夷列传》记载,商末孤竹君二子伯夷、叔齐互让君位,逃至海滨,周武王灭商,二人义不食周粟而死。

㉓ 下亭:据《后汉书·独行传·范式传》记载,南阳人孔嵩受朝廷征召,赴京途中宿下亭,马曾被盗。此句写自己飘泊不幸。

㉔ 高桥:一作"皋桥",在苏州阊门内。据《后汉书·逸民传·梁鸿传》记载,东汉高士梁鸿曾在大户皋伯通家做仆役。唐梁肃《梁高士碣》有"作铭皋桥,万古是望"之语,其地即梁鸿做工处。此句借梁鸿喻其寄迹生涯。

㉕ 楚歌:楚地之歌。据《汉书·高祖纪》记载,汉高祖刘邦欲立戚夫人子如意,不成,戚夫人悲泣,刘邦安慰她,说:"为我楚舞,吾为若楚歌。"庾信为南人,留居北方,听楚歌则动故国之思。

㉖ 鲁酒:春秋时楚国大会诸侯,鲁国献酒味薄,后世遂以"鲁酒"指称味淡的酒。《庄子·胠箧》:"鲁酒薄而邯郸围。"

㉗ 记言:古代史官,"左史记言,右史记事",见《汉书·艺文志》。庾信以赋"记言",则非惟悲一己身世,更是实录记史以寄慨。

㉘ 将军:指东汉初大将冯异。冯异(?—34),字公孙,颍川父城(今河南宝丰东)人,追随刘秀征战,拜偏将军,为人谦冲,诸将论功时,他常避倚大树下,军中号"大树将军"。见《后汉书·冯异传》。

㉙ 壮士:指战国末的刺客荆轲。荆轲受燕太子丹之聘行刺秦王政,入秦前,燕太子丹在易水边为他置酒饯别,他歌道:"风萧萧兮易水寒,壮士一去兮不复还!"见《史记·刺客列传》。

㉚ 荆璧睨柱:据《史记·廉颇蔺相如列传》记载,秦王闻赵国的荆产和氏璧之名,愿以十五城交换,

蔺相如奉命携璧入秦，但秦王实无意给地，相如遂持璧睨柱欲碎之，秦王无奈，只得礼待相如，终完璧归赵。

㉛ 连城：指秦王假称愿用来交换和氏璧的十五座城。此二句比喻自己因求救而见欺于西魏。

㉜ 载书横阶：据《史记·平原君虞卿列传》记载，平原君门客毛遂在平原君与楚王协商合纵而久议不决时，按剑上阶，迫使楚王歃血结盟。载书，盟书。

㉝ 珠盘：饰珠之盘，歃血定盟之用。此二句喻自己出使未能缔约，梁都反为西魏攻破。

㉞ 南冠之囚：据《左传·成公九年》记载，楚国人钟仪被郑国俘虏，献给晋国，囚禁在军府，仍戴着南方楚人戴的帽子，当晋君召他问话时，又弹琴演奏南方的曲调。此二句比喻自己虽留西魏，仍怀故国。

㉟ 西河之馆：据《左传·昭公十三年》记载，鲁昭公不参加平丘结盟，晋国的人就扣押了鲁国的季孙意如。晋国后来认为拘囚兄弟之国鲁国的大夫不妥，就让羊舌鲋去劝说季孙回去，说："归子而不归，鲋也闻诸吏，将为子除别馆于西河。"于是季孙就回鲁国了。季孙，季孙意如(？—前505)，亦称季孙子，春秋时鲁国大夫。此二句系庾信自况被西魏扣留。

㊱ 申包胥：春秋时楚国人。据《左传·定公四年》记载，伍子胥引吴军攻楚，破楚之郢都，申包胥赴秦乞师，日夜哭泣，七天不食，秦王为赋《无衣》，出兵救楚，申包胥为表感激，九顿首而坐。此喻出使责任之艰难。

㊲ 蔡威公：指下蔡威公，下蔡，今安徽凤台。《说苑·权谋》："下蔡威公闭门而哭，三日三夜，泣尽而继以血，旁邻窥墙而问之曰：'子何故而哭悲若此乎？'对曰：'吾国且亡。'"此喻故国灭亡之悲。

㊳ 钓台：此为武昌钓台，借代南方故土。移柳：据《晋书·陶侃传》，陶侃节镇武昌，曾令诸营种柳树。

㊴ 玉关：指玉门关，在今甘肃敦煌西，借代北地异乡。

㊵ 华亭鹤唳(lì)：据《晋书·陆机传》记载，陆机在八王之乱中，为成都王司马颖督兵与长沙司马乂战，兵败河桥，被成都王所杀，临刑叹道："华亭鹤唳，岂可复闻乎？"此喻难回故国。

㊶ 河桥：在今河南孟县。

㊷ 孙策(175—200)：东汉末吴郡寿春(今浙江富阳)人，字伯符，孙权兄，东吴开创之主，封吴侯。

㊸ 旅：古时五百人为一旅，此喻其军队之少。

㊹ 项籍：即项羽(前232—前202)，名籍，字羽，下相(今江苏宿迁西南)人，率江东八千子弟兵渡江击秦，后自立为西楚霸王。

㊺ 百万义师：指侯景反叛时梁朝的勤王之师。

㊻ 芟夷斩伐：据《南史·贼臣传·侯景传》记载，侯景每次出师，都对部将下屠杀令："若破城邑，净杀却，使天下知吾威名。"芟夷，杀戮。

㊼ 亭壁：亭，亭燧，烽火亭。壁，壁垒。

㊽ 头会箕敛：按人头之数征税，用畚箕盛所征的谷物，指赋税苛虐繁重。语出《史记·张耳陈馀列传》："外内骚动，百姓罢敝，头会箕敛，以供军费。"

㊾ 合从缔交：原为战国时六国联合抗秦的一种策略，此指彼此串通勾结。从，通"纵"。

㊿ 锄耰(yōu)棘矜：锄耰，指简陋农具。棘矜，指低劣兵器。贾谊《过秦论》："锄耰棘矜，非铦于钩戟长铩也。"

�51 因利乘便：指原为梁将的陈霸先借平侯景之乱发展势力，最终取梁而代之，建立陈朝。

�52 六合：天地四方，此泛指天下。

�53 轵道之灾：据《史记·高祖本纪》记载，刘邦率军至霸上，"秦王子婴素车白马，系颈以组，封皇帝玺符节，降轵道旁"，秦遂亡。轵道，在今陕西咸阳西北。

�54 混一车书：秦始皇统一天下，车同轨，书同文。

�55 平阳之祸：西晋怀帝被匈奴族刘聪俘杀于平阳，后其子愍帝又被刘曜杀于平阳。平阳，在今山西临汾西南。

�56 春秋迭代：指梁、陈更替。

�57 去故：离别故国。

�58 星汉：银河，天河。古时传说大海与天河相通，人或乘槎浮海而直达天河，遇牛郎、织女。见张华《博物志》。

�59 蓬莱：传说中海上三神山之一。

60 陆士衡：即陆机，据《晋书·左思传》记载，陆机听说左思作《三都赋》，讥笑说准备拿它盖酒瓮，后读《三都赋》，不觉叹服。

61 是所甘心：谓作此《哀江南赋》，纵使见讥于人，也心甘情愿。

62 张平子：即东汉文学家、科学家张衡(78—139)，字平子，河南南阳(今属河南)人，官太史令。他不满班固《两都赋》，遂另作《两京赋》。

63 固其宜矣：谓读了这篇《哀江南赋》，即使认为文辞鄙陋，也没什么关系。

233

【提示】

庾信《哀江南赋》是中国古代文学的宏篇杰作。据《北史·庾信传》称:庾信由梁出使西魏被扣留,后又仕周,晚年"位虽通显,常作乡关之思,乃作《哀江南赋》"。原来,在公元554年冬天,西魏兵陷江陵而梁亡,萧梁贵族、平民十多万人被掳作奴隶,庾信母、妻也在俘虏之列。因信之故,一家得以团圆。但梁亡之惨,人民苦难,犹历历在目。故晚年仕周追抚往事,凭吊故国,哀矜故乡父老,同时抒发自己的身世之悲,成此《哀江南赋》。

全赋长达三四千字,因篇幅所限,这里仅录其序文六百余言,以见其艺术之一斑。其序概括地说明了作赋的背景和原因,如画龙点睛,在全赋中具纲领性作用,犹如现代交响乐的序曲,揭开了全赋生动悲壮的一幕。文分四个自然段:第一段是序文总纲,以高度概括的形象笔墨描绘了翻天覆地、国破家亡的痛史,引出了"不无危苦之词,惟以悲哀为主"的抒情主题。以下历叙其"危苦"与"悲哀"情状。第二段从家史谈起,写出了自己飘泊流离而悲不自胜之痛。第三段从国事写起,说明自己有辱使命、无救故国之痛。最后一段则首尾呼应,总结历史兴亡,沉痛中仍存一缕希望。孙策之三分天下,项羽之称霸中原,目标非远。萧梁之亡,侯景之叛,西魏之酷,仅是外因。如赋文所称:"若江陵之中否,乃金陵之祸始;虽借人之外力,实萧墙之内起。"国家之亡,重在内部的腐败和分崩离析。其记述历史兴亡,早已超越个人之悲,而具千古之痛,颇有现代借鉴意义。

在艺术上,庾信早年江南之作,风格轻靡绮丽,号称宫体。晚年寄居北国,身世之感,不吐不快,遂一改面貌,而成其苍劲沉郁之风,此序是其代表作。文以"危苦"、"悲哀"为贯串红线,字字如从肺腑中流出,一唱三叹,意深情长,动人心魄。其对仗工整而不刻意雕琢,用典虽多,但寓意深刻而又贴切自然,确是骈文高手。铺叙形象,自有一股感人至深的生气流贯,这与其语言清新流畅纯熟密切相关。

【思考与练习】

一、本文是六朝骈文的代表作,请你谈谈它在辞藻、对偶以及用典方面的特点。

二、中国古代是个多民族的国家。人或读《哀江南赋》后,讥庾信改仕北国,是为"无耻"(全祖望《鲒埼亭集外编·题〈哀江南赋〉后》)。请从历史的角度,谈谈此篇序文的故国乡关之思及其内心悔恨,是感情真挚,抑或矫揉虚伪?应如何正确认识?

三、高声朗读此文,细心体味骈文的语言节奏音乐美及其内在激情的关系。

【辑评】

南冠、西河,旅人发叹,乡关之思,仅寄于《哀江南》一赋,其视徐孝穆之得返旧都,奚啻李都尉之望苏属国哉!(明·张溥《汉魏六朝三百家集题辞·庾开府集》)

(庾信)骈偶之文,则集六朝之大成,而导四杰之先路。自古迄今,屹然为四六宗匠。初在南朝,与徐陵齐名……二人以宫体相高耳。至信北迁以后,历阅既久,学问弥深,所作皆华实相扶,情文兼至,抽黄对白之中,灏气舒卷,变化自如,则非陵之所能及矣。(清·纪昀等《四库全书总目·集部·庾开府集笺注》)

(宋)太宗端拱中进士刘安国酷爱《哀江南赋》,虽日旰未食而不饥。盖词气鼓动,快哉惬心而已。故前贤品评,以风、雅之变,而流宕之胜者。(清·李调元《赋话》)

江南的冬景①

郁达夫

郁达夫(1896—1945),原名郁文,浙江富阳人。中国现代著名文学家。1913年留学日本,1922年毕业于东京帝国大学经济科。1921年发表小说《沉沦》,轰动文坛。曾与郭沫若、成仿吾等发起组织创造社。1923年到上海任《创造季刊》、《创造周报》等刊物的编辑。1928年与鲁迅合编《奔流》杂志。1930年参加中国左翼作家联盟。1932年参加中国民权保障同盟。抗日战争爆发后,辗转香港、南洋群岛从事抗日宣传,后流亡苏门答腊。1945年日本宣告投降后,被日本宪兵秘密杀害。郁达夫的早期小说充满感伤情调,多表现青年人的社会遭遇和爱情体验。20世纪30年代后所作散文则清隽秀逸,笔致洒脱。主要作品有中短篇小说《沉沦》、《迷羊》、《薄奠》、《春风沉醉的晚上》等,散文集《达夫游记》、《屐痕处处》、《达夫日记》、《达夫散文集》、《闲书》等。

"'晚来天欲雪,能饮一杯无',自然是江南日暮的雪景。"
南村雪景　　明·杜琼作

凡在北国过过冬天的人,总都知道围炉煮茗,或吃煊羊肉②,剥花生米,饮白干的滋味。而有地炉、暖炕等设备的人家,不管它门外面是雪深几尺,或风大若雷,而躲在屋里过活的两三个月的生活,却是一年之中最有劲的一段蛰居异境;老年人不必说,就是顶喜欢活动的小孩子们,总也是个个在怀恋的,因为当这中间,有的是萝卜、雅儿梨等水果的闲食,还有大年夜、正月初一、元宵等热闹的节期。

但在江南,可又不同;冬至过后,大江以南的树叶,也不至于脱尽。寒风——西北风——间或吹来,至多也不过冷了一日两日。到得灰云扫尽,落叶满街,晨霜白得像黑女脸上的脂粉似的。清早,太阳一上屋檐,鸟雀便又在吱叫,泥地里便又放出水蒸气来,老翁小孩就又可以上门前的隙地里去坐着曝背谈天,营屋外的生涯了;这一种江南的冬景,岂不也可爱得很么?

我生长江南,儿时所受的江南冬日的印象,铭刻特深,虽则渐入中年,又爱上了晚秋,以为秋天正是读读书、写写字的人的最惠季节,但对于江南的冬景,总觉得是可以抵得过北方夏夜的一种特殊情调,说得摩登些,便是一种明朗的情调。

我也曾到过闽粤,在那里过冬天,和暖原极和暖,有时候到了阴历的年边,说不定还不得不拿出纱衫来着;走过野人的篱落,更还看得见许多杂七杂八的秋花!一番阵雨雷鸣过后,凉冷一点,至多也只好换上一件夹衣,在闽粤之间,皮袍棉袄是绝对用不着的;这一种极南的气候异状,并不是我所说的江南的冬景,只能叫它作南国的长春,是春或秋的延长。

江南的地质丰腴而润泽,所以含得住热气,养得住植物;因而长江一带,芦花可以到冬至而不败,红叶亦有时候会保持得三个月以上的生命。像钱塘江两岸的乌桕树,则红叶落后,还有雪白的桕子着在枝头,一点一丛,用照相机照将出来,可以乱梅花之真。草色顶多成了赭色,根边总带点绿意,非但野火烧不尽,就是寒风也吹不倒的。若遇到风和日暖的午后,你一个人肯上冬郊去走走,则青天碧落之下,你不但感不到岁时的肃杀,并且还可以饱觉着一种莫名其妙的含蓄在那里的生气;"若是冬天来了,春天也总马上会来"的诗人的名句,只有在江南的山野里,最容易体会得出。

说起了寒郊的散步,实在是江南的冬日,所给与江南居住者的一种特异的恩惠;在北方的冰天雪地里生长的人,是终他的一生,也决不会有享受这一种清福的机会的。我不知道德国的冬天,比起我们江浙来如何,但从许多作家的喜欢以 Spaziergang 一字来做他们的创造题目的一点看来,大约是德国南部地方,四季的变迁,总也和我们的江南差仿不多。譬如说十九世纪的那位乡士诗人洛在格(Peter Rosegger, 1843—1918)罢,他用这一个"散步"做题目的文章尤其写得多,而所写的情形,却又是大半可以拿到中国江浙的山区地方来适用的。

江南河港交流,且又地滨大海,湖沼特多,故空气里时含水分;到得冬天,不时也会下着微雨,而这微雨寒村里的冬霖景象,又是一种说不出的悠闲境界。你试想想,秋收过后,河流边三五家人家会聚在一道的一个小村子里,门对长桥,窗临远阜,这中间又多是树枝槎桠的杂木树林;在这一幅冬日农村的图上,再洒上一层细得同粉也似的白雨,加上一层淡得几不成墨的背景,你说还够不够悠闲?若再要点些景致进去,则门前可以泊一只乌篷小船,茅屋里可以添几个喧哗的酒客,天垂暮了,还可以加一味红黄,在茅屋窗中画上一圈暗示着灯光的月晕。人到了这一个境界,自然会得胸襟洒脱起来,终至于得失俱亡,死生不同了;我们总该还记得唐朝那位诗人做的"暮雨潇潇江上村"的一首绝句罢③?诗人到此,连对绿林豪客都客气起来了,这不是江南冬景的迷人又是什么?

一提到雨,也就必然的要想到雪:"晚来天欲雪,能饮一杯无④",自然是江南日暮的雪景。"寒沙梅影路,微雪酒香村⑤",则雪月梅的冬宵三友,会合在一道,在调戏酒姑娘了。"柴门村犬吠,风雪夜归人⑥",是江南雪夜,更深人静后的景况。"前村深雪里,昨夜一枝开⑦",又到了第二天的早晨,和狗一样喜欢弄雪的村童来报告村景了。诗人的诗句,也许不尽是在江南所写,而做这几句诗的诗人,也许不尽是江南人,但假了这几句诗来描写江南的雪景,岂不直截了当,比我这一枝愚劣的笔所写的散文更美丽得多?

有几年,在江南,在江南也许会没有雨没有雪的过一个冬,到了春间阴历的正月底或二月初再冷一冷下一点春雪的;去年(1934)的冬天是如此,今年的冬天恐怕也不得不然,以节气推算起来,大约大冷的日子,将在一九三六年的二月尽头,最多也总不过是七八天的样子。像这样的冬天,乡下叫做旱冬,对于麦的收成或者好些,但是人口却要受到损伤;旱得久了,白喉,流行性感冒等疾病自然容易上身,可是想恣意享受江南的冬景的人,在这一种冬天,倒只会得感到快活一点,因为晴和的日子多了,上郊外去闲步逍遥的机会自然也多! 日本人叫做 Hiking,德国人叫作 Spaziergang 狂者,所最欢迎的也就是这样的冬天。

窗外的天气晴朗得像晚秋一样;晴空的高爽,日光的洋溢,引诱得使你在房间里坐不住,空言不如实践,这一种无聊的杂文,我也不再想写下去了,还是拿起手杖,搁下纸笔,上湖上散散步罢!

(《郁达夫文集》(国内版)第四卷,广州:花城出版社,香港:三联书店香港分店,1982)

【注释】

① 本文写于 1935 年,最初发表于 1936 年 1 月 1 日《文学》第 6 卷第 1 号,收于 1936 年出版的散文集《闲书》。

② 煊(xuān):同"烜",温暖。

③ "暮雨"句:语出唐李涉《井栏砂宿遇夜客》诗:"暮雨潇潇江上村,绿林豪客夜知闻。他时不用逃名姓,世上如今半是君。"

④ "晚来"句:语出自唐白居易《问刘十九》诗:"绿蚁新醅酒,红泥小火炉。晚来天欲雪,能饮一杯无?"

⑤ "寒沙"句:语出元何中《辛亥元夕》诗:"顽坐故贪默,忽行时自言。寒沙梅影路,微雪酒香村。时序鬓发改,人家童稚喧。街头试灯候,不到郭西门。"

⑥ "柴门"句:语出唐刘长卿《逢雪宿芙蓉山主人》诗:"日暮苍山远,天寒白屋贫。柴门闻犬吠,风雪夜归人。"

⑦ "前村"句:语出唐齐己《早梅》诗:"万木冻欲折,孤根暖独回。前村深雪里,昨夜一枝开。风递幽香出,禽窥素艳来。明年如应律,先发望春台。"

【提示】

本文是一篇写景散文,抒写作者的家乡——浙江富阳一带的冬日风光,突出了江南冬景的特点:温润、晴暖、优美。

全文写了五个优美的画面:屋外曝背谈天图、寒郊散步图、冬雨农村图、江南雪景图、旱冬闲步图。在这些画面中,渗透着作者赞美、眷恋自己的故乡——江南自然风物的真情,展现出清新明朗的心境。

作者在写江南故乡的冬景时,善于用比较的手法,如将江南的冬景与北方的冬景相比较:北方的冬天极寒冷,雪深几尺,风大若雷,人躲进屋里蛰居两三个月;江南的冬天晴暖、温润,树叶不脱尽,寒风吹过只冷一两日,老翁小孩常坐在太阳下曝背谈天。另外,作者还将江南的冬天与闽粤等地的冬天作比较,将德国与江南的寒郊散步作比较。通过比较,既加深了读者对江南冬景的印象,更借此抒发了作者对自己家乡风土的强烈自豪感。

文中多处引用了古诗句,如"晚来天欲雪,能饮一杯无"、"寒沙梅影路,微雪酒香村"、"柴门村犬吠,风雪夜归人"、"前村深雪里,昨夜一枝开"等,语言典雅,令文章充满诗情画意。

本文行文如行云流水,舒卷自如,语言清新隽永,情感真挚细致,鲜明地体现出郁达夫散文的个性风格。

【思考与练习】

一、本文所写江南冬景有何特点?作者为何将江南冬天与北方冬天对比,起了何种作用?

二、作者写江南冬景,具有怎样的情调,试说他有什么性格?

三、本文写景充满诗情画意,请指出文中哪些文字体现出这个特点?你对此文有什么评价?

乡土情结

柯　灵

　　柯灵(1909—2000)，原名高隆任，字季琳，浙江绍兴人，生于广州。中国现代著名散文家、电影剧作家。1930年任上海《时事周报》编辑。1933年起，先后任《晨报》记者兼《社会服务》版编辑，主办《大美晚报》周刊《文化街》，主编《明星》半月刊。1937年任《救亡日报》编委和《民族呼声》周刊主编。《文汇报》创刊后，主编副刊《世纪风》。太平洋战争爆发后，主编《万象》杂志。抗战胜利后，任《文汇报》主笔兼副刊主任。建国后任上海《文汇报》社副社长、副总编辑，后又担任过上海电影剧本创作所所长、上海电影艺术研究所所长、《大众电影》主编、上海作协书记处书记、上海电影协会常务副主席等职。柯灵的主要作品有电影文学剧本《为了和平》、《不夜城》、《春满人间》、《秋瑾传》，散文集《香雪海》、《长相思》、《煮字生涯》、《柯灵散文选》、《柯灵杂文选》等。

君自故乡来，应知故乡事，
来日绮窗前，寒梅着花未？①

——王维②

　　每个人的心里，都有一方魂牵梦萦的土地。得意时想到它，失意时想到它。逢年逢节，触景生情，随时随地想到它。海天茫茫，风尘碌碌，酒阑灯灺人散后③，良辰美景奈何天④，洛阳秋风⑤，巴山夜雨⑥，都会情不自禁地惦念它。离得远了久了，使人愁肠百结："客舍并州数十霜，归心日夜忆咸阳。无端又渡桑乾水，却望并州是故乡⑦。"好不容易能回家了，偏又忐忑不安："岭外音书断，经冬复历春。近乡情更怯，不敢问来人⑧。"异乡人这三个字，听起来音色苍凉；"他乡遇故知"，则是人生一快。一个怯生生的船家女，偶尔在江上听到乡音，就不觉喜上眉梢，顾不得娇羞，和隔船的陌生男子搭讪："君家居何处？妾住在横塘。停船暂借问，或恐是同乡⑨。"辽阔的空间，悠邈的时间⑩，都不会使这种感情褪色：这就是乡土情结。

　　人生旅途崎岖修远，起点站是童年。人第一眼看见的世界——几乎是世界的全部，就是生我育我的乡土。他开始感觉饥饱寒暖，发为悲啼笑乐。他从母亲的怀抱，父亲的眼神，亲族的逗弄中开始体会爱。但懂得爱的另一面——憎和恨，却须在稍稍接触人事以后。乡土的一山一水，一虫一鸟，一草一木，一星一月，一寒一暑，一时一俗，一丝一缕，一饮一啜⑪，都溶化为童年生活的血肉，不可分割。而且可能祖祖辈辈都植根在这片土地上，有一部悲欢离合的家史，在听祖母讲故事的同时，就种在小小的心坎里。邻里乡亲，早晚在街头巷尾、桥上井边、田塍篱角相见，音容笑貌，闭眼塞耳也彼此了然，横竖呼吸着同

"君自故乡来，应知故乡事。来日绮窗前，寒梅着花未？"
梅花图　　清·汪士慎作

一的空气，濡染着同一的风习，千丝万缕沾着边。一个人为自己的一生定音定调定向定位，要经过千磨百折的摸索，前途充满未知数，但童年的烙印，却像春蚕作茧，紧紧地包着自己，又像文身的花纹，一辈子附在身上。

"金窝银窝，不如家里的草窝。"但人是不安分的动物，多少人仗着年少气盛，横一横心，咬一咬牙，扬一扬手，向恋恋不舍的家乡告别，万里投荒，去寻找理想，追求荣誉，开创事业，富有浪漫气息。有的只是一首朦胧诗，——为了闯世界。多数却完全是沉重的现实主义格调：许多稚弱的童男童女，为了维持最低限度的生存要求，被父母含着眼泪打发出门，去串演各种悲剧。人一离开乡土，就成了失根的兰花，逐浪的浮萍，飞舞的秋蓬，因风四散的蒲公英，但乡土的梦，却永远追随着他们。"慈母手中线，游子身上衣⑫"，这根线的长度，足够绕地球三匝，随卫星上天。

浪荡乾坤的结果，多数是少年子弟江湖老，黄金、美人、虚名、实惠，都成了竹篮打水一场空。有的侘傺无聊⑬，铩羽而归⑭。有的春花秋月，流连光景，"未老莫还乡，还乡须断肠⑮。"有的倦于奔竞，跳出名利场，远离是非地，"只应守寂寞，还掩故园扉⑯。"有的素性恬淡、误触尘网，不愿为五斗米折腰，归去来兮，种菊东篱，怡然自得。——但要达到这境界，至少得有几亩薄田，三间茅舍作退步，否则就只好寄人篱下，终老他乡。只有少数中的少数，个别中的个别，在亿万分之一的机会里冒险成功，春风得意，衣锦还乡。——"富贵不归故乡，如衣绣夜行，谁知之者⑰！"这句名言的创作者是楚霸王项羽，但他自己功败垂成，并没有做到。他带着江东八千子弟出来造反，结果无一生还，自觉无颜再见江东父老，毅然在乌江慷慨自刎。项羽不愧为盖世英雄，论力量对比，他比他的对手刘邦强得多，但在政治策略上棋输一着：他自恃无敌，所过大肆杀戮，乘胜火烧咸阳；而刘邦虽然酒色财货无所不好，入关以后，却和百姓约法三章，秋毫无犯，终于天下归心，奠定了汉室江山，当了皇上。回到家乡，大摆筵席，宴请故人父老兄弟，狂歌醑舞，足足闹了十几天。"大风起兮云飞扬，威加海内兮归故乡，安得猛士兮守四方！"这就是刘邦当时的得意之作，载在诗史，流传至今。

灾难使成批的人流离失所，尤其是战争，不但造成田园寥落，骨肉分离，还不免导致道德崩坏，人性扭曲。刘邦同项羽交战败北，狼狈逃窜，为了顾自己轻车脱险，三次把未成年的亲生子女狠心从车上推下来。项羽抓了刘邦的父亲当人质，威胁要烹了他，刘邦却说：

咱哥儿们，我爹就是你爹，你要是烹了他，别忘记"分我杯羹"。为了争天下，竟可以丧心病狂到这种地步！当然，战争有正义与非正义之分，"国家兴亡，匹夫有责⑱"；"匈奴未灭，何以家为⑲"；"四方丈夫事，平生铁石心⑳"；"男儿何不带吴钩，收取关山五十州㉑"，都是千古美谈。但正义战争的终极目的，正在于以战止战，缔造和平，而不是以战养战、以暴易暴。比灾难、战争更使人难以为怀的，是放逐：有家难归，有国难奔。屈原、贾谊、张俭㉒、韩愈、柳宗元、苏东坡，直至康有为、梁启超，真可以说无代无之。——也许还该特别提一提林则徐，这位揭开中国近代史开宗明义第一章的伟大爱国前贤，为了严禁鸦片，结果获罪革职，遣戍伊犁。他在赴戍登程的悲凉时刻，口占一诗，告别家人："苟利国家生死以，岂因祸福避趋之。谪居正是君恩厚，养拙刚于戍卒宜㉓。"百年后重读此诗，还令人寸心如割，百脉沸涌，两眼发酸，低徊歔欷不已。

安土重迁是中华民族的传统，我们祖先有个根深蒂固的观念，以为一切有生之伦，都有返本归元的倾向：鸟恋旧林，鱼思故渊，胡马依北风㉔，狐死必首丘㉕，树高千丈，落叶归根。有一种聊以慰情的迷信，还以为人在百年之后，阴间有个望乡台，好让死者的幽灵在月明之夜，登台望一望阳世的亲人。但这种缠绵的情致，并不能改变冷酷的现实，百余年来，许多人依然不得不离乡别井，乃至漂洋过海，谋生异域。有清一代，出国的华工不下一千万，足迹遍于世界，新兴资本主义国家的金矿、铁路、种植园里，渗透了他们的血汗。美国南北战争以后，黑奴解放了，我们这些黄皮肤的同胞，恰恰以刻苦、耐劳、廉价的特质，成了奴隶劳动的后续部队，他们当然做梦也没有想到什么叫人权。为了改变祖国的命运，孙中山领导的革命运动发轫于美国檀香山，第一代中国共产党人，很多曾在法国勤工俭学。改革开放后掀起的出国潮，汹涌澎湃，方兴未艾。还有一种颇似难料而其实易解的矛盾现象：鸦片战争期间被清王朝割弃的香港，经过一百五十年的沧桑世变，终于回到了祖国的怀抱，这是何等的盛事！而不少生于斯、食于斯、惨淡经营于斯的香港人，却看作"头上一片云"，宁愿抛弃家业，纷纷作移民计。这一代又一代炎黄子孙浮海远游的潮流，各有其截然不同的背景、色彩和内涵，不可一概而论，却都是时代浮沉的侧影，历史浩荡前进中飞溅的浪花。民族向心力的凝聚，并不取决于地理距离的远近。我们第一代的华侨，含辛茹苦，寄籍外洋，生儿育女，却世代翘首神州，不忘桑梓之情㉖，当祖国需要的时候，他们都作了慷慨的奉献。香港蕞尔一岛㉗，从普通居民到各业之王、绅士爵士、翰苑名流，对大陆踊跃输将，表示休戚相关、风雨同舟的情谊，是近在眼前的动人事例。"美不美，故乡水，亲不亲，故乡人。"此中情味，离故土越远，就体会越深。

科学进步使天涯比邻，东西文化的融会交流使心灵相通，地球会变得越来越小。但乡土之恋不会因此消失。株守乡井，到老没见过轮船火车；或者魂丧域外，飘泊无归的现象，早该化为陈迹。我们应该有鹏举鸿飞的豪情，鱼游濠水的自在㉘，同时拥有温暖安稳的家园，还有足以自豪的祖国，屹立于现代世界文明之林。

1991 年 12 月 23 日

为《香港文学》七周年纪念号作

（《柯灵文集》第一卷，柯灵撰，上海：文汇出版社，2001）

【注释】

① "君自"四句:此为唐诗人王维的《杂诗》。

② 王维(约701—761):字摩诘,祖籍太原祁(今山西祁县),迁居蒲州(治今山西永济西),唐著名诗人。开元九年(721)登进士第。官至尚书右丞,世称王右丞。他是唐代山水田园诗派的主要代表人物,与孟浩然并称"王孟"。有《王右丞集》。

③ 酒阑灯灺(xiè):酒尽灯灭。阑,尽。灺,灯烛的余烬。

④ "良辰"句:语出明汤显祖《牡丹亭》传奇《游园》一出中的一支曲子《皂罗袍》:"原来姹紫嫣红开遍,似这般都付与断井颓垣。良辰美景奈何天,赏心乐事谁家院?"

⑤ 洛阳秋风:据刘义庆《世说新语·识鉴》记载,西晋时,张翰在洛阳做官,见秋风起,便想到吴中故乡莼菜羹和鲈鱼脍的美味,说:"人生贵得适意尔,何能羁宦数千里以要名爵!"遂辞官还乡。

⑥ 巴山夜雨:语出唐李商隐《夜雨寄北》诗:"君问归期未有期,巴山夜雨涨秋池。何当共剪西窗烛?却话巴山夜雨时。"

⑦ "客舍"四句:此为唐刘皂《渡桑乾》诗。

⑧ "岭外"四句:此为唐宋之问《渡汉江》诗。

⑨ "君家"四句:此为唐崔颢《长干曲》(二首)之一。

⑩ 悠邈(miǎo):悠长遥远。

⑪ 啜(chuò):饮,食。

⑫ "慈母"二句:语出唐孟郊《游子吟》。

⑬ 侘傺(chà chì):失意的样子。

⑭ 铩(shā)羽:翅膀被摧残,比喻失意或失败。

⑮ "未老"二句:语出唐韦庄《菩萨蛮》词。

⑯ "只应"二句:语出唐孟浩然《留别王侍御维》诗。

⑰ "富贵"三句:据司马迁《史记·项羽本纪》记载,鸿门宴后,项羽引兵西屠咸阳,烧秦宫殿,大火三月不灭,搜其货宝妇女而东去。此时,有人对项羽说:"关中阻山河四塞,地肥饶,可都以为霸。"但项羽见秦宫殿皆被烧残,又急于东归,便说:"富贵不归故乡,如衣绣夜行,谁知之者!"

⑱ "国家"二句:语本顾炎武《日知录·正始》:"保天下者,匹夫之贱与有责焉耳。"

⑲ "匈奴"二句:据司马迁《史记·卫将军骠骑列传》记载,汉武帝为名将霍去病营造府第,霍对曰:"匈奴未灭,无以家为也。"

⑳ "四方"二句:此二句皆为宋陆游诗句,前一句语出《鼓楼铺醉歌》,后一句语出《太息》,又见《壮士吟次唐人韵》。此处作者可能是误记,把这两句诗合在了一起。

㉑ "男儿"二句:语出唐李贺《南园》诗(其一)。

㉒ 张俭(115—198):东汉山阳高平(今山东邹县西南)人,字元节。初为山阳东部督邮,严劾宦官侯览及其家属,为太学生所敬仰。建宁二年(169),党锢之祸再起,他逃亡所经之处,人重其名行,皆愿为隐匿,虽破家灭族亦不顾。

㉓ "苟利"四句:语出清林则徐《赴戍登程口占示家人》诗。

㉔ "胡马"句:语出《古诗十九首》中的《行行重行行》。

㉕ "狐死"句:相传狐狸死时总把头枕在所穴居的山丘上,这一习性常常作为忠于故乡的象征。典出《礼记·檀弓上》:"太公封于营丘,比及五世,皆反葬于周。君子曰:'乐,乐其所自生;礼,不忘其本。古人有言曰:狐死正丘首,仁也。'"《楚辞·九章·哀郢》:"鸟飞反故乡兮,狐死必首丘。"

㉖ 桑梓之情:故乡之情。典出《诗经·小雅·小弁》:"维桑与梓,必恭敬止。"原是说家乡的桑树与梓树是父母种的,对它要表示敬意,后人遂用桑梓比喻故乡。

㉗ 蕞尔(zuì ěr):形容小,多指地区小。

㉘ 鱼游濠水:据《庄子·秋水》记载,庄子在濠水桥上与惠施一起散步,庄子说:"鯈鱼出游从容,是鱼之乐也。"惠施说:"子非鱼,安知鱼之乐?"庄子说:"子非我,安知我不知鱼之乐?"惠施说:"非子,固不知子矣;子固非鱼也,子之不知鱼之乐,全矣。"后来,庄子用一句非常巧妙的话结束了这场辩论:"子曰'汝安知鱼乐'云者,既已知吾知之而问我。"

【提示】

本文以故园之思作为线索,由"小家"到"大家",由"离家"到"归家",作者将乡土之情升华到了爱国主义之情。在文章中,作者不仅写出了千百年来人们对故乡的思念,更写出了为了保家卫国而割舍故园之思的高贵品质。

文章开头解释乡土情结的由来与涵义,作者以王维的《杂诗》引出一个普通的道理："每个人的心里，都有一方魂牵梦萦的土地。"并且援引了大量古代诗人写的思乡诗来进一步说明这种情感，点出"乡土情结"。接着，作者叙述人们离家的几种情形，不管是离家创业，还是因灾难与战争，人们在远离故乡的时候，乡土情结表现得更为强烈。在叙述了因各种原因而造成的离家之后，作者从历史说到当今，从自然说到人伦，从现实世界说到神话传说，最后归结到一点：安土重迁是中华民族的传统。作者把对乡土的思念与对祖国的思念融为一体，把乡土情结提高到民族凝聚力的高度来认识，这就丰富并深化了乡土情结的内涵。最后，作者从当今世界现代化程度越来越高、文化交融越来越充分的角度对乡土情结作了新的阐释，完成了主题的升华，读来发人深省，回味悠长。

在文章中，作者征引了大量的古代诗文、史料与典故，不仅说明了乡土情结的久远与根深蒂固，而且还通过它们营造了一个个具体的历史场景，使文章更加含蓄蕴藉。比喻与排比句的大量运用，使语言更加生动、形象，增强了文章的艺术感染力。

【思考与练习】

一、本文的结构线索是怎样的？作者是如何用这一线索来组织材料的？

二、本文第六自然段写了一代又一代的炎黄子孙浮海远游的潮流，并赞颂他们不忘桑梓之情，慷慨奉献，与祖国休戚相关。这样写与表现主题有什么关系？

三、找出文中的比喻句与排比句，并说明其作用。

月兰

季羡林

季羡林(1911—),字希逋,山东清平(今并入临清市)人。中国现当代著名东方学家、历史学家、作家。1934 年毕业于清华大学西洋文学系。1941 年获德国哥廷根大学哲学博士学位。精通梵文、巴利文、吐火罗文等语言。1946 年回国后,一直是北京大学教授。历任北京大学东方语言文学系主任、北京大学副校长、中国亚非学会会长、中国东方文化研究会会长等。著有《中印文化关系史论文集》、《印度古代语言论集》、《原始佛教的语言问题》、《季羡林学术论著自选集》、《季羡林佛教学术论文集》、《糖史》等。译有《罗摩衍那》、《沙恭达罗》、《五卷书》等。

　　一转眼,不知怎样一来,整个燕园竟成了二月兰的天下①。

　　二月兰是一种常见的野花。花朵不大,紫白相间。花形和颜色都没有什么特异之处。如果只有一两棵,在百花丛中,决不会引起任何人的注意。但是它却以多胜,每到春天,和风一吹拂,便绽开了小花;最初只有一朵,两朵,几朵。但是一转眼,在一夜间,就能变成百朵,千朵,万朵。大有凌驾百花之势了。

　　我在燕园里已经住了四十多年。最初我并没有特别注意到这种小花。直到前年,也许正是二月兰开花的大年,我蓦地发现②,从我住的楼旁小土山开始,走遍了全园,眼光所到之处,无不有二月兰在。宅旁,篱下,林中,山头,土坡,湖边,只要有空隙的地方,都是一团紫气,间以白雾,小花开得淋漓尽致,气势非凡,紫气直冲云霄,连宇宙都仿佛变成紫色的了。

　　我在迷离恍惚中③,忽然发现二月兰爬上了树,有的已经爬上了树顶,有的正在努力攀登,连喘气的声音似乎都能听到。我这一惊可真不小:莫非二月兰真成了精了吗?再定睛一看,原来是二月兰丛中的一些藤萝,也正在开着花,花的颜色同二月兰一模一样,所差的就仅仅只缺少那一团白雾。我实在觉得我这个幻觉非常有趣。带着清醒的意识,我仔细观察起来:除了花形之外,颜色真是一般无二。反正我知道了这是两种植物,心里有了底。然而再一转眼,我仍然看到二月兰往枝头爬。这是真的呢?还是幻觉? ——由它去吧。

　　自从意识到二月兰的存在以后,一些同二月兰有联系的回忆立即涌上心头。原来很少想到的或根本没有想到的事情,现在想到了;原来认为十分平常的琐事,现在显得十分不平常了。我一下子清晰地意识到,原来这种十分平凡的野花竟在我的生命中占有这样重要的地位。我自己也有点吃惊了。

　　我回忆的丝缕是从楼旁的小土山开始的。这一座小土山,最初毫无惊人之处,只不过二三米高,上面长满了野草。当年歪风狂吹时,每次"打扫卫生",全楼住的人都被召唤出来拔草,不是"绿化",而是"黄化"。我每次都在心中暗恨这小山野草之多。后来不知由于什么原因,把山堆高了一两米。这样一来,山就颇有一点山势了。东头的苍松,西头的翠柏,都仿佛恢复了青春,一年四季,郁郁葱葱。中间一棵榆树,从树龄来看,只能算是松柏的曾孙,然而也枝干繁茂,高枝直刺入蔚蓝的晴空。

我不记得从什么时候起我注意到小山上的二月兰。这种野花开花大概也有大年小年之别的。碰到小年,只在小山前后稀疏地开上那么几片。遇到大年,则山前山后开成大片。二月兰仿佛发了狂。我们常讲什么什么花"怒放",这个"怒"字下得真是无比地奇妙。二月兰一"怒",仿佛从土地深处吸来一股原始力量,一定要把花开遍大千世界,紫气直冲云霄,连宇宙都仿佛变成紫色的了。

东坡的词说:"人有悲欢离合,月有阴晴圆缺,此事古难全④。"但是花们好像是没有什么悲欢离合。应该开时,它们就开;该消失时,它们就消失。它们是"纵浪大化中⑤",一切顺其自然,自己无所谓什么悲与喜。我的二月兰就是这个样子。

然而,人这个万物之灵却偏偏有了感情,有了感情就有了悲欢。这真是多此一举,然而没有法子。人自己多情,又把情移到花,"泪眼问花花不语⑥",花当然"不语"了。如果花真"语"起来,岂不吓坏了人!这些道理我十分明白。然而我仍然把自己的悲欢挂到了二月兰上。

当年老祖还活着的时候,每到春天二月兰开花的时候,她往往拿一把小铲,带一个黑书包,到成片的二月兰旁青草丛里去搜挖荠菜。只要看到她的身影在二月兰的紫雾里晃动,我就知道在午餐或晚餐的餐桌上必然弥漫着荠菜馄饨的清香。当婉如还活着的时候,她每次回家,只要二月兰正在开花,离开时,她总穿过左手是二月兰的紫雾,右手是湖畔垂柳的绿烟,匆匆忙忙走去,把我的目光一直带到湖对岸的拐弯处。当小保姆杨莹还在我家时,她也同小山和二月兰结上了缘。我曾套清词写过三句话:"午静携侣寻野菜,黄昏抱猫向夕阳,当时只道是寻常⑦。"我的小猫虎子和咪咪还在世的时候,我也往往在二月兰丛里看到她们:一黑一白,在紫色中格外显眼。

所有这些琐事都是寻常到不能再寻常了。然而,曾几何时,到了今天,老祖和婉如已经永远永远地离开了我们。小莹也回了山东老家。至于虎子和咪咪也各自遵循猫的规律,不知钻到了燕园中哪一个幽暗的角落里,等待死亡的到来。老祖和婉如的走,把我的心都带走了。虎子和咪咪我也忆念难忘。如今,天地虽宽,阳光虽照样普照,我却感到无边的寂寥和凄凉。回忆这些往事,如云如烟,原来是近在眼前,如今却如蓬莱灵山⑧,可望而不可即了。

对于我这样的心情和我的一切遭遇,我的二月兰一点也无动于衷,照样自己开花。今年又是二月兰开花的大年。在校园里,眼光所到之处,无不有二月兰在。宅旁,篱下,林中,山头,土坡,湖边,只要有空隙的地方,都是一团紫气,间以白雾,小花开得淋漓尽致,气势非凡,紫气直冲霄汉,连宇宙都仿佛变成紫色的了。

这一切都告诉我,二月兰是不会变的,世事沧桑,于她如浮云。然而我却是在变的,月月变,年年变。我想以不变应万变,然而办不到。我想学习二月兰,然而办不到。不但如此,她还硬把我的记忆牵回到我一生最倒霉的时候,在十年浩劫中,我自己跳出来反对北大那一位"老佛爷",被抄家,被打成了"反革命"。正是在二月兰开花的时候,我被管制劳动改造。有很长一段时间,我每天到一个地方去捡破砖碎瓦,还随时准备着被红卫兵押解到什么地方去"批斗",坐喷气式⑨,还要挨上一顿揍,打得鼻青脸肿。可是在砖瓦缝里二月兰依然开放,怡然自得,笑对春风,好像是在嘲笑我。

我当时日子实在非常难过。我知道正义是在自己手中,可是是非颠倒,人妖难分,我呼天天不应,叫地地不答,一腔义愤,满腹委屈,毫无人生之趣。在很长一段时间内,我成了"不可接触者",几年没接到过一封信,很少有人敢同我打个招呼。我虽处人世,实为异类。

然而我一回到家里,老祖、德华她们,在每人每月只能得到恩赐十几元钱生活费的情况下,殚思竭虑,弄一点好吃的东西,希望能给我增加点营养;更重要的恐怕还是,希望能给我增添点生趣。婉如和延宗也尽可能地多回家来。我的小猫憨态可掬,偎依在我的身旁。她们不懂哲学,分不清两类不同性质的矛盾,人视我为异类,她们视我为好友,从来没有表态,要同我划清界限。所有这一些极其平常的琐事,都给我带来了无量的安慰。窗外尽管千里冰封,室内却是暖气融融。我觉得,在世态炎凉中,还有不炎凉者在,这一点暖气支撑着我,走过了人生最艰难的一段路,没有堕入深涧,一直到今天。

我感觉到悲,又感觉到欢。

到了今天,天运转动,否极泰来⑩,不知怎么一来,我一下子成为"极可接触者"。到处听到的是美好的言词,到处见到的是和悦的笑容。我从内心里感激我这些新老朋友,他们绝对是真诚的。他们鼓励了我,他们启发了我。然而,一回到家里,虽然德华还在,延宗还在,可我的老祖到哪里去了呢?我的婉如到哪里去了呢?还有我的虎子和咪咪一世到哪里去了呢?世界虽照样朗朗,阳光虽照样明媚,我却感觉异样的寂寞与凄凉。

我感觉到欢,又感觉到悲。

我年届耄耋⑪,前面的路有限了。几年前,我写过一篇短文,叫《老猫》,意思很简明,我一生有个特点:不愿意麻烦人。了解我的人都承认的。难道到了人生最后一段路上我就要改变这个特点吗?不,不,不想改变。我真想学一学老猫,到了大限来临时,钻到一个幽暗的角落里,一个人悄悄地离开人世。

这话又扯远了。我并不认为眼前就有制定行动计划的必要。我还有很多事情要做,而且我的健康情况也允许我去做。有一位青年朋友说我忘记了自己的年龄。这话极有道理。可我并没有全忘。有一个问题我还想弄弄清楚哩。按说我早已到了"悲欢离合总无情"的年龄⑫,应该超脱一点了。

"真想学一学老猫……"
猫图 清·沈铨作

然而在离开这个世界以前,我还有一件心事:我想弄清楚,什么叫"悲"?什么又叫"欢"?是我成为"不可接触者"时悲呢?还是成为"极可接触者"时欢?如果没有老祖和婉如的逝世,这问题本来是一清二白的。现在却是悲欢难以分辨了。我想得到答复。我走上了每天必登临几次的小山,我问苍松,苍松不语;我问翠柏,翠柏不答。我问三十多年来亲眼目睹我这些悲欢离合的二月兰,她也沉默不语,兀自万朵怒放,笑对春风,紫气直冲霄汉⑬。

1993 年 6 月 11 日写完

（《季美林文集》第二卷,季美林撰,南昌:江西教育出版社,1996）

【注释】

① 燕园:北京大学中的园林名。

② 蓦地:突然。

③ 迷离恍惚:模糊而难以分辨清楚。

④ "月有"三句:语出宋苏轼《水调歌头·丙辰中秋欢饮达旦大醉作此篇兼怀子由》词。

⑤ "泪眼"句:语出宋欧阳修《蝶恋花》(庭院深深深几许)词。

⑥ "纵浪"句:语出晋陶渊明《神释》诗。

⑦ "午静"三句:这是模仿清纳兰性德〔浣溪沙〕(谁念西风独自凉)词下片"被酒莫惊春睡重,赌书消得泼茶香,当时只道是寻常"而成。

⑧ 蓬莱:传说中海上三神山之一。

⑨ 坐喷气式:"文革"中折磨被批斗者的一种方式,向下按头,向后扭双臂,使人呈喷气式飞机俯冲状。

⑩ 否(pǐ)极泰来:坏的到了尽头,就会向好的方向转化。"否"与"泰"原是《周易》六十四卦中卦形卦体相反的二卦,否卦坤下乾上,是天地不交、上下闭塞不通之象;泰卦乾下坤上,是天地交、上下大通之象。

⑪ 耄耋(mào dié):耄,八九十岁年纪;耋,七八十岁年纪。泛指老年。大限:迷信中指寿数已尽、注定死亡的期限。

⑫ "悲欢"句:语出宋蒋捷《虞美人·听雨》词。

⑬ 霄汉:云霄和天河,指天空。

【提示】

　　这是一篇回忆散文。文章通过对居住地燕园内盛开的二月兰的描写,联系自己人生的遭遇,真切地抒写了对亲人的怀念并阐发了对人生的感慨。行文中透露出对人格的高蹈、对学问的追求和对生命意义的叩问。

　　作者在对二月兰的细致观察与描写中进入对往事的回忆,由人生的悲欢离合、大起大落以及岁月轮回,展开对人世的价值评判。作者充分表达了对人世沧桑变幻的看法,尽管伤感却并不回避自己的责任,显示出一个知识分子的清醒认识和历经劫难之后对人事的宽容。作者借景抒情,将二月兰的风姿与个人的心境进行对比,在变与不变之中显示出一种博大伟岸的人格,同时对历史给人的嘲弄予以否定。

　　作者对亲人和小猫的逝去投入了深挚的情感。在了无生趣的日子里,正是她们给了作者生存下去的勇气和安慰。随着岁月流转,作者届临物是人非却"时来运转"的晚年,他并没有沾沾自喜,而是将自己的寂寞与凄凉和盘托出,目的也并不在于引人同情,而是表达自己对亲人的无尽思念。当然,作者对"悲"与"欢"转换的困惑并没有让他陷入无尽的哀思,而是投入对人生意义的思索和探寻。

　　文中多处引用古典诗词并与作者自己的叙述语言融为一体,使古典意绪与现实生活两相沟通。其语言简洁,且富有韵律;其感情真挚,具有强烈的感染力。

【思考与练习】

一、作者对亲人的怀念表达了怎样的感情和人生意义?

二、分析文中对二月兰描写的作用。

三、指出最能体现文章艺术风格的地方。

听那冷雨①

余光中

余光中(1928—　)，福建永春人，生于江苏南京。中国当代学者、作家、翻译家。1947年入金陵大学外语系学习，后转入厦门大学。1949年随父母去香港，次年赴台湾，就读于台湾大学外文系。1953年与人创蓝星诗社。后赴美读书，获爱荷华大学艺术硕士学位。后返台，先后执教于台湾师范大学、政治大学、台湾大学、香港中文大学、台湾中山大学。余光中早期从事西方文学的研究和介绍，同时写诗，翻译，后来也进行散文的写作。著有诗集《舟子的悲歌》、《蓝色的羽毛》、《钟乳石》、《白玉苦瓜》，散文集《左手的掌纹》、《逍遥游》、《分水岭上》、《记忆像铁轨一样长》、《隔水呼渡》等。

惊蛰一过，春寒加剧。先是料料峭峭，继而雨季开始，时而淋淋漓漓，时而淅淅沥沥，天潮潮地湿湿，即使在梦里，也似乎把伞撑着。而就凭一把伞，躲过一阵潇潇的冷雨，也躲不过整个雨季。连思想也都是潮润润的。每天回家，曲折穿过金门街到厦门街迷宫式的长巷短巷，雨里风里，走入霏霏令人更想入非非。想这样子的台北凄凄切切完全是黑白片的味道，想整个中国整部中国的历史无非是一张黑白片子，片头到片尾，一直是这样下着雨的。这种感觉，不知道是不是从安东尼奥尼那里来的②。不过那一块土地是久违了，二十五年，四分之一的世纪，即使有雨，也隔着千山万山，千伞万伞。二十五年，一切都断了，只有气候，只有气象报告还牵连在一起。大寒流从那块土地上弥天卷来，这种酷冷吾与古大陆分担。不能扑进她怀里，被她的裾边扫一扫吧也算是安慰孺慕之情③。

这样想时，严寒里竟有一点温暖的感觉了。这样想时，他希望这些狭长的巷子永远延伸下去，他的思路也可以延伸下去，不是金门街到厦门街，而是金门到厦门。他是厦门人，至少是广义的厦门人，二十年来，不住在厦门，住在厦门街，算是嘲弄吧，也算是安慰。不过说到广义，他同样也是广义的江南人，常州人，南京人，川娃儿，五陵少年④。杏花春雨江南⑤，那是他的少年时代了。再过半个月就是清明，安东尼奥尼的镜头摇过去，摇过去又摇过来。残山剩水犹如是。皇天后土犹如是⑥。纭纭黔首纷纷黎民从北到南犹如是⑦。那里面是中国吗？那里面当然还是中国，永远是中国。只是杏花春雨已不再，牧童遥指已不再⑧，剑门细雨渭城轻尘也都已不再⑨。然则他日思夜梦的那片土地，究竟在哪里呢？

在报纸的头条标题里吗？还是香港的谣言里？还是傅聪的黑键白键马思聪的跳弓拨弦⑩？还是安东尼奥尼的镜底勒马洲的望中？还是呢，故宫博物院的壁头和玻璃橱内，京戏的锣鼓声中太白和东坡的韵里？

杏花。春雨。江南。六个方块字，或许那片土就在那里面。而无论赤县也好神州也好中国也好，变来变去，只要仓颉的灵感不灭，美丽的中文不老，那形象，那磁石一般的向心力当必然长在。因为一个方块字是一个天地。太初有字，于是汉族的心灵，祖先的回忆和希望便有了寄托。譬如凭空写一个"雨"字，点点滴滴，滂滂沱沱，淅沥淅沥淅沥，一切云情雨意，就宛然其中了。视觉上的这种美感，岂是什么 rain 也好 pluie 也好所能满足？翻开一部《辞源》或《辞海》，金木水火土，各成世界，而一入"雨"部，古神州的天颜千变万化，便悉在望中，美丽的霜雪云霞，骇人的雷电霹雳，展露的无非是神的好脾气与坏脾气，气象台百读不厌门外汉百思不解的百科全书。

听听，那冷雨。看看，那冷雨。嗅嗅闻闻，那冷雨。舔舔吧，那冷雨。雨在他的伞上，这城市百万人的伞上，雨衣上，屋上，天线上。雨下在基隆港⑪，在防波堤，在海峡的船上，清明这季雨。雨是女性，应该最富于感性。雨气空蒙而迷幻，细细嗅嗅，清清爽爽新新，有一点点薄荷的香味。浓的时候，竟发出草和树沐发后特有的淡淡土腥气，也许那竟是蚯蚓和蜗牛的腥气吧，毕竟是惊蛰了啊。也许地上的地下的生命，也许古中国层层叠叠的记忆皆蠢蠢而蠕，也许是植物的潜意识和梦吧，那腥气。

第三次去美国，在高高的丹佛山居了两年⑫。美国的西部，多山多沙漠。千里干旱。天，蓝似盎格鲁撒克逊人的眼睛⑬；地，红如印第安人的肌肤⑭；云，却是罕见的白鸟。落基山簇簇耀目的雪峰上⑮，很少飘云牵雾。一来高，二来干，三来森林线以上，杉柏也止步，中国诗词里"荡胸生层云⑯"，或是"商略黄昏雨"的意趣⑰，是落基山上难睹的景象。落基山岭之胜，在石，在雪。那些奇岩怪石，相叠互倚，砌一场惊心动魄的雕塑展览，给太阳和千里的风看。那雪，白得虚虚幻幻，冷得清清醒醒，那股皑皑不绝一仰难尽的气势，压得人呼吸困难，心寒眸酸。不过要领略"白云回望合，青霭入看无"的境界⑱，仍须回中国。台湾湿度很高，最饶云气氤氲雨意迷离的情调。两度夜宿溪头，树香沁鼻，宵寒袭肘，枕着润碧湿翠苍苍交叠的山影和万籁都歇的岑寂，仙人一样睡去。山中一夜饱雨，次晨醒来，在旭日未升的原始幽静中，冲着隔夜的寒气，踏着满地的断柯折枝和仍在流泻的细股雨水，一径探入森林的秘密，曲曲弯弯，步上山去。溪头的山，树密雾浓，蓊郁的水气从谷底冉冉升起，时稠时稀，蒸腾多姿，幻

细雨霏霏远烟湿　　清·原济作

化无定，只能从雾破云开的空处，窥见乍现即隐的一峰半壑，要纵览全貌，几乎是不可能的。至少入山两次，只能在白茫茫里和溪头诸峰玩捉迷藏的游戏，回到台北，世人问起，除了笑而不答心自闲，故作神秘之外，实际的印象，也无非山在虚无之间罢了。云缭烟绕，山隐水迢的中国风景，由来予人宋画的韵味。那天下也许是赵家的天下，那山水却是米家的山水⑲。而究竟，是米氏父子下笔像中国的山水，还是中国的山水上纸像宋画。恐怕是谁都说不清楚了吧？

雨不但可嗅，可观，更可以听。听听那冷雨。听雨，只要不是石破天惊的台风暴雨，在听觉上总是一种美感。大陆上的秋天，无论是疏雨滴梧桐⑳，或是骤雨打荷叶㉑，听去总有一点凄凉，凄清，凄楚。于今在岛上回味，则在凄楚之外，更笼上一层凄迷了。饶你多少豪情侠气，怕也经不起三番五次的风吹雨打。一打少年听雨，红烛昏沉。二打中年听雨，客舟中，江阔云低。三打白头听雨在僧庐下㉒。这便是亡宋之痛，一颗敏感心灵的一生，楼上，江上，庙里，用冷冷的雨珠子串成。十年前，他曾在一场摧心折骨的鬼雨中迷失了自己。雨，该是一滴湿湿漓漓的灵魂，在窗外喊谁。

雨打在树上和瓦上，韵律都清脆可听。尤其是铿铿敲在屋瓦上，那古老的音乐，属于中国。王禹偁在黄冈㉓，破如椽的大竹为屋瓦。据说住在竹楼上面，急雨声如瀑布，密雪声比碎玉。而无论鼓琴，咏诗，下棋，投壶，共鸣的效果都特别好。这样岂不像住在竹筒里面，任何细脆的声响，怕都会加倍夸大，反而令人耳朵过敏吧。

雨天的屋瓦，浮漾湿湿的流光，灰而温柔，迎光则微明，背光则幽黯，对于视觉，是一种低沉的安慰。至于雨敲在鳞鳞千瓣的瓦上，由远而近，轻轻重重轻轻，夹着一股股的细流沿瓦槽与屋檐潺潺泻下，各种敲击音与滑音密织成网，谁的千指百指在按摩耳轮。"下雨了，"温柔的灰美人来了，她冰冰的纤手在屋顶拂弄着无数的黑键啊灰键，把晌午一下子奏成了黄昏。

在古老的大陆上，千屋万户是如此。二十多年前，初来这岛上，日式的瓦屋亦是如此。先是天黯了下来，城市像罩在一块巨幅的毛玻璃里，阴影在户内延长复加深。然后凉凉的水意弥漫在空间，风自每一个角落里旋起，感觉得到，每一个屋顶上呼吸沉重都覆着灰云。雨来了，最轻的敲打乐敲打这城市，苍茫的屋顶，远远近近，一张张敲过去，古老的琴，那细细密密的节奏，单调里自有一种柔婉与亲切，滴滴点点滴滴，似幻似真，若孩时在摇篮里，一曲耳熟的童谣摇摇欲睡，母亲吟哦鼻音与喉音。或是在江南的泽国水乡，一大筐绿油油的桑叶被啮于千百头蚕，细细琐琐屑屑，口器与口器咀咀嚼嚼。雨来了，雨来的时候瓦这么说，一片瓦说，千亿片瓦说，轻轻地奏吧沉沉地弹，徐徐地叩吧挞挞地打，间间歇歇敲一个雨季，即兴演奏从惊蛰到清明，在零落的坟上冷冷奏挽歌，一片瓦吟千亿片瓦吟。

在日式的古屋里听雨，听四月，霏霏不绝的黄梅雨，朝夕不断，旬月绵延，湿黏黏的苔藓从石阶下一直侵到他舌底，心底。到七月，听台风台雨在古屋顶上一夜盲奏，千寻海底的热浪沸沸被狂风挟来，掀翻整个太平洋只为向他的矮屋檐重重压下，整个海在他的蜗壳上哗哗泻过，不然便是雷雨夜，白烟一般的纱帐里听羯鼓一通又一通，滔天的暴雨滂滂沛沛扑来，强劲的电琵琶忐忑忑忐忑忑忐忑，弹动屋瓦的惊悸腾腾欲掀起。不然便是斜斜的西北雨斜斜，刷在窗玻璃上，鞭在墙上打在阔大的芭蕉叶上，一阵寒濑泻过，秋意便弥漫日式的庭院了。

在日式的古屋里听雨，从春雨绵绵听到秋雨潇潇，从少年听到中年，听听那冷雨，而是一种单调而耐听的音乐是室内乐是室外乐，户内听听，户外听听，冷冷，那音乐。雨是一种回忆的音乐,听听那冷雨,回忆江南的雨下得满地是江湖下在桥上和船上,也下在四川的秧田和蛙塘,下肥了嘉陵江下湿布谷咕咕的啼声。雨是潮潮润润的音乐下在渴望的唇上舔舔那冷雨。

因为雨是最最原始的敲打乐从记忆的彼端敲起。瓦是最最低沉的乐器灰蒙蒙的温柔覆盖着听雨的人,瓦是音乐的雨伞撑起。但不久公寓的时代来临,台北你怎么一下子长高了,瓦的音乐竟成了绝响。千片万片的瓦翩翩,美丽的灰蝴蝶纷纷飞走,飞入历史的记忆。现在雨下下来,下在水泥的屋顶和墙上。没有音韵的雨季。树也砍光了,那月桂,那枫树,柳树和擎天的巨椰,雨来的时候不再有丛叶嘈嘈切切,闪动湿湿的绿光迎接。鸟声减了啾啾,蛙声沉了阁阁,秋天的虫吟也减了唧唧。七十年代的台北不需要这些,一个乐队接一个乐队便遣散尽了。要听鸡叫,只有去《诗经》的韵里寻找。现在只剩下一张黑白片,黑白的默片。

正如马车的时代去后,三轮车的时代也去了。曾经在雨夜,三轮车的油布篷挂起,送她回家的途中,篷里的世界小得多可爱,而且躲在警察的辖区以外。雨衣的口袋越大越好,盛得下他的一只手里握一只纤纤的手。古台湾的雨季这么长,该有人发明一种宽宽的双人雨衣,一人分穿一只袖子,此外的部分就不必分得太苛。而无论工业如何发达,一时似乎还废不了雨伞。只要雨不倾盆,风不横吹,撑一把伞在雨中仍不失古典的韵味。任雨点敲在黑布伞或是透明的塑料伞上,将骨柄一旋,雨珠向四方喷溅,伞缘便旋成了一圈飞檐。跟女友共一把雨伞,该是一种美丽的合作吧。最好是初恋,有点兴奋,更有点不好意思,若即若离之间,雨不妨下大一点。真正初恋,恐怕是兴奋得不需要伞的,手牵手在雨中狂奔而去,把年轻的长发和肌肤交给漫天的淋淋漓漓,然后向对方的唇上颊上尝凉凉甜甜的雨水。不过那要非常年轻且激情。同时,也只能发生在法国的新潮片里吧。

大多数的雨伞想不会为约会张开。上班下班,上学放学,菜市来回的途中,现实的伞,灰色的星期三。握着雨伞,他听那冷雨打在伞上。索性更冷一些就好了,他想。索性把湿湿的灰雨冻成干干爽爽的白雨,六角形的结晶体在无风的空中回回旋旋地降下来,等须眉和肩头白尽时,伸手一拂就落了。二十五年,没有受故乡白雨的祝福,或许发上下一点白霜是一种变相的自我补偿吧。一位英雄,经得起多少次雨季?他的额头是水成岩削成还是火成岩?他的心底究竟有多厚的苔藓?厦门街的雨巷走了二十年与记忆等长,一座无瓦的公寓在巷底等他。一盏灯在楼上的雨窗子里,等他回去,向晚餐后的沉思冥想去整理青苔深深的记忆。前尘隔海,古屋不再。听听那冷雨。

一九七四年春分之夜

(《余光中集》第五卷,余光中撰,天津:百花文艺出版社,2004)

【注释】

① 本文是作者1974年自美国返回台湾后所写的一组散文中的一篇,这组散文编成的集子也以《听听那冷雨》为名。

② 安东尼奥尼(Michelangelo Antonioni, 1912—):意大利著名电影导演。主要作品有《奇遇》、《红色沙漠》、《放大》、《一个女人身份的证明》、《云上的日子》等。

③ 孺慕之情:对父母的悼念之情。典出《礼记·檀弓下》:"有子与子游立,见孺子慕者,有子谓子游曰:'予壹不知夫丧之踊也,予欲去之久矣,情在于斯,其是也夫。'"慕,小儿思念父母而啼哭。

④ 五陵少年:西汉五个皇帝陵墓(高祖长陵、惠帝

安陵、景帝阳陵、武帝茂陵、昭帝平陵）的合称。均在渭水北岸今陕西咸阳附近。《太平寰宇记》："初，汉徙关东豪族以奉陵邑，长陵、茂陵各万户，其余各五百户。"当时那里的少年多为富贵子弟，颇有奢华豪纵之风。

⑤ 杏花春雨江南：元诗人虞集《风入松》词的末句。

⑥ 皇天：老天，对天的尊称。后土：大地，对地的尊称。后，君主。

⑦ 黔首：老百姓。

⑧ 牧童遥指：唐诗人杜牧《清明》诗末句的前四字。

⑨ 剑门细雨：这里是截取宋诗人陆游《剑门道中遇微雨》诗的末句"细雨骑驴入剑门"。渭城朝雨：唐诗人王维《送元二使安西》诗末句的前四字。

⑩ 傅聪（1934—　）：上海人，当代著名旅英钢琴家，傅雷的长子。1955年曾获第三届肖邦国际钢琴比赛第三名。马思聪（1912—1987）：广东海丰人，著名作曲家、小提琴家，曾任中央音乐学院院长、中国音乐家协会副主席。

⑪ 基隆：台湾省的一个港口城市，在本岛北岸，原名鸡笼。

⑫ 丹佛：美国科罗拉多州首府，位于落基山东麓。

⑬ 盎格鲁撒克逊人：近代泛指英格兰人、苏格兰人以及这两个民族在北美洲、澳大利亚、新西兰、南非等地的移民。

⑭ 印第安人：美洲的土著居民，因美洲被欧洲人发现时误当作印度而得名。

⑮ 落基山：北美洲的一大山脉，北起阿拉斯加，经加拿大，再纵贯美国，南接墨西哥东马德雷山脉。

⑯ 荡胸生层云：这是唐诗人杜甫《望岳》诗中的第五句。

⑰ 商略黄昏雨：这是宋词人姜夔〔点绛唇〕《丁未冬过吴松作》词中的第四句。

⑱ 白云回望合，青霭入看无：这是唐诗人王维《终南山》诗的第三、第四句。

⑲ 米家的山水：指宋代画家米芾（1051—1107，字元章，号海岳外史，襄阳人）与其子米友仁（1074—1153，字元晖）所画的善用水墨点染烟峦云树的山水画。

⑳ 疏雨滴梧桐：这是唐诗人皮日休《郢州孟亭记》文中提到的唐诗人孟浩然的散句，其事亦见《唐摭言》、《唐才子传》等。

㉑ 骤雨打荷叶：金元之际诗人元好问有散曲小令【骤雨打新荷】。

㉒ "一打"六句：此系概括宋词人蒋捷《虞美人·听雨》词意。

㉓ 王禹偁：见本书课文《黄州新建小竹楼记》的作者介绍。

【提示】

　　本文的主旨，其实就是一缕剪不断的乡愁，是对祖国刻骨铭心的爱和思念。这样的主题其实是永恒的、普遍存在的。任何一个人，只要远离了自己的家乡，远离祖国，远离母亲，他就有可能在某时某刻因为某一些微的小事而触动内心的琴弦，于是震颤不已而乐音飘出。但是因为这样的文章和诗歌太多，所以，写来也都容易重复前人，或者淡而无味。余光中这篇文章，却能让我们耳目一新。这主要是作者在表达自己的情感上使用了多种艺术手法，力求写出具有密度、质料和弹性的散文。因为他认为，"真正丰富的心灵，在自然流露之中，必定左右逢源，五步一楼，十步一阁，步步莲花，字字珠玉，绝无冷场"。余光中这么说，也是这么实践的。

　　这篇散文中，时空不断变化和转移，大陆、台湾、美国、过去、今天，交叉重叠，让我们仿佛在电影的蒙太奇镜头里体会一个游子思乡的心情和性情。在这一点上，这篇文章给我们提供了许多值得学习的东西。无论时代如何变化，而乡愁总是永远的。作者把台湾的命运与整个大陆连接在一起，在丰富的联想中，从金门街写到厦门街，从时代的变化写到永恒的乡愁，从西方的凄风冷雨写到祖国的杏花春雨、黄梅细雨，凄凄切切地诉说着情感，用各种具体的意象让我们产生共鸣怀想。

　　假如我们阅读过余光中的诗歌《乡愁》，我们会发现，他的诗歌文字并不怎么华丽，反倒是朴实自然如话。但是他的如话的文字背后，却有着浓烈的情感，虽然这情感被包裹了起来,仅仅是让我们去感受,去尝试,或者压抑不住地产生共鸣。但是,我们读余光中的散文,比如这一篇《听听那冷雨》,我们就会发现,他的文字并不朴实,相反倒是十分华丽典雅,里面所含有的古典的美,文字技巧上如水银泻地般的挥洒,比比皆是。这一点,很值得注意。

【思考与练习】

一、这一篇散文比较长,通读以后,请想一想作者究竟是如何结构这许许多多的段落,它们都集中在什么方面,落实在怎样一个主题上? 你觉得这些段落对表现主题起到了什么样的作用?

二、为表现自己文章的主题,作者引用了大量的古典诗词,也使用了各种修辞手段,比如对偶、排比、双声叠韵、拟人化的手法,等等。这样的写法当然可以起到感染读者的作用,请尝试设想,假如不使用这些艺术表现手法,在我们的阅读中又会产生什么样的感觉?

三、论文的写作,我们说必须注意有根据、有充分的材料,所谓有所本,从而有所谈论,或者得出某个结论;散文,尤其是抒情散文,常常依靠作者的想象,依靠某种联想,展开想象的翅膀,带着浪漫主义的激情去宣泄,去表现自己的思想感情。这一篇文章,作者将这样的想象和联想发挥到了极致。请思考,在作者感情的宣泄中,这些想象和联想的线索所在,它们相互之间的关系如何?

梦回故园——欢乐篇

从维熙

从维熙(1933—　)，河北玉田人。中国当代作家。1953年毕业于北京师范学校，曾任小学教师、报社记者。1956年开始专业创作。1957年被错划为右派，到劳改农场、矿山做工。1978年重返文坛。曾任作家出版社社长兼总编辑。其作品注重描写当代中国经历过的历史曲折，展示"左"的错误所造成的灾难性后果，情节动人，具有浓郁的悲剧色彩。主要作品有中篇小说《大墙下的红玉兰》、《远去的白帆》、《风泪眼》，长篇小说《北国草》、《走向混沌》等。

梦牵魂系的巍巍青山，我回来了！

你还能分辨吗，站在我左侧的银发老人，是我83岁的老母；站在我右侧戴着遮阳镜的妇女，是从台湾来故里寻梦的小姑?！

你没显得苍老，山褶的年轮依旧如初。但是站在面前的三个来者，却被时间老人洗净了脸上的红颜，额上的皱纹深如你脚下的谷壑。岁月如刀，真是太无情了！

青山，你还记得吗，在四十多年以前，在你怀抱的回肠小路上，曾留下小姑和我奔跑的足音！小姑姑拉着我的手，对你吆喝：

"哎——"

"哎——"你也如是回答。

"你好——"

"你好——"你像鹦鹉学话。

"日头出山啦——"你学得分毫不差。

而今，那小马驹子一般撒欢的足音，已录进你大山的山褶，溶进了你宽敞的胸膛，镶嵌进了你不老的魂魄。

老母亲说："那时候我在山下呼喊你们吃饭，山也呼喊你们吃饭。"小姑姑说："过年节时我在山下放'二踢脚'，山也响起'叮——当——'的鞭炮声。山最有情，大山的心窝深埋着我们许多童年的梦！"说着，她摘下太阳镜，凝视着你：从你的绿色头冠，一直看到褐色的山脚。之后，她眼睛盈出泪光。她把阔别了四十多年的相思，化成热泪，一滴滴融进脚下的乡土。

你依然巍巍而立，没有呼喊你时的回声。似乎你魂魄中的精灵，只会储藏记忆和反馈呼唤，而其他的情感信号，已在亿万年风霜雨雪的苦度中消逝。不然，你看见飘零于大海对岸的儿女归来，怎么会依然沉默?！

不,也许你太含蓄了。当亿万年前的沧海巨震时,你炽热的浆液拱出地壳,冷却成了大山;从此,你没了灼人的温热,没了热情而动人的堂堂仪表。对吗?

姑抚摸着山脚下的一块青石,说她在这块石头上坐过百次千次;姑又指点着一棵枯枝桠杈的老树,说她在这棵树下歇过荫凉。当时,它像她一样童贞。灰白色的树皮,是它的躯干;秋时叶片耀眼的黄,是它头上的金冠。姑说它曾是一棵小白桦树。而今,它的童贞也荡然无存。姑猜想,一定是夏天的雷电,剥去它的树皮,焚烧了它的霓裳,它才落得这般苍老凄凉。

我当时太小,不记得这棵树的童年故事。但我记得在这大山坳上有一片杨树,喜鹊和乌鸦都在杨树上筑巢。清晨时喜鹊叫、黄昏时乌鸦啼;喜神喳喳迎接日出,丧神呱呱催人关闭柴门。为了驱赶丧神噪叫,我和一群乡间的小伙伴,先用"弹弓"打乌鸦的窝;后又爬上杨树,拆除乌鸦搭在树杈上的巢穴。"像'文革'中查抄黑五类的家一样,真够残忍的。"我说,"世人偏爱喜鹊,可能是它只报喜不报忧吧!"

姑笑了,笑得甜中有苦。

妈说:"'文革'中我就是被扫地出门的一只'黑乌鸦',从北京押送回这大山崖崖。乡亲们都是庄稼人,庄稼人最明事理。他们说不能叫我受这么大的委屈,又把我送回北京去了。原因弄清楚了,因为儿子是流放改造的右派,我是劳改犯的母亲,应该轰出水晶城北京。"

姑似乎不愿再听这已经长了青苔的蛮荒故事,她仰头凝视着大山顶上的蓝天。姑的头一动不动,那姿态可以定格成"天问"的屈子石雕。我问姑在天上寻觅什么,她说故乡的天比台湾的蓝,云更比台湾的白。

我说:"这是乡情所致。"

姑摇摇头。

我又说:"这是久患乡思症的幻觉。"

她说是,又不完全是乡思症作怪。台湾工业密集,弹丸之地的小岛上,太多太多了粉雾烟尘,太少太少了天的湛蓝和云的洁白。

届时,适逢一只鸟儿从我们头上飞过。姑的目光追随着鸟儿的身影,把脖颈旋转成半弧;那专注而虔诚的神色,像是看到了外星人游弋太空的飞蝶。只是在晴空中难见飞蝶尾部的彩色光环。耳畔听到了鸟儿洒下的一串银铃般的歌:

"赶快布谷——"

"赶快布谷——"大山也跟鸟儿同唱。

姑雀跃得像个小小村姑。她摘起颈上的纱巾,向鸟儿挥舞着:"故园的鸟儿,你好——"

"你好——"

"你好——"

姑的喊声和大山的回应鸾凤合鸣。沙沙的回音久久徘徊不去。

姑问我:"记得吗?"

"记得,那时候它唱'赶快布谷'时,姑你总喊'光棍好苦!'"

老母亲笑了。

小姑姑笑了。

我们面对乡土上的大山笑了。这一刻,时间仿佛倒流回去了半个世纪,我和小姑还只是在大山怀抱中嬉戏的顽童。我有些感慨,脱口而出:

"春水一去不回头。"

姑有些沉醉。她问:

"迎春何时插鬓头?"

大山无语,只是缄默地望着它孕育的儿女。大山有声,那是羊群中的小羊羔,在鸣叫声中寻找母羊的乳头。

姑指点着大山深处,那儿万绿丛中有一缕艳红。我告诉小姑,那是山地用的小拖拉机;姑的眼神,又追向山环中闪烁着的一团流火。给姑解疑的是出现在我们身后的叔伯哥哥。他说,那是侄子骑的摩托。他一大早,就进山给姑采蘑菇、木耳去了。

姑凝视着那团在万绿中穿梭的流火,低吟着:"梦,我找到大山和我的梦了!"

1991 年 1 月 16 日于北京

（《从维熙文集》第七卷,从维熙撰,北京:华艺出版社,1995）

【提示】

本文描写作者阔别故乡四十多年的姑姑从台湾回来,面对故乡的巍巍青山,抒发了思念故乡、热爱故乡的深厚感情。

文章结构紧凑,线索清晰,全文只是写了一个画面。在这画面中,有大山,有树,有鸟,有小羊羔,还有我、老母亲、姑姑三个人物。而姑姑是这个画面中的主角。作者的描写与抒情,都是围绕着姑姑的视角来展开的。有看到的,有听到的,有描写,有抒情,有童趣,有灾难,有回忆,有展望,有痛苦,有欢乐,腾挪跳荡,错落有致,充满浓浓的象征性诗意。

作者用了拟人化的写法,把故乡的青山当作一个有着深厚感情的人,开篇就呼喊:"梦牵魂系的巍巍青山,我回来了!"接着就用与青山对话的形式,抒发了浓浓的乡情。行文中还有不少动人的细节描写。如写姑姑"抚摸着山脚下的一块青石,说她在这块石头上坐过百次千次;姑又指点着一棵枯枝桠杈的老树,说她在这棵树下歇过荫凉。"通过这些细节,更能表现出久别故乡的姑姑的恋乡之情。

文章的抒情气氛较浓,语言简练,用词精当。如"那小马驹子一般撒欢的足音,已录进你大山的山褶,溶进了你宽敞的胸膛,镶嵌进了你不老的魂魄。"这里用了排比句式,有利于抒情,而且"录进"、"溶进"、"镶嵌"几个词也用得非常贴切。

【思考与练习】

一、本文整体上描写了一个怎样的画面?通过这个画面表达了亲人们怎样的思想感情?读后你有什么感想?

二、找出文中一些感人的细节描写,并分析这些描写起到的作用。

三、本文把故乡的青山当作一个人来描写,这种写法取得了怎样的艺术效果?

第九单元

礼 赞 爱 情

爱情是人生的一个重要内容,比翼双飞,糟糠相守,许多人的一生因两情相悦、伉俪相得而充分体会到爱的幸福与甜美。爱情也是文学恒久的描写对象,山盟海誓,生离死别,许多作品因让读者深切感受到爱的浪漫与震撼而成为永远的经典。

还没有恋爱过的青年,对爱情充满了梦幻般的憧憬与期待;而趟过爱河的人,对爱情则有着种种不同的体验和理解。有人说爱情纯洁,有人说爱情高尚,有人说爱是甜蜜,有人说爱是痛苦,有人说爱情是无穷无尽的思念,有人说爱情是没完没了的牵挂。或许,没有谁能说清楚爱情究竟是什么,但只要用真诚的心、真挚的情去真切地爱过,也就明白了爱的真谛,也就领略了爱的魅力。即便其间时或有过苦涩和伤痛,但依然伴随着甘甜与欢乐。没有爱情,人生即有所欠缺;没有爱情,人类将不能延续。爱情不仅是幸福的温床,也是希望的摇篮,因为它孕育着生命与未来。

爱情的一般结局是婚姻与家庭。婚姻和家庭是常人都有的生活方式。如果说爱情重激情,那么,婚姻和家庭还要担负责任。婚姻和家庭有其琐碎和平实的一面,有许多"生命中不能承受之轻",需要夫妻双方相互理解、尊重、信任、包容和忍让。家庭是每个人休养生息的港湾,也是夫妻养护情感的驿站。在家里,爱侣们除了拥有原先的热烈和浪漫,还增添了若许温馨亲切、随意和自由自在。那种历经沧桑而始终不渝的幸福家庭,是人生由衷的向往和最可珍惜的财富。

美满的婚姻,是美好爱情的归宿;和谐的家庭,是和谐社会的缩影。愿天下有情人皆成眷属。

蒹葭①

《诗经》

　　《诗经》是我国最早的一部诗歌总集，收录周初至春秋中叶的诗歌三百零五篇。原名《诗》，或"诗三百"，汉以后始称为《诗经》。约编成于春秋中叶，相传由孔子删定。汉代传《诗》的有鲁、齐、韩、毛四家，魏晋以后三家诗皆亡佚，唯毛诗得以通行，即今本。《诗经》分为"风"、"雅"、"颂"三部分："风"有《周南》、《召南》等十五国风，一百六十篇，多为民歌；"雅"有《大雅》、《小雅》，一百零五篇，多为贵族、士大夫所作；"颂"有《周颂》、《鲁颂》、《商颂》，四十篇，是用于宗庙祭祀的诗。在内容上，《诗经》相当广泛地反映了当时社会的经济状况、政治矛盾、意识形态和风俗习尚，不少民间创作还揭露了统治阶层的剥削丑行，反映了下层人民的生活和感情。在艺术上，《诗经》以四言为主，节奏简约明快；常用重章叠句，情致回环往复；多用比兴手法，意蕴丰赡含蓄。《诗经》重在反映并表现现实社会生活的创作传统和赋、比、兴等艺术表现手法的灵活交叉运用，对后世文学艺术产生了深远影响。

　　　　　　　　蒹葭苍苍②，白露为霜③。
　　　　　　　　所谓伊人④，在水一方⑤。
　　　　　　　　溯洄从之⑥，道阻且长。
　　　　　　　　溯游从之⑦，宛在水中央⑧。

　　　　　　　　蒹葭萋萋，白露未晞⑨。
　　　　　　　　所谓伊人，在水之湄⑩。
　　　　　　　　溯洄从之，道阻且跻⑪。
　　　　　　　　溯游从之，宛在水中坻⑫。

　　　　　　　　蒹葭采采，白露未已⑬。
　　　　　　　　所谓伊人，在水之涘⑭。
　　　　　　　　溯洄从之，道阻且右⑮。
　　　　　　　　溯游从之，宛在水中沚⑯。

　　（《诗经注析》，程俊英、蒋见元注析，北京：中华书局，1991）

【注释】

① 本诗选自《诗经·秦风》,《秦风》有诗十首,《蒹葭》是第四首。秦:周朝时诸侯国名,在今陕西中部和甘肃东部一带。蒹葭(jiān jiā):芦苇。

② 苍苍:繁盛的样子。后两章"萋萋""采采"义同。

③ 为:指凝结成。

④ 伊人:这个人。指诗人所追寻的人。

⑤ 一方:那一边。

⑥ 溯洄:逆流而上。从之:追寻他。

⑦ 溯游:顺流而下。

⑧ 宛:宛然,真好像。

⑨ 晞(xī):干。

⑩ 湄:岸边,水与草交接之处。

⑪ 跻(jī):升,高。

⑫ 坻(chí):水中小洲,小岛。

⑬ 未已:指露水尚未被阳光蒸发掉。

⑭ 涘(sì):水边。

⑮ 右:迂回曲折。

⑯ 沚(zhǐ):水中的沙滩。

【提示】

　　《蒹葭》是《诗经》中历来备受赞赏的抒情诗。诗分三章,每章首两句借景起兴,三、四句点明主题:隔河企望、追寻"伊人";后四句描述追寻境况:一是道阻且长,二是幻象迷离,两者皆以"伊人"不可得为旨归。全诗流溢着诗人对"伊人"的真诚向往、执著追求以及追寻不得的失望、惆怅心情。

　　意境朦胧、含蕴不尽是这首诗的主要特点。"伊人"不坐实,且飘忽不定、幻象丛生,给人以扑朔迷离、悠渺难测之感,引人遐想。有人认为这是一首招贤诗,"伊人"指隐居的贤人;有人认为这是一曲怀念情人的恋歌,"伊人"指意中人;两说皆可通。其实,只要把"在水一方"视作一种象征,它就涵容了世间各种可望而不可即的人生境遇,这样,贤才难觅、情人难得的怅惘,乃至前途渺茫、理想不能实现的失望等等心灵的回响,也就都可能从《蒹葭》的意境中得到回应。

　　本诗所采用的重章叠句形式,不仅有回环往复、一唱三叹之美,而且有层层推进、步步深化诗歌意境的作用。白露之"为霜"、"未晞"、"未已",体现了时间的推移,暗示了追求时间的漫长与追求者的执著;"伊人""在水一方"、"在水之湄"、"在水之涘",体现了空间的转移,暗示了追寻对象的飘忽难觅。虽然只用了几个字来表现,但其间的微妙变化和幽深意蕴却十分耐人寻味。

【思考与练习】

一、你认为《蒹葭》的中心意象是什么？这一意象有何象征意义？

二、以《蒹葭》为例,请你谈谈对诗歌中存在的"朦胧美"有何看法。

【辑评】

　　言秋水方盛之际,所谓伊人者,乃在水一方,上下求之而皆不可得。然不知其何所指也。(宋·朱熹《诗集传》)

　　"在水之湄"一句已了。重加"溯洄"、"溯游",两番摹拟,所以写其深企愿见之状。于是乎"在"字上加一"宛"字,遂觉点睛欲飞,入神之笔。(清·姚际恒《诗经通论》)

　　曰"伊人",曰"从之",曰"宛在",玩其词,虽若可望而不可即;味其意,实求之而不远,思之而即至者。(清·方玉润《诗经原始》)

湘夫人①

屈 原

屈原(约前340—约前278),名平,字原,又自称名正则,字灵均,楚人。战国时期的伟大诗人。出身贵族,学识渊博,善于辞令。初辅佐楚怀王,曾任左徒、三闾大夫。对外他主张联齐抗秦,对内则举贤授能,改革政治,变法图强。但屡受保守势力诽谤、打击。遂遭楚怀王疏远,又被楚顷襄王放逐。最终因痛心国势日益危殆,理想无法实现,自投汨罗江而死,表现出了对腐恶誓死抗争的精神。屈原留存下来的作品,研究者一般认为可以确定的有《离骚》、《九歌》(十一章)、《天问》和《九章》(九章),另《远游》、《卜居》、《渔父》、《招魂》、《大招》是否为其所作有争议。这些篇章揭露了统治集团的腐朽、污浊,表现了作者进步的政治思想、高尚的人格情操、热爱祖国的真挚感情和刚强不屈的斗争精神。作品中采用大量神话传说,构思奇特,想象丰富,文辞华丽,充满了积极的浪漫主义精神。

《楚辞》,是西汉刘向编纂的一部收录"骚体"(以《离骚》得名)作品的总集,收入屈原的全部作品(包括今人存疑者),另有宋玉之作及西汉淮南小山、东方朔、严忌、王褒、刘向等人辞赋,共十六篇(按:《九歌》、《九章》之类皆视为一篇)。东汉时王逸作《楚辞章句》,补入己作一篇,成十七篇,后王本成为定本。《楚辞》与《诗经》是中国古典诗歌的两大源头。

帝子降兮北渚②,目眇眇兮愁予③。
嫋嫋兮秋风④,洞庭波兮木叶下⑤。
登白薠兮骋望⑥,与佳期兮夕张⑦。
鸟何萃兮蘋中⑧?罾何为兮木上⑨?
沅有茝兮醴有兰⑩,思公子兮未敢言⑪。
荒忽兮远望⑫,观流水兮潺湲⑬。
麋何食兮庭中⑭?蛟何为兮水裔⑮?
朝驰余马兮江皋⑯,夕济兮西澨⑰。
闻佳人兮召予,将腾驾兮偕逝⑱。
筑室兮水中,葺之兮荷盖⑲。
荪壁兮紫坛⑳,播芳椒兮成堂㉑。
桂栋兮兰橑㉒,辛夷楣兮药房㉓。
罔薜荔兮为帷㉔,擗蕙櫋兮既张㉕。
白玉兮为镇㉖,疏石兰兮为芳㉗。
芷葺兮荷屋㉘,缭之兮杜衡㉙。

九歌图·湘夫人　　　元·张渥作

合百草兮实庭㉚,建芳馨兮庑门㉛。

九嶷缤兮并迎㉜,灵之来兮如云㉝。

捐余袂兮江中㉞,遗余褋兮醴浦㉟。

搴汀洲兮杜若㊱,将以遗兮远者㊲。

时不可兮骤得,聊逍遥兮容与㊳。

(《楚辞补注》,西汉刘向辑,东汉王逸章句,宋洪兴祖补注,北京:中华书局,1983)

【注释】

① 本诗选自屈原的《九歌》。湘夫人:传说中湘水神的配偶。《九歌》中另有《湘君》一篇,旧时注释有两种说法,一是湘君是湘水神,湘夫人是舜的两个妃子娥皇、女英;二是湘君是舜的正妃娥皇,湘夫人是舜的次妃女英。

② 帝子:指湘夫人。娥皇、女英都是帝尧的女儿,故称。降:降临。北渚(zhǔ):指水洲的北岸。渚,水中的小块陆地。

③ 目眇(miǎo)眇:望眼欲穿之貌。愁予:使我愁苦不已。

④ 嫋(niǎo)嫋:指风长而弱的样子。

⑤ 洞庭:洞庭湖。

⑥ 登:原本无此字,据所引一本补。白蘋(fán):一种近水生的秋草。蘋,一本作"薠",非。骋望:极目远眺。

⑦ 佳期:一本"佳"下有"人"字。夕张:张罗安排晚间的约会。

⑧ 何:原本无,据所引一本补。萃:聚集。蘋:一种水草。

⑨ 罾(zēng):用木或竹条作支架的捕鱼网具。以上两句比喻所愿不得而失其所。

⑩ 沅:沅江,在今湖南省。茝(zhǐ):即白芷,一种香草。醴:一本作"澧",即澧江,也在今湖南境内。

⑪ 公子:指湘夫人。

⑫ 荒忽:同"恍惚",渺茫不分明状,或思极而神迷状。

⑬ 潺湲(chán yuán):水慢慢地流动。

⑭ 麋:麋鹿。庭:庭院。

⑮ 蛟:蛟龙。水裔(yì):水边。

⑯ 皋(gāo):水边高地。

⑰ 西澨(shì):西岸。澨,水边。

⑱ 腾驾:驾起车奔驰。偕逝:同往。

⑲ 葺(qì):用草覆盖屋顶。荷盖:指荷叶覆成的屋顶。

⑳ 荪壁:以一种名为荪的香草饰壁。紫坛:以一种名贵的贝壳紫贝砌坛。

㉑ 播(bō):同"播",散播。

㉒ 桂栋:以桂木做栋梁。兰橑:以木兰木做屋椽。兰,此指木兰,一种香木,又名杜兰。

㉓ 辛夷楣:以辛夷木的花装饰门楣。辛夷,一种香木,开花如笔头,有木笔之称。药房:以白芷装饰房间。药,即白芷。

㉔ 罔薜荔:用薜荔藤串成花网。罔,通"网"。薜荔,一种蔓生的藤本植物。

㉕ 擗蕙櫋(miǎn):掰开蕙草铺设屋檐板。擗,分开,一本作"辟"。蕙,一种香草。櫋,屋檐板,或谓帐顶;一本作"楣",屋檐。张:设置。

㉖ 镇:镇席的器具。

㉗ 疏:分布,陈列。石兰:一种香草。

㉘ 芷葺兮荷屋:指在荷叶屋顶上又加盖了一层芷草。

㉙ 缭:围绕。杜衡:一种香草。衡,一本作"蘅",义同。

㉚ 合:集中。实:充实,装满。

㉛ 建:陈设,布置。庑门:走廊和大门。

㉜ 九嶷:九嶷山,在今湖南宁远东南,据传为舜的安葬之地。

㉝ 灵:神。

㉞ 捐:丢弃。袂(mèi):衣袖,代指上衣。

㉟ 遗:舍弃。褋(dié):罩衣,或谓贴身之衣。浦:水滨。

㊱ 搴(qiān):拔。汀洲:水中的小洲。杜若:一种香草。

㊲ 遗(wèi):投赠。远者:远来者。

㊳ 聊:权且。容与:从容自得的样子。

【提示】

《湘君》和《湘夫人》描写并歌颂了传说中湘水的一对配偶之神的爱情故事。在这首《湘夫人》中,以男神(湘君)的口吻,抒发了对于湘夫人刻骨铭心般的思念之情,把一个美丽的神话传说故事描写得更加幽婉感人。全诗表达的对于纯洁爱情的渴望,其实也象征着人们对于美好生活的追求。

整篇作品情感深沉,如诉如泣,语言华赡,意象丰富,在修辞上又多用比喻手法和排比句式,典型地反映了楚辞的浪漫主义的风格特色。这一切对于后世的中国诗歌创作,产生了深刻而积极的影响。

【思考与练习】

一、湘君对湘夫人的思念之情有几个层次?

二、全诗的浪漫主义色彩主要表现在哪些方面?

【辑评】

文字有江湖之思,起于楚辞。"袅袅兮秋风,洞庭波兮木叶下",模写无穷之趣如在目前,后人多仿之者。(宋·吴子良《荆溪林下偶谈》)

叙物以言情,谓之赋。余谓《楚辞·九歌》最得此诀。如"袅袅兮秋风,洞庭波兮木叶下",正是写出"目眇眇兮愁予"来;"荒忽兮远望,观流水兮潺湲",正是写出"思公子兮未敢言"来。俱有"目击道存,不可容声"之意。(清·刘熙载《艺概》)

长恨歌①

白居易

白居易(772—846),字乐天,晚号香山居士,原籍太原(今属山西),迁居下邽(今陕西渭南)。唐著名诗人。贞元十六年(800)进士,由校书郎累官至左拾遗。在此期间,他关心朝政,屡屡上书言事,并写了不少讽谕诗,要求革除弊政,因遭权贵忌恨被贬为江州司马。此后他被迫避祸保身,历任忠州、杭州、苏州刺史等。官终刑部尚书。白居易主张"文章合为时而著,歌诗合为事而作"(《与元九书》)。他与元稹同是中唐时期新乐府的倡导者,创作了一批深刻揭露社会黑暗现实的新乐府诗。其诗今存三千多首,数量之多,为唐人之冠。在艺术上,白居易诗以平易晓畅著称,在当时就流布很广,与元稹并称"元白"。有《白氏长庆集》。

汉皇重色思倾国②,御宇多年求不得③。
杨家有女初长成,养在深闺人未识。
天生丽质难自弃,一朝选在君王侧④。
回眸一笑百媚生,六宫粉黛无颜色⑤。
春寒赐浴华清池⑥,温泉水滑洗凝脂⑦。
侍儿扶起娇无力,始是新承恩泽时⑧。
云鬓花颜金步摇⑨,芙蓉帐暖度春宵⑩。
春宵苦短日高起,从此君王不早朝。
承欢侍宴无闲暇,春从春游夜专夜。
后宫佳丽三千人,三千宠爱在一身。
金屋妆成娇侍夜⑪,玉楼宴罢醉和春。
姊妹弟兄皆列土⑫,可怜光彩生门户⑬。
遂令天下父母心,不重生男重生女⑭。
骊宫高处入青云⑮,仙乐风飘处处闻。
缓歌慢舞凝丝竹⑯,尽日君王看不足。
渔阳鼙鼓动地来⑰,惊破霓裳羽衣曲⑱。
九重城阙烟尘生⑲,千乘万骑西南行⑳。
翠华摇摇行复止㉑,西出都门百余里。
六军不发无奈何㉒,宛转蛾眉马前死㉓。
花钿委地无人收㉔,翠翘金雀玉搔头㉕。

君王掩面救不得，回看血泪相和流。
黄埃散漫风萧索，云栈萦纡登剑阁㉖。
峨嵋山下少人行㉗，旌旗无光日色薄。
蜀江水碧蜀山青，圣主朝朝暮暮情。
行宫见月伤心色㉘，夜雨闻铃肠断声㉙。
天旋日转回龙驭㉚，到此踌躇不能去。
马嵬坡下泥土中，不见玉颜空死处㉛。
君臣相顾尽沾衣，东望都门信马归㉜。
归来池苑皆依旧，太液芙蓉未央柳㉝。
芙蓉如面柳如眉，对此如何不泪垂。
春风桃李花开夜，秋雨梧桐叶落时。
西宫南苑多秋草㉞，宫叶满阶红不扫。
梨园弟子白发新㉟，椒房阿监青娥老㊱。
夕殿萤飞思悄然，孤灯挑尽未成眠㊲。
迟迟钟鼓初长夜，耿耿星河欲曙天㊳。
鸳鸯瓦冷霜华重㊴，翡翠衾寒谁与共㊵？
悠悠生死别经年，魂魄不曾来入梦。
临邛道士鸿都客㊶，能以精诚至魂魄。
为感君王辗转思，遂教方士殷勤觅。
排空驭气奔如电㊷，升天入地求之遍。
上穷碧落下黄泉㊸，两处茫茫皆不见。
忽闻海上有仙山，山在虚无缥缈间。
楼阁玲珑五云起㊹，其中绰约多仙子㊺。
中有一人字太真，雪肤花貌参差是㊻。
金阙西厢叩玉扃㊼，转教小玉报双成㊽。
闻道汉家天子使，九华帐里梦魂惊㊾。
揽衣推枕起徘徊，珠箔银屏逦迤开。
云鬓半偏新睡觉㊿，花冠不整下堂来。
风吹仙袂飘飘举，犹似霓裳羽衣舞。
玉容寂寞泪阑干，梨花一枝春带雨。
含情凝睇谢君王，一别音容两渺茫。
昭阳殿里恩爱绝，蓬莱宫中日月长。
回头下望人寰处，不见长安见尘雾。
唯将旧物表深情，钿盒金钗寄将去。
钗留一股盒一扇，钗擘黄金盒分钿。
但教心似金钿坚，天上人间会相见。
临别殷勤重寄词，词中有誓两心知。
七月七日长生殿，夜半无人私语时。
在天愿作比翼鸟，在地愿为连理枝。

天长地久有时尽，此恨绵绵无绝期。

（《白居易集笺校》，唐白居易撰，朱金城笺校，上海：上海古籍出版社，1988）

【注释】

① 元和元年，白居易任盩厔（今陕西周至）县尉，一日，与友人陈鸿、王质夫到马嵬驿附近的游仙寺游览，谈及唐玄宗与杨贵妃事。王质夫认为，像这样突出的事情，如无大手笔加工润色，就会随着时间的流逝而不为人知，他鼓励白居易："乐天深于诗，多于情者也，试为歌之，如何？"于是，白居易写下了此诗。陈鸿同时写了一篇传奇《长恨歌传》。

② 汉皇：此借汉言唐，指唐玄宗李隆基。重色：爱好女色。倾国：绝色女子。典出《汉书·外戚传上·李夫人》："（李）延年侍上起舞，歌曰：'北方有佳人，绝世而独立。一顾倾人城，再顾倾人国。宁不知倾城与倾国，佳人难再得！'"

③ 御宇：驾御宇内，即统治天下。

④ "杨家"四句：杨玉环本是蜀州司户杨玄琰之女，随叔父杨玄珪入长安。及笄，嫁与玄宗之子寿王李瑁为妃。后为李隆基看中，欲占为己有，碍于名分，先让她出宫做女道士，然后迎归宫中。白居易于此谓"养在深闺人未识"，乃故为隐讳。

⑤ 六宫粉黛：指宫内所有嫔妃。古代皇后的寝宫，正寝一，燕寝五，合为六宫。粉用以抹脸，黛用以描眉，均为女子化妆用品，这里代指宫妃。无颜色：意谓相形之下，显得不漂亮了。

⑥ 华清池：骊山上多温泉，唐玄宗常去避寒，辟浴池多处，建温泉宫，后改名为华清宫。

⑦ 凝脂：形容皮肤白嫩滋润。

⑧ 新承恩泽：刚得到皇帝的宠幸。

⑨ 金步摇：一种首饰，用金丝制成花枝形状，上缀珠玉，插于发髻，行走时随步履摇动，故名。

⑩ 芙蓉帐：绣绘着荷花图案的帐幔。芙蓉，荷花。

⑪ 金屋：据《汉武故事》记载，汉武帝小时候，他的姑母长公主嫖曾抱着他问："儿欲得妇不？"他说："欲得妇。"长公主指着自己的女儿问："阿娇好不？"他笑答："好！若得阿娇作妇，当作金屋贮之也。'"据《太真外传》说，杨玉环在华清宫有梳妆之所，名端正楼，"金屋"当指此。

⑫ 列土：裂土受封。列，通"裂"。杨玉环被册封为贵妃后，家族沾光受宠。她的大姐封韩国夫人，三姐封虢国夫人，八姐封秦国夫人，堂兄弟杨铦官鸿胪卿，杨锜官侍御史，杨钊赐名国忠，官右

丞相。

⑬ 可怜：可爱，可慕。怜，爱，慕。

⑭ "不重"句：《长恨歌传》记载当时民谣说："生女勿悲酸，生男勿欢喜"，"男不封侯女作妃，看女却为门上楣"。

⑮ 骊宫：即华清宫。因在骊山上，故称骊宫。

⑯ 凝：凝结。此指歌、舞与乐曲密切吻合，丝丝入扣。

⑰ 渔阳：唐郡名，治今天津蓟县。安禄山发动叛乱时任平庐、范阳、河东节度使，渔阳为其所辖八郡之一。鼙（pí）：古代军中所用小鼓。

⑱ 霓裳羽衣曲：唐代著名舞曲。传说是唐玄宗依据西凉节度使杨敬述所献乐曲加工润色而成。

⑲ 九重城阙：指京城长安。古人以为天有九重，京城为天子所居之地，故云。烟尘生：指发生战乱。

⑳ 乘（shèng）：马车。西南行：天宝十五载（755）六月，安禄山破潼关，李隆基由延秋门出长安，仓皇向西南逃奔。

㉑ 翠华：用翠鸟羽毛装饰的旗帜，用作皇帝的仪仗。此指皇帝的车驾。

㉒ 六军：古时天子统领的军队，此指护送唐玄宗的禁军。

㉓ 宛转：身体翻来覆去转动。蛾眉：美女的代称，此指杨贵妃。马前死：唐玄宗西奔至距长安百余里的马嵬驿（今属陕西兴平），扈从禁军发难，不肯行进，请诛杨国忠、杨玉环兄妹以平民怨。玄宗为保住自己，只得照办。

㉔ 花钿（tián）：用金玉等制成的花朵状的首饰。委地：丢弃在地。

㉕ 翠翘：形状似翠鸟尾羽的首饰。金雀：雀形的金钗。玉搔头：玉簪。

㉖ 云栈：高入云霄的栈道。剑阁：即剑门关，是大剑山与小剑山之间的一座关隘，在今四川剑阁县北。

㉗ 峨嵋山：在今四川峨眉县。唐玄宗奔蜀途中，并未经过峨嵋山，这里泛指蜀中高山。

㉘ 行宫：皇帝离京出行时暂住的地方。

㉙ 夜雨闻铃：《明皇杂录·补遗》："明皇既幸蜀，西南行，初入斜谷，霖雨涉旬，于栈道中闻铃音，与

山相应。上既悼念贵妃,采其声为《雨淋铃曲》以寄恨焉。"这里暗咏此事。

㉚ 天旋日转:犹言云开雾散,喻局势转变。回龙驭:唐玄宗逃蜀时,其子李亨在灵武即位,是为唐肃宗,郭子仪军收复长安后,他派太子太师韦见素至蜀迎玄宗还京。龙驭,皇帝的车驾。

㉛ 空死处:徒然见到杨贵妃的死地。

㉜ 信:任,任随。

㉝ 太液:汉代宫禁中的池名。未央:汉代宫殿名。这里是借汉言唐。

㉞ 西宫:唐太极宫,也称西内。南苑:唐兴庆宫,也称南内。唐玄宗还京后,作为太上皇,初居兴庆宫,肃宗及其亲信恐他复辟,将他迁至太极宫内,近于变相的软禁。

㉟ 梨园弟子:玄宗亲自调教的乐工声伎。《雍录》:"开元二年,置教坊于蓬莱宫,上自教法曲,谓之'梨园弟子'。至天宝中,即东宫置宜春北苑,命宫女数百人为梨园弟子,即是。'梨园'者,按乐之地;而预教者,名为'弟子'耳。"

㊱ 椒房:后妃所住的宫殿。因用花椒和泥涂壁以取其香暖而多子,故名椒房。阿监:宫中女侍官名。青娥:指年轻貌美的宫女。

㊲ 孤灯挑尽:古时用油灯照明,为使灯火明亮,过一会儿就要把灯草挑一挑。按,唐时宫廷夜间燃烛而不点油灯,此处旨在形容玄宗晚年生活环境的凄苦。

㊳ 迟迟:异常迟缓。用以形容长夜难眠时的心情。报更钟鼓声起止原有定时,这里意在强调唐玄宗的主观感受。

㊴ 耿耿:明亮貌。欲曙天:长夜将晓之时。

㊵ 鸳鸯瓦:两片瓦片一俯一仰扣合在一起叫鸳鸯瓦,简称鸳瓦。霜华:霜花。

㊶ 翡翠衾(qīn):绣饰有翡翠鸟的被子。谁与共:与谁共。

㊷ 临邛(qióng):县名,即今四川邛崃。鸿都客:长安的客人。鸿都,东汉都城洛阳宫门名,此借指长安。一说"鸿都客"指神仙中人。

㊸ 排空驭气:犹言腾云驾雾。

㊹ 穷:穷极,穷尽,此指找遍。碧落、黄泉:古人以为,天有九重,最上一层叫碧落;地有九层,最下一层叫黄泉。因而也称九天、九泉。

㊺ 五云:五彩云霞。

㊻ 绰约:形容风姿美好。

㊼ 参差(cēn cī):这里意为仿佛、差不多。

㊽ 金阙:金碧辉煌的神仙宫阙。叩:敲击。扃(jiōng):本指门闩或门环,此指门扇。

㊾ 小玉、双成:均古代神话传说中的女子名,此借以指称杨玉环所在仙府的侍婢。小玉,白居易《霓裳羽衣歌》有"吴妖小玉飞作烟"之句,自注:"(吴王)夫差女小玉死后,形见于王。其母抱之,霏微若烟雾散空。"双成,传说为西王母的侍女,姓董。此句意谓仙府庭院重重,须经辗转通报。

㊿ 九华帐:绘饰华美的帐幔。据传也是西王母所有之物。

�51 珠箔(bó):用珍珠串编成的帘子。屏:屏风。迤逦(yǐ lǐ):连延不断。

52 新睡觉:刚睡醒。觉,睡醒。

53 袂(mèi):衣袖。

54 阑干:纵横。

55 凝睇(dì):凝视。

56 昭阳殿:汉代宫殿名,为汉成帝皇后赵飞燕所居,这里借指杨玉环生前在长安的寝宫。绝:断。

57 蓬莱宫:指杨玉环在仙府的居室。蓬莱,传说中海上三仙山之一。

58 钿(diàn)盒:镶嵌有金花的盒子。寄将去:指托道士捎去。

59 "钗留"句:言钗由两股结成,此捎去一股,留下一股;盒由两半合成,此捎去一半,留下一半。

60 擘(bò):分开。盒分钿:钿盒上的金花图案各得一半。

61 七月七日:夏历七月初七是中国的传统节日七夕,传说天上的牛郎、织女在这一夜借鹊桥渡银河相会。长生殿:在骊山上,天宝元年(742)建,名"集灵台",以祀神。一说,唐代后妃所居寝宫,通称为长生殿。

62 比翼鸟:传说中的鸟名,本名鹣鹣,飞时雌雄相从,比翼齐飞。

63 连理枝:两棵树不同根而枝叶连生在一起。

【提示】

这是一首长篇叙事诗,大致可分四段来看。第一段从开头至"不重生男重生女",写李、杨会合经过及李对杨的宠幸。第二段从"骊宫高处入青云"至"不见玉颜空死处",写变乱爆发,贵妃殒命,玄宗伤痛不已。第三段从"君臣相顾尽沾衣"至"魂魄不曾来入梦",写

唐明皇秋夜梧桐雨

李重归长安后对杨的无穷思念。第四段从"临邛道士鸿都客"至结尾,写杨对李的忠贞不渝之情。全诗对李、杨情事的描述,虽依据一定的史实与传说,但已融进了作者的艺术想象和思想感情,因而这首叙事长诗具有浪漫的传奇色彩和浓郁的抒情气氛。

诗歌叙述的是一出美化了的宫廷爱情悲剧。对李早先的耽乐误国,作者不无讥刺。对李、杨后来的生死相隔,作者怀有怜悯。对李、杨不顾人天阻隔、依然苦苦相思的那份深情,作者则深表同情。尽管此诗内容也有所"讽刺",但基调显然还是同情和欣赏。

本诗情节曲折生动,这既归因于李、杨情事本身的离奇,也缘于诗人的精心构撰。按理,至贵妃身死,悲剧已经完成,而作者却匠心独运,大肆铺写玄宗在幸蜀途中、还京路上以及回长安后对杨的苦苦思念,细致地写出了人物的情感活动,推动情节继续深入发展。这不仅生发出了整个第四段的一系列情节,使诗波澜再起,生面别开,而且还在皇帝身上写出了如常人一般的真切感情,大大加重了故事的悲剧气氛,强化了"长恨"的主题。

作者用力塑造了两个人物形象。对唐玄宗,主要突出了他早先的耽乐误国和晚来对杨的苦苦相思;对杨贵妃,则着重描绘了她的美丽风姿和身登仙界后依然对玄宗忠贞不渝。作者将笔触深入到两个人物的内心世界,生动地写出了他们的心理活动。如第三段"夕殿萤飞思悄然"以下几句,写玄宗从傍晚到入夜、到夜深、到黎明、到清晨的整整一夜的心理活动;再如第四段"闻道汉家天子使"以下诸句,写贵妃的震惊、激动、惶惑、急切、悲楚、委屈、感激等诸般感触,诗人都尽力揣摩人物的内心活动,又充分发挥艺术想象,故写得颇合情理。此诗叙事有致,张弛自如;抒情深挚;缠绵细腻;章法上下贯通,前后钩连;语言优美明丽,自然流畅;运用对偶、排比、顶针等修辞手法娴熟圆美。这些艺术表现上的特长,会同前述种种,使此诗被后人奉为古代长篇歌行中的绝唱。

【思考与练习】

一、对《长恨歌》的主旨,历来有不同认识。有人以为是讽刺荒淫,有人以为是歌颂爱情,有人以为是双重主题。你的意见如何?理由是什么?

二、第四段对刻画杨玉环的形象及表现"长恨"的主旨有何作用?

三、第三段玄宗思念贵妃的有关描写,对故事情节的发展有什么作用?

四、唐玄宗当然也有人之常情,但他和杨玉环之间的感情,果真能真挚深刻到此诗所写的
　　程度吗? 如果说其中有虚构,那为什么历来的读者对此诗津津乐道,备加赞赏? 试各
　　抒己见,共同探讨。

【辑评】

　　周珽曰:作长篇法如构危宫大厦,全须接隼合缝,铢两皆称。乐天《琵琶行》《长恨歌》几许胆力! 觉龙气所聚,有疑行疑伏之妙,读者未易测其涯岸。(明·周敬、周珽《唐诗选脉会通评林》)

　　乐天诗如《长恨歌》《琵琶行》,皆所谓老妪解颐者也。然无一字不深入人情,而且刺心透髓,即少陵、长吉歌行皆不能及。所以然者,少陵、长吉虽能为情语,然犹兼才与学为之。凡情语一类才学,终隔一层,便不能刺透心髓。乐天之妙,妙在全不用才学,一味以本色真切出之,所以感人最深。由是观之,则老妪解颐,谈何容易!(清·黄周星《唐诗快》)

　　迷离恍惚,不用收结,此正作法之妙。诗本陈鸿《长恨传》而作,悠扬旖旎,情至文生,本王、杨、卢、骆而又加变化者矣。时有一妓夸于人曰:"我能诵白学士《长恨歌》,岂与他妓等哉!"诗之见重于时如此。(清·沈德潜《唐诗别裁集》)

　　香山诗名最著,及身已风行海内,李谪仙后一人而已……盖其得名在《长恨》一篇。其事本易传,以易传之事,为绝妙之词,有声有情,可歌可泣,文人学士既叹为不可及,妇人女子亦喜闻而乐诵之。是以不胫而走,传遍天下。(清·赵翼《瓯北诗话》)

　　吴北江曰:如此长篇,一气舒卷,时复风华掩映,非有绝世才力,未易到也。(高步瀛《唐宋诗举要》)

鹊桥仙①

秦 观

秦观(1049—1100),字太虚,一字少游,号淮海居士,扬州高邮(今属江苏)人。北宋著名词人。元丰八年(1085)成进士,先后任定海主簿、蔡州教授。官至太学博士、秘书省正字兼国史馆编修官。绍圣初坐元祐党籍,累遭贬谪,先通判杭州,又贬郴州(今属湖南)、雷州(今广东海康)。徽宗即位,始得北归,途中病逝于藤州。秦观少从苏轼游,为"苏门四学士"之一。擅诗文,尤工于词。其词得力于《花间集》,写相思离别,抒身世之感,柔婉凄丽,情韵俱胜,被后人奉为婉约派正宗。有《淮海集》、《淮海居士长短句》。

　　纤云弄巧②,飞星传恨③,银汉迢迢暗度④。金风玉露一相逢⑤,便胜却、人间无数。柔情似水,佳期如梦,忍顾鹊桥归路⑥。两情若是久长时,又岂在、朝朝暮暮⑦!

(《淮海居士长短句》,宋秦观撰,徐培均校注,上海,上海古籍出版社,1985)

【注释】

① 鹊桥仙:词调名。调名本韩鄂《岁华纪丽》引《风俗通》:"织女七夕当渡河,使鹊为桥。"七夕,即夏历七月七日的晚上,是中国的传统节日,俗称乞巧节,民间有在七夕向织女星乞求智巧的习俗。宗懔《荆楚岁时记》:"是夕,人家妇女结彩缕,穿七孔针,或以金银鍮石为针,陈瓜果于庭中乞巧。"此词即歌咏牛郎织女相会的故事。

② 纤云弄巧:秋云多变,故云。织女能巧织云锦,旧时女子有"乞巧"的风俗,这里又语涉双关。

③ 飞星:流星。

④ 银汉:银河,天河。度:通"渡",指牛郎、织女在七夕渡天河相会。《文选·曹植〈洛神赋〉》李善注:"牵牛为夫,织女为妇,织女、牵牛之星,各处河鼓之旁,七月七日乃得一会。"

⑤ 金风玉露:秋风白露,指秋天。

⑥ 忍顾:不忍回顾。

⑦ 朝朝暮暮:谓朝夕相守。

【提示】

　　古代歌咏牛郎织女爱情悲剧故事的七夕诗词不可胜数,大多感叹两人会少别多。此词虽也运用这一题材,但能自出机杼,化故为新,一反相思离别的缠绵感伤,表示出"两情若是久长时,又岂在朝朝暮暮"的新颖见解,这在古代同类作品中殊不多见。

　　古人忌以议论入词,此词却将写景、抒情与议论说理熔为一炉。全词以情景为辅弼,以议论点明题旨。上片写相会,从离别之恨、相思之苦写起,借景传情,接着出以议论:"金风玉露一相逢,便胜却人间无数。"赞颂了相会之珍贵、爱情之圣洁。下片写离别,两情依依,骤又分离,继"柔情似水"的即景设喻之后,本可沿"忍顾鹊桥归路"的情绪抒写临别凄伤,然而作者却凭空转折,奔进而出"两情若是久长时,又岂在朝朝暮暮"的结语,格调高亢地揭示了人间爱情的真谛,使人耳目一新,成为全篇的点睛之笔。

全词用象征手法,以天上双星,暗喻人间男女。"弄巧"写织女手艺精巧,"传恨"写流星传递情愫,"暗度"写牛、女踽踽夜行,"忍顾"写两人一步三顾,都描绘出人的神貌,充满人的情意。此词意境深婉,言理而有理趣,淡语而有兴味。

"金风玉露一相逢,便胜却、人间无数。"

【思考与练习】

一、这首词表达了怎样的恋爱观?请谈谈你的感想。

二、词中是如何扣合牛女双星传说来抒发人间真情的?

三、为什么说这首词能化故为新?

【辑评】

相逢胜人间,会心之语。两情不在朝暮,破格之谈。七夕歌以双星会少别多为恨,独少游此词谓"两情若是久长"二句,最能醒人心目。(明·吴从先《草堂诗余隽》载明·李攀龙批语)

七夕以双星会少别多为恨,独谓情长不在朝暮,化臭腐为神奇。(明·沈际飞《草堂诗余正集》)

凡咏古题,须独出心裁,此固一定之论。少游以坐党被谪,思君臣际会之难,因托双星以写意,而慕君之念,婉恻缠绵,令人意远矣。(清·黄苏《蓼园词选》)

【附录】

辛未七夕

李商隐

恐是仙家好别离,故教迢递作佳期。

由来碧落银河畔,可要金风玉露时?

清漏渐移相望久,微云未接过来迟。

岂能无意酬乌鹊,唯与蜘蛛乞巧丝。

沈园二首①

陆　游

陆游(1125—1210),字务观,号放翁,越州山阴(今浙江绍兴)人。南宋著名诗人。出生第二年即逢"靖康之变"(1126),年轻时就立下"上马击狂胡"的壮志。绍兴二十四年(1154)应试礼部,因名列秦桧之孙秦埙之前,被秦桧除名。孝宗即位,赐进士出身,历任镇江、隆兴通判,不久因支持张浚北伐而落职。乾道六年(1170)入蜀任夔州通判。后曾入王炎、范成大幕,共谋恢复大计。光宗时官礼部郎中。后被劾去职,归里闲居十二年。嘉泰二年(1202)受召修撰实录,次年以宝章阁待制致仕。陆游生平作诗近万首,与尤袤、杨万里、范成大并称"南宋四大家"。其诗题材广阔,现实性强,洋溢着浓烈的战斗激情和悲愤情绪。也有表现日常生活情趣的作品。他早年受江西诗派熏陶,后又取法李白、杜甫,终于自成一家。其诗风格多样,以雄浑豪放为主,想象丰富,语言明快。有《渭南文集》、《剑南诗稿》。

城上斜阳画角哀②,沈园非复旧池台。
伤心桥下春波绿,曾是惊鸿照影来③。

梦断香消四十年④,沈园柳老不吹绵⑤。
此身行作稽山土⑥,犹吊遗踪一泫然⑦。

(《剑南诗稿校注》,宋陆游撰,钱仲联校注,上海:上海古籍出版社,1985)

【注释】

① 沈园:故址在今浙江绍兴禹迹寺南。陆游初娶表妹唐婉为妻,但婚后三年,因陆母不满唐婉,夫妻被迫离异。唐婉另嫁赵士程,家有沈园,陆游曾在园中与唐婉不期而遇,后唐婉抑郁而死。宋宁宗庆元五年(1199)秋天,作者重游沈园,感伤往事,乃作此诗。

② 画角:有彩画的军中乐器。

③ 惊鸿:喻唐婉当年体态的优美轻盈。典出曹植《洛神赋》:"翩若惊鸿,婉若游龙。"

④ 梦断:梦醒。香消:指唐婉亡故。四十年:陆游作此诗与上次在沈园遇见唐婉,相距四十四年,"四十"是举其成数。

⑤ 不吹绵:柳絮不再飞扬。

⑥ 行:即将。稽山:会稽山,在今浙江绍兴东南。

⑦ 吊:凭吊。泫(xuàn)然:流泪的样子。

【提示】

这两首悼亡诗,是一个七十五岁的老人对发生在四十多年前的一场爱情悲剧的惨痛回味。老诗人故地重游,触景生情,于是和泪命笔,寄托哀思。

第一首诗回忆与唐婉离异后在沈园邂逅的往事,写物是人非之悲。诗用借景言情的手法,以斜阳暗淡、画角哀鸣来渲染气氛,眼中之色、耳中之声无不凄凉哀怨,于是触动诗人的伤心情怀。第三句"伤心"二字由眼前景象转入回忆,第四句借桥下春波当年曾映照过唐婉身影,展现出深藏诗人心底那翩若惊鸿的美好形象。

第二首诗表达对唐婉坚贞不渝的感情,写刻骨铭心之思。诗用反衬笔法,以"柳老不吹绵"——草木无情,来反衬自己四十年不变、至老弥坚的一往深情。自己将化为会稽山上的一抔黄土,仍要凭吊遗踪,泫然泪下,这是何等坚执的情感抒发!

"曾是惊鸿照影来。"
明·张灵作

【思考与练习】

一、《沈园》(其一)是如何借景言情,来表达对往事的感伤的?

二、《沈园》(其二)是如何运用反衬笔法,来表达诗人对爱情的忠贞不渝的?

【辑评】

无此绝等伤心事,亦无此绝等伤心之诗。就百年论,谁愿有此事?就千秋论,不可无此诗。(陈衍《宋诗精华录》)

【附录】

钗 头 凤

陆 游

红酥手,黄滕酒,满城春色宫墙柳。东风恶,欢情薄。一怀愁绪,几年离索。错,错,错。　　春如旧,人空瘦。泪痕红浥鲛绡透。桃花落,闲池阁。山盟虽在,锦书难托。莫,莫,莫。

杜十娘怒沉百宝箱①

冯梦龙

冯梦龙(1574—1646)，字犹龙，一字子犹，号顾曲散人、墨憨斋主人，别署龙子犹，长洲(今江苏苏州)人。明末通俗文学家、戏曲家。十余岁为诸生，屡应乡试不中，以坐馆授徒为生。崇祯三年(1630)补贡生，授丹徒县训导；七年，迁寿宁知县。清兵南下，忧愤而死。冯梦龙一生热心于通俗文学的创作、收集和编辑出版，对民歌、戏曲、小说的传播、繁荣作出很大的贡献。特别是编订的白话短篇小说集《喻世明言》(初名《古今小说》)、《警世通言》、《醒世恒言》(合称"三言")，广泛流传，代表了我国古代白话短篇小说的最高成就。另撰有长篇小说《平妖传》、《新列国志》、传奇《双雄记》，编有民歌集《挂枝儿》、《山歌》、小说集《情史类略》、散曲集《太霞新奏》等。

······

话中单表万历二十年间······有户部官奏准："目今兵兴之际，粮饷未充，暂开纳粟入监之例②"。原来纳粟入监的有几般便宜：好读书，好科举，好中，结末来又有个小小前程结果。以此宦家公子，富室子弟，到不愿做秀才，都去援例做太学生。自开了这例，两京太学生，各添至千人之外。

内中有一人，姓李，名甲，字干先，浙江绍兴府人氏。父亲李布政③，所生三儿，惟甲居长。自幼读书在庠④，未得登科⑤，援例入于北雍⑥。因在京坐监⑦，与同乡柳遇春监生同游教坊司院内⑧，与一个名姬相遇。那名姬姓杜，名媺，排行第十，院中都称杜十娘，生得：

浑身雅艳，遍体娇香，两弯眉画远山青，一对眼明秋水润。脸如莲萼，分明卓氏文君⑨；唇似樱桃，何减白家樊素⑩。可怜一片无瑕玉，误落风尘花柳中。

那杜十娘自十三岁破瓜⑪，今一十九岁，七年之内，不知历过了多少公子王孙；一个个情迷意荡，破家荡产而不惜。院中传出四句口号来，道是：

坐中若有杜十娘，斗筲之量饮千觞⑫。
院中若识杜老媺，千家粉面都如鬼！

却说李公子风流年少，未逢美色，自遇了杜十娘，喜出望外，把花柳情怀，一担儿挑在他身上。那公子俊俏庞儿⑬，温存性儿，又是撒漫的手儿⑭，帮衬的勤儿⑮，与十娘一双两好，情投意合。十娘因见鸨儿贪财无义⑯，久有从良之志⑰；又见李公子忠厚志诚，甚有心向他。奈李公子惧怕老爷，不敢应承。虽则如此，两下情好愈密，朝欢暮乐，终日相守，如夫妇一般，海誓山盟，各无他志。真个：

恩深似海恩无底，义重如山义更高。

再说杜妈妈，女儿被李公子占住，别的富家巨室，闻名上门，求一见而不可得。初时李公子撒漫用钱，大差大使，妈妈胁肩谄笑⑱，奉承不暇。日往月来，不觉一年有余，李公子囊箧渐渐空虚，手不应心，妈妈也就怠慢了。老布政在家闻知儿子嫖院，几遍写字来唤他回去。他迷恋十娘颜色，终日延捱。后来闻知老爷在家发怒，越不敢回。

古人云："以利相交者，利尽而疏。"那杜十娘与李公子，真情相好，见他手头愈短，心头愈热。妈妈也几遍教女儿打发李甲出院，见女儿不统口⑲，又几遍将言语触突李公子，要激怒他起身。公子性本温克⑳，词气愈和。妈妈没奈何，日逐只将十娘叱骂道："我们行户人家㉑，吃客穿客，前门送旧，后门迎新，门庭闹如火，钱帛堆成垛。自从那李甲在此，混帐一年有余㉒，莫说新客，连旧主顾都断了。分明接了个钟馗老㉓，连小鬼也没得上门。弄得老娘一家人家，有气无烟，成什么模样！"

杜十娘被骂，耐性不住，便回答道："那李公子不是空手上门的，也曾费过大钱来。"妈妈道："彼一时，此一时。你只教他今日费些小钱儿，把与老娘办些柴米，养你两口也好。别人家养的女儿，便是摇钱树，千生万活；偏我家晦气，养了个退财白虎㉔。开了大门七件事㉕，般般都在老身心上。到替你这小贱人白白养着穷汉，教我衣食从何处来？你对那穷汉说，有本事出几两银子与我，到得你跟了他去，我别讨个丫头过活却不好？"

十娘道："妈妈，这话是真是假？"妈妈晓得李甲囊无一钱，衣衫都典尽了，料他没处设法，便应道："老娘从不说谎，当真哩！"十娘道："娘，你要他许多银子？"妈妈道："若是别人，千把银子也讨了，可怜那穷汉出不起，只要他三百两，我自去讨一个粉头代替㉖。只一件，须是三日内交付与我，左手交银，右手交人。若三日没有银时，老身也不管三七二十一，公子不公子，一顿孤拐打那光棍出去㉗，那时莫怪老身！"十娘道："公子虽在客途乏钞，谅三百金还措办得来。只是三日忒近，限他十日便好。"妈妈想道："这穷汉一双赤手，便限他一百日，他那里来银子？没有银子，便铁皮包脸，料也无颜上门。那时重整家风，女儿也没得话讲。"答应道："看你面，便宽到十日。第十日没有银子，不干老娘之事。"十娘道："若十日内无银，料他也无颜再见了。只怕有了三百两银子，妈妈又翻悔起来。"妈妈道："老身年五十一岁了，又奉十斋㉘，怎敢说谎？不信时与你拍掌为定。若翻悔时，做猪做狗。"

从来海水斗难量，可笑虔婆意不良㉙。
料定穷儒囊底竭，故将财礼难娇娘。

是夜，十娘与公子在枕边，议及终身之事。公子道："我非无此心，但教坊落籍㉚，其费甚多，非千金不可。我囊空如洗，如之奈何！"十娘道："妾已与妈妈议定，只要三百金，但须十日内措办。郎君游资虽罄，然都中岂无亲友可以借贷。倘得如数，妾身遂为君之所有，省受虔婆之气。"公子道："亲友中为我留恋行院，都不相顾。明日只做束装起身，各家告辞，就开口假贷路费，凑聚将来，或可满得此数。"起身梳洗，别了十娘出门。十娘道："用心作速，专听佳音。"公子道："不须分付。"公子出了院门，来到三亲四友处，假说起身告别，众人到也欢喜。后来叙到路费欠缺，意欲借贷。常言道："说着钱，便无缘。"亲友们就不招架㉛。他们也见得是，道李公子是风流浪子，迷恋烟花㉜，年许不归，父亲都为他气坏在家。他今日抖然要回，未知真假。倘或说骗盘缠到手，又去还脂粉钱，父亲知道，将好意翻成恶意，始终只是一怪，不如辞了干净。便回道："目今正值空乏，不能相济，惭愧！惭愧！"人人如此,个个皆然,并没有个慷慨丈夫,肯统口许他一十二十两。

李公子一连奔走了三日,分毫无获,又不敢回决十娘,权且含糊答应。到第四日又没想头,就羞回院中。平日间有了杜家,连下处也没有了,今日就无处投宿,只得往同乡柳监生寓所借歇。柳遇春见公子愁容可掬,问其来历。公子将杜十娘愿嫁之情,备细说了。遇春摇首道:"未必,未必!那杜媺曲中第一名姬③,要从良时,怕没有十斛明珠,千金聘礼!那鸨儿如何只要三百两?想鸨儿怪你无钱使用,白白占住他的女儿,设计打发你出门。那妇人与你相处已久,又碍却面皮,不好明言,明知你手内空虚,故意将三百两卖个人情,限你十日。若十日没有,你也不好上门。便上门时,他会说你笑你,落得一场褒贬,自然安身不牢,此乃烟花逐客之计,足下三思,休被其惑。据弟愚意,不如早早开交为上④。"

公子听说,半晌无言,心中疑惑不定。遇春又道:"足下莫要错了主意。你若真个还乡,不多几两盘费,还有人搭救;若是要三百两时,莫说十日,就是十个月也难。如今的世情,那肯顾'缓急'二字的?那烟花也算定你没处告债,故意设法难你。"公子道:"仁兄所见良是。"口里虽如此说,心中割舍不下,依旧又往外边东央西告,只是夜里不进院门了。

公子在柳监生寓中,一连住了三日,共是六日了。杜十娘连日不见公子进院,十分着紧,就教小厮四儿街上去寻。四儿寻到大街,恰好遇见公子。四儿叫道:"李姐夫,娘在家里望你。"公子自觉无颜,回复道:"今日不得工夫,明日来罢。"四儿奉了十娘之命,一把扯住,死也不放。道:"娘叫咱寻你。是必同去走一遭。"李公子心上也牵挂着婊子,没奈何,只得随四儿进院。见了十娘,嘿嘿无言。十娘问道:"所谋之事如何?"公子眼中流下泪来。十娘道:"莫非人情淡薄,不能足三百之数么?"公子含泪而言,道出二句:

> "不信上山擒虎易,果然开口告人难。

一连奔走六日,并无铢两⑤,一双空手,羞见芳卿。故此这几日不敢进院。今日承命呼唤,忍耻而来,非某不用心,实是世情如此。"十娘道:"此言休使虔婆知道。郎君今夜且住,妾别有商议。"

十娘自备酒肴,与公子欢饮。睡至半夜,十娘对公子道:"郎君果不能办一钱耶?妾终身之事,当如何也?"公子只是流涕,不能答一语。渐渐五更天晓,十娘道:"妾所卧絮褥内,有碎银一百五十两,此妾私蓄,郎君可持去。三百金,妾任其半,郎君亦谋其半,庶易为力。限只四日,万勿迟误!"

十娘起身将褥付公子,公子惊喜过望,唤童儿持褥而去。径到柳遇春寓中,又把夜来之情与遇春说了。将褥拆开看时,絮中都裹着零碎银子;取出兑时,果是一百五十两。遇春大惊道:"此妇真有心人也!既系真情,不可相负。吾当代为足下谋之。"公子道:"倘得玉成,决不有负!"当下柳遇春留李公子在寓,自出头各处去借贷。两日之内,凑足一百五十两,交付公子道:"吾代为足下告债,非为足下,实怜杜十娘之情也。"李甲拿了三百两银子,喜从天降,笑逐颜开,欣欣然来见十娘。刚是第九日,还不足十。十娘问道:"前日分毫难借,今日如何就有一百五十两?"公子将柳监生事情,又述了一遍。十娘以手加额道:"使吾二人得遂其愿者,柳君之力也!"两个欢天喜地,又在院中过了一晚。

次日,十娘早起,对李甲道:"此银一交,便当随郎君去矣!舟车之类,合当预备。妾昨日于姊妹中借得白银二十两,郎君可收下为行资也。"公子正愁路费无出,但不敢开口,得银甚喜。说犹未了,鸨儿恰来敲门,叫道:"媺儿,今日是第十日了!"公子闻叫,启户相延道："承妈妈厚意，正欲相请。"便将银三百两放在桌上。鸨儿不料公子有银，嘿然变色，似有悔意。十娘道："儿在妈妈家中八年，所致金帛不下数千金矣。今日从良美事，又妈妈亲口所订，三百金不欠分毫，又不曾过期。倘若妈妈失信不许，郎君持银去，儿即刻自尽。恐那时人财两失，悔之无及也！"鸨儿无词以对，腹内筹画了半晌，只得取天平兑准了银子，说道："事已如此，料留你不住了。只是你要去时，即今就去。平时穿戴衣饰之类，毫厘休想！"说罢，将公子和十娘推出房门，讨锁来就落了锁。此时九月天气，十娘才下床，尚未梳洗，随身旧衣，就拜了妈妈两拜。李公子也作了一揖。一夫一妇，离了虔婆大门。

> 鲤鱼脱却金钩去，摆尾摇头再不来。

公子教十娘且住片时："我去唤个小轿抬你，权往柳荣卿寓所去，再作道理。"十娘道："院中诸姊妹平昔相厚，理宜话别。况前日又承他借贷路费，不可不一谢也。"乃同公子到各姊妹处谢别。姊妹中惟谢月朗、徐素素与杜家相近，尤与十娘亲厚。十娘先到谢月朗家。月朗见十娘秃髻旧衫，惊问其故。十娘备述来因，又引李甲相见。十娘指月朗道："前日路资，是此位姐姐所贷，郎君可致谢。"李甲连连作揖。月朗便教十娘梳洗，一面去请徐素素来家相会。十娘梳洗已毕，谢、徐二美人各出所有，翠钿金钏，瑶簪宝珥，锦袖花裙，鸾带绣履，把杜十娘装扮得焕然一新，备酒作庆贺筵席。月朗让卧房与李甲、杜媺二人过宿。次日，又大排筵席，遍请院中姊妹。凡十娘相厚者，无不毕集。都与他夫妇把盏称喜。吹弹歌舞，各逞其长，务要尽欢，直饮至夜分。十娘向众姊妹一一称谢。众姊妹道："十姊为风流领袖，今从郎君去，我等相见无日，何日长行㊱，姊妹们尚当奉送。"月朗道："候有定期，小妹当来相报。但阿姊千里间关㊲，同郎君远去，囊箧萧条，曾无约束㊳，此乃吾等之事。当相与共谋之，勿令姊有穷途之虑也。"众姊妹各唯唯而散。是晚，公子和十娘仍宿谢家。至五鼓，十娘对公子道："吾等此去，何处安身？郎君亦曾计议有定着否？"公子道："老父盛怒之下，若知娶妓而归，必然加以不堪，反致相累。展转寻思，尚未有万全之策。"十娘道："父子天性，岂能终绝。既然仓卒难犯，不若与郎君于苏、杭胜地，权作浮居㊳。郎君先回，求亲友于尊大人面前劝解和顺，然后携妾于归㊵，彼此安妥。"公子道："此言甚当。"次日，二人起身辞了谢月朗，暂往柳监生寓中，整顿行装。杜十娘见了柳遇春，倒身下拜，谢其周全之德："异日我夫妇必当重报。"遇春慌忙答礼道："十娘钟情所欢，不以贫窭易心㊶，此乃女中豪杰。仆因风吹火，谅区区何足挂齿！"三人又饮了一日酒。次早，择了出行吉日，雇倩轿马停当。十娘又遣童儿寄信，别谢月朗。临行之际，只见肩舆纷纷而至，乃谢月朗与徐素素拉众姊妹来送行。月朗道："十姊从郎君千里间关，囊中消索，吾等甚不能忘情。今合具薄赆㊷，十姊可检收，或长途空乏，亦可少助。"说罢，命从人挈一描金文具至前㊸，封锁甚固，正不知什么东西在里面。十娘也不开看，也不推辞，但殷勤作谢而已。须臾，舆马齐集，仆夫催促起身。柳监生三杯别酒，和众美人送出崇文门外，各各垂泪而别。正是：

> 他日重逢难预必，此时分手最堪怜。

再说李公子同杜十娘行至潞河㊹，舍陆从舟，却好有瓜洲差使船转回之便㊺，讲定船钱，包了舱口。比及下船时，李公子囊中并无分文余剩。

你道杜十娘把二十两银子与公子，如何就没了？公子在院中嫖得衣衫蓝缕，银子到手，未免在解库中取赎几件穿着㊻，又制办了铺盖。剩来只勾轿马之费。

公子正当愁闷，十娘道："郎君勿忧，众姊妹合赠，必有所济。"乃取钥开箱。公子在傍，自觉惭愧，也不敢窥觑箱中虚实。只见十娘在箱里取出一个红绢袋来，掷于桌上道："郎君可开看之。"公子提在手中，觉得沉重，启而观之，皆是白银，计数整五十两。十娘仍将箱子下锁，亦不言箱中更有何物。但对公子道："承众姊妹高情，不惟途路不乏，即他日浮寓吴越间，亦可稍佐吾夫妻山水之费矣。"公子且惊且喜道："若不遇恩卿，我李甲流落他乡，死无葬身之地矣！此情此德，白头不敢忘也！"自此每谈及往事，公子必感激流涕，十娘亦曲意抚慰。一路无话。

不一日，行至瓜洲，大船停泊岸口。公子别雇了民船。安放行李，约明日侵晨，剪江而渡。其时仲冬中旬，月明如水，公子和十娘坐于舟首。公子道："自出都门，困守一舱之中，四顾有人，未得畅语。今日独据一舟，更无避忌。且已离塞北，初近江南，宜开怀畅饮，以舒向来抑郁之气，恩卿以为何如？"十娘道："妾久疏谈笑，亦有此心。郎君言及，足见同志耳。"

公子乃携酒具于船首，与十娘铺毡并坐，传杯交盏。饮至半酣，公子执卮对十娘道："恩卿妙音，六院推首㊼，某相遇之初，每闻绝调，辄不禁神魂之飞动。心事多违，彼此郁郁，鸾鸣凤奏，久矣不闻。今清江明月，深夜无人，肯为我一歌否？"十娘兴亦勃发，遂开喉顿嗓，取扇按拍，呜呜咽咽，歌出元人施君美《拜月亭》杂剧上"状元执盏与婵娟"一曲㊽，名《小桃红》。真个：

　　声飞霄汉云皆驻，响入深泉鱼出游。

却说他舟有一少年，姓孙，名富，字善赉，徽州新安人氏。家资巨万，积祖扬州种盐㊾。年方二十，也是南雍中朋友㊿。生性风流，惯向青楼买笑，红粉追欢，若嘲风弄月，到是个轻薄的头儿。事有偶然，其夜亦泊舟瓜洲渡口，独酌无聊。忽听得歌声嘹亮，凤吟鸾吹，不足喻其美。起立船头，伫听半晌，方知声出邻舟。正欲相访，音响倏已寂然。乃遣仆者潜窥踪迹，访于舟人，但晓得是李相公雇的船，并不知歌者来历。孙富想道："此歌者必非良家，怎生得他一见？"展转寻思，通宵不寐。捱至五更，忽闻江风大作，及晓，彤云密布，狂雪飞舞。怎见得，有诗为证：

　　千山云树灭，万径人踪绝。
　　扁舟蓑笠翁，独钓寒江雪㊿。

因这风雪阻渡，舟不得开，孙富命艄公移船，泊于李家舟之傍。孙富貂帽狐裘，推窗假作看雪，值十娘梳洗方毕。纤纤玉手，揭起舟傍短帘，自泼盂中残水，粉容微露，却被孙富窥见了，果是国色天香。魂摇心荡，迎眸注目，等候再见一面，杳不可得。沉思久之，乃倚窗高吟高学士《梅花诗》二句道：

　　雪满山中高士卧，月明林下美人来。

李甲听得邻舟吟诗，舒头出舱，看是何人。只因这一看，正中了孙富之计。孙富吟诗，正要引李公子出头，他好乘机攀话。当下慌忙举手，就问："老兄尊姓何讳？"李公子叙了姓名乡贯，少不得也问那孙富。孙富也叙过了，又叙了些太学中的闲话，渐渐亲热。孙富便道："风雪阻舟，乃天遣与尊兄相会，实小弟之幸也。舟次无聊，欲同尊兄上岸，就酒肆中一酌，少领清诲，万望不拒。"公子道："萍水相逢，何当厚扰？"孙富道："说那里话！'四海之内,皆兄弟也',"喝教艄公打跳㉝,童儿张伞,迎接公子过船,就于船头作揖,然后让公子先行,自己随后,各各登跳上涯。

行不数步,就有个酒楼。二人上楼,拣一副洁净座头,靠窗而坐。酒保列上酒肴。孙富举杯相劝,二人赏雪饮酒。先说些斯文中套话,渐渐引入花柳之事。二人都是过来之人,志同道合,说得入港㉞,一发成相知了。

孙富屏去左右,低低问道:"昨夜尊舟清歌者何人也?"李甲正要卖弄在行,遂实说道:"此乃北京名姬杜十娘也。"孙富道:"既系曲中姊妹,何以归兄?"公子遂将初遇杜十娘,如何相好,后来如何要嫁,如何借银讨他,始末根由,备细述了一遍。孙富道:"兄携丽人而归,固是快事,但不知尊府中能相容否?"公子道:"贱室不足虑。所虑者老父性严,尚费踌躇耳!"孙富将机就机,便问道:"既是尊大人未必相容,兄所携丽人,何处安顿?亦曾通知丽人,共作计较否?"公子攒眉而答道:"此事曾与小妾议之。"孙富欣然问道:"尊宠必有妙策?"公子道:"他意欲侨居苏杭,流连山水,使小弟先回,求亲友宛转于家君之前,俟家君回嗔作喜,然后图归。高明以为何如?"孙富沉吟半晌,故作愀然之色道:"小弟乍会之间,交浅言深,诚恐见怪。"公子道:"正赖高明指教,何必谦逊?"孙富道:"尊大人位居方面㉟,必严帷薄之嫌㊱,平时既怪兄游非礼之地,今日岂容兄娶不节之人。况且贤亲贵友,谁不迎合尊大人之意者?兄枉去求他,必然相拒。就有个不识时务的进言于尊大人之前,见尊大人意思不允,他就转口了。兄进不能和睦家庭,退无词以回复尊宠,即使流连山水,亦非长久之计。万一资斧困竭㊲,岂不进退两难!"

公子自知手中只有五十金,此时费去大半,说到资斧困竭,进退两难,不觉点头道是。孙富又道:"小弟还有句心腹之谈,兄肯俯听否?"公子道:"承兄过爱,更求尽言。"孙富道:"疏不间亲,还是莫说罢。"公子道:"但说何妨?"孙富道:"自古道,'妇人水性无常',况烟花之辈,少真多假。他既系六院名姝,相识定满天下;或者南边原有旧约,借兄之力,挈带而来,以为他适之地。"公子道:"这个恐未必然。"孙富道:"即不然,江南子弟,最工轻薄,兄留丽人独居,难保无踰墙钻穴之事㊳,若挈之同归,愈增尊大人之怒。为兄之计,未有善策。况父子天伦,必不可绝。若为妾而触父,因妓而弃家,海内必以兄为浮浪不经之人。异日妻不以为夫,弟不以为兄,同袍不以为友㊴,兄何以立于天地之间?兄今日不可不熟思也!"

公子闻言,茫然自失,移席问计:"据高明之见,何以教我?"孙富道:"仆有一计,于兄甚便,只恐兄溺枕席之爱,未必能行,使仆空费词说耳!"公子道:"兄诚有良策,使弟再睹家园之乐,乃弟之恩人也,又何惮而不言耶?"孙富道:"兄飘零岁余,严亲怀怒,闺阁离心,设身以处兄之地,诚寝食不安之时也。然尊大人所以怒兄者,不过为迷花恋柳,挥金如土,异日必为弃家荡产之人,不堪继承家业耳!兄今日空手而归,正触其怒。兄倘能割衽席之爱㊵,见机而作,仆愿以千金相赠。兄得千金,以报尊大人,只说在京授馆,并不曾浪费分毫,尊大人必然相信。从此家庭和睦,当无间言㊶,须臾之间,转祸为福。兄请三思。仆非贪丽人之色,实为兄效忠于万一也。"

李甲原是没主意的人,本心惧怕老子,被孙富一席话,说透胸中之疑,起身作揖道:"闻兄大教,顿开茅塞。但小妾千里相从,义难顿绝,容归与商之。得其心肯,当奉复耳。"孙富道:"说话之间,宜放婉曲。彼既忠心为兄,必不忍使兄父子分离,定然玉成兄还乡之事矣。"二人饮了一回酒,风停雪止,天色已晚。孙富教家僮算还了酒钱,与公子携手下船。

正是：

逢人且说三分话，未可全抛一片心。

却说杜十娘在舟中，摆设酒果，欲与公子小酌，竟日未回，挑灯以待。公子下船，十娘起迎。见公子颜色匆匆，似有不乐之意，乃满斟热酒劝之。公子摇首不饮，一言不发，竟自上床睡了。

十娘心中不悦，乃收拾杯盘，为公子解衣就枕，问道："今日有何见闻，而怀抱郁郁如此？"公子叹息而已，终不启口。问了三四次，公子已睡去了。十娘委决不下，坐于床头而不能寐。

到夜半，公子醒来，又叹一口气。十娘道："郎君有何难言之事，频频叹息？"公子拥被而起，欲言不语者几次，扑簌簌掉下泪来。

十娘抱持公子于怀间，软言抚慰道："妾与郎君情好已及二载，千辛万苦，历尽艰难，得有今日。然相从数千里，未曾哀戚；今将渡江，方圆百年欢笑，如何反起悲伤？必有其故。夫妇之间，死生相共，有事尽可商量，万勿讳也！"

公子再四被逼不过，只得含泪而言道："仆天涯穷困，蒙恩卿不弃，委曲相从，诚乃莫大之德也。但反覆思之，老父位居方面，拘于礼法，况素性方严，恐添嗔怒，必加黜逐，你我流荡，将何底止？夫妇之欢难保，父子之伦又绝。日间蒙新安孙友邀饮，为我筹及此事，寸心如割！"

十娘大惊道："郎君意将如何？"公子道："仆事内之人，当局而迷。孙友为我画一计颇善，但恐恩卿不从耳！"十娘道："孙友者何人？计如果善，何不可从？"公子道："孙友名富，新安盐商，少年风流之士也。夜间闻子清歌，因而问及。仆告以来历，并谈及难归之故。渠意欲以千金聘汝，我得千金，可藉口以见吾父母；而恩卿亦得所耳。但情不能舍，是以悲泣。"说罢，泪如雨下。

十娘放开两手，冷笑一声道："为郎君画此计者，此人乃大英雄也！郎君千金之资，既得恢复，而妾归他姓，又不致为行李之累[62]，发乎情，止乎礼，诚两便之策也。那千金在哪里？"公子收泪道："未得恩卿之诺，金尚留彼处，未曾过手。"十娘道："明早快快应承了他，不可挫过机会。但千金重事，须得兑足，交付郎君之手，妾始过舟，勿为贾竖子所欺[63]。"

时已四鼓，十娘即起身挑灯梳洗道："今日之妆，乃迎新送旧，非比寻常。"于是脂粉香泽，用意修饰，花钿绣袄，极其华艳，香风拂拂，光采照人。

装束方完，天色已晓。孙富差家僮到船头候信。十娘微窥公子，欣欣似有喜色，乃催公子快去回话，及早兑足银子。公子亲到孙富船中，回复依允。孙富道："兑银易事，须得丽人妆台为信。"公子又回复了十娘。十娘即指描金文具道："可便抬去。"孙富喜甚，即将白银一千两，送到公子船中。

十娘亲自检看，足色足数，分毫无爽。乃手把船舷，以手招孙富。孙富一见，魂不附体。十娘启朱唇，开皓齿道："方才箱子可暂发来，内有李郎路引一纸[64]，可检还之也。"

孙富视十娘已为瓮中之鳖，即命家僮送那描金文具，安放船头之上。十娘取钥开锁，内皆抽替小箱。十娘叫公子抽第一层来看，只见翠羽明珰，瑶簪宝珥，充牣于中[65]，约值数百金。十娘遽投之江中。李甲与孙富及两船之人，无不惊诧。又命公子再抽一箱，乃玉箫金管；又抽一箱，尽古玉紫金玩器，约值数千金。十娘尽投之于大江中。舟中岸上之人，观者如堵,齐声道:"可惜,可惜!"正不知什么缘故。最后又抽一箱,箱中复有一匣。开匣视之,夜明之珠,约有盈把。其他祖母绿、猫儿眼⑥,诸般异宝,目所未睹,莫能定其价之多少。众人齐声喝采,喧声如雷。十娘又欲投之于江。李甲不觉大悔,抱持十娘恸哭。那孙富也来劝解。

十娘推开公子在一边,向孙富骂道:"我与李郎备尝艰苦,不是容易到此,汝以奸淫之意,巧为谗说,一旦破人姻缘,断人恩爱,乃我之仇人。我死而有知,必当诉之神明,尚妄想枕席之欢乎!"又对李甲道:"妾风尘数年,私有所积,本为终身之计。自遇郎君,山盟海誓,白首不渝。前出都之际,假托众姊妹相赠,箱中韫藏百宝,不下万金。将润色郎君之装,归见父母,或怜妾有心,收佐中馈⑥,得终委托,生死无憾。谁知郎君相信不深,惑于浮议,中道见弃,负妾一片真心。今日当众目之前,开箱出视,使郎君知区区千金,未为难事。妾椟中有玉,恨郎眼内无珠。命之不辰⑱,风尘困瘁,甫得脱离,又遭弃捐,今众人各有耳目,共作证明,妾不负郎君,郎君自负妾耳!"

于是众人聚观者,无不流涕,都唾骂李公子负心薄幸。公子又羞又苦,且悔且泣。方欲向十娘谢罪,十娘抱持宝匣,向江心一跳。众人急呼捞救。但见云暗江心,波涛滚滚,杳无踪影。可惜一个如花似玉的名姬,一旦葬于江鱼之腹!

三魂渺渺归水府,七魄悠悠入冥途。

当时旁观之人,皆咬牙切齿,争欲拳殴李甲和那孙富。慌得李、孙二人,手足无措,急叫开船,分途遁去。李甲在舟中,看了千金,转睹十娘,终日愧悔,郁成狂疾,终身不痊。孙富自那日受惊得病,卧床月余,终日见杜十娘在傍诟骂,奄奄而逝。人以为江中之报也。

却说柳遇春在京坐监完满,束装回乡,停舟瓜步⑲。偶临江净脸,失坠铜盆于水,觅渔人打捞。及至捞起,乃是个小匣儿。遇春启匣观看,内皆明珠异宝,无价之珍。遇春厚赏渔人,留于床头把玩。是夜梦中见江中一女子,凌波而来,视之,乃杜十娘也。近前万福,诉以李郎薄幸之事。又道:"向承君家慷慨,以一百五十金相助,本意息肩之后⑳,徐图报答。不意事无终始,然每怀盛情,悒悒未忘。早间曾以小匣托渔人奉致,聊表寸心,从此不复相见矣。"言讫,猛然惊醒,方知十娘已死,叹息累日。

后人评论此事,以为孙富谋夺美色,轻掷千金,固非良士;李甲不识杜十娘一片苦心,碌碌蠢才,无足道者。独谓十娘千古女侠,岂不能觅一佳侣,共跨秦楼之凤㉑,乃错认李公子,明珠美玉,投于盲人,以致恩变为仇,万种恩情,化为流水,深可惜也!

……

(《警世通言》,明冯梦龙编撰,南京:凤凰出版社,2005)

【注释】

① 本篇选自《警世通言》卷三十二,略有删节。

② 纳粟入监:捐纳粟米(或银子)进入国子监读书。监,国子监,当时最高学府,明代分别在北京、南京设立。做了监生,既可以参加科举考试,也有可能直接做官。

③ 布政:即布政使。明代省级的地方最高行政长官。

④ 庠(xiáng):学校。

⑤ 登科:这里指乡试中举人。

⑥ 北雍:周代太学称"辟雍",后世为国学的代称。明代称在北京的国子监为北雍,在南京的为南雍。

⑦ 坐监:在国子监里读书。

⑧ 教坊司:原为古代主管音乐歌舞的机关。明代,娼妓也属教坊司管。此处的"院内",即指妓院。

⑨ 卓氏文君:即卓文君,西汉时临邛富商卓王孙之女。著名辞赋家司马相如作客卓家,时文君新寡,相如弹琴挑之,当夜文君便私奔司马相如。据《西京杂记》记载,"文君姣好,眉色如望远山,脸际常若芙蓉"。

⑩ 白家樊素:唐诗人白居易的姬妾。孟棨《本事诗·事感》:"白尚书姬人樊素善歌,妓人小蛮善舞。尝为诗曰:'樱桃樊素口,杨柳小蛮腰。'"

⑪ 破瓜:女子初次性事的隐语。原指女子十六岁,"瓜"字拆开为两个八字,即二八之年,故称。

⑫ 斗筲(shāo):斗,量器,容十升;筲,竹制盛器,容一斗二升,都是量小的容器。此喻酒量很小。

⑬ 庞儿:面孔。

⑭ 撒漫:挥霍。

⑮ 帮衬:这里有献殷勤的意思。

⑯ 鸨(bǎo):妓女的假母,妓院的女老板,即下文的杜妈妈。

⑰ 从良:妓女嫁作良家妻妾。

⑱ 胁肩谄笑:巴结人的丑态。

⑲ 不统口:不管理。

⑳ 温克:温和克制。

㉑ 行户:与下文行院,都是妓院的隐称。

㉒ 混帐:胡混。

㉓ 钟馗(kuí):传说中捉鬼驱邪的神。据沈括《梦溪笔谈》记载,唐玄宗曾梦见一大鬼捕食一鬼,问大鬼何人,对曰:"臣钟馗,即武举不捷之士也。誓与陛下除天下之妖孽。"后世遂图其形以除邪驱祟。一说系从"终葵"演化而来。

㉔ 白虎:星命迷信的凶神。《协纪辨方书》引《人元秘枢经》:"白虎者,岁中凶神也。常居岁后

四辰。"

㉕ 七件事:指最基本的七种生活开支,即柴、米、油、盐、酱、醋、茶。

㉖ 粉头:妓女。

㉗ 孤拐:脚踝骨。

㉘ 十斋:佛教徒的一种斋戒,每月有十日不吃荤腥。

㉙ 虔(qián)婆:骂人话,指鸨母。

㉚ 教坊落籍:从教坊除名。除名后,妓女方得从良。

㉛ 招架:应承,接口。

㉜ 烟花:妓女的代称。

㉝ 曲中:指妓女居处。

㉞ 开交:放手,丢开。

㉟ 铢两:极轻的分量,此指极少的一点银两。铢,一两的二十四分之一。

㊱ 长行:远行。

㊲ 间关:行程又遥远又艰难。

㊳ 约束:这里是准备之意。

㊴ 浮居:寄居,暂住。

㊵ 于归:女子出嫁。《诗经·周南·桃夭》:"之子于归,宜其室家。"

㊶ 贫窭(jù):贫穷。

㊷ 赆(jìn):送给人的路费。

㊸ 文具:这里指首饰箱子。

㊹ 潞河:北运河的上游。

㊺ 瓜洲:镇名,在今江苏省扬州邗江区南部、大运河分支入长江处,与镇江隔江相对,历来是长江南北交通的重要渡口。差使船:给官府临时当差的船。

㊻ 解库:当铺。

㊼ 六院:妓院的代称。

㊽ 施君美:即施惠,君美为其字,杭州人,元戏曲家,南戏《拜月亭》的作者。拜月亭:本是元关汉卿所作杂剧,全名《幽闺佳人拜月亭》,写蒋世隆与王瑞兰的爱情故事。这里指的是故事与杂剧《拜月亭》一样的同名南戏,今传明人改编本,也称《幽闺记》,【小桃红】一曲见其中第四十三折《成亲团圆》。小桃红,曲牌名。

㊾ 积祖:祖上世代。种盐:制盐。晒盐处称盐田,故称制为种。

㊿ 南雍:见注⑥。朋友:这里泛指同在国子监读书,无交谊之意。

51 "千山"四句:此为唐柳宗元《江雪》诗,原诗"云树灭"作"鸟飞绝","绝"作"灭","扁"作"孤"。

㊹ 高学士:指明初诗人高启(1336—1374),字季迪,号槎轩,又号青丘子,长洲(今江苏苏州)人,曾官翰林院国史编修,故称其为"学士"。

㊺ 打跳:铺上跳板。跳,船上跳板。

㊻ 入港:此指言语投机。

㊼ 位居方面:独当一面的封疆大臣称为方面官。李甲的父亲是布政使,所以说位居方面。

㊽ 帷薄之嫌:男女之间的封建礼防。帷薄,帷幕和帘子,借指房中。

㊾ 资斧:旅费。

㊿ 踰墙钻穴:指幽会偷情之类的事情。典出《孟子·滕文公下》:"不待父母之命,媒妁之言,钻穴隙相窥,踰墙相从,则父母国人皆贱之。"

⑤⑨ 同袍:这里指朋友。

⑥⓪ 衽席之爱:夫妻之爱。衽,卧席,床褥。

⑥① 间(jiàn)言:非议。

⑥② 行李:行旅。

⑥③ 贾竖子:犹言市侩。

⑥④ 路引:出行时的证明。

⑥⑤ 充牣(rèn):充满。

⑥⑥ 祖母绿、猫儿眼:两种名贵的宝石。

⑥⑦ 中馈(kuì):旧时称妇女料理家务为主持中馈。佐中馈,就是为妾。

⑥⑧ 不辰:生不逢时。

⑥⑨ 瓜步:瓜步镇,在今江苏六合东南瓜步山下,古时南临长江。

⑦⓪ 息肩:放下担子,指过安定的生活。

⑦① 秦楼之凤:据《列仙传》记载,春秋时,萧史善吹箫,秦穆公把女儿弄玉嫁给他,每天跟他学吹箫,渐渐能引凤凰来止其屋。穆公为他们筑凤台,几年后,夫妇一起随凤凰飞去。

【提示】

这是一段著名的爱情悲剧。原见于明代文学家宋懋澄的《九籥别集》,是文言的纪实文学。经冯梦龙改编为白话小说后,更加生动,更加撼动人心。冯氏的加工主要在三个方面:一是通过细节描写、对比描写等手法,使人物的性格更鲜明——如李甲的懦弱、十娘的果决等;二是增添了柳监生这一具体人物,并使其在发展情节与凸显主人公性格特点等方面都发挥了明显的作用;三是人物对话口语化,使场景叙述生动鲜活。

杜十娘为了与命运抗争,费尽心机,深谋远虑,结果功亏一篑,仍坠入悲剧命运的深渊,令读者为之扼腕不已。其表面原因是所托非人,甚至是偶然因素(适逢孙富),但深层原因却是她的美好生活愿望与当时社会制度的矛盾,是冷酷的封建礼教对人性的压制乃至扼杀。作者朦胧地意识到了这一点,所以借孙富之口点出了十娘难以逾越的障碍。但他又不甘心让美好的追求在残酷的现实面前过于脆弱、无力,所以极力渲染"百宝箱"的情节(此情节原作已有,而冯使其酣畅淋漓),作为对于命运悲剧的一种挑战,对于毁灭了美好的恶势力的一种报复。

这个故事的骨架与法国作家小仲马的小说《茶花女》颇相似,而结局的处理迥然异趣,从中可以看出不同文化之间悲剧意识及审美心理的差异。

【思考与练习】

一、分析李甲和杜十娘的性格特点,重点比较二者对待人生的不同态度。

二、分析柳监生在故事中的作用。

三、谈谈你对设置"怒沉百宝箱"这一情节之优劣得失的看法。

翠翠①

沈从文

沈从文(1902—1988)，原名沈岳焕，湖南凤凰县（今属湘西土家族苗族自治州）人，苗族。中国现代著名小说家、散文家、历史文物研究家。1923 年开始文学创作。1927 年到上海，在吴淞中国公学任教，次年参加新月社。又先后执教于青岛大学、西南联合大学、北京大学。1957 年以后专门从事中国古代服饰及其他史学领域的专题研究，1978 年后任中国社科院历史所研究员。沈从文是中国现代文学史上京派小说的主要代表作家之一，他的文学作品细致生动地描绘了湘西地方的风土人情，具有鲜明的创作个性和艺术特点。有中篇小说《边城》，短篇小说集《山鬼》、《八骏图》等约三十种，散文集《湘行散记》，学术专著《中国古代服饰研究》等。

"溪边有座白色小塔，塔下住了一户单独的人家。"

　　由四川过湖南去，靠东有一条官路。这官路将近湘西边境到了一个地方名为"茶峒"的小山城时，有一小溪，溪边有座白色小塔，塔下住了一户单独的人家。这人家只一个老人，一个女孩子，一只黄狗。

　　小溪流下去，绕山岨流②，约三里便汇入茶峒的大河，人若过溪越小山走去，则只一里路就到了茶峒城边。溪流如弓背，山路如弓弦，故远近有了小小差异。小溪宽约廿丈，河床为大片石头作成。静静的水即或深到一篙不能落底，却依然清澈透明，河中游鱼来去皆可以计数。小溪既为川湘来往孔道,限于财力不能搭桥,就安排了一只方头渡船,一次连人带马,约可以载二十位,人数多时则反复来去。渡船头竖了一枝小小竹竿,挂着一个可以活动的铁环,溪岸两端水面牵了一段废缆,有人过渡时,把铁环挂在废缆上,船上人则引手攀缘那横缆,慢慢的牵船过对岸去。船将拢岸了,管理这渡船的,一面口中嚷着"慢点慢点",自己霍的跃上了岸,拉着铁环,于是人货牛马全上了岸,翻过小山不见了。渡头为公家所有,故过渡人不必出钱,有人心中不安,抓了一把钱掷到船板上时,管渡船的必为一一拾起,仍然塞到那人手心里去,俨然吵嘴时的认真神气:"我有了口粮,三斗米,七百钱,够了! 谁要这个!?"

但不成,不管如何还是有人把钱的。管船人也为了心安起见,便把这些钱托人到茶峒去买茶叶和草烟,将茶峒出产的上等草烟,挂在自己腰带边,遇渡的谁需要这东西皆慷慨奉赠,估计那远路人对于身边草烟引起了相当的注意时,便把一小束草烟扎到那人包袱上去,一面说,"不吸这个吗,这好的,这妙的,送人也很合式!"茶叶则在六月里放进大缸里去,用开水泡好,给过路人解渴。

管理这渡船的,就是住在塔下的那个老人。活了七十年,从二十岁起便守在这小溪边,五十年来不知把船来去渡了若干人。年纪虽那么老了,本来应当休息了,但天不许他休息,他仿佛便不能够同这一分生活离开。他从不思索自己的职务对于本人的意义,只是静静的很忠实的在那里活下去。代替了天,使他在日头升起时,感到生活的力量,当日头落下时,又不至于思量与日头同时死去的,是那个伴在他身旁的女孩子。他惟一的朋友为一只渡船与一只黄狗,惟一的亲人便只那个女孩子。

女孩子的母亲,老船夫的独生女,十五年前同一个茶峒军人,很秘密的背着那忠厚爸爸发生了暧昧关系。有了小孩子后,这屯戍军士便想约了她一同向下游逃去。但从逃走的行为上看来,一个违悖了军人的责任,一个却必得离开孤独的父亲。经过一番考虑后,军人见她无远走勇气,自己也不便毁去作军人的名誉,就心想:一同去生既无法聚首,一同去死当无人可以阻拦,首先服了毒。事情业已为作渡船夫的父亲知道,父亲却不加上一个有分量的字眼儿,只作为并不听到过这事情一样,仍然把日子很平静的过下去。女儿一面怀了羞惭一面却怀了怜悯,仍守在父亲身边,待到腹中小孩生下后,却到溪边吃了许多冷水死去了。在一种奇迹中这遗孤居然已长大成人,一转眼间便十三岁了。为了住处两山多篁竹,翠色逼人而来,老船夫随便为这可怜的孤雏,拾取了一个近身的名字,叫作"翠翠"。

翠翠在风日里长养着,故把皮肤变得黑黑的,触目为青山绿水,故眸子清明如水晶。自然既长养她且教育她,故天真活泼,处处俨然如一只小兽物。人又那么乖,如山头黄麂一样③,从不想到残忍事情,从不发愁,从不动气。平时在渡船上遇陌生人对她有所注意时,便把光光的眼睛瞅着那陌生人,作成随时皆可举步逃入深山的神气,但明白了人无机心后,就又从从容容的在水边玩耍了。

老船夫不论晴雨,皆守在船头,有人过渡时,便略弯着腰,两手缘引了竹缆,把船横渡过小溪。有时疲倦了,躺在临溪大石上睡着了,人在隔岸招手喊过渡,翠翠不让祖父起身,就跳下船去,很敏捷的替祖父把路人渡过溪,一切皆溜刷在行,从不误事。有时又与祖父黄狗一同在船上,过渡时与祖父一同动手,船将近岸边,祖父正向客人招呼"慢点,慢点"时,那只黄狗便口衔绳子,最先一跃而上,且俨然懂得如何方为尽职似的,把船绳紧衔着拖船拢岸。

风日清和的天气,无人过渡,镇日长闲,祖父同翠翠便坐在门前大岩石上晒太阳,或把一段木头从高处向水中抛去,嗾使身边黄狗自岩石高处跃下④,把木头衔回来。或翠翠与黄狗皆张着耳朵,听祖父说些城中多年以前的战争故事。或祖父同翠翠两人,各把小竹作成的竖笛,逗在嘴边吹着迎亲送女的曲子,过渡人来了,老船夫放下了竹管,独自跟到船边去,横溪渡人,在岩上的一个,见船开动时,于是锐声喊着:"爷爷,爷爷,你听我吹——你唱!"

爷爷到溪中央便很快乐的唱起来,哑哑的声音同竹管声,振荡在寂静空气里,溪中仿佛也热闹了一些。(实则歌声的来复,反而使一切更寂静了一些了。)

有时过渡的是从川东过茶峒的小牛,是羊群,是新娘子的花轿,翠翠必争着作渡船夫,站在船头,懒懒的攀引缆索,让船缓缓的过去,牛羊花轿上岸后,翠翠必跟着走,站到小山头,目送这些东西走去很远了,方回转船上,把船牵靠近家的岸边。且独自低低的学小羊叫着,学母牛叫着,或采一把野花缚在头上,独自装扮新娘子。

茶峒山城只隔渡头一里路,买油买盐时,逢年过节祖父得喝一杯酒时,祖父不上城,黄狗就伴同翠翠入城里去备办东西。到了买杂货的铺子里,有大把的粉条,大缸的白糖,有炮仗,有红蜡烛,莫不给翠翠一种很深的印象,回到祖父身边,总把这些东西说个半天。那里河边还有许多船,比起渡船来全大得多,有趣味得多,翠翠也不容易忘记。

……

还是两年前的事。五月端阳,渡船头祖父找人作了代替,便带了黄狗同翠翠进城,过大河边去看划船。河边站满了人,四只朱色长船在潭中滑着,龙船水刚刚涨过,河中水皆豆绿色,天气又那么明朗,鼓声蓬蓬响着,翠翠抿着嘴一句话不说,心中充满了不可言说的快乐。河边人太多了一点,各人皆尽张着眼睛望河中,不多久,黄狗还在身边,祖父却挤得不见了。

翠翠一面注意划船,一面心想"过不久祖父总会找来的"。但过了许久,祖父还不来,翠翠便稍稍有点儿着慌了。先是两人同黄狗进城前一天,祖父就问翠翠:"明天城里划船,倘若一个人去看,人多怕不怕?"翠翠就说:"人多我不怕,但自己只是一个人可不好玩。"于是祖父想了半天,方想起一个住在城中的老熟人,赶夜里到城里去商量,请那老人来看一天渡船,自己却陪翠翠进城玩一天。且因为那人比渡船老人更孤单,身边无一个亲人,也无一只狗,因此便约好了那人早上过家中来吃饭,喝一杯雄黄酒。第二天那人来了,吃了饭,把职务委托那人以后,翠翠等便进了城。到路上时,祖父想起什么似的,又问翠翠,"翠翠,翠翠,人那么多,好热闹,你一个人敢到河边看龙船吗?"翠翠说:"怎么不敢? 可是一个人有什么意思。"到了河边后,长潭里的四只红船,把翠翠的注意力完全占去了,身边祖父似乎也可有可无了。祖父心想:"时间还早,到收场时,至少还得三个时刻。溪边的那个朋友,也应当来看看年青人的热闹,回去一趟,换换地位还赶得及。"因此就告翠翠,"人太多了,站在这里看,不要动,我到别处有事情,无论如何总赶得回来伴你回家。"翠翠正为两只竞速并进的船迷着,祖父说的话毫不思索皆答应了。祖父知道黄狗在翠翠身边,也许比他自己在她身边还稳当,于是便回家看船去了。

祖父到了那渡船处时,见代替他的老朋友,正站在白塔下注意听远处鼓声。

祖父喊他,请他把船拉过来,两人渡过小溪仍然站到白塔下去。那人问老船夫为什么又跑回来,祖父就说想替他一会儿故把翠翠留在河边,自己赶回来,好让他也过河边去看看热闹,且说,"看得好,就不必再回来,只须见了翠翠告她一声,翠翠到时自会回家的,小丫头不敢回家,你就伴她走走!"但那替手对于看龙船已无什么兴味,却愿意同老船夫在这溪边大石上各自再喝两杯烧酒。老船夫十分高兴,把酒葫芦取出,推给城中来的那一个。两人一面谈些端午旧事,一面喝酒,不到一会,那人却在岩石上为烧酒醉倒了。

人既醉倒了,无从入城,祖父为了责任又不便与渡船离开,留在河边的翠翠便不能不着急了。

河中划船的决了最后胜负后,城里军官已派人驾小船在潭中放了一群鸭子,祖父还不见来。翠翠恐怕祖父也正在什么地方等着她,因此带了黄狗各处丛中挤着去找寻祖父,结果还是不得祖父的踪迹。后来看看天快要黑了,军人扛了长凳出城看热闹的,皆已陆续扛了那凳子回家。潭中的鸭子只剩下三五只,捉鸭人也渐渐的少了。落日向上游翠翠家中那一方落去,黄昏把河面装饰了一层薄雾。翠翠望到这个景致,忽然想起一个怕人的想头,她想:"假若爷爷死了?"

她记起祖父嘱咐她不要离开原来地方那一句话,便又为自己解释这想头的错误,以为祖父不来必是进城去或到什么熟人处去,被人拉着喝酒,故一时不能来的。正因为这也是可能的事,她又不愿在天未断黑以前,同黄狗赶回家去,只好站在那石码头边等候祖父。

再过一会,对河那两只长船已泊到对河小溪里去不见了,看龙船的人也差不多全散了。吊脚楼有娼妓的人家,已上了灯,且有人敲小斑鼓弹月琴唱曲子。另外一些人家,又有划拳行酒的吵嚷声音。同时泊在吊脚楼下的一些船只,上面也有人在摆酒炒菜,把青菜萝卜之类,倒进滚热油锅里去时发出沙——的声音。河面已朦朦胧胧,看去好像只有一只白鸭在潭中浮着,也只剩一个人追着这只鸭子。

翠翠还是不离开码头,总相信祖父会来找她,同她一起回家。

吊脚楼上唱曲子声音热闹了一些,只听到下面船上有人说话,……潭上那只白鸭慢慢的向翠翠所在的码头边游来,翠翠想:"再过来些我就捉住你!"于是静静的等着,但那鸭子将近岸边三丈远近时,却有个人笑着,喊那船上水手。原来水中还有个人,那人已把鸭子捉到手,却慢慢的"踹水"游近岸边的。船上人听到水面的喊声,在隐约里也喊道:"二老,二老,你真干,你今天得了五只罢。"那水上人说:"这家伙狡猾得很,现在可归我了。""你这时捉鸭子,将来捉女人,一定有同样的本领。"水上那一个不再说什么,手脚并用的拍着水傍了码头。湿淋淋的爬上岸时,翠翠身旁的黄狗,仿佛警告水中人似的,汪汪的叫了几声,那人方注意到翠翠。码头上已无别的人,那人问:"是谁人?"

"是翠翠!"

"翠翠又是谁?"

"是碧溪岨撑渡船的孙女。"

"你在这儿做什么?"

"我等我爷爷。我等他来。"

"等他来他可不会来,你爷爷一定到城里军营里喝了酒,醉倒后被人抬回去了!"

"他不会这样子,他答应来找我,他就一定会来的。"

"这里等也不成,到我家里去,到那边点了灯的楼上去,等爷爷来找你好不好?"

翠翠误会邀她进屋里去那个人的好意,正记着水手说的妇人丑事,她以为那男子就是要她上有女人唱歌的楼上去,本来从不骂人,这时正因等候祖父太久了,心中焦急得很,听人要她上去,以为欺侮了她,就轻轻的说:"悖时砍脑壳的!"

话虽轻轻的,那男的却听得出,且从声音上听得出翠翠年纪,便带笑说:"怎么,你骂人! 你不愿意上去,要耽在这儿,回头水里大鱼来咬了你,可不要叫喊!"

翠翠说:"鱼咬了我也不管你的事。"

那黄狗好像明白翠翠被人欺侮了,又汪汪的吠起来,那男子把手中白鸭举起,向黄狗吓了一下,便走上河街去了。黄狗为了自己被欺还想追过去,翠翠便喊:"狗,狗,你叫人也看人叫!"翠翠意思仿佛只在告给狗"那轻薄男子还不值得叫",但男子听去的却是另外一种好意,放肆的笑着,不见了。

又过了一阵,有人从河街拿了一个废缆做成的火炬,喊叫着翠翠的名字来找寻她,到身边时翠翠却不认识那个人。那人说:老船夫回到家中,不能来接她,故搭了过渡以口信来告翠翠要她即刻就回去。翠翠听说是祖父派来的,就同那人一起回家,让打火把的在前引路,黄狗时前时后,一同沿了城墙向渡口走去。翠翠一面走一面问那拿火把的人,是谁告他就知道她在河边。那人说这是二老告他的,他是二老家里的伙计,送翠翠回家后还得回转河街。

翠翠说:"二老他怎么知道我在河边?"

那人便笑着说:"他从河里捉鸭子回来,在码头上见你,他说好意请你上家里坐坐,等候你爷爷,你还骂过他!"

翠翠带了点儿惊讶轻轻的问:"二老是谁?"

那人也带了点儿惊讶说:"二老你还不知道? 就是傩送二老! 就是岳云! 他要我送你回去!"

傩送二老在茶峒地方不是一个生疏的名字!

翠翠想起自己先前骂人那句话,心里又吃惊又害羞,再也不说什么,默默的随了那火把走去。

翻过了小山岨,望得见对溪家中火光时,那一方面也看见了翠翠方面的火把,老船夫即刻把船拉过来,一面拉船一面哑声儿喊问:"翠翠,翠翠,是不是你?"翠翠不理会祖父,口中却轻轻的说:"不是翠翠,不是翠翠,翠翠早被大河里鲤鱼吃去了。"翠翠上了船,二老派来的人,打着火把走了,祖父牵着船问:"翠翠,你怎么不答应我,生我的气吗?"

翠翠站在船头还是不作声。翠翠对祖父那一点儿埋怨,等到把船拉过了溪,一到了家中,看明白了醉倒的另一个老人后,就完事了。但另一件事,属于自己不关祖父的,却使翠翠沉默了一个夜晚。

......

翠翠一天比一天大了,无意中提到什么时,会红脸了。时间在成长她,似乎正催促她,使她在另外一件事情上负点儿责。她欢喜看扑粉满脸的新嫁娘,欢喜说到关于新嫁娘的故事,欢喜把野花戴到头上去,还欢喜听人唱歌。茶峒人的歌声,缠绵处她已领略得出。她有时仿佛孤独了一点,爱坐在岩石上去,向天空一片云一颗星凝眸。祖父若问:"翠翠,想什么?"她便带着点儿害羞情绪,轻轻地说:"在看水鸭子打架!"照当地习惯意思,就是"翠翠不想什么"。但在心里却同时又自问:"翠翠,你想什么?"同是自己也在心里答着:"我想的很远,很多。可是我不知想些什么!"她的确在想,又的确连自己也不知在想些什么。这女孩子身体既发育得很完全,在本身上因年龄自然而来的一件"奇事",也使她多了些思索。

祖父明白这类事情对于一个女子的影响,祖父心情也变了些。祖父是一个在自然里活了七十年的人,但在人事上的自然现象,就有了些不能安排处。因为翠翠的长成,使祖父记起了些旧事,从掩埋在一大堆时间里的故事中,重新找回了些东西。

翠翠的母亲,某一时节原同翠翠一个样子。眉毛长,眼睛大,皮肤红红的。也乖得使人怜爱——也懂在一些小处,使家中长辈快乐。也仿佛永远不会同家中这一个分开。但一点不幸来了,她认识了那个兵。这些事从老船夫说来谁也无罪过,只应"天"去负责。翠翠的祖父口中不怨天,心却不能完全同意这种不幸的安排。到底还像年青人,说是放下了,也正是不能放下的莫可奈何容忍到的一件事!

并且那时还有个翠翠。如今假若翠翠又同妈妈一样,老船夫的年龄,还能把小雏儿再抚育下去吗?人愿意神却不同意!人太老了,应当休息了,凡是一个良善的乡下人,所应得到劳苦与不幸,全得到了。假若另外高处有一个上帝,这上帝且有一双手支配一切,很明显的事,十分公道的办法,是应把祖父先收回去,再来让那个年青的在新的生活上得到应分接受那幸或不幸,才合道理。

可是祖父不那么想。他为翠翠担心。他有时便躺到门外岩石上,对着星子想他的心事。他以为死是应当快到了的,正因为翠翠人已长大了,证明自己也真正老了。无论如何,得让翠翠有个着落。翠翠既是她那可怜母亲交把他的,翠翠大了,他也得把翠翠交给一个人,他的事才算完结!交给谁?必需什么样的方不委屈她?

前几天顺顺家天保大老过溪时,同祖父谈话,这心直口快的青年人,第一句话就说:"老伯伯,你翠翠长得真标致,再过两年,若我有闲空能留在茶峒照料事情,不必像老鸦到处飞,我一定每夜到这溪边来为翠翠唱歌。"

祖父用微笑奖励这种自白。一面把船拉动,一面把那双小眼睛瞅着大老。

于是大老又说:"翠翠太娇了,我担心她只宜于听点茶峒人的歌声,不能作茶峒女子做媳妇的一切正经事。我要个能听我唱歌的情人,却更不能缺少个照料家务的媳妇。'又要马儿不吃草,又要马儿走得好',唉,这两句话说是古人为我说的!"

祖父慢条斯理把船转了头,让船尾傍岸,就说:"大老,也有这种事儿!你瞧着吧。"

那青年走去后,祖父温习着那些出于一个男子口中的真话,实在又愁又喜。翠翠若应当交把一个人,这个人是不是适宜于照料翠翠?当真交把了他,翠翠是不是愿意?

……

有人带了礼物到碧溪岨,掌水码头的顺顺,当真请了媒人为儿子向渡船的认亲戚来了。老船夫慌慌张张把这个人渡过溪口,一同到家里去。翠翠正在屋门前剥豌豆,来了客并不如何注意。但一听到客人进门说"贺喜贺喜",心中有事,不敢再蹲在屋门边,就装作追赶菜园地的鸡,拿了竹响篙唰唰的摇着,一面口中轻轻喝着,向屋后白塔跑去了。

来人说了些闲话,言归正传转述到顺顺的意见时,老船夫不知如何回答,只是很惊惶的搓着两只茧结的大手,且神气中则只像说:"那好的,那妙的。"其实这老头子却不曾说过一句话。

来人把话说完后,就问作祖父的意见怎么样。老船夫笑着把头点着说:"大老想走车路,这个很好。可是我得问问翠翠,看她自己主张怎么样。"来人被打发走后,祖父在船头叫翠翠下河边来说话。

翠翠拿了一簸箕豌豆下到溪边,上了船,娇娇的问她的祖父:"爷爷,你有什么事?"祖父笑着不说什么,只看翠翠。看了许久。翠翠坐到船头,低下头去剥豌豆,耳中听着远处竹篁里的黄鸟叫。翠翠想:"日子长咧,爷爷话也长了。"翠翠心跳着。

过了一会祖父说:"翠翠,翠翠,先前那个人来作什么,你知道不知道?"

翠翠说:"我不知道。"说后脸同颈脖全红了。

祖父看看那种情景,明白翠翠的心事了,便把眼睛向远处望去,在空雾里望见了十五年前翠翠的母亲,老船夫心中异常柔和了。轻轻的自言自语说:"每一只船总要有个码头,每一只雀儿得有个巢。"他同时想起那个可怜的母亲过去的事情,心中有了一点隐痛,却勉强笑着。

翠翠呢,正从山中黄鸟杜鹃叫声里,以及伐竹人嗖嗖一下一下的砍伐竹声音里,想到许多事情。老虎咬人的故事,与人对骂时四句头的山歌,造纸作坊中的方坑,熔铁炉里泄出的铁汁,耳朵听来的,眼睛看到的,她似乎皆去温习它。她所以这样作,又似乎全只为了希望忘掉眼前的一桩事而起。但她实在有点误会了。

祖父说:"翠翠,船总顺顺家里请人来为大老作媒,讨你作媳,问我愿不愿。我呢,人老了。再过三年两载会过去的,我没有不愿的事情。这是你自己的事,你自己想想,自己来说。愿意,就成了;不愿意,也好。"

翠翠弄明白了,人来做媒的大老!不曾把头抬起,心忡忡的跳着,脸烧得厉害,仍然剥她的豌豆,且随手把空豆荚抛到水中去,望着它们在流水中从从容容的流去,自己也俨然从容了许多。

见翠翠总不作声,祖父于是笑了,且说:"翠翠,想几天不碍事。洛阳桥并不是一个晚上弄得好的,要日子咧。前次那人来的就问我说到这件事,我已经就告过他:车是车路,马是马路,想爸爸作主,请媒人正正经经来说是车路;要自己作主,站到对溪高崖竹林里为你唱三年六个月的歌是马路,——你若欢喜走马路,我相信人家会为你在日头下唱热情的歌,在月光下唱温柔的歌,一直唱到吐血喉咙烂!"

翠翠不作声,心中只想哭,可是也无理由可哭。祖父是再说下去,便引到死过了的母亲来了。说了一阵,沉默了。翠翠悄悄把头摆过一些,祖父眼中也已酿了一汪眼泪。翠翠又惊又怕怯生生的说:"爷爷,你怎么的?"祖父不作声,用大手掌擦着眼睛,小孩子似的咕咕笑着,跳上岸跑回家去了。

翠翠想赶去却不赶去。

雨后放晴的天气,日头炙到人肩上背上已有了点儿力量。溪边芦苇水杨柳,菜园中菜蔬,莫不繁荣滋茂,带着一分有野性的生气。草丛里绿色蚱蜢各处飞着,翅膀搏动空气时皆习习作声。枝头新蝉声音已渐渐宏大。两山深翠逼人,竹篁中有黄鸟与竹雀杜鹃鸣叫。翠翠感觉着,望着,听着,同时也思索着:"爷爷今年七十岁……三年六个月的歌——谁送那只白鸭子呢?……得碾子的好运气,碾子得谁更是好运气?……"

痴着,忽地站起,半簸箕豌豆便倾倒到水中去了。伸手把那簸箕从水中捞起时,隔溪有人喊过渡。

……

祖父把船拉回来时,见翠翠痴痴的坐在岸边,问她是什么事,翠翠不作声。祖父要她去烧火煮饭,想了一会儿,觉得自己哭得可笑,一个人便回到屋中去。坐在黑黝黝的灶边把火烧燃后,她又走到门外高崖上去,喊叫她的祖父,要他回家里来,在职务上毫不儿戏的老船夫,因为明白过渡人皆是赶回城中吃晚饭的人,来一个就渡一个,不便要人站在那岸边呆等,故不上岸来。只站在船头告翠翠,且让他做点事,把人渡完事后,就会回家里来吃饭。

翠翠第二次请求祖父祖父不理会,她坐在悬崖上,很觉得悲伤。

天夜了,有一匹大萤火虫尾上闪着蓝光,很迅速的从翠翠身旁飞过去,翠翠想,"看你飞得多远!"便把眼睛随着那萤火虫的明光追去。杜鹃又叫了。

"爷爷,为什么不上来? 我要你!"

在船上的祖父听到这种带着娇有点儿埋怨的声音,一面粗声粗气的答道:"翠翠,我就来,我就来!"一面心中却自言自语:"翠翠,爷爷不在了,你将怎么样?"

老船夫回到家中时,见家中还黑黝黝的,只灶间有火光,见翠翠坐在灶边矮条凳上,用手蒙着眼睛。

走过去才晓得翠翠已哭了许久。祖父一个下半天来,皆弯着个腰在船上拉来拉去,歇歇时手也酸了,腰也酸了,照规矩,一到家里就会嗅到锅中所焖瓜菜的味道,且可见到翠翠安排晚饭在灯光下跑来跑去的影子。

祖父说:"翠翠,我来慢了,你就哭,这还成吗? 我死了呢?"

翠翠不作声。

祖父又说:"不许哭,做一个大人,不管有什么事皆不许哭,要硬扎一点,结实一点,方配活到这块土地上!"

翠翠把手从眼睛边移开,靠近了祖父身边去,"我不哭了。"

两人作饭时,祖父为翠翠说到一些有趣味的故事。因此提到了死去了的翠翠的母亲。两人在豆油灯下把饭吃过后,老船夫因为工作疲倦,喝了半碗白酒,故饭后兴致极好,又同翠翠到门外高崖上月光下去说故事。说了些那个可怜母亲的乖巧处,同时且说到那可怜母亲性格强硬处,使翠翠听来神往倾心。

翠翠抱膝坐在月光下,傍着祖父身边,问了许多关于那个可怜母亲的故事。间或吁一口气,似乎心中压上了些分量沉重的东西,想挪移得远一点,才吁着这种气,可是却无从把东西挪开。

月光如银子,无处不可照及,山上篁竹在月光下皆成为黑色。身边虫声繁密如落雨。间或不知道从什么地方,忽然会有一只草莺"落落落落落"嗍着她的喉咙,不久之间,这小鸟儿又好像明白这是半夜,便仍然闭着那小小眼儿安睡了。

祖父夜来兴致很好,为翠翠把故事说下去,就提到了本城人二十年前唱歌的风气,如何驰名于川黔边地。翠翠的父亲,便是唱歌的第一手,能用各种比喻解释爱与憎的结子,这些事也说到了。翠翠母亲如何爱唱歌,且如何同父亲在未认识以前在白日里对歌,一个在半山上竹篁里砍竹子,一个在溪面渡船上拉船,这些事也说到了。

翠翠问:"后来怎么样?"

祖父说:"后来的事长得很,最重要的事情,就是这种歌唱出了你。"

老船夫做事累了睡了,翠翠哭倦了也睡了。翠翠不能忘记祖父所说的事情,梦中灵魂为一种美妙歌声浮起来了,仿佛轻轻的各处飘着,上了白塔,下了菜园,到了船上,又复飞窜过悬崖半腰——去作什么呢？摘虎耳草！白日里拉船时，她仰头望着崖上那些肥大虎耳草已极熟习。

一切皆像是祖父说的故事，翠翠只迷迷糊糊的躺在粗麻布帐子里草荐上，以为这梦做得顶美顶甜。祖父却在床上醒着，张起个耳朵听对溪高崖上的人唱了半夜的歌。他知道那是谁唱的，他知道是河街上天保大老走马路的第一着，又忧愁又快乐的听下去。翠翠因为日里哭倦了，睡得正好，他就不去惊动她。

第二天，天一亮翠翠就同祖父起身了，用溪水洗了脸，把早上说梦的忌讳去掉了，翠翠赶忙同祖父去说昨晚上所梦的事情。

"爷爷，你说唱歌，我昨天就在梦里听到一种歌声，又软又缠绵，我像跟了这声音各处飞，飞到对溪悬崖半腰，摘了一大把虎耳草，得到了虎耳草，我可不知道把这个东西交给谁去了。我睡得真好，梦的真有趣！"

祖父温和悲悯的笑着，并不告给翠翠昨晚上的事实。

祖父心里想："做梦一辈子更好，还有人在梦里作宰相咧。"

昨晚上唱歌的，老船夫还以为是天保大老，日来便要翠翠守船，借故到城里去送药，在河街见到了大老，就一把拉住那小伙子，很快乐的说："大老，你这个人，又走车路又走马路，是怎样一个狡猾东西！"

但老船夫却作错了一件事情，把昨晚唱歌人"张冠李戴"了。这两弟兄昨晚上同时到碧溪岨去，为了作哥哥的走车路占了先，无论如何也不肯先开腔唱歌，一定得让那弟弟先唱。弟弟一开口，哥哥却因为明知不是敌手，更不能开口了。翠翠同她祖父晚上听到的歌声，便全是那个傩送二老所唱的。大老伴弟弟回家时，就决定了从茶峒地方离开，驾家中那只新油船下驶，好忘却了上面的一切。这时正想下河去看新船装货。老船夫见他冷冷的，不明白他的意思，就用眉眼做了一个可笑的记号，表示他明白大老的冷淡处是装成的，表示他有消息可以奉告。

他拍了大老一下，轻轻的说："你唱得很好，别人在梦里听着你那个歌，为那个歌带得很远，走了不少的路！"

大老望着弄渡船的老船夫涎皮的老脸，轻轻的说："算了吧，你把宝贝孙女儿送给了竹雀吧。"

这句话使老船夫完全弄不明白他的意思。大老从一个吊脚楼甬道走下河去了，老船夫也跟着下去，到了河边，见那只新船正在装货，许多油篓子搁到岸边，一个水手正在用茅草扎成长束，备作船舷上挡浪用的茅把，还有人在河边用脂油擦桨板。老船夫问那个坐在大太阳下扎茅把的水手，这船什么日子下行，谁押船。那水手把手指着大老。老船夫搓着手说："大老，听我说句正经话，你那件事走车路，不对；走马路，你有分的！"

那大老把手指着窗口说："伯伯，你看那边，你要竹雀做孙女婿，竹雀在那里啊！"

老船夫抬头望到二老，正在窗口整理一个鱼网。

回碧溪岨到渡船上时，翠翠问："爷爷，你同谁吵了架，面色那样难看！"

祖父莞尔而笑⑤，他到城里的事情，不告给翠翠一个字。

大老坐了那只新油船向下河走去了，留下傩送二老在家。

……

二老有机会唱歌却从此不再到碧溪岨唱歌。十五过去了，十六也过去了，到了十七，老船夫忍不住了,进城往河街去找寻那个年青小伙子,到城门边正预备入河街时,就遇着上次为大老作保山的杨马兵,正牵了一匹骡马预备出城,一见老船夫,就拉住了他:"伯伯,我正有事情告你,碰巧你就来城里!"

"什么事?"

"天保大老坐下水船到茨滩出了事,闪不知这个人掉到滩下漩水里就淹坏了。早上顺顺家里得到这个信,听说二老一早就赶去了。"

这消息同有力巴掌一样重重的捆了他那么一下⑥,他不相信这是当真的消息。他故作从容的说:"天保大老淹坏了吗?从不闻有水鸭子被水淹坏的!"

"可是那只水鸭子仍然有那么一次被淹坏了……我赞成你的卓见,不让那小子走车路十分顺手。"

从马兵言语上,老船夫还十分怀疑这个新闻,但从马兵神气上注意,老船夫却看清楚这是个真的消息了。他惨惨的说:"我有什么卓见可言?这是天意!……"老船夫说时心中充满了感情。

特为证明那马兵所说的话,有多少可靠处,老船夫同马兵分手后,于是匆匆赶到河街上去。到了顺顺家门前,正有人烧纸钱,许多人围在一处说话。掺加进去听听,所说的便是杨马兵提到的那件事。但一到有人发现了身后的老船夫时,大家便把话语转了方向,故意来谈下河油价涨落情形了。老船夫心中很不安,正想找一个比较要好的水手谈谈。

一会船总顺顺从外面回来了,样子沉沉的,这豪爽正直的中年人,正似乎为不幸打倒,努力想挣扎爬起的神气,一见到老船夫就说:"老伯伯,我们谈的那件事情吹了吧。天保大老已经坏了,你知道了吧。"

老船夫两只眼睛红红的,把手搓着,"怎么的,这是真事!是昨天,是前天?"

另一个像是赶路同来报信的,插嘴说道:"十六中上,船搁到石包子上,船头进了水,大老想把篙撇着,人就弹到水中去了。"

老船夫说:"你眼见他下水吗?"

"我还与他同时下水!"

"他说什么?"

"什么都来不及说!这几天来他都不说话!"

老船夫把头摇摇,向顺顺那么瞅了一眼。船总顺顺像知道他的心中不安处,说:"伯伯,一切是天,算了吧。我这里有大兴场送来的好烧酒,你拿一点去喝罢。"一个伙计用竹筒上了一筒酒,用新桐木叶蒙着筒口,交给了老船夫。

老船夫把酒拿走,到了河街后,低头向河码头走去,到河边天保大老前天上船处去看看。杨马兵还在那里放马到沙地上打滚,自己坐在柳树荫下乘凉,老船夫就走过去请马兵试试那大兴场的烧酒,两人兴致似乎皆好些了,老船夫告给杨马兵,十四夜里二老两兄弟过碧溪岨唱歌那件事情。

那马兵听到后便说:"伯伯,你是不是以为翠翠愿意二老应该派归二老……"

话未说完,傩送二老却从河街下来了。这年青人正像要远行的样子,一见了老船夫就回头走去。杨马兵就喊他说:"二老,二老,你来,有话同你说呀!"

二老站定了,问马兵"有什么话说"。马兵望望老船夫,就向二老说:"你来,有话说!"

"什么话?"

"我听人说你已经走了，——你过来我同你说，我不会吃掉你！"

那黑脸宽肩膊，样子虎虎有生气的傩送二老，勉强似的笑着，到了柳荫下时，老船夫指着河上游远处那座新碾坊说："二老，听人说那辗坊将来是归你的！归了你，派我来守碾子，行不行？"

二老仿佛听不惯这个询问的用意，便不作声。杨马兵看风头有点儿僵，便说："二老，你怎么的，预备下去吗？"那年青人把头点点，就走开了。

老船夫讨了个没趣，赶回碧溪岨去，到了渡船上时，就装作把事情看得极随便似的，告给翠翠。

"翠翠，城里出了件新鲜事情，天保大老驾油船下辰州，掉到茨滩淹坏了。"

翠翠因为听不懂，对于这个报告最先好像全不在意，祖父又说："翠翠，这是真事，上次来到这里做保山的杨马兵，还说我早不答应亲事极有见识！"

翠翠瞥了祖父一眼，见他眼睛红红的，知道他喝了酒，且有了点事情不高兴，心中想："谁撩你生气？"船到家边时，祖父不自然的笑着向家中走去，翠翠守船，半天不闻祖父声息，赶回家去看看，见祖父正坐在门槛上编草鞋耳子。

翠翠见祖父神气极不对，就蹲到他身前去。

"爷爷，你怎么的？"

"天保当真死了！二老生了我们的气，以为他家中出这件事情是我们分派的！"

有人在溪边大喊渡船过渡，祖父匆匆出去了。翠翠坐在那屋角隅稻草上，心中极乱，等等还不见祖父回来，就哭起来了。

……

黄昏时天气十分郁闷，溪面各处飞着红蜻蜓。天上已起了云，热风把两山竹篁吹得声音极大，看样子到晚上必落大雨。翠翠守在渡船上，看着那些溪面飞来飞去的蜻蜓，心也极乱。看祖父脸上颜色惨惨的，放心不下，便又赶回家中去。先以为祖父一定早睡了，谁知还坐在门槛上打草鞋！

"爷爷，你要多少双草鞋，床头上不是还有十四双吗？怎么不好好的躺一躺？"

老船夫不作声，却站起身来昂头向天空望着，轻轻的说："翠翠，今晚上要落大雨响大雷的！回头把我们的船系到岩下去，这雨大哩。"

翠翠说："爷爷，我真吓怕！"翠翠怕的似乎并不是晚上要来的雷雨。

老船夫似乎也懂得那个意思，就说："怕什么？一切要来的都得来，不必怕！"

夜间果然落了大雨，挟以吓人的雷声。电光从屋脊上掠过时，接着就是訇的一个炸电⑦。翠翠在暗中抖着，祖父也醒了，知道她害怕，且担心她招凉，还起身来把一条布单搭到她身上去。祖父说："翠翠，不要怕！"

翠翠说："我不怕！"说了还想说："爷爷你在这里我不怕！"

訇的一个大雷，接着是一种超越雨声而上的洪大倾圮声⑧。两人皆以为一定是溪岸悬岸崩落了；担心到那只渡船，会早已压在崖石上面去了。

祖孙两人便默默的躺在床上听雨声雷声。

但无论如何大雨，过不久，翠翠却仍然就睡着了。醒来时天已亮了，雨不知在何时业已止息，醒来只听到溪两岸山沟里注水入溪的声音，翠翠爬起身来看看祖父还似乎睡得很好，开了门走出去，门前已成为一个水沟，一股水便从塔后哗哗的流来，从前面悬崖直堕而下。并且各处皆是那么一种临时的水道。屋旁菜园地已为山水冲乱了,菜秧皆掩在粗砂泥里了。再走过前面去看看溪里一切,才知道溪中也涨了大水,已满过了码头,水脚快到茶缸边了。下到码头去的那条路,正同一条小河一样,哗哗的泄着黄泥水。过渡的那一条横溪牵定的缆绳,已被水淹去了,泊在崖下的渡船,已不见了。

翠翠看看屋前悬崖并不崩坍,故当时还不注意渡船的失去。但再过一阵,她上下搜索不到这东西,无意中回头一看,屋后白塔已不见了,一惊非同小可。赶忙向屋后跑去,才知道白塔也已坍倒,大堆砖石极凌乱的摊在那儿,翠翠吓慌得不知所措,只锐声叫她的祖父。祖父不起身,也不答应,就赶回家里去,到得祖父床边摇了祖父许久,祖父还不作声。原来这个老年人在雷雨将息时已死去了。

翠翠于是大哭起来。

……

碧溪岨的白塔,与茶峒风水有关系,塔圮坍了,不重新作一个自然不成。除了城中营管,税局,以及各商号各平民捐些钱以外,各大寨子也有人拿册子去捐钱。为了这塔成就并不是给谁一个人的好处,应尽每个人来积德造福,尽每个人皆有捐钱的机会,因此在渡船上也放了个两头有节的大竹筒,中部锯了一口尽过渡人自由把钱投进去,竹筒满了马兵就捎进城中首事人处去,另外又带了个竹筒回来。过渡人一看老船夫不见了,翠翠辫子上扎了白线,就明白那老的已作完了自己分上的工作,安安静静躺到土坑里给小虫吃掉了,必一面用同情的眼色瞧着翠翠,一面就摸出钱来塞到竹筒中去。"天保佑你,死了的到西方去,活下的永保平安。"翠翠明白那些捐钱人的意思,心里酸酸的,忙把身子背过去拉船。

可是到了冬天,那个圮坍了的白塔,又重新修好了,那个在月下唱歌,使翠翠在睡梦里为歌声把灵魂轻轻浮起的年青人,还不曾回到茶峒来。

……

这个人也许永远不回来了,也许"明天"回来!

《沈从文全集》第8卷,沈从文撰,太原:北岳文艺出版社,1982)

【注释】

① 本文节选自沈从文的中篇小说《边城》,初版于1936年。题目为编者所加。
② 岨(jū):同"砠",戴土的石山。
③ 麂(jǐ):鹿科哺乳动物的一种,体形较小,雄的有长牙和短角。腿细而有力,善于跳跃,毛棕色,皮很柔软,可以制革。
④ 嗾(sǒu):使狗声,亦即谓使狗。
⑤ 莞(wǎn)尔:微笑的样子。
⑥ 掴(guāi):用巴掌打。
⑦ 訇(hōng):形容大声。
⑧ 倾圮(pǐ):坍塌。

【提示】

本文中描写翠翠的故事,寄寓着沈从文"爱"与"美"的理想,是他表现人性美的代表作。

小说的主人公翠翠,是个美丽多情、天真可爱的少女。她与爷爷在古老而又清澈的溪水边、小船上、白塔下相依为命,不贪财,不羡贵,不嫌贫,不偷懒,体现了中国劳动人民的传统美德。随着年龄的增长，她的性格也有了微妙的变化：少了一点乖巧，多了一些沉思；少了一些欢笑，多了一份羞涩。作品中淋漓尽致地刻画出一个青春少女躁动不安的心理。从翠翠身上，我们看到了苗族青春少女对生活的渴望与追求。

小说中写的另一个人物是祖父。他是一个阅尽人事、饱经风霜的撑渡老人。他善良、勤劳、朴实、憨厚，安于清贫，忠于职守，对女儿、外孙女有着挚爱。从他身上，我们看到了中华民族那古老纯朴的人性之美。作者正是通过老船夫对外孙女的挚爱亲情，与当时社会的你争我夺、弱肉强食形成对照，去呼唤那久已失去的善良人性，去保存那古老的传统美德。

本文描写人物的手法，除了肖像描写、语言描写、行动描写、细节描写外，心理描写尤为出色。作品中有多处描写翠翠这个少女的爱情心理的文字，细致而又含蓄，准确而生动地写出了人物彼时彼地的特有心态。

本文有充满诗情画意的湘西地方色彩的描写，清澈见底的溪流，攀引缆索的渡船，关系茶峒"风水"的白塔，青翠逼人的竹篁中黄鸟的鸣叫声，五月端阳的划龙船……组成了一幅风景独特的乡村风俗画。

沈从文的作品，非常注重语言的锤炼。本文的语言，有着诗歌的意境、哲理的隽永。人物的对话，既符合人物身份，又写出了人物的内心感受，充满了泥土气息，质朴之中蕴藉着深厚。

【思考与练习】

一、试分析翠翠与爷爷这两个人物的性格特征。

二、本文在环境描写方面有何特点？与沈从文作品的整体风格有何联系？

三、阅读下面一段文字：

来人把话说完后，就问作祖父的意见怎么样。老船夫笑着把头点着说："大老想走车路，这个很好。可是我得问问翠翠，看她自己主张怎么样。"来人被打发走后，祖父在船头叫翠翠下河边来说话。

翠翠拿了一簸箕豌豆下到溪边，上了船，娇娇地问她的祖父："爷爷，你有什么事？"祖父笑着不说什么，只看翠翠。看了许久。翠翠坐到船头，低下头去剥豌豆，耳中听着远处竹篁里的黄鸟叫。翠翠想："日子长咧，爷爷话也长了。"翠翠心跳着。

过了一会祖父说："翠翠，翠翠，先前那个人来作什么，你知道不知道？"

翠翠说："我不知道。"说后脸同颈脖全红了。

请回答：

1. 这里表现了翠翠的什么心理？

2. 作者这样描写翠翠的心理活动，好在哪里？

我 愿是一条急流

裴多菲·山陀尔

裴多菲·山陀尔(Petöfi Sánder,1823—1849),匈牙利著名诗人。出生于一个贫困的屠户家庭。曾做过演员,当过兵。1844年从故乡来到首都布达佩斯,担任报社助理编辑。1846年创办文艺刊物《生活场景》。1848年参加民主革命的起义,为匈牙利从奥地利的统治下得到解放而英勇奋战,次年7月在同俄奥联军的战斗中献出了自己的生命。裴多菲善于以诗歌来抨击封建专制,歌颂为争取自由而斗争的匈牙利人民,反映他们对幸福生活与爱情的努力追求,其创作突破了贵族文学的陈套,在匈牙利文学史上占有重要地位。他的诗作至今还有许多成为民歌流传于匈牙利民间。主要作品有叙事长诗《农村的大锤》、《亚诺什勇士》、《使徒》,政治抒情诗《反对国王》、《为了人民》、《民族之歌》,散文集《旅行札记》,剧作《老虎与土狼》,长篇小说《绞吏之绳》等。

我愿是一条急流,
是山间的小河,
穿过崎岖的道路,
从山岩中间滚过……
只要我的爱人
是一条小鱼,
在我的浪花中间,
愉快地游来游去。

我愿是一座荒林,
坐落在河流两岸;
我高声呼叫着,
同暴风雨作战……
只要我的爱人
是一只小鸟,
停在枝头上啼叫,
在我的怀里作巢。

我愿是城堡的废墟,

耸立在高山之巅，
即使被轻易毁灭，
我也并不懊丧……
只要我的爱人
是一根常春藤，
绿色枝条恰似臂膀，
沿着我的前额上升。

我愿是一所小草棚，
在幽谷中隐藏，
饱受风雨的打击，
屋顶留下了创伤……
只要我的爱人
是我胸中的烈火，
在我的炉膛里，
愉快而缓慢地闪烁。

我愿是一块云朵，
是一面破碎的大旗，
在旷野的上空，
疲倦地飘来飘去……
只要我的爱人
是黄昏的太阳，
照射我苍白的脸，
射出红色的光焰。

1847 年 6 月 1 日至 10 日，索伦塔。

（《裴多菲文集》第三卷，[匈牙利]裴多菲撰，兴万生译，上海：上海译文出版社，1996）

【提示】

这首诗作于 1847 年 6 月，是裴多菲后期革命加爱情诗歌的典范之作，标志着他革命与爱情皆不抛的恋爱观的确立，表达了诗人对那种建立在革命基础上的热烈爱情的执着追求。

作品以热烈奔放的真挚情感抒发了对"我的爱人"的恋情。全诗共分五个自然段落，分别用五组意象来比喻和对应"我"和"我的爱人"的爱情关系："急流"与"小鱼"，"荒林"与"小鸟"，"废墟"与"常春藤"，"小草棚"与"烈火"，"云朵"与"黄昏的太阳"。从这五组意象的对比中，我们可以触摸到诗人两种不同情感的表达：在前两组中是凸显"我"的伟岸高大形象；而"我的爱人"却只是在"浪花中间"愉快遨游的"一条小鱼"，一只"停在枝头上啼叫，

山中急流 〔美国〕赫佐格作

在我的怀里作巢"的依人"小鸟",是一个依附者、依恋者的形象。而在后三组意象中,作者却笔锋一转,以悲剧的情调抒写了"我"的"毁灭"、"创伤"和"破碎",而"我的爱人"却犹如"常春藤"、"烈火"和"黄昏的太阳"那样充满着勃勃生机与熊熊热情,无疑,这又是突出了"我的爱人"的伟大精神力量。从中,我们看到了诗人希望爱情平等,并在为革命事业的奋斗中相互支持、相互鼓励的观念。

这是一首爱情诗,但其中不乏隐喻诗人革命激情和献身精神的地方,正是这种激情和精神,才触发了裴多菲最后走上为保卫祖国而战的疆场,并最终为之牺牲。

这首诗除了意象的对比关系运用得当外,更重要的是全诗以激情表达所形成的内在气韵贯穿始终。

【思考与练习】

一、找出诗歌中你欣赏的意象词句,并说出理由。

二、你认为此诗中的"常春藤"和舒婷诗歌《致橡树》(作于1977年)中的"木棉"有区别吗?同样是爱情诗,由于身份和思想的角度不同,诗作者的爱情观不尽相同,你更喜欢哪一种爱情呢?

【附录】

致橡树

舒 婷

我如果爱你——
绝不像攀援的凌霄花,
借你的高枝炫耀自己;
我如果爱你——
绝不学痴情的鸟儿,
为绿荫重复单纯的歌曲;

也不止像泉源，
常年送来清凉的慰藉；
也不止像险峰，
增加你的高度，衬托你的威仪。
甚至日光。
甚至春雨。
不，这些都还不够！
我必须是你近旁的一株木棉，
做为树的形象和你站在一起。
根，紧握在地下，
叶，相触在云里。
每一阵风过，
我们都互相致意，
但没有人
听懂我们的言语。
你有你的铜枝铁干
像刀，像剑，
也像戟，
我有我红硕的花朵，
像沉重的叹息，
又像英勇的火炬。
我们分担寒潮、风雷、霹雳，
我们共享雾霭、流岚、虹霓，
仿佛永远分离，
却又终身相依。
这才是伟大的爱情，
坚贞就在这里：
爱——
不仅爱你伟岸的身躯，
也爱你坚持的位置，足下的土地。

学文例话
（三）

诗歌的阅读与欣赏

诗歌是人的内在情志意理的审美表现。表现的方式方法很多，但归结起来，不外乎直抒胸臆和意象表现两条途径。直抒胸臆简洁明快，但易失于直露寡味，所以一般是诗歌表情达意的辅助手段。意象表现是将情志意理隐蕴在景物人事之中，含蓄多味，能在有限中见出无限，所以是诗性特征的集中体现，是诗歌表情达意的主要手段。因此，阅读和欣赏诗歌，首先要充分认识意象表现的主要特征和基本功能。

一

仅仅把意象当作词语来解释，还没有跨进诗歌解读、诗性审美的大门。意象的指称符号是词语，但它的意蕴却远远超过词语意义。词语意义是指称告知，意象意蕴是呈象显现。从指称告知到呈象显现，是从外在的景物人事走进内在的情志意理，从回答"这是什么"走向回答"这里表现了什么"。可以把词语意义称作指称意义，把意象意蕴称作表现意义。从指称意义到表现意义，这是一个重大飞跃；没有这个飞跃，就没有意象，没有审美表现，没有真正意义上的诗歌。

"梅"这个符号，作为词语，它的意义是指称告知一种蔷薇科花木，它的形态、特性和功用，在《辞海》中写得很详尽。这就是词语指称意义。但作为意象，"梅"的意蕴就冲出指称意义，而变成一缕情调、一种品质、一种性格、一类人物，如纯洁感情、高尚品质、坚强性格、英雄人物等等。这就是意象表现意义。显然，词语指称意义和意象表现意义分居于两个不同的层面、两个不同的空间，《辞海》是不会把意象表现意义收归到词语解释的义项中去的。

一切意象的意蕴，都是指向超越词语指称意义的表现意义。意象就是表现。"袅袅兮秋风，洞庭波兮木叶下"（《湘夫人》），这是由秋风、水波、落叶组合而成的景物意象群，它们的表现意义都是指向湘君赴约不遇时的失落、忧愁。"犹吊遗踪一泫然"（《沈园二首》），其中"吊遗踪"是行为复合意象，"泫然"（流泪貌）是情态单质意象，它们的表现意义都是指向对亡妻的沉痛哀思。"梨花一枝春带雨"（《长恨歌》），是比喻意象，喻指杨玉环听到唐明皇派人来看望她时泪洗美容的情态，表现意义指向激动、悲楚、委屈、感激等诸多内在情愫的交织。"丁香姑娘"（《雨巷》）是象征意象，表现意义可以指向诸多层面，既象征"梦中情人"，又象征"革命事业"，还象征"美好理想"。"田横五百人安在？难道归来尽封侯！"（《咏史》）这是典故意象，表现意义是多方面的，有对趋炎附势者的讽刺，有对骨鲠忠贞之士的痛悼，总体上则归于对清王室腐朽没落的揭露。

说意象意蕴超越词语意义，并非否定词语指称意义在诗歌中的作用。这不仅由于词语是意象的指称符号，更由于意象的表现意义都是从词语所指称的事物的形态、特性中生发出来的。梅花意象的纯洁意味，是从白雪红梅的清丽洁晶中呈现出来的；高尚品质是从"俏也不争春，只把春来报"中生发出来的；心灵美是从花味的清香沁人中生发出来的；坚强性格和英雄人物都是从梅花迎风斗雪、不怕严寒中升华出来的。格式塔心理学把这种事物的形态性质与意象表现意义之间的联系，称作"心与物的异质同构效应"，说得通俗一些，就是景物人事与情志意理之间的相似关联和连类生发。相似性连类生发有两端，一端是词语所指称的事物及其形态特性，一端是由此而生发出来的意象表现意义，它们是藕断丝连、一脉相承的，所以有人认为意象意蕴是由词语指称意义和意象表现意义两个层面构成的，这也有道理；但必须明确，只有表现意义才是真正意义上的诗性内涵。

阅读和欣赏诗歌，首先要善于解读意象，而解读意象，则要善于进行相似性连类生发，并且要结合着意象产生的社会背景、文化积淀、具体环境和作者的情况，多角度、多层面地进行想象、连类、感悟。"雁过也，正伤心，却是旧时相识"（李清照《声声慢》）是个以南飞雁为聚焦点的复合意象，其有待开发的意蕴时空是十分广阔的：从候鸟南飞意识到万木凋零的秋天已经到来，产生了悲秋之情；由雁从北方来，联想到自己从北方逃难而来，生发出北方沦陷、家园败毁的景象，产生了国破家亡之痛；又由于人的习惯性对比联想，引发出对往昔家园亭台楼阁的美好记忆，又产生了对往昔美好生活的怀念之情；而对往昔美好生活的回忆，又在鸿雁传书典故的助推下，自然而然地勾起了对往昔两地传书、诗词应答美好夫妻生活的回味、思恋；同时，因思恋深切，产生了"旧时相识"的错觉，则更加深了对丈夫新丧的痛感；然而往事如烟，追忆和错觉都不是现实，随着大雁的远逝，最终还是回到了眼下孤苦无依之哀的包围之中。这大概就是李清照《声声慢》中"雁过"这一意象群可能有的全部生发空间。这空间是经由时间统一性、地点统一性、相似性、相反性等诸多联想生发出来的，包容着重重叠叠的象外之象、言外之意，充分体现出意象表现"在有限中见出无限"的基本特征。

显然，意象意蕴冲破词语意义的局限，可以在无限广阔的天地里翱翔，它的蕴含不像词语意义那样固定、明确、规范，它的生发空间是大而无定界的，它的表现意义是隐蓄而难尽的。意象表现的这些特征，无疑是对解读者认知、想象、连类、感悟、生发等诸种审美能力的挑战。

二

语句是由词语组合而成的，大多数诗句则应当说是由意象组合而成的，语句和诗句也不是一回事。语句的组合机制是语法逻辑，主、谓、宾、定、状、补，各守其位，各司其职，不可断裂，不可错置，否则就会语义不明或错误。诗句的组合机制是一切为了表现，一切遵从意象表现意义之间的自由关联。这不仅去掉了许多连词、副词、定语状语的标志，而且要尽可能地切断乃至消解语法逻辑链条的束缚，使诗句不同程度地成为意象与意象的直接并置。从语法逻辑组合到意象并置组合，这是从语句到诗句的共通之路。虽然许多诗句中还保留着一定的语法关系，但只有意象的直接并置，才是诗句的诗性特质的真正体现。

切断乃至取消语法链条的束缚，是为了让意象从语法关系中解放出来，使它们的表现性得以自由的释放，并使它们之间的关系变得只能是表现意义之间的潜在联系。"在大沙漠上的一缕孤零零的炊烟"，这是语句，"在……上"的状语标志，决定了孤烟与大漠是一种主从关系，大漠在这里的意义只是告知孤烟的地点。"大漠孤烟直"是诗句，脱落了"在……上"的状语标志，冲断了语法链条的捆绑，大漠与孤烟之间的主从关系也就消失，而变成了一种对等并置关系。这时，大漠与孤烟一样，都能够自由地以自身的形态和特征显示出各自的表现意义：大漠指向广阔、荒僻，孤烟指向荒凉、孤寂；而大漠与孤烟之间的关系意义，也就不再是告知孤烟的所在地，而是两个表现意义的相似性叠加：它们共同表现并强化了诗人面对既广阔又荒寂的边塞时，所产生的那种既感到宏伟、又感到孤独的心境。

"枯藤老树昏鸦，小桥流水人家，古道西风瘦马"，这是三个典型的意象并置诗句。在这里，每一句的三个意象之间，都没有任何语法逻辑关系的限制，九个意象都直接以其自身的特性显示着一定的表现意义；就连"枯"、"老"、"昏"、"小"、"流"、"人"、"古"、"西"、"瘦"九个定语，也主要不是为了限定各自的中心词，而是为了突出一种特征，也就是突出一定的情调。这样一来，意象与意象之间的组合关系，就只能是表现意义与表现意义之间自由而平等的对话了：枯藤、老树、昏鸦三个意象的并置，是以其相近的感觉情调，共同表现并强化了衰败、荒僻、凄苦的心情；小桥、流水、人家三个意象的并置，是以其相近的感觉情调，共同表现并强化了对幽美、团圆、温馨生活的向往；古道、西风、瘦马三个意象并置，是以其相近的感觉情调，共同表现并强化了对前途渺茫、旅途劳顿、生计日蹙的忧伤。即使是三个诗句之间，也可以看作是三个意象群的并置，只不过"枯藤"句与"古道"句之间是感觉情调的相似性叠加，而它们与"小桥"句之间则是感觉情调的对比性反衬。相似并置叠加，相反并置反衬，都是强化诗句表现意义的有效方法。人们在解读"枯藤老树昏鸦"这个诗句时，往往喜欢把它翻译成"枯藤缠绕着老树，老树上停着黄昏时归来的乌鸦"，这其实是把已经挣断锁链获得解放的意象及其组合，又重新套上语法关系的枷锁。谁说枯藤一定"缠绕着"老树？谁说乌鸦一定都"停在"老树上？这样做不仅限死了三个物象的组合状态，而且让语法关系意义冲淡乃至掩盖了表现意义之间的关联。

有人说，大多数诗句并不是意象的直接并置。表面上看这说法是事实，但若换一种角度来看，就不是那么一回事了。应当说，许多诗句是由复合意象构成的，而复合意象中往往保留着较多的语法因素。这时，只要把复合意象作为组合单位来看，那它们之间就仍然呈现为意象并置关系。"落花人独立，微雨燕双飞"两句，各自都是一个单质意象与一个复合意象的并置。"梦后楼台高锁，酒醒帘幕低垂"两句，各自都是两个复合意象的并置。"无边落木萧萧下，不尽长江滚滚来"，上句是以"落木"为中心的复合意象，下句是以"长江"为中心的复合意象，两个诗句之间也可以看作是两个复合意象的并置。诗歌中，句与句之间很少见到表示语法逻辑关系的词语，因此，除了直抒胸臆的诗句外，句与句之间也都可以看作是复合意象或意象群的并置。例如李商隐的《无题》（相见时难别亦难），除了每个句子中有意象并置外，八个诗句，就可以看作是分别以离别、落花、春蚕、蜡炬、晓镜、夜吟、蓬山、青鸟为中心的八个复合意象的并置。由此可见,诗歌的建构都是尽可能地冲断语法逻辑链条的束缚,从而使它的诗句乃至篇章都呈现出意象并置的形态,并由此而使诗句内各成分之间的关系乃至句与句之间的关系,也都成为意象表现意义之间的潜在联系。而且可以说,语法逻辑链条脱落得愈多,意象并置的程度愈高,诗性特征就体现得愈充分。

<h1 style="text-align:center">三</h1>

意象具有强劲的生发性能,一是一,二是二,不是意象表现的特征。意象的隐在空间很大,须通过读者的再创造性开发,才有可能不同程度地展现出来。展开意象空间的心理活动十分复杂,但主要有认知、想象、感悟、连类四个方面。从这四个方面出发,我们可以把意象的意蕴空间大致划分为四大层面:指称意蕴层面、再现意蕴层面、表现意蕴层面和连类生发意蕴层面。解读意象,就是要尽可能充分地打开这四大层面的内蕴。

指称意蕴层面,包括词语所指称的事物及其形态、特性。虽然这不是意象的诗性特质,但却是意象意蕴不可或缺的前提和基础。解读意象,首先要做的就是这一"解码"工作。再现意蕴层面,指的是意象中景物人事的成象空间,主要包括直指象境、喻指象境、完形象境和连类象境四个方面。直指象境就是词语符号所直接指称的事物的形态和特性。喻指象境指的是比喻的被喻体、比拟的被拟体、象征的被象征体、典故的现实寓指等,在诗歌中,它们大都是隐在的,须通过相似性联想将它们想象成象。完形象境指的是在想象中将直指事物的形象以及与之密切相关的事物形象,尽可能充分而完整地展现出来。诗歌大都篇幅短小,用语精炼,景物人事只是点到为止,复杂的事物则只能取其要点,皆须由读者在想象中予以补充成完形。完形成象虽依托经验,但具有很大的再创造性。连类象境指的是在直指象境、喻指象境、完形象境的基础上,通过自由的相似连类生发,所形成的其他事物的象境。连类象境虽然不属于意象的本体象境,但却鲜明地体现出意象表现的强劲生发性和广延的社会效能。表现意蕴层面,指的是景物人事中所包蕴的人的内在生命律动,包括感觉、感受、感情、意愿、志向、心情、心态、心境、哲思、理念等等,这是意象意蕴的核心内涵,体现着意象创造的主要目的和意象解读的主要目标。连类生发意蕴层面,至少包含两个层次,除了由本体象境所联想到的类似其他事物及其内涵外,还包涵将本体象境和连类生发的事物综合起来所形成的更具普遍性的情景,以及由此而升华出来的哲理性感悟。连类生发意蕴是读者的创造性自由联想,其时空之大是难以估量的。总体说来,意象意蕴的这四大层面,既是由浅入深、由近及远依次递进的四个层次,又是一个相互联系、难以分割的灵动整体。

一切意象的意蕴空间都包蕴有这四大层面。"但愿人长久,千里共婵娟",其中的婵娟是指代月光;其再现意蕴是月光明媚,普照大地,柔情似水,万人共沐;其表现意蕴是词人对弟弟的真诚思念、深挚情谊和美好祝愿;其连类生发空间很宽泛;凡是具有天涯相隔、真爱永存、光明共享、真诚祝愿、逆境泰然、旷达乐观等意味的情境,都可以在这里得到共鸣和寄托。"江间波浪兼天涌"是个以波浪为聚焦点的复合意象,指称的是江水波浪滔天;其再现意蕴不只是实写长江三峡波浪翻滚的景象,还象征着社会局势的动荡不定,同时也暗示着诗人心潮的跌宕难安;其表现意蕴主要是渗透着诗人对国家黯淡前景的忧虑和对长安回归无望的愁闷,显示出杜甫将季节之秋、个人之秋与国运之秋融为一体的高尚情怀;

而凡是体现有局面动荡、心潮翻卷情景和感受的社会人生际遇，则都是它的连类生发空间。《诗经·秦风·蒹葭》的中心意象是"在水一方"，由于此诗的创作本事无从查考，所以后人的理解一直分歧很大：或认为是劝人遵循周礼，或认为是求贤未果，或认为是怀念友人，或认为是爱情恋歌。其实这些解读都有一定道理，只是见木不见林而已。"在水一方"虽然指称的是隔河相望的具体情景，但可以把它升华为一个可望而难即的格局，而格局则具有含容一切相类似事物的特征。因此，"在水一方"的再现意蕴天地，应当是包容着世间一切因受阻而可望难即的情景，其表现意蕴空间则应当是包容着世间一切因可望难即而产生的失落、惆怅、悲凉等复杂心境；如果再把这再现意蕴天地和表现意蕴空间加以综合归纳，就可以进一步认识到，"在水一方"实际上是一个人类悲剧处境、悲剧心态、悲剧命运的艺术范型，其连类生发空间是难以穷尽的。这或许就是"在水一方"这一意象至今仍被人广为流传、到处运用的原因所在吧？

意象的指称意蕴指向符号世界，再现意蕴指向客观世界，表现意蕴指向主观世界，连类生发意蕴指向理念世界，而人类的全部生存和活动空间也就是这四大世界，因此可以说，一个个意象，就是一个个"人文小宇宙"。它很富有，但藏而不露，就看你有没有打开门锁、进观堂奥的本领。

四

"意在言外"、"言外无穷"是诗歌的主要审美特征，而这一审美特征就充分体现在意象表现之中。

当我们说意象意蕴超越词语意义的时候，就已经意味着意象意蕴就是言外之意。"意在言外"的"言"，指的就是词语。词语的主要功能是指称，意象的主要功能是表现，表现意义超越词语意义就是意在言外。表现，就是表象显现。如果用词语来直接指称情志意理，那是概念告知，不是表现。词语只能告知，不能表现；要表现就得用词语去描绘景物人事，然后让景物人事来表现，而这就成了意象表现。意象表现是将情志意理隐藏在景物人事之中，只能感而受之，思而得之，这就是意在言外。如果我们承认意象表现是诗歌的主要表现途径、基本表现途径、普遍表现途径，那么我们就应当理直气壮地说，意在言外是诗歌的主要特征、基本特征、普遍特征，而不仅仅是个别诗句、个别诗作的专利。

当我们把意象意蕴大致划分为指称意蕴、再现意蕴、表现意蕴和连类生发意蕴四大层面时，也就可以更清晰地看出，意象意蕴主要是见之于言外的：在这四大层面中，只有指称意蕴是属于"言内之意"，其他三大层面都是属于"言外之意"，而且这属于言外之意的三大层面又恰恰是诗性特质、诗性意蕴的真正所在。其实，若进一步开掘下去，即使是在指称意蕴中，也往往包蕴着一些言外之意，那就是潜沉在词语和词语所指称的事物中的历史文化积淀。这些历史文化积淀，在一般的语言交际中，并不纳入词语指称意义，但当这些词语进入诗歌，其所指称的事物成为意象时，其中的历史文化积淀也就往往成为意象的重要内涵。特别是在解读古诗词中那些传统意象时，这些历史文化积淀意义就显得格外重要。例如《诗经》里有一首祝婚歌《桃夭》，三章十二句，其中六句是歌咏"桃意象"："桃之夭夭，灼灼其华"、"桃之夭夭，有蕡其实"、"桃之夭夭，其叶蓁蓁"。为什么在祝婚歌中要反复用桃花、桃果、桃叶来起兴？就是因为远在上古时代，桃树就被赋予了多子、多福、多寿的文化内涵，歌唱者是借助桃树来祝福男女主人公新婚燕尔、早生贵子、家族兴旺、幸福长寿。

如果不知道这深藏的文化积淀内涵,《桃夭》的表现意蕴就难以理解了。

意象、意象组合从语法逻辑链条中解放出来,就意味着打开了自由生发、无限延展的闸门。但从根本上说,"言外无穷"的诗性特征还是来之于意象表现的特有功能。人类既然有了被誉为"万能"的语言,为什么还要绞尽脑汁地进行意象创造呢?归根结底,恐怕是为了更有效地宣泄和表现人的内在生命律动。宣泄和表现是人类不可或缺的生命运动。但人的内在生命律动,包括体验、感受、情致、意念以及情绪、心理、心态、心境等等,至今还是一个复杂、多变、朦胧、混沌、摸不着边、探不到底的"黑洞",要表现它并不容易。可以用词语来命名指称,但由于对它的认识有限,所以指称语词也有限;即使是有了词语指称,也绝不是它的本真。"愉悦"、"失落"、"惆怅",如果没有自己的真体验、真感受,光靠概念告知就永远也不可能知道它们究竟是什么滋味。感性的世界只有通过感觉的通道才能够接近它。而意象表现就是要尽可能地去修筑这样的通道。因此,总体说来,意象创造是带领着我们向心灵的本真进军,这就是意象表现的特有功能。如果诗歌也只是为了表达那些人类通过理性认识所得到的大道理,那么意象表现也就失去了它必须存在的价值。

意象表现的隐蓄性,感性本真的朦胧性,人的内在生命律动的混沌性,读者阅读中的再创造性,都使诗歌的意境有一种无限感。意象意蕴的四大层面,似乎都是没有固定边界的,借着读者想象、联想、连类、感悟的翅膀,它们都可以向着更深更细更远的方向延伸。比喻、比拟、象征、典故等种种艺术手段,似乎也主要不是为了使表情达意更明晰、更生动,而是为了使意象、意境更隐蕴多蓄,更耐人寻味。特别是读者在阅读中的连类生发,更是因时因地因事因情而变幻无极。从接受美学的观点来看,文本只是一个启示性结构,读者在阅读中的"具体化"才是作品的存在。这就是说,一个意象,一首诗,古今中外所有读者的具体化接受总和,才是这个意象、这首诗的真正存在,才是这个意象、这首诗的全部意蕴空间。这个无边无际的接受空间,虽然不能完全等同、替代意象、诗歌的本体空间,但却是意象、诗歌的真正生命、实际价值所在。意象表现是在有限中见出无限,这个"无限"不是虚夸,而是名至实归的。

第十单元

关爱生命

　　人生最可宝贵的，莫过于生命。人生最应珍爱的，也正是生命。

　　生命之所以珍贵，是因为它会死亡。随着时间的流逝，每个人的生命都会走向终点。生死无可惧怕，可惧怕的是光有生命欲望而无生命意识。人类生命的等级之所以高于地球上的其他生灵，就在于人能够认识生命的意义，追求生命的价值。因此，真正关爱生命，就要活出自己的价值，活出自己的精神，活出对他人、对社会、对人类的意义来。司马迁说，人都有一死，"有重于泰山，或轻于鸿毛"。达·芬奇说："度过有意义之一天，则带来香甜之睡眠；度过有意义之一生，则带来幸福之长眠。"人，应该有这样的生命追求和生命信念。

　　人生有痛苦，也有快乐；有悲哀，也有欢欣。或此或彼，都是一种生命体验。生命体验是人类生命的重要价值取向。史怀泽说，动物也能痛苦，但它们不能共同痛苦。动物缺乏人类这种富有意义的生命体验。生命体验的内容极其丰富，也充满诱惑，需要以清醒的头脑作理性的调节。享受快乐时不能一味地恣意放纵，以至于损伤自我的身体性命；感受痛苦时不能沉溺于悲观沮丧，甚至用毁弃自己生命的方式寻求解脱。儒家主"乐天"、"乐生"，道家主"养生"、"尽年"，佛家说"救人一命，胜造七级浮屠"，中国传统文化都持有善待生命的态度。

　　关爱生命，不仅指向自身，还须延及他人，还须遵奉依循文明社会的道德伦理。珍惜生命，关爱生命，是人与生俱来的天性，也是当今世界各国奉行的公德。遵循人道，尊重人权，以人为本，是现代文明所倡导的普适性理念。绝对不能为了自我的欲望和利益去危害、毁灭他人性命。杀人犯、法西斯、恐怖主义分子丧心病狂，违背天良，所以遭到全人类的共同憎恶和一致谴责。而那些为保全、维护、挽救他人生命而尽心尽力，甚至牺牲自我的人，是高尚的人，是纯粹的人，自当受到人们普遍的爱戴和永远的尊敬。

　　"海日生残夜"，"池塘生春草"，逝者如斯，生命依然如此生生不息。

生命的意义

罗家伦

罗家伦(1897—1969),字志希,浙江绍兴人。中国现代著名学者、教育家。1917年考入北京大学文科。1919年在蔡元培、陈独秀、胡适等人的支持下,与傅斯年等北大同学创办新潮社,出版《新潮》月刊,参与新文化运动,同年5月起草《北京学界全体宣言》,成为五四运动中引人注目的学生领袖。1920年出国留学,辗转美国、欧洲。1926年归国后参加国民革命军的北伐,曾先后担任清华大学、中央大学校长,在教育事业上颇有贡献。1950年到台湾后,任“考试院”副院长、“中央”评议委员。主要著作有《科学与玄学》、《新人生观》、《心影游踪集》、《蔡元培先生与北京大学》等。全部著述汇集为《罗家伦先生文存》。

　　我们人类的生命很多,宇宙间万物的生命更多。生之现象,非常普遍。但是我们为什么生在世上? 这个问题,数千年来经过多少哲学家科学家的研讨和追求。如果做了人而对于人生的意义不明了,浑浑噩噩,糊涂一世,那他真是白活了。因为对于本身的生命还不明白,我们的行为,就没有标准;我们的态度,也无从确定。有许多人觉得生活很是痛苦,恨不得立刻把自己的生命毁灭掉。他觉得活在世上,乃是尝着无穷尽的痛苦;在生命的背后,似乎有一种黑暗的魔力,时刻逼着他向苦难的路上推动,使他欲生不能,欲死不得;因此他常想设法解除这生命的痛苦。佛教所谓“涅槃”①,也就是谋解除生命痛苦的一个方法。不过是否真能解除,乃是另一问题。又有些人认为生命是快乐的,以为世界上一切事物,宇宙间一切创作,都是供我们享受的,遂成为一种绝对的享乐主义。其他对于生命所抱的态度很多,要皆各有其见解。我们若是不知道生命真正的意义,就会彷徨歧路,感觉生命的空虚,于是一切行动,茫无所措。所以我们对于这个问题,至少应该有一种初步的,也就是基本的反省。

　　第一,在无量数生命中,人的生命何以有特别意义?

　　如果就“生命”二字来讲,他的意义非常广泛。谈到宇宙的生命,其含义更深。这个纯粹的哲学问题,此处暂且不讲。生命既然很多,人类的生命,不过为宇宙无穷生命之一部分。庄子说:“朝菌不知晦朔,蟪蛄不知春秋②。”朝菌蟪蛄,何尝没有生命? 大之如“天山龙”③,固曾有其生命,小之如微生物,也有生命。但是在这无量数的生命中,为什么人的生命,才有特殊的意义? 为什么人的生命,才有特殊的价值? 为什么只有人才对他的生命发生意义和价值的问题?

　　第二,生命是变动的,物我之间,究有什么关系?

　　生命是变动的。我们身上的细胞,每天有多少新的生出来,多少陈旧的逐渐死去。这种新陈代谢的变动,可说无一刻停止。一方我们采取动植矿物的滋养成分为食料,以增加我们的新细胞,维持我们的生长;但一旦人死了,身体的有机组织,又渐腐败分离,为其他动植矿物所吸收。生命之循环,变化无已。我们若分析人类的生命,与其他动植物的生命,可以发生许多哲学上的推论。如近代柏格森、杜里舒等哲学系统④,都是由此而来的。即梁启超的今日之我非昨日之我,故不惜今日之我与昨日之我宣战的一段话⑤,也是由观察生命不断变动的现象而来的,不过他得到的是不正确的推论罢了。可见我们总是想到在生命不断的变动当中,物我之间究有什么关系这个问题。

第三,生命随着时间容易过去。

生命随着真实的空时不断地过去。人生上寿,不过百年,转瞬消逝,于是便有"生为尧舜死亦枯骨,生为桀纣死亦枯骨"之感。在悠悠无穷的时间中,人的一生不过一刹那。印度人认为宇宙曾经多少劫;每劫若干亿万年。人的生命,在这无数劫中,还不是一刹那吗?若仅就生命现在的一刹那看来,时光实在过于短促;生命的价值,如果仅以一刹那之长短来估定,那末人生实在没有多大意义。尧舜苦心经营创制,不过是一刹那的过去;桀纣醉生梦死,作恶殃民,也不过是一刹那的过去。若是把他们的生命价值认为相等,岂非笑话!故以生命之久暂来估定他的意义与价值,当然是不妥。一个人只要有高尚的思想,伟大的人格,虽不生为百岁老人,亦有何伤? 否则上寿百岁与三十四十岁而死者,从无穷尽的时间过程看来,都不过是一刹那。欲从这时间久暂上来求得生命的意义,真是微乎其微。故生命的意义,当然别有所在。

这就是我们对于生命初步的反省。我们从此得到了三个认识,就是:生命是无数的,生命是变动的,生命是容易过去的。

人生的意义在能认识和创造生命的价值。宇宙间的生命,既是如此的多,何以只是人类的生命,才有特别的意义? 想解答这个问题,是属于价值哲学的研究。人的生命之所以有意义,乃是因为人能认识和创造人生的价值。因为人类能够反省,所以他能对于宇宙整个的系统,求得认识;更能从宇宙的整个系统之中,认识其本身价值之所在。人类的生命,虽然限制在一定的空时系统之中,但是他能够扩大经验的范围,不受环境的束缚;能够离开现实的环境而创造理想的意境。其他动物则不能如此。例如蛙在井中,则以井为其唯一的天地;离开了井,他便一无认识。人类则不然,其意境所托,可以另辟天地。只有人才能把世上的事事物物,分析观察,整理成一个系统,探讨彼此间的关系,以求得存在于这个系统内的原理,并且能综合各种原理,以推寻生命的究竟。说到人类能创造价值一层,对于生命的意义,尤关重要。一方面他固须接受前人对于人生已定了的价值表,一方面更须自己重新定出价值表来,不断地根据这种新的启示,鼓励自己和领导大家从事于创造事业和完成使命。如此,不但个人的生命,不致等闲消失,并且把整个人类生命的意义提高。古圣先哲,终生的努力,就在于此。这是旁的生命所不能做,而为人类生命所能独到的。所以说宇宙间的生命虽是无量数,惟有人类的生命才有特殊的意义。

人格的统一性与一贯性。生命不断地变,但必须求得当中不变的真理。我们人类虽每天吸收动植矿物的滋养成分,以促进身体上新陈代谢的变化,但是生命当中所包含的真理,决不因生理上的变化而稍移易。这种生命的一贯性和统一性,就是人格。人因为有人格,所以不致因为今日食猪肉,就发猪脾气;明天食牛肉,就发牛脾气。只是以一切的物质,为我们生命的燃料罢了! 至于"今日之我与昨日之我宣战"的见解,正是因为缺乏了整个的人格观念，所以陷入于可笑的矛盾。世界上人与人相处，彼此之间全赖有人格的认识。大家所共认为是善人的，应该今日如此，明日也必定如此；今年如此，明年也必定如此。若是人类无此维系，便无人类的社会可信。所谓人格，就是一贯的自我。他应当是根据我们对于宇宙系统的研究与反省所得到的精确认识，而向着完满的意境前进，向着真善美的世界发展的。他须努力使生命格外美满和谐，使个人的生命与整个宇宙的生命相协调。他更须佐以渊博的知识，培以丰富纯正的感情，从事于促成生命系统的完善。这种好的人格才真是一贯的；因为是一贯的，所以是经得起困苦艰难，决不会随着变幻的外界现象而转移的。有了这种人格，然后在整个宇宙的生命系统当中，人的生命才可立定一个适当的地位。倘若今日如此，明日如彼；苟且偷安，随波逐流，便认为是自我的满足；那不但是无修养，而且是无人格。人与其他生物的分际，就在人格上。人虽吸收了若干外来的食物成分，变其血轮，变其细胞，变其生理上的一切，但他的人格，理想上的人格，永久不变，这就是人格的统一性与一贯性。可见生命虽不断地变，尚有不变者在。这也是人类生命的特殊性。

要保持生力，从力行中以生命来换取伟大的事业。生命随着时间容易过去。《庄子》上所说的朝菌蟪蛄，固然生命很短；楚南冥灵⑥，以五百岁为春，五百岁为秋，上古大椿⑦，以八千岁为春，八千岁为秋，这种生命可以说是很长了，然而在整个时间系统之中，又何尝不是一刹那的过去？故生命的长短，不足以决定生命之价值。生命之价值，要看生命存在的意义如何，乃能决定。吾人之生，决定要有一种作为。生命虽易过去，但有一点不灭，那就是以生命所换来永不磨灭的事业。古今来已死过了的生命不知有多少，若以四万万人每人能活到六十岁来计算，那么，每六十年要死去四万万，一百二十年就死去八万万，照此推算下去，有史以来，过去了的生命，不知若干万万。但是古今来立德立功立言的人，名垂青史，虽在千百年以后，也还是为人所景仰崇拜；那些追随流俗，一事无成的人，他的姓名，及身就不为人所知，到了后代，更如飘忽的云烟，一些痕迹也不曾留着。所以惟有事业，才是人生的成绩，人类的遗产。孔子虽死，他的伦理教训，仍然存在；秦始皇虽死，他为中国立下的大一统规模，依然存在；拿破仑已死，他的法典，仍然存在。生命虽暂，而以生命换来的事业，是不会磨灭的；其事业的精神，也永远会由后人继承了去发扬光大。诸葛亮在隆中，自比管、乐⑧；管、乐生在数百年前，其遗留的事业精神，诸葛亮继

"管、乐生在数百年前，其遗留的事业精神，诸葛亮继承着去发扬光大。"

承着去发扬光大。左宗棠平新疆⑨，以"新亮"自居，也就是隐然以诸葛亮自承。所以生命之易消逝，不足为忧；所忧者当在这有限的生命，能否换来无限光荣的事业。若是苟且偷生，闲居待死，就是活到九十或百岁，仍与人类社会无关。生命千万不可浪费，浪费生命是最可惜的事。萧伯纳曾叹人生活到可以创造事业的年龄⑩，即行死去，觉得太不经济。他想如果人能和基督教《创世记》所载的眉寿是拉一样⑪，活到九百六十九岁，则文明的进步岂不更有可观。但这是文学家的理想，是做不到的事。然而西洋人利用生命的时间，比中国人却经济多了。西洋人从四十岁到七十岁为从事贡献于政治、文艺、哲学、科学以及工商社会事业的有效时期，而中国人四十岁以后即呈衰老，到六十岁就打算就木。两相比较，中国人生命的短促和浪费，真可惊人！我们既然不能希望活到九百六十九岁的高龄，那我们就得把这七八十年的一段生命，好好利用。我们要有长命的企图，我们同时要有短命的打算。长命的企图是我们不要把生命消耗在无意义的方面。短命的打算是我们要活一天做两天的事，活一年做两年的事。不问何时死去，事业先已成就。我们生在世上一天，就得充分地保持和发挥自己的生力一天。无生力的生命，是不会成就事业的，无永久价值的事业的生命，是无声无臭度过的。

所以人生在世，不要因生命之数量过多及其容易消逝而轻视生命，不要因生命之时常变动而随波逐流，终至侮辱生命。我们须得对人生的价值有认识，对人格能维持其一贯性；以鞠躬尽瘁，死而后已的精神，加紧地去把自己的生命，换成有永久价值的事业。这样，才不是偷生，才不是枉生！

（《罗家伦先生文存》，罗家伦撰，台北："国史馆"、国民党"中央委员会"党史委员会，1976）

【注释】

① 涅槃：佛教语，梵语 Nirvāna 的音译，意为灭度、圆寂等，一般指生死轮回后的境界，是佛教全部修习之后所要达到的最高理想。

② "朝菌"二句：语出《庄子·逍遥游》，以朝菌和蟪蛄譬喻生命的短暂。朝菌，指朝生暮死的菌类植物。蟪蛄(huì gū)，蝉的一种，夏末时节从早到晚鸣叫不已。

③ 天山龙：1930 年中国地质学家袁复礼在新疆发现了当时中亚地区所见最长的恐龙化石，被定名为"天山龙"。

④ 柏格森(Henri Bergson, 1859—1941)：法国哲学家，生命哲学与直觉主义的主要代表之一。代表作有《时间与自由意志》《创造进化论》等。杜里舒(Hans Driesch, 1867—1941)：德国哲学家，生物学家，新活力论者，1922 年曾到中国访问、讲学。

⑤ 梁启超(1873—1929)：字卓如，号任公，广东新会人，中国近代著名思想家、文学家、学者。梁启超《清代学术概论》第二十六章评述自己说："然其保守性与进取性常交战于胸中，随感情而发，所执往往前后矛盾，尝自言曰：'不惜以今日之我，难昔日之我。'"

⑥ 冥灵：与下文的"大椿"均为传说中的古树。《庄子·逍遥游》："楚之南有冥灵者，以五百岁为春，五百岁为秋；上古有大椿者，以八千岁为春，八千岁为秋。"

⑦ 大椿：见注⑥。

⑧ 管、乐：指管仲、乐毅，前者是春秋时齐国的名相，后者是战国时燕国的名将。

⑨ 左宗棠(1812—1885)：字季高、朴存，湖南湘阴人，晚清军政重臣，湘军统帅之一。

⑩ 萧伯纳(1856—1950)：见本书课文《贝多芬百年祭》作者介绍。

⑪ 寿眉是拉：《旧约·创世记》第五章"亚当的后代"中出现的最长寿者，和合本《圣经》作"玛士撒拉"。

【提示】

本文的重点不是泛论宇宙间所有的生命,而是"人类的生命",也就是"人生的意义"。在作者看来,生而为人却"对人生的意义不明了",那就会行为、态度没有标准,"浑浑噩噩,糊涂一世"。当然,古往今来,对人生问题已经有过很多讨论,且"皆各有其见解",值得取来作参照。本文的特点之一,就是善于征引各种意见,斟酌比较,然后做出自己的判断。文章首先举出极端悲观的和绝对享乐主义的两种人生观,而作者显然对这两种态度都不赞同,所以提出了本文的主题:探寻"生命真正的意义"。

作者从三个方面反省生命的意义,得出这样的认识:"生命是无数的,生命是变动的,生命是容易过去的。"然后,在此基础上,从三个层面论证人生的意义。第一,在宇宙间无数量的生命之中,人类的生命之所以有特殊意义,"是因为人能认识和创造人生的价值",可以扩大经验范围,超越一定的空间时间限制。第二,人具有统一性和一贯性的人格,并且是"向着完满的意境前进"的"好的人格"。第三,人能够在有限的生命中做出"永不磨灭的事业"。在文章结尾,作者明确提出自己的主张:人生在世,不应偷生和妄生,而应"把自己的生命,换成有永久价值的事业"。

本文观点平正通达,虽不无过分强调人类生命特殊性的局限,但也注意到了"人的生命与整个宇宙的生命相协调"。文章逻辑清晰,说理明快,信手拈来一些历史人物的事迹,以证成关于人生价值的观点,加上朴实温厚的文字,增强了说服力。

【思考与练习】

一、本文是怎样提出论点、展开论证的?

二、本文引用了中外古今一些哲人的观点,这些观点和作者本人的观点构成了怎样的关系?

三、本文在阐述人生意义的时候,比较多地强调了人的生命的特殊性,对此你有什么看法?

谈 生命①

冰 心

冰心(1900—1999),原名谢婉莹,笔名冰心,福建长乐人,生于福州。中国现代著名女作家、翻译家。1918年就读北京协和女子大学,初习医,后改学文科。五四运动时期参加爱国宣传活动,开始文学创作,以小说《斯人独憔悴》《去国》,诗集《繁星》《春水》等作品,成为当时最令人瞩目的女作家。1923年她赴美留学,以散文通讯的形式写下了《寄小读者》,深受儿童的喜爱。回国后,一度在燕京大学、清华大学任教。建国后,冰心在继续从事文学创作的同时,积极参与社会活动和对外文化交流工作,曾任中国文联副主席等职。今人编有《冰心全集》。

"生命像向东流的一江春水……"

我不敢说生命是什么,我只能说生命像什么。生命像向东流的一江春水,他从最高处发源,冰雪是他的前身。他聚集起许多细流,合成一股有力的洪涛,向下奔注,他曲折地穿过了悬岩削壁,冲倒了层沙积土,挟卷着滚滚的沙石,快乐勇敢地流走,一路上他享乐着他所遭遇的一切;有时候他遇到悬岩前阻,他愤激地奔腾了起来,怒吼着,回旋着,前波后浪的起伏催逼,直到他过了,冲倒了这危崖他才心平气和地一泻千里②。有时候他经过了细细的平沙③,斜阳芳草里,看见了夹岸红艳的桃花④,他快乐而又羞怯,静静的流着,低低的吟唱着,轻轻的度过这一段浪漫的行程。有时候他遇到暴风雨,这激电,这迅雷,使他心魂惊骇,疾风吹卷起他,大雨击打着他,他暂时浑浊了,扰乱了,而雨过天晴,只加给他许多新生的力量。有时候他遇到了晚霞和新月,向他照耀,向他投影,清冷中带些幽幽的温暖:这时他只想憩息,只想睡眠,而那股前进的力量,仍催逼着他向前走……终于有一天,他远远的望见了大海,呵! 他已到了行程的终结,这大海,使他屏息,使他低头,她多么辽阔,多么伟大! 多么光明,又多么黑暗! 大海庄严的伸出臂儿来接引他,他一声不响的流入她的怀里。他消融了,归化了⑤,说不上快乐,也没有悲哀! 也许有一天,他再从海上蓬蓬的雨点中升起,飞向西来,再形成一道江流,再冲倒两旁的石壁,再来寻夹岸的桃花。然而我不敢说来生,也不敢信来生! 生命又像一棵小树,他从地底聚集起许多生力,在冰雪下欠伸,在早春润湿的泥土中,勇敢快乐地破壳出来。他也许长在平原上,岩石上,城墙上,只要他抬头看见了天,呵! 看见了天! 他便伸出嫩叶来吸收空气,承受日光,在雨中吟唱,在风中跳舞,他也许受着大树的荫遮,也许受着大树的覆压,而他青春生长的力量,终使他穿枝拂叶地挣脱了出来,在烈日下挺立抬头! 他遇着骄奢的春天,他也许开出满树的繁花,蜂蝶围绕着他飘翔喧闹,小鸟在他枝头欣赏唱歌,他会听见黄莺清吟,杜鹃啼血,也许还听见枭鸟的怪鸣⑥。他长到最茂盛的中年,他伸展出他如盖的浓荫,来荫庇树下的幽花芳草,他结出累累的果实,来呈现大地无尽的甜美与芳馨。秋风起了,将他叶子,由浓绿吹到绯红,秋阳下他再有一番的庄严灿烂,不是开花的骄傲,也不是结果的快乐,而是成功后的宁静和怡悦! 终于有一天,冬天的朔风,把他的黄叶干枝,卷落吹抖,他无力地在空中旋舞,在根下呻吟,大地庄严的伸出臂儿来接引他,他一声不响的落在她的怀里。他消融了,归化了,他说不上快乐,也没有悲哀! 也许有一天,他再从地下的果仁中,破裂了出来。又长成一棵小树,再穿过丛莽的严遮,再来听黄莺的歌唱,然我不敢说来生,也不敢信来生。宇宙是一个大生命,我们是宇宙大气中之一息。江流入海,叶落归根,我们是大生命中之一叶,大生命中之一滴。在宇宙的大生命中,我们是多么卑微,多么渺小,而一滴一叶的活动生长合成了整个宇宙的进化运行。要记住:不是每一道江流都能入海,不流动的便成了死湖;不是每一粒种子都能成树,不生长的便成了空壳! 生命中不是永远快乐,也不是永远痛苦,快乐和痛苦是相生相成的。等于水道要经过不同的两岸,树木要经过常变的四时⑦。在快乐中我们要感谢生命,在痛苦中我们也要感谢生命。快乐固然兴奋,苦痛又何尝不美丽? 我曾读到一个警句:"愿你生命中有够多的云翳⑧,来造成一个美丽的黄昏。"世界、国家和个人的生命中的云翳没有比今天再多的了。

(《谈生命》,冰心撰,上海:《文汇报》,1999 年 3 月 4 日)

【注释】

① 本文最初发表于《京沪周刊》1947 年第 1 卷第 27 期,1999 年 3 月 4 日《文汇报》重新刊发。

② 危崖:高而陡峭的悬崖。

③ 平沙:广阔的沙地。

④ 夹岸:两岸。

⑤ 归化:归顺、同化。

⑥ 枭(xiāo)鸟:猫头鹰,古人认为是恶鸟。

⑦ 四时:四季。

⑧ 云翳:云。

【提示】

本文开篇点题,便于平实中见曲折:"我不敢说生命是什么,我只能说生命像什么。"说"不敢",不仅是谦虚,更表明作者对"谈生命"这一问题的慎重态度,她不以真理在握的语气为"生命"下定义,而只想就"生命像什么"作想象性表述,这一书写策略的确立,其实也决定了本文的形象性、抒情性特点。本文虽然用了一个类似说理文的题目,但实际内容则更近于一篇富于哲理的散文诗。

本文用"一江春水"和"一棵小树"作为"生命"的象喻,且用一个"像"字标明本体与喻体的关系,表面看来,通篇采用的似乎是一个明喻的结构,但因为作者对喻体展开了充分的描述,春水东流的跌宕起伏,小树成长的挺拔摇曳,都构成了独立饱满的形象,也与被比喻的本体形成了丰富多姿的"互文"关系。本文以描写和抒情为主,同时也把说理蕴含其中,尤其是结尾部分,从个体的生命,延展到宇宙的大生命,谈论二者之间的关系,归结到"感谢生命"的主题,情与理、思与诗融会为一,意境丰厚而回味深远。

【思考与练习】

一、本文是如何用形象化手段来表达关于生命的哲理的?

二、谈谈本文在词语运用方面的特点。

三、结合本文,谈谈你对生命中快乐和痛苦的理解。

小狗包弟①

巴　金

巴金(1904—2005)，原名李尧棠，字芾甘，笔名巴金，四川成都人。中国现代著名作家、翻译家。1927年初赴法国留学，1928年底回到上海，在此期间开始文学创作和翻译，回国后陆续发表的《爱情三部曲》(《雾》《雨》《电》)、《激流三部曲》(《家》《春》《秋》)在青年读者中产生了巨大而持续的影响。抗日战争时期，他辗转各地，编辑书刊，并一直写作不辍，先后出版了《寒夜》、《憩园》等长篇小说。建国后，巴金曾历任全国文联副主席，中国作家协会副主席、主席等职。晚年发表的五卷《随想录》以独立的思考和深切的人文关怀，引起了强烈反响。今人编有《巴金全集》、《巴金译文全集》。

一个多月前，我还在北京，听人讲起一位艺术家的事情，我记得其中一个故事是讲艺术家和狗的。据说艺术家住在一个不太大的城市里，隔壁人家养了小狗，它和艺术家相处很好，艺术家常常用吃的东西款待它。"文革"期间，城里发生了从未见过的武斗，艺术家害怕起来，就逃到别处躲了一段时期。后来他回来了，大概是给人揪回来的，说他"里通外国"，是个反革命，批他，斗他。他不承认，就痛打，拳打脚踢，棍棒齐下，不但头破血流，一条腿也给打断了。批斗结束，他走不动，让专政队拖着他游街示众，衣服撕破了，满身是血和泥土，口里发出呻唤。认识的人看见半死不活的他，都掉开头去。忽然一只小狗从人丛中跑出来，非常高兴地朝着他奔去。它亲热地叫着，扑到他跟前，到处闻闻，用舌头舔舔，用脚爪在他的身上抚摸。别人赶它走，用脚踢，拿棒打，都没有用，它一定要留在它的朋友的身边。最后专政队用大棒打断了小狗的后腿，它发出几声哀叫，痛苦地拖着伤残的身子走开了。地上添了血迹，艺术家的破衣上留下几处狗爪印。艺术家给关了几年才放出来，他的第一件事就是买几斤肉去看望那只小狗。邻居告诉他，那天狗给打坏以后，回到家里什么也不吃，哀叫了三天就死了。

听了这个故事，我又想起我曾经养过的那条小狗。是的，我也养过狗。那是1959年的事情，当时一位熟人给调到北京工作，要将全家迁去，想把他养的小狗送给我，因为我家里有一块草地，适合养狗的条件。我答应了，我的儿子也很高兴。狗来了，是一条日本种的黄毛小狗，干干净净，而且有一种本领：它有什么要求时就立起身子，把两只前脚并在一起不停地作揖。这本领不是我那位朋友训练出来的。它还有一位瑞典旧主人，关于他我毫无所知。他离开上海回国，把小狗送给接受房屋租赁权的人，小狗就归了我的朋友。小狗来的时候有一个外国名字，它的译音是"斯包弟"。我们简化了这个名字，就叫它做"包弟"。

包弟在我们家待了七年，同我们一家人处得很好。它不咬人，见到陌生人，在大门口吠一阵，我们一声叫唤，它就跑开了。夜晚篱笆外面人行道上常常有人走过，它听见某种声音就会朝着篱笆又跑又叫，叫声的确有点刺耳，但它也只是叫几声就安静了。它在院子里和草地上的时候多些，有时我们在客厅里接待客人或者同老朋友聊天，它会进来作几个揖，讨糖果吃，引起客人发笑。日本朋友对它更感兴趣，有一次大概在1963年或者以后的夏天，一家日本通讯社到我家来拍电视片，就拍摄了包弟的镜头。又有一次日本作家由起女士访问上海，来我家做客，对日本产的包弟非常喜欢，她说她在东京家中也养了狗。两年以后，她再到北京参加亚非作家紧急会议，看见我她就问："您的小狗怎样？"听我说包弟很好，她笑了。

我的爱人萧珊也喜欢包弟②。在三年困难时期，我们每次到文化俱乐部吃饭，她总要向服务员讨一点骨头回去喂包弟。1962年我们夫妇带着孩子在广州过了春节，回到上海，听妹妹们说，我们在广州的时候，睡房门紧闭，包弟每天清早守在房门口等候我们出来。它天天这样，从不厌倦。它看见我们回来，特别是看到萧珊，不住地摇头摆尾，那种高兴、亲热的样子，现在想起来我还很感动，仿佛又听见由起女士的问话："您的小狗怎样？"

"您的小狗怎样？"倘使我能够再见到那位日本女作家，她一定会拿同样的一句话问我。她的关心是不会减少的。然而我已经没有小狗了。

1966年8月下旬红卫兵开始上街抄四旧的时候，包弟变成了我们家的一个大"包袱"，晚上附近的小孩时常打门大喊大嚷，说是要杀小狗。听见包弟尖声吠叫，我就胆战心

惊，害怕这种叫声会把抄四旧的红卫兵引到我家里来③。当时我已经处于半靠边的状态④，傍晚我们在院子里乘凉，孩子们都劝我把包弟送走，我请我的大妹妹设法。可是在这时节谁愿意接受这样的礼物呢？据说只好送给医院由科研人员拿来做实验用，我们不愿意。以前看见包弟作揖，我就想笑，这些天我在机关学习后回家，包弟向我作揖讨东西吃，我却暗暗地流泪。

形势越来越紧，我们隔壁住着一位年老的工商业者，原先是某工厂的老板，住屋是他自己修建的，同我的院子只隔了一道竹篱。有人到他家去抄四旧了。隔壁人家的一动一静，我们听得清清楚楚，从篱笆缝里也看得见一些情况。这个晚上附近小孩几次打门捉小狗，幸而包弟不曾出来乱叫，也没有给捉了去。这是我六十多年来第一次看见抄家，人们拿着东西进进出出，一些人在大声叱骂，有人摔破坛坛罐罐。这情景实在可怕。十多天来我就睡不好觉，这一夜我想得更多，同萧珊谈起包弟的事情，

我们最后决定把包弟送到医院去,交给我的大妹妹去办。

包弟送走后,我下班回家,听不见狗叫声,看不见包弟向我作揖、跟着我进屋,我反而感到轻松,真有一种摔掉包袱的感觉。但是在我吞了两片眠尔通、上床许久还不能入睡的时候⑤,我不由自主地想到了包弟,想来想去,我又觉得我不但不曾摔掉什么,反而背上了更加沉重的"包袱"。在我眼前出现的不是摇头摆尾、连连作揖的小狗,而是躺在解剖桌上给割开肚皮的包弟。我再往下想,不仅是小狗包弟,连我自己也在受解剖。不能保护一条小狗,我感到羞耻;为了想保全自己,我把包弟送到解剖桌上,我瞧不起自己,我不能原谅自己!我就这样可耻地开始了十年浩劫中逆来顺受的苦难生活。一方面责备自己,另一方面又想保全自己,不要让一家人跟自己一起堕入地狱。我自己终于也变成了包弟,没有死在解剖桌上,倒是我的幸运。……

整整十三年零五个月过去了。我仍然住在这所楼房里,每天清早我在院子里散步,脚下是一片衰草,竹篱笆换成了无缝的砖墙。隔壁房屋里增加了几户新主人,高高墙壁上多开了两扇窗,有时倒下一点垃圾。当初刚搭起的葡萄架给虫蛀后早已塌下来扫掉,连葡萄藤也被挖走了。右面角上却添了一个大化粪池,是从紧靠着的五层楼公寓里迁过来的。少掉了好几株花,多了几棵不开花的树。我想念过去同我一起散步的人⑥,在绿草如茵的时节,她常常弯着身子,或者坐在地上拔除杂草,在午饭前后她有时逗着包弟玩。……我好像做了一场大梦。满园的创伤使我的心仿佛又给放在油锅里熬煎。这样的熬煎是不会有终结的,除非我给自己过去十年的苦难生活作了总结,还清了心灵上的欠债。这绝不是容易的事。那么我今后的日子不会是好过的吧。但是那十年我也活过来了。

即使在"说谎成风"的时期,人对自己也不会讲假话,何况在今天,我不怕大家嘲笑,我要说:我怀念包弟,我想向它表示歉意。

1980年1月4日

(《巴金全集》第16卷,巴金撰,北京:人民文学出版社,1991)

【注释】

① 本文选自巴金《随想录》之《探索集》。
② 萧珊:原名陈蕴珍(1917—1972),浙江宁波人,巴金的妻子。
③ 四旧:"文革"时用语,指旧思想、旧文化、旧风俗、旧习惯。
④ 靠边:"文革"中对干部、知识分子被剥夺职务,不能正常工作的习称。
⑤ 眠尔通:一种镇静安眠的药。
⑥ 同我一起散步的人:指萧珊。

【提示】

本文是巴金晚年的系列随笔《随想录》中的一篇。通过个人的经历,反思"文革"时期的历史,是《随想录》的总主题,本篇则通过可爱的小狗包弟在"文革"中的悲惨遭遇,反映了那个畸形年代的畸形精神状态。造成包弟悲剧的,当然是那种疯狂、恐怖的社会气氛,上门打砸威胁的红卫兵,但本文的深刻之处在于,作者没有止于外向的社会批判,也反躬追问自己的责任,甚或可以说,当时的社会现实在本文是当作远景处理的,作者的主要着眼点是自我剖析,把自己放到了解剖台上,歉疚与忏悔的情绪流贯全篇,表现出了与同时期流行的"伤痕文学"大不相同的境界。

本文先从别人的一只小狗写起，然后联想到自己曾经养过的小狗，写包弟的来历，和一家人的亲密关系，以及到后来被送到医院解剖室的结局，自然朴素，看似信笔所至，随意写来，实际上前后的照应、详略的剪裁，都恰到好处。本文时间跨度很大，叙述层次上从现在到过去再到现在的跳跃，与作者的感情起伏呼应配合，而又毫无人工雕琢的痕迹，这是真正老成的文字。

【思考与练习】

1. 开篇所写艺术家与狗的故事，与后面叙述的小狗包弟的故事，二者之间具有怎样的关系？

2. 本文结尾处描写的"满园的创伤"，具有怎样的寓意？

3. 你怎样理解本文作者所说"心灵上的欠债"？

菉竹山房①

吴组缃

吴组缃(1908—1994),原名祖襄,安徽泾县人。中国现代著名作家、学者。1933年毕业于清华大学。后曾任金陵女子文理学院、清华大学教授。1952年调北京大学任教授。曾任中国作协书记处书记、北京市文联副主席。在大学读书时即开始文学创作。初期作品往往以悲剧风格抨击摧残人性的旧社会,后期作品转向对急剧破产的农村社会的描绘。文笔细腻委婉,风格悲凉。著有《宋元文学史稿》,短篇小说集《西柳集》、《饭余集》,散文集《拾荒集》,长篇小说《鸭嘴崂》(后更名为《山洪》)等。

阴历五月初十日和阿圆到家,正是家乡所谓"火梅"天气②:太阳和淫雨交替迫人③,那苦况非身受的不能想象。母亲说,前些日子二姑姑托人传了口信来,问我们到家没有;说"我做姑姑的命不好,连侄儿侄媳也冷淡我"。意思之间,是要我和阿圆到她老人家村上去住些时候。

二姑姑家我只于年小时去过一次,至今十多年了。我连年羁留外乡,过的是电灯电影洋装书籍柏油马路的另一世界的生活④。每当想起家乡,就如记忆一个年远的传说一样。我脑中的二姑姑家,到现在更是模糊得如云如烟。那座阴森敞大的三进大屋⑤,那间摊乱着雨蚀虫蛀的古书的学房⑥,以及后园中的池塘竹木,想起来都如依稀的梦境。

二姑姑的故事好似一个旧传奇的仿本⑦。她的红颜时代我自然没有见过,但从后来我所见到的她的风度上看来:修长的身材,清癯白晰的脸庞,狭长而凄清的眼睛,以及沉默少言笑的阴暗调子,都和她的故事十分相称。

故事在这里不必说得太多。其实,我所知道的也就有限;因为家人长者都讳谈它。我所知道的一点点,都是日长月远,家人谈话中偶然流露出来,由零碎摭拾起来的⑧。

多年以前,叔祖的学塾中有个聪明年少的门生,是个三代孤子。因为看见叔祖屋里的幛幔⑨,笔套,与一幅大云锦上的刺绣⑩,绣的都是各种姿态的美丽蝴蝶,心里对这绣蝴蝶的人起了羡慕之情;而这绣蝴蝶的姑娘因为听叔祖常常夸说这人,心里自然也早就有了这人。这故事中的主人以后是乘一个怎样的机缘相见相识,我不知道,长辈们恐怕也少知道。在我所摭拾的零碎资料中,这以后便是这悲惨故事的顶峰:一个三春天气的午间⑪,冷清的后园的太湖石洞中,祖母因看牡丹花,拿住了一对仓惶失措的系裤带的顽皮孩子。

这幕才子佳人的喜剧闹了出来,人人夸说的绣蝴蝶的小姐一时连丫头也要加以鄙夷。放佚风流的叔祖虽从中尽力撮合周旋⑫,但当时究未成功。若干年后,扬子江中八月大潮,风浪陡作,少年赴南京应考,船翻身亡。绣蝴蝶的小姐那时才十九岁,闻耗后,在桂花树下自缢，为园丁所见，救活了，没死。少年家觉得这小姐尚有稍些可风之处⑬，商得了女家同意，大吹大擂接小姐过去迎了灵柩；麻衣红绣鞋⑭，抱着灵牌参拜家堂祖庙，做了新娘。

这故事要不是二姑姑的，并不多么有趣；二姑姑要没这故事，我们这次也就不致急于要去。

母亲自然怂恿我们去。说我们是新结婚，也难得回家一次。二姑姑家孤寂了一辈子，如今如此想念我们，这点子人情是不能不尽的。但是阿圆却有点怕我们家乡的老太太。这些老太太——举个例，就如我的大伯娘，她老人家就最喜欢搂阿圆在膝上喊宝宝，亲她的脸，咬她的肉，摩挲她的臂膊⑮；又要我和她接吻给她老人家看。一得闲空，就托支水烟袋坐到我们房里来，盯着眼看守着我们作迷迷笑脸，满口反覆地说些叫人红脸不好意思的夸羡话。这种种啰唣⑯，我倒不大在意；可是阿圆就老被窘得脸红耳赤，不知该往那里躲。——因此，阿圆不愿去。

我知道弊病之所在，告诉阿圆：二姑姑不是这种善于表现的快乐天真的老太太。而且我会投年轻姑娘之所好，照二姑姑原来的故事又编上了许多的动人的穿插，说得阿圆感动得红了眼睛叹长气。听说二姑姑决不会给她那种啰唣，她的不愿去的心就完全消除；再听了二姑姑的故事，有趣得如从线装书中看下来的一样；又想到借此可以暂时躲避家下的老太太；而且又知道金燕村中风景好，箓竹山房的屋舍阴凉宽畅：于是阿圆不愿去的心，变成急于要去了。

我说金燕村，就是二姑姑的村；箓竹山房就是二姑姑的家宅。沿着荆溪的石堤走，走的七八里地，回环合抱的山峦渐渐拥挤，两岸葱翠古老的槐柳渐密，溪中黯赭色的大石渐多，哗哗的水激石块声越听越近。这段溪，渐不叫荆溪，而是叫响潭。响潭的两岸，槐树柳树榆树更多更老更葱茏，两面缝合，荫罩着乱喷白色水沫的河面，一缕太阳光也晒不下来。沿着响潭两岸的树林中，疏疏落落点缀着二十多座白垩瓦屋⑰。西岸上，紧临着响潭，那座白屋分外大；梅花窗的围墙上面探露着一丛竹子；竹子一半是绿色的，一半已开了花，变成槁色。——这座村子便是金燕村，这座大屋便是二姑姑的家宅箓竹山房。

阿圆是外乡生长的，从前只在中国山水画上见过的景子，一朝忽然身历其境，欣跃之情自然难言。我一时回想起平日见惯的西式房子，柏油马路，烟囱，工厂等等，也觉得是重入梦境，作了许多缥缈之想。

二姑姑多年不见，显见得老迈了。

"昨天夜里结了三颗大灯花，今朝喜鹊在屋脊上叫了三四次，我知道要来人⑱。"

那只苍白皱摺的脸没多少表情。说话的语气，走路的步法，和她老人家的脸庞同一调子：阴暗，凄苦，迟钝。她引我们进到内屋里，自己跚跚颤颤地到房里去张罗果盘，吩咐丫头为我们打脸水。——这丫头叫兰花，本是我家的丫头，三十多岁了。二姑姑陪嫁丫头死去后，祖父便拨了身边的这丫头来服侍姑姑，和姑姑作伴。她陪姑姑住守这所大屋子已二十多年，跟姑姑念诗念经，学姑姑绣蝴蝶，她自己说不要成家的。

二姑姑说没指望我们来得如此快，房子都没打扫。领我们参观全宅，顺便叫我们自己拣一间合意的住。四个人分作三排走，姑姑在前，我俩在次，兰花在最后。阿圆蹑着姑姑的步子走，显见得拘束不自在，不时昂头顾我，作有趣的会意之笑。我们都无话说。

屋子高大,阴森,也是和姑姑的人相谐调的。石阶,地砖,柱础,甚至板壁上,都染涂着一层深深浅浅的黯绿,是苔尘。一种与陈腐的土木之气混合的霉气扑满鼻官。每一进层的梁上都吊有淡黄色的燕子窝,有的已剥落,只留着痕迹;有的正孵着雏儿,叫得分外响。

我们每走到一进房子,由兰花先上前开锁;因为除姑姑住的一头两间的正屋而外,其余每一间房,每一道门都是上了锁的。看完了正屋,由侧门一条巷子走到花园中。邻着花园有座雅致的房,门额上写着"邀月"两个八分字⑲。百叶窗,古瓶式的门,门上也有明瓦纸的册叶小窗。我爱这地方近花园,较别处明朗清新得多,和姑姑说,我们就住这间房。姑姑叫兰花开了锁,两扇门一推开,就噗噗落下三只东西来:两只是壁虎,一只是蝙蝠。我们都怔了一怔。壁虎是悠悠地爬走了;兰花拾起那只大蝙蝠,轻轻放到墙隅里,呓语着似地念了一套怪话:"福公公,你让让房,有贵客要在这里住。"

阿圆惊惶不安的样子,牵一牵我的衣角,意思大约是对着这些情景,不敢在这间屋里住。二姑姑年老还不失其敏感,不知怎样她老人家就窥知了阿圆的心事:"不要紧。——这些房子,每年你姑爹回家时都打扫一次⑳。停会,叫兰花再好好来收拾。福公公虎爷爷都会让出去的。"

又说:"这间邀月庐是你姑爹最喜欢的地方;去年你姑爹回来,叫我把它修葺一下㉑。你看看,里面全是新崭崭的。"

我探身进去张看,兜了一脸蜘蛛网。里面果然是新崭崭的。墙上字画,桌上陈设,都很整齐。只是蒙上一层薄薄的灰尘罢了。

我们看兰花扎了竹叶把,拿了扫帚来打扫。二姑姑自回前进去了。阿圆用一个小孩子的神秘惊奇的表情问我说:"怎么说姑爹?……"

兰花放下竹叶把,瞪着两只阴沉的眼睛低幽地告诉阿圆说:"爷爷灵验得很啦!三朝两天来给奶奶托梦。我也常看见的,公子帽,宝蓝衫,常在这园里走。"

阿圆扭着我的袖口,只是向着兰花的两只眼睛瞪看。兰花打扫好屋子,又忙着抱被褥毯子席子为我们安排床铺。里墙边原有一张檀木榻,榻几上面摆着一套围棋子,一盘瓷制的大蟠桃。把棋子蟠桃连同榻几拿去,铺上被席,便是我们的床了。二姑姑蹒跚颤颤地走来,拿着一顶蚊帐给我们看,说这是姑爹用的帐,是玻璃纱制的;问我们怕不怕招凉。我自然愿意要这顶凉快帐子;但是阿圆却望我瞪着眼,好象连这顶美丽的

钟馗夜巡图　　明·戴进作

帐子也有可怕之处。

这屋子的陈设是非常美致的，只看墙上的点缀就知道。东墙上挂着四幅大锦屏，上面绣着《篆竹山房唱和诗》㉒，边沿上密密齐齐地绣着各色的小蝴蝶，一眼看上去就觉得很灿烂。西墙上挂着一幅彩色的《钟馗捉鬼图》㉓，两边有洪北江的"梅雪松风清几榻，天光云影护琴书"的对子㉔。床榻对面的南墙上有百叶窗子可以看花园，窗下一书桌，桌上一个朱砂古瓶，瓶里插着马尾云拂㉕。

我觉得这地方好。陈设既古色古香；而窗外一丛半绿半黄的修竹，和墙外隐约可听的响潭之水，越衬托得闲适恬静。

不久吃晚饭，我们都默然无话。我和阿圆是不知在姑姑面前该说些什么好，姑姑自己呢，是不肯多说话的。偌大屋子如一大座古墓，没一丝人声；只有堂厅里的燕子啾啾地叫。兰花向天井檐上张一张，自言自语地说："青姑娘还不回来呢！"

二姑姑也不答话，点点头。阿圆偷眼看看我。——其实我自己也正在纳罕着的。吃了饭，正洗脸，一只燕子由天井飞来，在屋里绕了一道，就钻进檐下的窝里去了。兰花停了碗，把筷子放在嘴沿上，低低地说："青姑娘，你到这时才回来。"悠悠地长叹一口气。

我释然，向阿圆笑笑；阿圆却不曾笑，只瞪着眼看兰花。

我说邀月庐清新明朗，那是指日间而言。谁知这天晚上，大雨复作；一盏三支灯草的豆油檠摇晃不定㉖；远远正屋里二姑姑兰花低幽地念着晚经，听来简直是"秋坟鬼唱鲍家诗"㉗；加以外面雨声虫声风弄竹声合奏起一支凄厉的交响曲，显得这周遭的确鬼趣殊多。也不知是循着怎样的一个线索，很自然地便和阿圆谈起《聊斋》的故事来。谈一回，她越靠紧我一些，两眼只瞪着西墙上的《钟馗捉鬼图》，额上鼻上渐渐全渍着汗珠。钟馗手下按着的那个鬼，披着发，撕开血盆口，露出两支大獠牙，栩栩欲活。我偶然瞥一眼，也不由得一惊。这时觉得那钟馗，那恶鬼，姑姑和兰花，连同我们自己俩，都成了鬼故事中的人物了。

阿圆瑟缩地说："我想睡。"

她紧紧靠住我，我走一步，她走一步。睡到床上，自然很难睡着。不知辗转了多少时候，雨声渐止，月亮透过百叶窗，映照得满屋凄幽。一阵飒飒的风摇竹声后，忽然听得窗外有脚步之声。声音虽然轻微，但是入耳十分清楚。

"你……听见了……没有？"阿圆把头钻在我的腋下，喘息地低声问。

我也不禁毛骨悚然。

那声音渐听渐近，没有了；换上的是低沉的戚戚声，如鬼低诉。阿圆已浑身汗濡。我咳了一声，那声音突然寂止；听见这突然寂止，想起兰花日间所说的话，我也不由得不怕了。半晌没有声息，紧张的心绪稍稍平缓，但是两人的神经都过分紧张，要想到梦乡去躲身，究竟不能办到。为要解除阿圆的恐怖，我找了些快乐高兴的话和她谈说。阿圆也就渐渐敢由我的腋下伸出头来了。我说："你想不想你的家？"

"想。"

"怕不怕了？"

"还有点怕。"

正答着话，她突然尖起嗓子大叫一声，搂住我，嚎啕，震抖，迫不成声："你……看……

门上！……"

我看门上——门上那个册叶小窗露着一个鬼脸，向我们张望；月光斜映，隔着玻璃纱帐看得分外明晰。说时迟，那时快。那个鬼脸一晃，就沉下去不见了。我不知从那里涌上一股勇气，推开阿圆，三步跳去，拉开门。

门外是两个女鬼！

一个由通正屋的小巷窜远了；一个则因逃避不及，正在我的面前蹲着。

"是姑姑吗？"

"唔——"幽沉的一口气。

我抹着额上的冷汗，不禁轻松地笑了。我说："阿圆，莫怕了，是姑姑。"

一九三二，十一，二十六。

（《吴组缃代表作》，吴组缃撰，北京：华夏出版社，1998）

【注释】

① 本篇最初发表于 1933 年 1 月 14 日出版的《清华周刊》第 38 卷第 12 期。

② 火梅：即梅雨，指初夏江淮流域持续较长的阴雨天气。因时值梅子黄熟，故有此名。

③ 淫雨：过多的雨。淫，过多。

④ 洋装书籍：用西式的方法（即装订线藏在书皮里面）装订的书。

⑤ 三进：老式建筑一个宅院内房子分成前后几排，每一排称为一进，三进即三排房屋。

⑥ 学房：即书房。

⑦ 旧传奇的仿本：仿照古老传奇编写的故事。中国文学史上，传奇作为一种体式，一是指唐宋人所作的文言短篇小说，以情节离奇而得名；二是指明清人所作的主要以南曲演唱的戏曲剧本，由宋元南戏发展而来。

⑧ 撷（zhí）拾：拾取。

⑨ 幛幔（zhàng màn）：绸布做成的上有题字或缀字的帐幕。

⑩ 云锦：织有云纹图案的丝织品，是中国传统工艺美术品。

⑪ 三春：此处指春季的第三个月，即夏历三月。

⑫ 放佚（yì）：豪放洒脱、不受拘束的。

⑬ 可风：值得赞扬，有教育意义。

⑭ 麻衣红绣鞋：指丧事和婚事一起办。麻衣，指丧服。红绣鞋，指新娘子穿的鞋。

⑮ 摩挲（mó suō）：用手抚摸。

⑯ 啰唣（luó zào）：义同"啰嗦"。

⑰ 白垩（è）：石灰岩的一种，色白，质地软，可以用来粉刷房屋。

⑱ 要来人：民间风习认为油灯的灯芯上结灯花，喜鹊在自家的房上或院子的树上叫，就预示将有客人到来。

⑲ 八分字：一种书体，汉代流行的隶书字体。

⑳ 姑爹回家：此指姑爹的灵魂回家。

㉑ 修葺（qì）：修补。

㉒ 唱和（hè）：以诗词互相酬答，唱，指某人首先做诗词；和，指别的人根据他的题目和体式做诗词应答。

㉓ 钟馗（kuí）：传说中捉鬼驱邪的神，据沈括《梦溪笔谈》记载，唐玄宗曾梦见一大鬼捕食一小鬼，问大鬼何人，对曰："臣钟馗，即武举不捷之士也，誓与陛下除天下之妖孽。"后世遂图其形以除邪驱祟。一说系从"终葵"演化而来。唐代大画家吴道子画有《钟馗捉鬼图》。

㉔ 洪北江：即洪亮吉（1746—1809），字君直，一字稚存，号北江，江苏阳湖（今常州）人，清学者、文学家，乾隆五十五年（1790）进士，官编修。有《春秋左传诂》《洪北江全集》。

㉕ 马尾云拂：用马尾做成的一种除灰尘的掸帚。

㉖ 豆油檠（qǐng）：豆油灯。檠，灯台。

㉗ "秋坟"句：这是唐诗人李贺《秋来》诗中的第七句，意思是秋天坟地里众鬼吟唱着鲍照的诗。形容声音很凄切。鲍，指鲍照（约 414—466），字明远，东海（治今山东郯城北）人，南朝宋文学家，官临海王前军参军，世称"鲍参军"，有《鲍参军集》。鲍家诗，似指鲍照的《代蒿里行》《代挽歌》之类作品。

【提示】

这篇小说以新婚的"我"和阿圆去看望二姑姑为线索,从独特的角度表现了一个传统女性无爱的凄凉人生历程,揭示出腐朽的封建旧文化对人性和生命的压抑与摧残。

小说没有过多地停留在对二姑姑爱情悲剧的正面描写上,情节的铺展在此显得并不重要,人物的性格也只以淡淡的笔墨加以勾勒,作者主要用大量的笔墨来营造气氛,进行细致的渲染与烘托,让人在蓁竹山房阴森而略带鬼气的氛围中,感悟到守活寡的二姑姑虽生犹死,形同一片枯萎的花瓣漂浮于封建传统文化死水潭的可悲境遇。文章结尾处,在惨淡月光下出现"鬼脸"的细节描写,不仅强化了小说阴森恐怖的氛围,同时亦深刻地揭示了两个女人畸变的心理状态,起着画龙点睛的作用。

景物描写在本文里起到了非常突出的作用。正是通过乡村景色或清幽或明朗或阴冷的色调变化和对比,与富有特征的民情风物的描叙,凸现了二姑姑的生活空间。来自城市、带有现代文明生活气息的"我"和阿圆,在整个故事中所呈现的心理感受的曲折变化,则反衬了腐朽的封建旧文化对人性的戕害。

【思考与练习】

一、简要分析这篇小说中二姑姑身世的悲剧意义。

二、试析这篇小说中景物描写的作用。

三、为什么说这篇小说主要采用的是侧面渲染和烘托的表现方法?

哭 小弟①

宗璞(1928—),原名冯钟璞,祖籍河南唐河,生于北京。中国当代女作家。为著名哲学家冯友兰之女,幼承家学。1946年就读南开大学外文系,1948年转入清华大学外文系,1951年毕业。后曾供职于中国文联,任《文艺报》《世界文学》等刊物编辑。1982年加入国际笔会。1984年当选为中国作协理事。其文学创作以气韵独特著称。著有小说《红豆》、《三生石》、《南行记》、《东藏记》,散文集《丁香结》等。

> 飞 机 强 度 研 究 所 技 术 所 长
>
> 冯钟越

我面前摆着一张名片,是小弟前年出国考察时用的。名片依旧,小弟却再也不能用它了。

小弟去了。小弟去的地方是千古哲人揣摩不透的地方,是各种宗教企图描绘的地方,也是每个人都会去,而且不能回来的地方。但是现在怎么能轮得到小弟!他刚五十岁,正是精力充沛,积累了丰富的学识经验,大有作为的时候。有多少事等他去做啊!医院发现他的肿瘤已相当大,需要立即做手术,他还想去参加一个技术讨论会,问能不能开完会再来。他在手术后休养期间,仍在看研究所里的科研论文,还做些小翻译。直到卧床不起,他手边还留着几份国际航空材料,总是"想再看看"。他也并不全想的是工作。已是滴水不进时,他忽然说想吃虾,要对虾。他想活,他想活下去啊!

可是他去了,过早地去了。这一年多,从他生病到逝世,真像是个梦,是个永远不能令人相信的梦。我总觉得他还会回来,从我们那冬夏一律显得十分荒凉的后院走到我窗下,叫一声"小姊——"

可是他去了,过早地永远地去了。

我长小弟三岁。从我有比较完整的记忆起,生活里便有我的弟弟,一个胖胖的、可爱的小弟弟,跟在我身后。他虽然小,可是在玩耍时,他常常当老师,照顾着小朋友,让大家坐好,他站着上课,那神色真是庄严。他虽然小,在昆明的冬天里,孩子们都怕生冻疮,都怕用冷水洗脸,他却一点不怕。他站在山泉边,捧着一个大盆的样子,至今还十分清晰地在我眼前。

"小姊，你看，我先洗!"他高兴地叫道。

在泉水缓缓地流淌中，我们从小学，中学而大学，大部时间都在一个学校。毕业后就各奔前程了。不知不觉间，听到人家称小弟为强度专家；不知不觉间，他担任了总工程师的职务。在那动荡不安的年月里，很难想象一个人的将来。这几年，父亲和我倒是常谈到②，只要环境许可，小弟是会为国家做出点实际的事的。却不料，本是最年幼的他，竟先我们而离去了。

去年夏天，得知他患病后，因为无法得到更好的治疗，我于八月二十日到西安，记得有一辆坐满了人的车来接我。我当时奇怪何以如此兴师动众，原来他们都是去看小弟的。到医院后，有人进病房握手，有人只在房门口默默地站一站，他们怕打扰病人，但他们一定得来看一眼。

手术时，有航空科学研究院、623所、631所的代表，弟妹、侄女和我在手术室外；还有一辆轿车在医院门口。车里有许多人等着，他们一定要等着，准备随时献血。小弟如果需要把全身的血都换过，他的同志们也会给他。但是一切都没有用。肿瘤取出来了，有一个半成人拳头大，一面已经坏死。我忽然觉得一阵胸闷，几乎透不过气来——这是在穷乡僻壤为祖国贡献着才华、血汗和生命的人啊，怎么能让这致命的东西在他身体里长到这样大!

我知道在这黄土高原上生活的艰苦，也知道住在这黄土高原上的人工作之劳累，还可以想象每一点工作的进展都要经过十分恼人的迂回曲折。但我没有想到，小弟不但生活在这里，战斗在这里，而且把性命交付在这里了。他手术后回京在家休养，不到半年，就复发了。

那一段焦急的悲痛的日子，我不忍写，也不能写。每一念及，便泪下如缕③，纸上一片模糊。记得每次看病，候诊室里都像公共汽车上一样拥挤，等啊等啊，盼啊盼啊，我们知道病情不可逆转，只希望能延长时间，也许会有新的办法。航空界从莫文祥同志起④，还有空军领导同志都极关心他，各个方面包括医务界的朋友们也曾热情相助，我还往海外求医。然而错过了治疗时机，药物再难奏效。曾有个别的医生不耐烦地当面对小弟说，治不好了，要他"回陕西去"。小弟说起这话时仍然面带笑容，毫不介意。他始终没有失去信心，他始终没有丧失生的愿望，他还没有累够。

小弟生于北京，一九五二年从清华大学航空系毕业。他填志愿到西南，后来分配在东北，以后又调到成都、调到陕西。虽然他的血没有流在祖国的土地上，但他的汗水洒遍全国，他的精力的一点一滴都献给祖国的航空事业了。个人的功绩总是有限的，也许燃尽了自己，也不能给人一点光亮，可总是为以后的绚烂的光辉做了一点积累吧。我不大明白各种工业的复杂性，但我明白，任何事业也不是只坐在北京就能够建树的。

我曾经非常希望小弟调回北京，分我侍奉老父的重担。他是儿子，三十年在外奔波，他不该尽些家庭的责任么？多年来，家里有什么事，大家都会这样说："等小弟回来"，"问小弟。"有时只要想到有他可问，也就安心了。现在还怎能得到这样的心安？风烛残年的父亲想儿子，尤其这几年母亲去世后，他的思念是深的，苦的，我知道，虽然他不说，现在他永远失去他的最宝贝的小儿子了。我还曾希望在我自己走到人生的尽头，跨过那一道痛苦的门槛时，身旁的亲人中能有我的弟弟，他素来的可倚可靠会给我安慰。哪里知道，却是他先迈过了那道门槛呵!

一九八二年十月二十八日上午七时,他去了。

这一天本在意料之中,可是我怎能相信这是事实呢!他躺在那里,但他已经不是他了,已经不是我那正当盛年的弟弟,他再也不会回答我们的呼唤,再不会劝阻我们的哭泣。你到哪里去了,小弟!自一九七四年沅君姑母逝世起⑤,我家屡遭丧事,而这一次小弟的远去最是违反常规,令人难以接受!我还不得不把这消息告诉当时也在住院的老父,因为我无法回答他每天的第一句问话:"今天小弟怎么样?"我必须告诉他,这是我的责任。再没有弟弟可以依靠了,再不能指望他来分担我的责任了。

父亲为他写了挽联:"是好党员,是好干部,壮志未酬,洒泪岂只为家痛;能娴科技⑥,能娴艺文,全才罕遇,招魂也难再归来!"我那惟一的弟弟,永远地离去了。

他是积劳成疾,也是积郁成疾,他一天三段紧张地工作,参加各式各样的会议。每有大型试验,他事先检查到每一个螺丝钉,每一块胶布。他是三机部科技委员会委员,他曾有远见地提出多种型号研究。有一项他任主任工程师的课题研制获国防工办和三机部科技一等奖。同时他也是623所党委委员,需要在会议桌上坦率而又让人能接受地说出自己对各种事情的意见。我常想,能够"双肩挑",是我们五十年代到六十年代初期出来的知识分子的特点。我们是在"又红又专"的要求下长大的。当然,有的人永远也没有能达到要求,像我。大多数人则挑起过重的担子,在崎岖的、荆棘丛生的,有时是此路不通的山路上行走。那几年的批判斗争是有远期效果的。他们不只是生活艰苦,过于劳累,还要担惊受怕,心里塞满想不通的事,谁又能经受得起呢!

小弟入医院前,正负责组织航空工业部系统的一个课题组,他任主任工程师。他的一个同志写信给我说,一九八一年夏天,西安一带出奇的热,几乎所有的人晚上都到室外乘凉,只有"我们的老冯"坚持伏案看资料,"有一天晚上,我去他家汇报工作,得知他经常胃痛,有时从睡眠中痛醒,工作中有时会痛得大汗淋漓,挺一会儿,又接着做了。天啊!谁又知道这是癌症!我只淡淡地说该上医院看看。回想起来,我心里很内疚,我对不起老冯,也对不起您!"

这位不相识的好同志的话使我痛哭失声!我也恨自己,恨自己没有早想到癌症对我们家族的威胁,即使没有任何症状,也该定期检查。云山阻隔,我一直以为小弟是健康的。其实他早感不适,已去过他该去的医疗单位。区一级的说是胃下垂,县一级的说是肾游走。以小弟之为人,当然不会大惊小怪,惊动大家。后来在弟妹的催促下,乘工作之便到西安检查,才做手术。如果早一年有正确的诊断和治疗,小弟还可以再为祖国工作二十年!

往者已矣。小弟一生,从没有"埋怨"过谁,也没有"埋怨"过自己,这是他的美德之一。他在病中写的诗中有两句:"回首悠悠无恨事,丹心一片向将来。"他没有恨事。他虽无可以彪炳史册的丰功伟绩⑦,却有一个普通人的认真的、勤奋的一生。历史正是由这些人写成的。

小弟白面长身,美丰仪;喜文艺,娴诗词;且工书法篆刻。父亲在挽联中说他是"全才罕遇",实非夸张。如果他有三次生命,他的多方面的才能和精力也是用不完的;可就这一辈子,也没有得以充分地发挥和施展。他病危弥留的时间很长,他那颗丹心,那颗让祖国飞起来的丹心,顽强地跳动,不肯停息。他不甘心!

这样壮志未酬的人,不只他一个啊!

我哭小弟，哭他在剧痛中还拿着那本航空资料"想再看看"，哭他的"胃下垂"、"肾游走"；我也哭蒋筑英抱病奔波⑧，客殇成都⑨；我也哭罗健夫不肯一个人坐一辆汽车⑩！我还要哭那些没有见诸报章的过早离去的我的同辈人。他们几经雪欺霜冻，好不容易奋斗着张开几片花瓣，尚未盛开，就骤然凋谢。我哭我们这迟开而早谢的一代人！

已经是迟开了，让这些迟开的花朵尽可能延长他们的光彩吧。

这些天，读到许多关于这方面的文章，也读到了《痛惜之余的愿望》，稍得安慰。我盼"愿望"能成为事实。我想需要"痛惜"的事应该是越来越少了。

小弟，我不哭！

1982 年 11 月

（插图珍藏版《宗璞散文》，宗璞撰，北京：人民文学出版社，2007）

【注释】

① 本文最初发表于 1982 年 12 月 27 日《人民日报》。

② 父亲：即现当代著名哲学家冯友兰（1895—1990），字芝生，河南唐河人，北京大学教授，有《三松堂全集》。

③ 泪下如绠（gěng）：形容眼泪之多。绠，汲水桶上的绳索。

④ 莫文祥：曾任航空工业部部长。

⑤ 沅君：冯沅君（1900—1974），原名恭兰，字德馥，河南唐河人。现代女作家、中国古代文学研究专家。1925 年毕业于北京大学国学研究所，后留学法国巴黎大学，获文学博士学位。归国后执教于燕京大学、中山大学、东北大学。建国后任山东大学教授、副校长。与陆侃如合著《中国诗史》，另有《冯沅君创作译文集》等。

⑥ 娴（xián）：熟练。

⑦ 彪炳史册：形容伟大的业绩永垂史册。彪炳，照耀。

⑧ 蒋筑英（1938—1982）：光学专家，全国劳动模范。浙江杭州人。1956 年考入北京大学物理系。生前任中科院长春光机所副研究员、第四研究室代主任。

⑨ 客殇（shāng）成都：客死在成都。蒋筑英是在到成都出差时发急病去世的。殇，原意是未成年而死，此指英年早逝。

⑩ 罗健夫（1935—1982）：电子专家，全国劳动模范。湖南湘乡人。1956 年考入西北大学原子物理系。毕业后先后在母校及西安电子计算机技术所、骊山微电子公司工作。积劳成疾去世。

【提示】

本文通过对小弟生前、逝后大量感人肺腑的事迹的回忆，满怀激情地赞美了小弟的无私奉献精神，表达出对小弟英年早逝的无限悲恸之情和对中国知识分子的命运的由衷关注。

文章自始至终紧扣"哭"字，将抒情、叙事、写人三者融为一体，在叙事中抒情，在议论中抒情，在叙事、抒情中写人，笔触缠绵哀婉，感情真挚动人。

作者善于运用细节描写与侧面烘托的手法来写人。如作者在回忆小弟生前的事迹时，写小弟幼年时在昆明冬天不怕生冻疮、敢用冷水洗脸这一细节，就刻画出小弟活泼可爱而憨厚纯朴的形象。小弟因病逝世后，作者写了小弟周围的同志对小弟的怀念，尤其是对小弟的一个同事给作者的一封信的大段抄录，从侧面烘托出小弟忘我工作的崇高品质。

本文构思别致，结构新颖精巧。文章围绕着小弟的病逝，把现实与回忆、家庭与社会、情与理交互组接，不是单线性顺叙，而是把众多的材料分成块状，交错展现。这种将多方面的材料交叉垒积的叙写方法,使文章内容层出层新,结构错落有致,避免了单调刻板。

【思考与练习】

一、本文在写小弟的经历与事迹时,叙事结构上有什么特点？这样的结构安排有何作用？

二、本文是哭小弟的,作者为什么又要哭蒋筑英和罗健夫？

三、举例说明本文是如何运用细节描写与侧面烘托来写人物的？

我与地坛（节选）①

史铁生

史铁生(1951—)，原籍河北涿州，生于北京。中国当代作家。1967 年毕业于清华大学附中初中，1969 年去陕西延安插队，1972 年因双腿瘫痪返回北京医疗，病后致力于文学创作。1979 年发表第一篇小说。后任北京作协副主席。他的作品一类是对知青生活的回忆和反思，另一类描写残疾人的心态与命运，平淡质朴，意蕴深沉，有独特的风格。主要作品有中短篇小说集《我的遥远的清平湾》、《礼拜日》、《舞台效果》、《命若琴弦》，长篇小说《务虚笔记》等。

一

我在好几篇小说中都提到过一座废弃的古园，实际就是地坛。许多年前旅游业还没有开展，园子荒芜冷落得如同一片野地，很少被人记起。

地坛离我家很近。或者说我家离地坛很近。总之，只好认为这是缘分。地坛在我出生前四百多年就坐落在那儿了，而自从我的祖母年轻时带着我父亲来到北京，就一直住在离它不远的地方——五十多年间搬过几次家，可搬来搬去总是在它周围，而且是越搬离它越近了。我常觉得这中间有着宿命的味道：仿佛这古园就是为了等我，而历尽沧桑在那儿等待了四百多年。

它等待我出生，然后又等待我活到最狂妄的年龄上忽地残废了双腿。四百多年里，它一面剥蚀了古殿檐头浮夸的琉璃，淡褪了门壁上炫耀的朱红，坍圮了一段段高墙又散落了玉砌雕栏②，祭坛四周的老柏树愈见苍幽，到处的野草荒藤也都茂盛得自在坦荡。这时候想必我是该来了。十五年前的一个下午，我摇着轮椅进入园中，它为一个失魂落魄的人把一切都准备好了。那时，太阳循着亘古不变的路途正越来越大③，也越红。在满园弥漫的沉静光芒中，一个人更容易看到时间，并看见自己的身影。

自从那个下午我无意中进了这园子，就再没长久地离开过它。我一下子就理解了它的意图。正如我在一篇小说中所说的："在人口密集的城市里，有这样一个宁静的去处，像是上帝的苦心安排。"

两条腿残废后的最初几年，我找不到工作，找不到去路，忽然间几乎什么都找不到了，我就摇了轮椅总是到它那儿去，仅为着那儿是可以逃避一个世界的另一个世界。我在那篇小说中写道："没处可去我便一天到晚耗在这园子里。跟上班下班一样，别人去上班我就摇了轮椅到这儿来。""园子无人看管，上下班时间有些抄近路的人们从园中穿过，园子里活跃一阵,过后便沉寂下来。""园墙在金晃晃的空气中斜切下一溜荫凉,我把轮椅开进去,把椅背放倒,坐着或是躺着,看书或者想事,撅一权树枝左右拍打,驱赶那些和我一样不明白为什么要来这世上的小昆虫。""蜂儿如一朵小雾稳稳地停在半空;蚂蚁摇头晃脑捋着触须,猛然间想透了什么,转身疾行而去;瓢虫爬得不耐烦了,累了,祈祷一回便支开翅膀,忽悠一下升空了;树干上留着一只蝉蜕,寂寞如一间空屋;露水在草叶上滚动,聚集,压弯了草叶轰然坠地摔开万道金光。""满园子都是草木竞相生长弄出的响动,片刻不息。"这都是真实的记录,园子荒芜但并不衰败。

除去几座殿堂我无法进去,除去那座祭坛我不能上去而只能从各个角度张望它,地坛的每一棵树下我都去过,差不多它的每一米草地上都有过我的车轮印。无论是什么季节,什么天气,什么时间,我都在这园子里呆过。有时候呆一会儿就回家,有时候就呆到满地上都亮起月光。记不清都是在它的哪些角落里了,我一连几小时专心致志地想关于死的事,也以同样的耐心和方式想过我为什么要出生。这样想了好几年,最后事情终于弄明白了:一个人,出生了,这就不再是一个可以辩论的问题,而只是上帝交给他的一个事实;上帝在交给我们这件事实的时候,已经顺便保证了它的结果,所以死是一件不必急于求成的事,死是一个必然会降临的节日。这样想过之后我安心多了,眼前的一切不再那么可怕。比如你起早熬夜准备考试的时候,忽然想起有一个长长的假期在前面等待你,你会不会觉得轻松一点?并且庆幸并且感激这样的安排?

剩下的就是怎样活的问题了。这却不是在某一个瞬间就能完全想透的,不是能够一次性解决的事,怕是活多久就要想它多久了,就像是伴你终生的魔鬼或恋人。所以,十五年了,我还是总得到那古园里去,去它的老树下或荒草边或颓墙旁,去默坐,去呆想,去推开耳边的嘈杂理一理纷乱的思绪,去窥看自己的心魂。十五年中,这古园的形体被不能理解它的人肆意雕琢,幸好有些东西是任谁也不能改变它的。譬如祭坛石门中的落日,寂静的光辉平铺的一刻,地上的每一个坎坷都被映照得灿烂①;譬如在园中最为落寞的时间,一群雨燕便出来高歌,把天地都叫喊得苍凉;譬如冬天雪地上孩子的脚印,总让人猜想他们是谁,曾在哪儿做过些什么,然后又都到哪儿去了;譬如那些苍黑的古柏,你忧郁的时候它们镇静地站在那儿,你欣喜的时候它们依然镇静地站在那儿,它们没日没夜地站在那儿从你没有出生一直站到这个世界上又没了你的时候;譬如暴雨骤临园中,激起一阵阵灼烈而清纯的草木和泥土的气味,让人想起无数个夏天的事件;譬如秋风忽至,再有一场早霜,落叶或飘摇歌舞或坦然安卧,满园中播散着熨帖而微苦的味道⑤。味道是最说不清楚的,味道不能写只能闻,要你身临其境去闻才能明了。味道甚至是难于记忆的,只有你又闻到它你才能记起它的全部情感和意蕴。所以我常常要到那园子里去。

二

现在我才想到,当年我总是独自跑到地坛去,曾经给母亲出了一个怎样的难题。

她不是那种光会疼爱儿子而不懂得理解儿子的母亲。她知道我心里的苦闷,知道不该阻止我出去走走,知道我要是老呆在家里结果会更糟,但她又担心我一个人在那荒僻的园子里整天都想些什么。我那时脾气坏到极点,经常是发了疯一样地离开家,从那园子里回来又中了魔似的什么话都不说。母亲知道有些事不宜问,便犹犹豫豫地想问而终于不敢问,因为她自己心里也没有答案。她料想我不会愿意她跟我一同去,所以她从未这样要求过,她知道得给我一点独处的时间,得有这样一段过程。她只是不知道这过程得要多久,和这过程的尽头究竟是什么。每次我要动身时,她便无言地帮我准备,帮助我上了轮椅车,看着我摇车拐出小院,这以后她会怎样,当年我不曾想过。

有一回我摇车出了小院,想起一件什么事又返身回来,看见母亲仍站在原地,还是送我走时的姿势,望着我拐出小院去的那处墙角,对我的回来竟一时没有反应。待她再次送我出门的时候,她说:"出去活动活动,去地坛看看书,我说这挺好。"许多年以后我才渐渐听出,母亲这话实际上是自我安慰,是暗自的祷告,是给我的提示,是恳求与嘱咐。只是在她猝然去世之后⑥,我才有余暇设想。当我不在家里的那些漫长的时间,她是怎样心神不定坐卧难宁,兼着痛苦与惊恐与一个母亲最低限度的祈求。现在我可以断定,以她的聪慧和坚忍,在那些空落的白天后的黑夜,在那不眠的黑夜后的白天,她思来想去最后准是对自己说:"反正我不能不让他出去,未来的日子是他自己的,如果他真的要在那园子里出什么事,这苦难也只好我来承担。"在那段日子里——那是好几年长的一段日子呵,我想我一定使母亲作过了最坏的准备了,但她从来没有对我说过"你为我想想"。事实上我也真的没为她想过。那时她的儿子还太年轻,还来不及为母亲想,他被命运击昏了头,一心以为自己是世上最不幸的一个,不知道儿子的不幸在母亲那儿总是要加倍的。她有一个长到二十岁上忽然截瘫了的儿子,这是她惟一的儿子;她情愿截瘫的是自己而不是儿子,可这事无法代替。她想,只要儿子能活下去哪怕自己去死呢也行,可她又确信一个人不能仅仅是活着,儿子得有一条路走向自己的幸福;而这条路呢,没有谁能保证她的儿子终于能找到。——这样一个母亲,注定是活得最苦的母亲。

有一次与一个作家朋友聊天,我问他学写作的最初动机是什么? 他想了一会说:"为我母亲。为了让她骄傲。"我心里一惊,良久无言。回想自己最初写小说的动机,虽不似这位朋友的那般单纯,但如他一样的愿望我也有,且一经细想,发现这愿望也在全部动机中占了很大比重。这位朋友说:"我的动机太低俗了吧?"我光是摇头,心想低俗并不见得低俗,只怕是这愿望过于天真了。他又说:"我那时真就是想出名,出了名让别人羡慕我母亲。"我想,他比我坦率。我想,他又比我幸福,因为他的母亲还活着。而且我想,他的母亲也比我的母亲运气好,他的母亲没有一个双腿残废的儿子,否则事情就不这么简单。

在我的头一篇小说发表的时候,在我的小说第一次获奖的那些日子里,我真是多么希望我的母亲还活着。我便又不能在家里呆了,又整天整天独自跑到地坛去,心里是没头没尾的沉郁和哀怨,走遍整个园子却怎么也想不通:母亲为什么就不能再多活两年? 为什么在她儿子就快要碰撞开一条路的时候,她却忽然熬不住了? 莫非她来此世上只是为了替儿子担忧,却不该分享我的一点点快乐? 她匆匆离我去时才只有49岁呀! 有那么一会,我甚至对世界对上帝充满了仇恨和厌恶。后来我在一篇题为"合欢树"的文章中写道:"我坐在小公园安静的树林里,闭上眼睛,想,上帝为什么早早地召母亲回去呢? 很久很久,迷迷糊糊的我听见了回答:'她心里太苦了,上帝看她受不住了,就召她回去。'我似乎得了一点安慰,睁开眼睛,看见风正从树林里穿过。"小公园,指的也是地坛。

只是到了这时候,纷纭的往事才在我眼前幻现得清晰,母亲的苦难与伟大才在我心中渗透得深彻。上帝的考虑,也许是对的。

摇着轮椅在园中慢慢走,又是雾罩的清晨,又是骄阳高悬的白昼,我只想着一件事:母亲已经不在了。在老柏树旁停下,在草地上在颓墙边停下,又是处处虫鸣的午后,又是鸟儿归巢的傍晚,我心里只默念着一句话:可是母亲已经不在了。把椅背放倒,躺下,似睡非睡挨到日没,坐起来,心神恍惚,呆呆地直坐到古祭坛上落满黑暗然后再渐渐浮起月光,心里才有点明白,母亲不能再来这园中找我了。

曾有过好多回,我在这园子里呆得太久了,母亲就来找我。她来找我又不想让我发觉,只要见我还好好地在这园子里,她就悄悄转身回去,我看见过几次她的背影。我也看见过几回她四处张望的情景,她视力不好,端着眼镜像在寻找海上的一条船;她没看见我时我已经看见她了,待我看见她也看见我了我就不去看她,过一会我再抬头看她就又看见她缓缓离去的背影。我单是无法知道有多少回她没有找到我。有一回我坐在矮树丛中,树丛很密,我看见她没有找到我;她一个人在园子里走,走过我的身旁,走过我经常呆的一些地方,步履茫然又急迫。我不知道她已经找了多久还要找多久,我不知道为什么我决意不喊她——但这绝不是小时候的捉迷藏,这也许是出于长大了的男孩子的倔强或羞涩?但这倔强只留给我痛悔,丝毫也没有骄傲。我真想告诫所有长大了的男孩子,千万不要跟母亲来这套倔强,羞涩就更不必,我已经懂了可我已经来不及了。

儿子想使母亲骄傲,这心情毕竟是太真实了。以致使"想出名"这一声名狼藉的念头也多少改变了一点形象。这是个复杂的问题,且不去管它了罢。随着小说获奖的激动逐日暗淡,我开始相信,至少有一点我是想错了:我用纸笔在报刊上碰撞开的一条路,并不就是母亲盼望我找到的那条路。年年月月我都到这园子里来,年年月月我都要想,母亲盼望我找到的那条路到底是什么。母亲生前没给我留下过什么隽永的哲言,或要我恪守的教诲⑦,只是在她去世之后,她艰难的命运,坚忍的意志和毫不张扬的爱,随光阴流转,在我的印象中愈加鲜明深刻。

有一年,十月的风又翻动起安详的落叶,我在园中读书,听见两个散步的老人说:"没想到这园子有这么大。"我放下书,想,这么大一座园子,要在其中找到她的儿子,母亲走过了多少焦灼的路。多年来我头一次意识到,这园中不单是处处都有过我的车辙,有过我的车辙的地方也都有过母亲的脚印。

三

如果以一天中的时间来对应四季,当然春天是早晨,夏天是中午,秋天是黄昏,冬天是夜晚。如果以乐器来对应四季,我想春天应该是小号,夏天是定音鼓,秋天是大提琴,冬天是圆号和长笛。要是以这园子里的声响来对应四季呢? 那么,春天是祭坛上空漂浮着的鸽子的哨音,夏天是冗长的蝉歌和杨树叶子哗啦啦地对蝉歌的取笑,秋天是古殿檐头的风铃响,冬天是啄木鸟随意而空旷的啄木声。以园中的景物对应四季,春天是一径时而苍白时而黑润的小路,时而明朗时而阴晦的天上摇荡着串串杨花;夏天是一条条耀眼而灼人的石凳,或阴凉而爬满了青苔的石阶,阶下有果皮,阶上有半张被坐皱的报纸;秋天是一座青铜的大钟,在园子的西北角上曾丢弃着一座很大的铜钟,铜钟与这园子一般年纪,浑身挂满绿锈,文字已不清晰;冬天,是林中空地上几只羽毛蓬松的老麻雀。以心绪对应四季呢? 春天是卧病的季节,否则人们不易发觉春天的残忍与渴望;夏天,情人们应该在这个季节里失恋,不然就似乎对不起爱情;秋天是从外面买一棵盆花回家的时候,把花搁在阔别了的家中,并且打开窗户把阳光也放进屋里,慢慢回忆慢慢整理一些发过霉的东西;冬天伴着火炉和书,一遍遍坚定不死的决心,写一些并不发出的信。还可以用艺术形式对应四季,这样春天就是一幅画,夏天是一部长篇小说,秋天是一首短歌或诗,冬天是一群雕塑。以梦呢? 以梦对应四季呢? 春天是树尖上的呼喊,夏天是呼喊中的细雨,秋天是细雨中的土地,冬天是干净的土地上的一只孤零的烟斗。

因为这园子,我常感恩于自己的命运。

我甚至现在就能清楚地看见,一旦有一天我不得不长久地离开它,我会怎样想念它,我会怎样想念它并且梦见它,我会怎样因为不敢想念它而梦也梦不到它。

(《我们活着的可能性有多少》,史铁生撰,上海:文汇出版社,2006)

【注释】

① 本文最初发表于《上海文学》1992 年第 1 期。原文共七节,这里节选的是前三节。地坛:明清皇帝祭地之坛,在北京市区北部。

② 坍圮(tān pǐ):倒塌,毁坏。

③ 亘(gèn)古:从古到今。

④ 坎坷:坑坑洼洼。

⑤ 熨(yù)帖:心里平静。

⑥ 猝(cù)然:突然。

⑦ 恪(kè)守:谨慎而恭敬地遵守。

【提示】

这是一篇记事散文。文章通过记叙"我"双腿残疾以后日日与地坛作伴的经历和母亲对"我"的无限关爱,抒写了"我"在特定的遭遇、特定的环境中对自然、人生、母爱的深切体验和深沉思索,表现出"我"在苦痛与焦灼中挣扎、奋发的坚韧性格和意志。

全文分为三个部分。第一部分(第一节)记叙"我"在双腿残废后 15 年来与地坛结下的不解之缘,抒写"我"在"荒芜但并不衰败"的环境中对人生的思考。第二部分(第二节)述说母亲对"我"的崇高母爱,表达"我"对母亲的无限痛悔、思念之情。第三部分(第三节)用多种事物比喻四季,象征"我"对自身经历酸甜苦辣和人生命运复杂多变的种种感受。作者以亲身感受和强烈的情感展示母爱的深沉,以三种方式来表现母爱:一是无声的行动描写,写母亲默送儿子去地坛,翘首伫望,焦急地寻找以及一时找不到"我"时的步履茫然而急迫……在这重复多年的无声行动中,显示母爱的伟大,使人难以忘怀。二是借"我"之口,直接写母亲的心理活动。她对残疾的儿子不断地"暗自祷告"、"自我安慰",整日"心神不定坐卧难宁"。这些直接的心理描写,把深挚的母爱写得感人肺腑。三是侧面烘托,文中反复抒写"我"对母亲思念、痛悔之情的难以遏制,从侧面烘托出母爱动人的力量。

文章在很多地方成功地运用了象征、类比手法与排比句式。作者落笔地坛,却重点抒写母爱,因为对"我"来说,地坛和母亲都是抚平创伤、焕发新生的源泉,这在整体上是一种象征性的类比。文章的第三部分,以一天中的时间来对应四季,接连用七种事物来表现对四季的不同感受,用多重排比句式,象征性地表达了"我"对人世间的认识与看法。作者将排比、类比和象征结合起来,使文章像诗一样寓意丰赡,韵味悠长。

【思考与练习】

一、本文的主题是什么? 文章开头细致介绍地坛的历史与今日的荒凉,对表现主题起了什么作用?

二、举例说说本文是通过哪些方式来展现母爱的深挚的?

三、找出本文第三节中运用比喻、排比、类比手法的句子,并说明其作用。

一滴水可以活多久

迟子建

迟子建(1964—　)，黑龙江漠河人。中国当代作家。1984年毕业于大兴安岭师范学校。1990年毕业于北京师范大学与鲁迅文学院合办的研究生班。1990年毕业后到黑龙江省作家协会工作。主要作品有小说集《北极村童话》，散文集《伤怀之美》，长篇小说《树下》、《伪满洲国》等。

这滴水诞生于凌晨的一场大雾。人们称它为露珠，而她只把它当做一滴水来看待，它的的确确就是一滴水。最初发现它的人是一个七八岁的小女孩，她不是在玫瑰园中发现它的，而是为了放一只羊去草地在一片草茎的叶脉上发现的。那时雾已散去，阳光在透明的空气中飞舞。她在低头的一瞬发现了那滴水。它饱满充盈，比珠子还要圆润，阳光将它照得肌肤浏亮，她在敛声屏气盯着这滴水看的时候不由发现了一只黑黑的眼睛，她的眼睛被水珠吸走了，这使她很惊讶。我有三只眼睛，两只在脸上，一只在草叶上，她这样对自己说。然而就在这时她突然打了一个喷嚏，那柔软的叶脉随之一抖，那滴水骨碌一下便滑落了。她的第三只眼睛也随之消失了。她便蹲下身子寻找那滴水，她太难过了，因为在此之前她从未发现过如此美的事物。然而那滴水却是难以寻觅了。它去了哪里？它死了吗？

后来她发现那滴水去了泥土里，从此她便对泥土怀着深深的敬意。人们在那片草地上开了荒，种上了稻谷，当沉甸甸的粮食蜕去了糠皮在她的指间矜持地散发出成熟的微笑时，她确信她看见了那滴水。是那滴水滋养了金灿灿的稻谷，她在吃它们时意识里便不停地闪现出凌晨叶脉上的那滴水，它莹莹欲动，晶莹剔透。她吃着一滴水培育出来的稻谷一天天地长大了，有一个夏日的黄昏她在蚊蚋的歌唱声中发现自己成了一个女人[①]，

"是那滴水滋养了金灿灿的稻谷。"

她看见体内流出的第一滴血时确信那是几年以前那滴水在她体内作怪的结果。她开始长高，发丝变得越来越光泽柔顺，胸脯也越来越丰满，后来她嫁给了一个种地的男人。她喜欢他的力气，而他则依恋她的柔情。她怎么会有这么浓的柔情呢？她俯在男人的肩头老有说也说不尽的话，好在夜晚时被男人搂在怀里就总也不想再出来，后来她明白是那滴水给予她的柔情。不久她生下了一个孩子，她的奶水真旺啊，如果不吃那滴水孕育出的稻米，她怎么会有这么鲜浓的奶水呢？后来她又接二连三地生孩子，渐渐地她老了，她在下田时常常眼花，即使阴雨绵绵的天气也觉得眼前阳光飞舞。她的子孙们却像椴树林一样茁壮地成长起来。

她开始抱怨那滴水，你为什么不再给予我青春、力量和柔情了呢？难道你真的死去了吗？她步履蹒跚着走向童年时去过的那片草地，如今那里已经是一片良田，入夜时田边的水洼里蛙声阵阵。再也不见碧绿的叶脉上那滴纯美之极的水滴了，她伤感地落泪了。她的一滴泪水滑落到手上，她又看见了那滴水，莹白圆润，经久不衰。你还活着，活在我的心头！她惊喜地对着那滴水说。

她的牙齿渐渐老化，咀嚼稻米时显得吃力了。儿孙们跟她说话时要贴着她耳朵大声地叫，即使这样她也只是听个一知半解。她老眼昏花，再也没有激情俯在她男人的肩头咕哝不休了。而她的男人看上去也畏畏缩缩，终日垂头坐在门槛前的太阳底下，漠然平静地看着脚下的泥土。有一年的秋季她的老伴终于死了，她嫌他比自己死得早，把她给丢下了，一滴眼泪也不肯给予他。然而埋葬他后的一个深秋的月夜，她不知怎的格外想念他，想念他们的青春时光。她一个人拄着拐杖哆哆嗦嗦地来到河边，对着河水哭她的伴侣。泪水落到河里，河水仿佛被激荡得上涨了。她确信那滴水仍然持久地发挥着它的作用，如今那滴水幻化成泪水融入了大河。而她每天又都喝着河水，那滴水在她的周身循环着。

直到她衰老不堪即将辞世的时候，她的意识里只有一滴水的存在。当她处于弥留之际，儿孙们手忙脚乱地为她穿寿衣，用河水为她洗脸时，她的头脑里也只有一滴水。那滴水湿润地滚动在她的脸颊为她敲响丧钟。她仿佛听到了叮当叮当的声音。后来她打了一个微弱的喷嚏，安详地合上眼帘。那滴水随之滑落在地，渗透到她辛劳一世的泥土里。她不在了，而那滴水却仍然活着。

她在过世后又变成了一个七八岁的小女孩，有一天凌晨大雾消散后她来到一片草地，她在碧绿的青草叶脉上发现了一颗露珠，确切地说是一滴水，她还看见了一只黑亮的眼睛在水滴里闪闪烁烁，她相信她与一生中所感受的最美的事物相逢了。

（《北方的盐》，迟子建撰，南京：江苏文艺出版社，2006）

【注释】

① 蚋（ruì）：一种蚊子一类的昆虫，成体雌虫以刺吸牛羊等牲畜的血液为生。

【提示】

本文是一篇童话式的散文，从一个小女孩在一片草茎上发现一滴露珠起笔，为全文确定了一个诗意的语调，而小女孩在凝望水滴的时候"发现了一只黑黑的眼睛"，这一情景的安排更别具匠心,很巧妙地暗示了二者之间的隐喻关系。那一滴水,落入泥土,滋养稻谷,小女孩的成长、婚嫁、生儿育女直至衰老、死亡,始终与这一滴水相结相关联,显然,水滴不仅是映照出小女孩黑亮眼睛的镜子,它与她的生命融成了一体;而且,水滴经历了从露珠到露珠的循环,自然界生命与女人的生命相伴随,它已经成为母性生命生生不息、人类藉此生命的力量不断繁衍的美丽象征。

　　童话的逻辑是超出生活常态的,本文就多有出人意表的神奇想象。文章不仅写生命的生长老衰,还写到生命与生命的转换、循环、再生,结尾写"她在过世后又变成了一个七八岁的小女孩",又来到了草地,在"碧绿的青草叶脉上发现了一颗露珠",按照现实逻辑这自然是不可能的,但作为一种诗意的想象却是美丽动人的。

　　【思考与练习】
一、本文表现了作者怎样的生命观?
二、本文用一滴水贯穿全篇,谈谈你对这种结构方式的看法。
三、作者怎样描写"她"在自己老伴去世时的感情?

敬畏生命①

阿尔贝特·施韦泽

阿尔贝特·施韦泽(Albert Schweitzer, 1875—1965),法国著名伦理学家、神学家、医生。生于上阿尔萨斯(当时属德国,第一次世界大战后归还法国)的凯泽尔贝格。自幼精通德、法两种语言。1899 年、1900 年先后获得哲学、神学博士学位。1904 年因立志到非洲行医而学医,1913 年获得医学博士学位和行医热照,到达非洲,在今属加蓬共和国的兰巴雷内建立丛林诊所。此后除到欧洲各地讲演外,一直在非洲从事医疗服务。1952 年当选为法兰西伦理学和政治学学院院士,同年获诺贝尔和平奖。施韦泽勤于著述,在多个领域卓有建树。其主要著作均用德文写成。他在《文化和伦理》等书和其他文章中阐述的生命伦理学思想影响最为广泛。其著作另有《耶稣生平研究史》、《文化的衰落和重建》、《我的生平和思想》、《歌德·人和事业》等。

"你踏上了林中小路,阳光透过树梢照进了路面……"
芒特的嫩叶 〔法国〕柯罗作

善是保存和促进生命,恶是阻碍和毁灭生命。如果我们摆脱自己的偏见,抛弃我们对其他生命的疏远性,与我们周围的生命休戚与共②,那么我们就是道德的。只有这样,我们才是真正的人;只有这样,我们才会有一种特殊的、不会失去的、不断发展的和方向明确的德性。

敬畏生命、生命的休戚与共是世界中的大事。自然不懂得敬畏生命。它以最有意义的方式产生着无数生命,又以毫无意义的方式毁灭着它们。包括人类在内的一切生命等级,都对生命有着可怕的无知。他们只有生命意志,但不能体验发生在其他生命中的一切;他们痛苦,但不能共同痛苦。自然抚育的生命意志陷于难以理解的自我分裂之中。生命以其他生命为代价才得以生存下来。自然让生命去干最可怕的残忍事情。自然通过本能引导昆虫,让它们用毒刺在其他昆虫身上扎洞,然后产卵于其中;那些由卵发育而成的昆虫靠毛虫过活,这些毛虫则应被折磨至死。为了杀死可怜的小生命,自然引导蚂蚁成群结队地去攻击它们。看一看蜘蛛吧!自然教给它的手艺多么残酷。

从外部看,自然是美好和壮丽的,但认识它则是可怕的。它的残忍毫无意义!最宝贵的生命成为最低级生命的牺牲品。例如,一个儿童感染了结核病菌。接着,这种最低级生物就在儿童的最高贵机体内繁殖起来,结果导致这个儿童的痛苦和夭亡。在非洲,每当我检验昏睡病人的血液时,我总是感到吃惊。为什么这些人的脸痛苦得变了形并不断呻吟:我的头,我的头!为什么他们必须彻夜哭泣并痛苦地死去?这是因为,在显微镜下人们可以看见 0.01—0.04 毫米的白色细菌;即使它们数量很少,以至于为了找到一个,有时得花上几个小时。

由于生命意志神秘的自我分裂,生命就这样相互争斗,给其他生命带来痛苦或死亡。这一切尽管无罪,却是有过的。自然教导的是这种残忍的利己主义。当然,自然也教导生物,在它需要时给自己的后代以爱和帮助。只是在这短暂的时间内,残忍的利己主义才得以中断。但是,更令人惊讶的是,动物能与自己的后代共同感受,能以直至死亡的自我牺牲精神爱它的后代,但拒绝与非其属类的生命休戚与共。

受制于盲目的利己主义的世界,就像一条漆黑的峡谷,光明仅仅停留在山峰之上。所有生命都必然生存于黑暗之中,只有一种生命能摆脱黑暗,看到光明。这种生命是最高的生命,人。只有人能够认识到敬畏生命,能够认识到休戚与共,能够摆脱其余生物苦陷其中的无知。

这一认识是存在发展中的大事。真理和善由此出现于世,光明驱散了黑暗,人们获得了最深刻的生命概念。共同体验的生命,由此在其存在中感受到整个世界的波浪冲击,达到自我意识,结束作为个别的存在,使我们之外的生存涌入我们的生存。

我们生存在世界之中,世界也生存于我们之中。这个认识包含着许多奥秘。为什么自然律和道德律如此冲突?为什么我们的理性不赞同自然中的生命现象,而必然形成与其所见尖锐对立的认识?为什么它必须在自身中发现完全不同于支配世界的规律?为什么在它发挥善的概念的地方,它就必须与世界作斗争?为什么我们必须经历这种冲突,而没有有朝一日调和它的希望?为什么不是和谐而是分裂?等等。上帝是产生一切的力量。为什么显示在自然中的上帝否定一切我们认为是道德的东西,即自然同时是有意义地促进生命和无意义地毁灭生命的力量?如果我们已能深刻地理解生命,敬畏生命,与其他生命休戚与共;那么,我们怎样使作为自然力的上帝,与我们所必然想像的作为道德意志的上帝、爱的上帝统一起来?

我们不能在一种完整的世界观和统一的上帝概念中坚定我们的德性,我们必须始终使德性免受世界观矛盾的损害,这种矛盾像毁灭性的巨浪一样冲击着它。我们必须建造一条大堤,它能保存下来吗?

危及我们休戚与共的能力和意志的是日益强加于人的这种考虑:这无济于事!你为

防止或减缓痛苦、保存生命所做的和能做的一切，和那些发生在世界上和你周围，你又对之无能为力的一切比较起来，是无足轻重的。确实，在许多方面，我们是多么的软弱无力，我们本身也给其他生物带来了多少伤害，而不能停止。想到这一点，真是令人害怕。

你踏上了林中小路，阳光透过树梢照进了路面，鸟儿在歌唱，许多昆虫欢乐地嗡嗡叫。但是，你对此无能为力的是：你的路意味着死亡。被你踩着的蚂蚁在那里挣扎，甲虫在艰难地爬行，而蠕虫则蜷缩起来。由于你无意的罪过，美好的生命之歌中也出现了痛苦和死亡的旋律。当你想行善时，你感受到的则是可怕的无能为力，不能如你所愿地帮助生命。接着你就听到诱惑者的声音：你为什么自寻烦恼？这无济于事。不要再这么做，像其他人一样，麻木不仁，无思想、无感情吧。

还有一种诱惑：同情就是痛苦。谁亲身体验了世界的痛苦，他就不可能在人所意愿的意义上是幸福的。在满足和愉快的时刻，他不能无拘束地享受快乐，因为那里有他共同体验的痛苦。他清楚地记着他所看见的一切。他想到他所遇见的穷人，看见的病人，认识到这些人的命运残酷性，阴影出现在他的快乐的光明之中，并越来越大。在快乐的团体中，他会突然心不在焉。那个诱惑者又会对他说，人不能这样生活。人必须能够无视发生在他周围的事情，不要这么敏感。如果你想理性地生活，就应当有铁石心肠。穿上厚甲，变得像其他人一样没有思想。最后，我们竟然会为我们还懂得伟大的休戚与共而惭愧。当人们开始成为这种理性化的人时，我们彼此隐瞒，并装着好像人们抛弃的都是些蠢东西。

这是对我们的三大诱惑，它不知不觉地毁坏着产生善的前提。提防它们。首先，你对自己说，互助和休戚与共是你的内在必然性。你能做的一切，从应该被做的角度来看，始终只是沧海一粟③。但对你来说，这是能赋予你生命以意义的惟一途径。无论你在哪里，你都应尽你所能从事救助活动，即解救由自我分裂的生命意志给世界带来的痛苦；显然，只有自觉的人才会从事这种救助活动。如果你在任何地方减缓了人或其他生物的痛苦和畏惧，那么你能做的即使较少，也是很多。保存生命，这是惟一的幸福。

另一个诱惑，共同体验发生在你周围的不幸，对你来说是痛苦，你应这样认识：同甘与共苦的能力是同时出现的。随着对其他生命痛苦的麻木不仁，你也失去了同享其他生命幸福的能力。尽管我们在世间见到的幸福是如此之少；但是，以我们本身所能行的善，共同体验我们周围的幸福，是生命给予我们的惟一幸福。最后，你根本没有权利这么说：我要这么生存，因为你认为，你比其他生命幸福。你必须如你必然所是地做一个真正自觉的人，与世界共同生存的人，在自身中体验世界的人。你是否因此按流行的看法比较幸福，这是无所谓的。我们内心神秘的声音并不需要幸福的生存——听从它的命令，才是惟一能使人满足的事情。

我这样和你们说，是为了不让你们麻木不仁，保持清醒的头脑！这与你们的灵魂有关。如果这些表达了我内心思想的话语，能使在座的诸位撕碎世上迷惑你们的假象，能使你们不再无思想地生存，不再害怕由于敬畏生命和必然认识到共同体验的重要而失去自己，那么，我就感到满足，而我的行为也将被人赞赏……

（《敬畏生命——五十年来的基本论述》，[法国]阿尔伯特·施韦泽撰，[德国]汉斯·瓦尔特·贝尔编，陈泽环译，上海：上海社会科学院出版社，2003）

【注释】

① 本文原为 1919 年 2 月 23 日在法国斯特拉斯堡圣尼古拉教堂的布道。

② 休戚与共:喻双方关系密切,利害一致。

③ 沧海一粟:形容渺小的程度,像大海中的一颗谷粒。

【提示】

爱因斯坦曾说:"像施韦泽这样理想地集善和对美的渴望于一身的人,我几乎还没有发现过。"施韦泽所创立的生命伦理学,体现了一种"大爱",在他看来,伦理学仅仅关注人与人的关系是不够的,人应该懂得敬畏周围的一切生命,与周围的生命休戚与共,"只有这样,我们才是真正的人"。"敬畏生命"是施韦泽生命伦理学的核心,也是本文的主旨。

施韦泽承认生命是有等级的,也对人类"最宝贵的生命成为最低级生命的牺牲品"而痛感愧惜,在本文中,他举出的例子是一个儿童感染了结核病菌;但施韦泽也指出,人类的生命之所以是"最高的生命",就在于人"能够认识到敬畏生命,能够认识到休戚与共,能够摆脱其余生物苦陷其中的无知",这实际也是对人提出了更高的道德要求。本文不仅强调了人所能够具有的优良德行,也指出了人对"其他生命的疏远性",人对周围的生命的偏见,以及危及人坚持美好德行的各种诱惑。施韦泽的批评,显然主要指向了近代理性主义,但他并没有因此陷入非理性的虚无,而是提出了创造人类和所有生命和谐共存的宏大理想。由于施韦泽本人就是这一理想的坚定的实践者,所以,他的文章决不是坐而论道者的空谈。

十分可贵的是,作者在文中真实坦露了生命思考中一系列难以解决的矛盾,这些矛盾构成了内心的真正痛苦,也形成在语言表达上一种沉思的态度,用一个个巨大的问号,显示了一个伟大思想者的精神魅力。

本文说理清晰,例证确凿,笔锋又始终流溢着悲天悯人的人道主义感情;间或在理性思辨中穿插生动形象的情景描写,也增加了文章的动人力量。

【思考与练习】

一、结合本文,谈谈施韦泽所主张的生命伦理学的基本特色。

二、应该怎样理解"我们生存在世界之中,世界也生存在我们之中"?

三、本文作者所希望的"自然律与道德律"的理想关系是什么?

第十一单元

亲和自然

　　中华民族传统宇宙观和人生观的基础是"天人合一"，认为大自然乃一有机整体，人也是这个有机整体中的一个组成部分，理应顺应自然，亲和自然。我国古代的山水画时或以墨写意，其中几点人物，悠然陶然于千山万壑之中，形象地诠释了人与自然的相互关系；山水诗和山水游记则往往寓情于景，借笔下的花鸟草木、云烟光色，寄托对山水自然的亲切向往和由衷爱恋，欣然怡然于人与自然的精神会通。这些山水诗画，显示了生命与自然、心灵与宇宙的交契，体现出中国古代哲学天人一体同仁的精神。

　　自人类从野蛮的隧道步入文明的门槛，就开始与它原先所紧密依存的自然世界日益隔离疏远。进入工业社会以来，伴随着生产能力和科技水平的急剧提升，随心所欲、狂妄自大、主宰一切的人类中心主义也开始泛滥。肆意攫取资源，任意破坏生态，无休止地进行核试验和军备竞赛等等的行为，正在把人类自己不断推向大自然的对立面，而陷于资源匮乏、生态恶化、气候失常的生存困境和思维机械、人性扭曲、心态失衡的精神危局。世界环保运动的创始人蕾切尔·卡逊警告说，大自然必将对此进行反抗和报复。人类这才有所警觉，才开始对自己的行为和能耐作检讨反省，才重新向自然皈依。

　　人与自然能否和睦相处，同存共荣，与人类自身的生存质量息息相关。不仅关系物质，而且在乎精神。有人认为，人生的最高境界是"天地境界"；有人认为，人类的理想生存状态是"在大地上诗意地栖居"；也有学者强调，美是个体自由在与自然、与社会和谐相处中的实现。虽然说法不尽相同，但意旨却与我国古代山水诗画的精神指向契合，都崇尚天人合一，都追求生命的真正自在。

　　戕害自然，即使有上帝也不能拯救人类；亲和自然，人类自己就能拯救自己。

春 江花月夜①

张若虚

张若虚，扬州（今属江苏）人。初唐诗人。官兖州兵曹。与贺知章、包融、张旭并称"吴中四士"。《全唐诗》仅录存其诗二首，这首《春江花月夜》素享盛名，近代王闿运曾评为"孤篇横绝，竟为大家"。

春江潮水连海平，海上明月共潮生。
滟滟随波千万里②，何处春江无月明。
江流宛转绕芳甸③，月照花林皆似霰④。
空里流霜不觉飞⑤，汀上白沙看不见⑥。
江天一色无纤尘，皎皎空中孤月轮。
江畔何人初见月？江月何年初照人？
人生代代无穷已⑦，江月年年望相似。
不知江月待何人，但见长江送流水。
白云一片去悠悠⑧，青枫浦上不胜愁⑨。
谁家今夜扁舟子？何处相思明月楼⑩？
可怜楼上月徘徊⑪，应照离人妆镜台⑫。
玉户帘中卷不去⑬，捣衣砧上拂还来⑭。
此时相望不相闻，愿逐月华流照君⑮。
鸿雁长飞光不度⑯，鱼龙潜跃水成文⑰。
昨夜闲潭梦落花⑱，可怜春半不还家⑲。
江水流春去欲尽，江潭落月复西斜。
斜月沉沉藏海雾，碣石潇湘无限路⑳。
不知乘月几人归，落月摇情满江树。

（《乐府诗集》，宋郭茂倩编纂，北京：中华书局，1979）

【注释】

① 春江花月夜：乐府旧题，属《清商曲辞·吴声歌曲》，相传创自南朝陈后主陈叔宝。
② 滟滟：波光闪烁的样子。

③ 芳甸：花草丛生的原野。
④ 霰（xiàn）：细密的雪珠。
⑤ 流霜：比喻月光悄悄泻满大地。

⑥ 汀：水中或水边平地，此指江畔沙滩。

⑦ 无穷已：没有止尽。已，止。

⑧ 白云：此喻指游子。

⑨ 青枫浦：一名双枫浦，故址在今湖南浏阳境内。此指离别场所。不胜(shēng)：禁不起，受不了。

⑩ "谁家"二句："谁家"、"何处"，互文见义。扁(piān)舟子，指飘泊江湖的游子。明月楼，指思妇的闺楼。

⑪ 月徘徊：指月影缓缓移动。

⑫ 妆镜台：梳妆台。

⑬ 玉户：指思妇居室。

⑭ 捣衣砧(zhēn)：捣衣时的垫石。

⑮ 逐：追随。月华：月光。

⑯ 鸿雁：此指信使。《汉书·苏武传》记有鸿雁为被扣留匈奴的苏武传递书信之事。光不度：谓鸿雁飞得再远，也不能逾越月光。

⑰ 鱼龙：此处偏义在鱼，指鱼书。古诗《饮马长城窟行》："客从远方来，遗我双鲤鱼。呼儿烹鲤鱼，中有尺素书。"文：通"纹"，波纹；又有双关义，指文字。

⑱ 闲潭：平和、幽静的水潭。

⑲ 可怜：可惜。怜，原作"非"，据《全唐诗》改。

⑳ 碣石潇湘：此处借指天南地北。碣石，山名，故址在今河北省。潇湘，水名，在今湖南省。

【提示】

这首七言古诗描绘了春江花月夜的幽美景色，并由此生发出对宇宙与人生关系的思索和对游子思妇在明月今宵里天各一方的惋惜。尽管不无青春苦短的伤感，但叹息轻微，其中仍交织着对生命的留恋、对青春的珍惜、对"人生代代无穷已"的欣慰。尽管也有夫妇别离的哀愁，然而写来柔婉似水，笔致缠绵，悠悠相思中饱和着脉脉温情，含蕴着对重逢的美好企盼。

本诗绘景相当出色。作者以月光统摄群象，描绘了潮水、波光、花林、沙滩、夜空、白云、青枫、闺阁、镜台、海雾等一系列景象，如铺展开一幅春江花月夜的水墨长轴，画面清丽，意趣盎然。

在描绘景物的同时，作者还往往借此以引发、渲染、暗示、寓托思妇的离怀别愁，融入诗人自己对美景常在而人生不再、明月长圆而人情难圆的感怀，使画意、诗情、哲理交相融会，令人思索不尽。

本诗语言优美自然，声韵和谐流荡，结构也很有特色。作者一面以明月初升到坠落的过程作为全诗起止的外在线索，一面又以月亮为景物描写的主体和抒写离情别绪的依托，使全诗显得神气凝聚，浑然一体。

【思考与练习】

一、有人认为，这首诗的情感基调是"哀而不伤"，请谈谈你的感受和认识。

二、"月光"是否是全诗的灵魂？为什么？

三、本诗哪些地方用了暗示手法？

【辑评】

张若虚《春江花月夜》流畅婉转，出刘希夷《白头翁》上。（明·胡应麟《诗薮》）

浅浅说去，节节相生，使人伤感，未免有情，自不能读，读不能厌。将"春江花月夜"五字，炼成一片奇光，分合不得，真化工手。（明·钟惺、谭元春《唐诗归》）

句句翻新，千条一缕，以动古今人心脾，灵愚共感。其自然独绝处，则在顺手积去，宛尔成章，令浅人言格局、言提唱、言关锁者，总无下分口在。（清·王夫之《唐诗评选》）

唐人有"春江花月夜"一题，同时张若虚、张子容皆赋之。若虚凡二百五十二言，子容仅三十言，长短各极其妙，增减一字不得，读此可悟相体裁衣之法。（清·宋长白《柳亭诗话》）

前半见人有变易，月明常在，江月不必待人，惟江流与月同无尽也。后半写思妇怅望之情，曲折三致。题中五字安放自然，犹是王、杨、卢、骆之体。（清·沈德潜《唐诗别裁集》）

始得西山宴游记①

柳宗元

"凡数州之土壤,皆在衽席之下。"

自余为僇人②,居是州③,恒惴慄④。其隙也⑤,则施施而行⑥,漫漫而游⑦,日与其徒上高山⑧,入深林,穷回溪,幽泉怪石,无远不到。到则披草而坐,倾壶而醉,醉则更相枕以卧,卧而梦。意有所极⑨,梦亦同趣⑩。觉而起,起而归。以为凡是州之山水有异态者,皆我有也,而未始知西山之怪特⑪。

今年九月二十八日,因坐法华西亭⑫,望西山,始指异之⑬。遂命仆人,过湘江⑭,缘染溪⑮,斫榛莽⑯,焚茅茷⑰,穷山之高而止⑱。攀援而登,箕踞而遨⑲,则凡数州之土壤,皆在衽席之下⑳。其高下之势,岈然㉑,洼然㉒,若垤㉓,若穴。尺寸千里㉔,攒蹙累积㉕,莫得遁隐。萦青缭白㉖,外与天际㉗,四望如一。然后知是山之特立,不与培塿为类㉘。悠悠乎与颢气俱㉙,而莫得其涯;洋洋乎与造物者游㉚,而不知其所穷。引觞满酌㉛,颓然就醉,不知日之入。苍然暮色,自远而至,至无所见,而犹不欲归。心凝形释㉜,与万化冥合㉝。然后知吾向之未始游㉞,游于是乎始㉟。

故为之文以志㊱。是岁,元和四年也㊲。

（《柳河东集》,唐柳宗元撰,宋廖莹中辑注,上海:中华书局上海编辑所,1958)

【注释】

① 本篇为作者"永州八记"之首。西山:在今湖南　永州西湘江外二里。

② 僇(lù)人：受刑戮的人，犹言罪人，因作者贬官永州，故称。僇，同"戮"，刑辱的意思。

③ 是州：此州，即永州（今属湖南）。

④ 恒：常常。惴(zhuì)栗：忧惧不安。

⑤ 其隙也：在闲暇的时候。隙，指公务之暇。

⑥ 施(yí)施：缓慢行走的样子。

⑦ 漫漫：舒散无拘的样子。

⑧ 日：每天。其徒：自己的随从。

⑨ 极：至。

⑩ 趣：通"趋"，往。

⑪ 未始：未尝，不曾。怪特：奇怪独特。

⑫ 法华西亭：法华，寺名，在永州城内东山上。作者于元和四年（809）建亭于寺西，因称西亭，并曾作《永州法华寺新作西亭记》记其事。

⑬ 指异：指点而以为异。

⑭ 湘江：源出广西，流经今湖南省境。

⑮ 缘：沿着。染溪：潇水支流，在永州西南。一名冉溪，柳宗元改其名为愚溪。

⑯ 斫(zhuó)：砍伐。榛莽：草木丛。

⑰ 茅茷(fèi)：草茅之类。茷，草叶茂盛。

⑱ 穷：尽。

⑲ 箕踞：古人席地而坐，两脚伸直岔开，成簸箕形，

称箕踞。遨：游，此指游目四望。

⑳ 衽(rèn)席之下：形容离自己很近，如在身旁。衽席，卧席。

㉑ 岈(xiā)然：山深邃的样子。

㉒ 洼然：溪谷低凹的样子。

㉓ 垤(dié)：蚂蚁做穴形成的积土。

㉔ 尺寸千里：千里之远仿佛仅有尺寸大小。

㉕ 攒蹙(cuán cù)：聚集收缩。

㉖ 萦青缭白：青山与白水相互萦绕。

㉗ 际：接；合。

㉘ 培塿(pǒu lǒu)：小土堆。

㉙ 悠悠乎：渺远的样子。颢(hào)气：即浩气，天地自然之气。俱：在一起。

㉚ 洋洋乎：广大的样子。造物者：创造万物的神灵，此指大自然。

㉛ 引觞：拿起酒杯。

㉜ 心凝神释：指精神专一，忘掉自我。

㉝ 万化：自然界万物。冥合：犹言浑然一体。

㉞ 向：以前。

㉟ 于是：从此。

㊱ 志：记。

㊲ 元和：唐宪宗李纯年号（806—820）。

【提示】

本文是柳宗元山水游记中的著名篇章，也是我国古代山水游记中的名篇。文章既记叙了游览西山的经过，更突出了作者在游览中获得的精神感悟。以自然山水之美与作者人格之美相互映照，体现出作者在革新失败、身受贬谪后依然坚持特立独行的思想品格，使这篇山水游记的意蕴深化而体现了一定的思想价值和人格力量。

作者善于绘景状物，笔墨简洁而描述形象。且通过西山与众山的高下对比，从侧面烘托西山的高峻及非凡气势。文章题目中有"始得"二字，行文中或明或暗，或虚或实，时时予以照应，脉络清晰，结构缜密。

【思考与练习】

一、找出文中点题的词语，分别说明它们的作用。

二、为何说本文以自然山水之美与作者人格之美相互映照？

三、指出文中寓情于景的语句，说明它们的寓意。

【辑评】

前后将"始得"二字，极为翻剔。盖不尔，则为"西山宴游记"五字题也。可见作文凡题中虚处，必不可轻易放过。其笔力矫拔，故是河东本来能事。（清·储欣《唐宋八大家类选》）

苍劲秀削，一归元化，人巧既尽，浑然天工矣。此篇领起后诸小记。（清·沈德潜《唐

宋八大家文读本》)

　　柳州山水诸记,能引人入胜,千载之下,读者立觉当时之人与地宛在,而已若有物焉。导向使与相会,因而古今人物彼已,都汇而为一。引吭微诵,其文字字沁人心脾,感受一种无言之妙。柳记人人道好,好处应即在此。(章士钊《柳文指要》)

浣溪沙①

苏 轼

苏轼(1037—1101),字子瞻,号东坡居士,眉州眉山(今属四川)人。北宋著名文学家、书画家。嘉祐二年(1057)成进士。神宗熙宁年间,因与王安石政见不合,自请外放,任杭州通判,历知密州、徐州、湖州。元丰二年(1079),因被诬作诗"谤讪朝廷",遭御史弹劾,被捕入狱,史称"乌台诗案"。后贬为黄州团练副使。哲宗时累迁中书舍人、翰林学士,出知杭州、颍州。绍圣初,又以"为文讥斥朝廷"的罪名远谪惠州、儋州。北归不久卒于常州。南宋时追谥文忠。一生宦海浮沉、历经坎坷,思想上常有出世与入世的矛盾,失意时每能达观自解,始终保持积极进取、欲有所为的精神。在文艺创作的各方面都有突出的成就。散文自然畅达,随物赋形,如行云流水,为"唐宋八大家"之一,与父苏洵、弟苏辙,合称"三苏"。诗启宋诗新风,清俊爽健,元气淋漓,与黄庭坚并称"苏黄";词开豪放一派,突破唐五代以来艳词藩篱,与辛弃疾并称"苏辛";书法、绘画亦有很高造诣。有《苏东坡集》、《东坡乐府》。

徐门石潭谢雨道上作五首②

照日深红暖见鱼,连溪绿暗晚藏乌。黄童白叟聚睢盱③。麋鹿逢人虽未惯,猿猱闻鼓不须呼④。归家说与采桑姑。

旋抹红妆看使君⑤,三三五五棘篱门。相挨踏破蒨罗裙⑥。老幼扶携收麦社⑦,乌鸢翔舞赛神村⑧。道逢醉叟卧黄昏。

麻叶层层苘叶光⑨,谁家煮茧一村香?隔篱娇语络丝娘⑩。垂白杖藜抬醉眼⑪,捋青捣麨软饥肠⑫。问言豆叶几时黄?

簌簌衣巾落枣花,村南村北响缫车⑬。牛衣古柳卖黄瓜⑭。酒困路长惟欲睡,日高人渴漫思茶。敲门试问野人家。

软草平莎过雨新⑮,轻沙走马路无尘。何时收拾耦耕身⑯?日暖桑麻光似泼,风来蒿艾气如薰⑰。使君元是此中人⑱。

（《苏轼词编年校注》，宋苏轼撰，邹同庆、王宗堂校注，北京：中华书局，2003）

【注释】

① 浣溪沙：词调名。

② 这组词作于宋神宗元丰元年（1078）初夏，时作者知徐州。石潭：在徐州城东二十里，据说与泗水相通。谢雨：此年徐州春旱，旱后降雨，祭祀谢神。

③ 黄童：幼童。睢盱（huī xū）：喜悦的样子。

④ "麋鹿"二句：均形容此地荒僻，野兽见人不避。猿猱（náo），猿猴。

⑤ 旋抹：急急忙忙地涂脂抹粉。使君：太守，作者自称。

⑥ 蒨（qiàn）罗裙：红色的罗裙。蒨，同"茜"。

⑦ 收麦社：在收麦时节祭祀土地神。社，社祭，祭祀土地神。

⑧ 赛神：社祭时的迎神赛会活动。

⑨ 苘（qǐng）：一种植物，俗称青麻，可以织布或制绳索。

⑩ 络丝娘：本是虫名，又叫莎鸡、络纬，翅膀振动会发出纺丝之声。这里指代缲丝女子。

⑪ 垂白：老人。杖藜：指老人执杖而行。藜，草名，茎老可以做拐杖。

⑫ 将青捣䴵（chǎo）：将下青嫩的麦子，炒熟后碾磨成粉。软：饱。

⑬ 缲（sāo）车：一种缲丝工具，有轮子旋转以收丝。缲，同"缫"，将丝从茧中抽出，合并成生丝。

⑭ 牛衣：一种用草编成的衣服，本用来遮牛体，故称牛衣。与蓑衣类似。

⑮ 莎（suō）：一种草本植物。

⑯ 耦（ǒu）耕：两人并耜而耕。《论语·微子》："长沮、桀溺耦而耕。"这里指归田隐居。

⑰ 薰：香草。这里指像薰草一样的香气。

⑱ 元：通"原"。

耕获图　　宋·佚名作

【提示】

这五首《浣溪沙》,是描写初夏季节徐州农村风光的组词。在上一年秋后,身为一州地方长官的苏轼,曾组织徐州军民奋力抗洪救灾,此年春天又发生大旱,苏轼曾亲自前往石门为百姓求雨,当他在谢雨途中看到农村丰收景象时,喜悦之情由衷而生。这位地方长官并不凌驾于普通百姓之上,向老农询问农事,向村人讨茶喝,直到"何时收拾耦耕身"、"使君元是此中人"的真情表白,处处表现出一种与百姓之间的和谐关系,与民同乐,与民亲近,期望躬耕田亩,回归自然,这点在封建社会尤为难能可贵。用词这种艺术形式反映农村和农民生活,也是苏轼对宋代词的题材和风格的重要开拓,为词坛带来一缕清新的空气。

五首词分开看,依次描写了五个各自相对独立的农村生活场景:第一首写百姓追随知府苏轼谢雨,第二首写农村少女争看热闹,第三首写庆丰收的赛神会,第四首写煮茧缫丝,第五首表达对田园生活的向往。合而观之,这组词以"谢雨道上"为线索,时间是从早晨写到黄昏,空间是沿着行进的路线描写见闻,结构上是第一首起始总写,第五首结穴点明题旨,首尾呼应,整体上构成了一幅生趣盎然的农村风俗画长卷。

无论是写景物、写场景、写人物,无不鲜明生动,如在目前,这得益于词人高妙的白描手法。词中所表现的景物,都具有初夏季节特征;所撷取的生活片断,充满农村生活气息;处于画面中的农村人物,无论是少女,还是老人、农夫,或活泼,或木讷,或悠闲,略作点染便神态毕现。这种白描手法与质朴本色的农村生活内容相适应,构成了词作朴实无华的风格。《浣溪沙》这个词调,六句中五句用韵,又押平声韵,第四、第五两句多用对偶,句式整齐,音节和谐,也颇宜表现平和舒缓的感情。

【思考与练习】

一、五首词分别描写了哪些生活场景?它们之间又存在着怎样的组合关系?

二、具体分析词作所用的白描手法,并体会其表现效果。

三、这五首词表现了作者怎样的情怀和生活取向?联系苏轼的人生道路及词作的写作背景,谈谈你对此的评价。

【辑评】

村落图。(明·沈际飞《草堂诗余续集》)

枣花落、缫车响、黄瓜卖,四月天气也。(明·钱允治《类选笺释续选草堂诗余》)

"牛衣古柳卖黄瓜",非坡仙无此胸次。(清·王士禛《花草蒙拾》)

上片似乎白描,亦有所出。杜牧《村行》:"篱窥倩裙女。"这里将一句化作三句,而意态生动。(俞平伯《唐宋词选释》)

徐霞客传①

钱谦益

钱谦益(1582—1664),字受之,号牧斋、蒙叟、东涧遗老,常熟(今属江苏)人。明末清初著名文学家。明万历三十八年(1610)进士。早年参加东林党活动。崇祯初为礼部侍郎,后被革职。南明弘光朝任礼部尚书。清兵南下,他率先迎降,仍官礼部侍郎。后秘密从事抗清活动。钱谦益是明清之际的文坛领袖,其诗与吴伟业、龚鼎孳并称"江左三大家"。有《牧斋初学集》、《牧斋有学集》、《投笔集》等。今人编有《钱牧斋全集》。

徐霞客者,名弘祖,江阴梧塍里人也。高祖经,与唐寅同举②,除名③。寅尝以倪云林画卷偿博进三千④,手迹犹在其家。霞客生里社,奇情郁然,玄对山水,力耕奉母,践更繇役⑤,蹙蹙如笼鸟之触隅⑥,每思飏去。年三十,母遣之出游。每岁三时出游⑦,秋冬觐省,以为常。东南佳山水,如东西洞庭、阳羡、京口、金陵、吴兴、武林、浙西径山、天目、浙东五泄、四明、天台、雁宕、南海落迦,皆几案衣带间物耳。有再三至,有数至,无仅一至者。

其行也,从一奴或一僧、一杖、一襆被⑧,不治装,不裹粮;能忍饥数口,能遇食即饱,能徒步走数百里,凌绝壁,冒丛箐⑨,扳援下上,悬度绠汲⑩,捷如青猿,健如黄犊;以兖岩为床席⑪,以蹊涧为饮沐,以山魅、木客、王孙、玃父为伴侣⑫,儚儚粥粥⑬,口不能道词;与之论山经,辨水脉,搜讨形胜,则划然心开。居平未尝肇悦为古文辞⑭,行游约数百里,就破壁枯树,燃松拾穗,走笔为记,如甲乙之簿⑮,如丹青之画,虽才笔之士,无以加也。

游台、宕还⑯,过陈木叔小寒山⑰,木叔问:"曾造雁山绝顶否?"霞客唯唯。质明已失其所在,十日而返,曰:"吾取间道,扪萝上龙湫,三十里,有宕焉,雁所家也。扳绝磴上十数里,正德间白云、云外两僧团瓢尚在⑱。复上二十余里,其颠罡风逼人⑲,有麋鹿数百群,围绕而宿。三宿而始下。"其与人争奇逐胜,欲赌身命,皆此类也。已而游黄山、白岳、九华、匡庐⑳;入闽,登武夷,泛九鲤湖;入楚,谒玄岳㉒;北游齐、鲁、燕、冀、嵩、洛;上华山,下青柯枰,心动趣归㉓,则其母正属疾,啮指相望也㉔。

母丧服阕㉕,益放志远游。访黄石斋于闽㉖,穷闽山之胜,皆非闽人所知。登罗浮,谒曹溪,归而追石斋于黄山。往复万里,如步武耳。繇终南背走峨眉㉗,从野人采药,栖宿岩穴中,八日不火食,抵峨眉,属奢酋阻兵㉘,乃返。只身戴釜,访恒山于塞外,尽历九边厄塞。归,过余山中㉙,剧谈四游四极,九州九府,经纬分合,历历如指掌。谓昔人志星官舆地㉚,多承袭傅会;江河二经,山川两戒㉛,自纪载来,多囿于中国一隅。欲为昆仑海外之游,穷流沙而后返。小舟如叶,大雨淋湿,要之登陆㉜,不肯,曰:"譬如洞泉暴注,撞击肩背,良足快耳!"

丙子九月③,辞家西迈。僧静闻愿登鸡足礼迦叶④,请从焉。遇盗于湘江,静闻被创死,函其骨,负之以行。泛洞庭,上衡岳,穷七十二峰。再登峨眉,北抵岷山,极于松潘。又南过大渡河,至黎、雅⑤,登瓦屋、晒经诸山⑥。复寻金沙江,极于牦牛徼外⑦。由金沙南泛澜沧,由澜沧北寻盘江,大约在西南诸夷境,而贵竹、滇南之观亦几尽矣⑧。过丽江,憩点苍、鸡足⑨。瘗静闻骨于迦叶道场⑩,从宿愿也。

由鸡足而西,出玉门关数千里,至昆仑山,穷星宿海⑪,去中夏三万四千三百里。登半山,风吹衣欲堕,望见方外黄金宝塔。又数千里,至西番参大宝法王⑫。鸣沙以外,咸称胡国,如迷卢、阿耨诸名⑬,由旬不能悉⑭。《西域志》称沙河阻远,望人马积骨为标识,鬼魅热风,无得免者,玄奘法师受诸磨折,具载本传。霞客信宿往返⑮,如适莽苍⑯。还至峨眉山下,托估客附所得奇树虬根以归⑰。并以《溯江纪源》一篇寓余,言《禹贡》岷山导江,乃泛滥中国之始,非发源也。中国入河之水为省五,入江之水为省十一,计其吐纳,江倍于河;按其发源,河自昆仑之北,江亦自昆仑之南,非江源短而河源长也。又辨三龙大势⑱,北龙夹河之北,南龙抱江之南,中龙中界之,特短;北龙只南向半支入中国,惟南龙磅薄半宇内,其脉亦发于昆仑,与金沙江相并南下,环滇池以达五岭。龙长则源脉亦长,江之所以大于河也。其书数万言,皆订补桑《经》郦《注》及汉、宋诸儒疏解《禹贡》所未及⑲,余撮其大略如此。

霞客还滇南,足不良行,修《鸡足山志》,三月而毕。丽江木太守饷糇粮⑳,具笋舆以归。病甚,语问疾者曰:"张骞凿空㉑,未睹昆仑;唐玄奘、元耶律楚材衔人主之命㉒,乃得西游。吾以老布衣,孤筇双屦㉓,穷河沙,上昆仑,历西域,题名绝国,与三人而为四㉔,死不恨矣。"余之识霞客也,因漳人刘履丁㉕。履丁为余言:"霞客西归,气息支缀㉖,闻石斋下诏狱,遣其长子间关往视㉗,三月而反,具述石斋颂系状㉘,据床浩叹,不食而卒。"其为人若此。

梧下先生曰㉙:"昔柳公权记三峰事㉚,有王玄冲者,访南坡僧义海,约登莲花峰,某日届山趾,计五千仞为一旬之程,既上,爝烟为信。"海如期宿桃林㉛,平晓,岳色清明,伫立数

"已而游黄山……"
天都峰图　清·弘仁作

息,有白烟一道起三峰之顶。归二旬而玄冲至,取玉井莲落叶数瓣⑫,及池边铁船寸许遗海,负笈而去。玄冲初至,海谓之曰:"兹山削成,自非驭风冯云,无有去理。"玄冲曰:"贤人勿谓天不可登,但虑无其志尔。"霞客不欲以张骞诸人自命,以玄冲拟之,并为三清之奇士⑬,殆庶几乎? 霞客纪游之书,高可隐几⑭。余属其从兄仲昭雠勘而存之,当为古今游记之最。霞客死时年五十有六。西游归,以庚辰六月卒⑮,以辛巳正月葬江阴之马湾⑯。亦履丁云。

（《钱牧斋全集》三,清钱谦益撰,上海,上海古籍出版社,2003)

【注释】

① 本文选自钱谦益《牧斋初学集》卷七十一,钱谦益与徐霞客相晤于崇祯六年(1633)。徐霞客(1586—1641),明代著名地理学家,其主要著作《徐霞客游记》将旅行观察所得按日记载,兼有重要地理学价值和文学价值。徐霞客故居在今江苏江阴马镇南岐村。

② 唐寅(1470—152):字伯虎,号六如居士、逃禅仙史,吴县(今江苏苏州)人,明代画家、文学家。弘治十一年(1498)举人。诗文与文徵明、祝允明、徐祯卿并称"吴中四才士",画与沈周、文徵明、仇英并称"明四家"。

③ 除名:除去名籍,取消原有的资格。

④ 倪云林:倪瓒(1301—1374),字云林,无锡(今属江苏)人,元代著名画家。博进:赌博输掉的钱。

⑤ 践更繇(yáo)役:收人钱财,代人服役。繇,通徭。

⑥ 蹙(cù)蹙:局促而不得舒展。

⑦ 三时:指春、夏、秋三季。

⑧ 襆(pú)被:铺盖。

⑨ 丛箐(qìng):竹子丛生的地方。

⑩ 悬度绠(gěng)汲:用悬索越过山谷,像用井绳打水一样。绠,水桶上的绳子。

⑪ 崟(yín)岩:高峻的山岩。

⑫ 山魈:传说中的精怪,据说像狒狒一类动物。木客:传说中的怪兽,形体像人,在树上作巢。王孙:猴子的别名。夔父:马猴。

⑬ 儚(méng)儚:昏昧糊涂的样子。粥粥:柔弱无能的样子。

⑭ 鞶帨(pán shuì):古代人身上用以装饰的革带和佩巾,比喻华丽的词藻。

⑮ 甲乙之簿:评定等第优劣的本子。

⑯ 台、宕:天台山、雁荡(宕)山。

⑰ 陈木叔:陈函辉,原名炜,字木叔。明崇祯进士,居小寒山,自号小寒山子。

⑱ 正德:明武宗朱厚照年号(1506—1521)。

⑲ 罡(gāng)风:道家称天空极高处的风为罡风,此处形容强烈的风。

⑳ 白岳:即齐云山,在今安徽休宁。匡庐:即庐山。

㉑ 九鲤湖:在福建仙游东北。

㉒ 玄岳:武当山的别名。

㉓ 趣(cù):催促。

㉔ 喁指相望:春秋时曾子从孔子在楚,万里而心动,辞归问母,母曰:"思尔喁指。"后引申为母亲对儿子的渴念。

㉕ 服阕:守丧期满除服。

㉖ 黄石斋:黄道周(1585—1646),字幼平,号石斋,漳浦(今属福建)人,明学者、书画家。南明弘光朝官礼部尚书,在福建拥立唐王抗清,战败被俘,不屈而死。

㉗ 繇(yóu):由。

㉘ 奢酋:奢崇明,本苗族,世居四川永宁,为宣抚司。明熹宗时叛乱,进围成都,国号大梁。

㉙ 过:造访。

㉚ 星官:星宿天象的总称,指天文。舆地:地理。

㉛ 两戒:两界,指中国地理的南北两界。

㉜ 要(yāo):邀请。

㉝ 丙子:明崇祯九年(1636)。

㉞ 鸡足:山名,在云南宾川西北。迦叶:摩诃迦叶,释迦死后传佛教正法眼藏,曾入鸡足山。

㉟ 黎、雅:黎州(今四川汉源)、雅州(今四川雅安)。

㊱ 瓦屋:山名,在四川荣经东南。晒经:山名,在四川越西东北,传说唐僧玄奘曾在此晒经,故名。

㊲ 牦牛徼(jiào)外:出产牦牛的边远地区,指西藏。

㊳ 贵竹:县名,即今贵州省贵筑。

㊴ 点苍:山名,一名大理山,在今云南大理,临洱海。鸡足:山名,在今云南宾川西北,是佛教名山。

⑩ 瘗(yì):掩埋。

⑪ 星宿海:在青海省鄂陵湖以西,为黄河源散流地面而形成的浅湖群,罗列如星,故名。

⑫ 西番:即西藏。大宝法王:西藏喇嘛教萨迦派首领八思巴,元世祖尊为大宝法王。

⑬ 迷卢、阿耨:皆西域国名。

⑭ 由旬:梵语里程单位,约当军行一日的行程。

⑮ 信宿:再宿。

⑯ 莽苍:空旷的郊野。

⑰ 估客:贩卖货物的人。估,通"贾"。

⑱ 三龙大势:山川河流的走势、巍峨蜿蜒的龙脉和潜藏的龙脉大势,从西到东,被古人视为风水地脉,分为三势,称为三龙。

⑲ 桑《经》郦《注》:相传《水经》为汉代桑钦所撰,北魏郦道元作注,故称。

⑳ 木太守:姓木的明云南丽江府知府。偫(zhì):储备。糇(hóu)粮:干粮。

㉑ 张骞(?—前114):西汉武帝时人,封博望侯,两次出使西域,开辟"丝绸之路"。凿空:开通道路。

㉒ 耶律楚材(1190—1244):字晋卿,号湛然居士,辽国皇族,初仕金,后为元重臣,曾随元太祖成吉思汗出征西域。

㉓ 筇(qióng):竹杖。屦(jù):麻鞋。

㉔ 与三人而为四:加入张骞、玄奘、耶律楚材的行列,成为第四人。

㉕ 刘履丁:字渔仲,福建漳州人,明末以诸生应辟召,擢郁林州知州。

㉖ 气息支缀:气息勉强支持连缀。

㉗ 间关:辗转跋涉。

㉘ 颂(róng)系:有罪入狱而不加刑具。颂,宽容。

㉙ 梧下先生:作者自称。

㉚ 柳公权(778—865):字诚悬,唐著名书法家。三峰:指华山的莲花峰、落雁峰、朝阳峰。

㉛ 桃林:桃林坪,在华山谷口以南五里。

㉜ 玉井莲:据说华山顶有池,生千叶莲花。

㉝ 三清:道家认为在人界、天界之外,还有三清,即玉清、太清、上清,是神仙居住之地。

㉞ 隐几:形容著书之多,超过几案的高度。

㉟ 庚辰:明崇祯十三年(1640)。

㊱ 辛巳:明崇祯十四年(1641)。

【提示】

钱谦益可以说是最早客观而准确评价徐霞客及其著作的一位著名学人,并且将徐霞客推崇为"千古奇人",把《徐霞客游记》视作"千古奇书"。为弘扬徐霞客精神,他将在与徐霞客的交往中所了解的徐霞客生平事迹,写成了这篇传记。史夏隆在《徐霞客游记序》中说:"霞客徐子,畸人也,钱宗伯牧斋为之立传,传其人,因传其事。"指出钱氏此传首先展示了徐霞客的精神品格,其次才是记录他的生平事迹。通读全文,我们深切感受到徐霞客心系大好河山,踏遍祖国大地,向往返回大自然怀抱的生命情怀,以及为祖国的地理学事业历尽艰辛,穷毕生之力执著追求的可贵精神。

文章脉络按时间顺序展开,先写早年游历,再写母丧后远游,直至去世。徐霞客一生经历丰富,游踪遍及天下,故取材必须考虑孰详孰略,经营布置妥当。文章总体上是前半略而后半详,但详略又有错综安排,如早年出游的经历在全文中属于略记的部分,但登临雁荡山却相对写得详细,这是因为此事特别能表现出徐霞客"争奇逐胜,欲赌身命"的奇特个性。又如对徐霞客著述的介绍,略于《徐霞客游记》,而详于《溯江纪源》一书,盖因前者天下人尽知,而后者尤能显示其治学重实地勘察、务穷本源的科学精神和方法。

文章达到了真实性与形象性相统一的境界,这继承并发展了司马迁《史记》以来的优秀史传文学传统。忠于史实,客观记录人物一生行事,这是对人物传记的基本定位,这点钱谦益完全做到了,如文中多处直接引用徐霞客本人的原话,显然体现了作为当代人传记的真实性一面。但作者的追求不限于此,他的笔端饱含感情,字里行间处处流露出对传主的由衷钦佩之意;还善于借鉴小说笔法,比如常有对人物活动环境的渲染,常通过人物对话来表现其个性,有时用欲扬先抑、欲擒故纵的手法叙述事件,有时还有精细的细节描写,这些都增强了这篇传记的形象性。

【思考与练习】

一、文章哪些地方展现了徐霞客的精神风貌？你觉得徐霞客的品格有什么可贵之处？

二、你文章中哪些事件的记载最感兴趣，说出自己的理由。

三、仔细分析文章有详有略、详略错综安排的妙处，思考对自己的写作有什么启发。

四、课外选读《徐霞客游记》的若干片段，与本文的内容相互参读、印证。

陶然亭的雪①

俞平伯

俞平伯(1900—1990),原名铭衡,字平伯。浙江德清人,生于苏州。中国现代著名诗人、散文作家、古典文学研究家。1919 年毕业于北京大学。曾在燕京大学、北京大学、清华大学等校任教。建国后任北京大学教授、中国社科院文学所研究员。五四运动时期参加新文学运动,后加入新潮社、文学研究会、语丝社等文学团体。文学创作以新诗起步,善写景抒情,清新婉曲。后多写作散文,饶有风致。主要著作有《〈红楼梦〉研究》、《诗词曲研究杂著》,诗集《冬夜》、《西还》,散文集《燕知草》、《杂拌儿》等。今人编有《俞平伯全集》。

小　引

悄然的北风,黯然的同云②,炉火不温了,灯还没有上呢。这又是一年的冬天。在海滨草草营巢,暂止飘零的我,似乎不必再学黄叶们故意沙沙的作成那繁响了。老实说,近来时序的迁流,无非逼我换了几回衣裳;把夹衣叠起,把绵衣抖开,这就是秋尽冬来的惟一大事。至于秋之为秋,冬之为冬,我之为我,一切之为一切,固依然自若,并无可叹可悲可怜可喜的意味,而且连那些意味的残痕也觉无从觅哩。千条万派活跃的流泉似全然消释于无何有之乡土,剩下"漠然"这么一味来相伴了。看看窗外酿雪的同云,倒活画出我那潦倒的影儿一个。像这样暗哑无声的蠢然一物,除血脉呼吸的轻颤以外,安息在冬天的晚上,真真再好没有了。有人说,这不是静止——静止是没有的——是均衡的动,如两匹马以同速同向去跑着,即不异于比肩站着的石马。但这些问题虽另有人耐烦去想,而我则岂其人呢。所以于我顶顶合式,莫如学那冬晚的停云。(你听见它说过话吗?)无如编辑《星海》的朋友们逼我饶舌。我将怎样呢?——有了!在"悄然的北风,黯然的同云,炉火不温了,灯还没有上呢"这个光景下,令我追忆昔年北京陶然亭之雪。

我虽生长于江南,而自曾北去以后,对于第二故乡的北京也真不能无所恋恋了。尤其是在那样一个冬晚,有银花纸糊裱的顶棚和新衣裳一样焠缫的纸窗③,一半已烬一半还红着,可以照人须眉的泥炉火,还有墙外边三两声的担子吆喝。因房这样矮而洁,窗这样低而明,越显出天上的同云格外的沉凝欲堕,酿雪的意思格外浓鲜而成熟了。我房中照例上灯独迟些,对面或侧面的火光常浅浅耀在我的窗纸上,似比月色还多了些静穆,还多了些凄清。当我听见廓落的院子里有脚步声,一会儿必要跟着"砰"关风门了,或者"矻搭"下帘子了④。我便料到必有寒紧的风在走道的人颈傍拂着,所以他要那样匆匆的走。如此,类乎此的黯淡的寒姿,在我忆中至少可以匹敌江南春与秋的姝丽了,至少也可以使惯住江南的朋友们了解一点名说苦寒的北方,也有足以系人思念的冬之黄昏啊。有人说,"这岂不将钩惹我们的迟暮之感?"真的! ——可是,咱们谁又是专喝蜜水的人呢。

总是冬天罢,(谁要你说?)年月日是忘怀了。读者们想决不屑介意于此琐琐的,所以忘怀倒也没要紧。那天是雪后的下午。我其时住在东华门侧一条曲折的小胡同里,而G君所居更偏东些。我们雇了两辆"胶皮",向着陶然亭去,但车只雇到前门外大外郎营。(从东城至陶然亭路很远,冒雪雇车很不便。)车轮咯咯吱吱的切碾着白雪,留下凹纹的平行线,我们遂由南池子而天安门东,渐逼近车马纷填⑤,兀然在目的前门了。街衢上已是一半儿泥泞,一半儿雪了。幸而北风还时时吹下一阵雪珠,蒙络那一切,正如疏朗冥濛的银雾。亦幸而雪在北京,似乎是白面捏的,又似乎是白泥塑的。(往往到初春时,人家庭院里还堆着与土同色的雪,结果是成筐的挑了出去完事。)若移在江南,檐漏的滴嗒,不终朝而消尽了。

言归正传。我们下了车,踏着雪,穿粉房琉璃街而南,炫眼的雪光愈白,栉比的人家渐寥落了。不久就远远望见清旷莹明的原野,这正是在城圈里耽腻了的我们所期待的。累累的荒冢,白着头的,地名叫做窑台。我不禁连想那"会向瑶台月下逢"的所谓瑶台⑥。这本是比拟不伦,但我总不住的那么想。

那时江亭之北似尚未有通衢。我们踯躅于白裹衣广覆着的田野之间,望望这里,望望那里,都很像江亭似的。商量着,偏西南方较高大的屋,或者就是了。但为什么不见一个亭子呢? 藏在里边罢?

到拾级而登时,已确信所测不误了。然踏穿了内外竟不见有什么亭子。幸而上面挂着的一方匾;否则那天到的是不是陶然亭,若至今还是疑问,岂非是个笑话。江亭无亭⑦,这样的名实乖违,总使我们怅然若失。我来时是这样预期的,一座四望极目的危亭,无碍无遮,在雪海中沐浴而嬉,宛如回旋的灯塔在银涛万沸之中,浅礁之上,亭亭矗立一般。而今竟只见拙钝的几间老屋,为城圈之中所习见而不一见的,则已往的名流觞咏⑧,想起来真不免黯然寡色了。

然其时雪又纷纷扬扬而下来,跳舞在灰空里的雪羽,任意地飞集到我们的粗呢氅衣上。趁它们未及融为明珠的时候,我即用手那么一拍,大半掉在地上,小半已渗进衣襟去。"下马先寻题壁字"⑨,来来回回的循墙而走,咱们也大有古人之风呢。看看咱们能拾得什么? 至少也当有如"白丁香折玉亭亭"一样的句子被传诵着罢⑩。然而竟终于不见! 可证"一蟹不如一蟹"这句老话真是有一点意思的⑪。后来幸而觅得略可解嘲的断句,所谓"卅年戎马尽秋尘"者,从此就在咱们嘴里咕噜着了。

在曲折廊落的游廊间,当北风卷雪渺无片响的时分,忽近处递来琅琅的书声。谛听,分明得很,是小孩子的。它对于我们十分亲密,因为和从前我们在书屋里所唱出去的正是一个样子的。这尽可以使我重温热久未曾尝的儿时的甜酒,使我俯拾眠歌声里的温馨梦痕,并可以减轻北风的尖冷,抚慰素雪的飘零。换一句干脆点的话,就是在清冷双绝的况味中,它恰好给喝了一点热热酽酽的东西,使一切已凝的,一切凝着的,一切将凝的,都软洋洋郸着腰肢不自支持了⑫。

书声还正琅琅然呢。我们寻诗的闲趣被窥人的热念给岔开了。从回廊下趑过去,两明一暗的三间屋,玻璃窗上帷子亦未下。天色其时尚未近黄昏;惟云天密吻,酿雪意的浓酣,阡陌明胸,积雪痕的寒皎,似乎全与迟暮合缘,催着黄昏快些来罢。至屋内的陈设,人物的须眉,已尽随年月日时的迁移,送进茫茫昧昧的乡土,在此也只好从缺。几个较鲜明的印象,尚可片片掇拾以告诸君的,是厚的棉门帘一个;肥短的旱烟袋一支;老黄色的《孟子》一册,上有银硃圈点⑬,正翻到《离娄》篇首;照例还有白灰泥炉一个,高高的火苗窜着;以外……"算了罢,你不要在这儿写账哟!"

游览必终之以大嚼,是我们的惯例,这里边好像有鬼催着似的。我曾和我姊姊说过:"咱们以后不用说逛什么地方,老实说吃什么地方好了。"她虽付之一笑,却不斥我为胡闹,可见中非无故了。我且曾以之问过吾师,吾师说得尤妙,"好吃是文人的天性",这更令我不便追问下去。因为既曰天性,已是第一因了。还要求它的因,似乎不很知趣。如理化学家说到电子,心理学家说到本能,生机哲学者说到什么"隐得而希"……⑭

闲言少表。天性既不许有例外,谈到白雪,自然会归到一条条的白面上去。不过这种说法是很辱没胜地的,且有点文不对题。所以在江亭中吃的素面,只好割爱不谈。我只记得青汪汪的一炉火,温煦最先散在人的双颊上。那户外的尖风呜呜的独自去响,倚着北窗,恰好鸟瞰那南郊的旷莽积雪。玻璃上偶沾了几片鹅毛碎雪,更显得它的莹明不滓。雪固白得可爱,但它干净得尤好。酿雪的云,融雪的泥,各有各的意思;但总不如一半留着的雪痕,一半飘着的雪华,上上下下,迷眩难分的尤为美满。脚步声听不到,门帘也不动,屋里没有第三个人。我们手都插在衣袋里,悄对着那排向北的窗。窗外有几方妙绝的素雪装成的册页。累累的坟,弯弯的路,枝枝桠桠的树,高高低低的屋顶,都秃着白头,耸着白肩膀,危立在卷雪的北风之中。上边不见一只鸟儿展着翅,下边不见一条虫儿蠢然的动(或者要归功于我的近视眼),不用提路上的行人,更不用提马足车尘了。惟有背后已热的瓶笙吱吱的响,是为静之独一异品;然依昔人所谓"蝉噪林逾静"的静这种诠释⑮,它虽努力思与岑寂绝缘终久是失败的哟。死样的寂每每促生胎动的潜能,惟万寂之中留下一分两分的喧哗,使就烬的赤灰不致以内炎而重生烟焰;故未全枯寂的外缘正能孕育着止水一泓似的心境。这也无烦高谈妙谛,只当咱们清眠不熟的时光便可以稍稍体验这番悬谈了。闲闲的意想,乍生乍灭,如行云流水一般的不关痛痒,比强制吾心,一念不着的滋味如何?这想必有人能辨别的。

炉火使我们的颊热,素面使我们的胃饱,飘零的暮雪使我们的心越过越黯淡。我们到底不得不出去一走,到底不得不面迎着雪,脚踹着雪,齐向北快快的走。离亭数十步外有一土坡,上开着一家油厂;厂右有小小的断坟并立。从坟头的小碣,知道一个葬的是鹦鹉;一个名为香冢,想又是美人黄土那类把戏了。只是一件,油厂有狗,喜拦门乱吠。G君是怕狗的;因怕它咬,并怕那未必就咬的吠,并怕那未必就吠的狗。而我又是怯登土坡的,雪覆着的坡子滑滑的难走,更有点望之生畏。故我们商量商量,还是别去为妙。

我们绕坡北去时,G君抬头而望(我记得其时狗没有吠)对我说,来年春归时,种些红杜鹃花在上面。我点点头。路上还商量着买杜鹃花的价钱。……现在呢,然而现在呢?我惆怅着夙愿的虚设。区区的愿原不妨孤负;然区区的愿亦未免孤负,则以外的岂不又可知了。——北京冬间早又见了三两寸的雪,而上海至今只是黯然的同云,说是酿雪,说是酿雪,而终于不来。这令我由不得追忆那年江亭玩雪的故事。

一九二四,一,十二

(《俞平伯全集》第二卷,俞平伯撰,石家庄:花山文艺出版社,1997)

【注释】

① 本文最初收于作者的散文集《杂拌儿》,1928 年初版。陶然亭:清康熙三十四年(1695),工部郎中江藻所建,取意于白居易诗"更待菊黄家酿熟,与君一醉一陶然"。1952 年改为陶然亭公园,是北京名胜。

② 同云:即"彤云",阴云。

③ 淬缲(cuì cài):走路时衣服摩擦发出的声音。

④ 矻(kū)搭:帘子放下发出的声音。

⑤ 纷填:杂乱而大声。填,形容声音大。

⑥ 会向瑶台月下逢:唐李白《清平调》中的诗句。瑶台,传说中神仙聚会的地方。

⑦ 江亭无亭:陶然亭初建时是三间敞厅,供行人临时停集休息之用,"亭"与"停"同,习惯上又依建亭人之姓,称作"江亭"。

⑧ 名流觞咏:本指晋王羲之等名流在会稽(今浙江绍兴)兰亭修禊曲水流觞的故事,这里指文人聚会。

⑨ 下马先寻题壁字:宋代词人周邦彦《浣溪沙》(日薄尘飞官路平)一词中的句子。据说唐代诗人王绩经过酒肆,喜欢在壁上题诗,供人讽咏。

⑩ 白丁香折玉亭亭:作者原注:"我父亲从前在陶然亭见雪珊女史的题壁诗:'柳色随山上鬓青,白丁香折玉亭亭。天涯写遍题墙字,只怕流莺不解听。'"

⑪ 一蟹不如一蟹:宋胡仔《苕溪渔隐丛话》:"王直方又爱和靖'池水倒窥疏影动,屋檐斜入一枝低',以谓此句为前所称,真可处伯仲之间。余观此句略无佳处,直方何为喜之,真所谓'一蟹不如一蟹'也。"

⑫ 亸(duǒ):下垂。

⑬ 银硃:一种红色颜料,古人用来校点书籍文字。

⑭ 隐得而希:希腊语 entelecheia 的音译,古希腊哲学家亚里士多德的用语,意为"现实"。后世的哲学家用来指非物质的存在如灵魂等。

⑮ 蝉林愈静:南朝梁王籍《入若耶溪》诗:"蝉噪林逾静,鸟鸣山更幽。"

【提示】

这是俞平伯早期散文的代表作之一,它产生于 20 世纪 20 年代现代文学史上所谓的"苦闷时期"。当时的作者追随时代潮流,追求个性解放,强调文章要表现自我,反对束缚人的个性发展的封建教条,但仍保留着旧时士大夫文人恬淡超然的名士气。文章具有浓厚的主观抒情色彩,把与自然相亲和、相依恋的感情,如实地袒露在读者面前,独抒性灵,不拘格套。文章在开头的"小引"中发出"静"与"动"关系的议论,在后半幅更进入死寂中孕育生命胎动的思索,使一篇写景为主的游记带上了哲学思辨色彩。

写陶然亭雪景,当然是文章的主体部分,朱自清说俞平伯的散文"雕琢工细,光润洁白",在本文中得到充分体现。前往陶然亭路途上"正如疏朗冥濛的银雾"的雪珠,北京郊外原野上"清旷莹明"的积雪,"云天密吻"、"阡陌明胸"的暮雪,屋子窗玻璃上"莹明不滓"的鹅毛碎雪,及"窗外有几方妙绝的素雪装成的册页"……围绕着游览陶然亭的踪迹,作者一路描景状物,穷形极相,细腻绵密,文笔十分出色。

作者有意追求冲淡和平的风格。一则作者用恬淡的心情来看待自己和周围的世界,缠绵里满蕴着温熙秾郁的氛围,笔致显得自然放松,如友人晤谈,不露刻意安排的痕迹;二则一般都不用感情强烈的词句,出之以平和的语调,比较舒缓的节奏,显得谐和舒适但平淡中见雅致,在文字技巧上,追求涩的韵味,经常穿插一些古人诗句,哲理悬谈,有知识,有意趣,虽难免有些"隔","涩如青果",但更加耐读,值得细细品味。

【思考与练习】

一、按照作者的游览陶然亭的游踪,理清全文的记叙脉络。

二、细读文中写雪景的部分,体会文章描景状物细腻绵密的特色。

三、对文中富有哲理性的一些议论,你觉得是否必要?你赞同作者的观点吗?

【辑评】

这流派的形成,不是由于作品形式上"冲淡和平"的一致性,而是思想上的一个倾向。那是必然的,在新旧两种势力对立到尖锐的时候,就是正式的走向肉搏的时候,有一些人,虽也希求光明,但怕看见血腥,不得不退而追寻另一条安全的路。这是周作人与鲁迅思想所以后来分裂了的原因,也是周作人一流派的小品文获得存在的基本的道理。(阿英《俞平伯小品序》)

以口语为基本,再加上欧化语,古文,方言等分子,杂糅调和,适宜地或各啬地安排起来,有知识与趣味的两重的统制。(周作人《燕知草跋》)

用杭州的事打个比方罢:书中前一类文字(按:指《燕知草》等俞平伯二十年代前期的小品散文),好像昭贤寺的玉佛,雕琢工细,光润洁白;后一类呢(指俞平伯在二三十年代之交写的散文),恕我拟不于伦,像吴山四景园驰名的油酥饼——那饼是入口即化,不留渣滓的,而那茶店,据说是"明朝"就有的。……近来有人和我论起平伯,说他的性情行径,有些像明朝人。我知道所谓"明朝人",是指明末张岱、王思任等一派名士而言。这一派人的特征,我惭愧还不大弄得清楚,借了现在流行的话,大约可以说是"以趣味为主"的吧?他们只要自己好好地受用,什么礼法,什么世故,是满不在乎的。他们的文字,也如其人,有着"洒脱"的气息。(朱自清《燕知草序》)

我们觉得同是细腻的描写,俞先生的是细腻而委婉,朱先生是细腻而深秀;同是缠绵的情致,俞先生的是缠绵里满蕴着温熙秋郁的氛围,朱先生的是缠绵里多含有眷恋悱恻的气息。如用作者自己的话来仿佛,则俞先生的是"朦胧之中似乎胎孕着一个如花的笑",而朱先生的是"仿佛远处高楼上渺茫的歌声似的"。(阿英《朱自清小品序》引李素伯《小品文研究》)

瓦尔登湖(节选)①

亨利·戴维·梭罗

亨利·戴维·梭罗(Henry David Thoreau，1817—1862)，美国著名作家。19世纪超验主义运动的代表人物之一。出生于小业主家庭。早年毕业于哈佛学院(今哈佛大学)，后来做过教师、工人。是一个热爱自然，全身心投入大自然中的人。梭罗在写作上以散文为主，作品很多，一般都是对自然的观察和描写。代表作《瓦尔登湖》是一部长篇的记述散文，描写了他在美国康科德附近瓦尔登湖畔的生活经历，详细地记录了作者的所见所闻、所思所想，充分体现出回归自然的主旨，在文学史上有重要地位。

林地　　[美国]英尼斯作

我为什么要去树林

　　我幽居在森林之中，是因为我希望小心谨慎地生活，只想去面对生活的基本要素，看看自己能否学会生活必定会传授于我的东西，以免死到临头，才发现自己白活了一场。我不希望去过不能称之为生活的生活，生活是如此的珍贵，除非万不得已，我是不想去过归隐林泉的生活的。我要深深地根植于生活之中，吸取着所有人生的精髓，要生活得如此强健，像斯巴达人一样，以便排除一切生活必将弃绝的东西。我要收割出一块宽阔的田地，细心地收割修剪，将生活驾驭到一个角落，让它降到一个最卑贱的地步。而且，倘若生活证明了它自身的卑贱,为何不去获取它的所有而真实的卑贱,并将其公之于世呢? 或者,如果生活是高尚的,就用亲身经历去体味它,以便我下次游历时,可以对它作出真正的评估。

在我看来,大部分人陷入了一个怪圈,不知道自己的生活是魔鬼所赐,还是上帝所赐,然而却"稍稍草率"地得出结论,认为人生的首要目标就是"赞美上帝,永享他的赐福"。

深林见鹧鸪②

没过多久,就有一只月亮鸟在我的屋檐下建起了鸟巢。一只知更鸟在我屋旁的一棵松树上搭起了窝巢,寻求我的保护。初夏6月,连鹧鸪这种羞于见人的鸟儿都从屋后的林中带着雏儿掠过我的窗户,落到我的屋前,像只老母鸡咯咯地叫着带着她的婴孩散步,她的所作所为表明她确是林中的老母鸡。

当你接近幼雏,母亲就一声警号,雏鸟一哄而散,像一阵旋风,将它们卷裹而去。鹧鸪的羽毛就犹如林中的枯枝败叶,经常有些旅行者一脚踏进幼雏的巢里,只见鸟妈妈振翅而去,发着凄凉的号叫,它扇动着翅膀,吸引着旅行者的视线,让他不去察看脚下和四周。母鸟在你面前翻滚、旋转,弄得羽毛一片蓬乱,让你搞不清面前是个什么样的鸟。幼鸟们悄悄地、紧紧地趴在腐烂的落叶中,将它们的头钻进一片叶子下,只听母亲远处传来的呼唤。你靠近它们,它们也会一动不动,因此它们不会暴露。甚至你的脚踩着它们,眼睛还瞪视了一会儿,可你还弄不清你到底踏上了什么。

有一次我随手把它们放在摊开的手掌上,因为它们只听命于母亲与本能,一点也不畏惧,也不战栗,它们只是照旧蹲着。这种本能是如此纯粹,我把它们又再放进枯叶堆中,其中一只不小心滚出窝外,可10分钟之后,我发现它又和别的幼鸟一起原封不动地蹲着。鹧鸪不像其他鸟类的幼雏不长羽毛,比起小鸡,它的羽毛长得很快,成熟得也快。

它们的眸眼清亮,显然已知世事,但仍一派天真,让人难以忘怀。这种眼睛仿佛蕴含了全部智慧。不仅有童真,还有经验升华之后的智慧。这样的眼睛并非先天就有的,而是与它眼睛映照的天空同时出现的。山野从未诞生过像它们眼睛这样的澄澈的宝石。通常的旅游者也望不到这样清纯的古井。愚昧而粗鲁的猎夫常在哺育幼雏的时节射杀它们的父母,让这群孤苦伶仃的幼雏成为猛禽恶兽的腹中美味,或渐渐与满地的枯枝败叶融化为一体,成为尘垢。据说,由母鸡孵出的雏儿,稍受惊吓便四散而去,再也无法寻觅,因为它们再也听不到母鸡的召唤声。这便是我的母鸡和雏儿。

山鹬的狡计③

让人惊奇不已的是,莽莽森林里,多少动物隐蔽地生活着,但行动又是那么地放任天性、率真而不羁。它们就在城镇边上四处奔忙,但只有猎人明白它们藏身何处。水獭生活得何等幽僻! 它已身长4英尺,像个小孩子,或许还从没人看见它的真身。以前我还看到浣熊④,就住在我屋后的森林中,现在午夜时分我仿佛能听到它们嘤嘤而叫。

一般我早上耕地,中午在浓荫匝地的大树下午睡一两个小时,用过午餐,便在一道溪流边读书,那道清泉是从距我的田园半英里远的勃立斯特山上流出来的,不远的一片池沼和小溪也以它为源头。到泉水边,须穿过一连串水草丰茂的洼地,洼地长满细小的苍松,最后进入池沼旁一座大林子。林中有一片僻静而荫凉的树阴,一棵高耸云天的白松下有一个洁净而坚实的芳草地,宜于或坐或卧。我找到泉眼,掘成一口井,井中涌出甘洌的银灰水流,打出一桶水,而井水仍清澈如故。盛夏时节,当湖水太热时,我几乎天天在此打水。

山鹬带着幼雏也跑来了,它们在地里翻掘蚯蚓,母鸟又在泉水一侧的幼鸟的上空约一英里处飞来飞去,幼鸟在下面拉帮结伙、四处奔跑。母鸟发现了我,便从幼鸟身旁飞开,围着我周旋起来,越转越近,在约莫四五英尺处,假装折翅瘸脚,诱使我注意,让她的孩子趁机溜掉,那时,幼鸟们已发出细细、尖尖的鸣叫,按她的计谋,排成一队跑过池沼。有时我听到幼鸟尖细的叫声,却看不到母鸟身在何处。斑鸠也在泉水边蹦来蹦去,或在我头顶上的巨松的枝桠间跳来跳去。而褐红的松鼠从最近的枝桠盘旋而下,对我既好奇又亲热。用不着在山林佳美之处坐多久,便会看见各类成员依次粉墨登场亮相,对你献艺。

蚁群大决战

森林并非总是一片歌舞升平的和平景象。我还是一场战争的见证人。一天,我出门到我的木柴堆去,更准确地说,堆树根之处,我瞥见两只蚂蚁,一只红的,另一只是黑的,后者比前者大得多,差不多有半英寸之长。两只蚂蚁缠斗不已。一交上手,谁也不退却,推搡着,撕咬着,在木片上翻滚起伏。放眼远望,我惊叹不已,木柴堆上到处都有这样奋力厮杀的勇士,看来不是单挑决斗,而是一场战争,两个蚂蚁王国的大决战。红蚂蚁与黑蚂蚁势不两立,通常是两红对一黑。木柴堆上都是这些能征善战的弥尔弥冬军团。地上躺满已死和将死者,红黑混杂一片。这是我亲眼目睹的唯一一场大决战,我亲临激战的中心地带。相互残杀的恶战啊,红色的共和党和黑色的帝王派展开你死我活的拼杀,虽没听到声声呐喊,但是人类之战却从未如此奋不顾身。

在一束阳光照射下的木片"小山谷"中,一对武士相互死死抱住对方,现在正是烈日当空,它们准备血拼到底,或魂归天国。那精瘦的红色斗士像老虎钳一样紧紧咬住死敌的额头不放。尽管双方在战场上翻来滚去,但红色斗士却一刻不停地噬住对手的一根触须的根部,另一根触须已被咬断。而胖大的黑色斗士,举起对手撞来撞去。我凑近观战,发现红蚂蚁的躯体好些已被咬掉,它们比斗犬厮杀更惨烈。双方都不让分毫,显然他们的战争信念是"不战胜,毋宁死"。

在小山谷顶上出现一个荷戟独彷徨的红蚂蚁,它看来斗志正盛,不是已击毙一个对手,就是刚刚投入战场——据我分析是后者,因为它还没有缺胳膊少腿。它的母亲要它举着盾牌凯旋而归,或者躺在盾牌上由战友抬回故里。也许它是阿喀琉斯一般的猛将[⑤],独自在热火朝天的战场外生闷气,现在来救生死之交的帕特洛克罗斯了[⑥],或者为这位不幸战死的亡友来报仇雪恨,它从远处瞅见这场势不均力不敌的搏斗——黑蚂蚁比红蚂蚁庞大近一倍——它奔驰过来,离开那对生死之搏的战斗者约半英寸处,看准战机,奋不顾身地扑向黑武士,一下咬住对方的前腿根,不管对手会在自己身上哪一块反咬一口;三个战斗者为了生存黏一起,好像已产生出一种新的粘胶剂,让任何锁链和水泥相形见绌。

这时,如看到他们各自的军乐队,在各方突起的木片上排成方阵,威武雄壮地高奏国歌,以振奋前仆后继的前线将士,并激励起那些奄奄一息的光荣斗士,我不会感到诧异。我自己是热血沸腾,仿佛它们是人。

你越深究下去,越觉得它们与人类并无两样。起码在康科德的地方史志中,暂且不谈美国历史,当然是没有一场战争能与之并驾齐驱。无论从投入的总兵力,还是所激发的爱国主义和英雄主义,都无法相提并论。就双方参战数量和惨烈程度,这是一场奥斯特利茨大决战⑦,或鏖兵于德累斯顿的大血战⑧。嘿!康科德之战!爱国志士死了两个,而路德·布朗夏尔受了重伤!啊,这里的每一个蚂蚁都是一个波特林克,大呼着——开火,为上帝而战。开火!——千百个生命却像戴维斯和胡斯曼一样杀身成仁。没有一个雇佣兵,我不怀疑,它们是为真理而斗争,正如我的父辈一样,并非为了区区3便士茶叶税的缘故⑨,当然,这场决战对双方来说是何等重大,将载入史册,永志不忘,犹如我们的邦克山战役一样。

我特别关注三位武士的混战,便把它们决战其上的木片端进小木屋,放在我的窗台上,罩上一个反扣的玻璃杯,以观战况。我用放大镜观察最初提到的红蚂蚁,看到它狠狠咬住敌方的前腿上部,且咬断了对方剩下的触须,可自己的胸部却被黑武士撕开了,露出了内脏,而黑武士的胸甲太结实,无法刺穿。这痛苦的红武士暗红的眸子发出战争激发出的凶光。它们在杯子下又缠斗了半小时,当我再次观战时,那黑武士已使敌人身首异处,但那两个依然有生命的脑袋,挂在它身体的两侧,犹如悬吊在马鞍边的两个恐怖的战利品,两个红蚂蚁头仍死咬住不放。黑蚂蚁微弱地挣扎着,它没有触须,且剩下的唯一的腿也已残缺不全,浑身伤痕累累,它用尽力气要甩掉它们。这件事半小时后总算完成。我拿起罩杯,它一瘸一拐爬过窗台。经过这场恶战,它能否活下来,能否把余生消磨在荣军院中,我并不清楚。我想以后它不能再挑起什么重担了。我不清楚谁是胜利的一方,也不知大战的起因。但因目击这一场大血战,而整天陷入亢奋和失落的情绪之中,就像在我的大门前经过一场惊心动魄的战争。

吉尔贝和斯宾塞告诉我们⑩,蚂蚁战争长久以来就受到人们的敬重,彪炳史册,战争的日期也有明确的记载,尽管据他们声称,近代作家中大约只有胡贝尔曾考察了蚂蚁大战。他们说,"对战事发生在一棵梨树树干上的蚂蚁大战有过描述,这是一场大蚂蚁对小蚂蚁的难度极大的攻坚战"。之后他们加上注解——"'这场苦战发生在教皇尤琴尼斯四世治下⑪,目击者为著名律师尼古拉斯·毕斯托利安西斯,他的记录忠实可信。'另有一场规模相当的大蚂蚁和小蚂蚁之战,由俄拉乌斯·玛格纳斯记录在案,结果小蚂蚁以弱胜强。据说战后它们掩埋了自己的烈士,让大蚂蚁的尸首曝尸荒野,任飞鸟去啄食。这场战争发生于残暴的克利斯蒂安二世被逐出瑞典之前⑫。"至于我目睹的这场大决战,发生于总统波尔克任内⑬,时间在韦伯斯特制订的逃亡奴隶法案通过前5年⑭。

回到林中的猫

有一头乡间常见的耕牛,行走不便,只适宜于在堆粮草的地窖中去追赶乌龟,现在却拖带它笨重的身躯到林中撒欢起来,它的主人对此一无所知,它拱一拱老狐狸的洞窟,嗅一嗅土拨鼠的小穴,一无所获。大概是些精瘦的恶犬在给它引路,恶犬们在林中敏捷地窜东窜西,林中的鸟兽对这帮恶犬望风而逃。现在老牛已被那帮向导远远甩在后面,老牛引颈向树上的松鼠狂吼,那些松鼠躲在树上正定定地观察它,老牛困难地挪动身子,缓缓跑开,那笨重的身躯把树枝都挤弯了,它自以为在追逐一些慌不择路的鼠类。

有一次,在湖边的石岸上,我惊奇地看见一只猫在散步,它们很少会跑到这么远的地方来。我和猫都很惊奇地看着对方。然而，就是一天到晚慵懒地趴在波斯地毯上的最温驯的猫，一溜到森林就像回到故乡，从她窥探和灵敏的潜行而言，她比常住林中的禽兽更适宜莽莽野林。有一次，我在林中拣浆果，邂逅一只母猫，她率领一群小猫，那些小猫全都野气未脱，像它们的母亲一样弓起背脊，向我凶恶地吐口水。

在我移居林中前几年，林肯郡靠湖最近的吉利安·贝克庄园内，有一只"长翅膀的猫"。1842 年 6 月，我专程去探望她（我不能断定这头猫是雄还是雌，所以我采用通常称猫为女性的代名词），她已像往常一样，到林中觅食去了。据她的女主人称，她是一年多前的 4 月间来到这里，在宅子附近徘徊，后来女主人收养了她。

她全身的毛呈深棕灰色，喉部有白斑点，四个白蹄，尾部蓬大，毛茸茸如狐狸，一到冬天，全身的毛浓密起来，披垂下来，形成了两条 10 至 15 英寸长，2.5 英寸宽的毛带，她的嘴巴下面像挂着一个暖手筒，上面的毛蓬松，下面像毯子一样绞在一起，春天来了，这些冬季挂在身上的棉被就掉落了。主人送了我一对她的"翅膀"，我至今还保存着。翅膀外面好像并没有膜。有人认为这猫的祖上有一个是飞貂或别的什么禽兽。这并非不可能，据动物学家说，貂和家猫通婚，会产生许多变种。如果我能拥有这样的一头猫，我会很兴奋，为什么不呢？既然诗人的马能生出彩翼，为何他的猫就不能拥有一对飞翅？

（《瓦尔登湖》，[美国]梭罗撰，戴欢译，北京：当代世界出版社，2003）

【注释】

① 本文第 1 篇选自《瓦尔登湖》的"我活在何处，我为何而活"一章，其余部分都是选自"邻居：野性难驯"一章。小标题为编者所拟。

② 鹧鸪：鸟名，属雉科。羽色黑白相杂。栖息山地，杂食。

③ 山鹬（yù）：鸟名，属鹬科。羽色平淡，喙细长。食虫、鱼等。

④ 浣熊：哺乳动物名，属食肉目浣熊科。尾长，有黑白相间环纹。夜行觅食，除捕食软体动物、蟹及鱼类外，也吃果子。

⑤ 阿喀琉斯：古希腊英雄，作战勇猛无敌，在特洛伊之战中杀死特洛伊主将赫克托耳。后因脚踵中箭而死。

⑥ 帕特洛克罗斯：古希腊勇士，阿喀琉斯最要好的朋友，穿着阿喀琉斯的盔甲与赫克托耳交战，被赫克托耳杀死。后阿喀琉斯为他复仇。

⑦ 奥斯特利茨大决战：1805 年 12 月 2 日拿破仑统率的法军 7.3 万人与俄奥联军 8.7 万人在奥斯特利茨（今捷克的斯拉夫科夫）的一次决战，以法军大胜告终。

⑧ 德累斯顿的大血战：1813 年 8 月 26 日、27 日拿破仑统率的法军与普鲁士等国组成的反法联军在德累斯顿（在今德国）进行的一次大战，法军获胜。

⑨ 便士：英国货币单位，旧时 12 便士合 1 先令，20 先令合 1 英镑。

⑩ 斯宾塞（Edmund Spenser, 1552—1599）：英国著名诗人。毕业于剑桥大学。其诗体称"斯宾塞体"，对英诗格律的形成影响很大。有长诗《仙女王》等。

⑪ 教皇尤琴尼斯四世（Eugenius Ⅳ）：罗马教皇，1431 年登位，1447 年去世。

⑫ 克里斯蒂安二世（Christian Ⅱ, 1481—1559）：最后一个以卡尔马联合名义统治北欧三国丹麦、挪威、瑞典的君主，后被贵族推翻囚禁。他被逐出瑞典是 16 世纪 20 年代的事。

⑬ 波尔克（James Knox Polk, 1795—1849）：出身律师，民主党人。1845 年至 1849 年任美国总统。在任时向西部扩张，曾发动对墨西哥的战争。

⑭ 逃亡奴隶法案：美国国会 1850 年通过的一项法案，宣布包括北方白人在内的所有公民有责任协助执法机关将逃亡奴隶送交原主人，南方奴隶主可以到北方自由州追捕逃亡奴隶，协助奴隶逃亡者要受罚。

【提示】

梭罗的文章虽然是写大自然,写他在自然中的观察、感受,但是却不容易阅读。有时候甚至会感到乏味、沉闷。不过我们在掩卷以后,回味他所展示给我们的自然和人生的一切,却往往有不同的感受,而且在反复的回味中能够获得更多的东西。这是一般的散文作品所难以达到的艺术境界。

这里所选择的几个片段,第一篇比较短,主要是让我们了解梭罗为什么要去树林,他的目的所在,他对人生的认识。他说人生如若剥落尽净,被逼到某一角落,那个时候,我们的感受会不尽相同。确实,这种情况我们一般都不太希望发生,但是假如发生了,我们也许真的能有许多收获。所谓"艰难困苦,玉汝于成",就是这个道理。后面所选择的几篇,都是"邻居:野性难驯"一章中的部分。在这些片段中,我们可以了解梭罗对自然的热爱,对小动物观察的细心,以及对各种动物叙述和描写的方式。尤其"蚁群大决战"一篇,那是非常有名的片段,可以和其他一些作家所描写的蚂蚁之战作比较阅读。他的这一篇,我们会发现许多值得注意的地方,比如他是如何结构文章,如何突出重点,如何将他眼中的蚂蚁之战和古代其他人笔下的大战作比较的,在他的蚂蚁之战的描写中,又究竟有多少微微暗示人生的东西。凡此,假如我们仔细思考,或许都能够有所感悟、体会、收获。

梭罗写得非常具体,这得力于他对自然的热爱和观察自然的仔细。同时也因为他掌握了丰富的词汇,所以能写出动物各种不同的特征和表现。

【思考与练习】

一、梭罗说"将生活驾驭到一个角落,让它降到一个最卑贱的地步",这是他自己给自己设定的一个目标,后来他也就照此计划而行。这是理智的选择。按这样的选择去做和遭受人生中的一切然后去做,有什么区别?结果将会如何?

二、我们阅读梭罗笔下的蚂蚁之战,多多少少有某种悲凉、悲壮、悲哀的感觉,哪些地方让我们产生这样的感觉?

三、梭罗的文字自然、流动,他在写作中没有任何的做作,朴实无华。我们阅读他的文章,可以感受到梭罗的一颗自然而平和的心。思考梭罗如何叙述他的所见所闻,假如是你,又会如何去描写所见到的一切?

大自然在反抗[①]

蕾切尔·卡逊

蕾切尔·卡逊(Rachel Carson，1907—1964)，美国著名海洋生物学家、科普作家。从小爱好文学，热爱大自然。1929 年毕业于宾夕法尼亚女子学院。1932 年以优异成绩获得约翰·霍布金斯大学动物学硕士学位。曾在马里兰大学教动物学。1936 年受聘至美国渔业管理局工作。后成为世界环境保护运动的开创者。所作《寂静的春天》一书被认为是环境保护主义的奠基石。另著有《在海风下》、《环绕我们的海洋》、《海的边缘》等。

我们冒着极大的危险竭力把大自然改造得适合我们的心意，但却未能达到目的，这确实是一个令人痛心的讽刺。然而看来这就是我们的实际情况。虽然很少有人提及，但人人都可以看到的真情实况是，大自然不是这样容易被塑造的，而且昆虫也能找到窍门巧妙地避开我们用化学药物对它们的打击。

荷兰生物学家 C·J·波里捷说："昆虫世界是大自然中最惊人的现象。对昆虫世界来说，没有什么事情是不可能的；通常看来最不可能发生的事情也会在昆虫世界里出现。一个深入研究昆虫世界的奥秘的人，他将会为不断发生的奇妙现象惊叹不已。他知道在这里任何事情都可能发生，完全不可能的事情也会经常出现。"

这种"不可能的事情"现在正在两个广阔的领域内发生。通过遗传选择，昆虫正在发生应变以抵抗化学药物，这一问题将在下一章进行讨论。不过现在我们就要谈到的一个更为广泛的问题是，我们使用化学物质的大举进攻正在削弱环境本身所固有的、阻止昆虫发展的天然防线。每当我们把这些防线击破一次，就有一大群昆虫涌现出来。

报告从世界各地传来，它们很清楚地揭示了一个情况，即我们正处于一个非常严重的困境之中。在彻底地用化学物质对昆虫进行了十几年控制之后，昆虫学家们发现那些被他们认为已在几年前解决了的问题又回过头来折磨他们。而且还出现了新的问题,只要出现一种哪怕数量很不显眼的昆虫,它们也一定会迅速增长到严重成灾的程度。由于昆虫的天赋本领,化学控制已搬起石头砸了自己的脚。由于设计和使用化学控制时未曾考虑到复杂的生物系统,化学控制方法已被盲目地投入了反对生物系统的战斗。人们可以预测化学物质对付少数个别种类昆虫的效果,但却无法预测化学物质袭击整个生物群落的后果。

现今在一些地方,无视大自然的平衡成了一种流行的做法;自然平衡在比较早期的、比较简单的世界上是一种占优势的状态,现在这一平衡状态已被彻底地打乱了,也许我们已不再想到这种状态的存在了。一些人觉得自然平衡问题只不过是人们的随意臆测,但是如果把这种想法作为行动的指南将是十分危险的。今天的自然平衡不同于冰河时期的自然平衡,但是这种平衡还存在着:这是一个将各种生命联系起来的复杂、精密、高度统一的系统,再也不能对它漠然不顾了,它所面临的状况好像一个正坐在悬崖边沿而又盲目蔑视重力定律的人一样危险。自然平衡并不是一个静止固定的状态;它是一种活动的、永远变化的、不断调整的状态。人也是这个平衡中的一部分。有时这一平衡对人有利。有时它会变得对人不利。当这一平衡受人本身的活动影响过于频繁时,它总是变得对人不利。

现代,人们在制定控制昆虫的计划时忽视了两个重要事实。第一是,对昆虫真正有效的控制是由自然界完成的,而不是人类。昆虫的繁殖数量受到限制是由于存在一种被生态学家们称为环境防御作用的东西,这种作用从第一个生命出现以来就一直存在着。可利用的食物数量、气候和天气情况、竞争生物或捕食性生物的存在,这一切都是极为重要的。昆虫学家罗伯特·麦特卡夫说:"防止昆虫破坏我们世界安宁的最重大的一个因素是昆虫在它们内部进行的自相残杀的战争。"然而,现在大部分化学药物被用来杀死一切昆虫,无论是我们的朋友还是我们的敌人都一律格杀勿论。

第二个被忽视的事实是,一旦环境的防御作用被削弱了,某些昆虫的真正具有爆炸性的繁殖能力就会复生。许多种生物的繁殖能力几乎超出了我们的想象力,尽管我们现在和过去也曾有过省悟的瞬间。从学生时代起我就记得一个奇迹:在一个装着干草和水的简单混合物的罐子里,只要再加进去几滴取自含有原生动物的成熟培养液中的物质,这个奇迹就会被做出来。在几天之内,这个罐子中就会出现一群旋转着的、向前移动的小生命——亿万个数不清的鞋子形状的微小动物草履虫[2]。每一个小得像一颗灰尘,它们全都在这个温度适宜、食物丰富、没有敌人的临时天堂里不受约束地繁殖着。这种景象使我一会儿想起了使得海边岩石变白的藤壶已近在眼前[3],一会儿又使我想起了一大群水母正在游过的景象,它们一里一里地移动着,它们那看来无休止颤动着的鬼影般的形体像海水一样的虚无飘渺。

……

生物学家们常持有一种假想:如果发生了一场不可思议的大灾难,自然界的抑制作用都丧失了,而有一个单独种类的生物却全部生存繁殖起来,那时将会发生什么事情。一个世纪之前,托马斯·修克思勒曾计算过一个单独的雌蚜虫(它具有不要配偶就能繁殖的稀奇能力)在一年时间中所能繁殖的蚜虫的总量相当于一个世纪之前的中华帝国人口总重量的四分之一。

幸亏这种极端情况仅仅是在理论上才存在,但是这一由失常的大自然自己所造成的可怕结果曾被动物种群的研究者们所见识。畜牧业者们消灭郊狼的热潮已造成了田鼠成灾的结果，而以前，郊狼是田鼠的控制者④。在这方面，经常重演的那个关于亚利桑那的凯白勃鹿的故事是另外一个例子⑤。有一个时期，这种鹿与其环境处于一种平衡状态。一定数量的食肉兽——狼、美洲豹和郊狼⑥——限制着鹿的数量不超过它们的食物供给量。后来，人们为了"保存"这些鹿而发起一个运动去杀掉鹿的敌人——食肉兽。于是，食肉兽消逝了，鹿惊人地增多起来，这个地区很快就没有足够的草料供它们吃了。由于它们采食树叶，树木上没有叶子的地方也愈来愈高了，这时许多鹿因饥饿而死亡，其死亡数量超过了以前被食肉兽杀死的数量。另外，整个环境也被这种鹿为寻找食物所进行的不顾一切的努力而破坏了。

田野和森林中捕食性的昆虫起着与凯白勃地区的狼和郊狼同样的作用。杀死了它们，被捕食的昆虫的种群就会汹涌澎湃地发展起来。

没有一个人知道在地球上究竟有多少种昆虫，因为还有很多的昆虫尚未被人们认识。不过，已经记录在案的昆虫已超过70万种。这意味着，根据种类的数量来看，地球上的动物有70%～80%是昆虫。这些昆虫的绝大多数都在被自然力量控制着，而不是靠人的任何干涉。如果情况真是这样，那么就很值得怀疑任何巨大数量的化学药物（或任何其他方法）怎么能压制住昆虫的种群数量。

糟糕的是，往往在这种天然保护作用丧失之前，我们总是很少知晓这种由昆虫的天然敌人所提供的保护作用。我们中间的许多人生活在世界上，却对这个世界视而不见，察觉不到它的美丽、它的奇妙和正生存在我们周围的各种生物的奇怪的、有时是令人震惊的强大能力。这就是人们对捕食昆虫和寄生生物的活动能力几乎一无所知的原因。也许我们曾看到过在花园灌木上的一种具有凶恶外貌的奇特昆虫，并且朦胧地意识到去祈求这种螳螂来消除其他昆虫。然而，只有当我们夜间去花园散步，并且用手电筒瞥见到处都有螳螂向着它的捕获物悄悄爬行的时候，我们才会理解我们所看到一切；到那时，我们就会理解由这种凶手和受害者所演出的这幕戏剧的含义；到那时，我们就会开始感觉到大自然借以控制自己的那种残忍的压迫力量的含义。

捕食者——那些杀害和削弱其他昆虫的昆虫——是种类繁多的。其中有些是敏捷的，快速得就像燕子在空中捕捉猎物一样。还有些一面沿着树枝费力地爬行，一面摘取和狼吞虎咽那些不移动的像蚜虫一样的昆虫。黄蚂蚁捕获这些蚜虫，并且用它的汁液去喂养幼蚁。泥瓦匠黄蜂在屋檐下建造了柱状泥窝，并且用昆虫充积在窝中，黄蜂幼虫将来以这些昆虫为食。这些房屋的守护者黄蜂飞舞在正在吃料的牛群的上空，它们消灭了使牛群受罪的吸血蝇。大声嗡嗡叫的食蚜虻蝇，人们经常把它错认为蜜蜂，它们把卵产在蚜虫出没的植物叶子上；而后孵出的幼虫能消灭大量的蚜虫。瓢虫，又叫"花大姐"，也是一个最有效的蚜虫、介壳虫和其他吃植物的昆虫的消灭者。毫不夸张地讲，一个瓢虫可消耗几百个蚜虫以燃起自己小小的能量之火，瓢虫需要这些能量去生产一群卵。

习性更加奇特的是寄生性昆虫。寄生昆虫并不立即杀死它们的宿主，它们用各种适当的办法去利用受害者作为它们自己孩子的营养物。它们把卵产在它们的俘虏的幼虫或卵内，这样，它们自己将来孵出的幼虫就可以靠消耗宿主而得到食物。一些寄生昆虫把它们的卵用粘液粘贴在毛虫身上；在孵化过程中，出生的寄生幼虫就钻入到宿主的皮肤里面。其他一些寄生昆虫靠着一种天生伪装的本能把它们的卵产在树叶上，这样吃嫩叶的毛虫就会不幸地把它们吃进肚去。

在田野上,在树篱笆中,在花园里,在森林中,捕食性昆虫和寄生性昆虫都在工作着。在一个池塘上空,蜻蜓飞掠着,阳光照射在它们的翅膀上发出了火焰般的光彩。它们的祖先曾经是在生活着巨大爬行类的沼泽中过日子的。今天,它们仍像古时候一样,用锐利的目光在空中捕捉蚊子,用它那形成一个篮子状的几条腿兜捕蚊子。在水下,蜻蜓的幼蛹(又叫"小妖精")捕捉水生阶段的蚊子孑孓和其他昆虫。

在那儿,在一片树叶前面有一只不易察觉的草蜻蛉,它带着绿纱的翅膀和金色的眼睛,害羞地躲躲闪闪。它是一种曾在二叠纪生活过的古代种类的后裔⑦。草蜻蛉的成虫主要吃植物花蜜和蚜虫的蜜汁,并且时时把它的卵都产在一个长茎的柄根,把卵和一片叶子连在一起。从这些卵中生出了它的孩子——一种被称为"蚜狮"的奇怪的、直竖着的幼虫,它们靠捕食蚜虫、介壳虫或小动物为生。它们捕捉这些小虫子,并把它们的体液吸干。在草蜻蛉循环不已的生命做出白色丝茧以度过其蛹期之前,每个草蜻蛉都能消灭几百个蚜虫。

许多蜂和蝇也有同样的能力,它们完全依靠寄生作用来消灭其他昆虫的卵及幼虫而生存。一些寄生卵极小的蜂类,由于它们的巨大数量和它们巨大的活动能力,它们制止了许多危害庄稼的昆虫的大量繁殖。

所有这些小小的生命都在工作着——在晴天时,在下雨时,在白天,在夜晚,甚至当隆冬严寒使生命之火被扑灭得只留下灰烬的时候,这些小生命仍一直在不间断地工作着。不过在冬天时,这种生气勃勃的力量仅仅是在冒着烟,它等待着当春天唤醒昆虫世界的时候,才再重新闪耀出巨大活力。在这期间,在雪花的白色绒毯下面,在被严寒冻硬了的土壤下面,在树皮的缝隙中,在隐蔽的洞穴里,寄生昆虫和捕食性昆虫都找到了地方使自己躲藏起来以度过这个寒冷的季节。

……

这样,由于存在着这样的昆虫生活特点和我们所需要的天然特性,所有这一切都一直是我们在保持自然平衡使之倾倒到对我们有利一面的斗争中的同盟军。但是,现在我们却把我们的炮口转向了我们的朋友。一个可怕的危险是,我们已经粗心地轻视了它们在保护我们免受黑潮般的敌人的威胁方面的价值⑧,没有它们的帮助,这些敌人就会猖獗起来危害我们。

杀虫剂逐年数量增大,种类繁多,毁坏力加强;随之,环境防御能力的全面持续降低正在日益明显地变成无情的现实。随着时间的流逝,我们可以预料昆虫的骚扰会逐渐更加严重,有的种类传染疾病,还有的种类毁坏农作物,其种类之多将超出我们已知的范围。

"然而,这不过只是纯理论性的结论吧?"你会问:"这种情况肯定不会真正发生——无论如何,在我这一辈子里将不会发生。"但是,它正在发生着,就在这儿,就在现在。科学期刊已经记载下了在 1958 年约 50 例自然平衡的严重错乱。每一年都有更多的例子发现。对这一问题进行的一次近期回顾,参考了 215 篇报告和讨论,它们都是谈由于农药所引起的昆虫种群平衡灾害性失常的。

有时喷洒化学药物后,那些本来想通过喷药来加以控制的昆虫反而惊人地增多起来。如安大略的黑蝇在喷药后⑨,其数量比喷药前增加了 16 倍。另外,在英格兰,随着喷洒一种有机磷化学农药而出现了白菜蚜虫的严重爆发——这是一种没有见过类似记载的大爆发。

......

所有这些例子谈的都是侵害农作物的昆虫，而带来疾病的那些昆虫又怎么样呢？这方面已经有了不少警告。一个例子是在南太平洋的尼桑岛上，第二次世界大战期间，那儿一直在大量地进行喷药，不过在战争快结束的时候喷药就停止了。很快，大群传染疟疾的蚊子重新入侵该岛，当时所有捕食蚊子的昆虫都已被杀死了，而新的群体还没来得及发展起来，因此蚊子的大量爆发是极易想见的。马歇尔·莱尔德描述了这一情景，他把化学控制比做一个踏车；一旦我们踏上，因为害怕后果我们就不能停下来。

世界上一部分疾病可能以一种很独特的方式与喷药发生关系。有理由认为，像蜗牛这样的软体动物看来几乎不受杀虫剂的影响。这一现象已被多次观察到。在佛罗里达州东部对盐化沼泽喷药所造成的、通常的大量生物死亡中，唯有水蜗牛幸免。这种景象如同人们所描述的是一幅可怖的图画——它很像是由超现实主义画家的刷子创作出来的那种东西⑩。在死鱼和气息奄奄的螃蟹身体中间，水蜗牛在一边爬动着，一边吞食着那些被致命毒雨害死的受难者。

然而，这一切有什么重要意义呢？这一现象之所以重要，是因为许多蜗牛可以作为许多寄生性蠕虫的宿主，这些寄生虫在它们的生活循环中，一部分时间要在软体动物中度过，一部分时间要在人体中度过。血吸虫病就是一个例子，当人们在喝水或在被感染的水中洗澡时，它可以透过皮肤进入人体，引起人的严重疾病。血吸虫是靠丁螺宿主而进入水体的。这种疾病尤其广泛地分布在亚洲和非洲地区。在有血吸虫的地方，助长丁螺大量繁殖的昆虫控制办法似乎总导致严重的后果。

当然，人类并不是丁螺所引起的疾病的唯一受害者。牛、绵羊、山羊、鹿、麋、兔和其他各种温血动物中的肝病都可以由肝吸虫引起，这些肝吸虫的生活史有一段是在淡水丁螺中度过的。受到这些蠕虫传染的动物肝脏不适宜再作为人类食物，而且照例要被没收。这种损失每年要浪费美国牧牛人大约 350 万美元。任何引起丁螺数量增长的活动都会明显地使这一问题变得更加严重。

在过去的十年中，这些问题已投下了一个长长的暗影，然而我们对它们的认识却一直十分缓慢。大多数有能力去钻研生物控制方法并协助付诸实践的人却一直过分地在实行化学控制的更富有刺激性的小天地中操劳。1960 年报道，在美国仅有 2％的经济昆虫学家在从事生物控制的现场工作，其余 98％的主要人员都被聘去研究化学杀虫剂。

情况为什么会这样？一些主要的化学公司正在把金钱倾倒到大学里以支持在杀虫剂方面的研究工作。这种情况产生了吸引研究生的奖学金和有吸引力的职位。而在另一方面，生物控制研究却从来没有人捐助过——原因很简单，生物控制不可能许诺给任何人那样一种在化学工业中出现的运气。生物控制的研究工作都留给了州和联邦的职员们，在这些地方的工资要少得多了。

这种状况也解释了这样一个不那么神秘的事实，即某些杰出的昆虫学家正在领头为化学控制辩护。对这些人中某些人的背景进行的调查披露出他们的全部研究计划都是由化学工业资助的。他们的专业威望、有时甚至他们的工作本身都要依靠着化学控制方法的永世长存。毫不夸张地说，难道我们能期待他们去咬那只给他们喂食物的手吗？

在为化学物质成为控制昆虫的基本方法的普遍欢呼声中，偶尔有少量研究报告被少数昆虫学家提出，这些昆虫学家没有无视这一事实，即他们既不是化学家，也不是工程师，他们是生物学家。

……

他们的那个规划进行得怎么样呢？在诺瓦·斯克梯雅,遵照毕凯特博士修订的喷药计划的果园种植者们和使用强毒性化学药物的种植者一样,正在生产出大量的头等水果,另外,他们获得上述成绩其实际花费却是较少的。在诺瓦·斯克梯雅苹果园中,用于杀虫剂的经费只相当于其他大多数苹果种植区经费总数的 10%—20%。

比得到这些辉煌成果更为重要的一个事实是,由诺瓦·斯克梯雅昆虫学家们所执行的这个修改过的喷药计划是不会破坏大自然的平衡的。整个情况正在向着由加拿大昆虫学家 G·C·尤里特十年前所提出的那个哲学观点的方向顺利前进,他曾说:"我们必须改变我们的哲学观点,放弃我们认为人类优越的态度,我们应当承认我们能够在大自然实际情况的启发下发现一些限制生物种群的设想和方法,这些设想和方法要比我们自己搞出来的更为经济合理。"

(《寂静的春天》,[美国]蕾切尔·卡逊撰,吕瑞兰、李长生译,长春:吉林人民出版社,1997)

【注释】

① 本文节选自《寂静的春天》第十五章。

② 草履虫:一种单细胞原生动物。可在显微镜下观察到。形状如草鞋,故名。

③ 藤壶:一种甲壳纲动物,体外有六片大壳板,壳口有四片小壳板组成的盖。固定附着于海滨岩石、船身、软体动物或其他大型甲壳动物上生活。

④ 郊狼:一种犬科动物,生活在美洲,体形似狼而比狼小。

⑤ 亚利桑那:美国西南部的一个州,南与墨西哥接壤,州首府菲尼克斯(一译凤凰城)。

⑥ 美洲豹:又名美洲虎,西半球最大的猫科动物,产于北美西南部和中、南美洲,栖于丛林、草原,夜间猎食。

⑦ 二叠纪:古生代的最后一个纪,约在 2.9—2.5 亿年前。

⑧ 黑潮:也叫日本暖流,在北太平洋西部,因流经海面水呈蓝黑色,故名。

⑨ 安大略:加拿大东部的一个省,省会多伦多。

⑩ 超现实主义:现代西方文艺思潮,起于第一次世界大战时期,在绘画方面多通过色彩、光线、阴影、形态的组合,表现荒诞杂乱的感觉和印象。代表画家有米罗、恩斯特、达利、马格利特等。

【提示】

卡逊的《寂静的春天》在 1962 年甫一问世,即引起美国朝野的震动,作者的观点被称为"旷野中的一声呐喊"。这里节选的部分,向世人展现了西方发达国家在发展经济的进程中,大量使用杀虫剂等化学药品,导致环境急剧污染,生态平衡遭到严重破坏,生物链被切断,鱼类和昆虫濒临死亡,给人类带来意想不到的灾难。人类企图改造自然,最终遭到自然的反抗和报复,这是一个深刻的教训。其实,在中国几十年的发展进程中,"大自然的反抗"的事实随处可见。中国的发展是否必定要重蹈覆辙,以牺牲人类生存环境和生态平衡为代价？今天我们学习《大自然的反抗》一文,仍可以从中获得巨大的警示。

在本文中,我们看到了昆虫世界生存链条的环环相扣,狼和鹿之间既相互敌对又相互依存的关系,血吸虫病重新爆发的严峻现实……这些由作者细致观察、深入思索而得来的典型事例,是作者观点的有力论据,显示了文章无可辩驳的科学理性力量。

穿插大量生动形象的文学性描写,是本文的显著特色。在作者的笔下,地球上昆虫世界那些小生命的活动纤毫毕现,展现出一幅幅万物生生不息的图景,读来趣味盎然,这可能也是这部著作广受世界各国读者欢迎的一个原因。

【思考与练习】

一、课文中谈到,人们在制定控制昆虫繁衍计划时忽视了两个重要事实,是哪两个? 它造成了怎样的后果?

二、作者理想中人与自然应该是一种怎样的关系? 其中包蕴了怎样的人文精神?

三、尝试分析:课文是如何把严谨扎实的科学论证与生动形象的文学描写结合起来的?

【辑评】

《寂静的春天》犹如旷野中的一声呐喊,用它深切的感受、全面的研究和雄辩的论点改变了历史的进程。如果没有这本书,环境运动也许会被延误很长时间,或者现在还没有开始。……卡逊在论战中具有两个决定性的力量:尊重事实和非凡的个人勇气。她反复地推敲过《寂静的春天》中的每一段话。现实已经证明,她的警言是言简意赅的。她的勇气、她的远见卓识,已经远远超过了她要动摇那些牢固的、获利颇丰的产业的意愿。……蕾切尔·卡逊的影响力已经超过了《寂静的春天》中所关心的那些事情。她将我们带回如下在现代文明中丧失到了令人震惊的地步的基本观念:人类与自然环境的相互融合。本书犹如一道闪电,第一次使我们时代可加辩论的最重要的事情显现出来。(美国·阿尔·戈尔《寂静的春天》前言)

40 年前,《寂静的春天》在美国出版发行。在 40 个春天里,人类经历了可能是历史上最辉煌的时代,对科学技术和经济的迅猛发展惊喜赞叹,额手称庆。但是,每当春天来临之际,人类仅存的理性精神就会因为有人偶尔提及的名字——蕾切尔·卡逊及其惊世之作《寂静的春天》而唤醒。人们会打开紧闭的门窗向外眺望,今日的春天是否寂静? 明日的春天是否会寂静?(李大光《美丽的自然女神——蕾切尔·卡逊——写在〈寂静的春天〉出版 40 周年》)

……但我们的环境在整体上仍继续恶化。每年新出现的环境问题比解决的多,环境危害正由局部向大区域甚至全球扩展。我们所面临的困境不是由于我们无所作为,而是我们尽力做了,但却无法遏制环境恶化的势头。这是一个信号,把魔鬼从瓶子里放出来的人类已失去把魔鬼再装回去的能力。……20 世纪后半叶是人类思想发展史上突飞猛进的时代。在这个小小的蔚蓝色星球上所出现的新思考中,全球环保意识的迅速觉醒是最具根本性的。一个正确思想的力量远远超过许多政治家的言辞。如今,卡逊的思想正在变成亿万人的共同意识,这一新意识的觉醒正为人类社会向新阶段迈进做好准备。

世界各国虽国情不同,但面对这一跨世纪改革时的痛苦思考是共同的。中国,由于她特定的社会、文化、人口和经济条件,环境与资源的问题会显得更加严峻。如果这一问题解决得好,中国有希望成为一片文明昌盛的人间乐土,若解决得不好,中华民族将会经历更深更苦的磨难。这是全世界所有中国人的关切和忧虑。(吕瑞兰、李长生《寂静的春天》译序)

一片叶子①

东山魁夷

东山魁夷(1908—1999)，原名新吉，画号魁夷。日本著名风景画家、散文家。1931 年毕业于东京美术学校。曾留学德国，在柏林大学哲学系攻读美术史。其早年绘画作品《冬日三乐章》、《光昏》分别获得日本画院展一等奖和日本艺术院奖。后荣获日本文化勋章和每日艺术大奖。东山魁夷绘画的代表作品有《京洛一四季组画》、《唐招提寺障壁画》等。他还长于散文写作，代表作有散文集《听泉》、《与风景对话》、《探索日本之美》等。

这是我画以京都为主的系列作品时的事。圆山的夜樱闻名遐迩。我很想去观赏那里的垂樱盛时的姿影，观赏春宵时的满月与樱花呼应的情景。

大概是四月十日吧，我确认当晚是阴历十五月夜之以后，就赶到京都去。白天，到了圆山，非常幸运，樱花盛开了。春光明媚，仿佛决定了今宵月夜的命运。我历访寂光院和三千院，傍晚以前的时光都是在那里度过的。我掐准时间，又回到了京都市内。

可能是在下鸭一带吧，我从车窗口蓦然一望，那不是团圞的圆月正飘浮在东边的苍穹吗②？我不禁愕然。因为我很想在圆山的花前观赏一番从东山刚刚露脸的月亮，如今月亮已高悬天际，也就变得全无意义了。我后悔在大原呆的时间过长了。

我急匆匆地来到圆山公园，才松了一口气。幸亏这里依山，还没有看见月亮的身影。正是日暮时分，以暗蓝色的东山为背景，一株垂樱满枝披上淡红色的华丽装扮，恍如集京城之春于一身。地面上连一瓣落花也没有。

山峰明亮，月儿只露出半边脸，从发紫的夜空冉冉上升。此刻花儿也在仰望着月亮，月亮也在俯视着花儿。这瞬间，六角纸灯、杂沓的人群都已寥无踪影，变成只有月亮和花儿的清澈而美丽的天地。

也许这就叫做运气吧。花儿盛时短暂，难得与皓月邂逅。再说，在这种场合，皓月只有一夜。如果赶上阴雨就看不见了。何况要有我恰好在场呢。

这仅是一例。但任何时候都要想到：与风景邂逅只有一次机会，因为大自然是活生生的，经常变化的。同时，观赏风景的我们自身每天也在变化。从生长和衰亡不断转化的宿命观点看，大自然和我们都是系在同一条根上的。

倘使花儿永不凋谢，我们也永存于地球上，那么两者的邂逅就不会引起什么感动了吧。花儿行将凋谢时才显出其生命的光辉。在体会到花儿很美的心灵深处，爱惜着彼此的生命，感受着在地球上的短暂期间得以邂逅的这份喜悦。既然如此，那就不仅限于花儿，连那些不知名的路边草不也是如此吗？

　　战争正在激烈进行的时候③，我获得了风景打开我心灵的眼睛的体验。在不得不悟到生命之火不久即逝的状态下，大自然的风景以其充实的生命力映现在我的眼帘里。我深受感动。这是平凡的风景。要是昔日，我连看也不会看它一眼……

　　战争结束后，一切都十分贫乏，我自己也处在最底层。冬日，站在草木枯萎的寂寞的山上，感受着大自然与自己的密切联系，我领悟到一种充实感。心中生起一个切实而纯粹的祈愿。

　　作为一个风景画家，我就是从这样的地方起步的。后来我画的《路》，画面中央有一条路，两侧只有草丛，构图非常简单，这是到处都有的风景。然而，正因为画中蕴含着我的思绪，这幅作品所象征的世界反而可以通向许多人的心。因此谁看了都会无限感慨，作为自己走过的路而加以欣赏。

　　号称国立公园和名胜的风景，各自拥有优越的景观和意义，但人们在那些平时不留意的风景中，却会发现更亲切、与心灵更相通的东西。

　　我经常旅行，远至越过北极圈的拉普兰，曾见过深夜也不沉下的太阳。这确实是十分神秘的景观。这派荒凉的风景简直像是拒绝人观赏似的，有一种强烈的力量牵引着我的心。但是，我旅行北欧时画的白夜，却是濒临瑞典的波的尼亚湾海岸、芬兰的湖沼地带的风光，那里有一望无垠的针叶林和绵延的湖泊，这是有人类居住的地方。

　　我爱画的，不是人迹未踏的景观，而大多是让人感受到充满人类气息的风景。虽然在我的风景中没有出现人物，但是我画的是作为人类心灵的象征的风景，风景本身就阐明人的心灵。

　　仅有一回，在我的风景画中少有地出现过点缀性的动物。它不是人，而是一匹白马。这种时候，尽管白马只在远处露出小小的影子，但它却是主题。风景完全起背景的作用。就是说，风景反映了白马所象征的世界。

　　我喜欢古老的小城镇。那些屋宇的墙壁渗入了几代人的体温。这城镇的居民生活，使人感受到人类的宽裕。在德国古都等地，我看到家家户户的窗边都绽开着美丽的花朵，这是对户外过往行人亲切的问候语言。从屋里看，花儿朵朵朝外绽开，看不见从马路上眺望到的那种美。还有，从窗扉本身的构图，也可以看到主人愉快的匠心。

　　我主要是将平常接触到的清澄的大自然和朴素的人性所获得的感动，或者作为作画的主题，或者写成随笔。在战后年代急剧变化的进程中，我觉得很多时候自己所走的道路是远离时代的。现在看来，这样做是对的，而且今后我也要这样坚持下去。

　　为什么呢？因为我觉得现代文明的高速发展，破坏了自然与人、人与人之间的平衡，地球上所有生灵丧失生存的意义和尊严这种危险性越来越大。不消说，有必要恢复平衡的感觉。珍惜清澄的大自然和朴素的人性，难道不就是人类驾驭超自然的狂奔的一种力量吗？人应该更谦虚地凝视大自然。由此，固然有必要外出旅行接触大自然，或饶有兴味地观察在风土迥异的环境中的人们的生活。不过，我觉得只要满怀真情地去观察我们所居住的附近，例如有时哪怕是庭院里的一棵树、一片叶，也会使人体悟到生的根源和意义。

　　我凝望着庭院的树木。不，是观赏着生长在枝桠上的一片叶。此刻这片美丽的绿叶承受着夏日的阳光，闪烁着晶莹的光。我忆起这片叶子还是小小的嫩芽第一次跳入我眼帘时的情景。那是在去年的初冬时分。现在生长着叶子的地方，那时上面附着一片枯萎的茶色叶子，后来它离开枝桠飘落了下来。就在这个地方，当时还是幼小而坚实的嫩芽带着娇嫩的生命诞生了。

尽管经历了寒风呼啸、雪花纷扬的日子,可它还是默默地等待着春天的到来,逐渐在体内积蓄起一种充实的力量。一天早晨,细雨停息,我看见星星点点的珍珠落满了枝头,发出晶莹的光。原来却是一株株幼芽上聚满了的雨点。我感到嫩芽丰满起来,春天已经临近了。

春天终于来到了,呈现一派萌芽时的喜悦。但是,飘落在地上的那片叶,如今已经腐朽,还原于故土了。

沐浴着初春的阳光,它长成了一片明亮剔透的嫩叶。这季节令人感到生命的充实,同时嫩叶也容易被虫子侵害。幸好平安地迎来了夏天,如今正与伙伴们竞相争茂,绿油油的一片。

我也知晓它的未来。进入盛夏,叶荫下梨蝈骚然,不停地鸣叫。但台风过后,又会变成茅蝈、寒蝉的略带凄凉的歌声。气候转凉,就听不见蝉鸣了。这回,从根部响起了虫儿的合唱,悄然平添了秋夜的兴致。

它的绿色不知不觉间竟变成了疲惫的色调。不久呈黄色,又变成茶色,奄拉在冷雨之中。一天夜里,风将挡雨板刮得嘎嘎作响。翌日早晨,枝头上再也看不见它的身影了。只是,我将会发现在其原来的位置上又冒出了小小的嫩芽。当新芽萌生的时候,躺在地上的它就回归故土了。

这就是大自然,不仅是它,而且是地球上一切有生命的东西的命运。一片叶的凋零,绝不是无意义的,它与整株树的生是密切相关的。一片叶有其诞生和衰亡,它使人看到四季不断流转,万物生生不息。

一个人的死,也与整个人类的生相关。毫无疑问,谁也不喜欢死,但是因此应想到的是要珍惜自然给予自己的生,同时也要珍重他人的生。生命终结之时,回归大地,这就是幸福的。与其说这是我观察庭院树木的一片叶子所悟到的真谛,莫如说是一片叶子对我静静地述说生死轮回的要诀吧。

(《探索日本之美》,[日本]东山魁夷撰,唐月梅译,石家庄:花山文艺出版社、河北教育出版社,2001)

【注释】

① 本文节选自东山魁夷《探索日本之美》中的《风景》篇。

② 团圞(luán):圆圆。

③ 战争:指1945年结束的第二次世界大战。

【提示】

风景画家东山魁夷的散文名篇《一片叶子》,其实是作者对生命的一种沉思。日本人的宗教意识十分浓厚,民族精神和文化生活中,随处都能看到对人生虚幻、生死轮回和生命无常的无奈和喟叹。但本文中作者的生命沉思,与其说是消极颓废的生存态度,毋宁说是对生命的一种清醒而客观的谛视和思考。作者透过一片树叶的生衰荣枯,以小见大,揭示了生命的燃烧与寂灭,道出了世间万物生生不息的普遍规律,具有憬悟人生、启迪心智的思想魅力。

这篇散文写景抒怀,托物言志,颇具哲理。文章一开始,写到去圆山公园月下赏樱花,自然界花月交映的瞬间美景使作者不由惊叹,引发了作者关于万物都在变化之中的议论和感慨,得出"人应该更谦虚地凝视大自然"、认真体悟生命意义的主旨。这奠定了全文的哲理色彩,而后半篇对这一哲理命题的探讨,则进一步聚焦于"树叶"这一感性形象。作者采用倒叙方式,向人们生动具体地诉述"一片叶子"从生到死的生命全过程,借树叶的诞生和消亡,表达了他对生命兴衰的看法。文章的最后一段,由树及人,延续生死话题,落笔在人应当珍爱自己的生命,同时也珍视他人的生命。在文脉上转接自然,如行云流水,了无"接缝"的痕迹。

作为当代风景画大师,作者用他的慧眼和灵性,观照自然风光,并用高超的、富有表现力的语言文字加以描绘,在他的笔下,优美的风景有诗一般的意境,景物、诗情与哲理融为一体,这就像他在谈到自己的风景画时所表白的那样:"虽然在我的风景中没有出现人物,但是我画的是作为人类心灵的象征的风景,风景本身就阐明人的心灵。"

【思考与练习】

一、思考一下,作者是如何通过一片叶子的生命轨迹,引发出对世间万物和人类生命本质的领悟的?

二、本文采用以小见大的手法,对你的写作有什么启示?

三、作者是如何把画意、诗情和哲思融为一体的?

四、有条件的话,找几幅东山魁夷的风景画品味欣赏,你能否发现他的画与散文之间的一些共同特点?

【辑评】

这是一部优美而清新的书。读着它,你会感到大自然的启示、人间的净福犹如一股清泉淌过心间。这是一位名叫东山魁夷的风景画家前半生的回忆录,是他的心灵的遨游,也是对作品的自我解说。通过它,可以看到作者探索美的精神、揭示美的根源的尝试,就是说,谈个别而思考全体的愿望,是在寂静、明朗、温和而严密的行文之中完成的。文章如散文诗,奏出了音乐。……他把旅行当做人生和艺术,把流转无常视作人的命运,于是把孤独与忧愁埋藏在心底里。另一方面,他又抱着肯定万物的意志,对自然始终怀有新鲜感,生活在谦逊与诚实的爱情之中。(日本·川端康成《评东山魁夷的〈与风景对话〉》)

作为日本风景画家,他首先感受到自然是有精灵的,是有生命的。他作画都是紧紧把握住自然生命的律动,获得心灵的感知,使自己的心灵与自然的心灵相通,并将对自然的感动作为其创作的感情基础,从而发现美的存在。……

所以,东山在艺术随笔中非常强调画家要重视净化自己的心灵,然后去感受日本风景所拥有的微妙的神韵,然后才能与风景相呼应,与自然心灵相交融。

……正是这种对传统文化的透彻理解与亲和感情,在东山魁夷心中扎下了根,才能成为东山文学之美的支柱,东山绘画之美的根基。

我国散文大家刘白羽先生为拙译《美的情愫》写了一篇美文作为序,对东山的文与画作了精辟的剖析:"不能说这些散文是画的解说,那样就降低了东山文学的独立价值,尽管一者用画,一者用文来表现,我以为都是东山从自己攀达到的高峰之上谱写出的心灵自白。"(唐月梅《东山魁夷的世界(代序)》)

第十二单元

诗意人生

　　人的生命有两种存在形态：一是生命的为他存在，需要你关爱他人，担负起应有的社会责任；一是生命的为我存在，需要你善待自身，寻求人生的快乐。

　　人生的快乐，既有形而下的官能快感，更有形而上的精神愉悦。善待自我，首先要安顿生命，使自己能衣食无忧，安居乐业；进而要安顿心灵，追求思想的放达、精神的自由、性格的舒张、情感的愉悦，在遵守法律、遵从道德、尊重他人权益的前提下尽可能地拓展自己的快乐时空，让生命充满诗意。按孔子的说法是"从心所欲，不逾矩"。

　　青春似火，岁月如歌，人生自有其美好的一面；娶妻生子，功成名就，生活也总有幸福的时刻。然而，事务的繁忙、生计的负担、疾病的纠缠、情感的挫折等等，也时常让人感到紧张，感到沉重，感到痛苦或失落，感到生活的不如人意和人生的不由自主。尤其是当今社会，变化迅疾，竞争激烈，物质欲望高涨，功利观念横行，把人们挤压得透不过气来，精神的张势日渐萎缩。

　　其实，这是可以自我调节的。蒙田说："生命本无好坏，是好是坏全在你自己。"陶渊明辞官归田，生活拮据，时或靠借贷度日，依然采菊东篱，纵浪大化，在山水田园里演绎出生命的诗意；苏东坡仕途坎坷，几经贬谪，即便身处穷乡僻壤天涯海角，仍旧把酒向天，负瓢而歌，从清风明月中觉悟到诗意的人生。因此，对于生活现实对心灵自由的挤压逼迫，我们完全可以自行消除化解。关键是要能够超脱物欲的引诱和事务的拖累，自觉地扩张自己的心灵空间，追求自我的精神自由。看书，听曲，学画，观影，游山，玩水，养花，垂钓……许多途径，可以使我们释放紧张，让心情重归轻松；增进修养，让生活饶有情趣；提升品位，让人生富于诗意。尽管，一定的精神追求需要相应的物质基础，但是，如果你思想上有了这份精神追求的自觉，也依然可以从粗茶淡饭的简易朴素中寻求领悟到烂漫的诗意。

饮酒(其五)①

陶渊明

陶渊明(365—427),字元亮,一说名潜,字渊明,号靖节先生,浔阳柴桑(今江西九江西南)人。东晋著名诗人。据传其曾祖为东晋名臣陶侃,后家道中落。他先后担任过江州祭酒、镇军参军、彭泽县令等小官,因不满官场黑暗,辞官归隐。从此躬耕自资,直至贫病而卒。陶渊明是中国最早大量创作田园诗的诗人。其诗质朴自然,冲和平淡,对唐以后的诗歌有很大影响。部分作品表达愤世嫉俗之情,呈现出"金刚怒目"的一面。有《陶渊明集》。

结庐在人境②,而无车马喧③。
问君何能尔④,心远地自偏⑤。
采菊东篱下,悠然见南山⑥。
山气日夕佳⑦,飞鸟相与还⑧。
此中有真意⑨,欲辩已忘言⑩。

(《陶渊明集》,东晋陶渊明撰,逯钦立注,北京:中华书局,1979)

【注释】

① 陶渊明《饮酒》诗共二十首,本篇为第五首,当写于其归隐之后不久。题为《饮酒》,据诗序说,是因为这组诗都写于酒醉之后,实际上是借以述怀,取其坦率不受拘束之意。

② 结庐:建造住宅,这里是居住的意思。人境:人世间。

③ 车马喧:指世俗交往的喧扰。

④ 君:指作者自己。何能尔:为什么能够这样。

⑤ 心远:心志高远不受尘俗的干扰。地自偏:指住地尽管处于喧闹之中,也能像在偏僻安静之处一样。

⑥ 悠然:闲适自得的样子。南山:当是泛指。一说指柴桑以南的庐山。

⑦ 山气:指山中景象、气息。日夕:傍晚。

⑧ 相与还:结伴而归。

⑨ 此:既指山中景象,也指作者的隐逸生活。真意:人生的真正意义。

⑩ 辩:辩说,一作"辨",辨明,亦通。忘言:忘记该怎么说才好。另一层言外之意是,既已领略到真意,也就不必用语言来辩说了。

【提示】

这是一首备受赞誉的田园诗。

此诗主要描摹诗人弃官归隐田园后的悠然自得心态,体现出陶渊明决心摒弃浑浊的世俗功名后归真反朴,陶醉在自然界中,乃至步入得"真意"而忘言境界的人生态度和生命体验。

此诗以"心远"纲领全篇,并分三层揭示"心远"的内涵。首四句写身居"人境"而精神超脱世俗的虚静忘世心态。中四句写静观周围景物而沉浸自然韵致的物化忘我心态。最后两句又深进一层,写"心"在物我浑化中体验到了难以言传的生命真谛。

此诗意境从虚静忘世,到物化忘我,再到得意忘言,层层推进,是陶渊明归隐后适意自然人生哲学和返璞归真诗歌风格最深邃、最充分的体现。王国维在《人间词话》中说:"无我之境,以物观物,故不知何者为我,何者为物。"这首诗就是陶渊明"以物观物"所创造的"无我之境"的代表作。

渊明采菊图　　清·张风作

【思考与练习】

一、有人说"这首诗表现了陶渊明弃官归隐后的喜悦心情",你以为如何?为什么?

二、为什么说"心远"二字是全篇纲领?

三、简析诗中所体现的"忘世"、"忘我"、"忘言"三层心态。

四、谈谈你对"此中有真意"句的理解。

【辑评】

"采菊东篱下,悠然见南山",因采菊而见山,境与意会,此句最有妙处。近岁俗本皆作"望南山",则此一篇神气都索然矣。(宋·苏轼《东坡题跋》)

王荆公在金陵作诗,多用渊明诗中事,至有四句全使渊明诗者。且言其诗有奇绝不可及之语。如"结庐在人境,而无车马喧。问君何能尔,心远地自偏",由诗人以来无此句也。然则渊明趋向不群,词彩精拔,晋宋之间,一人而已。(宋·范正敏《遯斋闲览》)

渊明诗类多高旷,此首尤为兴会独绝,境在寰中,神游象外,远矣。得力在起四句,奇绝妙绝,以下便可一直写去。(清·温汝能《陶诗汇评》)

宣州谢朓楼饯别校书叔云①

李 白

李白（701—762），字太白，号青莲居士，祖籍陇西成纪（今甘肃静宁西南），隋末其先人迁碎叶城（今吉尔吉斯斯坦北部托克马克附近）。唐代伟大的诗人。五岁时，随父迁居绵州昌隆（今四川江油）。二十五岁离蜀远游，天宝初应召入京，供奉翰林，一年后遭谗离去，从此漫游各地。安史乱起，参加永王李璘幕府。李璘被肃宗诛杀，他以"附逆"罪名遭流放。遇赦后寓居当涂（今属安徽），困穷而终。李白的诗歌充满浪漫色彩，感情奔放豪迈，想象奇特丰富，词采瑰伟绚丽，风格飘逸自然，有"诗仙"之誉，与杜甫并称"李杜"。其作品中，对光明的向往与对黑暗的抨击，构成强烈对比，表现出正直、傲岸的性格。诗作体裁尤以古体、绝句见长。有《李太白集》。

弃我去者昨日之日不可留，
乱我心者今日之日多烦忧。
长风万里送秋雁，对此可以酣高楼②。
蓬莱文章建安骨③，中间小谢又清发④。
俱怀逸兴壮思飞⑤，欲上青天览明月⑥。
抽刀断水水更流，举杯消愁愁更愁。
人生在世不称意⑦，明朝散发弄扁舟⑧。

（《李太白全集》，唐李白撰，清王琦注，北京：中华书局，1977）

【注释】

① 唐玄宗天宝十二载（753），李白从汴州梁园（故址在今河南开封）到宣州（治今安徽宣城），本篇作于逗留宣州期间。谢朓楼：一名北楼，又称谢公楼。南齐著名诗人谢朓任宣城太守时所建。唐懿宗咸通年间，改名为叠嶂楼。校书：秘书省校书郎的省称。叔云：李白的族叔李云。题名一作《陪侍御叔华登楼歌》。
② 此：指上句所写的长风秋雁的景色。酣（hān）：指畅饮。
③ 蓬莱文章：指汉代的文章。汉代官家著述和藏

书之所名东观，学者有"老氏藏书室，道家蓬莱山"之语，故称。因唐人多以蓬山、蓬阁指秘书省，李云是秘书省的校书郎，所以这里用"蓬莱文章"也暗指李云的文章，赞美李云的文章风格刚健。建安骨：建安风骨，指东汉末建安年间（顺延至三国魏初）以曹操、曹丕、曹植父子三人及建安七子孔融、陈琳、王粲、徐幹、阮瑀、应场、刘桢为代表的刚健遒劲的诗文风格。
④ 中间：指从建安到唐之间的南齐时代。小谢：即谢朓（464—499），字玄晖，陈郡阳夏（今河南太

康)人,南朝齐梁间著名诗人。世称南朝宋谢灵运为大谢,而称谢朓为小谢。清发:清新秀逸。这句暗中以自己的诗歌与谢朓(小谢)相比。

⑤ 逸兴:高远的兴致。壮思:豪壮的情思。

⑥ 览:通"揽",摘取。

⑦ 不称意:不如意。

⑧ 散发:古人束发戴冠,而散发就是不束发、不戴

冠,有狂放不羁和隐逸不仕的意思。弄扁(piān)舟:驾小舟泛游于江湖之上,指出世隐居。《史记·货殖列传》:"范蠡既雪会稽之耻,乃喟然而叹曰:'计然之策七,越用其五而得意。既已施于国,吾欲用之家。'乃乘扁舟浮于江湖。"

【提示】

本诗名为"饯别",却重在咏怀。对饯别情景,诗人仅以"长风万里送秋雁,对此可以酣高楼"两句带过,而以大量笔墨抒写自己对理想的追求及其在现实的沉重压抑下心烦意乱、愁怀不解而想归隐江湖的意愿。其中不无躲避现实的因素,确也表现出作者有志难伸、怀才不遇、不甘屈服于现实和命运、又不知路在何方的内心痛苦。

这首抒情诗在艺术表现上的一个显著特点是作者情感活动的变化急遽,不可端倪。起首即波澜突起,以两个排偶长句一气鼓荡,喷射出胸中的抑郁之气。三、四两句却陡作折转,写即席所见的清秋景色及由此而激发的逸兴豪情。五、六、七、八四句顺势而下,描绘主客双方的才气兴致,情思激越。末四句突然又一落千丈,由"欲上青天览明月"的逸兴壮思折回现实人生的牢骚困顿,直抒胸中的苦闷与激愤。整首诗的情感活动起止无端,断续无迹,大起大落,变化剧烈,生动体现出李白抒情诗的艺术个性。

本诗体裁属七古,语言奔放自然似脱口而出,全无拘束。开头两个长句多用虚字,且句读近似散文,却仍给人以一气流走的感觉,实开韩愈"以文为诗"的先河。

【思考与练习】

一、为何说本诗生动体现了李白抒情诗的艺术个性?

二、概括本诗的情感内容。

三、本诗的语言表达有什么特点?

【辑评】

厌世多艰,兴思远引,韵清气秀,蓬蓬起东海,蓬蓬起西海。异质快才,自足横绝一世。

(明·周敬、周珽《唐诗选脉会通评林》)

此篇三韵两转,而起结别是一法。起势豪迈如风雨之骤至。(清·王尧衢《古唐诗合解》)

此中格调,太白从心中化出。(清·沈德潜《唐诗别裁集》)

遥情飙竖,逸兴云飞,杜甫所谓"飘然思不群"者,此矣。千载而下,犹见酒间岸异之状,真仙才也。(清·清高宗弘敕编《唐宋诗醇》)

起二句,发兴无端。"长风"二句,落入,如此落法,非寻常所知。"抽刀"二句,仍应起意为章法。"人生"二句,言所以愁。(清·方东树《昭昧詹言》)

赤壁赋①

苏 轼

　　壬戌之秋②，七月既望③，苏子与客泛舟，游于赤壁之下。清风徐来，水波不兴。举酒属客④，诵"明月"之诗，歌"窈窕"之章⑤。少焉，月出于东山之上，徘徊于斗牛之间⑥。白露横江，水光接天。纵一苇之所如⑦，凌万顷之茫然⑧。浩浩乎如冯虚御风⑨，而不知其所止；飘飘乎如遗世独立⑩，羽化而登仙⑪。

　　于是饮酒乐甚，扣舷而歌之。歌曰："桂棹兮兰桨⑫，击空明兮溯流光⑬。渺渺兮予怀⑭，望美人兮天一方。"客有吹洞箫者，倚歌而和之⑮。其声呜呜然，如怨如慕，如泣如诉；余音袅袅⑯，不绝如缕⑰。舞幽壑之潜蛟⑱，泣孤舟之嫠妇⑲。

苏子瞻泛月游赤壁

　　苏子愀然⑳，正襟危坐而问客曰："何为其然也㉑?"客曰："'月明星稀，乌鹊南飞'㉒，此非曹孟德之诗乎㉓？西望夏口㉔，东望武昌㉕，山川相缪㉖，郁乎苍苍㉗，此非孟德之困于周郎者乎㉘？方其破荆州，下江陵㉙，顺流而东也，舳舻千里㉚，旌旗蔽空，酾酒临江㊶，横槊赋诗㉜，固一世之雄也，而今安在哉？况吾与子渔樵于江渚之上㉝，侣鱼虾而友麋鹿，驾一叶之扁舟，举匏樽以相属㉟。寄蜉蝣于天地㊱，渺沧海之一粟。哀吾生之须臾㊲，羡长江之无穷。挟飞仙以遨游㊳，抱明月而长终㊴。知不可乎骤得㊵，托遗响于悲风㊶。"

　　苏子曰："客亦知夫水与月乎？逝者如斯㊷，而未尝往也；盈虚者如彼㊸，而卒莫消长也㊹。盖将自其变者而观之，则天地曾不能以一瞬㊺；自其不变者而观之，则物与我皆无尽也㊻，而又何羡乎！且夫天地之间，物各有主，苟非吾之所有㊼，虽一毫而莫取㊽。惟江上之清风，与山间之明月，耳得之而为声，目遇之而成色，取之无禁，用之不竭，是造物者之无尽藏也⑭,而吾与子之所共适⑤。"

客喜而笑,洗盏更酌�。肴核既尽�,杯盘狼藉㉾。相与枕藉乎舟中㊱,不知东方之既白㊳。

(《苏轼文集》,宋苏轼撰,北京:中华书局,1986)

【注释】

① 本文写于宋神宗元丰五年(1082)。这年苏轼在黄州,曾于七月十六日、十月十五日两游赤壁,写下两篇以游赤壁为题的赋,即《赤壁赋》(后世也称《前赤壁赋》)与《后赤壁赋》。赤壁:实为黄州赤鼻矶,并非三国时赤壁之战旧址。

② 壬戌:宋神宗元丰五年(1082)。

③ 既望:十六日。望,农历每月十五日。

④ 属(zhǔ):倾注,引申为劝酒。

⑤ "诵'明月'"二句:这两句是互文,意谓吟诵《诗经·陈风》中的《月出》篇。窈窕之章,《月出》中有"舒窈纠兮"的句子,窈纠,同"窈窕"。

⑥ 斗牛:星座名,即斗宿(南斗)、牛宿。

⑦ 一苇:指小舟。《诗经·卫风·河广》:"谁谓河广?一苇杭(航)之。"如:往。

⑧ 凌:越过。茫然:浩荡渺茫的样子。

⑨ 冯(píng)虚御风:在天空中驾风遨游。冯,通"凭",依靠,依托。虚,指天空。

⑩ 遗世:超脱尘世。

⑪ 羽化:道教称成仙飞升为"羽化"。

⑫ 棹(zhào):船桨。

⑬ 溯(sù):逆流而上。

⑭ 渺渺:悠远的样子。

⑮ 倚歌:按着曲调。和(hè):伴奏。

⑯ 袅袅:细弱悠长的样子。

⑰ 缕:细丝。

⑱ 幽壑:山谷深渊。

⑲ 嫠(lí)妇:寡妇。

⑳ 愀(qiǎo)然:忧愁凄怆的样子。

㉑ 何为其然也:为什么声音这样悲凉呢?

㉒ "月明"二句:为曹操《短歌行》中的诗句。

㉓ 孟德:曹操的字。

㉔ 夏口:古城名,在今湖北武汉。

㉕ 武昌:今湖北鄂城。

㉖ 缪(liáo):通"缭",盘绕。

㉗ 郁乎:繁茂的样子。

㉘ 困于周郎:指汉献帝建安十三年(208),曹操在赤壁之战中被吴将周瑜击败的事。周郎,即周瑜,他任中郎将时年仅二十四岁,人称周郎。

㉙ "方其"二句:指建安十三年刘琮向曹操投降,曹军不战而占领荆州,继又击败刘备,进兵江陵的事。方,当。荆州,今湖北襄樊一带。江陵,今属湖北。

㉚ 舳(zhú)舻:舳为船后把舵的地方,舻为船前划桨的地方,泛指船。此特指战船。

㉛ 酾(shī)酒:斟酒。

㉜ 横槊(shuò):横执长矛。槊,长矛。

㉝ 子:你。渔樵:捕鱼打柴。江渚(zhǔ):江边沙洲。

㉞ 侣鱼虾:与鱼虾作伴。友麋鹿:与麋鹿为友。

㉟ 匏(páo)樽:用葫芦做的酒器。匏,葫芦的一种。

㊱ 蜉蝣(fú yóu):一种昆虫,夏秋之交生于水边,生命短促仅数小时。

㊲ 须臾:片刻。

㊳ 挟:持,带。这里意为偕同。

㊴ 长终:长存始终。

㊵ 骤得:轻易得到。骤,突然。

㊶ 托:寄托。遗响:指洞箫的余音。

㊷ 逝者如斯:流逝的事物就像江水这样。语出《论语·子罕》:"子在川上曰:'逝者如斯夫,不舍昼夜。'"

㊸ 盈虚:指月亮的圆与缺。

㊹ 卒:终,终于。消长:减少和增加。

㊺ 曾:乃。不能一瞬:谓天地万物连一眨眼的工夫都不能存留。

㊻ 无尽:没有完,意即不会消亡。

㊼ 苟:如果。

㊽ 虽:即使。一毫:一根毫毛,极言其微小。

㊾ 是:此,这。造物者:即大自然。无尽藏:佛家语,意谓无穷无尽的宝藏。

㊿ 共适:共同享用。

� 更酌:重新斟酒。

� 肴核:菜肴和果品。

㉾ 狼藉:凌乱的样子。

○54 相与：互相。枕藉：彼此相枕着睡觉。　　｜○55 既白：指天亮。既，已经。

【提示】

苏轼被贬黄州以后，坎坷的经历、艰难的处境、复杂的心态，诸种因素在胸中积淀日久，终于酝酿成这一篇千古传诵的《赤壁赋》。本文从泛游大江之乐写起，转到顾念人生之悲，再复归于精神解脱的愉悦，在悲、乐转换之中，提出了人生有何意义这样一个哲理命题，表现了作者虽然身处逆境，却能忘却一时得失、随遇而安的人生态度。

文章在展开情绪和心理变化时，继承了赋家常用的"主客问答、抑客伸主"的表现手法。主与客之间的一难一解、相互辩驳，实则代表了作者内心矛盾斗争的两个方面：借客之口宣泄政治失意、人生无常的苦闷；借主之口表达潇洒超脱、返归自然的情怀。这一艺术构思，是作者独具匠心的创造。

文章首段的景物描写，空灵澄澈，丹青难描，但其意义决不限于模山范水，而是因景生情，借景喻理。江水、清风、明月，这三个自然意象，在文中贯串映现，或引启遗世独立的遐想，或引发惆怅哀怨的悲情，或喻指万物皆具"变"与"不变"的两重性，生发出即使在坎坷之中，有为的生命仍有其永恒价值的人生哲理。形象性、情感性和哲理性的统一使本文充盈着诗情画意和理趣之美。

文赋是赋的一种，体式介于韵文与散文之间。作者在行文中大量运用了排比和对偶，但句式时骈时散，用韵时疏时密，在参差错落之中，见出行文的舒卷自如，声调的和谐优美。故虽是赋体，而终归于散文那种行云流水般的自然。

【思考与练习】

一、简析本文是如何做到景、情、理有机结合，体现出理趣之美的。

二、你是否赞同作者所作"变"与"不变"的分析？

三、你对作者在文中所表现的人生观是怎样看的？人在遭遇种种挫折时，最好应采取什么态度？

【辑评】

碑记文字铺叙易，形容难，犹之传神，面目易模写，容止气象难描模。……《赤壁赋》"清风徐来"、"水落石出"，此类如仲殊所谓费尽丹青，只这些儿画不成。（宋·俞文豹《吹剑四录》）

此赋学《庄》《骚》文法，无一句与《庄》《骚》相似，非超然之才，绝伦之识，不能为也。潇洒神奇，出尘绝俗，如乘云御风而立乎九霄之上，俯视六合，何物茫茫，非惟不挂之齿牙，亦不足入其灵台丹府也。（宋·谢枋得《文章轨范》）

"风月"二字是一篇张本。（《苏长公合作》引明·邵宝语）

《赤壁》二赋，皆赋之变也。此又变中之至理奇趣，故取此可以该彼。（《三苏文范》引明·钟惺语）

游赤壁，受用现今无边风月，乃是此老一生本领，却因平平写不出来，故特借洞箫呜咽，忽然从曹公发议，然后接口一句喝倒，痛陈其胸前一片空阔了悟，妙甚。（清·金圣叹《天下才子必读书》）

以文为赋,藏叶韵于不觉,此坡公工笔也。凭吊江山,恨人生之如寄;流连风月,喜造物之无私。一难一解,悠然旷然。(清·张伯行《唐宋八大家文钞》)

欲写受用现前无边风月,却借吹洞箫者发出一段悲感,然后痛陈其胸前一片空阔。了悟风月不死,先生不亡也。(清·吴楚材等《古文观止》)

所见无绝殊者,而文境邈不可攀,良由身闲地旷,胸无杂物,触处流露,斟酌饱满,不知其所以然而然,岂惟他人不能摹仿,即使子瞻更为之,亦不能如此调适而畅遂也。(王文濡《评校音注古文辞类纂》引清·方苞语)

"慢慢走，欣赏啊！"①——人生的艺术化

朱光潜

朱光潜（1897—1986），字孟实，安徽桐城人。中国现当代著名美学家、文艺理论家。1922 年毕业于香港大学文学院。1925 年留学英国爱丁堡大学。致力于文学、心理学与哲学的学习与研究。后在法国斯特拉斯堡大学获哲学博士学位。1933 年回国后，历任北京大学、四川大学、武汉大学教授。1946 年后一直在北京大学任教，讲授美学与西方文学。主要著作有《悲剧心理学》、《文艺心理学》、《西方美学史》、《谈美》等。此外，他的《谈文学》、《谈美书简》等理论读物，深入浅出，内容切实，文笔流畅，对提高青年的写作能力与艺术鉴赏能力颇有启迪。

一直到现在，我们都是讨论艺术的创造与欣赏。在收尾这一节中，我提议约略说明艺术和人生的关系。

我在开章明义时就着重美感态度和实用态度的分别，以及艺术和实际人生之中所应有的距离，如果话说到这里为止，你也许误解我把艺术和人生看成漠不相关的两件事。我的意思并不如此。

人生是多方面而却相互和谐的整体，把它分析开来看，我们说某部分是实用的活动，某部分是科学的活动，某部分是美感的活动，为正名析理起见，原应有此分别；但是我们不要忘记，完满的人生见于这三种活动的平均发展，它们虽是可分别的而却不是互相冲突的。"实际人生"比整个人生的意义较为窄狭。一般人的错误在把它们认为相等，以为艺术对于"实际人生"既是隔着一层，它在整个人生中也就没有什么价值。有些人为维护艺术的地位，又想把它硬纳到"实际人生"的小范围里去。这般人不但是误解艺术，而且也没有认识人生。我们把实际生活看作整个人生之中的一片段，所以在肯定艺术与实际人生的距离时，并非肯定艺术与整个人生的隔阂。严格地说，离开人生便无所谓艺术，因为艺术是情趣的表现，而情趣的根源就在人生；反之，离开艺术也便无所谓人生，因为凡是创造和欣赏都是艺术的活动，无创造、无欣赏的人生是一个自相矛盾的名词。

人生本来就是一种较广义的艺术。每个人的生命史就是他自己的作品。这种作品可以是艺术的，也可以不是艺术的，正犹如同是一种顽石，这个人能把它雕成一座伟大的雕像，而另一个人却不能使它"成器"，分别全在性分与修养。知道生活的人就是艺术家，他的生活就是艺术作品。

过一世生活好比做一篇文章。完美的生活都有上品文章所应有的美点。

第一，一篇好文章一定是一个完整的有机体，其中全体与部分都息息相关，不能稍有

移动或增减。一字一句之中都可以见出全篇精神的贯注。比如陶渊明的《饮酒》诗本来是"采菊东篱下，悠然见南山"，后人把"见"字误印为"望"字，原文的自然与物相遇相得的神情便完全丧失。这种艺术的完整性在生活中叫做"人格"。凡是完美的生活都是人格的表现。大而进退取与，小而声音笑貌，都没有一件和全人格相冲突。不肯为五斗米折腰向乡里小儿，是陶渊明的生命史中所应有的一段文章，如果他错过这一个小节，便失其为陶渊明。下狱不肯脱逃，临刑时还叮咛嘱咐还邻人一只鸡的债，是苏格拉底的生命史中所应有的一段文章②，否则他便失其为苏格拉底。这种生命史才可以使人把它当作一幅图画去惊赞，它就是一种艺术的杰作。

其次，"修辞立其诚"是文章的要诀③，一首诗或是一篇美文一定是至性深情的流露，存于中然后形于外，不容有丝毫假借。情趣本来是物我交感共鸣的结果。景物变动不居，情趣亦自生生不息。我有我的个性，物也有物的个性，这种个性又随时地变迁而生长发展。每人在某一时会所见到的景物，和每种景物在某一时会所引起的情趣，都有它的特殊性，断不容与另一人在另一时会所见到的景物，和另一景物在另一时会所引起的情趣完全相同。毫厘之差，微妙所在。在这种生生不息的情趣中我们可以见出生命的造化。把这种生命流露于语言文字，就是好文章；把它流露于言行风采，就是美满的生命史。

文章忌俗滥，生活也忌俗滥。俗滥就是自己没有本色而蹈袭别人的成规旧矩。西施患心病，常捧心颦眉，这是自然的流露，所以愈增其美。东施没有心病，强学捧心颦眉的姿态④，只能引人嫌恶。在西施是创作，在东施便是滥调。滥调起于生命的干枯，也就是虚伪的表现。"虚伪的表现"就是"丑"，克罗齐已经说过⑤。"风行水上，自然成纹"，文章的妙处如此，生活的妙处也是如此。在什么地位，是怎样的人，感到怎样情趣，便现出怎样言行风采，叫人一见就觉其谐和完整，这才是艺术的生活。

俗语说得好："惟大英雄能本色"，所谓艺术的生活就是本色的生活。世间有两种人的生活最不艺术，一种是俗人，一种是伪君子。"俗人"根本就缺乏本色，"伪君子"则竭力遮盖本色。朱晦庵有一首诗说⑥："半亩方塘一鉴开，天光云影共徘徊。问渠那得清如许？为有源头活水来。"艺术的生活就是有"源头活水"的生活。俗人迷于名利，与世浮沉，心里没有"天光云影"，就因为没有源头活水。他们的大病是生命的干枯。"伪君子"则于这种"俗人"的资格之上，又加上"沐猴而冠"的伎俩⑦。他们的特点不仅见于道德上的虚伪，一言一笑、一举一动，都叫人起不美之感。谁知道风流名士的架子之中掩藏了几多行尸走肉？无论是"俗人"或是"伪君子"，他们都是生活中的"苟且者"，都缺乏艺术家在创造时所应有的良心。象柏格森所说的⑧，他们都是"生命的机械化"，只能作喜剧中的角色。生活落到喜剧里去的人大半都是不艺术的。

艺术的创造之中都必寓有欣赏，生活也是如此。一般人对于一种言行常欢喜说它"好看"、"不好看"，这已有几分是拿艺术欣赏的标准去估量它。但是一般人大半不能彻底，不能拿一言一笑、一举一动纳在全部生命史里去看，他们的"人格"观念太淡薄，所谓"好看"、"不好看"往往只是"敷衍面子"。善于生活者则彻底认真，不让一尘一芥妨碍整个生命的和谐。一般人常以为艺术家是一班最随便的人，其实在艺术范围之内，艺术家是最严肃不过的。在锻炼作品时常呕心呕肝，一笔一划也不肯苟且。王荆公作"春风又绿江南岸"一句诗时⑨，原来"绿"字是"到"字，后来由"到"字改为"过"字，由"过"字改为"入"字，由"入"字改为"满"字，改了十几次之后才定为"绿"字。即此一端可以想见艺术家的严肃了。善于生活者对于生活也是这样认真。曾子临死时记得床上的席子是季路的⑩，一定叫门人把它换过才瞑目。吴季札心里已经暗许赠剑给徐君⑪，没有实行徐君就已死去，他很郑重地把剑挂在徐君墓旁树上，以见"中心契合死生不渝"的风谊。象这一类的言行看来虽似小节，而善于生活者却不肯轻易放过，正犹如诗人不肯轻易放过一字一句一样。小节如此，大节更不消说。董狐宁愿断头不肯掩盖史实⑫，夷、齐饿死不愿降周⑬，这种风度是道德的也是艺术的。我们主张人生的艺术化，就是主张对于人生的严肃主义。

艺术家估定事物的价值，全以它能否纳入和谐的整体为标准，往往出于一般人意料之外。他能看重一般人所看轻的，也能看轻一般人所看重的。在看重一件事物时，他知道执着；在看轻一件事物时，他也知道摆脱。艺术的能事不仅见于知所取，尤其见于知所舍。苏东坡论文，谓如水行山谷中，行于其所不得不行，止于其所不得不止。这就是取舍恰到好处，艺术化的人生也是如此。善于生活者对于世间一切，也拿艺术的口胃去评判它，合于艺术口胃者毫毛可以变成泰山，不合于艺术口胃者泰山也可以变成毫毛。他不但能认真，而且能摆脱。在认真时见出他的严肃，在摆脱时见出他的豁达。孟敏堕甑，不顾而去，郭林宗见到以为奇怪⑭。他说："甑已碎，顾之何益？"哲学家斯宾诺莎宁愿靠磨镜过活⑮，不愿当大学教授，怕妨碍他的自由。王徽之居山阴⑯，有一天夜雪初霁，月色清朗，忽然想起他的朋友戴逵，便乘小舟到剡溪去访他，刚到门口便把船划回去。他说："乘兴而来，兴尽而返。"这几件事彼此相差很远，却都可以见出艺术家的豁达。伟大的人生和伟大的艺术都要同时并有严肃与豁达之胜。晋代清流大半只知道豁达而不知道严肃，宋朝理学又大半只知道严肃而不知道豁达。陶渊明和杜子美庶几算得恰到好处。

一篇生命史就是一种作品，从伦理的观点看，它有善恶的分别，从艺术的观点看，它有美丑的分别。善恶与美丑的关系究竟如何呢？

就狭义说，伦理的价值是实用的，美感的价值是超实用的；伦理的活动都是有所为而为，美感的活动则是无所为而为。比如仁义忠信等等都是善，问它们何以为善，我们不能不着眼到人群的幸福。美之所以为美，则全在美的形象本身，不在它对于人群的效用（这并不是说它对于人群没有效用）。假如世界上只有一个人，他就不能有道德的活动，因为有父子才有慈孝可言，有朋友才有信义可言。但是这个想象的孤零零的人还可以有艺术的活动，他还可以欣赏他所居的

雪夜访戴图　　元·张渥作

世界，他还可以创造作品。善有所赖而美无所赖，善的价值是"外在的"，美的价值是"内在的"。

不过这种分别究竟是狭义的。就广义说，善就是一种美，恶就是一种丑。因为伦理的活动也可以引起美感上的欣赏与嫌恶。希腊大哲学家柏拉图和亚理士多德讨论伦理问题时都以为善有等级，一般的善虽只有外在的价值，而"至高的善"则有内在的价值。这所谓"至高的善"究竟是什么呢？柏拉图和亚理士多德本来是一走理想主义的极端⑰，一走经验主义的极端，但是对于这个问题，意见却一致。他们都以为"至高的善"在"无所为而为的玩索"（disinterested contemplation）。这种见解在西方哲学思潮上影响极大，斯宾诺莎、黑格尔、叔本华的学说都可以参证⑱。从此可知西方哲人心目中的"至高的善"还是一种美，最高的伦理的活动还是一种艺术的活动了。

"无所为而为的玩索"何以看成"至高的善"呢？这个问题涉及西方哲人对于神的观念。从耶稣教盛行之后，神才是一个大慈大悲的道德家。在希腊哲人以及近代莱布尼兹、尼采、叔本华诸人的心目中⑲，神却是一个大艺术家，他创造这个宇宙出来，全是为着自己要创造，要欣赏。其实这种见解也并不减低神的身分。耶稣教的神只是一班穷叫化子中的一个肯施舍的财主老，而一般哲人心中的神，则是以宇宙为乐曲而要在这种乐曲之中见出和谐的音乐家。这两种观念究竟是哪一个伟大呢？在西方哲人想，神只是一片精灵，他的活动绝对自由而不受限制，至于人则为肉体的需要所限制而不能绝对自由。人愈能脱肉体需求的限制而作自由活动，则离神亦愈近。"无所为而为的玩索"是唯一的自由活动，所以成为最上的理想。

这番话似乎有些玄渺，在这里本来不应说及。不过无论你相信不相信，有许多思想却值得当作一个意象悬在心眼前来玩味玩味。我自己在闲暇时也欢喜看看哲学书籍。老实说，我对于许多哲学家的话都很怀疑，但是我觉得他们有趣。我以为穷到究竟，一切哲学系统也都只能当作艺术作品去看。哲学和科学穷到极境，都是要满足求知的欲望。每个哲学家和科学家对于他自己所见到的一点真理（无论它究竟是不是真理）都觉得有趣味，都用一股热忱去欣赏它。真理在离开实用而成为情趣中心时就已经是美感的对象了。"地球绕日运行"，"勾方加股方等于弦方"一类的科学事实，和《米罗爱神》或《第九交响曲》一样可以摄魂震魄⑳。科学家去寻求这一类的事实，穷到究竟，也正因为它们可以摄魂震魄。所以科学的活动也还是一种艺术的活动，不但善与美是一体，真与美也并没有隔阂。

艺术是情趣的活动，艺术的生活也就是情趣丰富的生活。人可以分为两种，一种是情趣丰富的，对于许多事物都觉得有趣味，而且到处寻求享受这种趣味。一种是情趣干枯的，对于许多事物都觉得没有趣味，也不去寻求趣味，只终日拼命和蝇蛆在一块争温饱。后者是俗人，前者就是艺术家。情趣愈丰富，生活也愈美满，所谓人生的艺术化就是人生的情趣化。

"觉得有趣味"就是欣赏。你是否知道生活，就看你对于许多事物能否欣赏。欣赏也就是"无所为而为的玩索"。在欣赏时人和神仙一样自由，一样有福。

阿尔卑斯山谷中有一条大汽车路㉑，两旁景物极美，路上插着一个标语牌劝告游人说："慢慢走，欣赏啊！"许多人在这车如流水马如龙的世界过活，恰如在阿尔卑斯山谷中乘汽车兜风，匆匆忙忙地急驰而过，无暇一回首流连风景，于是这丰富华丽的世界便成为一个了无生趣的囚牢。这是一件多么可惋惜的事啊！

朋友，在告别之前，我采用阿尔卑斯山路上的标语，在中国人告别习用语之下加上三个字奉赠：

"慢慢走，欣赏啊！"

光潜

一九三二年夏，莱茵河畔。

（《朱光潜全集》第二卷，朱光潜撰，合肥：安徽教育出版社，1987）

【注释】

① 本文写于1932年，是作者的通俗美学著作《谈美》的第十五章。

② 苏格拉底（Socrates，前469—前399）：古希腊著名哲学家。一生无著述，其美学思想主要见于他的学生色诺芬的《苏格拉底言行回忆录》。

③ 修辞立其诚：语出《周易大传》之《乾文言》。

④ 捧心矉眉：据《庄子·天运》记载："故西施病心而矉其里，其里之丑人见而美之，归亦捧心而矉其里。其里之富人见之，坚闭门而不出；贫人见之，絜妻子而去亡走。彼知矉美，而不知矉之所以美。"矉，同"颦"，皱眉。《太平寰宇记》卷九六载越州诸暨县巫里有西施家、东施家，后人乃确指丑女为东施。后以成语"东施效颦"比喻胡乱模仿，效果适得其反。

⑤ 克罗齐（Benedetto Croce，1866—1952）：意大利著名哲学家、美学家、历史学家，新黑格尔主义者。著有《精神哲学》《黑格尔哲学中的死东西和活东西》《美学原理》等。

⑥ 朱晦庵：即朱熹（1130—1200），字元晦，一字仲晦，号晦庵，婺源（今属江西）人，侨寓建阳（今属福建）。南宋著名思想家、教育家、文学家，宋代理学的主要代表之一，有《四书章句集注》《诗集传》《楚辞集注》《朱子语类》《朱文公文集》等。

⑦ 沐猴而冠：猴子戴上帽子，比喻人面兽心，虚有其表。常用来讽刺依附权势、窃据名位之辈。沐猴，即猕猴。

⑧ 柏格森（Henri Bergson，1859—1941）：法国著名哲学家，生命哲学与直觉主义的主要代表之一。主要著作有《时间与自由意志》《形而上学导论》《创造进化论》等。

⑨ 王荆公：即王安石（1021—1086），字介甫，号半山，临川（今江西抚州）人，北宋著名政治家、文学家。曾两次出任宰相，实行变法，推行新政。晚年退居金陵，潜心著述。封荆国公，世称王荆公。

⑩ 曾子（前505—前436）：春秋末鲁国南武城（今山东费县）人，名参，字子舆，孔子学生，以孝著称。季路：孔子的学生，姓仲名由，字子路，又字季路，以勇武著称。

⑪ 吴季札：春秋时吴王寿梦第四子，以贤德著称。寿梦想让他继承王位，他坚辞不受。

⑫ 董狐：春秋时晋国的太史。晋灵公要杀赵盾，赵盾逃走了。不久赵穿杀死晋灵公，赵盾又回来了。董狐在史册上写道："赵盾弑其君。"赵盾不同意，董狐说："子为正卿，亡不越境，反不讨贼，非子而谁？"孔子说："董狐，古之良史也，书法不隐。"

⑬ 夷、齐：指伯夷、叔齐二人。伯夷是商代诸侯孤竹君的长子，因与弟叔齐互让君位，结果一齐逃亡。武王伐纣时，伯夷、叔齐叩马谏阻，认为以臣伐君是不义的。商亡后，他们不食周粟，饿死在首阳山。

⑭ 郭林宗：即郭泰（128—169），字林宗，东汉太原介休（今属山西）人。东汉末为太学生首领，不就官府征召，后归乡里。党锢之祸起，遂闭门教授，生徒数千人。

⑮ 斯宾诺莎（Baruch Spinoza，1632—1677）：荷兰著名哲学家、美学家。是唯物主义唯理论的主要代表之一。主要著作有《神学政治论》《伦理学》《理智改进论》《笛卡儿哲学原理》《通信集》等。

⑯ 王徽之（？—388）：东晋琅邪临沂（今属山东）人，字子猷，王羲之之子。初为桓温参军，官至黄门侍郎。据刘义庆《世说新语·任诞》记载，王徽之曾雪夜从山阴（今绍兴）泛舟剡溪访戴逵，却至其门而返。人问其故，他说："吾本乘兴而行，兴尽而返，何必见戴。"

⑰ 柏拉图（Platon，前427—前347）：古希腊著名哲学家。主要著作有《大希庇阿斯》《伊安》《高吉阿斯》《理想国》《法律》等。亚理士多德（Aristoteles，前384—前322）：古希腊著名哲学家、美学家，主要著作有《诗学》《修辞学》《伦理学》《政治学》等。

⑱ 黑格尔（Georg Wilhelm Friedrich Hegel，1770—1831），德国著名哲学家、美学家，德国古典唯心主义哲学的集大成者。主要著作有《精神现象学》《逻辑学》《哲学全书》《美学》等。叔本华（Arthur Schopenhauer，1788—1860）：德国著名哲学家，唯意志论者。主要著作有《作为意志和表象的世界》《伦理学的两个基本问题》等。

⑲ 莱布尼兹（Gottfried Wilhelm Leibniz，1646—1716）：德国著名自然科学家、数学家、哲学家，唯理论的主要代表之一，与牛顿同为微积分的创始人，也是数理逻辑的前驱者。主要著作有《单子论》《人类理智新论》等。尼采（Friedrch Nietzsche，1844—1900）：德国哲学家，唯意志论者。主要著作有《悲剧的诞生》《查拉图斯特拉如是说》《善恶的彼岸》《道德的谱系》等。

⑳ 米罗爱神：古希腊的一尊雕像，又称"米洛斯的维纳斯"，是爱与美的象征。创作于公元前2世纪末，1820年被米罗岛上的一个农夫在耕地时发现。出土时已失去了双臂，以"残缺美"著称于世。第九交响曲：即德国著名作曲家贝多芬（Ludwig van Beethoven，1771—1827）1793年至1823年酝酿、创作的《d小调第九交响曲》，是他一生中的最后一部大型作品，因第四乐章使用了据席勒《欢乐颂》谱成的重唱与合唱，也称《合唱交响曲》。

㉑ 阿尔卑斯山：欧洲南部的近期褶皱山脉。西起法国东南部的尼斯，经瑞士和西德南部、意大利北部，东到奥地利的维也纳。山势雄伟，森林密布，许多山峰终年积雪。

【提示】

本文是朱光潜通俗美学著作《谈美》的最后一篇。文章以"人生的艺术化"为中心，主要阐析了以下三个基本观点：人生是一种较广义的艺术，每个人的生命史就是他自己的作品；善于生活的人就是艺术家，他的生活就是充满审美特色的艺术作品；艺术是有情趣的活动，艺术化的生活也就是情趣丰富而高尚的生活。

倡导超越物质欲望的审美化精神生活，是贯穿全文各部分的思想内核。生命依托于物质满足，只是欲望的有限补给；生命依托于情趣的不断托展和升华，才是精神的极大欢乐。审美化生活虽然侧重于个体生命的成色，但却是人生社会意义的基础和目标：没有每一滴水珠的清纯晶莹，就没有江河湖泊的碧波荡漾；而社会意义的终极归宿，还是要落实到个体人生中去。在物质富裕正日益挤窄精神空间的今天，倡导诗意人生显然更具现实意义。

将深奥的美学和人生理念，解说得很通俗易懂，是本文的主要特色。这除了得力于作者的透彻见识之外，还借重于多种表达手法的运用。有比较才有鉴别，文中始终贯穿着精神愉悦与物质满足、创造活动与循规行为、情趣丰赡与情致干枯等多层面的对比论证，将基本道理比照得清晰而可信；事实胜于雄辩，陶渊明东篱采菊、王徽之雪夜访戴、孟敏堕甑、苏轼论艺，乃至苏格拉底的临刑还债、阿尔卑斯山的广告箴语等一系列典故、实例，则将许多深微的识见实证得简明而精切；妙笔生花、雕石成器、源头活水、东施效颦、沐猴而冠、神仙的自由、蝇蛆的生活等一系列比喻、类比，又使全文洋溢着睿智和理趣。

【思考与练习】

一、作者认为："情趣愈丰富，生活也愈美满，所谓人生的艺术化就是人生的情趣化。"你怎样理解情趣与人生的关系？

二、有人认为，"审美生活"是个人化的、封闭性的、有回避生活矛盾倾向的有限生活方式，而"有意义生活"是社会化的、开放性的、可以拓展到整个人类的无限生活方式。对此，你的看法如何？

三、面对当今人类社会现状，你认为倡导审美化人生哲学有何积极意义？

看蒙娜丽莎看[①]

熊秉明

熊秉明(1922—2002),云南弥勒人,生于江苏南京。中国现代艺术家。1944年毕业于西南联合大学哲学系。1947年考取公费赴法留学生,到巴黎大学攻读博士学位。1948年转入巴黎高等美术学院学习雕塑。1955年第一次举办个人作品展览。后任瑞士苏黎士大学教授,巴黎东方语言文化学院中文系主任、教授。1983年获法国教育部棕榈骑士勋章。著有《关于罗丹——日记摘抄》、《中国书法理论体系》、《回归的雕塑》等。

一

面对一幅画,我们说"看画"。

画是客体,挂在那里。我们背了手凑近、退远、审视、端详、联想、冥想、玩味、评价。大自然的山水、鸟兽、草木,人间的英雄与圣徒、好女与孩童、爱情与劳动、战争与游戏、欢喜与悲痛,都定影在那里,化为我们"看"的对象。连上想象里的鬼怪与神祇、天堂与地狱、创世纪和最后审判;连上非想象里的抽象的形、纯粹的色、理性摆布的结构、潜意识底层泛起的幻觉,这一切都不再对我们有什么实际的威胁或蛊惑。无论它们怎样神奇诡谲,终是以"画"的身分显示在那里,作为"欣赏"的对象,听凭我们下"好"或者"不好"的评语。

欣赏者——欣赏对象。

这是我们和画的关系。我们处于一种安全而优越的地位,享受着观赏之全体的愉快、骄傲和踌躇满志。

然而走到蒙娜丽莎之前,情形有些不同了。我们的静观受到意外的干扰。画中的主题并不是安安稳稳地在那里"被看"、"被欣赏"、"被品鉴"。相反,她也在"看",在凝眸谛视、在探测。侧了头,从眼角上射过来的目光,比我们的更专注、更锋锐、更持久、更具密度、更蕴深意。她争取着主体的地位,她简直要把我们看成一幅画、一幅静物,任她的眼光去分析、去解剖,而且估价。她简直动摇了我们作为"欣赏者"的存在的权利和自信。

二

也并非没有在画里向我们注视的人物。

像安格尔(Ingres 1780—1867)的那些贵妇与绅士[②],端坐着,像制成标本的兽,眼窝里嵌着瓷球,晶亮、发光,很能乱真,定定地瞅过来,然而终于只是冰冷的晶亮的瓷球。这样的空虚失神的凝视当然不给我们什么威胁。

像提香(Titian 1490—1576)的威尼斯贵族男子肖像③，眼瞳里闪烁着文艺复兴时代贵族们的阴鸷和狡诈，目光像浸了毒鸩的剑锋，向你挑战。他们娴于幕前和幕后的争权夺利，明枪暗箭，在瞥视你的顷间，已估计了你的身世、才智、毅力、野心以及成败的机会率。

像林布兰特（Rembrandt 1606—1669)的人物④，无论是老人、妇人、壮者以及孩子，他们往往也是看向观赏者的。他们的眼光像壁炉里的烈焰，要照红观者的手、面庞、眼睛、胸膛，照出观者腑脏里潜藏着的悲苦与欢喜。把辛酸燃烧起来，把欢乐燃烧起来，把观者的苍白烘照成赤金色……

这样的画和我们的关系，也不仅只是"欣赏者——欣赏对象"的关系。它们也有意要把我们驱逐到欣赏领域以外去，强迫我们退到存在的层次，在那里被摆布、被究诘、被拷问、被裁判、被怜悯、被扶持、被拥抱。

蒙娜丽莎　　［意大利］达·芬奇作

三

而蒙娜丽莎的眼光是另一样的，在存在的层次，对我们作另一种要求。

她看向你，她注视你，她的注视要诱导出你的注视。那眼光像迷路后，在暮色苍茫里，远远地闪起的一粒火光，耀熠着，在叫唤你，引诱你向她去。而你也猝然具有了鸥枭的视力，野猫子的轻步，老水手观测晚云的敏觉。

四

有少女的诱惑和少妇的诱惑。

少女的。在她的机体发育到一定的时刻，便泛起饱和的滋润和鲜美。皮肤的色泽，匀净纯一之至，从红红到白白之间的转化，自然而微妙，你找不到分界的迹象。肢胴的圆浑，匀净纯一之至你不能判定哪是弧线，哪是直线，辨不出哪里是颈的开始，哪里是肩的消失。你想努力去辨析，而终不能，而你终于在这努力里技穷，瞠然、哑然、被征服。少女自己未必自觉吧。一旦自觉，也要为这奇异的诱惑力感到吃惊，而羞涩、不安、含着歉意，但每一颗细胞，每一条发光的青丝并不顾虑这些，直放射着无忌惮的芳香。

有少妇的诱惑。她在心灵成熟到一定的时刻，便孕怀着爱和智慧，宽容与认真，温柔与刚毅，对生命的洞识和执著。她的躯体仍有美，然而锋芒已稍稍收敛了。活力仍然充沛饱满，然而表面的波沦已稍稍平静了。皮下的脂肪已经聚集，肌肤水分已经储备，到处的曲线模拟果实的浑满。她懂得爱了,而且爱过,曾经因爱快乐过,也痛苦过,血流过,腹部战栗过,腰酸痛过。她如果诱惑,她能意识到那诱惑的强度,和所可能导致的风险。她是那诱惑的主人。她是谨慎的,她得掌握住自己的命运,以及这个世界的命运。虽然诱惑,她的生命不轻易交付出来,她也不许你把生命轻易拿来交换。如果她看向你,她的眼睛里有着探测和估量。

蒙娜丽莎的眼睛是少妇的。

五

她知道她在做什么。她向你睇视,守候着。她在观察。像那一双优美的叠合的手,耐心地期待。

她睇向你,等你看向她。她诱惑你的诱惑,等待你的诱惑。假使你不敢回答,她也只有缄默。

假使你轻率地回答,她将莞尔报以轻蔑的微笑。假使你不能毅然走向她,她决不会来迎向你。她在探测你的存在的广度、高度、深度、密度,她在探测你的存在的决心和信心。

她的眼睛里果真有什么秘密么?你想窥探进去,寻觅,然而没有。欠身临视那里,像一眼井,你看见自己的影子。那里只有为她所观测,所剖析你自己的形象。像一面忠实的明镜,她的眼光不否定,也不肯定。可能否定,也可能肯定,但看我们自己的抉择和态度。她的眼光像一束透射线,要把我们内部存在的样式映在毛玻璃上,使骨骼内脏都历历在目。她的眼光是一口陷阱,将我们的过去,现在和未来都一并活活地捕获。如果那眼光里有秘密可寻,那就正是我们的彷徨、惶悚、紧张、狼狈。爱么?不爱么?To be or not to be⑤?

她终不置可否,只静待你的声音。她似乎已经料到你的回答,似乎已经猜透你的浮夸、轻薄、怯懦,似乎已经察觉你的不安、觉醒,以及奋起,以及隐秘暗藏的抱负——于是嘴角上隐然泛起微笑。

六

神秘的笑。因为是一种未确定的两可的笑。并无暗示,也非拒绝。不含情也非严峻的矜持。她似关切,而又淡然。在一段模棱不定的距离里,冷眼窥测你的行止。

她超然于有情和无情之上,然而她也并未能超然于有情无情之上。她的命运也正是你的决定所造就。她的凝视,正是凝视她自己命运的形成。她看自己命运似乎看得十分真切,以致她可以完全平静地,泰然地去接受。而此刻,她在有情与无情之上,将有情,而却尚未有情。

尚未有情的眼光是最苛求的。如果真是爱了,那爱的顾盼有宽容、溺爱。它将容忍我们的缺陷,慰藉我们的尚未坚强,扎裹我们的创伤。而尚未有爱的顾盼则毫无纵容的余地,它瞄准我们,对我们的要求绝对严、无限大。它在无穷远的距离,向我们盯视、召唤,我们只能是一个无穷极的追求,无休止的奔驰。

七

芬奇是置身于这可怕的眼光中的第一个。而他就是创造这眼光的人。他在这可怕的眼光中一点一点塑造这眼光的可怕。

世界上的一切,对芬奇来说,都一样是吸引,激起他的惊异,挑起他的探索,是对他的能力的测验、挑战。

向高空飞升,自高空而降的陨落;水的浮,水的流;火的燃烧,火的爆炸力跨过齿轮,穿过杠杆,变大、缩小,栖在强弩的弦上。他制造了飞翼、飞厢、潜水衣、踩水履。他已恍然感到凌空凭虚的晕眩,听长风在翼缘上吹哨,预感到翼底大气的阻力系数。像描绘波状的柔发,他描绘奇妙的流体力学的图式。他使水爬过山脊到山的那一边;他使水在理想都市的下水道里听从地流泻。他制造的火花飞到夜空的星丛之间;他用凹面镜收聚太阳的光线;他计算从地球到月球的路程……

云的形状,山峰的形状,迷路在山顶的海贝,野花瓣萼的编制,兽体的比例,从狮子的吼声到苍蝇翅膀的嗡嗡……都引起他的诧异、探问、试验。他从此刻的山、云、海的性质样态,幻想造山时代巉岩怪石的迸飞,世界末日的气、水、火、风的大旋舞。他剖开人体,看血管密网的株式分布,白骨的黄金分割,头颅脑床的凹形,心脏的密室。他画过婴孩的圆润,老人的棱角嶙峋,少男少女的俊秀,从千变万化的面貌中演绎出圣者智者以及臃肿戆蠢的丑怪。从面貌的千变万化中捕捉心灵的阴晴风雨,幸福与悲剧。生的微笑,死的恐怖,犹大的凶险惶惑,其余十一个门徒的惊骇、悲伤、无助、绝望,人之子大爱的坦然,圣母的温慈,圣母之母的安详。

他画过尚在子宫里沉睡的胎儿,画过浑圆的孕妇的躯体,画过被吊毙的囚犯,在酣战中号叫的斗士。他守候过生命在百龄老人的躯体里如何渐渐撤退。他买回笼鸟,为了放生,却又精心地设计屠杀的武器。而冷钢的白刃却又具有最优美的线条,一如少女的乳峰。设计刺穿一切胸腔以及一切盾的矛,并设计抵御一切暴力和一切矛的盾……真正是矛盾的人物。神与魔、光与影、美和丑、物和心都给他同等研究、探索、描绘的欲求和兴致,不仅没有神,也没有魔鬼。没有恐惧,也没有崇拜。一切都必须看个明白、透彻。浮士德式的人物。

他的宇宙论里没有神,只有神秘;没有恶魔,然而充满诱惑。

八

但是,女人,这一切诱惑中的诱惑,他平生没有接近过。他不但不曾结婚,而且似乎没有恋爱过。翻完那许多手稿几乎找不到一点关于女人在他真实生活里的记录。他不是没有召见于当时的绝色而富有才华的伊莎伯代思特,受到其他贵族奇女人的赏识和宠遇,他何尝不动心于异性的妩媚和风采?他不是精微地描绘过她们的容貌的么?他不是一再画过神话里的丽达的裸体的么⑥?但是他的智慧要他冷眼观察这诱惑的性质、作用。

像一个冷静的科学家,他对于那诱惑进行带着距离的观测。他要从自己激动的心理状态中蝉蜕出来,把自己化为两个个体,精神分裂开来,反观自己,认识诱惑现象。

他像一个炼金术的法师,企图把"诱惑"这元素从这个世界里提炼出来,变成一小撮金粉,储藏在曲颈瓶底给人看。

又像一个羞涩、畏怯的男孩,他只窃窃地躲在窗子后面,远望街转角上她的身影。不吻、不抱。他满足于观察她的傲然、矜持,而又脉脉的善意的流盼。他一生就逗留在这青春的年纪,少年维特的危险的年纪⑦。

芬奇和蒙娜丽莎,也就是芬奇和女性的关系。而芬奇和女性的关系,也就是芬奇和这个世界一切事物的关系。一切事物都刺激他的好奇、追问,一切事物于他都是一种诱惑。而女性的诱惑是一切诱惑的集中、公约数、象征。

这纯诱惑与追求之间有一形而上学的距离,如果诱惑者和被诱惑者一旦相接触了,就像两个磁极同时毁灭。没有了诱惑,也没有了追求。这微笑的顾盼是一永远达不到的极限,先验地不可能接近的绝对。于是追求永在进行,诱惑也永在进行。无穷尽地趋近。

九

芬奇不是一个作形而上学玄思的哲学家。他的兴趣是具体世界的形形色色,和中世纪追求理念世界的哲学是相背道而驰的。他的问题在形形色色之中,也只在形形色色之中。他的哲学是这可见、可度量、可捉摸的世界的意义,这意义及其神秘也就是形色光影所构成。他的哲学可以看得见,画得出,他要画出这世界的秩序,法则,以图画解说这世界,以图画作为分析这世界,认知这世界,征服这世界,改造这世界的工具。他要画出最初的因,最终的果。他要画出生命的起源,神秘的诞生。他要画出诱惑的本质,知性的觉醒。

十

而有一天,一切神秘,一切鬼眼的诱惑的总和,他恍然在这一个女人的面庞上分明地看见了,像镭元素从几十吨矿砂中离析出来,闪起离奇的光。那是一对眼波,少妇的,含激烈的,必然性的,命令性的诱惑,而尚未含情,冷然侧睐。那眼光后面隐藏着一切可能的课题,埋伏着一切鬼眼的闪熠,一切形形色色都置根在其中。又似乎一无所有,只是猜不透。

然而他必须把这眼光捕捉到,捕捉这不可捕捉的。即使芬奇毕生不曾遇到这一个叫作卓孔达夫人的蒙娜丽莎⑧,总有一天,他终要创造出这眼光来的。他画的圣母,圣约翰洗礼者不都早就酷似这一面形⑨,这一笑容么?

卓孔达夫人的笑容竟是怎样的? 由另一个画家画来,会是什么样子? 是芬奇心目里的女人的神秘的笑酷似卓孔达夫人的笑呢? 还是卓孔达夫人的笑酷似芬奇心目里的女人的神秘的笑呢? 两个笑容互相回映、叠形、交融,不再能分得开。

十一

这或者是一件平常,甚至凡俗不足道的事——画家和模特儿的故事。哥雅(Goya,1746—1828)曾画了裸体的玛亚⑩,玛亚的丈夫突然想看画像进行得怎样了,哥雅连夜赶出了《着衣的玛亚》。

富商卓孔达先生聘请芬奇为他的爱妻作肖像。画家一见这面貌便倾倒了。那面貌似曾相识,给他以说不出的无比的吸引。但画家不愿走近模特儿一步。这一面貌是对他的天才的挑战。他用了世间罕有的智慧和绝艺刻画她的诱能,并且画出他所跨不过去,也不愿跨过去的他和她之间的距离。

这或者是一件平常,很可解释而并不足为怪的事——精神分析学家的一个病例。他不能真地去拥抱女人。恋母情结牵引起来的变态心理。他只能把女性放在远处去观照。他不肯把歌赞、爱慕兑换为肉体的接触。但是他把他的追求的心捧出来给人看,不,把她的诱素隔离出来给人看。他所画的已不是她,不是诱惑者,他直要画出"诱惑"本身,把诱惑提炼了结晶了,冷藏在画框中。诱惑已经和性别分离开来而成为"纯诱惑"。有人甚至疑心到蒙娜丽莎是少男乔装的女人。芬奇的圣约翰洗礼者正有这样离奇地微笑着的柔和的面孔。但是蒙娜丽莎的那一双手难道也能乔装么?而且便退一百步说,那真是乔装的少年,那么依然是冒充了女性的诱惑,依然是"女性的"诱惑了。

十二

没有发饰,没有一颗珍珠,一粒宝石,没有一枚指环,衣服上没有丝微绣花,她素淡到失去社会性、人间性。只要比较一下文艺复兴时代女子的肖像,就立刻可以发现这一点。她的诱惑不依赖珠宝的光泽、锦绣的绮丽。只伴以背后的溪流,一段北意大利阿尔卑斯山嶙峋峥嵘的峰峦,蜿蜒而远去的山路,谷底的桥。她在室内么? 在外光么? 她在两者之间的露台上。浅绿的天光像破晓又像傍晚,像早春,又像晚秋,似乎在将放花的季节,又似乎空气里浮荡着正浓的葡萄酒的醇香。模棱两可的时刻的模棱两可的空间。没有田园,没有房舍,在这寂寥的道路上,没有驻足的可能。人只能从这峡谷匆匆穿过。而路那么曲折,使旅人惆怅而踟蹰。而此时没有人影。

曦色,或者夕色,抹在她的额上,颊上,袒着的前胸上,手背上。没有太阳,没有月,没有星辰。她混入无定的苍茫的大自然之中。汇合了一切视力,这一对眼睛闪烁着,灿然、盼然、皎然如一自然的奇景,宇宙的奇象。

引起另一双眼睛无穷极的注视。

十三

对于具有无穷之诱惑,绝对之诱惑的眼光,只能以无穷追求的心,绝对追求的心去捕捉、去刻画,在生存层次具有无穷诱惑的魅力的东西,那形象本身也必定有无穷尽的造形性的诡谲微妙。敢于从事无穷的追求的人,能感到无穷寻觅的大满足,永远画不完的大欢喜。像骋驰在大草原上的骏马醋欢,因为它跑不完这辽阔的草和天。他必须画出那画不出;他必须画出那画不出之所以画不出。他要一点一点趋近那画不完。而他要画不完那画不完。芬奇曾经把生命消耗在那么多各种各样的作业上,而一无所成,因为都有个止境;而他不愿意有止境,他只得放弃。

而这一桩工作本身是不可能完成的。不可能的作业,非时间之内的作业。

一年、两年、三年、四年……大诱惑的,而淡若无的笑渐渐在画布上显现,得到恍惚的定影、得到恍惚的定义。然而既是永劫的诱惑和永劫的追求的角逐,绝对零是没有的,总保留着稀微的恍惚、浮动、模棱,总剩余那么一个极限的数字,那一小段不断缩短的遥远,总还有那么一成未完成。而在这残酷、美妙而遥远的眼光下,画家老了。潇洒的长髯,浓密的长眉,透了白丝,渐渐花白,而白花、而化为一片银光、银雾。银雾里的眼睛,炯炯的鹰隼类的目光也渐渐黯淡了,花了,雾了。在她的凝眸里画家临终时,可能还曾在那最后一段不可测度的距离上走上前一步吧,在微妙的面庞的光影之间添上一笔吧,而画家终于闭上衰竭的两眼,让三尺见方的画布上遗下他曾经无穷追求的痕迹。

十四

而此刻，我们，立在芬奇坐着工作了多少晨昏的位置上，我们看蒙娜丽莎的看。在蒙娜丽莎目光的焦点上，她不给我们欣赏者以安适、宁静，她要从我们的眼窝里摄出谛视和好奇，搜出惊惶与不安，掘出存在的信念和抉择的矫勇，诱惑出爱的炽燃，和爱之上的追问的大欲求，要把我们有限的存在扯长，变成无穷极的恋者、追求者、奔驰者，像落在太空里的人造星，在星际，在星云之际，永远飞行，而死在尚未触到她的时分，在她的裙裾之前三步的距离里。

1970 年

（《熊秉明文集》，熊秉明撰，上海：文汇出版社，2000）

【注释】

① 本文写于 1970 年。蒙娜丽莎：意大利文艺复兴时期著名画家达·芬奇（Leonardo da Vinci，1452—1519）最重要的画作之一。他将当时的科学知识和艺术想象有机结合起来，使西方绘画的表现力发展到一个新阶段，对后人有很大的影响。知名画作另有《最后的晚餐》等，著作有《绘画论》。芬奇又是一个在自然科学、工程技术上有很高造诣的人物。

② 安格尔（Jean-Auguste-Dominique Ingres，1780—1867）：法国著名画家，古典主义画派的最后代表人物。画风工细精致，长于肖像画。曾作为学院派主要画家与新兴的浪漫主义画派相抗衡。

③ 提香（Tiziano Vecellio，1490—1576）：意大利著名画家，文艺复兴时期威尼斯画派的主要代表人物。他把油画的色彩、造型、笔触的技法发展到一个新阶段，所作人物肖像画颇能展现人物的内心世界。

④ 林布兰特：通译"伦勃朗"（Rembrandt，1606—1669），荷兰著名画家。善于运用明暗对比的手法，以聚光和透明阴影凸现主题，所作人物画善于反映描绘对象的性格特征。

⑤ To be or not to be：通译"生存还是毁灭"，这是英国戏剧家莎士比亚的剧作《哈姆莱特》中的一句台词。

⑥ 丽达：芬奇于 1506 年创作过装饰画《丽达与天鹅》。丽达是希腊神话中的海仙女，嫁给斯巴达王廷达瑞俄斯，其夫忘了向爱与美的女神阿佛洛狄忒献祭，便遭报复。阿佛洛狄忒乘丽达在湖中洗浴时，让主神宙斯化为天鹅，自己变成鹰在后追逐。天鹅飞落湖边，丽达把它搂在怀里，遂怀孕产下四个卵，孵出四个儿女。

⑦ 少年维特：德国著名文学家歌德（Johann Wolfgang von Goethe，1749—1832）早期小说《少年维特的烦恼》中的男主人公，是一个热烈追求爱情的少年。

⑧ 卓孔达夫人：一译"乔孔达夫人"。芬奇所画《蒙娜丽莎》的另一个标题叫《美丽的乔孔达》。据有关记载，画中的女子是意大利那不勒斯人，据说她的真名叫凯拉尔基妮，1495 年与弗朗切斯科·德尔·乔孔达结婚后，人们便以乔孔达夫人称呼她了。芬奇画她的时候，她年龄在 30 岁上下。

⑨ 圣约翰洗礼者：即施洗者约翰，基督教《圣经》中的人物，据福音书记载，他在耶稣传教之前就劝人忏悔，并在约旦河里为民众施洗，据说也为耶稣施洗。基督教认他为耶稣的先行者。

⑩ 哥雅：通译"戈雅"（Francisco José de Goya y Lucientes，1746—1828），西班牙著名画家。中年以后画风由明丽转为苍浑，着重表现人物性格和社会矛盾。

【提示】

这是一篇艺术审美散文，赏析的对象是人类艺术史上最伟大的作品之一，意大利艺术巨匠达·芬奇的《蒙娜丽莎》。作者作为一位艺术家和艺术史家，对这件作品的赏析紧紧地抓住了"看"字做文章。由于《蒙娜丽莎》中的主人公以一种诱惑的眼光注视着每一位凝视着她的观众,而当年,她也以这样的眼光注视着画家,画家的艺术追求正是要表现出这样的注视。一个"看"字,编织起作者的创作活动、作品本身的存在、作品反映的对象和读者的审美活动四方面有机的关联。在这样的关联中,读者与画中人,与达·芬奇,与读者自己,与整个人类形成了巧妙的互动审美观照。作者还抓住了蒙娜丽莎的"微笑"和姿态来衬托她的目光,生动传神地写出了她身上蕴有的人性美。从中可以看出,作者具有非常深厚的艺术修养,善于寻找审美的角度。

文章采用断章随想的散文形式,文字隽永优美,感情丰沛,既有感性的艺术体验又不乏瑰丽的思辨,既蕴含着丰富的美学理论又不乏生动的情节,令人遐思,永无止境,但又永远探索,而无一劳永逸的答案。

【思考与练习】

一、以眼神和微笑描绘女性的美和人性的魅力是文学艺术常常采用的手法。课后请阅读中国古典文学作品《诗经·卫风·硕人》、曹植《洛神赋》、白居易《长恨歌》等名篇,探讨这一手法的妙处。

二、为什么达·芬奇没有办法穷尽蒙娜丽莎的目光?

三、中国的文学鉴赏中,非常注重作品中的"文眼"。了解"文眼"的内涵,并分析这篇散文中的文眼。

贝多芬百年祭①

萧伯纳

萧伯纳(George Bernard Shaw, 1856—1950),爱尔兰著名戏剧家、散文家、社会活动家。出生于都柏林。1876年移居伦敦,以从事乐评、剧评而步入文坛。在他早先的文学生涯中,多部小说都没有成功。1885年开始戏剧创作,陆续发表、上演了许多作品,取得突出的成就。1925年获诺贝尔文学奖。萧伯纳的戏剧作品无论是在语言的幽默上,在艺术表现力以及创新精神上,或者是戏剧内容反映社会的深刻性上,都有着划时代的意义。除了戏剧和小说创作外,他还写有音乐和戏剧的评论著作。主要剧作有《鳏夫的房产》、《华伦夫人的职业》、《英国佬的另一个岛》、《巴巴拉少校》、《圣女贞德》、《苹果车》等,文艺论著有《易卜生主义的精华》、《道地的瓦格纳派》等。

一百年前,一位虽听得见雷声但已聋得听不见大型交响乐队演奏自己的乐曲的五十七岁的倔强的单身老人最后一次举拳向着咆哮的天空,然后逝去了,还是和他生前一直那样地唐突神灵,蔑视天地。他是反抗性的化身;他甚至在街上遇上一位大公和他的随从时也总不免把帽子向下按得紧紧的,然后从他们正中间大踏步地直穿而过。他有一架不听话的蒸汽轧路机的风度(大多数轧路机还恭顺地听使唤和不那么调皮呢);他穿衣服之不讲究尤甚于田间的稻草人:事实上有一次他竟被当做流浪汉给抓了起来,因为警察不肯相信穿得这样破破烂烂的人竟会是一位大作曲家,更不能相信这副躯体竟能容得下纯音响世界最奔腾澎湃的灵魂。他的灵魂是伟大的;但是如果我使用了最伟大的这种字眼,那就是说比韩德尔的灵魂还要伟大②,贝多芬自己就会责怪我;而且谁又能自负为灵魂比巴赫的还伟大呢③?但是说贝多芬的灵魂是最奔腾澎湃的那可没有一点问题。他的狂风怒涛一般的力量他自己能很容易控制住,可是常常并不愿去控制,这个和他狂呼大笑的滑稽诙谐之处是在别的作曲家作品里都找不到的。毛头小伙子们现在一提起切分音就好

贝多芬木刻像 　[英国]洛克作

像是一种使音乐节奏成为最强而有力的新办法；但是在听过贝多芬的第三星昂诺拉前奏曲之后，最狂热的爵士乐听起来也像"少女的祈祷"那样温和了④，可以肯定地说我听过的任何黑人的集体狂欢都不会像贝多芬的第七交响乐最后的乐章那样可以引起最黑最黑的舞蹈家拼了命地跳下去，而也没有另外哪一个作曲家可以先以他的乐曲的阴柔之美使得听众完全融化在缠绵悱恻的境界里，而后突然以铜号的猛烈声音吹向他们，带着嘲讽似地使他们觉得自己是真傻。除了贝多芬之外谁也管不住贝多芬；而疯劲上来之后，他总有意不去管住自己，于是也就成为管不住的了。

这样奔腾澎湃，这种有意的散乱无章，这种嘲讽，这样无顾忌的骄纵的不理睬传统的风尚——这些就是使得贝多芬不同于十七和十八世纪谨守法度的其他音乐天才的地方。他是造成法国革命的精神风暴中的一个巨浪。他不认任何人为师，他同行里的先辈莫扎特从小起就是梳洗干净⑤，穿着华丽，在王公贵族面前举止大方的。莫扎特小时候曾为了蓬巴杜夫人发脾气说⑥："这个女人是谁，也不来亲亲我，连皇后都亲我呢。"这种事在贝多芬是不可想象的，因为甚至在他已老到像一头苍熊时，他仍然是一只未经驯服的熊崽子。莫扎特天性文雅，与当时的传统和社会很合拍，但也有灵魂的孤独。莫扎特和格鲁克之文雅就犹如路易十四宫廷之文雅⑦。海顿之文雅就犹如他同时的最有教养的乡绅之文雅⑧。和他们比起来，从社会地位上说贝多芬就是个不羁的艺术家，一个不穿紧腿裤的激进共和主义者。海顿从不知道什么是嫉妒，曾称呼比他年轻的莫扎特是有史以来最伟大的作曲家，可他就是吃不消贝多芬。莫扎特是更有远见的，他听了贝多芬的演奏后说："有一天他是要出名的"，但是即使莫扎特活得长些，这两个人恐也难以相处下去。贝多芬对莫扎特有一种出于道德原因的恐怖。莫扎特在他的音乐中给贵族中的浪子唐璜加上了一圈迷人的圣光⑨，然后像一个天生的戏剧家那样运用道德的灵活性又回过来给莎拉斯特罗加上了神人的光辉⑩，给他口中的歌词谱上了前所未有的就是出自上帝口中都不会显得不相称的乐调。

贝多芬不是戏剧家；赋予道德以灵活性对他来说就是一种可厌恶的玩世不恭。他仍然认为莫扎特是大师中的大师（这不是一顶空洞的高帽子，它的的确确就是说莫扎特是个为作曲家们欣赏的作曲家，而远远不是流行作曲家）；可是他是穿紧腿裤的宫廷侍从，而贝多芬却是个穿散腿裤的激进共和主义者；同样地海顿也是穿传统制服的侍从。在贝多芬和他们之间隔着一场法国大革命，划分开了十八世纪和十九世纪。但对贝多芬来说莫扎特可不如海顿，因为他把道德当儿戏，用迷人的音乐把罪恶谱成了像德行那样奇妙。如同每一个真正激进共和主义者都具有的，贝多芬身上的清教徒性格使他反对莫扎特⑪，固然莫扎特曾向他启示了十九世纪音乐的各种创新的可能。因此贝多芬上溯到韩德尔，一位和贝多芬同样倔强的老单身汉，把他作为英雄。韩德尔瞧不上莫扎特崇拜的英雄格鲁克，虽然在韩德尔的《弥赛亚》里的田园乐是极为接近格鲁克在他的歌剧《奥菲阿》里那些向我们展示出天堂的原野的各个场面的⑫。

因为有了无线电广播，成百万对音乐还接触不多的人在他百年祭的今年将第一次听到贝多芬的音乐。充满着照例不加选择地加在大音乐家身上的颂扬话的成百篇的纪念文章将使人们抱有通常少有的期望。像贝多芬同时的人一样，虽然他们可以懂得格鲁克和海顿和莫扎特，但从贝多芬那里得到的不但是一种使他们困惑不解的意想不到的音乐，而且有时候简直是听不出是音乐的由管弦乐器发出来的杂乱音响。要解释这也不难。十八世纪的音乐都是舞蹈音乐。舞蹈是由动作起来令人愉快的步子组成的对称样式；舞蹈音乐是不跳舞也听起来令人愉快的由声音组成的对称的样式。因此这些乐式虽然起初不过是像棋盘那样简单，但被展开了，复杂化了，用和声丰富起来了，最后变得类似波斯地毯，而设计像波斯地毯那种乐式的作曲家也就不再期望人们跟着这种音乐跳舞了。要有神巫打旋子的本领才能跟着莫扎特的交响乐跳舞。有一回我还真请了两位训练有素的青年舞蹈家跟着莫扎特的一阕前奏曲跳了一次，结果差点没把他们累垮了。就是音乐上原来使用的有关舞蹈的名词也慢慢地不用了，人们不再使用包括萨拉班德舞，巴万宫廷舞，加伏特舞和快步舞等等在内的组曲形式，而把自己的音乐创作表现为奏鸣曲和交响乐，里面所包含的各部分也干脆叫做乐章，每一章都用意大利文记上速度，如快板、柔板、谐谑曲板、急板等等。但在任何时候，从巴赫的序曲到莫扎特的《天神交响乐》⑬，音乐总呈现出一种对称的音响样式给我们以一种舞蹈的乐趣来作为乐曲的形式和基础。

可是音乐的作用并不止于创造悦耳的乐式。它还能表达感情。你能去津津有味地欣赏一张波斯地毯或者听一曲巴赫的序曲，但乐趣只止于此；可是你听了《唐璜》前奏曲之后却不可能不发生一种复杂的心情，它使你心理有准备去面对将淹没那种精致但又是魔鬼式的欢乐的一场可怖的末日悲剧；听莫扎特的《天神交响乐》最后一章时你会觉得那和贝多芬的第七交响乐的最后乐章一样，都是狂欢的音乐；它用响亮的鼓声奏出如醉如狂的旋律，而从头到尾又交织着一开始就有的具有一种不寻常的悲伤之美的乐调，因之更加沁人心脾。莫扎特的这一乐章又自始至终是乐式设计的杰作。

但是贝多芬所做到了的一点，也是使得某些与他同时的伟人不得不把他当做一个疯人，有时清醒就出些洋相或者显示出格调不高一点，在于他把音乐完全用作了表现心情的手段，并且完全不把设计乐式本身作为目的。不错，他一生非常保守地（顺便说一句，这也是激进共和主义者的特点）使用着旧的乐式；但是他加给它们以惊人的活力和激情，包括产生于思想高度的那种最高的激情，使得产生于感觉的激情显得仅仅是感官上的享受，于是他不仅打乱了旧乐式的对称，而且常常使人听不出在感情的风暴之下竟还有什么样式存在着了。他的《英雄交响乐》一开始使用了一个乐式（这是从莫扎特幼年时一个前奏曲里借来的），跟着又用了另外几个很漂亮的乐式；这些乐式被赋予了巨大的内在力量，所以到了乐章的中段，这些乐式就全被不客气地打散了；于是，从只追求乐式的音乐家看来，贝多芬是发了疯了，他抛出了同时使用音阶上所有单音的可怖的和弦。他这么做只是因为他觉得非如此不可，而且还要求你也觉得非如此不可呢。

以上就是贝多芬之谜的全部。他有能力设计最好的乐式；他能写出使你终身享受不尽的美丽的乐曲；他能挑出那些最干燥无味的旋律，把它们展开得那样引人，使你听上一百次也每回都能发现新东西：一句话，你可以拿所有用来形容以乐式见长的作曲家的话来形容他；但是他的病症，也就是不同于别人之处在于他那激动人的品质，他能使我们激动，并把他那奔放的感情笼罩着我们。当伯辽滋听到一位法国作曲家因为贝多芬的音乐使他听了很不舒服而说⑭："我爱听了能使我入睡的音乐"时，他非常生气。贝多芬的音乐是使你清醒的音乐；而当你想独自一个静一会儿的时候，你就怕听他的音乐。

懂了这个，你就从十八世纪前进了一步，也从旧式的跳舞乐队前进了一步（爵士乐，附带说一句，就是贝多芬化了的老式跳舞乐队），不但能懂得贝多芬的音乐而且也能懂得贝多芬以后的最有深度的音乐了。

（周珏良　译）

（《外国散文百年精华》，北京：人民文学出版社，2004）

【注释】

① 贝多芬（Ludwig van Beethoven，1770—1827）：德国作曲家，维也纳古典乐派代表人物之一，其创作对近代西方音乐有深远的影响。主要作品有《第3交响曲(英雄)》《第5交响曲(命运)》《第6交响曲(田园)》《第9交响曲(合唱)》，钢琴奏鸣曲《悲怆》《月光》《热情》，及小提琴协奏曲1部、钢琴协奏曲5部等。

② 韩德尔：通译"亨德尔"（Georg Friedrich Händel，1685—1759），德国出生的作曲家，后加入英国籍。主要作品有管弦乐《水上音乐》《皇家焰火音乐》，清唱剧《以色列人在埃及》《弥赛亚》《参孙》等。

③ 巴赫（Johann Sebastian Bach，1685—1750）：德国作曲家，其最高成就是复调音乐。主要作品有管弦乐《勃兰登堡协奏曲》，室内乐《赋格的艺术》《音乐的奉献》，钢琴曲《平均律钢琴曲集》，清唱剧《约翰受难曲》《马太受难曲》等。

④ 爵士乐：一种音乐名称，所含成分有西非的节奏、欧洲的和声以及美国福音歌的唱法。19世纪末在美国南方几个州形成，1900年左右在新奥尔良开始兴盛，主要由黑人音乐家表演。随后在各个时期发展出多种风格，有迪克西兰爵士、大乐队爵士、芝加哥爵士、摇摆乐、布基沃基、比博普等。

⑤ 莫扎特（Wolfgang Amadeus Mozart，1756—1791）：奥地利作曲家，维也纳古典乐派代表人物之一，自幼天才颖异，被视为神童。主要作品有《第39交响曲》《第40交响曲》《第41交响曲(朱庇特)》，歌剧《费加罗的婚姻》《唐璜》《魔笛》，及小提琴协奏曲5部、钢琴协奏曲27部等。

⑥ 蓬巴杜夫人（1721—1764）：一译"庞巴杜夫人"，当时法国国王路易十五的情妇，是一位侯爵夫人，巴黎社交界的名人。

⑦ 格鲁克（Christoph Willibald von Gluck，1714—1787）：原籍波希米亚的德国作曲家，后定居维也纳。主要作品有歌剧《奥菲欧与尤丽迪茜》《伊菲姬尼在奥利德》《阿尔米德》《伊菲姬尼在陶利德》，芭蕾舞剧《唐璜》等。路易十四（Louis XIV，1638—1715）：法国国王，1643年至1715年在位，是法国历史上著名的"太阳王"。

⑧ 海顿（Franz Joseph Haydn，1732—1809）：奥地利作曲家，维也纳古典乐派代表人物之一。主要作品有《伦敦交响曲》12首，清唱剧《创世纪》《四季》《圣哉弥撒曲》《管乐队弥撒曲》等。

⑨ 唐璜：中世纪西班牙传说中的贵族青年，通常是一个蔑视道德、喜欢引诱妇女的花花公子形象，许多欧洲文艺作品以他为主人公。

⑩ 莎拉斯特罗：莫扎特的歌剧《魔笛》中的一个角色，身份是大祭司，由男低音饰唱。

⑪ 清教徒：基督教新教中的一派，16世纪起源于英国。因主张清洗天主教旧制及其繁琐仪文，过勤俭清洁的生活，故称。

⑫ 弥赛亚：亨德尔谱曲的清唱剧名，琴能斯据《圣经》作词。弥赛亚，希伯来文原意是"受膏者"，指上帝所派遣者，基督教用来指救世主。奥菲阿：通译"奥菲欧"，即格鲁克曲的歌剧《奥菲欧与尤丽迪茜》。

⑬ 天神交响乐：即莫扎特的《第41交响曲》，又名《朱庇特交响曲》，朱庇特是罗马神话中的主神。

⑭ 伯辽滋：通译"柏辽兹"（Hector Berlioz，1803—1869），法国作曲家，致力于浪漫主义的标题音乐创作。主要作品有《幻想交响曲》《葬礼与凯旋交响曲》，中提琴与乐队的《哈罗尔德在意大利》，戏剧交响曲《罗密欧与朱丽叶》，戏剧性康塔塔《浮士德的惩罚》等。

【提示】

萧伯纳早年就是从音乐评论入手而登上文坛的，所以，当他在七十岁上，在他的文学生涯臻于高峰的时候，回首谈论他所熟悉的音乐领域，谈论音乐世界的伟人，当然是驾轻就熟,得心应手。

　　这篇文章的要点,结尾的几句话基本讲清楚了,所谓了解西方音乐发展的历史,知道贝多芬音乐的价值所在,知道贝多芬在音乐史上所起到的作用。但是这篇文章的写作有许多值得注意的地方,这是因为,作者并没有从一开始就直奔主题,就贝多芬与音乐和音乐史的关系来谈论,而是从贝多芬的人格特征说起,展示贝多芬在性格上的反抗特征,具体到音乐的创作之中,贝多芬也就几乎是顺理成章地要反抗传统,独辟蹊径,要走出一条音乐的新路子来。另外,作者注意将贝多芬和作为他前辈的一些伟大的音乐家比较,比如巴赫,比如海顿,比如莫扎特,尤其是后者,萧伯纳花了大量的篇幅去介绍莫扎特的性格,音乐特点,甚至用细节来描摹莫扎特的形象,凡此,作者的目的都是希望通过比较、对照和分析批评,将贝多芬的真正特立独行的一面,真正突破传统,为音乐注入新的内容的实际情况,条分缕析地告诉我们。

　　这篇文章举出了大量的例证,以说明贝多芬音乐创作的价值,同时作者在分析中也使用了各种音乐术语,这一方面使我们懂得贝多芬的真正的作用,一方面也使我们知道浮泛的谈论没有作用,做某一批评工作,那就必须对这一门艺术有实际的了解、认识,所以在写作的时候才可以左右逢源,才能够将谈论的对象讲清楚。这篇文章在这一方面可以给我们许多启示。

　　音乐的世界是充满想象的世界,音乐的批评也同样容易在充满想象的世界里徜徉,所以,我们看萧伯纳的文章,文字浓郁,意象突出,我们在阅读时往往受到作者优美文字的感染,心情也不禁激动起来。

【思考与练习】

一、在作者的笔下,贝多芬是什么样的一种性格? 作者对贝多芬这一性格的谈论使用了哪些文学手法? 作者为什么对贝多芬的性格做那么多的分析谈论?

二、文章在接近末尾时有这么一句话:"贝多芬的音乐是使你清醒的音乐;而当你想独自一人安静一会儿,那你就怕听他的音乐了。"请就这一句话谈谈贝多芬音乐的意义所在。

学文例话
（四）

小说的阅读与欣赏

　　小说是一种叙事性文学样式，它以人物、情节、环境三要素构成一个个形象化世界，反映丰富多彩的社会生活，表达深切感人的主题思想。小说在整体构思、情节安排、形象塑造、心灵刻画、环境描写等方面，大都体现出鲜明的艺术特色，凝结着创作者的审美匠心。结合具体作品，通过对主要艺术特点的分析，深入领悟作品的内在蕴涵和创作方法，是提高小说阅读与欣赏能力的主要途径。

一

　　短篇小说特别注重整体构思，而整体构思的要领，则是要视角独到、以小见大。生活本身复杂而多样，从不同的视角看它，就会有不同的色彩和感悟。写小说不能像生活本身一样全面铺开，只能选取一个"特定"的视角，而且应当有你自己所"独到"的感悟。"特定"就意味着集中，"独到"就意味着深入，集中而又深入者就能以小见大，就能以少胜多。

　　契诃夫的短篇小说，多是视角独到、以小见大的范例。小说《苦恼》的主题是揭示沙皇专制统治下人与人之间的冷漠无情，但他不写上流社会的尔虞我诈，而写底层小人物的孤苦无助，这就避开了常题熟调；写小人物的孤苦无助，不着眼他们的物质困境，而着眼他们的精神痛苦，这就有了独到视角；写精神痛苦，不是因由什么轰轰烈烈的大事，而只是因由一个马车夫儿子的正常死亡，这就必须能做到小中见大；痛苦的聚焦点并不在儿子的死亡本身，而在于他想向别人说说心中的苦恼，却没有一个人能听他说完一句话，这就是小说整体构思中一般人难以企及的深邃之处；非但上流社会的军官、公子哥儿们堵回他的话并肆意嘲讽，就连他的车夫同行也没一个肯听，这就强化了主题的深度；最后，他只能对着自己的小母马诉说，这结局不仅出人意料，而且借助人与马的对比（人还不如马有情！）更增强了主题的力度。总之，作者以独到的眼光，只拾取大千世界中一颗微不足道的沙粒，就能令人心灵震颤、感喟无边：在一个信奉上帝，鼓吹在上帝面前人人平等的社会里，竟连一个孤苦老人如此微薄的心愿也无法实现，其整个社会的腐恶程度还用说吗？真是窥斑知豹，一针见血！

　　有些时空跨度很大的题材和主题，本不是短篇小说所能驾驭，但若巧立线索、侧面进攻,也能收到以小见大、耐人深思的效果。李国文的《卖书记》,反映建国以来直至文革时期的极左思潮,确有"老虎吃天无从下口"之难。但作者巧设着眼点,只写了他三次卖书的原因和心情:第一次是 50 年代,"只为割一条小资产阶级的尾巴",就把一些有价值的书卖掉,当时的心情是怀疑、惋惜、遗憾;第二次是 60 年代,经济困难时期,为了"辘辘饥肠"、"救命要紧",不得已卖掉了一些整套的很有价值的杂志,当时的心情是痛惜而无奈,"说不出是什么滋味";第三次是 70 年代,文革期间,为了"保全性命",做了一件"生死攸关的头等大事",把家中的大部分书都卖了,当时的心情是"焚书坑儒",即使是"亲生骨肉"也得卖。比起当年一个接一个的轰轰烈烈政治运动来,三次卖书确实微如尘屑,但透过它,我们却可以想见极左思潮二十多年的发展历程,照见当时人们的生存处境和心理状态,感受到"以阶级斗争为纲"的重压,意识到文化精神专制比物质匮乏更可怕。"旁敲侧击",不都是邪门左道,只要发人深思,就更能体现短篇小说的整体构思艺术。

一个成功的短篇,往往有一个关键环节,只有这个关键环节突然在头脑中接通了,形成了,整体构思才能豁然开朗,然后振笔直遂,一挥而就。《苦恼》的关键环节是"苦恼无处诉,只能对马说",只要想到这一步,然后在"无处诉"上下功夫就可以了。鲁迅先生的《药》,着意于群众愚昧、烈士的血白流,构思长久不成;但灵光一闪,突然想到用蘸着烈士鲜血的馒头来为儿子治病这个环节时,本来乌云密布的思路,一下子就变成朗朗乾坤了。读《最后一片绿叶》,一直为那片摇摇欲坠的秋叶担心,因为它牵系着一个善良少女的生命,但它直到少女病愈也没有掉下来,原来那是老画家为挽救少女的性命,突发奇想所画的一片假绿叶。如此绝妙的构思一出,谁都会拍案叫绝,小说还能不成功吗?《蟊竹山房》读到一大半,还是觉得平平,但最后那窗外的"鬼脸"一闪,却令人惊魂陡起,掩卷长思,久久不能止息。这样的结尾,确有推倒扶起、力挽狂澜的魅力。当然,像这类可以一锤定乾坤的关键情节,决非凭空而来,一蹴而就,须是经过长期积累而后方能偶然得之的。

二

整体的构思之中,还有个故事如何叙述的问题。情节发展自有其必然规律,过于人为扭曲,伤筋动骨,恐难免落下"不合情理"的诟病。但在情节如何安排上,却还大有文章可做:或制造悬念,或意外巧合,或藏头露尾,或众星拱月,或绝处逢生,或陈仓暗度,如此等等,只要能增强吸引力、动情力、表现力,均可对原有情节做出新的调整和安排。

《麦琪的礼物》是制造悬念、意外巧合的范例。德拉和杰姆是一对穷得叮当响的小夫妻,到了圣诞节,却非要不失代价地为对方买一件最心爱的礼物。于是,女的卖掉连最漂亮的希巴女皇也嫉妒的秀发,为男的买了一条白金表链,而男的则卖掉连最富有的所罗门王也嫉妒的金表,为女的买了一套镶着珠宝的玳瑁发梳。结果当然是两人都失掉了最心爱的东西,而得到的礼物也都失去了效用。这虽然过于巧合,却有三点很值得称道:一是作者只描述德拉卖秀发买表链的过程,而对杰姆卖金表买发梳的经过却只字不提,这样一实写一虚掩,就不仅避免了行文的重复拖沓,而且制造了一个大悬念,玉成了最后那出人意料的巧合;二是当巧合呈现,两者都落空时,作者没有让他们痛苦、懊丧、抱怨,而是让他们俩抱得更紧,爱得更深了,这是因为他们都由此更看到了对方对自己挚爱的深度;三是结局的"含泪微笑"情景,意味浓郁,比单是悲剧或单是喜剧更动人,而且也更贴合下层小人物既穷且爱、达观度日、诙谐人生的生存情趣。

《婴宁》则深得云掩神龙、暗度陈仓的精妙。先从情节发展上看。王子服上元节偶遇"捻花"美女，舅氏子吴生诳言那是三十里外山中"姨妹"，王子服入山寻访时诳言竟变成现实，在连亲戚名姓也说不出的情况下鬼母却仍将他留住家中，并一步步促成了他与婴宁的爱恋、同归、婚姻……这一切，表面上看都是偶然巧合，但实际上却全是鬼母的有意安排。婴宁是狐母临终托鬼母抚养的，年已十六，该出嫁了，于是鬼母为她选定了王子服，并煞费苦心地安排了邂逅、诳言、病痴、奇遇、爱恋等一系列情节，让他们终成眷属。直到王子服把婴宁领走，鬼母"倚门北望"，才算是最终完成了"托养"的义务。所以整体看来，小说虽落笔于王子服遇美女、寻美女、娶美女的经过，但内里却是一个鬼母养狐女、教狐女、嫁狐女的过程。鬼母是鬼，她无所不能，这才是小说情节发展的真正机杼所在。对这种云掩神龙的结构安排，作者只字不露，全让读者思而得之，那就更觉得味道十足、情趣横生了。如果换一个叙述角度，不是顺着王子服的行踪去看，而是以鬼母、婴宁的生平为线索，直接正面道来，那就必定会大大逊色了。

再从主题揭示上看。作者一面让鬼母躲在幕后做导演，用鬼蜮伎俩推动情节向前发展，一面却又让鬼母走上台前做演员，不断教诲婴宁不要痴笑，而要做一个"全人"。为什么要这样处理呢？因为这也是鬼母的有意作为：要把婴宁从深山幽谷嫁到人间，就必须把她的狐性鬼气改造成人性人气，使她从"自然人"变成一个"社会人"；否则，她今后的命运就令人堪忧。事实上，婴宁的心性也确实有一个从"无时不笑"到"矢不复笑"，再到"笑须有时"的不断转化过程。这转化虽然意味着婴宁自然天性的失落和对社会礼法的顺应，但却是社会人生的必然，即使可悲可叹也无可奈何。如果说这里有一种"隐于笑"的悲剧意味，那就是因为婴宁性格的转化，呈现出人类永远也无法解脱的个体性与群体性、自然性与社会性相矛盾的困境。小说的深刻内涵和普遍意义也许就在这里。不能说作者尚未意识到这一主题，因为鬼母从幕后跳到台前，反反复复对婴宁进行做人的教诲，都是作者要这样处理的。婴宁结婚后，作者又主要为她安排了两个情节：一个是惩罚西邻子，结果差点引发人命诉讼，因此而受到婆母的斥责，这实际上是告诉人们：婴宁的"矢不复笑"是被社会礼法逼迫出来的；一个是哭诉"老母岑寂山阿，无人怜而后厝之，九泉辄为悼恨"，其实这悲剧原本就是社会礼法造成的，作者写婴宁为此而痛苦，可以看作是对社会礼法的抗争。显然，小说写鬼母对婴宁的反复教诲以及后半篇的情节安排，都是为了凸现人类悲剧困境这一主题，只不过作者让它"隐于笑"中，从而也就显得更含蓄多藏、更耐人寻味罢了。

林海音的《金鲤鱼的百裥裙》，在叙述方式上有两大特点：一是侧面着笔，一是倒叙方式。小说展现的是一个"丫头收房的姨奶奶"的悲剧一生，意在揭示封建等级观念对人生的摧残。但作者却侧面着笔，以一件百裥裙为叙述线索：开头特写百裥裙的美丽，继而以"谜语"增加悬念，接着写百裥裙成为金鲤鱼的"笑柄"，一直到金鲤鱼死时也没能穿过一次，结尾时又点明它还没有"完工"的"真相"。如此娓娓道来，作者似乎是"重物轻人"，把笔墨都泼到一件微不足道的裙裤上。但仔细一想，这百裥裙的命运，不正是金鲤鱼一生遭遇的写照吗？金鲤鱼为主人立了大功，生了主人家唯一一个传宗接代的"大少爷"，但一生竟连穿一次大红百裥裙的机会都没有得到，最终只能含恨而死，可见封建等级制度和等级观念，已经深微地渗透到日常生活的各个领域，致使穿什么衣服也成为一个人社会名分和政治权力的标志。同时作者又采取了倒叙手法，开头让金鲤鱼的孙女在箱子底下发现了这件百裥裙，并极力描绘它的绣花之美，这不仅引起了孙女的追根问底，也吊起了读者的胃口。结尾处则呼应这个开头,让孙女想穿着这件百裥裙上学校去,但打开一看,却发现它带子还没有钉上。这个"尚未完工"的收结,令人哀叹不已,有能令人重新回味金鲤鱼一生的魅力。林海音的小说,构思别具匠心,叙事委婉含蕴,常于细微处见精神,于此可见一斑。

三

小说离不开写人物,有的注重人物性格,有的注重人物命运;但最重要的,一是人物要有个性,二是笔触要深入到人物的灵魂深处。

有个性,形象就鲜明生动;没有个性,人物往往会消解于一般之中。《婴宁》最生动的地方,就是婴宁的笑:"笑容可掬"、"含笑拈花而入"、"嗤嗤笑不已"、"笑不可遏"、"复笑不可仰视"、"浓笑不顾"、"微笑而止"、"笑处嫣然"、"一笑即解"……笑是婴宁个性特征的集中体现。无时无地地笑,无忧无虑地笑,当笑时笑,不当笑时也笑,可见笑是她的自然本性。鬼母说她"痴"、"憨"、"如婴儿"、"没心肝",实质上那是一颗丝毫未经世俗污染的单纯、真诚、质朴的天籁童心。正因为有了这一鲜明的个性,所以"满室妇女,为之粲然",处处招人开心、喜欢,作者为之倾尽笔墨,读者也无不为之开怀舒心。

突出个性特征,并非只为了形象生动,更是为了深化作品思想内涵。首先,婴宁如山花野草般言笑由心、率性烂漫的情性,是生命的欢歌,自由的乐章,象征着人生无忧无虑、一任天真的自然状态;她真情的自流,憨态的自放,象征着人际无欺无诈、一片天籁的理想关系。这虽不免"宛在水中央"的虚幻,但却是一朵人人喜爱、向往的圣洁之花。人类社会走到今天这一步,如此美妙的圣洁之花恐怕再也难觅其踪了。特别是小说又展现出婴宁这一天性的转化乃至失落,显示出人类社会似乎永远也无法解决的两难困境,就更加发人深思。为个性而个性当然不好,但个性与共性是水乳交融、相生相长的。成功的人物形象都是在鲜明的个性中见出深度,而且往往是个性愈鲜明,共性也就愈深刻;婴宁的笑声愈动人,她的"矢不复笑"不就愈加可悲吗?

写人要写心。不平常的心理,必定有不平常的意义,抓住它,小说就成功了一大半。《婴宁》是张扬并祭悼那人类已经无可奈何地丧失掉的最纯真天性;《断魂枪》是围绕着末路英雄那"不传、不传"的孤傲冷寂的心态展开;《箓竹山房》是把两个因长期无爱而压抑得畸变了的心理画成"鬼脸";《金鲤鱼的百裥裙》是把一个小妾"穿一次大红百裥裙"的梦想砸碎给你看;《苦恼》则是把一个孤苦无依的老车夫说说心中苦恼的微薄要求也给残忍地封杀了。聚焦特定环境中人们灵魂深处的动荡和呼喊,无疑是这些小说深邃动人的关键。

灵魂揭示并非都要有惊心动魄的情节,只要抓住典型细节,往往更能一针见血,入木三分。《卖书记》主要是述说"我"卖书的心情,但顺手捎带,寥寥几笔就活画出几个人物的精神面貌:那位"穿着列宁服神色严肃的女小组长","虽然憎恶《拟情书》,但她能使两个老同志为她犯了男女关系的错误",这是一幅关于"左"的口头革命派的漫画;那位"作家混子","压根儿也不会写作品",却"一面假惺惺地如何如何对我表示知己,一面到处搜集材料,欲置我于死地",这是给"靠吃蘸人血馒头发迹"者的留影;那位"戴着革命造反派红袖箍"的废品站老太太,不收购《契诃夫文集》,还义正词严地说:"别当我不明白,俄国就是苏联,老修的东西不收!"这就是根本不知革命为何事的"革命者"的尊容。看来这都是信手拈来,但却是慧眼识珠,以一目尽传精神。

小说中一切肖像、语言、行为描写，都应当是"以外显内"的心理刻画，叙事者若能处处依据着人物的心理活动来描述他的言行，那就会形神兼备，生动而又空灵了。《麦琪的礼物》中，就有一段相当精到的间接心理描写：德拉想送给丈夫一个最好的礼物，但苦于没有钱，一筹莫展。突然想到可以卖掉自己最心爱最动人的长发，于是内心经历了一个由兴奋到惊骇、到留恋、到欣赏、到痛苦、到惊醒、到坚定、到果敢的急遽变化过程。但对这一过程的描述，竟无一个情字点拨，全是通过细腻而精确的外在表情、神态、举止、行为描画来显现的，确是生动贴切、逼真传神的"以外显内"妙笔。初学写作的人往往专注于情节，而忘记了情节是由性格推动的，忘记了表情举止是心灵的视窗，这恐怕是许多小说中人物形象内心世界模糊不清的一个重要原因。

特定的环境，会造成特定的心态，而独特的心态，必定会有独特的言行。因此，抓住独特言行来彰显独特心态，是人物描写成功的一个有效途径。《苦恼》中有一段描写很耐人寻味：首先，当姚纳说"我的儿子死了"时，公子哥儿们立即打断他说："大家都要死的……"这无情的回答，说明当时人与人之间的冷漠已根本无法沟通。接着，当姚纳挨了"脖儿拐"时，作者写道："姚纳，与其说是觉得，不如说是听见脖子后面啪的一响。"是"听见"而不是"觉得"，这说明姚纳的内心已痛苦到了极点，肉体和精神均已麻木得没有感觉了。最后，姚纳挨了打还"嘻嘻"地笑着，并"求上帝保佑"打他的人。这说明姚纳的精神痛苦实在找不到宣泄的机会，故而当有人骂他打他时，反而会感觉舒畅些。姚纳的这种异常心态，无疑更见出他内心痛苦的深度、社会人情冷漠的残酷和作者刻画人物心灵的精到。

四

时代氛围、社会环境、人物活动场景，是事件发生、发展和人物性格形成、转化的依据。因此，环境描写是为性格刻画和主题表达服务的，而透过环境看人物、看主题，也才能准确而深入地透视到它们的真谛。

面对老舍的《断魂枪》，不能脱离作品开头的大段时代背景描写来解读人物性格和主题思想。沙子龙内心复杂压抑、深藏不露，性格老练深沉、冷漠孤傲，是一位身怀绝技的国术大师；王三胜内心自私自利、粗浅鄙俗，性格张狂外露、争强好胜，是旧江湖艺人劣根性的投影；孙老者内心嗜艺如命、孜孜以求，性格豪爽乐观、积极进取，是旧江湖艺人优良品格的折射。就个性来说，这些概括都没有错；但若将他们放在"祖先与祖先所信的神明全不灵了"，"今天是火车、快枪、通商与恐怖"的时代来看，却未免肤浅。沙子龙将"镖局改了客栈"，似乎是对时局有所认识，想亲手埋葬自己昔日的辉煌；但他夜夜关起门来熟习五虎断魂枪绝技，却又是在内心深处十分留恋往日驰骋江湖的威风和英明；而且当"这套枪不会再替他增光显胜"之时，他还以坚决"不传"神枪绝技来与时代潮流抗争。这说明他还认识不到自己今后的生存位置，找不到传统文化与现代社会的连接线，在"东方的大梦没法子不醒"的时代，他只是微微睁开了眼，但还没有真正的清醒。至于王三胜、小顺子们，包括那个嗜艺如命、在武艺上积极进取的孙老者，则更是对时代变迁根本没有感觉，更不可能意识到当时民族文化的可悲境遇，因而还是一味地死抱着祖宗的绝技当饭吃、求上进，这就无疑是作者对民族传统文化中保守痼疾的嘲讽。当然不能说作者老舍当时已对传统国术完全绝望，也不能说他已经找到中国传统文化的出路，但他在小说一开头就极力渲染时代的巨变，把国术及其大师们放在时代的大潮中来拷问，却显然是在向国人疾呼：病态的国民心理必须改变,中国到了必须彻底变革的时候了!鲁迅暴露民众落后心态的目的是"揭出病苦,以引起疗救的注意",这句话正好可以拿来诠释老舍写《断魂枪》的真正用意。

在《婴宁》中,环境描写则与人物性格呈现出多层次的水乳交融。从整体构思上看,婴宁的父亲是人,生母是狐,养母是鬼,这一多重出身,打破了人与物、现实生活与幽冥世界的分野,从而为婴宁的性格发展和命运演进,展开了一个出真入幻、出幻入真、无所不可、无所不能的自由时空。从人物性格的发生发展上看,婴宁在褪褓中被鬼母携入深山,在"乱山合沓,空翠爽肌,寂无人行,止有鸟道"的谷底长成,从而形成了婴宁如山花野草、烂漫天真、言笑由心、率性自由的性情,这是性格的自然天成;当她要嫁人和已经嫁人时,就有了鬼母的反复教诲和几遭命案诉讼的教训,这是社会环境的需要,体现出婴宁性格转化的必然性。从作者对婴宁的描绘看,最突出的特色是处处让花儿与婴宁相伴:"丛花乱树"的谷底,"桃杏尤繁"的小村,"红花夹道"的石径,"花架满庭"的院落,"枝朵探窗"的居室,写环境就是侧面描写婴宁的自然天性;或"拈梅花一枝",或"执杏花一朵",处处让人面与鲜花相映红,写花枝就是让人联想到婴宁的窈窕资质和绝世美容;花是笑的隐喻,写百花的争夺斗妍,就是形容婴宁之笑的千姿百媚,就是彩绘婴宁"无时不笑"、"笑处嫣然"的鲜明个性;花是自然的、纯洁的、优美的、悦人的,写花就是喻意婴宁心性的纯真和性格的美善。在一个短篇小说中,能把花写得这么多姿多彩,能把人的笑写得这么丰赡动人,能把花与笑、花与人这么贴切地交融在一起,并赋予它们这么浓郁的隐喻象征意味,恐怕是前不见古人、后难有来者的。花与笑的交织,是《婴宁》的一道最亮丽风景线。

《菉竹山房》的多半笔墨,都花在人物活动的具体环境上。表面看来,这些环境描写似乎与主题关系不大,但仔细体悟就会发现,它们都是从各个不同的角度,通过不同的手法,来共同烘托小说最后那一张惊人的"鬼脸"。写菉竹山房外的风景清静幽美:"回环合抱的山峦","葱翠古老的槐柳","溪中黯赭色的大石","哗哗的水激石块声","乱喷白色水沫的河面","疏疏落落"的"白垩瓦屋"……可谁能想到,在这幽美的环境包围中,却掩藏着两颗因无爱而扭曲了的心灵。这是以美景来反衬丑恶,使丑恶更丑、更恶。写菉竹山房内的陈设古色古香:"东墙上挂着四幅大锦屏,上面绣着《菉竹山房唱和诗》,边沿上密密齐齐地绣着各色的小蝴蝶,一眼看上去就觉得很灿烂。西墙上挂着一幅彩色的《钟馗捉鬼图》,两边有洪北江的《梅雪松风清几榻,天光云影护琴书》的对子。"可谁能知道,正是这精美雅致的"古色古香"文化,窒息了多少洋溢着爱的生命和天性?这是以冷峻的讽刺笔法,在强烈对比中,揭示封建礼教以"高雅"吃人的虚伪本质。写菉竹山房"屋子高大,阴森",苔尘"黯绿","霉气"扑鼻,"满屋凄幽","如一大座古墓";说"大雨复作","豆油檠摇晃不定",念经声如同"秋坟鬼唱","雨声虫声风弄竹声合奏起一支凄戾的交响曲",周遭都是鬼影鬼趣鬼气。可谁都能感觉到,只有把人变成鬼的地方,才能有这地狱般的阴森恐怖。这是通过"鬼气"的渲染,来为"鬼脸"的出现张本。《菉竹山房》的环境描写,像几条缓缓流动着的溪水,或清凛,或污浊,或低吟,或哭诉,须细细咀嚼,慢慢品味;突然,它们汇合起来,一齐撞向古老而坚硬的山崖,轰然一声巨响,溅起四射水花,令人瞠目结舌,半晌才回过神来。阅读《菉竹山房》时,你是否获得了这样的审美享受?

附　录

常用文言虚词例释

文言虚词一般没有实在意义,或是所表示的对象是不确定的,它们在文言文里主要用来表示词和词、句和句之间的关系,或是表示某种语气、情态。一个文言虚词常常可以代表不止一类的词,例如"以"可以作介词,意思大致相当于"用"、"凭借",也可以作连词,连接两个词或两个分句;"乎"主要用作表示疑问的句尾语气词,如:"冯公有亲乎?"也可以用作介词,用法与"于"相似。此外,就是同一词性的虚词,也常常具有多种用法。例如"于"的基本词性是介词,而在用法上可以表示处所、时间、范围,也可以引进比较的对象,或在被动句里引进动作行为的发出者。在阅读文言文时,需要准确判断每一个虚词究竟代表的是什么词,每一个虚词具体是什么用法。下面介绍文言文里几个常见虚词的用法。

一、之

"之"本来是动词,意思是"到……去",如《齐桓晋文之事》:"牛何之?"但是在文言文里,"之"主要用作虚词,用法如下:

(一) 用作第三人称代词,充当动词或介词的宾语,可译为"他、她、它(们)"。

"之"充当动词宾语的例子如:

(1) 得卫巫,使监谤者。以告,则杀之。(《召公谏厉王弭谤》)——"之"指代"谤者",可译为"他"。

(2) 亦见其自比于逆乱,设淫辞而助之攻也。(《张中丞传后叙》)——"之"指代"逆乱",可译为"他们"。

(3) 生俟其笑歇,乃出袖中花示之。女接之。(《婴宁》)——前"之"指代"女(婴宁)","示之"即"给她看";后"之"指代"花"。

(4) 是故为川者决之使导。(《召公谏厉王弭谤》)——"之"指代"川",可译为"它"。

有时在对话或书信的场合下,"之"可以对应地译为第一、第二人称。如:

(5) (晋鄙)曰:"今吾拥十万之众,屯于境上,国之重任。今单车来代之,何如哉?"《魏公子列传》)——加着重号"之"为晋鄙自称,"代之"即"代替我(说话人晋鄙)"。

(6) 朱亥笑曰:"臣乃市井鼓刀屠者,而公子亲数存之。"(《魏公子列传》)——"存之",即"慰问我(说话人朱亥)"。

(7) 太尉苟以为可教而辱教之,又幸矣。(《上枢密韩太尉书》)——"之"代表说话人自己,"辱教之"即"屈尊教诲我"。以上三例"之"都相当于第一人称代词。

"之"充当介词宾语的例子如:

（8）人固有一死，死有重于泰山，或轻于鸿毛，用之所趋异也。（《报任安书》）——"用之"即"以之"，因为死的趋向不一样。

"之"在充当介词宾语时经常省略不出现，但是从句意看，这个"之"是存在的，需要在阅读或今译时补上，否则句子读不通。如：

（9）孝公用商鞅之法，移风易俗，民以殷盛，国以富强，百姓乐用，诸侯亲服。（《谏逐客书》）——"民以殷盛，国以富强"，等于说"民以（之）殷盛，国以（之）富强"，"以之"即"因为这个"，"之"指代孝公的做法。

（10）五亩之宅，树之以桑，五十者可以衣帛矣。（《齐桓晋文之事》）——"可以衣帛"即"可以（之）衣帛"，可以凭着这个做法（种桑养蚕）穿上帛衣。

（二）用作指示代词，充当宾语或定语，可译为"这个"、"这样（的）"。

充当宾语的例子如：

（1）臣闻之胡龁曰：王坐于堂上，有牵牛而过堂下者。（《齐桓晋文之事》）——"之"指代梁惠王衅钟以羊易牛的事，可译为"这事"。

（2）"……曰：'何可废也？以羊易之。'——不识有诸？"曰："有之。"（《齐桓晋文之事》）——后"之"指代"以羊易之"的事，"有之"即"有这个事"。

（3）夫子言之，于我心有戚戚焉。（《齐桓晋文之事》）——"之"，指代孟子说的"这个（道理）"。

（三）用在定语和名词中心语之间，相当于"的"。

（1）防民之口，甚于防川。（《召公谏厉王弭谤》）

（2）吾长见笑于大方之家。（《秋水》）

（3）昨日之客来。（《报刘一丈书》）

（4）何苦守尺寸之地，食其所爱之肉？（《张中丞传后叙》）

（四）用在主语和谓语之间，使主谓结构不能独立成句，而充当复句的分句。本教材的用例主要表示时间，可译为"……的时候"。

（1）大道之行也，天下为公。（《大同》）——"大道之行也"，至高无上的大道得以实行的时候。

（2）南霁云之乞救于贺兰也，贺兰嫉巡、远之声威功绩出己上，不肯出师救。（《张中丞传后叙》）——"南霁云之乞救于贺兰也"，南霁云向贺兰求救的时候。

（五）用在主语和谓语之间，使主谓结构转为名词性偏正词组，充当单句的主语或宾语。如：

（1）计中国之在海内，不似稊米之在大仓乎？（《秋水》）

（2）臣闻求木之长者，必固其根本；欲流之远者，必浚其泉源。（《谏太宗十思疏》）

二、其

"其"在文言文里的用法主要是充当代词、语气词和副词。在本教材里主要有以下用法：

（一）充当第三人称代词，作定语，可译为"他、她、它（们）的"。

（1）公子为人仁而下士，士无贤不肖皆谦而礼交之，不敢以其富贵骄士。（《魏公子列传》）——"其"指代公子，他的。

（2）臣窃矫君命，以责赐诸民，因烧其券，民称万岁，乃臣所以为君市义也。（《冯谖客孟尝君》）——"其"指代百姓，他们的。

（3）位本在巡上。授之柄而处其下，无所疑忌。（《张中丞传后叙》）——"处其下"即位居许巡之下。

（4）引绳而绝之，其绝必有处。（《张中丞传后叙》）——"其绝"即绳子的断绝。"其"，它的。

有时在对话或书信的场合下，"其"也可以对应地译为第一、第二人称。如：

（5）仆窃不自料其卑贱，见主上惨凄怛悼，诚欲效其款款之愚。（《报任安书》）——两个"其"都是司马迁自称，可对应译为第一人称"我（的）"。

（二）充当指示代词，作定语，可译为"那"。

（1）源不深而望流之远，根不固而求木之长，德不厚而思国之理，臣虽下愚，知其不可。（《谏太宗十思疏》）——"知其不可"即"知道那是不可能的"。

（2）苏子愀然，正襟危坐而问客曰："何为其然也？"（《赤壁赋》）——"何为其然"，为什么箫声是那样的。

（三）充当语气词，表示推测语气或反问语气。

表示推测语气的如：

（1）千金，重币也；百乘，显使也。齐其闻之矣。（《冯谖客孟尝君》）——"齐其闻之矣"，齐国大概听到这个消息了。

表示反问语气的如：

（2）任人而已，其在多乎？（《吊古战场文》）——"其在多乎"，难道在于人数多吗？

（四）"其"充当时间副词，可译为"将"。

（1）公问："周其弊乎？"（《史伯对桓公问》）——周的政事将要败坏了吧？

（2）必有凶年，人其流离。（《吊古战场文》）——人将流离失所。

三、以

"以"在文言文里主要充当介词和连词。

（一）充当介词，表示动作行为的对象或凭借的工具、方法、原因、条件、时间等。

（1）又以刃刺酒翁，坏酿器，酒流沟中。（《段太尉逸事状》）——"以"表示工具，可译为"用"、"拿"。

（2）说者又谓远与巡分城而守，城之陷，自远所分始，以此诟远。（《张中丞传后叙》）——"以此"即"因为这个原因"。

（3）以小易大，彼恶知之？（《齐桓晋文之事》）——"以"介绍行为的对象，用小的换下大的。

（4）仆以口语遇遭此祸，重为乡党戮笑。（《报任安书》）——"以"介绍原因，"以口语"即因为说话（不当）。

（5）守一城，捍天下，以千百就尽之卒，战百万日滋之师。（《张中丞传后叙》）——"以"由凭借引申为率领的意思，率领千百个丧亡殆尽的士兵。

介词"以"组成的介宾结构有时出现在被修饰的动词后面。如：

(6) 择臣取谏工而讲以多物,务和同也。(《史伯对桓公问》)——"讲以多物"即"以多物讲",拿诸多事物考察。

(7) 左右以君贱之也,食以草具。(《冯谖客孟尝君》)——"食以草具",即"以草具食(之)",给(他)吃粗劣的食物。

有时"以"的介词宾语会被省略,在翻译成现代文时,要根据现代汉语的习惯,把省略的内容补译出来。如：

(8) 云笑曰:"欲将以有为也!"(《张中丞传后叙》)——"将以有为",即"将利用(隐忍苟活的机会)有所作为"。

(9) 左右皆笑之,以告。(《冯谖客孟尝君》)——"以告"即把(冯谖弹铗歌唱的情况)报告孟尝君。

(二)"以"的常用结构"无以"、"所以"、"是以"、"可以"

1."无以"意思是"没有什么可以用来……",如：

(1) 长铗归来乎,无以为家。(《冯谖客孟尝君》)——"无以为家"即"没有什么可用来养家"。

(2) 农且饥死,无以偿,即告太尉。(《段太尉逸事状》)——"无以偿"即"没有什么可用来偿还田租"。

2."所以"大致有两个用法,一是表示动作行为凭借的工具、方法、手段,相当于"以此来……";二是表示动作行为的原因。下面分别举例。

(1) 行善而备败,其所以阜财用衣食者也。(《召公谏厉王弭谤》)——"所以"表示方法,即用这个做法来增加财用衣食。

(2) 吾归破贼,必灭贺兰! 此矢所以志也。(《张中丞传后叙》)——"所以"表示方法,即用这矢来标志灭贺兰的决心。

(3) 臣窃矫君命,以责赐诸民,因烧其券,民称万岁,乃臣所以为君市义也。(《冯谖客孟尝君》)——"所以为君市义",即为您买义的方法。

以上都是"所以"表示方法的例子。下面是表示原因的用例：

(4) 古人所以重施刑于大夫者,殆为此也。(《报任安书》)——"所以"表示原因,古人看重对大夫施加刑法的原因。

(5) 所以隐忍苟活,函粪土之中而不辞者,恨私心有所不尽,鄙陋没世,而文采不表于后世也。(《报任安书》)——"所以"表示原因,指含忍屈辱苟且活着,处在污秽的环境下也不拒绝的原因。

(6) 此心之所以合于王者,何也?(《齐桓晋文之事》)——"所以合于王",适合称王天下的原因。

(7) 古之人所以大过人者,无他焉,善推其所为而已矣。(《齐桓晋文之事》)——"所以大过人者",远远超过别人的原因。

3."是以"是代词"是"和介词"以"组成的介宾词组,相当于"因此"。如：

(1) 是以君子远庖厨也。(《齐桓晋文之事》)

(2) 是以地无四方,民无异国,四时充美,鬼神降福。(《谏逐客书》)

4."可以"是助动词"可"(可以)和介词"以"的连用,相当于"可以凭……来"。如：

（1）五亩之宅，树之以桑，五十者可以衣帛矣。（《齐桓晋文之事》）——"可以衣帛"，即"可以凭着（种桑养蚕）穿上帛衣了"。

（2）鸡豚狗彘之畜，无失其时，七十者可以食肉矣。（《齐桓晋文之事》）——"可以食肉"，即可以凭着（善养家畜）吃到肉了。

5."以……为……"是介词"以"和动词"为"的连用，可译为"把……作为……"。

（1）于是梁王虚上位，以故相为上将军。（《冯谖客孟尝君》）——"以故相为上将军"，即"把原先的宰相任命为上将军"。

（2）王无异于百姓之以王为爱也。（《齐桓晋文之事》）——"以王为爱"，即"把大王的做法当作吝啬"。

（3）寡人不敢以先王之臣为臣。（《冯谖客孟尝君》）——"以先王之臣为臣"，把已故君王的老臣作为自己的臣子。

（三）"以"作连词，

1. 连接两个动词，表示动作的并列或一前一后。一前一后的动作有时有因果关系或目的关系。如：

（1）故王之不王，非挟太山以超北海之类也。（《齐桓晋文之事》）——"以"连接"挟太山"、"超北海"两个并列的行为。

（2）今不忍人无寇暴死，以乱天子边事。（《段太尉逸事状》）——"以"连接的前后行为有因果关系，可译为"以至于"。

（3）太尉以才略冠天下，天下之所恃以无忧，四夷之所惮以不敢发。（《上枢密韩太尉书》）——后两个"以"连接因果关系，可译为"因此"。

以下用例，"以"连接的动作行为后者是前者的目的，可译为"（以此）来……"。

（4）无高山大野，可登览以自广。（《上枢密韩太尉书》）——"以自广"，来拓宽开阔自己的视野。

（5）故为之文以志。（《始得西山宴游记》）——"以志"，（把游览经历写成文章）来予以记载。

（6）务壹心营职，以求亲媚于主上。（《报任安书》）——"以求亲媚于主上"，来求得和主上亲近。

（7）常思奋不顾身以徇国家之急。（《报任安书》）——"以徇国家之急"，来为国家的紧急事务献身。

（8）退论书策以舒其愤，思垂空文以自见。（《报任安书》）——"以舒其愤"，来抒发内心的郁闷；"以自见"，来显示自己的才华。

（9）和五味以调口，刚四支以卫体，和六律以聪耳，正七体以役心。（《史伯对桓公问》）——四个短句中的"以"都是连接动作和目的。

2."以"连接的前后两项中，前者有形容修饰后者的意味。如：

（1）醉则更相枕以卧。（《始得西山宴游记》）——"相枕"是"卧"的方式。

（2）愿夫子辅吾志，明以教我。（《齐桓晋文之事》）——"明以教我"，明明白白地指教我。

四、于

"于"在文言文里只作介词,主要有以下用法。

(一) 引进动作行为的处所、时间、范围,或表示"对于"。如:

(1) 籍大历中于和州乌江县见嵩。(《张中丞传后叙》)——"于"引进处所,相当于"在"。

(2) 今恩足以及禽兽,而功不至于百姓者,独何与?(《齐桓晋文之事》)——"至于百姓",即(恩惠)施加到百姓。

(3) 夫民虑之于心而宣之于口,成而行之。(《召公谏厉王弭谤》)——"虑之于心而宣之于口",即"在心里思考,从口里表达出来"。

(4) 辙之来也,于山见终南、嵩、华之高,于水见黄河之大且深。(《上枢密韩太尉书》)——"于"表示一定范围,即"在……里面","在……范围"。

(5) 然后知吾向之未始游,游于是乎始。(《始得西山宴游记》)——"于"引进时间,"于是"即"从这时候"。

(6) 口之宣言也,善败于是乎兴。(《召公谏厉王弭谤》)——"于"表示行为的出发点,"于是"即"从这里"。

(二) 引进比较的对象,可译为"比……更"。如:

(1) 防民之口,甚于防川。(《召公谏厉王弭谤》)——"甚于防川",比堵塞河流造成的祸害更厉害。

(2) 天下之水,莫大于海。(《秋水》)——"莫大于海",没有哪个比大海更广大的。

(3) 故祸莫惨于欲利,悲莫痛于伤心。(《报任安书》)——"惨于欲利",比贪欲利益更悲惨;"痛于伤心",比使内心受伤害更厉害。

(4) 人固有一死,死有重于泰山,或轻于鸿毛,用之所趋异也。(《报任安书》)——"重于泰山",看得比泰山还重;"轻于鸿毛",看得比鸿毛还轻。

(三) 在被动句里引进动作行为的主动者。如:

(1) 吾长见笑于大方之家。(《秋水》)——即"被大方之家取笑"。

(2) 此非孟德之困于周郎者乎?(《赤壁赋》)——即"被周郎所围困"。

五、而

"而"在文言文里主要作连词,在本教材里主要有以下用法。

(一) "而"连接两个形容词或动词,表示并列、递进等关系,或表示两个动作有时间上的先后。

(1) 行善而备败,其所以阜财用衣食者也。(《召公谏厉王弭谤》)——"而"连接有并列关系的两个动词,可译为"并且"。

(2) 简能而任之,择善而从之。(《谏太宗十思疏》)——"而"连接的两个动词有一先一后关系。意思是挑选能人然后任用他们,选择善才然后听从他们。

(3) 觉而起,起而归。(《始得西山宴游记》)——"而"连接的两个动词有一先一后关系。意思是:睡醒后就起身,起身后就回家。

一先一后的两个动作有时有前因后果的关系。如:

(4)太尉苟以为可教而辱教之,又幸矣。(《上枢密韩太尉书》)——"而"连接"以为可教"和"辱教之",意思是:如果认为我可以教导因此教导我。

(二)"而"连接的前后两项在意思上有转折,可译为"但是"、"反而"。如:

(1)今王弃高明昭显,而好谗慝暗昧。(《史伯对桓公问》)

(2)源不深而望流之远,根不固而求木之长,德不厚而思国之理,臣虽下愚,知其不可。(《谏太宗十思疏》)

(3)悠悠乎与颢气俱,而莫得其涯;洋洋乎与造物者游,而不知其所穷。(《始得西山宴游记》)

(4)无恒产而有恒心者,惟士为能。(《齐桓晋文之事》)

(三)"而"连接状语和所修饰的动词。

(1)东面而视,不见水端。(《秋水》)——"东面"是"视"的状语,即"脸朝东面看"。

(2)其隙也,则施施而行,漫漫而游。(《始得西山宴游记》)——"施施"、"漫漫"都是形容走路游览随心所欲、自由自在的样子。

(3)长驱到齐,晨而求见。(《冯谖客孟尝君》)——"晨"是"求见"的时间。

(4)攀缘而登,箕踞而遨。(《始得西山宴游记》)——"攀缘"是"登"的方式,"箕踞"形容遨游的无拘无束。

六、乎

"乎"在文言文里最常见的用法是充当语气词,有时也充当介词和形容词尾。

(一)充当语气词,常用在疑问句末尾,表示疑问语气,有时也用在反问句或感叹句末尾,加强反问或感叹语气。如:

(1)谁习计会,能为文收责于薛者乎?(《冯谖客孟尝君》)

(2)孟尝君问:"冯公有亲乎?"(《冯谖客孟尝君》)

以上两句,"乎"都表示疑问,可译为"吗"。

(3)天夺之明,欲无弊,得乎?(《史伯对桓公问》)

(4)此其自多也,不似尔向之自多于水乎?(《秋水》)

以上两句,"乎"都用在反问句尾,加强反问语气。

有时,"乎"也用在句中,没有实际意义,可以不译。如:

(5)然后知吾向之未始游,游于是乎始。(《始得西山宴游记》)

(6)于是乎先王聘后于异姓,求财于有方。(《史伯对桓公问》)

(二)充当介词,相当于"于"。

(1)今观其文章,宽厚宏博,充乎天地之间,称其气之大小。(《上枢密韩太尉书》)

(2)而后知天下之文章聚乎此也。(《上枢密韩太尉书》)

(三)充当形容词尾,可以不译。

(1)悠悠乎与颢气俱,而莫得其涯;洋洋乎与造物者游,而不知其所穷。(《始得西山宴游记》)

七、为

"为"在文言文里经常用作动词,如《召公谏厉王弭谤》:"是故为川者决之使导。"此外,"为"主要用作介词。

(一)引进服务的对象,可译为"替""帮""为"或"对"。如:

(1)谁习计会,能为文收责于薛者乎?《冯谖客孟尝君》——"为文收责",帮我田文收债。

(2)公诚以都虞候命某者,能为公已乱。《段太尉逸事状》——"为公已乱",为您平定骚乱。

(3)然此可为智者道,难为俗人言也。《报任安书》——可以对有智慧的人诉说,难以对庸俗的人说明。

(4)明主不晓,以为仆沮贰师,而为李陵游说,遂下于理。《报任安书》——帮李陵游说。

(二)引进动作行为的原因,可译为"因为"。

(1)古人所以重施刑于大夫者,殆为此也。《报任安书》——"为此",因为这个原因。

(2)主上为之食不甘味,听朝不怡。《报任安书》——"为之",因为这个事(李陵败降的事)。

(三)在被动句里为引进动作行为的主动者,可译为"被……"。

(1)仆以口语遇遭此祸,重为乡党戮笑。《报任安书》——"为乡党戮笑",被家乡人们耻笑。

(2)男儿死耳,不可为不义屈!《张中丞传后叙》——"为不义屈",被不正义的势力屈服。

八、因

"因"在文言文里可以充当介词和连词。

(一)"因"充当介词,表示凭借。

商鞅因景监见,赵良寒心。《报任安书》——"因景监见",凭借景监的关系得以进见皇上。

(二)"因"充当连词,可译为"于是"、"就"。

(1)臣窃矫君命,以责赐诸民,因烧其券,民称万岁,乃臣所以为君市义也。《冯谖客孟尝君》——"因烧其券",于是烧掉百姓的债券。

(2)拳拳之忠,终不能自列,因为诬上,卒从吏议。《报任安书》——"因为诬上",于是被认定为诬上的罪责。

九、则

"则"在文言文里主要用作连词,在本教材里主要有以下用法。

(一)连接两个分句或两个动作行为,表示两者在事理上的联系,可译为"那么"、"就"。

(1) 王如知此,则无望民之多于邻国也。(《齐桓晋文之事》)

(2) 是仆终已不得舒愤懑以晓左右,则是长逝者魂魄私恨无穷。(《报任安书》)

以上二例"则"连接两个分句,前面是假设,后面是结果。有时"则"连接的前后两项可以紧缩在一个句子里。如:

(3) 竭诚则吴越为一体,傲物则骨肉为行路。(《谏太宗十思疏》)

(4) 当此之时,见狱吏则头枪地,视徒隶则心惕息。(《报任安书》)

(5) 夫在殷忧必竭诚以待下,既得志则纵情以傲物。(《谏太宗十思疏》)

(二)"则"表示让步的意味,有姑且承认某种情况,但是后面推出不同的结论。可译为"虽然"、"是倒是"。

彼齐云、落星,高则高矣;井干、丽谯,华则华矣,止于贮妓女,藏歌舞,非骚人之事,吾所不取。(《黄州新建小竹楼记》)——先承认齐云、落星高大倒是高大,井干、丽谯华丽倒是华丽,后面句意一转,指出其用途不值得称道。

(三)"则"用在相对的两句中,表示两种情况的对举。可以不译。

入则周公、召公,出则方叔、召虎。(《上枢密韩太尉书》)——两个"则"表示"入"(在内)和"出"(在外)两种情况的对比。

(四)"则"常与代词"然"(如此,这样)搭配使用,组成"然则",意思是"既然如此,那么……"。

(1) 今恩足以及禽兽,而功不至于百姓者,独何与? 然则一羽之不举,为不用力焉;舆薪之不见,为不用明焉;百姓之不见保,为不用恩焉。(《齐桓晋文之事》)——"然"指代前面梁惠王恩及禽兽、不及百姓的情况,"则"根据事理推出后面的结论。

(2) 王曰:"舍之! ……"对曰:"然则废衅钟与?"(《齐桓晋文之事》)——"然"指代"舍之"(把牛留下不衅钟),"则"根据事理推出"废衅钟"的结论。

十、乃

"乃"在文言文里主要用作副词。在本教材中主要有以下用法。

(一)用在判断句的主语和谓语之间,加强确定的语气,可译为"就是"。

(1) 是乃仁术也。(《齐桓晋文之事》)

(2) 乃歌夫"长铗归来"者也。(《冯谖客孟尝君》)——"乃"前面省略了判断句的主语(冯谖)。

(二)表示上下文的承接关系,相当于"于是"、"就"。

(1) 旃裘之君长咸震怖,乃悉征左、右贤王,举引弓之民,一国共攻而围之。(《报任安书》)——"乃悉征左、右贤王",于是召集全部左、右贤王。

（2）《诗》云："他人有心，予忖度之。"夫子之谓也。夫我乃行之。（《齐桓晋文之事》）——"我乃行之"，我就做了这件（以羊易牛）的事。

（三）表示时间，相当于"（这）才"。

（1）至于鞭箠之间，乃欲引节，斯不亦远乎？（《报任安书》）——"至于鞭箠之间，乃欲引节"，到了遭受狱吏鞭笞时，才想要引节自尽。

（2）孟尝君顾谓冯谖曰："先生所为文市义者，乃今日见之。"（《冯谖客孟尝君》）——"乃今日见之"，到今天才见到了先生为我买的"义"。

（四）表示情态，有"居然"、"竟然"的意味。

（1）今已亏形为扫除之隶，在阘茸之中，乃欲印首伸眉，论列是非。（《报任安书》）——如今已经身体残缺沦为打杂的仆役，处在卑下的地位，竟然想要抬头展眉，评说是非。

（2）而事乃有大谬不然者。（《报任安书》）——然而事情竟然有完全不是这样的情况。

（3）先生不羞，乃有意欲为收责于薛乎？（《冯谖客孟尝君》）——先生不在意我的失礼，竟然有意帮我到薛地去收债吗？

（徐莉莉）

文言特殊句法述略

一、宾语前置句

在文言文的叙述句里，动词谓语和宾语的排列顺序在多数情况下是动词在前，宾语在后，今天理解起来不会有困难。但是也有特殊的情况，即在一定的条件下，宾语会放在动词的前面。对于宾语前置句，阅读时需要仔细判断，准确今译。

在本教材里，宾语前置的类型有以下几种。

(一) 在疑问句里，疑问代词充当动词或介词的宾语时往往前置。

(1) 牛何之？(《齐桓晋文之事》)——牛牵到哪里去？

(2) 客何好？(《冯谖客孟尝君》)——门客喜好什么？

以上几句，都是疑问代词"何"充当动词宾语时前置。

疑问代词还经常充当介词宾语，此时也要前置。如：

(1) 方存乎见少，又奚以自多！(《秋水》)——"奚以"，凭什么。

(2) 何由知吾可也？(《齐桓晋文之事》)——"何由"，从哪里。

(3) 不为者与不能者之形，何以异？(《齐桓晋文之事》)——"何以异"，用什么办法区别？

(二) 在否定句里，代词充当宾语时一般前置。

(1) 保民而王，莫之能御也。(《齐桓晋文之事》)——"莫"，否定词，没有谁(什么)；"之"，代词宾语；没有谁能抵御他。

(2) 老者衣帛食肉，黎民不饥不寒，然而不王者，未之有也。(《齐桓晋文之事》)——"未之有"，还没有这种情况。

(3) 臣未之闻也。(《齐桓晋文之事》)——"未之闻"，还没有听到这个。

(4) 大道之行也，与三代之英，丘未之逮也，而有志焉。(《大同》)——"未之逮"，没有赶上这个(时代)。

(三) 用代词"之"、"是"复指前置宾语。

(1) 野语有之曰："闻道百，以为莫己若者。"我之谓也。(《秋水》)——"我之谓"，说的就是我。"我"是前置宾语，用代词"之"在动词"谓"前面复指宾语。

(2) 《诗》云："他人有心，予忖度之。"夫子之谓也。(《齐桓晋文之事》)——"夫子之谓也"，说的就是夫子您。

(3) 吾此苟生耳。何适之谓？(《枕中记》)——"何适之谓"，说得上什么适意。

（四）介词"以"的宾语常前置，最常见的就是"以"和代词"是"（这）搭配使用时构成的"是以"，可译为"因此"。

（1）是以君子远庖厨也。《齐桓晋文之事》）

（2）是以肠一日而九回。《报任安书》）

二、被动句

古代汉语表示被动有两类情况：一种是只在语义上表示被动而无被动形式标志，其被动的意味只能通过上下文体会出来。以《报任安书》的几句为例：

（1）文王拘而演《周易》。

（2）屈原放逐，乃赋《离骚》。

（3）孙子膑脚，兵法修列。

（4）韩非囚秦，《说难》、《孤愤》。

以上句中加着重号的词都是表示被动意义的动词，但是这种被动意味要读者自己根据上下文体会出来。

第二种也是更为常见的表示被动的做法，是在谓语动词的前面或后面带有表示被动关系的词语，构成被动句式。本教材里有以下几种类型：

1. 在及物动词后面加上介词"于"，用以引出动作行为的主动者。

（1）文倦于事，愦于忧。（《冯谖客孟尝君》）——被事务搞得疲惫不堪，被忧虑弄得心烦意乱。

（2）井蛙不可以语于海者，拘于虚也；夏虫不可以语于冰者，笃于时也。（《秋水》）——"拘于虚"，（眼界）被所住的地方限制；"笃于时"，（见识）被所存活的季节限制。

（3）西望夏口，东望武昌，山川相缪，郁乎苍苍，此非孟德之困于周郎者乎？（《赤壁赋》）——"困于周郎"，被周郎围困。

2. 在及物动词前加上介词"为"，引出动作行为的主动者。

（1）男儿死耳，不可为不义屈！（《张中丞传后叙》）——被不正义的势力屈服。

（2）仆以口语遇遭此祸，重为乡党戮笑。（《报任安书》）——被家乡人们耻笑。

（3）李陵既生降，隤其家声，而仆又茸之蚕室，重为天下观笑。（《报任安书》）——被天下人观看取笑。

（4）士为知己者用。（《报任安书》）——（甘心）被了解自己的人使用。

有时介词"为"和在动词前的"所"搭配使用，构成"为……所……"句式。

（5）或传嵩有田在亳、宋间，武人夺而有之，嵩将诣州讼理，为所杀。（《张中丞传后叙》）——"为所杀"，被（武人）杀害。

3. 在及物动词前加"见"表示被动。

（1）顾自以为身残处秽，动而见尤，欲益反损。（《报任安书》）——"见尤"，被怪罪。

（2）百姓之不见保，为不用恩焉。（《齐桓晋文之事》）——"见保"，被保护。

有时"见"字句与"于"字句配合使用，构成"见……于……"的句式。如：

（3）吾长见笑于大方之家。（《秋水》）——被大方之家取笑。

三、词类活用

和现代汉语一样，古代汉语里各种词类在担当句子成分时有其固定的分工，例如名词经常用作主语、宾语，动词经常用作谓语，形容词经常用作定语等。但是，在先秦或其他时代的文言文里，有些词可以按照一定的语言习惯而灵活运用，这就是词类活用。在阅读文言文时，需要我们准确判断哪些词属于活用，然后根据其活用后的语法功能加以理解和今译。

下面介绍本教材常见的词类活用实例。

（一）名词活用为一般动词。今译时需要把活用的名词翻译成与该名词意义有联系的动词。

（1）国人莫敢言，道路以目。（《召公谏厉王弭谤》）——"目"活用为动词，用眼睛示意。

（2）孟尝君怪其疾也，衣冠而见之。（《冯谖客孟尝君》）——"衣冠"活用为动词，指穿戴整齐。

（3）方其破荆州，下江陵，顺流而东也，舳舻千里，旌旗蔽空。（《赤壁赋》）——"东"活用为动词，指向东推进。

（二）使动用法。使动用法是该句谓语的动作行为不是主语发出的，而是主语使宾语发出该动作行为，可译为"使……"。

（1）欲辟土地，朝秦楚，莅中国，而抚四夷也。（《齐桓晋文之事》）——"朝秦楚"，不是去朝见秦、楚大国，而是让秦、楚这样的大国来朝见自己。

（2）舞幽壑之潜蛟，泣孤舟之嫠妇。（《赤壁赋》）——"舞"、"泣"活用为使动用法。指客人的洞箫声使幽壑的潜蛟起舞，使孤舟的嫠妇掉泪。

（三）意动用法。意动用法是主语认为宾语具有谓语所代表的内容（实际上不一定是事实）。可译为"认为……"、"把……当作……"。

（1）老吾老，以及人之老；幼吾幼，以及人之幼。（《齐桓晋文之事》）——"老吾老"，把自己的老人当作老人奉养；"幼吾幼"，把自己的孩子当作孩子抚育。

（2）故人不独亲其亲，不独子其子。（《大同》）——意思与上句相似。

（3）况吾与子渔樵于江渚之上，侣鱼虾而友麋鹿。（《赤壁赋》）——把鱼虾当作伴侣，把麋鹿当作朋友。

（4）今君有区区之薛，不拊爱子其民。（《冯谖客孟尝君》）——"子其民"，把自己封地的百姓像对待儿子一样对待。

（5）于是乘其车，揭其剑，过其友曰："孟尝君客我！"（《冯谖客孟尝君》）——"客我"，把我当贵客。

以上为名词的意动用法。下面几句是形容词的意动用法：

（6）且夫我尝闻少仲尼之闻而轻伯夷之义者，始吾弗信。（《秋水》）——认为仲尼的见闻少，认为伯夷的道义轻。

（7）古人所以重施刑于大夫者，殆为此也。（《报任安书》）——"重"，把……看得很重。

（8）左右以君贱之也，食以草具。（《冯谖客孟尝君》）——"贱之"，把他看得很轻贱。

四、名 词 做 状 语

在古代汉语里，名词可以直接放在动词前作状语。在本教材里主要有以下几种情况。

1. 方位名词作状语，表示动作行为的方向。

（1）顺流而东行，至于北海，东面而视，不见水端。（《秋水》）——"东行"，向东行进；"东面"，面向东方。

（2）彭越、张敖，南面称孤，系狱抵罪。（《报任安书》）——"南面"，面朝南方。

（3）西望夏口，东望武昌，山川相缪，郁乎苍苍。（《赤壁赋》）——"西望"，向西望；"东望"，向东望。

2. 表示对人的态度，可译为"像对待……那样"。

文史星历，近乎卜祝之间，固主上所戏弄，倡优畜之，流俗之所轻也。（《报任安书》）——"倡优畜之"，像对待倡优那样蓄养他们。

3. 表示按照某个标准或原则，可译为"根据"、"按照"。

（1）秋水时至，百川灌河。（《秋水》）——"时至"，根据季节来到了。

（2）云虽欲独食，义不忍。（《张中丞传后叙》）——"义不忍"，按照道义不忍心（独享美食）。

（徐莉莉）

中国古典诗词格律常识

中国古典诗歌包括诗、词、散曲等多种形式,其中诗、词流行广泛,格律要求也比较严格,这里撮要作些概略介绍。欲详细了解,可读王力《汉语诗律学》。

诗是古代运用最广的一种韵文,门类众多,体式纷繁。如以句式言,可分为四言诗、五言诗、六言诗、七言诗、杂言诗等;如以体裁言,则有楚辞体、乐府体、歌行体、律体等。要而言之,可大致分为古体诗与近体诗两大类。

古体诗与近体诗都是唐代形成的诗体概念,两者相对而言。唐代以前,写诗通常不讲究平仄和对仗,押韵比较宽松(但押韵时平、上、去、入四声也不能混淆,必须是同样的声调),每首诗的句式、句数等也没有严格的规定。唐人因而将汉代以还的这类诗歌统称为古体诗,又称古诗或古风。需要指出的是,所谓古体诗,是从诗歌声律角度着眼而界定的一个诗体概念,不能单以某首诗产生于唐代之前或唐代之后为尺度来论断它是否属于古体诗。唐宋以来,诗人们除写近体诗外,也时常写些古体诗,如唐人陈子昂的《登幽州台歌》、张若虚的《春江花月夜》、李白的《蜀道难》及白居易的《长恨歌》就都是古体。古体诗主要是五言古诗、七言古诗,简称五古、七古。以七言为主,杂有若干非七言句的古诗,一般也叫七古。

近体诗又称今体诗,是在唐代成熟定型的一种格律体诗,在句数、句式、平仄、对偶、押韵等方面有一系列规定或要求。

近体诗按句数多少可分为绝句与律诗两类。绝句每首四句。律诗一般每首八句。律诗两句为一联,第一、二句称首联,第三、四句称颔联,第五、六句称颈联,第七、八句称尾联。每联的上句称出句,下句称对句。超过八句的律诗称排律或长律,它的句数一定是双数。

近体诗的句式通常是五言、七言。每首诗句式整齐划一,略无参差。唐宋以来流行的体式有五言绝句、七言绝句、五言律诗、七言律诗和五言排律。

讲究平仄是近体诗的一个本质特征。平,指古汉语四声中的平声,分为上平声和下平声;仄,指古汉语四声中的上声、去声和入声(入声在现代汉语中已消亡,但在许多方言中仍存在)。近体诗按一定规则交替使用平声字或仄声字,因而音律抑扬顿挫,富于节奏感和音乐美,读来琅琅上口。近体诗的平仄规则主要有二:

一是以平仄相间的原理调配每句诗中各个字的声调。也就是说每句诗中每间隔两个字或者三个字更替其平仄。近体诗的五言句平仄排列有四种标准格式:

①(仄)仄平平仄

②　平平仄仄平

③　⊕平平仄仄

④　⊗仄仄平平

其七言句平仄排列也有四种标准格式：

①　⊕平⊗仄平平仄

②　⊗仄平平仄仄平

③　⊗仄⊕平平仄仄

④　⊕平⊗仄仄平平

（加"○"者为可平可仄）

以上八种基本格式，也就是近体诗单句平仄的一般规则，各种类型的绝句和律诗，都是由这些基本格式组配而成的。

　　二是以粘对循环的原理组接每首诗中的各个单句。所谓对，即指处于偶数位置上的诗句，其平仄格式必须与它的上一句对立。如第三句是"仄仄平平仄"，第四句须是"平平仄仄平"；如第七句是"仄仄平平平仄仄"，那么第八句须是"平平仄仄仄平平"。但第一、二句常有例外，即首句末字为平声，则第二句例用另一种末字为平声的基本格式。如首句为"仄仄仄平平"，第二句则为"平平仄仄平"；如首句为"仄仄平平仄仄平"，第二句则例用"平平仄仄仄平平"。所谓粘，是指绝句第三句或律诗的第三、五、七句的第二字的平仄要与其上一句的第二字的平仄相同，而其全句的平仄格式不能与其上一句重复。如五绝第二句是"平平仄仄平"，则其第三句应为"平平平仄仄"；如七律第四句是"平平仄仄仄平平"，则其第五句应为"平平仄仄平平仄"。违反了这一规则，古人称为"失粘"。粘和对，是近体诗组接各单句的重要规则，不同类型的绝句和律诗，都是根据粘对规则由上述几种基本格式组合而成的。因而，只要能熟记近体诗单句平仄的八种基本格式并掌握粘对规则，就可以根据一首诗首句的平仄而推演出全首的平仄格律，也就大体掌握了近体诗声律平仄的一般规律。下面，举若干作品为例，以供理解、参照。

　　例一：朱庆余《闺意上张水部》

　　　　⊕平仄仄平平仄　　⊗仄平平仄仄平

　　　　洞房昨夜停红烛，　　待晓堂前拜舅姑。

　　　　⊗仄平平平仄仄　　⊕平⊗仄仄平平

　　　　妆罢低声问夫婿，　　画眉深浅入时无？

　　例二：王昌龄《出塞》

　　　　⊕平⊕仄仄平平　　⊗仄平平仄仄平

　　　　秦时明月汉时关，　　万里长征人未还。

　　　　⊗仄平平平仄仄　　⊕平⊗仄仄平平

　　　　但使龙城飞将在，　　不教胡马度阴山。

　　例三：陆游《沈园二首》其一

　　　　⊗仄平平仄仄平　　⊕平⊗仄仄平平

城上斜阳画角哀，　　沈园非复旧池台。

平平仄仄平平仄　　仄仄平平仄仄平

伤心桥下春波绿，　　曾是惊鸿照影来。

以上三首七绝,分别代表了三种平仄模式。其中,例一中的"昨"、"烛"、"入",例二中的"月"、"不",例三中的"角"、"复"、"绿",古汉语均读入声;例二中的"人"字为平声,这个位置用平声也是允许的;例一中的"问夫婿"三字属特定的变体,此不赘述。

例四:王维《山居秋暝》

平平平仄仄　　仄仄仄平平

空山新雨后，　　天气晚来秋。

仄仄平平仄　　平平仄仄平

明月松间照，　　清泉石上流。

平平平仄仄　　仄仄仄平平

竹喧归浣女，　　莲动下渔舟。

仄仄平平仄　　平平仄仄平

随意春芳歇，　　王孙自可留。

例五:杜甫《春望》

仄仄平平仄　　平平仄仄平

国破山河在，　　城春草木深。

平平平仄仄　　仄仄仄平平

感时花溅泪，　　恨别鸟惊心。

仄仄平平仄　　平平仄仄平

烽火连三月，　　家书抵万金。

平平平仄仄　　仄仄仄平平

白头搔更短，　　浑欲不胜簪。

以上两首作品,代表了首句不入韵的两种五律模式。其中,例四中的"月"、"石"、"竹"、"歇",例五中的"国"、"木"、"别"、"月"、"白"、"欲",古汉语均读入声。

例六:黄庭坚《登快阁》

平平仄仄平平仄　　仄仄平平仄仄平

痴儿了却公家事，　　快阁东西倚晚晴。

仄仄平平平仄仄　　平平仄仄仄平平

落木千山天远大，　　澄江一道月分明。

平平仄仄平平仄　　仄仄平平仄仄平

朱弦已为佳人绝，　　青眼聊因美酒横。

仄仄平平平仄仄　　平平仄仄仄平平

万里归船弄长笛，　　此心吾与白鸥盟。

例七:刘禹锡《西塞山怀古》

⊘仄平平仄仄平　　平平㊫仄仄平平

　　王濬楼船下益州，　　金陵王气黯然收。

㊝平仄仄平平仄　　㊝仄平平仄仄平

　　千寻铁锁沉江底，　　一片降幡出石头。

⊘仄㊝平平仄仄　　平平㊝仄仄平平

　　人世几回伤往事，　　山形依旧枕寒流。

㊝平仄仄平平仄　　⊘仄平平仄仄平

　　今逢四海为家日，　　故垒萧萧芦荻秋。

　　例八：秦韬玉《贫女》

㊝平仄仄仄平平　　⊘仄平平仄仄平

　　蓬门未识绮罗香，　　拟托良媒益自伤。

⊘仄㊝平平仄仄　　平平㊝仄仄平平

　　谁爱风流高格调？　　共怜时世俭梳妆。

㊝平㊝仄平平仄　　⊘仄平平仄仄平

　　敢将十指夸针巧，　　不把双眉斗画长。

⊘仄㊝平平仄仄　　㊝平㊝仄仄平平

　　苦恨年年压金线，　　为他人作嫁衣裳。

　　以上三诗，例六之"却"、"阁"、"木"、"月"、"一"、"绝"、"笛"、"白"，例七之"益"、"铁"、"一"、"出"、"石"、"日"、"荻"，例八之"识"、"托"、"益"、"格"、"十"、"十"、"压"、"作"，古汉语均读入声。例六中之"弄长笛"、例八中之"压金线"为特定的变体。

　　律诗还要求运用对仗，也称对偶，即要求一联诗中的出句与对句句法结构一致而处于同一位置的词语词性相当，如名词对名词，动词对动词，副词对副词，数词对数词等等。如刘禹锡《西塞山怀古》中的颔联："千寻"对"一片"，"铁锁"对"降幡"，"沉江底"对"出石头"；又如黄庭坚《登快阁》中的颈联："朱弦"对"青眼"，"已为"对"聊因"，"佳人"对"美酒"，"绝"对"横"。律诗中的对仗通常在颔联和颈联，但也有例外，如杜甫的五律《春望》前三联就都用对仗，而他的七律《登高》则通篇运用对仗。

　　近体诗押平声韵，一韵到底，邻韵一般不能通押。押韵的位置在第二、四、六、八句。首句可以押韵也可以不押韵。以习见者说来，五绝、五律的首句以不押韵者为多，而七绝、七律的首句则以押韵者为多。七绝如王昌龄《出塞》、陆游《沈园二首》，七律如刘禹锡《西塞山怀古》、秦韬玉《贫女》，首句都押韵。唐宋时，近体诗的用韵分部极其严格，此受篇幅限制难以具体陈说，详细情况可参看《诗韵集成》、《诗韵合璧》等专门韵书。

　　词是随着隋唐燕乐的兴盛流行，由诗歌与音乐结合而生成的一种新型格律诗，盛行于两宋。词在早先，职责是充当乐曲歌辞而用以歌唱，大都为配合乐曲而作，因而唐五代时多称为曲子、曲子词，入宋以后才逐渐习称为词，又称乐章、乐府、琴趣、长短句、诗余等。

　　每首词都有一个调名，称词调（或词牌），如《水龙吟》、《定风波》、《念奴娇》等。词调在原先本是表示该词所从属的音乐曲调的名称，后来词与音乐的关系日渐疏远并最终脱离音乐，词调就仅仅作为字句、声律、押韵等方面的固定格式的一种标志了。每个词调，都有其所限定的句数、字数、句式、声韵,所谓"调有定句,句有定字,字有定声"。如《定风波》这个词调,正格规定六十二字,分上、下两片,上片五句,七七七二七句式,叶三平韵两仄韵;下片六句,七二七七二七句式,叶四仄韵两平韵,平仄韵不同部错叶。此以苏轼词《定风波》示例如下:

⊗仄平平仄仄平
莫听穿林打叶声_{平韵},

⊕平⊗仄仄平平
何妨吟啸且徐行_{平韵}。

⊗仄⊕平平仄仄
竹杖芒鞋轻胜马_{仄韵},
平仄
谁怕_{仄韵}?

⊕平⊗仄仄平平
一蓑烟雨任平生_{平韵}。

⊗仄⊕平平仄仄
料峭春风吹酒醒_{仄韵},
平仄
微冷_{仄韵},

⊕平⊗仄仄平平
山头斜照却相迎_{平韵}。

⊗仄⊕平平仄仄
回首向来萧瑟处_{仄韵},
平仄
归去_{仄韵},

⊕平⊗仄仄平平
也无风雨也无晴_{平韵}。

词中"叶"、"竹"、"一"、"却"、"瑟"字,古汉语读入声。

词调名称不同,其格律也就不同。由于词调名目众多,格律纷繁,很难抽象出规律,因此,想具体了解某一词调的格律要求,最简捷的办法就是翻检词谱。现有词谱中,搜罗比较完备的有清人万树编的《词律》和王奕清等人编的《钦定词谱》,比较简明实用的则有今人龙榆生编选的《唐宋词格律》。

词的篇制或巨或细,差异颇大。最短的词调是《苍梧谣》,仅有十六个字。最长的词调是《莺啼序》,长达二百四十字。明人顾从敬曾根据词的篇制长短,将所有的词调分为小令、中调、长调三类:五十八字以内者为小令,如贺铸《鹧鸪天》;五十九至九十字者为中调,如上例苏轼《定风波》;九十一字以上者为长调,如辛弃疾《水龙吟》、史达祖《双双燕》。其分类标准并不科学(如《满江红》词调,有八十九字体,又有九十一字体,即难归属),但自有其举说便利之处,所以自明清以来沿用至今。也有称节奏较舒缓、字句较长、韵较少的词为"慢词",称字数较少的词为"令词"的。

词的体段也有数种。有些词只有一段,称为单调;有些词分为两段,称为双调;有些词分为三段或四段,称为三叠或四叠。各种体段中,双调词所占比重最大,也最为常见。通常把双调词的第一段称为上片、上阕或前片、前阕,把第二段称为下片、下阕或后片、后阕。双调词下片的首句叫过片,如其与上片首句句式相同,称重(chóng)头;如其与上片首句句式不同,则称换头或过变。

词的句式或整齐,或参差,但绝大多数词调的句式长短不齐。短者仅一字,长者达十一字,因而词又名长短句。需要注意的是,词中的五言句或七言句,其句法结构往往与诗中的五、七言句不同。五言句如辛弃疾《水龙吟》中的"把吴钩看了",即为"上一下四"句法;七言句如秦观《鹊桥仙》中的"又岂在朝朝暮暮",史达祖《双双燕》中的"又软语商量不定",都具有"上三下四"的结构特点。这是词体的重要形式特征之一,须加辨别体会。

词的押韵比近体诗远为复杂。有的词调押平韵,有的词调押仄韵,词押仄韵上声、去声可通押,入声单押。有的词调既有押平韵体又有押仄韵体,有的词调则规定平、仄韵交替,有的词调还规定要押句中韵。总之,每个词调,都有各自独特的押韵规定,欲知其详,只有翻检词谱最为便利了。

常用修辞格举隅

修辞格又称辞格、修辞方式,是为了提高修辞行为的效果而运用的组织语言材料的策略性方法。

比喻、比拟、借代、夸张、双关、映衬、拈连、仿拟等等修辞格侧重语义变化,是追求语言形象上的创造的策略;对偶、排比、回环、顶真、反复、互文、错综、连及等等修辞格侧重语形的呼应变化,是追求语句组织上的创造的策略。

一、比　喻

比喻就是打比方,是用某一事物或情境来比况不同类的另一事物或情境。

比喻是扩大话语的意义空间的最基本的手段之一。运用比喻,可以用浅显的、具体的比喻深奥的、抽象的,也可以用抽象的、深奥的比喻具体的、浅显的。被比的事物与作比的事物应该是不同类的,两者可以在一个或多个方面具有相似点。两者的距离越远,越能获得意外的效果。

比喻的基本类型是明喻,由此又衍化出暗喻、借喻、博喻、撒喻等。

(一) 明喻

明喻是最典型的比喻。在结构方式上最为完整:本体(被比的事物)、喻体(作比的事物)、比喻词("像"、"如"、"若"、"似"、"似的"、"好像"、"一样"等)都出现,有时还可以顺势写出两者的相似点;在语义关系上也最为显豁,一般不容易与其他修辞格混淆。如果用 A 表示本体,用 B 表示喻体,那么明喻的基本格式是 A 像 B。有时也有 B 像 A。如:

① 那粉坊里的歌声,就像一朵红花开在了墙头上,越鲜明,就越觉得荒凉。(萧红《呼兰河传》)
② 出洋好比出痘子、出痧子,非出不可。小孩子出过痧痘,就可以安全长大,以后碰见这两种毛病,不怕传染。我们出过洋,也算了了一桩心愿,灵魂健全,见了博士硕士们这些微生虫,有抵抗力来自卫。(钱钟书《围城》)

例①用"像"作比喻词,用"墙头上的红花"比喻"歌声","越鲜明,就越觉得荒凉"就是本体"歌声"与喻体"墙头上的红花"的相似点。例②用喻词"好比",把"出洋"比作"出痧痘"。

(二) 暗喻

暗喻是本体和喻体都出现而比喻词不出现的比喻。常见的有利用判断关系构成"A

是 B",利用修饰关系构成"A 的 B",利用并列关系构成"A,B"等。

（1）"A 是 B"型。如：

① 卑鄙是卑鄙者的通行证，

　高尚是高尚者的墓志铭。（北岛《回答》）

② 太阳是我的纤夫。

　它拉着我，

　用强光的绳索，

　一步步，

　走完十二小时的路途。（顾城《生命幻想曲》）

（2）"A 的 B"型。如：

芜秽的心田里只是误会的蔓草，毒害同情的种子，更没有收成的希冀。（徐志摩《泰戈尔》）

（3）"A,B"型。如：

① 难道时间这面晦暗的镜子

　也永远背对着你

　只留下星星和浮云。（北岛《结局或开始——给遇罗克烈士》）

② 生得又高又胖并不就是伟人，做得多而且繁也决不就是名著。（鲁迅《由聋而哑》）

（三）借喻

借喻是本体和比喻词都不出现而借喻体来代替本体的比喻。在形式上与借代有相似的地方。例如把"家庭"比作"女人的领土"，"眼泪"比作"珍珠"和"露"：

① 柔嘉到底是个女人，对于自己管辖的领土比他看得重。（钱钟书《围城》）

② 说呵，是什么哀怨，什么寒冷摇撼你的心，如林叶颤抖于月光的摩抚，摇坠了你眼里纯洁的珍珠，悲哀的露？（何其芳《圆月夜》）

（四）撒喻

表面说的是本体与喻体的不相似，但本体与喻体的这种"不相似"之所以需要撒除，正是以对两者相似性表示认同为前提的。其结构方式为："A 不像（不是）B"。如：

① 鸿渐的心不是雨衣材料做的，给她的眼泪浸透了。（钱钟书《围城》）

② 我不是火，不能给你光和热；

　同时，我也不是黑暗，不能把你的光辉衬托。

　我不是水，不能湿润你干裂的唇，

　我不是花，不能点缀你寂寞的生活。（雁翼《诗的自白》）

（五）博喻

博喻是用一连串的喻体描绘同一个本体，或者用一连串相关的喻体描绘一连串相关的本体。其结构方式为：A 像 B1,像 B2,像 B3……"或"A1 像 B1,A2 像 B2,A3 像B3……"如：

① 何等动人的篇章！ ……这些是<u>空谷幽兰、高寒杜鹃、老林中的人参、雪岭上的雪莲、绝顶上的灵芝、抽象思维的牡丹</u>。（徐迟《哥德巴赫猜想》）

② 她是有

  <u>丁香一样的颜色</u>，

  <u>丁香一样的芬芳</u>，

  <u>丁香一样的有忧愁</u>，

  在雨中哀怨，

  哀怨又彷徨。（戴望舒《雨巷》）

③ 你有你的铜枝铁干

  <u>像刀、像剑</u>，

  <u>也像戟</u>。

  我有我红硕的花朵

  <u>像沉重的叹息</u>，

  <u>又像英勇的火炬</u>。（舒婷《致橡树》）

二、比　　拟

  比拟就是把物拟作人、把人拟作物或者把甲物拟作乙物来表现。比拟的主要作用是改变叙述对象的属性，以抒发感情表示褒贬，增加话语的形象性和生动性。

  比拟易与比喻混淆，一般来说，比喻离不开另外的事物或事件引发想像，而比拟作比时另外的事物是不出现的，只是用与那另外事物相关的词语（通常是动词、形容词、量词等）来引发想像。

  比拟又分为拟人和拟物。

（一）拟人

拟人就是直接把事物当作人来写。

① 太阳的影子<u>躺</u>在波浪上

  黎明<u>摇</u>着棕榈叶，<u>摇</u>着蓝色的光。（杨炼《蓝色狂想曲》）

② 这辆车年久历风尘，该庆<u>古稀高寿</u>，可是抗战时期，未便<u>退休</u>。（钱仲书《围城》）

（二）拟物

拟物就是直接把人当作物来写或者把甲事物当作乙事物来写。例如：

① 美国博士<u>几个子儿一枚</u>？我问他。（老舍《牺牲》）

② 学生被<u>挂</u>在黑板上两个小时，据说还不是最高纪录。（理由《高山与平原》）

③ 莫言下岭便无难，

  赚得行人空欢喜。

  正如万山圈子里。

  一山<u>放</u>过一山拦。（杨万里《过松源晨炊漆公店》）

④ 他无法统计失败了多少次。他毫不气馁。他总结失败的教训，<u>把失败接起</u>

来,焊上去,作为登山用的尼龙绳子和金属梯子。(徐迟《哥德巴赫猜想》)

三、借　代

借代就是不直接说出要说的人或事物,而"借用"与之有密切关系的其他的人或事物来"代替"。借代的基本作用是强化事物的特征,提高言语行为的经济性。运用借代,必须注意明确性原则,避免误解。

借代和借喻都是借别的事物来代替本体,其区别是:(1)构成的基础不同:借喻的基础是事物的相似性(即喻体跟本体有某方面相似);构成借代的基础是事物的相关性(比如部分和整体的关系、具体和概括的关系等等,但不包括"相似"这种关系);(2)作用不同:借喻着重在"喻",用喻体来打比方;借代着重在"代",干脆用借体称代本体;(3)借喻可以改造为明喻或暗喻,借代却不能。

借代常见的是部分与整体之间的借代,此外,还有原因和结果之间的借代等等。

(一)部分和整体之间一类的借代

其中又有部分代整体、特征代本体、具体代概括、名号代本体等等。如以"帆"代"船",以"花白胡子"代"有花白胡子的人",以"桃之夭夭"代"诗歌",以"黄狮子"的品牌代这一品牌的香烟:

①　征**帆**去棹残阳里,
　　背西风,
　　酒旗斜矗。(王安石《桂枝香》)

②　**花白胡子**恍然大悟似的说。(鲁迅《药》)

③　即使那桃花有年轮般大,也只能在初上去的时候,暂时吃惊,决不会每天做一首"**桃之夭夭**"的。(鲁迅《华盖集续编》)

④　洗了家伙,到自己屋中坐下一气不出,吸了多少根"**黄狮子**"。(老舍《骆驼祥子》)

(二)原因与结构一类的借代

其中又有作者代作品、产地代产品、结果代本体等等。如以作者"鲁迅"代"鲁迅的著作",以产地"绍兴"代绍兴特产黄酒,以结果"勒勒裤腰带"代原因"挨饿"。

①　读点**鲁迅**。(报纸)

②　他买了两瓶**绍兴**,乐滋滋地往回走。(报纸)

③　好吧,咱们多**勒勒裤腰带**吧!(老舍《正红旗下》)

四、夸　张

夸张就是故意"言过其实",对某些事物的特征、作用、程度、数量等方面加以夸大或缩小。

夸张可以突出对象的特征,渲染主观的感受。运用夸张关键是要让人看到其"假定性",知道是夸张,而不会误以为是事实。

夸张有尽量往"大"里说的,有极力往"小"里说的,还有时间上尽量提前的等等。

① 烹羊宰牛且为乐,会须一饮三百杯。(李白《将进酒》)
② 只要他发点好心,拔根寒毛比我们的腰还壮哩。(曹雪芹《红楼梦》)
③ 活儿我不做了! 三颗粮食,收不收有什么关系?(赵树理《三里湾》)
④ 五官平淡得好像一把热手巾擦脸就可以抹而去之的。(钱钟书《围城》)
⑤ 丹唇未启笑先闻。(曹雪芹《红楼梦》)

例①例②是数量的"夸大"。例③是数量的"缩小"。例④是性状的夸张。例⑤是时间上的"超前"。

五、双　　关

双关是让一个词句同时关涉到两个方面。它主要是利用词句的多义、语音的相近或语境的相似构成的。

双关话语的语言比较含蓄,语义比较丰富。运用双关常常需要利用语言的歧义,但又要注意双关和一般歧义的区别。

双关可分为语义双关、语音双关和语境双关。

（一）语义双关

语义双关是利用词句固有的多义或临时的多义(如比喻性使用)构成的双关。例如:

① 黄克强挽黄慎之联:

　　白眼十年,看到了这番民国规模,从兹目暝;

　　青巾一顶,收拾起千古状元袍笏,说甚头衔。(吴恭亨《对联话》)

② 匪徒们走上了这几十里的大山脊,他没有想到包马蹄的麻袋片全塌烂掉在路上,露出他们的马脚。(曲波《林海雪原》)

例①"目暝"多义,既可指"死亡",也可指"死心"。例②"马脚"既是实指"马的脚",又指其比喻义"破绽"。

（二）语音双关

语音双关是利用语音上的相同或相似建立的双关。如:

① 东边日出西边雨,
　　道是无晴却有晴。(刘禹锡《竹枝词》)

② 孔夫子搬家——尽是书(输)。(歇后语)

③ 甲　你们说我像皇帝哪还是像太后呢?

　　乙　你是太厚!

　　甲　我是什么太后呢?

　　乙　脸皮太厚!(相声《白骨精现形记》)

例①"晴"双关"晴天"和"感情"。例②"书"双关"书本"和"输"。例③"太后"双关"太后"和"太厚"。

（三）语境双关

语境双关是利用语境条件，一句话同时关涉到两个对象的双关。平常所说的"指桑骂槐"就是一种语境双关。例如：

① 这里宝玉又说："不必烫了，我只爱喝冷的。"——宝钗笑道："宝兄弟，亏你每日家杂学旁收的，难道就不知道酒性就热，要热吃下去，发散的就快；要冷吃下去，便凝结在内拿五脏去暖他，岂不受害？从此不改了呢。快别吃那冷的了。"宝玉听这话有理，便放下冷的，令人烫来方饮。

黛玉嗑着瓜子，只管抿着嘴儿笑。可巧黛玉的丫鬟雪雁走来给黛玉送校手炉儿，黛玉因含笑问他说："谁叫你送来的？难为他费心——哪里就冷死我了呢？"（曹雪芹《红楼梦》）

② 院子里，强英在喂猪。

水莲和仁芳哼着歌子回到家里。

强英白了他一眼，挖一勺猪食骂一句："死东西，哼呀哼的，看把他们自在的！"两头猪抢食吃，她用勺子敲黑猪，骂道："再叫你这张狂嘴称霸道！"又用勺敲白猪，骂道："再叫你大白脸耍心眼！"

水莲皱皱眉头没吱声。仁芳气鼓鼓地瞪了强英一眼，刚要发作，水莲向她使个眼色，拉她进堂屋。（辛显令《喜临门》）

例①"难为他费心——那里就冷死我了呢"表面上只是说"黛玉自己不需要关心"，其实又是借着语境的相似，嘲讽宝钗对宝玉的关心多此一举。例②大嫂强英表面上是对着猪骂，实际上是借语境骂给二嫂水莲和妹妹仁芳听。

六、映 衬

映衬是把相关（或相对）的事物的不同方面（通常是两个，有时也可以是两个以上）放在一起说，相互衬托，相互对比。映衬可以突出表达对象与相似事物的区别，从而更显鲜明，也可以使表达对象相得益彰，扩大意义空间。运用映衬要注意不能影响叙述的联络发展。

（一）反衬

反衬，又叫衬托，是主次分明的一种映衬。就是把相关或相反的两个（或两个以上）的事物主次分明的放在一起，以次要的烘托主要的，让主要的更加鲜明突出。例如：

① 历史对人的造就胜于人对历史的创造。（尼克松《理查德·尼克松》）

② 让我们下定决心，成为我们历史的主人，而不是历史的受害者，把握住我们自己的命运，决不屈服于盲目的疑心与情感。（肯尼迪《在缅甸因州奥伦缅因大学的演讲》）

（二）对衬

对衬，又叫对比、比照，是把相互对照、相互对立的事物放在一起作对比的一种映衬。例如：

① 老舍的父亲牺牲在帝国主义的炮火之下;老舍本人竟惨死在"文艺黑线专政"论的毒箭之下;老舍的父亲孤单而受尽痛苦地死在一间小粮店里,老舍本人也同样孤单而受尽痛苦地死在一个小湖的岸边;老舍的父亲的墓冢中没有遗骨,只有一双布袜子,老舍本人的骨灰盒中也同样没有骨灰,只有一副眼镜和一支钢笔……(胡絜青《写在〈正红旗下〉前面》)

② 你要知道一个人的自己,你得看他为别人做的传;你要知道别人,你倒该看他为自己的做的传。(钱钟书《魔鬼夜访钱钟书先生》)

七、拈　　连

拈连就是甲乙不同的两个事物连着说,临时把用在甲事物的词语趁势拈来连用到乙事物上,构成特殊的动宾关系或主谓关系。拈连可以加强上下文的联系,同时还有"移花接木"之趣。如:

① 水调数声持酒听。

午醉醒来愁未醒。

送春春去几时回,

临晚镜。

伤流景。

往事后期空记省。(张先《天仙子》)

② 哼! 你别看我耳朵聋——可我的心并不"聋"啊! (郭澄清《大刀记》)

③ 家是倾了,而"年貌长新"的希望适得其反,连自己的健康也倾了! (郭沫若《李白与杜甫》)

"愁"与"醒"、"聋"与"心"、"倾"与"健康"原本就是不便搭配的,但由于前一个主谓结构成功的帮助,在紧随着的相同结构中也获得了合法性。

八、仿　　拟

仿拟就是对现成的固定词组、句子、篇章甚至语体临时性地加以仿照。

仿拟如果有被仿对象引导一下,形成直接对比,效果会比较强烈。没有被仿对象直接对比的,就要求被仿的属于耳熟口滑的语句,如流行歌词、套话、常用成语等等;同时最好还要加上引号。仿拟还要注意在不同媒体的"可融解性",电视广告中的仿拟易于对少年儿童语言知识习得造成负面的干扰,应当特别谨慎。

仿拟可分为两类:一是被仿出现,二是被仿不出现。

(一) 被仿出现的仿拟

① "哈哈哈!"阿Q十分得意的笑。

"哈哈哈!"酒店的人也九分得意的笑。(鲁迅《啊Q正传》)

② 李有才作出来的歌,不是诗,明明叫做快板,因此不能算"诗人",只能算"板人"。(赵树理《李有才板话》)

③ 一个阔人说要《诗经》,翁的一声,一群狭人也说要《诗经》,岂但读而已哉,据说还可以救国哩。(鲁迅《这个与那个》)

(二) 被仿不出现的仿拟

① "鸡"不可失。(小绍兴鸡粥店广告)

② 百"文"不如一"键"。(电脑广告)

③ 才不在高,有官则名;学不在深,有权则灵。这个衙门,唯我独尊。前有吹鼓手,后有马屁精,谈笑有心腹,往来无小兵。可以搞特权,结帮亲;无批评之刺耳,唯颂扬之谐音。青云能直上,随风显精神。群众云:臭哉斯人!(《陋官铭》)

例①仿拟成语"机不可失"。例②仿拟成语"百闻不如一见"。例③仿拟古典名篇《陋室铭》。

九、对　偶

对偶就是把一对结构相同或者相似、字数相等的词组或句子连接在一起,来表达相关或者相对的意思。

汉语传统的对联都要使用对偶,但对偶的使用却不限于对联。对偶要求意义关联、形式整齐、结构匀称,对联则更须平仄和谐。

运用对偶,既要注意上下句结构上的均衡和语音上的协调,也要注意内容上的对称。

对偶又分正对、反对和串对。

(一) 正对

正对是由两个意思相关的对称句子或词组构成的对偶。如:

① 小知不可使谋事,小忠不可使主法。(《韩非子》)

② 两个黄鹂鸣翠柳,

　　一行白鹭上青天。(杜甫《绝句》)

(二) 反对

反对是由两个意思彼此对立的对称句子或词组构成的对偶。如:

① 横眉冷对千夫指,俯首甘为孺子牛。(鲁迅《自嘲》)

② 清末乙未岁,日本和议成。有人题京师城门云:

　　万寿无疆,普天同庆;

　　三军败绩,割地求和。(吴恭亨《对联话》)

(三) 串对

串对又叫流水对,使由两个内容连贯或者有递进、因果等关系的对称句子或词组构成的对偶。如:

① 才饮长沙水,又食武昌鱼。(毛泽东《水调歌头·游泳》)

② 春分刚刚过去,清明即将到来。(郭沫若《科学的春天》)

十、排　比

排比就是用并列的词组或句子在语形上组织成有某种相似性(如结构相似、字数相等、话题的关键词语相同)的整齐结构。运用排比可以增加语言的节奏感,也可以加强语言的气势。

排比和对偶比较相似,不过对偶一定是两两相对,而排比通常是多项排列;对偶要求两项之间字数相等,排比如果能满足其他要求,字数的要求就可以放弃。如果是对联,那与排比的差别就更多了。

① (梅雨潭)这平铺着,厚积着的绿,着实可爱。她松松的皱缬着,像少妇拖着的裙幅;她轻轻的摆弄着,像跳动的初恋的处女的心;她滑滑的明亮着,像涂了"明油"一般,有鸡蛋清那样软,那样嫩,令人想着所曾触过的最嫩的皮肤;她又不杂些尘滓,宛然一块温润的碧玉,只清清的一色——但你却看不透她!(朱自清《绿》)

② 给我们家庭,给我们格言
你让所有孩子骑上父亲的肩膀
给我们光明,给我们羞愧
你让狗跟在诗人后面流浪
给我们时间,给我们劳动
你在黑暗中长睡,枕着我们的希望
给我们洗礼,给我们信仰
我们在你的祝福下,出生后死亡(多多《致太阳》)

十一、顶　真

顶真,又叫联珠,就是在句子与句子之间,或者段落与段落之间,用前一单位末尾的词语或分句作为后一单位的开头来巧妙连接。顶真可以有效地构建事物的空间关系、时间关系或因果关系;还可以使同一个话语组织内部更加紧密和顺畅。

① 不闻不若闻之,闻之不若见之,见之不若知之,知之不若行之。(《荀子·儒效》)

② 她是有
丁香一样的颜色,
丁香一样的芬芳,
丁香一样的有忧愁,
在雨中哀怨,
哀怨又彷徨。(戴望舒《雨巷》)

③ 打人既要费力气,费力气就要多吃饭,多吃饭就要费钱,费钱就是破坏他的哲学,老张又何尝爱打人呢?(老舍《老张的哲学》)

④ 希望是附丽于存在的,有存在便有希望,有希望便是光明。(鲁迅《在北京女师大学生会的讲话》)

十二、回 环

回环就是把两个字词相同而排列次序不同的言语片断紧紧连在一起,造成由 A 到 B,再由 B 到 A 的循环往复的意趣,还可以构建事物之间相互依存、相互制约或相互对立的关系。如:

① 信言不美,美言不信。

善者不辩,辩者不善。

知者不博,博者不知。(《老子》)

② 长相知,才能不相疑;不相疑,才能长相知。(曹禺《王昭君》)

③ 我们发展电话,电话就发展我们。(上海电话发展总公司广告词)

十三、反 复

反复就是有意重复使用同一语句。

反复可以突出重点,可以抒发强烈的感情,可以表明叙述的层次,增强条理性和节奏感。运用反复要求节制,避免啰嗦感。反复常常与博喻、排比等修辞格综合使用,尤其是多次反复为了避免可能造成的呆板,在最后一次反复时常常适当运用错综,以求变化。反复又分连续反复和间隔反复。

(一) 连续反复

连续反复就是连续重复使用同一语句。例如:

① 盐早追在后面大声说:"如何不吃饭呢? 如何不吃饭就走呢? 哪有这样的道理?"(韩少功《马桥词典》)

② 不但对于阿 Q,连我自己将来的"大团圆",我就料不到究竟是怎样。终于是"学者",或"教授"乎? 还是"学匪"或"学棍"呢? "官僚"乎,还是"刀笔吏"呢? "思想界之权威"乎? 抑"思想界先驱者"乎,抑又"世故的老人"乎? "艺术家"? "战士"? 抑又是见客不怕麻烦的特别的"亚拉籍夫"乎? 乎? 乎? 乎? 乎?(鲁迅《阿 Q 正传的成因》)

(二) 间隔反复

间隔反复有规律地间隔性重复同一语句。例如:

① 这半年我看到了许多血和泪,然而,我只有杂感而已。泪揩了,血消了;屠伯们逍遥复逍遥,用钢刀的,用软刀的,然而,我只有杂感而已。

连"杂感"也被"放进应该放进的地方"时,我于是只有"而已"而已!(鲁迅《而已集》)

② 听柳青讲故事,给一个挺凶、分数又抠得紧的老师偷偷取个绰号,有意思! 挤

在叶芸家揉面粉做烧饼的案板上写作业,有意思! 陪淑华上门串户地去送她妈给人家洗净的衣服,有意思! 钻到松柏巷的天主堂内偷看那除了帽檐是白的外,一身都黑漆漆的嬷嬷,心都紧张得咚咚跳,有意思! 跑远点到抚州门外的绳金塔下仰脸看金光闪闪的塔顶,到孺子亭去捉迷藏,花五分钱坐渡船过抚河去三村去看桃花,或进到佑民寺去看那又高又大的神秘的菩萨,就更有意思了!(胡辛《四个四十岁的女人》)

十四、互　文

作为中国传统语文比较常用的一种修辞方法,互文指的是相互连接的 AB 两个语言单位,话分开说,但在语义上互相补足,也就是 A 等于 A＋B,B 也等于 A＋B。对此,前人也有称为"互言""互辞"(郑玄《毛诗笺》)、"互见义""互义"(俞樾《古书疑义举例》)、"参互""互备"(杨树达《汉文文言修辞学》)等的。互文可以收到简练、新奇、渲染气氛等方面的表达效果。

① 迢迢牵牛星,皎皎河汉女。(《古诗十九首》)
② 不以物喜,不以己悲。(范仲淹《岳阳楼记》)
③ 秦时明月汉时关,万里长征人未还。(王昌龄《出塞》)
④ 东市买骏马,西市买鞍鞯。南市买辔头,北市买长鞭。(《木兰诗》)
⑤ 悍吏之来吾乡,叫嚣乎东西,隳突乎南北。(柳宗元《捕蛇者说》)

①说的是"牵牛星"和"织女星"既"迢迢"又"皎皎"。②说的是既不因为物的条件变化而悲喜,又不因为自己的得失而悲喜。③秦汉以来,由于战事不断发生,远征的兵士久久不能回家。句中"秦"与"汉"互文,使语句精炼,而且新奇。仿佛给人勾勒出一幅幅壮阔而清凉的画面:诗人对明月、明月对征夫、明月对城关、现今对秦汉……依稀可见。"秦时明月"＝"秦汉时的明月","汉时关"＝"秦汉时的关"。④运用互文"东西南北",生动地描绘了木兰出发前四方奔走购买参战必需品的紧张情景。⑤将"叫嚣"与"隳突"相配,"东西"和"南北"相配,渲染了悍吏来到乡间,到处吵闹、骚乱的气氛。

十五、错　综

语言表达中由于音律的需要或情绪的需要,故意打破正常的整齐的表达次序或节奏,这种修辞方式叫做"错综"。古人称"相错成文"(沈括《梦溪笔谈》)、"错综其语"(陈善《扪虱新话》)、"蹉对"(严有翼《艺苑雌黄》)、"旋选"(王若虚《溡南遗老集》)。

错综可以分为词语位置的错综、语法结构的错综、句子长短的错综。

词语位置的错综就是将上下文中相对应的词语互换位置,把应该放在 A 位置的放到 B 位置,B 位置的放到 A 位置,产生新奇的效果。这种错综在古诗文中常见。例如:

① 存者忽复过,亡没身自衰。(曹植《赠白马王彪》)
② 酿泉为酒,泉香而酒洌。(欧阳修《醉翁亭记》)

①原来应该是"亡没忽复过,存者身自衰",(刘履《选诗补注》以为"存者"和"亡没"应

互换,言死者已矣,存者也难久保)这是作者悼念兄弟曹彰、叹息自己遭遇时,运用互换的错综方式。②也应该读作"泉洌而酒香",作者运用错综以产生新奇的效果。

语法结构的错综把下文的语法结构同上文的交错开来,避免可能出现的单调与划一。如:

③ 习习谷风,维山崔嵬。(《诗经·小雅·谷风》)

④ 在上面的夜的天空,奇怪而高,我生平没有见过这样奇怪而高的天空。(鲁迅《秋夜》)

例③本来可以运用整齐的句式"谷风习习,维山崔嵬"(主谓、主谓),那是一种整齐的美;这里故意错开,变成偏正、主谓的结构,使行文参差错落,显得活泼。例④,前边"天空,奇怪而高"是主谓式,后边错举成"奇怪而高的天空",是偏正式,也具有参差的美感。

句子长短的错综指的是复句中分句长短配用,以避免呆板。例如:

⑤ 她松松的皱缬着,像少妇拖着的裙幅;她轻轻的摆弄着,像跳动的初恋的处女的心;她滑滑的明亮着,像涂了"明油"一般,有鸡蛋清那样软,那样嫩,令人想着所曾触过的最嫩的皮肤……(朱自清《绿》)

这里的三个"她……",本来也可以构成整齐匀称的排比句式,但是第三分句却起了变化,变得丰富而复杂了,引起了进一层的联想。其效果如同游人驱车翻过一道山梁,又翻过一道山梁,等到翻过第三道山梁时,本以为马上就会看见第四道山梁,却突然出现了一条绿水,别一种情趣应景而生。

十六、连　　及

连及是汉语尤其是古汉语中比较特殊的一种修辞方法。阎若璩《古文尚书疏证》指出:古人文多连类而及之,因其一遂及另一。汉语是非常注重音律节奏的,当谈到某种事物时候,常常会连带着提到同类的另一事物,这样语音节奏更协调,这一事物本身也容易得到关注和强调,这就是连及。如

① 润之以风雨。(《周易·系辞》)

② 大夫不得造车马。(《礼记》)

③ 禹稷躬稼而有天下。(《论语·宪问》)

④ 擅兵而别,多他利害。(《史记·吴王濞传》)

①"雨"能够"润"物,但"风"却不能够。因为"风雨"同类常常连用,为了凸显"雨",这里便说成"润之以风雨"。②同样,"马"不是可"造"之物,但为了协调音律,便说成"造车马"。③在历史传说中,"躬稼"本来是"稷"的事迹,但这里连带说到"禹",用同样为人民作出极大贡献的"禹"强化对"稷"的称颂。④这里要说的本来是"擅兵"有"害",但却用"害"连带说到"利",变成"利害"。

(胡范铸)

中国历史朝代简表

朝代(国号)		起迄年代	第一代帝王姓名	庙号	国都所在地	起始年号	起始干支	备注
夏		约公元前21—约公元前16世纪	启		安邑(今山西夏县西北)			
商		约公元前16世纪—约公元前1046	汤		亳(今河南商丘北)、殷(今河南安阳)			[1]
周	西周	约前1046—前771	姬发	(武王)	镐京(今西安西南)			[2]
	东周	前770—前256	姬宜臼	(平王)	洛邑(今洛阳)		辛未	
	(春秋)	前770—前476						[3]
	(战国)	前475—前221						[4]
秦		前221—前206	嬴政	(始皇)	咸阳(今陕西咸阳东北)		庚辰	[5]
汉	西汉	前206—公元25	刘邦	高祖	长安(今西安)		乙未	[6]
	东汉	25—220	刘秀	光武	洛阳	建武	乙酉	[7]
三国	魏	220—265	曹丕	文帝	洛阳	黄初	庚子	
	蜀	221—263	刘备	昭烈	成都	章武	辛丑	
	吴	222—280	孙权	大帝	建业(今南京)	黄武	壬寅	
西晋		265—317	司马炎	武帝	洛阳	泰始	乙酉	
东晋十六国	东晋	317—420	司马睿	元帝	建康(今南京)	建武	丁丑	
	十六国	304—439(汉(前赵)、成(成汉)、前凉、后赵、前燕、前秦、后燕、后秦、西秦、后凉、南凉、北凉、南燕、西凉、北燕、夏)						[8]
南北朝	南朝 宋	420—479	刘裕	武帝	建康(今南京)	永初	庚申	[9]
	齐	479—502	萧道成	高帝	建康(今南京)	建元	己未	
	梁	502—557	萧衍	武帝	建康(今南京)	天监	壬午	
	陈	557—589	陈霸先	武帝	建康(今南京)	永定	丁丑	
	北朝 北魏	386—534	拓跋珪	道武帝	平城(今大同),493年迁都洛阳	登国	丙戌	
	西魏	535—556	元宝炬	文帝	长安(今西安)	大统	乙卯	
	东魏	534—550	元善见	孝静帝	邺(今河北临漳县南近漳河)	天平	甲寅	
	北齐	550—577	高洋	文宣帝	邺(今河北临漳县南近漳河)	天保	庚午	
	北周	557—581	宇文觉	孝闵帝	长安(今西安)	/	丁丑	
隋		581—618	杨坚	文帝	大兴(今西安)	开皇	辛丑	[10]
唐		618—907	李渊	高祖	长安(今西安)	武德	戊寅	

（续 表）

朝代（国号）		起迄年代	第一代帝王姓名	庙号	国都所在地	起始年号	起始干支	备注
五代十国	后梁	907—923	朱温	太祖	汴（今开封）	开平	丁卯	[11]
	后唐	923—936	李存勖	庄宗	洛阳	同光	癸未	
	后晋	936—946	石敬瑭	高祖	汴（今开封）	天福	丙申	
	后汉	947—950	刘知远	高祖	汴（今开封）	天福	丁未	
	后周	951—960	郭威	太祖	汴（今开封）	广顺	辛亥	
	十国	902—979	〔吴、南唐、吴越、楚、闽、南汉、前蜀、后蜀、荆南（南平）、北汉〕					
宋	北宋	960—1127	赵匡胤	太祖	开封	建隆	庚申	[12]
	南宋	1127—1279	赵构	高宗	临安（今杭州）	建炎	丁未	
辽		916—1125	耶律阿保机	太祖	上京（今辽宁巴林右旗附近）	神册	丙子	
西夏		1032—1227	李元昊	景宗	兴庆府（今银川）	显道	壬申	
金		1115—1234	完颜阿骨打	太祖	中都（今北京）	收国	乙未	
元		1271—1368	忽必烈	世祖	大都（今北京）	至元	辛未	
明		1368—1644	朱元璋	太祖	应天（今南京）1421年迁北京	洪武	戊申	[13]
清		1644—1911	福临	世祖	北京	顺治	甲申	
中华民国		1912—1949	1912年孙中山当选为临时大总统，定都南京；不久袁世凯任大总统，移都北京；1927年起国民政府以南京为首都，抗战时迁都重庆，称陪都，抗战胜利迁回南京。					

注：[1] 自汤14代孙盘庚迁都到殷，商朝也称殷朝。
　　[2] 其中共和行政元年，约当公元前841年庚申，中国历史开始有纪年。
　　[3] 从周平王元年（前770）辛未，至周敬王四十四年（前476）乙丑，为春秋时期。
　　[4] 从周元王姬仁（前475）丙寅至秦灭齐统一全国（前221）庚辰，为战国时期。
　　[5] 秦子婴元年（前207）甲午。
　　[6] 西汉刘彻开始用年号纪年"建元"元年（前140）辛丑。西汉纪年包括王莽建立的新王朝（公元9年—23年）。
　　[7] 东汉章帝刘炟元和二年始用干支纪年乙酉；一说新朝王莽首先采用。
　　[8] （成）李雄建兴元年（304）甲子—北凉永和七年（439）己卯。
　　　　（汉）刘渊元熙元年
　　[9] 建都南京的六朝，除孙吴和东晋以外，还有宋、齐、梁、陈，为时均很短暂。
　　[10] 杨坚原为北周之随国公，废周帝为"随"，忌讳"走之"，改为"隋"。
　　[11] 907年在开封称帝建国，909年迁洛阳。
　　[12] 赵匡胤在后周时封宋州节度使，所以国号宋。
　　[13] 朱元璋原为农民起义领袖小明王（韩山童之子韩林儿）部下，封吴国公，明教有明王出世的传说，所以称明朝。

课 文篇目索引（按文学史年代、国别排序）